The Rise and Fall
— of —
the Turkish Empire

土耳其帝国的兴衰

奥斯曼帝国

The **Ottoman** Centuries

六百年

[英]帕特里克·贝尔福 ········· 著
(Patrick Balfour)

栾力夫 ········· 译

中信出版集团·北京

图书在版编目（CIP）数据

奥斯曼帝国六百年：土耳其帝国的兴衰/（英）帕特里克·贝尔福著；栾力夫译. --北京：中信出版社，2018.10（2024.5重印）

书名原文：The Ottoman Centuries: The Rise and Fall of the Turkish Empire

ISBN 978－7－5086－8984－5

Ⅰ.①奥… Ⅱ.①帕… ②栾… Ⅲ.①奥斯曼帝国－历史 Ⅳ.①K374.3

中国版本图书馆CIP数据核字（2018）第104834号

For the Work entitled THE OTTOMAN CENTURIES
Copyright © Lord Kinross 1977
Simplified Chinese translation copyright © 2018 by CITIC Press Corporation
ALL RIGHTS RESERVED
本书仅限中国大陆地区发行销售

奥斯曼帝国六百年——土耳其帝国的兴衰

著　　者：［英］帕特里克·贝尔福
译　　者：栾力夫
出版发行：中信出版集团股份有限公司
　　　　　（北京市朝阳区东三环北路27号嘉铭中心　邮编　100020）
承　印　者：北京通州皇家印刷厂

开　　本：880mm×1230mm　1/32　　印　张：24.5　　插　页：24　　字　数：696千字
版　　次：2018年10月第1版　　　　印　次：2024年5月第13次印刷
京权图字：01－2018－2926
书　　号：ISBN 978－7－5086－8984－5
审　图　号：GS（2018）4958号
定　　价：128.00元

版权所有·侵权必究
如有印刷、装订问题，本公司负责调换。
服务热线：400-600-8099
投稿邮箱：author@citicpub.com

目录

序　幕　001

第一部分　帝国的黎明　011
　　第一章　013
　　第二章　030
　　第三章　042
　　第四章　065
　　第五章　079

第二部分　新拜占庭　091
　　第六章　093
　　第七章　109
　　第八章　126
　　第九章　141
　　第十章　162

第三部分　帝国之巅　183

 第十一章　185

 第十二章　196

 第十三章　207

 第十四章　229

 第十五章　247

 第十六章　263

 第十七章　279

第四部分　衰败之种　301

 第十八章　303

 第十九章　330

 第二十章　350

 第二十一章　372

 第二十二章　385

 第二十三章　398

第五部分　死敌俄罗斯　423

 第二十四章　425

 第二十五章　436

 第二十六章　445

 第二十七章　454

 第二十八章　469

第六部分　改革的时代　497

　　第二十九章　499

　　第三十章　525

　　第三十一章　549

　　第三十二章　571

　　第三十三章　584

　　第三十四章　609

　　第三十五章　629

第七部分　末代苏丹　651

　　第三十六章　653

　　第三十七章　669

　　第三十八章　694

　　第三十九章　716

　　第四十章　732

后　记　753

附　录　奥斯曼帝国君主列表　767

参考书目　768

地图

奥斯曼帝国边界 - - - -
附庸国 ▨

地图标注

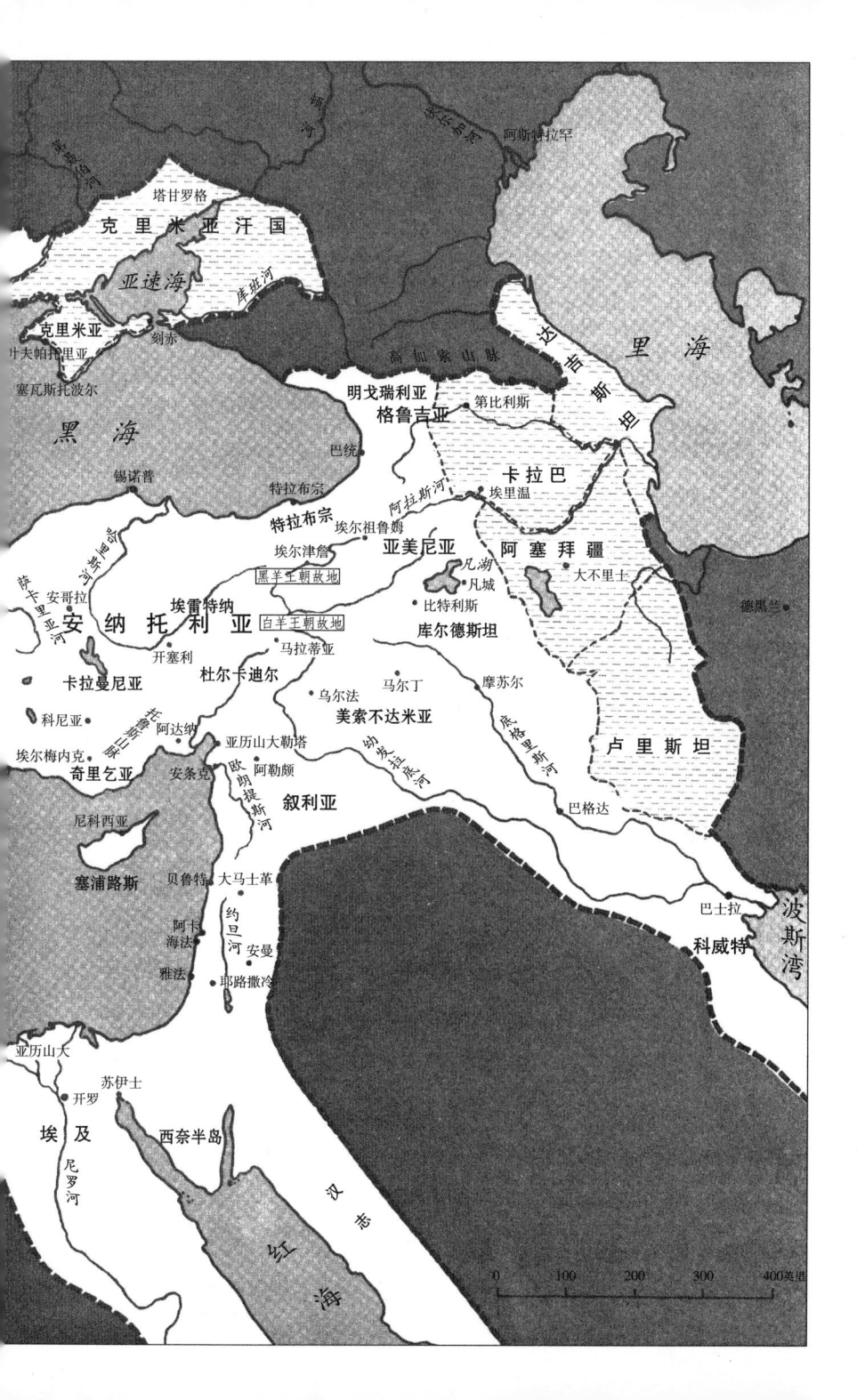

海域
- 黑海
- 亚速海
- 里海
- 波斯湾
- 红海
- 地中海（未标注）

国家/地区
- 克里米亚汗国
- 明戈瑞利亚
- 格鲁吉亚
- 达吉斯坦
- 卡拉巴
- 阿塞拜疆
- 安纳托利亚
- 亚美尼亚
- 特拉布宗
- 卡拉曼尼亚
- 库尔德斯坦
- 卢里斯坦
- 美索不达米亚
- 杜尔卡迪尔
- 奇里乞亚
- 塞浦路斯
- 叙利亚
- 埃及
- 西奈半岛
- 科威特
- 黑羊王朝故地
- 白羊王朝故地

城市
- 塔甘罗格
- 克里米亚
- 叶夫帕托里亚
- 塞瓦斯托波尔
- 刻赤
- 阿斯特拉罕
- 第比利斯
- 巴统
- 埃里温
- 锡诺普
- 特拉布宗
- 埃尔祖鲁姆
- 埃尔津詹
- 凡城
- 大不里士
- 德黑兰
- 埃雷特纳
- 开塞利
- 马拉蒂亚
- 乌尔法
- 马尔丁
- 摩苏尔
- 比特利斯
- 科尼亚
- 埃尔梅内克
- 阿达纳
- 尼科西亚
- 亚历山大勒塔
- 安条克
- 阿勒颇
- 贝鲁特
- 大马士革
- 阿卡
- 海法
- 雅法
- 耶路撒冷
- 安曼
- 巴格达
- 巴士拉
- 亚历山大
- 开罗
- 苏伊士

河流/山脉/湖泊
- 库班河
- 高加索山脉
- 阿拉斯河
- 凡湖
- 幼发拉底河
- 底格里斯河
- 欧朗提斯河
- 约旦河
- 尼罗河

比例尺
0 100 200 300 400英里

序　幕

多少个世纪以来，一拨又一拨的游牧民族从中国的边境出发，沿着高耸的欧亚大草原，经过土耳其斯坦[1]，一路向西迁徙。这些以畜牧业为生的族群过着简单的生活。他们住帐篷，骑着马和骆驼，畜养着成群的牲畜，这些牲畜也为他们提供食物和衣服。他们在季节性的草场之间来回迁徙，并且周期性地迁往更远的地方，以寻找水草更丰美的牧场，或躲避相继而来的类似的游牧部落。有时候，他们会拿出自己的畜牧产品，与城镇居民或农民交换他们所能提供的物产。偶尔，他们也会在有水源的绿洲停下脚步，过起农耕的生活。为了维持他们的畜牧业经济，草原上的游牧民族不得不与自然界中的种种力量进行旷日持久的斗争。在这一过程中，这些隶属于松散的部落联盟的封闭的小族群，获得了特有的活力、技能，并形成了自己的制度与习俗。

在这些游牧民族中，有一个分布广泛而充满活力的民族，被中国人和其他邻近的民族分别称为"突厥"或"Dürkö"。据说，这个好战的民族得名于其发源地一座形似头盔的山[2]。突厥人最初被视作

---

[1] 土耳其斯坦是一个历史地理名词，大致指昆仑山脉至里海之间的中亚地区。（本书脚注若无特殊说明，均为中译者注。）
[2] 指阿尔泰山。

匈人的一支，他们也是蒙古人的近亲，跟芬兰人和匈牙利人的先祖也有亲缘关系。

6世纪，突厥人征服了另一个与他们相似的民族，开始统治大约相当于今天蒙古国的地区。接着，他们三面出击，将其版图向北、南、西三个方向扩张，占据了草原上一大片广阔的土地，创立了空前庞大的游牧民族帝国。伴随着领土的扩张，突厥人不再受统一政权的管辖，但仍然保留了种族和语言上明显的共同特征。在不同族群的突厥人之间，有着强烈的认同感，在他们的萨满教信仰中，土、空气、火和水这些自然元素之神都是突厥化的。很快，突厥人脱离了简单而未开化的生活状态，在他们的父系氏族社会的内部建立了自己的文明。他们的领袖获得了远超部落长老的权力，同时还控制着附庸的其他部落。

一些被统称为乌古斯人（Oghuz）的突厥部落在塞尔柱（Seljuk）家族历代酋长的率领下向西迁徙。据说，他们的迁徙路线得到了一匹灰狼的指引。8世纪早期，他们抵达位于河中地区（Transoxiana）[1]的撒马尔罕（Samarkand），确立了对中亚西部的统治。与此同时，另一个民族也迅速完成了扩张。建立了伊斯兰哈里发国的阿拉伯人从阿拉伯半岛出发，向东、北两个方向进军，势不可当地征服了波斯帝国[2]。在强大的阿拉伯人面前，突厥人的政权土崩瓦解。不过，两个民族之间的商业和文化联系却一直延续下来。他们通过骆驼商队进行贸易，交换农业和畜牧业产品，互利互惠。不仅如此，突厥

---

1 指中亚锡尔河和阿姆河流域以及泽拉夫尚河流域，包括今乌兹别克斯坦全境和哈萨克斯坦西南部。
2 即萨珊王朝，波斯伊斯兰化之前的最后一个帝国。

人还从9世纪开始抛弃了自己的异教信仰，皈依了伊斯兰教。

阿拉伯人很快就注意到了突厥人的军事素养。除了拥有坚忍、自律和深谋远虑等品质之外，突厥人还在游牧生活中磨炼出了尚武的精神、惯于迁徙的习俗、精湛的骑术和难得的骑射技艺。因此，阿拉伯帝国的阿拔斯王朝开始征募突厥人入伍。这些皈依了伊斯兰教的士兵成为高等级的奴隶，并且可以通过晋升逐步提高其社会地位。到了9世纪末期，阿拉伯帝国中大部分的军事指挥职位和大量的政府职位都被信仰伊斯兰教的突厥人占据了。到了11世纪，随着阿拉伯帝国的衰败，土耳其人[1]的塞尔柱王朝填补了权力真空。塞尔柱帝国吸收了其他由土耳其人建立的伊斯兰小国，并按照阿拔斯王朝的传统建立起一个伊斯兰国家。塞尔柱帝国恰如其分地用弓和箭作为其权力的标志，并将其版图扩展到了波斯、美索不达米亚和叙利亚。这样一来，这个来自草原的游牧民族开始定居下来。

与匈人、蒙古人和昙花一现的阿瓦尔人等历史上其他的游牧民族不同，塞尔柱土耳其人在崛起的过程中，用一种持之以恒且富有成效的方式去迎接定居生活带来的挑战。为了适应定居文明的需要，他们改变了自己的传统和制度，以富有建设性的治国才能为帝国添砖加瓦。他们在历史上做出了积极的贡献，也使得古老的伊斯兰世界在社会、经济、宗教和知识层面上都取得了进步，进入了一个崭新的时代。这些草原上的牧羊人和战士变成了城镇居民——行政人员、商

---

[1] 前文中的突厥人和后文中的土耳其人，在原文里都是Turks。为了适应中国读者的阅读习惯，在本书中，译者以塞尔柱王朝的崛起作为时间节点，区分这两个含义相近但又不全然相同的称呼。相较而言，突厥人的含义更为广泛，而土耳其人通常指与后来的奥斯曼土耳其人的发源关联更紧密的部分突厥族群。

人、工人、手艺人、地主和农夫，他们兴建道路、为商队服务的旅店、清真寺、学校和医院。他们培养学者，鼓励学术，沿着波斯人和阿拉伯人此前留下的足迹继续探索哲学、科学、文学和艺术。

然而，在塞尔柱帝国之中，仍然有大量处于自治状态的土耳其人，没有接受定居的生活和中央集权的统治，依旧作为游牧民在高原上徜徉。他们与其他游牧部落结盟（其中的一些仍然保留着异教信仰），组成了一个个军事团体。这些军事团体最初正是塞尔柱帝国军队的中流砥柱。而现在他们不停地骚扰过上定居生活的省份，不服管教，掠夺成性，让中央政府十分难堪。他们拥有独特的文化，对事物持与众不同的观点，实际上成了塞尔柱帝国内部一个独立的群体。他们被统称为土库曼人（Turcoman），尽管严格而言，这一称呼只适用于其中的穆斯林。

塞尔柱帝国中最强大的武装，是此前风靡的"加齐"（Ghazis）运动的产物。所谓"加齐"，即神圣的"信仰的勇士"。其成员是形形色色的志愿兵，但其中以生计无着的流浪汉、逃亡者、心怀不满者及失业者为主。他们得到的任务是打击异教徒，而他们本身最重要的作战动机则是劫掠。通常，他们会作为边疆战士从伊斯兰世界的边境出发，对外发动突袭。11世纪，他们来到西方的小亚细亚半岛，出没于塞尔柱帝国和拜占庭帝国之间局势动荡的边境地区。在这里，加齐们面对的对手是"边防军"（Akritai）——来自希腊[1]的边

---

1 尽管拜占庭帝国以东罗马帝国的名字为人们所知，但是在7世纪上半叶，拜占庭帝国逐渐完成了希腊化，希腊语在帝国内占据了绝对的主导地位，其居民信仰的希腊东正教也与西欧地区信仰的天主教产生了显著的差异。因此，文中常用"希腊"来代指拜占庭帝国，用"希腊人"来代指其人民。

疆战士和劫掠者。边防军的作战方式与加齐们十分相似，同时也一样不受任何中央机构的管辖，时常被视作加齐们的"难兄难弟"。此外，其他形形色色的土库曼人也会为了寻找新的牧场而来到边境地区，并与加齐们一道参与突袭和劫掠。此时，拜占庭帝国的防御能力正在日渐衰弱。

然而，塞尔柱帝国的苏丹们的主要目标是向南征服一个伊斯兰帝国。因此，为了确保叙利亚一线的侧翼安全，他们不希望与基督教拜占庭帝国开战。尽管如此，好战的加齐和四处劫掠的土库曼人还是让塞尔柱帝国卷入其中。塞尔柱帝国政府不得不正视加齐和土库曼人的力量，并且在可能的时候为己所用。塞尔柱苏丹图赫里勒（Tughrul）设法让那些圣战士不再在帝国内的穆斯林省份劫掠，而是引导他们投入针对基督徒的亚美尼亚——拜占庭帝国内一个对中央政府心怀不满的边境省份——持续不断的战争之中。在亚美尼亚取得战役的胜利之后，圣战士们更加恣意地劫掠，一直从安纳托利亚的东部深入到中部，甚至远达爱琴海沿岸。

尽管拜占庭帝国在持续衰弱，但面对这样的袭击，皇帝罗曼努斯四世·狄奥吉尼斯（Romanus IV Diogenes）认为必须予以回击。为了夺回亚美尼亚的控制权，他纠集了一支主要由外国雇佣兵组成的成分混杂的大军，向土耳其人进军。结果，1071年，拜占庭帝国的皇帝在历史性的曼齐刻尔特战役（battle of Manzikert）中战败，皇帝本人也被塞尔柱苏丹阿尔普·阿尔斯兰（Alp Arslan，尊称，意为"英勇之狮"）生擒。这场两个帝国和两种信仰之间的历史性战役，希腊人将永远铭记，并称之为"可怕的一天"。在这场战役之后，小亚细亚半岛永远地向土耳其人敞开了大门。

曼齐刻尔特战役为未来一系列更远的土耳其人远征铺平了道路。然而,在当时,这场战役的胜利并没有给被征服地区带来什么突然的改变。这是因为获胜的并非塞尔柱帝国的正规军,而是由好斗的穆斯林部落组成的非正规军。因此,这场战役带来的直接后果是,由各色各样的加齐团体占据的边境地区的范围从小亚细亚半岛的东部扩展到了中部。土库曼游牧部落也跟随着加齐们的脚步畅通无阻地来到了新的土地。

土耳其人的生活方式和文化有着杂糅的特点,征服者和被征服者之间并没有不可逾越的隔阂。被征服的安纳托利亚人和亚美尼亚人并不会把土耳其人看作彻头彻尾的外邦人。"消失的只是拜占庭人留下的表面上的油漆,"保罗·维特克(Paul Wittek)写道,"取而代之的是伊斯兰文化留下的油漆,当地的文化底色则保留了下来。"注意力仍旧集中在伊斯兰世界的塞尔柱帝国也无意彻底改造被征服的地区。在释放了被囚禁的拜占庭帝国皇帝之后,塞尔柱帝国心满意足地正式吞并了被征服的地区,并委派一位名叫苏莱曼(Suleiman)的塞尔柱贵族掌管该地区。随着11世纪临近尾声,第一次十字军东征的兵锋开始触及小亚细亚半岛,导致穆斯林和基督徒之间的领土边界变得十分不稳定。

一直到12世纪中叶,塞尔柱人才将其注意力由旧的伊斯兰世界转向小亚细亚半岛,决心以科尼亚(Konya)为都城,建立一个具有伊斯兰特色且根基牢固的国家。这个国家将拥有自己的苏丹和有效的政府组织,版图覆盖安纳托利亚中部地区。它被其他伊斯兰政权称作鲁姆苏丹国(Sultanate of Rum)。这个名称在阿拉伯语中意为"罗马的恺撒辖地",表示这个国家继承了"罗马"帝国的残余领土。而在曼齐刻尔特战役结束一个世纪之后，拜占庭帝国的基督徒们又在密列奥塞法隆战役（battle of Myriokephalon）中受挫，只好与统治得到巩固的塞尔柱政权和平相处。双方确定了一块"边境地区"，在这一地区的后方，拜占庭帝国继续统治着安纳托利亚西部。由于鲁姆苏丹国的塞尔柱人源自统治着波斯的大塞尔柱帝国，他们在伊斯兰世界获得了普遍的尊重。在这样的环境下，鲁姆苏丹国逐渐成为一个强大而繁荣的国家，并在 13 世纪前半叶达到了鼎盛。

但好景不长，一次全新的、更具破坏性的游牧民族入侵落到了鲁姆苏丹国头上。这次入侵的主角正是与鲁姆苏丹国有亲缘关系的蒙古人。像曾经的突厥人一样，蒙古人横扫欧亚大草原，向北入侵俄罗斯，向东进入中国，向西则穿越整个亚洲，席卷了伊斯兰世界。成吉思汗在 13 世纪初发动了蒙古人的远征，而他的继承者们也在继续推动着他的事业。土耳其游牧民在蒙古人的压力下被迫迁徙。最终，新来的土库曼人和小军事团体遍布小亚细亚，使得以科尼亚为中心的塞尔柱国家内部的形势越发紧张。紧接着，蒙古军队对这里发动了猛烈攻击。1243 年，在锡瓦斯（Sivas）和埃尔津詹（Erzinjan）之间的克塞山（Köse Dağ），此前未尝一败、得到拜占庭附庸军和雇佣兵增援的塞尔柱军队被蒙古军队彻底击溃。于是，蒙古人随心所欲地占领了他们想要得到的土地和城市，整个小亚细亚半岛的历史进程在一天之内天翻地覆。如同统治波斯的大塞尔柱帝国一样，塞尔柱人的鲁姆苏丹国也风光不再，科尼亚的苏丹们成了蒙古人的附庸，向旭烈兀治下的蒙古保护国称臣。然而，就像其他征服了定居民族的游牧民族一样，蒙古人的霸权也转瞬即逝。他们在小亚细亚半岛上的统治仅仅维持了一代人。但是，取代蒙古人统治小亚细亚的将不再是塞尔柱人。

此时，小亚细亚大部分地区又恢复了以往那种没有任何中央机构管辖的边境地区的文明生态。边疆战士再一次开始了掠夺。他们在拜占庭帝国的边境地区畅行无阻，肆意劫掠，甚至攻城略地。很快，就有各种不同的人群加入其中。土库曼部落像以前一样参加了进来。此外，来自覆亡的塞尔柱人国家的成群的逃亡者也加入其中。更重要的是，一些"神圣的人"，即来自非正统的伊斯兰教派的谢赫（sheikh）[1]和托钵僧也逃离土耳其斯坦和波斯，来到了小亚细亚半岛，并且帮助土耳其人重新燃起讨伐异教徒的热情。

此时，权力落到了加齐们的手中。在宗教热情和对土地与战利品的渴求的鼓舞下，他们几乎兵不血刃地涌进了小亚细亚半岛的西部。他们能够做到这点，很大程度上要归因于拜占庭帝国防御能力的衰落。本来与加齐们具有相似特性的拜占庭帝国边防军，也由于受到内讧的希腊人政府的忽视，而几乎未能对加齐们的攻势做出任何阻挠。到了公元1300年，拜占庭帝国实际上已经失去了其在小亚细亚半岛西部的大部分省份。一些部落领袖成了定居国家的统治者，有大约十个这样的加齐小国在这一地区兴起。其中的一个，其统治者名叫奥斯曼（Osman）。这个国家终将成长为一个强大的世界霸权国家——奥斯曼帝国，来填补拜占庭帝国衰亡之后留下的权力真空，并且屹立超过六百年。

---

[1] "谢赫"通常为部落长老或伊斯兰教教长的称号。

第一部分

帝国的黎明

第一章

奥斯曼王朝的早期历史隐藏在传说之中。相传,奥斯曼王朝的始祖是一位名叫埃尔图鲁尔(Ertoghrul)的小部落酋长。他率领400多名骑手,迁徙穿越小亚细亚半岛。途中他们目睹了一场战斗,交战的双方他们并不认识。在同手下人商议之后,他颇具骑士精神地选择帮助行将落败的一方,使他们得以扭转局势,夺取胜利。原来,得到帮助的是塞尔柱人的科尼亚苏丹阿拉丁(Ala-ed-Din)的部队,而被他们打败的对手则是一支蒙古军队。作为回报,阿拉丁在安纳托利亚高原以西的埃斯基谢希尔(Eskishehir)附近赏赐给埃尔图鲁尔一片封地,包括位于瑟于特(Sugut)的夏季营地和冬季营地。后来,埃尔图鲁尔又帮助江河日下的苏丹打赢了一场战斗——这次的敌人是希腊人——从而获得了更大的封地。这个传说的用意是,在奥斯曼家族和之前的统治者之间建立一种合法性的联系,而这种联系后来也得到了确认——苏丹将象征着主权的旗帜和鼓赐给了埃尔图鲁尔的儿子奥斯曼。

此外,还有一些关于奥斯曼王朝起源的传说,颇具中世纪乃至圣经时代王朝的神话的特色。传说描述了埃尔图鲁尔和其子奥斯曼所做的意义非凡的梦。据说有一次,奥斯曼在一名虔诚的穆斯林家中过夜,在就寝之前,这家的主人将一本书放在了他的房间。当他问到这本书的名字时，主人回答他说："这是《古兰经》，是神通过先知穆罕默德传达给人间的箴言。"于是，奥斯曼开始站着阅读这本书，读了一整夜，一直到清晨时分才就寝。穆斯林认为，具有预言性的梦恰恰最容易发生在清晨时分。果然，在睡梦中，奥斯曼见到了一位天使。天使对他说："你满怀敬意地阅读了我的永恒之言，你的子孙将因此而世代享有荣光。"

接下来的一个梦与一位名叫玛尔可敦（Malkatum）的女孩有关。玛尔可敦的父亲是谢赫艾德巴利（Sheikh Edebali），他是附近村庄的一位卡迪（kadi），即伊斯兰教的法官。奥斯曼苦苦追求了玛尔可敦两年，但谢赫艾德巴利就是不同意他们的婚事。有一天，睡梦中的奥斯曼得到了进一步的启示。他梦到月亮从躺在他身旁的谢赫的胸中升起。接着，这轮满月又沉入了他自己的胸膛。随后，从他的腰间生出一棵大树，大树的树荫和枝条覆盖了整个世界。在树下，奥斯曼看到了四条山脉——高加索山脉、阿特拉斯山脉、托鲁斯山脉和巴尔干山脉。从树根处又流出四条大河，分别是底格里斯河、幼发拉底河、尼罗河和多瑙河。肥沃的田野长满了庄稼，伟岸的高山遍布着密林。河谷中的城市里林立着穹顶、金字塔、方尖石碑、圆形石柱和高塔，所有的建筑顶上都点缀着新月。夜莺和色彩艳丽的鹦鹉栖身于枝条交错而气味芬芳的树丛中，它们的歌声与阳台间回响着的宣礼声相交融。

大树的叶子越来越长，最终变成了剑刃。一阵风卷起剑叶，直扑向君士坦丁堡。这座城市"坐落在两海两洲的交汇处，仿佛镶嵌在两块蓝宝石和两块翡翠之间的一颗钻石。如果帝国的版图是环抱整个世界的一枚戒指，那么君士坦丁堡就是这枚戒指上的宝石"。就在即将戴上那枚戒指的时候，奥斯曼突然醒了。他把这个梦讲给艾德巴利听，艾德巴利告诉他，这个梦是神的启示。艾德巴利终于同意将女儿嫁给他，并且坚信这个梦预示了他们的子孙将拥有权力和荣光。奥斯曼与玛尔可敦的婚礼按照最严格的伊斯兰教仪式举行，并由一位神圣的伊斯兰托钵僧主持。作为答谢，奥斯曼后来为这位托钵僧兴建了一座寺院，并将富裕的村庄和肥沃的土地赏赐给这座寺院。

第一个关于梦的传说表明，在他们刚刚定居于埃斯基谢希尔地区的时候，奥斯曼和他的子民——奥斯曼人——还不是穆斯林。11世纪，小亚细亚迎来了第一批土耳其移民。他们跟随着塞尔柱军队而来，其中大部分人都因为接触过阿拉伯世界的穆斯林而皈依了伊斯兰教。然而，13世纪时迁徙来的第二批土耳其移民则多为异教徒，奥斯曼人很可能属于此类。他们当中的大部分人并非主动迁徙的移民，而是难民。同样并不信奉伊斯兰教的蒙古部族的入侵，迫使他们向西迁徙。他们中的很多人留在了靠近东方的地区，希望在蒙古人撤退以后，可以重返自己的家园。另外一些更为好斗的部落，则进入了塞尔柱人的领地。

其中就包括奥斯曼人，他们随后获得了阿拉丁苏丹的保护。阿拉丁没有选择将他们作为雇佣兵编入自己的军队，而是在局势纷乱的边境地区赐予他们土地，希望他们可以维持当地的秩序，或者为了保卫自己刚刚获得的领地而对抗拜占庭帝国的希腊人。很可能就在这样的情境之下，埃尔图鲁尔和奥斯曼的追随者们皈依了伊斯兰教。对于本来就具备游牧民族优点和土库曼边疆战士式的战斗素养的奥斯曼人来说，皈依伊斯兰教可谓如虎添翼，因为新的信仰使他们获得了新的战斗热情，让他们热切地渴望成为守卫伊斯兰教的加齐，去击败信仰异教的基督徒。

奥斯曼的追随者并不单纯将自己视作土耳其人——土耳其人是对土耳其斯坦的居民的统称——而是将自己视作奥斯曼人。然而，在这一时期，奥斯曼人与同为土耳其人的邻居之间并没有什么明显的区别。在塞尔柱帝国和蒙古在当地的保护国覆亡之后，奥斯曼人的国家只是继承帝国版图的十个公国[1]中的一个，而且是比较小的一个。奥斯曼人的帝国伟业要归功于地理位置上的一个巧合：他们的领地位于小亚细亚半岛的西北角，这个位置颇具战略意义。当拜占庭帝国日渐衰弱的时候，他们的领地恰好与拜占庭帝国的亚洲领土接壤。此外，从奥斯曼人的领地出发，还可以很容易地抵达大海，并借由海路到达欧洲的巴尔干地区。

与其他边疆战士不同的是，奥斯曼人善于将军事征服的成果转化为有效的政治组织。奥斯曼本人不仅是一名出色的战士，也是一位杰出的管理者。他还任命岳父艾德巴利为维齐尔（vezir, vizier）[2]，并得到他的襄助。奥斯曼是一位睿智而具有耐心的统治者。他的部众之所以满怀敬意地效忠于他，既不是因为他的勇武，更不是因为他有着某种半神式的宗教地位，而是因为他的沉着冷静和不可抗拒的魅力。奥斯曼的身上有一种天然高人一等的权威感。他从未试图通过控制别人来树立这种权威感。不论是在军事上还是在政务上，

---

[1] 原文"principality"，其首领的身份可能是"贝伊""埃米尔"或"汗"，相应的国家也有"贝伊领""埃米尔国""酋长国""汗国"等。通过参考国内相关著作，并出于统一考虑，本书将统称其为"公国"。

[2] 维齐尔大约相当于高级的行政顾问或大臣。

哪怕是那些能力不亚于他甚至超过他的人,都会对他满怀敬意,心中只有忠诚,而不会燃起一丝敌意。正如赫伯特·亚当斯·吉本(Herbert Adams Gibbons)所描述的那样,奥斯曼是一个"能够驾驭恃才傲物者的伟人"。他的追随者们前来服侍他,十分和谐地与他共事,认真地为这个成长中的小国打造足以确保其长治久安的基石,塑造强大的内部凝聚力。与此同时,他们统率着自己的军队进行扩张,并以贝伊(bey)[1]的身份管理新征服的土地。尽管享有半自治的政治地位,他们总能协调彼此的行动,并且恭顺地执行领袖发布的命令。

满怀宗教热忱的奥斯曼为他的国家带来了单一的信仰和早期穆斯林式的狂热(这种狂热来自他伟大的先辈、与他本人同名的一位哈里发[2])。较之权力和财富,奥斯曼更珍视公正。与此同时,奥斯曼和他的继任者们都凭借不可分割、独一无二的君权统治国家。因此,早期的奥斯曼国家就免于像其他的塞尔柱小公国那样出现内部的纷争。作为在一个全新的环境白手起家的民族,奥斯曼人具有耐心、意志力和忍耐力。他们以实际而富有建设性的态度,让自己逐渐适应统治区域的社会和经济环境。

奥斯曼人不断地开发自身拥有的资源,并且在知识、宗教、生产和商业等各个方面利用城镇化水平更高的邻国的资源。渐渐地,来自更遥远的内陆地区的人,也被吸引到位于边疆地区的奥斯曼人的领地,以躲避内部的纷争,并在这里寻求新的生活。最重要的是,奥斯曼人从希腊人身上学到了行政和其他方面的技巧,精明地

---

1 "贝伊"是突厥语中"首领"或"酋长"的意思,在奥斯曼帝国时期泛指地方的执政者。
2 奥斯曼哈里发是继承先知穆罕默德权威的四大哈里发的第三位,644—656年在位。

从垂死的拜占庭帝国最后的亚洲飞地上学习他们的统治方法。与早期的阿拉伯征服者给外界留下的印象相反，奥斯曼人并不会带着宗教狂热与敌人打交道。奥斯曼人身边的希腊人要多过土耳其人。尽管周边村庄和城堡的主人都是基督徒，但奥斯曼总是能够友善地对待他们。在他最亲密的伙伴中，就包括两个希腊家族——米海尔家族（Michaeloğli）和马科斯家族（Marcozoğli）。这两个家族是米海尔（Michael）和马科斯（Marcos）的子孙，这两人曾经是奥斯曼的敌人，后来却成了他忠实的朋友和支持者。正是奥斯曼的缘故，他们也皈依了伊斯兰教。

在奥斯曼人的领土内，并没有出现基督徒的大规模伊斯兰化，更谈不上强迫他们皈依伊斯兰教。不过，出于个人原因和利益驱使，有一些基督徒主动皈依了伊斯兰教。由于君士坦丁堡的中央权力在逐渐衰竭，一些基督徒感到自己已经被统治者所遗忘。因此，出于现实的考量，他们宁愿选择在奥斯曼人的统治下过上较为有序而安全的生活；而皈依伊斯兰教可以让他们获得更多的机遇，并且免于承担沉重的赋税。在精神层面上，随着东正教会权威的衰落，这些生活在亚洲的希腊人开始受到新的信仰的感召。而从社会层面上看，无论是在背景还是在生活习惯上，他们与他们的奥斯曼邻居也并没有什么显著的差别。不论是否皈依了伊斯兰教，他们都很容易适应奥斯曼式的生活。土耳其人和希腊人之间的通婚变得越来越常见，从而催生出一个日益壮大的血统混杂的群体。

有一个事实变得越发明显——奥斯曼土耳其人不再仅仅是一群游牧民，而是定居者、创造者和建设者。随着时间的推移，他们在小亚细亚西北角山峦起伏的领地内部，衍生出一种特有的、源于当地各民族文化的边地文明。他们的文明混杂了亚洲与欧洲、穆斯林与基督徒、土耳其人与土库曼人、游牧民族与定居民族的种种特征，注重实用，而不像东方那些由土耳其人建立的其他封建国家那样信守更为正统的文化和社会约束。有了这样的社会雏形，奥斯曼土耳其人最终将承担起继承和改造拜占庭文明的使命，正如当年的塞尔柱土耳其人的帝国填补了阿拉伯帝国衰亡后留下的空白，甚或是更早的拜占庭文明继承了罗马那样。

奥斯曼本人并不急于为了开疆拓土而与他的邻居兵戎相见。他观察，等待，与邻国共存，同时又向它们学习，最终缓慢而又志在必得地一点点蚕食拜占庭帝国的领土。在拜占庭帝国残存的亚洲领土上，有三座防御森严的城市：位于南方的是布尔萨（Bursa），这座坐落在奥林匹斯山（Mount Olympus）[1]山坡上的城市控制着富庶的比提尼亚平原（Bithynian plain）；在中部的是这一地区实际上的首府尼西亚（Nicaea），坐落在一个湖泊[2]的东岸；位于北方的是尼科米底亚港（Nicomedia），从那里延伸出的狭长海湾控制着通往君士坦丁堡的海路，这座城市还扼守着通往黑海的陆路。从奥斯曼的都城到这三座城市，都仅有一天的路程。然而，奥斯曼却没有攻击过它们中的任何一个。从埃尔图鲁尔统治埃斯基谢希尔的时代算起，时间已经过去了60年，但在这60年中只在乡间发生过零星的战争，奥斯曼人的领土也仅仅向前推进了60英里（约96千米）——从"老城"埃斯基谢希尔到"新城"耶尼谢希尔（Yenishehir）。奥斯曼人的扩张阻断了尼西亚和布尔萨之间的交通。

---

1 这个奥林匹斯山是今土耳其布尔达省的乌鲁达山（Uludağ），并非希腊的奥林匹斯山。
2 指伊兹尼克湖。尼西亚今名伊兹尼克。

但是，奥斯曼仍然在等待时机。他很清楚自己的弱点，也知道在这样一个对君士坦丁堡而言至关重要的地区，其城市的防御会有多么的坚固。与此同时，他的力量一直在增强。因为他的声望，他手下的军队数量已经从埃尔图鲁尔时期的400人发展到了4 000人。还有一些寻找生计的战士穿过边界，从邻国投奔而来；就连拜占庭帝国的许多希腊人边防军士兵，也由于不受重视、被罚没财产或遭受来自君士坦丁堡的其他压迫而改换门庭。

一直到14世纪的第一年，也就是奥斯曼即位贝伊（1289）之后的第12年，他才第一次与拜占庭帝国军队发生直接冲突。奥斯曼率军攻打了科云希萨尔[Koyun Hisar, 希腊人称之为巴菲翁（Baphaeon）]。希腊人试图阻止奥斯曼军队进入尼科米底亚城下丰饶的山谷地带，结果却被奥斯曼人迅猛的骑兵冲锋轻而易举地击溃。帝国军队居然被一个默默无闻的土库曼酋长击败，这让拜占庭帝国感到十分忧虑，并且开始认真审视奥斯曼这个对手。这场胜利也让奥斯曼名扬四邻，圣战士们从安纳托利亚的各个地方涌来投入他的麾下，以能够成为奥斯曼人为荣。奥斯曼的公国如今真正成了为人景仰的国度。

然而，奥斯曼无意乘胜攻取尼科米底亚，他的部队心满意足地在该城周围的土地上大肆破坏了一番。七年之后，奥斯曼认为自己做好了再度出战的准备，于是发兵攻打阿克希萨尔（Ak Hisar）。萨卡里亚河[Sakarya, 希腊人称之为珊伽里奥斯河（Sangarius）]的海拔逐渐降低，最终流入尼科米底亚后方的平原，而阿克希萨尔的城堡正扼守着河流的下游。奥斯曼成功地夺取了阿克希萨尔，打开了通往大海的道路。奥斯曼的军队第一次来到博斯普鲁斯海峡，并逐渐夺取了海峡东侧、小亚细亚半岛沿岸的港口和城堡，进而又突入马尔马拉海，占领了卡洛利米尼岛（Kalolimini）。这样一来，奥斯曼就阻断了分别从布尔萨和尼科米底亚出发到君士坦丁堡的两条海路，隔绝了布尔萨和尼科米底亚。接着，奥斯曼的军队从陆路进攻布尔萨，最终在1326年攻克了这座城市。而此时，奥斯曼也已经奄奄一息。

在长达七年的围城战之后，希腊人丢掉了布尔萨的城郊。雪上加霜的是，此时君士坦丁堡发生了内乱，两位共治的皇帝忙于皇室内斗，无暇支援布尔萨的守军。看到士兵们士气低落，希腊守军的指挥官埃维里诺斯（Evrenos）和其他领导者献城投降，并且皈依了伊斯兰教。于是，在奥林匹斯山富饶的坡地上，奥斯曼人建立了帝国的第一个首都。他们为这座城市新建了一座座不朽的建筑，渐渐地将其改造为充满艺术和学术气息的文明之都。尽管在帝国的版图扩张到欧洲之后，布尔萨失去了帝国首都的地位，但它一直都是帝国的圣城。最重要的是，由于拥有众多的神学院、伊斯兰教法学校以及教育的传统，布尔萨变成了一座教育之都和乌理玛（ulema，即伊斯兰教学者）聚集的中心。身为神职人员的乌理玛们代表了伊斯兰教的传统原则，与加齐们自由而通常带有非正统色彩的武士精神互为补充。在奥斯曼国家几百年的历史进程中，乌理玛们一直扮演着重要的角色，时而引导国家前行，时而成为制约性的力量。

奥斯曼死后被安葬在布尔萨，他的陵寝居高临下地眺望着大海那边的君士坦丁堡。后来，他的几位继任者死后也被安葬在布尔萨，这座城市因而成了伊斯兰教的一处圣地。他的陵墓上镌刻着一句著名的祈祷词。在接下来的几个世纪中，每一位奥斯曼的继承者的即位仪式，都会给新皇配上奥斯曼之剑，并咏诵这句祈祷词："愿他媲美奥斯曼！"诚然，按照早期穆斯林的标准，奥斯曼确可谓是一个楷模。他在临终前教诲他的儿子说："以正义为大地增色，以胜利告慰我远去的灵魂……用你的武力弘扬宗教。给博学者以荣光，使真主之律法在人间确立。"

奥斯曼在历史上扮演的角色，是一位将一个民族聚拢在自己身边的酋长。而他的儿子奥尔汗（Orkhan）的使命，是将这个民族锻造成一个国家。到了奥斯曼的孙子穆拉德一世（Murad I）的时代，其使命是将这个国家扩展为一个帝国。一位生活在19世纪的奥斯曼诗人恰如其分地赞颂了他们的政治成就："我们将一个部落变成了一个降服世界的霸权。"

奥斯曼国家和帝国的缔造，很大程度上要归功于加齐战士的传统和社会制度。这个国家对这些为信仰而战的勇士也有着强烈的依赖。各种组织或兄弟会以伊斯兰教教规作为评判善恶的标准，这些道德准则构成了人们共同生活的基石。加齐们所坚守的传统就根植于这样的土壤之中。这些传统主要来源于宗教，同时融合了抽象的理念和非正统的神秘主义思想，并且在具体而实际的事务上体现出来。在城镇里，这些传统融入商人和匠人行会之中；在边境地带和村庄里，这些传统与对宗教和战争近乎狂热的热情相结合，催生出诸如"Akhis"[1]这样的军事性质的兄弟会。这些军事兄弟会与基督教世界的骑士团十分相似，也崇尚豪侠精神，成员之间相互负有义务，

---

[1] 意为"兄弟"。

并且像早期的伊斯兰神秘主义团体一样举行聚会。

关于这些兄弟会，14世纪的旅行家伊本·白图泰（Ibn Battuta）曾经这样写道：

> 在这个世界上，再也找不到像他们这样的团体——对陌生人关怀备至，为穷困者送上食物，制止暴虐的行径，诛杀官府的代理人和追随他们的恶棍。行业里的成员、其他未婚的年轻人和过起禁欲生活的人会聚集在一起，选出一位领袖。在他们的用语中，就称这位领袖为"akhi"。

一位衣衫褴褛、头戴毡帽的鞋匠邀请伊本·白图泰来到一处接待所。这位鞋匠是一位兄弟会早期的领袖，他和"大约200名来自各行各业的人"一起兴建了这处接待所，用来接待旅行者和其他客人。为了这项共同的事业，他们把自己白天赚的钱全部捐了出来。这个接待所

> 是一栋精致的建筑，地上铺着精美的绣毯，室内到处是伊拉克玻璃的光辉……穿着长袍和靴子的年轻人排成行站在房间里……他们头上戴着白色的羊毛帽子，帽子的顶上有大约一肘尺[1]长的帽尾……在我们加入他们之后，他们用水果和蜜饯款待我们，接着又开始唱歌跳舞。在这里看到的一切，都让我对他们心怀敬意，他们的慷慨和由内而外散发出的高贵让我们深

---

[1] 肘尺（cubit）是古时中亚的长度单位，从中指指尖到肘的前臂长度，1肘尺大约在45至55厘米之间。

感惊讶。

在布尔萨,伊本·白图泰得到了奥尔汗苏丹的接见。

(奥尔汗苏丹)是土耳其人最伟大的"王中之王",拥有最多的财富、土地和军队。他拥有上百座城堡,并把他的大多数时间用在视察这些城堡上……据说,他从来不会在哪一座城镇里住满一个月。他还持续不断地与异教徒作战,围攻他们的城市。

奥尔汗是奥斯曼两个儿子中较年幼的那个,但他由于在军事方面才能出众,被奥斯曼指定为继承人。与奥尔汗相反,奥斯曼的长子阿拉丁(Ala-ed-Din)是一个醉心于学术的人,专注于法律和宗教的研究。据说,奥尔汗曾提出与兄长分享他所继承的家业,但阿拉丁谢绝了他的好意。奥尔汗说:"我的兄长,既然你不愿意接受我给你的羊群和牛群,那么你至少应该成为我的臣民的牧羊人,应该成为我的维齐尔。"于是,阿拉丁开始负责国家的行政事务、军队的组织和新法案的起草,直到他在七年之后去世。

定都布尔萨的奥尔汗获得了这样的称号:"苏丹,众加齐的苏丹之子[1];加齐,加齐之子[2],世界之英雄。"在布尔萨,他铸造了奥斯曼人历史上第一枚银币,以取代塞尔柱人铸造的货币。在他铸造的银币上,镌刻着"愿真主长保奥斯曼之子奥尔汗之帝国"的

---

[1] "众加齐的苏丹"指的是先帝奥斯曼。
[2] "加齐之子"中的"加齐"指的是先帝奥斯曼。

字样。奥尔汗的使命是完成其父未竟的事业：将奥斯曼聚拢起来的各色人群整合成一个有生命力的国家；完成征讨，扩大疆土；团结在疆土内生活的居民，为帝国打造出一个新的核心。比起奥斯曼，奥尔汗的肤色更浅，举止更优雅，仪容更伟岸，但他也像其父一样朴素而公正，既不狂热，也不奸诈，更不残忍。不论是在战场上还是在行政方面，奥尔汗的眼界都比其父更开阔，也更具有行动力。他之所以能够完成使命，靠的是无穷无尽的精力和做事时专一的目的性。更重要的是，他在处理纷杂的国事和外交技巧方面都有过人之处。

首先，尼西亚和尼科米底亚还没有被征服。这两座城堡拥有高耸的城墙，难以强攻。布尔萨的陷落，主因是君士坦丁堡未能给予支援。而当奥尔汗把目光投向尼西亚时，拜占庭帝国皇帝安德洛尼卡三世（Andronicus III）感到有责任援救尼西亚。毕竟，当拉丁帝国在一个世纪之前占据了君士坦丁堡时，尼西亚曾是拜占庭帝国的首都。然而，1329 年，安德洛尼卡三世在佩莱卡农 [Pelecanon，即今天的曼尼亚斯（Manyas）] 与奥斯曼人交战时负伤，随即置其大军于不顾，匆忙逃回了君士坦丁堡。于是，其残余的军队也跟着四散奔逃。至此，尼西亚的守军只好选择投降。大约八年之后，尼科米底亚的守军也向奥斯曼军队投降。

这三座城市的陷落，很大程度上是由经济因素决定的。这三座城市要想生存，就必须依靠其周边乡村的支持。然而，这些土地已经全部落入了奥斯曼人之手。不仅如此，奥斯曼人并非只是在这些地方劫掠，而是永久性地定居于此，君士坦丁堡方面也没有能力改变这一现实。这样一来，实际上已经被抛弃的市民们就别无选择，只能投降。根据投降时商定的条件，这些城市的居民可以选择前往君士坦丁堡，但这样做的人并不太多。更多的人选择留在当地，继续从事他们的营生，在这个欣欣向荣、取代了旧有世界的新世界里扮演自己的角色。据说，到奥尔汗驾崩之时，其国境内的人口总数已经增长到50多万人，与传说中埃尔图鲁尔时期的400多名骑手相比，可谓天壤之别。

尽管奥斯曼帝国对基督徒十分宽容，但从本质上说，它依然是一个穆斯林占大多数的国家，宗教信仰是其国家认同中最重要的一环。尽管穆斯林和基督徒实现了和平共存，但在他们之间仍然要保留一些差别。这种差别主要体现在土地和对土地的分配方面。只有穆斯林有服兵役的义务，因此也只有穆斯林才有权拥有土地。作为为国服役的奖励，土地被分配给穆斯林；国家也由此可以从免除纳税义务的军事封地上征募兵员。基督徒不需要服兵役，因此也不能获得土地。他们需要支付人头税以贴补军费。因此，在乡村地区，没有土地的基督徒就不得不向拥有土地的穆斯林卑躬屈膝。于是，基督徒就更倾向于在城市或城镇中生活、工作，因为在这些地方，他们在土地权利上的劣势可以被经济条件上的优势所抵消。但是，如果一个基督徒主动选择皈依伊斯兰教，他就可以自动成为奥斯曼人，没人会再去计较他原本的出身。他可以不再纳税，有权拥有土地，有机会获得晋升，并且作为穆斯林统治阶层的一员分享其他收益。因此，在这一时期，奥斯曼帝国的亚洲版图上有越来越多的人选择皈依伊斯兰教。

尽管都是一种封建土地制度，但是奥斯曼的军事封地土地所有制度与欧洲的封建土地制度有着本质上的不同。其区别在于，奥斯曼的军事封地通常面积狭小，且几乎都是不可世袭的，所有土地都是国家的财产。因此，在这一时期，奥斯曼帝国的领土上就没有出现遍布欧洲的那种拥有土地的贵族。苏丹对自己征服的土地保有绝对的所有权。他们随着征服更多的地方，就会获得更多的土地，可以用来奖励更多的士兵。在其兄长阿拉丁的建议下，奥尔汗构建起来这样一个体系框架，使得奥斯曼帝国的君主可以拥有一支直接听命于己、随时可以投入战斗、由职业军人组成的常备军。而这一点，在接下来的两个世纪中，欧洲人都没有能够做到。

在其父奥斯曼的军中，士兵只有一种来源：被称作"阿金基"（akinjis，即掠夺者）的土库曼骑兵。要招募这些非正规的志愿军，只需要在村子里喊"谁要去打仗"就可以了。他们都是老练的骑手，"像一堵墙一样"一同行动。除了从军事封地上征集士兵之外，奥尔汗也会征调阿金基参战。他将阿金基编组成斥候骑兵的前卫部队，用来在大部队发动攻击前扫清障碍。由于他们的任务危险性最高，奥尔汗也赐予他们最多的土地，以确保他们的忠诚。阿金基在执行任务时还会得到向导"恰武什"（chavush）和领取军饷的正规骑兵部队"西帕希"（sipahis）的支持。

奥尔汗还会招募被称作"阿扎布"（azabs）的非正规步兵，他们的角色是在战阵的最前方充当炮灰，吸引敌人的火力。敌人往往会惊奇地发现，在这些非正规步兵的身后，是经过精挑细选、更有纪律性、也更难对付的第二梯队。第二梯队的士兵是从领取军饷的常备军（"kapu-kulu ojaks"）中挑选出来的，经受过良好的集体训练，由他们熟悉而尊敬的指挥官统领。与那个时期流行的雇佣兵不同，他们团结一致，忠于君主，认同君主的目标，也相信君主会通过晋升和其他奖赏来维护他们的利益。理论上，他们一直"在苏丹的大帐之前"，服从于苏丹的绝对权威。虽然他们通常都要服从指挥官的命令，但由于指挥官也是代表君主行事，所以士兵们一直都在直接或间接地服务于君主。团结一心是这些新兴的奥斯曼正规军的战斗力基石。而他们的战斗力的另一个基石，在于他们时时都做好了战斗的准备。

奥斯曼人总是枕戈待旦，从不会被敌人打一个措手不及。奥斯曼军队有着一流的情报系统，总是可以知道敌人于何时向何地进攻。另外，他们的向导也十分出色。旅行者贝特朗·德·布罗基耶（Bertrand de Broquière）曾这样描述奥斯曼军队：

> 他们可以突然开拔，1万名奥斯曼人发出的声响有时候会比100名基督徒士兵发出的声响还小。鼓声一响，奥斯曼军队就立即开始行军，从不会走乱步伐；除非得到命令，否则绝不停歇。他们总是轻装上阵，基督教军队要走三天的路程，他们一夜之间就可以走完。

这正体现了奥斯曼人的军事天赋。他们吃苦耐劳、顽强、守纪律，并且在几个世纪的游牧生活中锤炼出了迅速机动的能力。奥斯曼人在组织和战术方面的能力，也让他们的军队成为出色的战争机器。他们无敌于天下的战斗力将把这个国家打造成一个帝国。作为游牧民族，奥斯曼人在与生俱来的迁徙冲动的驱使下，曾有意识地一路西行，以寻找新的牧场。在皈依伊斯兰教之后，他们的迁徙冲动得到了升华和进一步的激发。根据真主之律法，他们作为加齐，负有在"战争之地"（Dar-el-Harb）[1]寻找并击败异教徒的宗教使命：袭击并占领异教徒的土地，夺取他们的财产，杀掉或俘获异教徒，并将异教徒的社会置于穆斯林的统治之下。另外，社会和经济上的因素也在驱使他们进行扩张。游牧民、非正统的穆斯林和冒险者，以及来自安纳托利亚中部各公国的各类移民，正在源源不断地涌入与拜占庭帝国邻近的前沿地区，给此地带来了人口方面的压力。因此，这些来自中亚大草原的土耳其人，现在需要面对一项陌生而冷酷的新事物——大海。到14世纪中叶，他们已经做好了进军欧洲的准备。

---

1 早期穆斯林相信，世界分为两部分："和平之地"，即由穆斯林统治的地区；"战争之地"，即伊斯兰教法没有得到施行的地区。这一内容并没有出现在《古兰经》中，而是在阿拉伯帝国的扩张于8世纪受挫后开始出现。

第二章

与蒙古人横贯亚洲的疾速扩张不同，土耳其人进入欧洲的过程称不上突然，而是一种缓慢的渗透过程。这也是拜占庭帝国的衰亡带来的必然结果。其中一个不可或缺的因素，是基督教世界在宗教上的不统一和由此导致的政治上的不团结——西方对抗东方、天主教对抗东正教、罗马人对抗希腊人。在13世纪伊始，这种不团结达到了顶峰：在第四次十字军东征中，来自拉丁国家[1]的骑士们没有按预先的计划去进攻圣地[2]的穆斯林，而是背信弃义地袭击了由同是基督徒的希腊人控制的君士坦丁堡。1204年，十字军夺取并洗劫了君士坦丁堡，随后在这里建立了拉丁帝国，掌管拜占庭帝国在欧洲的大部分残余领土。由于内部纷争频仍，拉丁帝国是一个只存在了半个多世纪的短命帝国。与此同时，希腊人以尼西亚为首都，继续控制拜占庭帝国在亚洲的领土。1261年，他们重新夺回了君士坦丁堡。

然而，从长远来看，第四次十字军东征对拜占庭帝国的打击是致命的。尽管拜占庭帝国在此后又苟延残喘了两个世纪，但比起往

---

1 拉丁国家指信奉天主教的国家，相对于信奉东正教和伊斯兰教的国家。
2 这里的圣地大体指约旦河和地中海之间包括约旦河东岸的地区，相当于今天的以色列、巴勒斯坦、约旦西部、黎巴嫩南部部分地区和叙利亚西南部。

日的自己，它只能算是一个幽灵。对拜占庭帝国来说，其过去作为世界权力和文明中心的光辉已经消失了。它再也无法恢复以往的国力，也不再像以前那样能够高枕无忧。它的国土大幅度缩水，先后丢掉了保加利亚、塞尔维亚和马其顿。君士坦丁堡大半被毁，财富丧失，人口锐减。它与东方的贸易关系也中断了，西方与东方剩余的贸易往来都掌握在威尼斯人和热那亚人手中。拜占庭帝国与罗马教皇和拉丁国家的宗教纷争也达到了前所未有的高度。在拜占庭帝国内部，权力分散，社会动荡，财政瘫痪。

在这样的关键时刻，拜占庭帝国也没能迎来有能力让国家团结一心、重获新生的统治者。在夺回君士坦丁堡之后，巴列奥略王朝的统治者们未能给国家带来复兴（除了在艺术领域），反而长期陷入腐化堕落的生活之中。在那场基督徒之间不光彩的战争之后，拜占庭帝国的皇室陷入内乱，内战时有发生。儿子对抗父亲，孙子对抗祖父，篡位者对抗合法的君主。这种分裂的状态不可避免地为土耳其人所利用——他们正为了伊斯兰圣战的目标而空前团结。在土耳其人看来，他们根本无须入侵欧洲，因为他们是被请进欧洲的。

最初，他们扮演的是熟悉的雇佣兵的角色，就像他们三个世纪前在阿拉伯帝国的阿拔斯王朝所做的那样。首先这样做的是定居在黑海西岸多布罗加（Dobruja）的一群土库曼人。当时，拜占庭帝国在位的是巴列奥略王朝的第一位皇帝米海尔八世（Michael VIII），他曾经在君士坦丁堡被十字军占领期间在塞尔柱人的宫廷流亡。风水轮流转，这时，有一位名叫伊兹丁（Izzed-Din）的塞尔柱苏丹，在遭到废黜后躲在君士坦丁堡避难。这群土库曼人赶到君士坦丁堡来帮助伊兹丁。在向拜占庭皇帝威胁性地展示了武力之后，他们成功地让拜占庭人释放了这位苏丹，并带他去了克里米亚。不过，伊兹丁的儿子和他的一部分卫兵留在了君士坦丁堡，皈依了基督教，并以他们为核心组成了一支规模日渐增长的土耳其人部队。拜占庭帝国也很乐于得到这样一支部队的支援。

14世纪伊始，拜占庭皇帝安德洛尼卡二世（Andronicus II）又将一支实力强劲的雇佣兵部队招募到自己的麾下。这群来自加泰罗尼亚大佣兵团（Catalan Grand Company）的雇佣兵，由目无法纪的佣兵头子罗杰·德弗洛尔（Roger de Flor）率领。加泰罗尼亚人在君士坦丁堡惹出乱子之后，罗杰·德弗洛尔带领他们进入了小亚细亚半岛。在这里，他们成功地击败了土耳其人，但是抢走了本应属于希腊人的那一份战利品。最终，加泰罗尼亚雇佣兵与希腊人之间的矛盾演变成了公开的冲突。加泰罗尼亚人以加里波利（Gallipoli）为基地，试图在这里自行建国。接着，拜占庭皇帝十分不明智地指使人在自己的宫殿里杀死了罗杰·德弗洛尔。结果，原本是被招募来保卫拜占庭帝国的加泰罗尼亚人开始视希腊人如仇雠，并且联络小亚细亚的土耳其人共同对抗拜占庭帝国。

就这样，这群加泰罗尼亚人率先将有组织的土耳其人引入了欧洲，对抗希腊人。后来，加泰罗尼亚人躲到了色萨利（Thessaly）地区，却把大量的土耳其人留在了色雷斯和马其顿。他们阻断交通，制造混乱。这些土耳其人的头领哈利勒（Halil）与希腊人达成了协议，同意带领土耳其人离开这一地区，条件是希腊人要确保他们可以安全地通过博斯普鲁斯海峡。然而，希腊人却违反协议，试图夺取土耳其人携带的战利品。于是，哈利勒从亚洲召来了援军，击败了拜占庭军队,年轻的拜占庭皇帝米海尔九世(Michael IX)[1]落荒而逃。获胜的土耳其人还戏谑地戴上了拜占庭皇帝的皇冠。最终,拜占庭皇帝只好调来了塞尔维亚军队,才终于赶走了这些土耳其人。

从此之后,来自小亚细亚半岛各公国的土耳其人就开始不停地袭扰拜占庭帝国欧洲部分的岛屿和海岸,这种海盗式的劫掠贯穿了整个14世纪。只是这些土耳其人彼此之间也有矛盾,因而才未能形成共同入侵的局面。有的时候,帮助希腊人作战的土耳其人甚至和来犯的土耳其人一样多。参与侵袭的族群中还包括来自黑海以北的鞑靼人。这些与土耳其人有着相近的血缘和习俗的人群,一批批从俄罗斯南部涌入克里米亚,最西曾到达匈牙利。与此同时,由于来自小亚细亚半岛上艾登(Aydin)公国的土耳其海盗们不停地骚扰爱琴海上的岛屿,教皇的军队发动了一次"十字军远征",并夺取了士麦那城(Smyrna)。

奥斯曼人没有参与这些针对拜占庭帝国的敌对行为。他们精明地看到,这些风波只会削弱与他们存在竞争关系的那些土耳其邻邦。到了1330年,即便奥斯曼人控制了博斯普鲁斯海峡东侧的海岸,已经可以与君士坦丁堡隔海相望,他们依旧没有改变以耐心谨慎为上的政策,一直等到七年之后才跨越海峡,挺进欧洲。

奥斯曼人之所以进入欧洲,是受到了拜占庭帝国高官、篡位者约翰·坎塔库尊(John Cantacuzene)的邀请。约翰·坎塔库尊是一位兼具能力和野心的领袖,他自立为帝,反对还只是个孩童的合法皇帝约翰·巴列奥略(John Palaeologue),并在随后的内战中取得了

---

[1] 此时,米海尔九世与其父安德洛尼卡二世为拜占庭帝国的共治皇帝。

土耳其人的支持。为了换取土耳其人的军事援助，坎塔库尊提出将女儿狄奥多拉（Theodora）许配给奥尔汗。尽管奥尔汗也得到了约翰·坎塔库尊的对手的示好，但他还是立刻同意了坎塔库尊的提议。1345年，6 000余名奥斯曼帝国的军人跨过海峡来到了欧洲。他们帮助篡位者从约翰·巴列奥略手中夺取了黑海沿岸的数座城市，还在色雷斯大肆破坏，武力威胁阿德里安堡[Adrianople，即今天的埃迪尔内（Edirne），位于君士坦丁堡西北方]，甚至围攻君士坦丁堡。

第二年，在欧洲的海岸上，人们为拜占庭公主和奥斯曼苏丹的结合举行了隆重的庆祝仪式。奥尔汗则在海峡对岸的斯库塔里（Scutari）扎营，并派遣一支由30艘船组成的奥斯曼船队和一支骑兵卫队，前往位于塞利布里亚（Selymbria）的拜占庭皇帝的大营，从铺有地毯的华丽大帐中接走了他的新娘。吉本将接下来发生的一幕称作"紫色之耻"，他写道：

> 狄奥多拉登上了一个由丝绸和黄金帷幕环绕着的宝座，四周的军人全副武装，只有皇帝还骑在马上。在接到信号之后，人们突然撤掉了四周的帷幔，新娘——或者说牺牲品——暴露在众人的面前，跪在地上的宦官和婚礼火把环绕着她。长笛和小号宣告着这一喜悦的时刻；那个时代最好的诗人唱起婚礼赞歌，吟诵着她虚假的欢喜。没有经过任何基督教的仪式，狄奥多拉就被送给了她的野蛮人夫君。不过，根据约定，她在布尔萨的后宫里可以保留自己的宗教信仰。她的父亲则在这前途未卜的时刻庆贺着她的仁慈与奉献。

狄奥多拉的确为与她同样信仰基督教的一些人带来了好处：她购买并解放了大量的基督徒奴隶和囚犯。

在与奥斯曼人联姻并结成军事同盟之后，坎塔库尊于1347年进入了君士坦丁堡。他将另一个女儿海伦嫁给了年轻的约翰·巴列奥略，并与后者互相承认对方为共治皇帝。这样一来，奥斯曼土耳其人就在欧洲有了稳固的地位，而不是仅仅占有一两处立足点。在欧洲，他们不再是敌人，而是拜占庭帝国的盟友和亲戚。他们的苏丹是一位拜占庭皇帝的女婿，还是另一位拜占庭皇帝的连襟；此外，他还是邻国保加利亚的沙皇的女婿。

而这些关系并不妨碍奥尔汗接受其他势力的示好，比如拜占庭帝国的敌人斯泰凡·杜尚（Stephen Dushan）。斯泰凡·杜尚已经将他的塞尔维亚扩张成了一个"帝国"，并自称"罗马帝国近乎全境之主"，威尼斯人甚至称呼他为"君士坦丁堡的皇帝"。然而，斯泰凡进攻君士坦丁堡的计划未能获得威尼斯人的支持。因此，他转而寻求与奥尔汗结盟，提出组成塞尔维亚和奥斯曼联军，一同进攻君士坦丁堡。为了确保他们之间的联盟关系，斯泰凡提出将他的女儿嫁给奥尔汗的儿子。奥尔汗派出使节，准备接受这一提议。然而，这个计划被坎塔库尊打破了，他派人截获了奥尔汗的使团，杀掉了其中的一些人，将另一些人囚禁起来，并且扣留了使团带给塞尔维亚"皇帝"的礼物。此后，斯泰凡和奥尔汗都没有重启谈判，因为他们的目标太过相似，很难相互达成妥协。最终，斯泰凡在1355年率领8万人的大军出征，打算独自攻取君士坦丁堡。然而，就在行军的第二天，斯泰凡就死了，他的塞尔维亚帝国也很快随之灰飞烟灭。

而时间回到 1350 年，联姻的 3 年后，坎塔库尊又召来了 2 万名奥斯曼骑兵，帮助他将塞尔维亚军队从萨洛尼卡（Salonika）附近的马其顿海滨城市赶走，从而将萨洛尼卡从斯泰凡的威胁下解救了出来。尽管奥斯曼军队没有占领任何一座城市，但是在苏丹的准许下，他们心满意足地满载着掠夺来的战利品返回了小亚细亚。两年之后，奥尔汗又帮助热那亚人在战争中对抗后者的老贸易对手威尼斯人。在这一过程中，奥尔汗也采取了对坎塔库尊的敌对行为。1352 年，威尼斯人与保加利亚人一起公开宣布支持约翰·巴列奥略，于是坎塔库尊再一次召来了 2 万名土耳其士兵，甚至不惜洗劫君士坦丁堡的教堂以支付他们的酬劳。坎塔库尊还许诺说，将把色雷斯切索尼斯（Thracian Chersonese）[1]的一座城堡送给奥尔汗。凭借奥斯曼军队的帮助，他解救了阿德里安堡，保住了他在色雷斯以及马其顿大部分地区的统治权，并宣布他的儿子马修（Matthew）为共治皇帝。

1353 年，奥尔汗的儿子苏莱曼帕夏（Suleiman Pasha）[2]率领一支奥斯曼军队渡过赫勒斯滂（Hellespont）[3]去接收坎塔库尊许诺的城堡齐贝（Tzympe）。这座城堡位于加里波利和爱琴海之间的加里波利半岛上。就在他们抵达后不久，一场地震毁坏了加里波利的部分城墙，于是苏莱曼又迅速占领了加里波利。在修复了加里波利的城墙之后，他从亚洲迁来了第一批奥斯曼移民。很快，奥斯曼人又在逃亡的基督徒抛弃的土地上建立了一系列类似的殖民地，每个殖民地

1　色雷斯切索尼斯是加里波利半岛的古称。
2　帕夏为奥斯曼帝国常用的尊称或荣誉称号。
3　赫勒斯滂是达达尼尔海峡的古称。

都由单独的穆斯林贝伊统治。[1]这些贝伊都是奥尔汗的得力战将。在他们眼中,奥尔汗与其说是他们的主子,还不如说是一名发挥黏合剂和召集人作用的战友。正是依靠他们规模庞大的私人军队,奥尔汗才得以在欧洲为他的奥斯曼帝国打下坚实的基础。与此同时,除了农民之外,来自各个省份的希腊人纷纷在各个城堡和城镇避难。由于他们主动投靠,奥斯曼人也不去骚扰他们。

以此为起点,奥斯曼人在欧洲的版图开始逐渐向西扩张,加齐们开放的边地社会也随之在欧洲扩展,给拜占庭帝国的土地染上了奥斯曼的色彩。奥斯曼人的先头部队通常会迅速突进,宽广而深入地进入敌人的领地,阻隔交通,毁坏庄稼,破坏当地的经济;奥斯曼人的主力部队紧随其后,沿着先头部队进军路线上的主要道路和通往多瑙河的四条河谷建立安纳托利亚土耳其人的定居点。不过,土耳其人起初并没有进入附近多山的地区,因为大量的当地居民就在这些山区里避难。在土耳其人向动荡的巴尔干进军的过程中,他们并没有遭遇太多的抵抗,因为他们的到来对当地受压迫的人民来说通常算得上一种解放。围绕着伊斯兰托钵僧团体设立的接待所,新的土耳其人村庄逐渐发展起来。穆斯林贝伊们在他们控制的土地上与基督徒农民建立了一种新型的社会关系,最终引发了一场社会变革。他们赶走了拥有土地所有权的世袭阶层,这些希腊人或来自拉丁国家的人此前一直在压迫和压榨其封地上的农民。取而代之的

---

[1] 土耳其人对达达尼尔海峡欧洲一侧的加里波利半岛的占领,意味着土耳其人控制了达达尼尔海峡两岸。加里波利半岛至今依然是土耳其领土,加里波利城在土耳其通行的名字是盖利博卢(Gelibolu)。而土耳其人控制博斯普鲁斯海峡,完全垄断亚欧之间的海陆交通,要等到100年后的征服者穆罕默德时代。

穆斯林贝伊们建立了一种松弛而间接的控制关系。作为领主，他们只向农民征收有限的赋税，并且取消了他们无偿劳动的旧有义务。这是因为，根据奥斯曼的法律，贝伊们并不是土地的所有者，他们只是在农民和苏丹之间承担一定职责的中间人；无论是通过征服还是其他方式得到的土地，全部归苏丹所有。正当拜占庭帝国在社会和政治层面均陷入支离破碎的境地的时候，奥斯曼人用强有力的中央集权取代了这种分裂的状态。随着奥斯曼人的扩张，与他们接壤的基督徒领主纷纷前来向苏丹称臣。他们每年向他交纳一小笔贡品，以表示臣服于这个伊斯兰国家。奥斯曼人从一开始就对基督徒采取了怀柔的政策，从而确保了当地的农民不会跟他们的领主一道反对奥斯曼的入侵。甚至他们的政策还鼓励农民揭竿而起，反对他们的基督徒领主。基督教修道院占据了越来越多的土地，基督教封建主们加在农民身上的苛捐杂税愈加繁重，对他们的虐待也愈加残酷，而奥斯曼人的到来使农民获得了解放。因此，巴尔干地区的农民们很快就开始对穆斯林入侵者持欢迎态度。奥斯曼化给巴尔干农民带来了意想不到的好处，其中就包括法律和秩序的重建。正如后来一位法国旅行者所写的那样："乡间十分安全，也没有听到过任何有关土匪或剪径大盗的消息。"——而在当时的基督教世界的任何地方，都远没有这么安宁。

在这一阶段，奥斯曼人控制了加里波利半岛的大部分地区和马尔马拉海的欧洲沿岸。在其控制下的领土到君士坦丁堡的最短距离只有几英里。感到局面不稳的坎塔库尊指责奥尔汗背信弃义，提出出价1万枚达克特金币[1]赎回齐贝。奥尔汗很清楚,只要他愿意,他随时有能力重新夺回齐贝,于是接受了坎塔库尊的提议。但是,奥尔汗坚决拒绝交出加里波利。他宣称,他得到加里波利凭借的不是武力,而是真主的旨意,并且拒绝再就此问题展开谈判。凭借真主的帮助,奥斯曼土耳其人注定应当留在加里波利。

坎塔库尊感到自己被彻彻底底地羞辱了。在国外,巴尔干地区的基督教国家塞尔维亚和保加利亚都拒绝向拜占庭帝国伸出援手。保加利亚沙皇讥讽他说,坎塔库尊之前亵渎神明地与土耳其人结盟,现在的苦果是他罪有应得,拜占庭人应该自己去应付这场风暴。"如果土耳其人来找我们的麻烦,"他补充道,"我们知道该怎样保护自己。"在国内,君士坦丁堡的居民揭竿而起反对约翰·坎塔库尊,设置街垒把他堵在了自己的皇宫里,并且宣布支持约翰·巴列奥略。公众对坎塔库尊嗤之以鼻,指责他企图将君士坦丁堡交给奥斯曼人。在这种情况下,坎塔库尊别无选择,只得宣布退位,随后躲到斯巴达附近的米斯特拉(Mistra)的一座修道院中。在这里,他化名为约瑟夫·克里斯托杜洛(Joasaph Christodoulos),度过了余下的30年,并写就了一部有关他的时代的出色史书。

苏莱曼帕夏继续向内陆进行征服和殖民,先夺取了德莫迪卡(Demotika),继而又占领了乔尔卢(Chorlu),切断了君士坦丁堡和阿德里安堡之间的联系。苏莱曼的殖民行动几乎没有遭遇过当地的希腊居民或拜占庭皇帝约翰·巴列奥略手下军队像样的抵抗。事实证明,约翰·巴列奥略像约翰·坎塔库尊一样任由奥斯曼人摆布,

---

1 通常指威尼斯发行的达克特金币。

而更大的羞辱还在等待着他。1357年，奥尔汗与狄奥多拉之子哈利勒被海盗扣留，奥尔汗要求约翰·巴列奥略前往福西亚（Phocaea）予以营救。而就在拜占庭皇帝围困福西亚的时候，奥斯曼军队却在挺进色雷斯。在皇帝返回君士坦丁堡的途中，奥尔汗又命令他继续留在福西亚参与围城。于是，皇帝只好再一次出发，却在途中遇到了他的舰队。皇帝的舰队放弃了围困福西亚，而皇帝也未能说服他们继续围城。于是，皇帝只好向奥尔汗恳求说，自己力有不逮，无法完成这样的任务。

此时的奥尔汗，已经相当于拜占庭皇帝的上级。他拒绝更改他的命令。1359年，约翰·巴列奥略只好去斯库塔里拜见奥尔汗，如同一个附庸试图安抚他的宗主一般。苏丹与皇帝达成了协议，同意各支付奥尔汗之子赎金的一半，并且承认色雷斯地区的现状。在解救了哈利勒之后，皇帝还得将自己10岁的女儿嫁给哈利勒。在奥尔汗的命令下，皇帝回到了福西亚，交了一大笔赎金，把哈利勒带回了尼西亚。在尼西亚，哈利勒和信仰基督教的公主按照穆斯林的礼仪举行了订婚仪式。约翰·坎塔库尊让奥斯曼人以军人的身份进入了欧洲，而他的对手约翰·巴列奥略则进一步承认了奥斯曼人作为移民进入欧洲的现实。

奥尔汗于1359年去世，而他的长子苏莱曼则在前一年身故——他在加里波利半岛放鹰狩猎时从马上摔了下来。奥尔汗的小儿子因而得以继位，是为穆拉德一世（Murad I）。奥尔汗作为奥斯曼三位"开国之父"中的第二位，他更多地依赖的是他的外交手腕，而不是军事才能。在把自己治下的土地打造成一个真正的"国家"之后，他以一支先进的军队为后盾，进入了欧洲。他所仰仗的不是直接地使用武力,而是间接地依靠武力去讨价还价。面对孱弱而分裂的敌人,他并没有急躁冲动,而是展示出堪称楷模的耐心,以及天才般的操纵和谋划能力。这些正是奥斯曼帝国得以立足欧洲的基石。

现在是时候扩大征讨的范围了。奥斯曼军队将作为一支进攻性的力量,去征服那些与他们的边境接壤、甚至更为遥远的地方——拜占庭帝国和巴尔干基督教国家的残余领土。这一重任落在了 40 岁的穆拉德一世身上。这位苏丹将在军事和政治上取得超越他的两位先皇的成就,并成为其所在时代中独一无二的人物。从穆拉德一世开始,西方将屈服于东方,就如同在希腊和罗马的时代,东方屈服于西方那样。

第三章

奥尔汗是奥斯曼帝国进军欧洲的先锋，而穆拉德一世则是奥斯曼帝国第一位伟大的苏丹。他在14世纪的后半段统治了整整一代人的时间。穆拉德一世有着永不倦怠的战斗热情，并用他充满激情的领袖气质鼓舞着他的军队。他将奥斯曼帝国在巴尔干半岛的版图扩张到了极限，并且成功地巩固了帝国在这些新征服的地区的统治，使其可以在帝国的版图内留存长达五个世纪。同时，作为一位富有远见和政治敏锐性的统治者，他颇具政治家风范，为帝国的未来构建了宏大的政府架构。这样的政府架构终将把拜占庭帝国的残余领土整合起来，并赋予它们新生，帮助奥斯曼帝国填补上拜占庭帝国衰亡后留下的空白；而这一点是当时任何其他国家都无法做到的。一个崭新的奥斯曼文明在冉冉升起，这个文明成功地将其治下隶属于不同种族、信仰不同宗教、操着不同语言的各个群体融合在了一起；而正是穆拉德一世，宣告了这个独一无二的文明的崛起。

此外，奥斯曼帝国向东欧扩张的时代又恰逢西方世界的收缩。在欧洲人于13世纪中叶彻底丢掉了耶路撒冷和蒙古人突然入侵小亚细亚半岛之后，封建制度下的基督教世界再也无力向东方拓展其疆界了。随着曾经支撑十字军东征的战争冲动转向内部，拉丁国家的基督徒们开始争吵不休，相互攻伐。曾经开拓了利润丰厚的东方贸易并资助历次十字军运动的意大利银行家家族一个接着一个地败落了。财政和经济方面的衰退导致了全面而漫长的社会危机。缺乏弹性和生命力的欧洲社会陷入了低谷。农民频频起义，反对封建地主和拥有大量土地的僧侣，城镇里的工人则时常站出来向商人发起抗争。

从东方传入的黑死病（腺鼠疫）摧残了地中海沿岸和整个西欧，导致人口锐减，而新大陆的发现将让欧洲的年轻人把注意力投向了大西洋彼岸。欧洲的中世纪进入了末期，启迪的曙光即将出现，整个社会处于转折之中；而新生的奥斯曼奥斯曼帝国只会是这一切的受益者。

奥斯曼帝国对欧洲的进攻，早在穆拉德即位之前就已经在准备中。1360年，穆拉德一世甫一即位，就立刻派遣得力的将领统率大军入侵欧洲。战争的第一阶段进展十分迅速。在15个月的时间里，奥斯曼人就占领了色雷斯地区全部重要的堡垒和延伸到巴尔干山脉脚下的富饶平原，完成了对这一地区的实际控制。在乔尔卢，奥斯曼军队将该城守军屠戮殆尽，并将其指挥官斩首示众，以此在整个巴尔干地区散布对土耳其侵略者的恐惧情绪。阿德里安堡的守军献城投降，这座城市也很快取代了布尔萨，成为奥斯曼帝国的新首都。接着，奥斯曼军队向西进发，绕过了君士坦丁堡。早已名不副实的拜占庭皇帝约翰·巴列奥略与奥斯曼人签署和约，同意不做任何试图夺回色雷斯失地的尝试，也不去联合塞尔维亚人和保加利亚人一同抵抗奥斯曼人的进攻。不仅如此，他还要帮助奥斯曼人对付小亚细亚半岛上不友好的土耳其同胞。10年之后，约翰·巴列奥略将彻底沦为穆拉德的附庸,不仅要承认他的宗主地位,还要在奥斯曼军队中效犬马之劳。

与此同时,奥斯曼军队越来越深入欧洲,先后入侵保加利亚、马其顿和塞尔维亚,随后又进犯了信仰天主教的匈牙利。在教皇乌尔班五世(Urban V)的主持下,基督教国家试图团结起来,帮助希腊人保卫基督教世界,然而他们的努力却徒劳无功。1363年,匈牙利军队第一次出击土耳其人。他们联合了塞尔维亚人,在没有希腊人支援的情况下,渡过了马里查河(River Maritza),兵锋直指阿德里安堡。未经阻拦就顺利渡河的他们,在夜晚举行了庆祝活动。而就在第二天,土耳其人就对这支睡眼惺忪的大军发动了突袭。用土耳其历史学家塞阿代德丁(Seadeddin)的话说,塞尔维亚和匈牙利联军如同"野兽被堵在了兽穴里"。他们像"被狂风驱赶的火苗一样"被赶进了河里,几乎遭到全歼。

而类似的"十字军"式的远征尝试则往往由于罗马天主教会和希腊东正教会之间的矛盾而作罢。两个教会之间的敌对情绪,在彼特拉克(Petrarch)[1]写给教皇乌尔班的信中就可见一斑:"奥斯曼人只不过是我们的敌人,而那些分裂了基督教会的希腊人要坏过敌人。"为了寻求支持,拜占庭皇帝约翰·巴列奥略向罗马天主教会许诺说,希腊人将承认罗马天主教会的宗主地位。他在秘密出访匈牙利的时候做出了这样的承诺,结果在回国路上被保加利亚人扣留在一座城堡里。此举引发了萨伏伊伯爵阿梅迪奥(Amadeo of Savoy)[2]

---

1 弗朗切斯科·彼特拉克(1304—1374),意大利学者、诗人,文艺复兴时期的人文主义者。
2 萨伏伊伯爵阿梅迪奥(1334—1383),即萨伏伊的阿梅迪奥六世,他是拜占庭皇帝约翰·巴列奥略的表弟。

的干预。1366年，阿梅迪奥发起了一次十字军远征，并从土耳其人手中夺取了加里波利。然而，阿梅迪奥并没有留在这一地区继续对抗土耳其人，而是率军驶入黑海去对付信奉基督教的保加利亚人。在解救了拜占庭皇帝之后，阿梅迪奥像匈牙利人一样要求约翰·巴列奥略承认罗马天主教会的宗主地位。然而，拜占庭皇帝这一次拒绝了他的要求，于是阿梅迪奥转而开始攻击希腊人。

拜占庭皇帝屈服了，并于1369年启程前往罗马。在那里，他公开宣布弃绝东正教会的谬误观点，以此换取信仰天主教的贵族帮助他对抗土耳其人的承诺。然而，他并没有得到什么帮助，还在回国的途中因为债务问题被威尼斯人扣留。他的长子安德洛尼卡拒绝支付赎金，但他的幼子曼努埃尔（Manuel）为他支付了赎金。不过，君士坦丁堡完全不接受约翰·巴列奥略对罗马天主教会的效忠。因此，在重获自由之后，拜占庭皇帝只好作为附庸臣服于穆拉德。

巴尔干基督徒和拉丁国家的天主教徒在宗教、政治和种族等层面的相互仇视，对奥斯曼人来说有百利而无一害。因此，奥斯曼人正式承认了东正教会，而拒不承认天主教会。这样一来，不论是希腊人还是斯拉夫人，塞尔维亚人还是保加利亚人，都更愿意接受奥斯曼人的统治，而不是被他们的邻国统治，尤其是不愿意被匈牙利人统治。他们的这种心理，再加上黑死病在巴尔干地区肆虐后弥漫整个社会的低落情绪，都使得穆拉德在取得军事胜利后面对的政治挑战的难度大为降低。从人数上看，奥斯曼征服者处于劣势。欧洲被征服地区的人口要远远超过奥斯曼人在亚洲征服地区的人口，而且前者在种族、宗教和政治品性等方面的特征也更加纷繁复杂。要如何才能同化这些人呢？这正是摆在穆拉德面前的问题。随着他的军队赢得一个又一个的战役，他所面对的这个问题也就变得愈加需要政治家的远见卓识。

巴尔干地区的基督徒对伊斯兰教知之甚少，因此很难指望他们会像亚洲的基督徒那样主动地皈依伊斯兰教。奥斯曼征服者也不可能彻底消灭这些基督徒。抛开其他原因不说，至少奥斯曼人找不到足够的穆斯林来填补消灭基督徒后留下的人口空白。另外，由于穆拉德还在不停地征战，他也抽不出足够的人手来靠高压政策维持当地秩序。因此，奥斯曼人不可能强迫当地居民改信伊斯兰教，因为此举势必引发基督徒的反抗，增加基督徒带来的威胁。于是，穆拉德对巴尔干附庸国的基督徒采取了一定程度的宽容政策。他把成千上万的当地基督徒士兵招募到自己的麾下，通常还把指挥权交给原本就统领这些士兵的贵族和领主，以此将当地的军事阶层为己所用。作为回报，这些军人获得了免除赋税的承诺，还可以获得国家分配的土地的使用权。

然而，同化问题的解决很大程度上依靠的是形式多样的奴隶制度。土耳其人在他们的早期历史中也曾经沦为奴隶。现在，土耳其人则把被征服地区的战俘和居民掳为奴隶。根据奥斯曼帝国的法律，土耳其士兵对被他俘获的人员拥有绝对的所有权，除非被俘者宣称自己改信伊斯兰教，并同意从此遵从伊斯兰教规。土耳其士兵可以让不肯改宗的俘虏从事家务劳动或者农业劳动，也可以把他们在公开的市场卖掉，不过需要向政府支付相当于市场价格五分之一的税金。对希腊人来说，沦为奴隶是难以承受的奇耻大辱，因为拜占庭帝国的君主们曾大力解放奴隶。这样一来，允许掳掠奴隶的这条奥斯曼法律在某种程度上促使很多基督徒皈依了伊斯兰教，因为他们宁愿改变信仰，也不想失去自由。

不过，这套体系也是有弹性的。很多希腊人获得了不必改宗但要花钱赎买人身自由的机会。这种情形通常发生在城市被奥斯曼军队攻破之时，有时会作为投降的前提条件得到认可。而且，穆拉德的军队通常也更愿意接受赎金，而不是在进攻的路上还拖着一群累赘的奴隶。在偏远的地区，沦为奴隶的可能性要小一些，因为人们可以很容易地躲藏在山区里，而进攻中的军队也没有时间进山搜寻。有些被征服的土地依然归其以前的主人所有，但是他们需要支付一笔固定的税金作为报偿。而在另一些地方，刚刚夺取了土地的奥斯曼地主们需要人手干活，其中的许多人都没有改宗伊斯兰教。

但是，对于希腊、塞尔维亚和保加利亚的女性来说，不论是在战争中失去了丈夫的寡妇，还是年轻的女孩，她们往往会沦为征服者的妻妾，因为这些征服者都没有带本族的女人同行。这种现象的结果是，奥斯曼民族的血统变得日趋复杂，但也变得越发健康而朝气蓬勃。奥斯曼人的身上本来就流着东方人——鞑靼人、蒙古人、切尔克斯人、格鲁吉亚人、波斯人和阿拉伯人——的血液，现在又混入了巴尔干各民族和欧洲更遥远地方的民族的血统。于是，在不到一个世纪的时间里，奥斯曼人就创造出了一个可以比肩希腊、罗马和拜占庭的世界性的多元化文明。

在这种要么皈依伊斯兰教、要么赎买、要么沦为农奴的普遍性制度之外，穆拉德还在基督徒中招募士兵，把他们编制成一支经过精挑细选、具有很强的纪律性并且只向苏丹本人效忠的步兵部队。这支部队被称作"耶尼切里"（Janissaries, the Yeni Cheri）或"新军".[1] 这支部队实际上是在奥尔汗在位时期建立的,但是当时他们只是苏丹本人的卫队。而到了穆拉德手中,近卫军被发展成一支与奥斯曼帝国其他军队不同的部队,用来维护和保卫奥斯曼帝国新征服的欧洲领土。本来,不愿意改宗伊斯兰教的基督徒可以通过支付人头税的方式免除兵役,但是奥斯曼帝国规定,特定年龄的来自基督徒家庭的男孩不享有这种免除兵役的待遇。奥斯曼帝国在各个被征服的地区征募条件合适的男孩,让他们离开自己的家庭,并在他们的成长过程中让他们改信伊斯兰教。他们的唯一使命就是服务苏丹,他们的一切都仰仗苏丹,苏丹则付给他们高于其他军人的待遇。被选中的男孩都有着出色的活力、体格和智力,随后还要经受严格的训练,让他们服从铁一样的纪律,并且适应各种各样的艰难困苦。像僧侣一样,他们不准结婚,也不得拥有财产或从事其他工作。在苏丹的指挥下效命行伍就是他们人生中唯一的内容。

这些出身于基督徒家庭的男孩,在成长过程中要接受拜克塔什教团(Bektashi order)灌输的非正统的伊斯兰教教义。奥尔汗本人就曾是这个托钵僧教团虔诚的赞助者,他在布尔萨为他们修建了拥有一个个单人房间的修道院。领导着拜克塔什教团的谢赫哈吉·拜克塔什(Haji Bektash)为这支新军祈福,并亲手把军旗交给了他们。在他们的军旗上装饰着绯红的新月和奥斯曼苏丹的双刃剑图案。哈吉·拜克塔什将他的衣袖拂过最前排的一名士兵的头顶,为这支部队命名,并预言了它的未来:"它的士兵闪亮夺目,臂膀强健,刀箭锐利;他们每战必胜,不胜不归。"在接受了祝祷之后,近卫军

---

[1] 为了符合一般的阅读习惯,在下文中将称呼"耶尼切里"为近卫军。

在他们的白色毛毡帽子（类似于兄弟会领袖们戴的帽子）上添加了象征谢赫衣袖的帽尾，并且在本应装饰帽球的地方加上了一只木勺。这支部队的标志是汤锅和勺子，象征他们的生活待遇要优于其他部队。军官的头衔名称也都来自厨房：从首席汤厨到主厨，再到首席送水使。部队里的圣物是炖锅，他们不仅聚在炖锅附近吃饭，还聚在这里商议事情。

欧洲人或许会对这些来自东方的土耳其人的不人道行为感到义愤：他们对基督徒强征"血税"，把年幼的俘虏掳为奴隶，逼迫他们与父母分离，强迫他们接受其他信仰，并且擅自决定他们一生的生活方式。但是，我们必须考虑到，在那样一个战乱频仍的时代，人们衡量事物的标准与今天不同。在那时，与敌人作战是生活中十分自然的一个组成部分。那个世纪的基督徒也经常毫无人道地对待其他人，不管对方是基督徒还是异教徒。不仅如此，巴尔干地区本身也是一个让人难以理解的地方。在那里，基督徒士兵经常会站在土耳其人一方参加战争。在穆拉德的穆斯林大军中，永远能找得到由基督徒指挥官统领的基督徒士兵，他们明知道自己的对手也是基督徒，但依然参加了战斗。在穆拉德的军中，这样的部队数量远远超过了近卫军的数量。尽管近卫军的规模在接下来的几个世纪中不断扩大，但他们仍然只是土耳其的全部武装力量中的一小部分。在穆拉德在位时期，近卫军的人数差不多只有 1 000 人。毫无疑问，随着时间的推移，农民们会十分现实地选择皈依伊斯兰教，以免他们本应留在农田里干活的健壮儿子被军队征召，白白浪费掉。这样一来，近卫军的人数就减少了。

一旦获得征召，这些年轻人也会有许多收获，包括高强度的身体训练和技巧训练,以及有助于提高其作战能力的教育。在军营里,不仅有严格的纪律,也有适当的消遣。而且,他们还就此获得了一份终身职业。出于对所属部队的骄傲之情、对君主的忠诚和对有着同样宗教信仰的战友的手足之情,在他们之间会萌发出一种集体精神,而这构成了近卫军得天独厚的优势。随着奥斯曼帝国的发展,他们还将获得超乎寻常的巨大权力。

奥斯曼帝国的这种军事奴隶体系让基督教世界感到震惊,但伊斯兰世界——尤其是土耳其人自己——对此却司空见惯。在土耳其人的早期历史中,他们曾经从这种军事奴隶的身份中获益匪浅。在阿拔斯王朝时期,就有来自中亚草原、尚未皈依伊斯兰教的突厥人被带到阿拉伯帝国,他们或是俘虏,或是贡品,或是买来的奴隶,但都被作为穆斯林养育成人,并在巴格达经受训练,成为士兵和行政人员。"军事奴隶的地位天生就高于为私人提供服务的家政奴隶,"克劳德·卡亨(Claude Cahen)写道,"而这种奴隶的供应似乎一直源源不断,突厥人自己似乎也从未对身为奴隶表示过反感。在那个时代,奴隶制不像后来那样会引起每一个人的强烈抵触。"沦为奴隶的突厥人,往往会通过晋升成为高级的军事指挥官或行政官员。

在继承了阿拔斯王朝部分领土的萨曼王朝,身居高位的突厥奴隶成了王朝得以维系的重要因素。最后,突厥奴隶推翻了萨曼王朝,代之以他们自己的王朝。出身奴隶的突厥人还在埃及先后建立了图伦王朝和马木留克[1]王朝,后者的统治阶层曾经是服务于萨拉丁(Saladin)和阿尤布王朝的奴隶,但后来推翻了阿尤布王朝,建立了

---

[1] 此处的马木留克(Mamluk)指的是曾经效忠于阿拉伯帝国哈里发和阿尤布王朝苏丹的奴隶兵,后来逐渐成为强大的军事集团。

属于他们自己的、同样根植于奴隶制度的王朝。这样的奴隶制度一直延续到了奥斯曼帝国统治时期。

此时，穆拉德一世治下的奥斯曼人面对着一项挑战。阿诺德·汤因比（Arnold Toynbee）这样写道：

> 来自大草原的民族离开了他们熟悉的环境，来到了一个陌生的世界。他们不再需要担心水源干涸的问题，但面对着一个全新的问题：如何统治其他族群。

面对这个挑战，其他的游牧族群选择的方法很简单："把自己从牧羊的人转变成'牧人'的人。"

然而他们都失败了。阿瓦尔人对斯拉夫人的统治仅仅持续了50年，匈人对匈牙利人的统治随着阿提拉（Attila）本人的死亡而瓦解。蒙古人建立的一系列帝国都很短命。这些游牧民族政权的统治方式有一个巨大的问题：被他们视作"牲畜"的被统治者，仍然在自己的土地上耕耘着，因此也就仍然具有经济上的生产能力；而来到定居环境下的"牧人者"，实际上变成了没有生产能力的寄生虫，如同"压榨工蜂的雄蜂"。于是，被统治者早晚会联合起来，要么赶走那些"牧人者"，要么就将他们同化。因此，对大多数游牧民族帝国来说，它们的命运就是"其兴也勃焉，其亡也忽焉"。

而刚刚开始了定居生活的奥斯曼人，将成为历史上的特例。他们的办法是，挑选并训练"看家狗"，用他们来管理好君主的"牛群"，同时防止邻居来捣乱。这些帮手就是基督徒奴隶。穆拉德苏丹和他的近卫军为奥斯曼帝国开创了依赖于奴隶制度的统治体制。在他统治的时期，这些对苏丹本人忠心耿耿的奴隶还只在军事领域里发挥作用。很快，他们还将在帝国政府的各个分支之中发挥重要作用。从此以后，为奥斯曼帝国管理基督徒子民的行政人员中的绝大部分，也将是出身于基督徒家族的人员。简言之，这开启了奥斯曼帝国的一个漫长传统，穆斯林君主决定通过基督徒代理人来管理他的子民，不论被统治的是基督徒还是穆斯林。

像当年的罗马禁卫军一样，奥斯曼近卫军是一支精锐的常备步兵部队。在同时代的基督教国家里，完全找不到与奥斯曼近卫军相类似的军队。在穆拉德和他帐下将军们的指挥下，无论是在巴尔干地区后续的征服战争中，还是在其后彻底平定被征服地区的过程中，近卫军的表现都十分活跃。正如吉本所描述的那样，他们"在对付那些偶像崇拜的同胞的时候，带着新改宗者的狂热"。

随着对色雷斯的征服，奥斯曼军队进入保加利亚的道路已经畅通无阻，他们还可以经过保加利亚进入马其顿。在息兵数载以消化征服的成果之后，穆拉德决定挥师入侵保加利亚。上一任保加利亚沙皇去世后，他的长子希什曼（Sisman）和另外两个儿子相互为敌，将国家一分为三，以致在整整一代人的时间里，这个国家都被称为"三个保加利亚"。而这种情形恰恰有利于穆拉德。不仅如此，在教皇的支持下，匈牙利人发动了针对保加利亚西部的"十字军远征"（虽然他们的远征目标也是基督徒）。结果，来自方济各会的传教士迫使大约20万名信仰东正教的保加利亚人改行拉丁式的礼拜仪式。在这样的迫害之下，许多人转而欢迎穆斯林征服者，认为可以借此重获信仰自由。

从 1366 年开始，奥斯曼军队用了三年的时间占领了整个马里查河谷，从而拥有了保加利亚南部的大部分地区。像约翰·巴列奥略一样，希什曼也沦为穆拉德的附庸。在得到不必改信伊斯兰教的许诺之后，希什曼的女儿嫁入了苏丹的后宫。希什曼在奥斯曼军队的帮助下，成功赶走了匈牙利人，但是没能像他期望的那样夺取他弟弟占据的那份国土。1371 年，希什曼取得了塞尔维亚人的支持，趁着奥斯曼军队西进的时机，开始反对奥斯曼人。然而，他在萨莫科夫（Samakov）遭遇了决定性的失败，随后逃进了山区。于是，土耳其人得以畅通无阻地进入了保加利亚都城索非亚（Sofia）前面的大平原。

不过，穆拉德并不急于夺取索非亚。他不仅是一名战士，也是帝国的缔造者。他总是认真计划他的战役，并且以很快的速度实施他的计划，但是他也懂得欲速则不达的道理。在进攻索非亚之前，他要先确保左翼的安全。他打算夺取斯特鲁马河（Struma）和瓦尔达尔河（Vardar）的河谷，杜绝塞尔维亚人的威胁。于是，他下令入侵马其顿，向着瓦尔达尔河进发。

马其顿和塞尔维亚的内讧比保加利亚还要严重。1355 年，斯泰凡·杜尚在进攻君士坦丁堡的途中死去，他的儿子继位。然而，这位被臣民称作"Nejaki"（软弱的人）的新君却让曾经的"帝国"陷入了无政府和内战的状态。1371 年，历史重演了。塞尔维亚人再一次进军到马里查河，并且和上次一样被奥斯曼人彻底击败。在这场发生在切尔诺门（Cernomen）的战斗中，有三位塞尔维亚领主或淹死，或被杀。

于是，马其顿的东部被奥斯曼人征服了，其迅速程度堪比十年前对色雷斯的征服。奥斯曼人在兹拉玛（Drama）和塞雷斯（Serres）这两座城市进行殖民，并把那里的教堂改建成了清真寺。斯特鲁马河河谷内和附近的城市、村庄都宣布承认奥斯曼人的统治权。而在更为偏远的地区，那里的塞尔维亚人作为奥斯曼人的附庸，继续统治着当地。1372年，奥斯曼军队渡过了瓦尔达尔河。他们将河谷东侧的居民奥斯曼化，河谷北侧则交给已经沦为奥斯曼帝国附庸的拉扎尔大公（Prince Lazar）管理。拉扎尔大公原本被选为塞尔维亚王位的继承者，但是此时支持他的臣民已经寥寥无几。这就是斯泰凡·杜尚的塞尔维亚帝国的结局。

在取得这一战役的成功之后，穆拉德认为入侵匈牙利的时机还不成熟，于是又开始了十年的巩固期，并把他的目光投向了安纳托利亚。然而，很快他又不得不回到欧洲。他那个让人痛恨的儿子均图兹（Cuntuz），非常可耻地与拜占庭皇帝约翰·巴列奥略的长子安德洛尼卡结成了同盟。安德洛尼卡曾遭到弟弟曼努埃尔的羞辱，现在又被他取代了自己共治皇帝的位置。于是，均图兹和安德洛尼卡一起在色雷斯作乱，反对各自的父亲。在德莫迪卡遭到围困之后，他们很快被迫投降，接受穆拉德的残酷报复。叛军中的希腊人被绑在一起从城墙上扔了下去，落到马里查河里淹死。接着，穆拉德挖掉了儿子的双眼，并将其斩首。他命令其他参与叛乱的土耳其年轻人的父亲效法他的做法。几乎所有人都照办了，只有两位父亲下不了手，结果他们自己被处决了，替他们的儿子赴死。穆拉德坚持要求拜占庭皇帝也把他参与叛乱的儿子和孙子弄瞎。这一刑罚使用的是烧烫的醋，但是效果并不好，他们后来都恢复了视力。拜占庭皇帝叛变的儿孙活了下来，这对穆拉德是有好处的。他很害怕自己的儿子跟自己作对，但是留安德洛尼卡一条活路，让他继续跟他的父皇作对，这是符合奥斯曼帝国的利益的。

不久，拜占庭皇帝的幼子曼努埃尔也受到了羞辱。作为萨洛尼卡的总督，曼努埃尔被牵扯进了一桩旨在推翻穆拉德在塞雷斯城统治的阴谋。阴谋败露后，奥斯曼人围攻了萨洛尼卡，曼努埃尔则逃回了君士坦丁堡。然而，由于惧怕穆拉德，曼努埃尔的父亲拒绝他入城。于是，他只好前往布尔萨恳求穆拉德的宽恕。苏丹仁慈地赦免了他，并重新让他做其父的共治皇帝。

然而，曼努埃尔的兄长安德洛尼卡却找准机会逃出了其父囚禁他的高塔。他联合了热那亚人和奥斯曼军队一起围攻君士坦丁堡，并在入城后把自己的父亲和弟弟关进了同一座高塔，随后将自己加冕为拜占庭皇帝安德洛尼卡四世。三年后，父子俩也逃了出去。他们渡过博斯普鲁斯海峡，一起恳求苏丹相助。此时的穆拉德已经十分善于操纵拜占庭皇室内部的矛盾了。他要求赦免安德洛尼卡，并让他负责管理萨洛尼卡和其他一些城市。同时，他帮助约翰·巴列奥略和曼努埃尔恢复了皇位，但他们每年都要献上丰厚的贡品，并且同意让大量的拜占庭士兵在奥斯曼军队中效命。另外，他们还要把拜占庭帝国在亚洲拥有的最后一座城市菲拉德尔斐亚（Philadelphia）割让给奥斯曼帝国。当地的居民反对割让，结果约翰·巴列奥略和曼努埃尔加入了奥斯曼大军，迫使他们的基督徒同胞臣服于穆斯林统治者。至此，拜占庭帝国的皇帝已经堕落到无以复加的地步，完全仰仗奥斯曼帝国苏丹的仁慈和青睐才能够维持其统治。

穆拉德要想巩固他在巴尔干地区的地位，还需要三座城市。首先是索非亚。得到这座城市就可以让他的帝国版图扩张到保加利亚北部，直抵多瑙河河畔；其次是尼什（Nish），这座城市是打开塞尔维亚的钥匙；第三座城市是莫纳斯提尔（Monastir），得到这里就可以确立奥斯曼帝国在瓦尔达尔河以西的统治，到目前为止还只有一些劫掠者曾经深入这一区域。在穆拉德把目光从亚洲的战场挪回到欧洲之后的短短六年里，他的将领们就达成了上述全部目标。莫纳斯提尔和位于其北方的普里莱普（Prilep）一道，在1380年成了奥斯曼帝国的边境城堡。尽管奥斯曼人还未曾尝试征服相邻的阿尔巴尼亚和伊庇鲁斯（Epirus），但他们的军队已经开始在当地王公贵族的邀请下去帮忙对付他们的敌人了。

要想进一步地深入塞尔维亚，奥斯曼人必须先占领索非亚所处的平原地带。这一区域位于巴尔干地区的心脏地带，此地汇集的三条山脉控制着三条重要河流的流域，这三条从北到南排列的河流分别汇入多瑙河和地中海。索非亚城就毗邻蜿蜒汇入多瑙河的伊斯克尔河（River Isker）。1385年，索非亚未经抵抗就告陷落。该城的指挥官被一名深得其信任、为他养隼的年轻土耳其逃亡者勒死在了城外。这样一来，通往摩拉瓦河（Morava）上的尼什城的道路就打开了。第二年，塞尔维亚人在进行抵抗后丢掉了尼什，统治当地的拉扎尔大公被迫增加了每年向奥斯曼人交纳的贡金，并且同意为奥斯曼大军提供部队。

在欧洲，穆拉德已经拥有了六座关键的巴尔干城市，从而控制了从君士坦丁堡通往贝尔格莱德的古罗马大道的五分之四，以及从贝尔格莱德到萨洛尼卡的一段道路。从博斯普鲁斯海峡到亚得里亚海的道路，只有最后一天行程的那一小段不在奥斯曼帝国的版图之内。现在，从奥斯曼帝国的最东端走到最西端，算上在小亚细亚半岛上从安哥拉（Angora）[1]到博斯普鲁斯海峡的路程，需要42天的时间；而在穆拉德于27年前继位的时候，奥斯曼帝国的最东端和最西端之间只有三天的路程。

早在1365年[2]，穆拉德就已经得到承认，成为拜占庭帝国在亚得里亚海沿岸地位的继承者。当时，亚得里亚海沿岸的拉古萨共和国（Republic of Ragusa）向奥斯曼帝国请求签订商业协议。在随后的几个世纪中，奥斯曼帝国与其他国家签订了大量的类似协议。拉古萨人同意每年支付一大笔贡金，以此换取在奥斯曼帝国内部经商、在公海上不受奥斯曼军队骚扰的权利。这一协议需要穆拉德签字。由于穆拉德手边没有笔，他就用手指蘸上墨水在协议上签了自己的名字。这成了"花押"（tughra）的起源。从此以后，奥斯曼帝国的每一位苏丹都会有一个书法形式的花押作为他的官方印玺。

20年后，威尼斯和热那亚与拜占庭皇帝签订了盟约，约定帮助皇帝对付一切敌人，但特别提到"穆拉德贝伊和他的土耳其人除外"。随后，热那亚人又和"辉煌伟大的众王之王穆拉德贝伊"签署了正式的友好条约。然而，就在一年之后，热那亚人就加入了一支联军，去进攻"土耳其人穆拉德贝伊，不义与邪恶之子，圣十字之敌，基督教世界难以容忍的威胁"。

穆拉德一直在欧洲和亚洲两线作战。通常他会在完成其中一线

---

1 安哥拉即今天的安卡拉。
2 原文为1335年，应为原著错误。因为下文提到的拉古萨共和国的独立时间是1358年，而穆拉德一世1362年才即位。此处疑为1365年。

的进攻之后，再在另外一线发动进攻，以避免同时应付两条战线。在亚洲，他需要对付位于内陆的其他说突厥语的国家，以扩大并保卫他的领土。随着位于边境地带的加齐势力的不断扩张，以及穆拉德实力和名声的不断提高，这一任务也变得越来越简单。穆拉德在他即位后的第二年就夺取了位于安纳托利亚中部的安哥拉，然后把他的大部分军事力量集中在了欧洲。他当时就十分精明地意识到，唯有依靠他在巴尔干地区获得的人力和财力资源，以及被他招入麾下的基督教军队，他才能有十足的把握去兼并整个小亚细亚。而且，在那个时候，在他面前来自基督教国家的威胁，要远远超过来自身后的伊斯兰国家的威胁。而现在，巴尔干地区已经不可能再出现基督徒的反攻了。南部的斯拉夫人正与匈牙利人交恶，保加利亚人缺乏领袖，拜占庭帝国则苦于内部斗争。而且，穆拉德的手中还拥有向他称臣的基督教诸侯派来助战的军队。于是，在接连征服了色雷斯、保加利亚南部和马其顿之后，穆拉德认为挥师返回亚洲的时机已经成熟。

在回到小亚细亚之后，他所取得的第一个成果甚至无须他使用武力。穆拉德的儿子巴耶济德（Bayezid）在布尔萨迎娶了盖尔米扬（Germiyan）公国埃米尔[1]的女儿。穆拉德不仅因此收获了面积不小的作为嫁妆的一片土地，还借此确保这个邻国的大部分国土和具有战略性意义的城市屈塔希亚（Kutahya）从此都处于他的掌控之下。由于奥斯曼人渐渐开始采用拜占庭宫廷的一些礼俗，这场婚礼十分奢华，与穆拉德先辈的朴素作风大相径庭。接着，穆拉德从夹在盖

---

1 埃米尔是一些伊斯兰国家君主的称号。

尔米扬和大国卡拉曼尼亚（Karamania）之间的哈米德（Hamid）公国的埃米尔那里购买了一片土地，这位埃米尔在奥斯曼人控制了屈塔希亚之后感到十分不安。而为了获得南方的泰凯（Tekke）公国的土地，穆拉德就不得不动用武力了。在夺取了湖区附近的高地之后，穆拉德感到心满意足，把南部的河谷以及托鲁斯山脉（Taurus）和地中海之间的低地留给了泰凯的埃米尔。

这时，穆拉德的国土已经与面积更大、国力更强的卡拉曼尼亚接壤了。为了对付卡拉曼尼亚，穆拉德在屈塔希亚集结了一支军队。这支军队的左翼是拜占庭皇帝约翰·巴列奥略和其他一些欧洲的统治者根据条约提供的部队，由希腊人、塞尔维亚人和保加利亚人组成，并由穆拉德的儿子巴耶济德统领。1387 年，战斗在科尼亚前面的大平原上打响。我们并不清楚这场战役的结果，参战的双方都宣称自己获得了胜利。穆拉德没有能够拿下科尼亚，没有得到任何领土和战利品，也没有得到任何纳贡或提供军事援助的承诺。他所得到的，不过是与卡拉曼尼亚埃米尔的和解，后者顺从地在他的手上亲了一下。在欧洲面对巴尔干地区的基督徒连战连捷的穆拉德，碰到了实力与他旗鼓相当的穆斯林王公，因而未能进一步扩大他在亚洲的版图。

不过，这场战役却间接地让他卷入了另一场在巴尔干地区的大战。穆拉德为了避免与小亚细亚的穆斯林结怨，命令他的部队不得抢劫和滥用暴力。这个命令激怒了他手下的塞尔维亚人，他们认为在战争期间劫掠战利品是效命行伍的士兵应得的报偿。于是，一些塞尔维亚人没有遵守穆拉德的命令，结果被当场处死。剩下的人满怀愤懑地返回了塞尔维亚。这就给了塞尔维亚大公拉扎尔一个煽动塞尔维亚人起来反抗奥斯曼人的机会。毕竟,在奥斯曼人夺取了尼什之后,塞尔维亚北部的剩余地区和波斯尼亚都面临着威胁。在获得了控制范围远达亚得里亚海的波斯尼亚大公的支持后,拉扎尔组建了一个泛塞尔维亚联盟。于是,一支奥斯曼军队渡过瓦尔达尔河,入侵了波斯尼亚。但寡不敌众的奥斯曼人在普洛奇尼克(Plochnik)被击败,部队损失了五分之四。连战连捷的奥斯曼人始有一败,让巴尔干地区的斯拉夫人欣喜若狂。于是,来自各边境省份的塞尔维亚人、波斯尼亚人、阿尔巴尼亚人、保加利亚人、瓦拉几亚人[1]和匈牙利人前所未有地聚集在拉扎尔身边,决心要把土耳其人赶出欧洲。

穆拉德仍然留在小亚细亚,没有表现出急于为普洛奇尼克之败复仇的意思。他选择等待。一方面,他需要时间来重整旗鼓;另一方面,他也要看看,在最初的自信和充满希望的热情消退之后,他的敌人们还能将团结维持多久。以他过往的经验和敏锐的政治判断力,他确信这些斯拉夫民族之间的团结往往都很短命。

于是,在穆拉德再次去面对塞尔维亚人之前,他先在1388年发动了一场战役,旨在彻底征服保加利亚。战端刚开,希什曼王子就撤退到多瑙河河畔的一座城堡,并且向穆拉德乞和。然而,在接受了穆拉德提出的条款之后,希什曼王子又改变了主意,决心抵抗到底。但他低估了奥斯曼人的实力,很快战败被擒。奥斯曼人从此确立了在保加利亚北部和中部的统治,其版图直抵多瑙河河畔。奥斯曼人在多瑙河沿岸控制了一连串具有战略意义的城堡,从而控制了翻越巴尔干山脉的各个山口。作为苏丹的一个附庸,希什曼王子

---

[1] 瓦拉几亚的位置大约相当于今罗马尼亚的东南部。

仍然被保留了下来，但是他已经没有能力去帮助斯拉夫同胞新近组建的大联盟了。

在解决了保加利亚之后，已经70岁高龄的穆拉德亲率大军，与塞尔维亚人决战。有一支保加利亚军队和两支塞尔维亚军队背叛了同胞，加入了穆拉德的军队，此外还有第三支塞尔维亚军队许诺将前来投奔。这场决定独立的塞尔维亚国家命运的战斗在荒凉而广阔的科索沃"黑鸟平原"打响。这里是塞尔维亚、波斯尼亚、阿尔巴尼亚和黑塞哥维那边境的交会处。奥斯曼军队在人数上处于劣势，但是在信心和士气上都要优于塞尔维亚人和他们的盟友。穆拉德成竹在胸，甚至十分有远见地命令士兵在战斗中不得毁坏这一地区的城堡、城镇和村庄，因为他作战的目的是为了得到这片富饶的土地，而大肆破坏或与当地人民不必要地结怨将有损于他的利益。

而塞尔维亚人则早有了失败的预感，这很大程度上要归咎于他们彼此之间的不信任，以及军中不时流露出来的背叛变节的迹象。在大战前夜拉扎尔大公发表了演说，一直缺乏权威、此时更显得缺乏自信的他公开指控他的女婿米洛什·奥布拉维奇（Milosh Obravitch）是叛徒。穆拉德本人则有些忧心忡忡的因素。当晚，风正从敌阵的方向刮来，他担心风可能会在第二天把尘土吹进土耳其士兵的眼中。据记载，穆拉德祈祷了一整夜。他祈求真主的保护和垂青，表示愿意为正信牺牲成为烈士，从而让自己的灵魂永享喜乐。

第二天早上，风小了。奥斯曼军队按照自己习惯的方式列阵：中路是苏丹和他的近卫军与骑兵卫队；右翼是由穆拉德的长子巴耶济德统率的欧洲军队；左翼是由其幼子雅库布（Yakub）统领的亚洲军队。奥斯曼军队先用由2 000名弓骑兵组成的前锋部队发动了攻击；随后，塞尔维亚人发动了一次冲锋，击破了奥斯曼人的左翼。为了救援左翼，右翼的巴耶济德发动了猛烈的反击，亲自挥舞着沉重的铁质钉头锤英勇杀敌。此时，奥斯曼人仍然处于守势，鹿死谁手还殊难预料。但是，或许是早已与穆拉德串通好了，拉扎尔的另一个女婿武克·布兰科维奇（Vuk Brankovitch）突然带领他手下的1.2万人撤离了战场。[1] 这些人的临阵脱逃导致塞尔维亚人阵脚大乱，相继奔逃。

事实证明，穆拉德对斯拉夫人在战场上的不团结的判断是正确的。但是，他在战斗前夜向真主的祈祷也完全应验了——他在战场上丧了命。关于这场极具戏剧性的悲剧，有着多种相互矛盾的说法。最接近真相的说法是，在战斗进行中或结束之后，米洛什·奥布拉维奇杀死了穆拉德。在前一天晚上遭到其岳父拉扎尔的指责之后，米洛什·奥布拉维奇决心证明自己的忠心。他佯装叛逃到奥斯曼一方，然后要求面见穆拉德。获准之后，米洛什·奥布拉维奇跪在苏丹面前，假装向他臣服，接着猛然将一把匕首刺进了穆拉德的胸膛。据人们后来的描述，他"刺了两下，刀刃穿透了穆拉德的后背"。米洛什·奥布拉维奇试图逃走，但随即被土耳其士兵杀死。穆拉德在临终前命令把预备队投入战场，为奥斯曼人赢得了这场决定性的胜利。他在死前的最后一个举动，是叫人把拉扎尔传唤到他面前，随后判处他死刑。

于是，就在奥斯曼人打赢了这场历史性的战役，并将失败的

---

[1] 武克的撤离是塞尔维亚民族历史中最具争议的悬案之一。这里的说法只是作者的观点。武克·布兰科维奇为塞尔维亚保存了一部分抵抗奥斯曼帝国的力量，并且开创了塞尔维亚的布兰科维奇王朝。

一方投入万劫不复的深渊的时候，奥斯曼帝国第一位堪称伟大的苏丹的生命却戛然而止。穆拉德一世用了一代人的时间，将他从父辈手中继承来的奥斯曼国家打造成了一个将长久傲立世界的帝国。在奥斯曼帝国的历史上，只有两位苏丹的成就比穆拉德一世更加辉煌——征服者穆罕默德（Mehmed the Conqueror）[1]和立法者苏莱曼（Suleiman the Lawgiver）[2]，而穆拉德一世开疆拓土、苦心经营打造的帝国基业，正是他们取得辉煌成就的基石。

穆拉德不仅仅是一名战士。不错，他精通战争的艺术，有高超的战略眼光，在战场上无情而残酷；他对手下的将领充满信心，总是放心地把指挥权交给他们。不过，穆拉德在战场之外也同样能干。他是一位有着卓越政治智慧的统治者。每当在战场上获得胜利之后，他就需要考虑如何让被征服的基督徒在伊斯兰统治者的治下继续他们的生活，尽可能地减少奥斯曼征服在社会和经济方面的负面影响。由于奥斯曼人既有的政治传统都不能很好地适应欧洲的情况，他们就必须从实用主义的角度出发，综合考虑时间、空间和习俗等方面的条件，创建出新的行政体制。而这一任务正是在穆拉德统治时期完成的。穆拉德像信任他的将军们一样信任他手下的行政官员，并且创制出一套尽可能有效而公正的行政体制。

不论是他的臣民还是敌人，希腊人还是斯拉夫人，穆拉德对他们的性格和心理都有着敏锐的判断。尽管他本人是一名虔诚的穆斯林，但他对他的崭新帝国内信仰基督教的"异教徒"十分宽容，这种宽容与天主教徒对待东正教徒的态度形成了鲜明的对比。他不赞

---

1 即穆罕默德二世。
2 即苏莱曼一世。

成迫害基督徒，并且除了对近卫军采取的措施之外，他也不强迫其他基督徒改信伊斯兰教。1385年，东正教大牧首在写给罗马教皇的信中曾提到，苏丹给了东正教会完全的行动自由。

在扩张其帝国的过程中，穆拉德一世播撒下了一个多民族、多宗教、多语言社会的种子，而这个社会将在接下来的几个世纪里良好地运转下去。这个帝国在广阔的地域里实现了"奥斯曼治下的和平"（Pax Ottomanica）。假以时日，其繁荣将堪比"罗马治下的和平"（Pax Romana）。如果我们着眼于本质，奥斯曼帝国凭借其兼容并蓄的政策，将成为罗马帝国的真正继承者。奥斯曼帝国像罗马帝国一样，将公民权赋予外邦人，用它自己的方式去同化他们，并且鼓励他们利用各种机遇去增进个人和整个帝国的福祉。如此，出身于基督徒家庭的国民和出身于穆斯林家庭的国民一样，可以不受歧视地向上攀升，直至成为帝国的高官。在汤因比教授看来，这是一条可行的路径，而且正是这一点"让罗马人建成了他们的帝国，他们的帝国也可以借此一次又一次地实现复兴"。他认为，也正是凭借这一点，奥斯曼人"在近东和中东构建起了一个帝国，这个帝国可以看作罗马帝国的第五次复兴"。而这个帝国将一直延续到20世纪的第一个25年。

第四章

穆拉德一世遇刺身亡后,他的长子立即在科索沃的战场上被宣布为继承人,是为巴耶济德一世。大臣们担心出现继承权纷争,于是向刚刚继位的苏丹施加压力。结果,其父尸骨未寒,巴耶济德就下达了他作为苏丹的第一道命令——用弓弦勒死弟弟雅库布。就在刚刚结束的战役中,雅库布还是与巴耶济德比肩的指挥官,并且在战场上表现卓越,赢得了士兵们的爱戴。就这样,巴耶济德开启了奥斯曼王朝历史上延续许久的皇室内部手足相残的传统。支持这种做法的观点认为,手足相残也要好过出现叛乱,而苏丹的兄弟们往往会煽动叛乱。而且,人们还从《古兰经》中为巴耶济德的所作所为找到了理由:"他们每逢被召于迫害,都冒昧地参加。如果他们不退避你们,不投降你们,不停止作战,那么,你们在哪里发现他们,就当在哪里捕杀他们。"

在下一个世纪中,巴耶济德的后代——征服者穆罕默德二世将会颁布一条法令,把这种惨无人道的兄弟相残的传统上升到法律的高度;而他本人就曾经把自己尚在襁褓中的弟弟溺死在浴盆里。从那以后,每一位刚继位的苏丹都将不折不扣地遵守这条法令,从而以这种冷酷无情的方式保证君权的独一无二;而这种做法也的确保证了奥斯曼帝国连绵不断地存续了几个世纪。

很快，人们就发现巴耶济德并没有继承其父老成持重的美德。身为一名承担治国重任的君主，他天性急躁冲动，行为难以预料，不像他的几位先帝那样凡事深思熟虑。而另一方面，他又是一位充满自信、富有才干的指挥官，天生擅长打仗。由于他可以调遣大军迅速地穿梭于欧洲与亚洲之间，他被人们称作"Yildirim"，即"闪电"或"雷霆"。在吉本看来，这个绰号十分适合巴耶济德，因为"他充满暴烈的能量，调动军队迅速而有破坏力"。

在欧洲，巴耶济德为了报父亲遇刺之仇，在科索沃的战场上几乎将塞尔维亚贵族屠戮殆尽，但又很快与拉扎尔大公的儿子和继承人斯泰凡·布尔科维奇（Stephen Bulcovitz）签订了和约。巴耶济德认定，塞尔维亚人已经不可能再对他构成威胁；而在多瑙河流域，他又需要塞尔维亚军队帮助他防范更令人敬畏的匈牙利人。于是，巴耶济德与斯泰凡签订了一项十分友善并且在巴耶济德在位期间一直有效的和约。奥斯曼帝国没有把塞尔维亚并入其版图，而是允许它作为一个拥有自治权的附庸国存在。以塞尔维亚的银矿收入作为保障，斯泰凡每年向奥斯曼帝国纳贡。作为回报，斯泰凡获得了其父曾经拥有过的一切特权。他还把他的妹妹狄斯宾娜（Despina）嫁给了巴耶济德。此外，他还在奥斯曼军队中指挥一支部队，并且有义务在巴耶济德需要的时候把塞尔维亚军队派到指定的地点。塞尔维亚军队可以公平地与奥斯曼军队分享战利品，这种权利打消了他们之间的宿怨。与此同时，一个个伊斯兰殖民地开始在被征服的塞尔维亚土地上建立起来。就这样，发生在科索沃的种种得到了原谅——但在塞尔维亚人的民间传说中，这场战役永远不会被忘记。

随后，巴耶济德把他的注意力投向了小亚细亚。在这里，他操之过急的征服计划将导致他最终的失败，并让整个帝国的未来陷入危险的境地。一开始，巴耶济德取得了一些胜利。1390年，艾登的埃米尔成了他的附庸，萨鲁罕（Sarukhan）和门泰谢（Mentese）的埃米尔在战场上成了他的手下败将。在降服了这里的土耳其裔居民（他们也是这里仅有的居民）之后，奥斯曼人确立了他们在爱琴海沿岸的统治，并且开始染指地中海，为其日后成为海上霸权国家铺平了道路。在夺取士麦那的尝试遭到医院骑士团（也被称作圣约翰骑士团）挫败后，奥斯曼人扫荡了希俄斯岛（Chois），劫掠了阿提卡（Attica）的海岸，并且试图封锁爱琴海上其他岛屿的贸易路线。不过，此时奥斯曼人的海上力量仍然无法与意大利的商业贸易城邦威尼斯和热那亚相媲美。

接着，巴耶济德像他的父亲一样入侵了卡拉曼尼亚，并且围攻科尼亚城。他的行动得到了其基督教附庸的支持，其中包括未来的拜占庭帝国皇帝、亲自到奥斯曼军中效命的曼努埃尔·巴列奥略。卡拉曼尼亚人先是在一场战役后求和，随后又撕毁了和约。巴耶济德迅速从欧洲调来了援军，在阿卡恰伊（Ak Tchai）击败了卡拉曼尼亚，并将其兼并。随后，巴耶济德又占领了相邻的公国的两座城市开塞利（Kayseri）和锡瓦斯，继而又兼并了北方的卡斯塔穆尼（Kastamuni）公国，打通了通往黑海港口锡诺普（Sinope）的道路。此时，巴耶济德已经可以宣称自己是安纳托利亚大部分地区的主人，他也的确这样做了。

但是，巴耶济德只是在表面上控制了安纳托利亚的很多地方，他并没能深刻地改造他所征服的土地。穆拉德在欧洲征服了广袤的土地，但他通过一些很有远见的同化政策，让当地的欧洲人接受了奥斯曼人的统治，甚至有时还很情愿如此。巴耶济德则没有试图系统化地消化他在亚洲迅速征服的土地。诚然，他把安纳托利亚地区的大片土地都划入了奥斯曼帝国的版图中，但是除了少数的几个地方之外，奥斯曼帝国的统治并没有能够深入这些地区。大部分地区的人民都想让他们以前的统治者回来。习惯定居在欧洲的巴耶济德，并没有解决新征服领土上的这些问题。在战役与战役之间的间歇期，巴耶济德情愿纵情声色，吃喝玩乐，沉湎于后宫的女色和男宠的陪伴，其奢靡之风直追鼎盛时期的拜占庭宫廷。与这些放纵的行为形成强烈反差的是，巴耶济德又有着沉迷宗教的一面。他在布尔萨的私人清真寺的顶上拥有一个小房间，时不时会神秘兮兮地在里面隐居上一段时间，与伊斯兰教的神学家们探讨问题。

在小亚细亚取得战争的胜利之后，巴耶济德就把当地的政务交给他手下的总督们，他本人则立刻回到了欧洲。在欧洲，他忧心于匈牙利的威胁，匈牙利国王西吉斯蒙德（Sigismund）此时成了他的主要对手。为了挑衅，巴耶济德派遣奥斯曼军队进入匈牙利乃至更远的地方劫掠，中欧地区出现了对土耳其人的恐慌。奥斯曼人渡过多瑙河，在匈牙利的国土上打了第一仗，并且赢得了试图摆脱匈牙利统治的尚武的瓦拉几亚人的支持。西吉斯蒙德注意到了奥斯曼人的威胁，于是派人告诉巴耶济德，保加利亚处于匈牙利的保护之下，奉劝他不要介入保加利亚的事务。巴耶济德拒绝答复，只是傲慢无礼地让匈牙利国王的使节好好看看他大帐内悬挂的武器。

于是，西吉斯蒙德决定挥师入侵保加利亚。他夺取了多瑙河上的尼科波利斯（Nicopolis），但随后面对进逼的奥斯曼大军，又不得不放弃了这座城堡。当年，穆拉德在打败保加利亚的统治者希什曼之后，允许这个国家作为奥斯曼的附庸保留一定的自治权。然而，巴耶济德认为，一旦匈牙利人再度入侵，希什曼这个盟友并不可靠。于是，他派遣一支军队进入保加利亚，处决了希什曼，然后把保加利亚整个并入了奥斯曼帝国。像色雷斯和马其顿一样，保加利亚从此成了奥斯曼帝国的一部分，并且与作为附庸国的瓦拉几亚一道，构成了帝国在多瑙河流域防范匈牙利的缓冲区。通过消灭当地的附庸王朝，巴耶济德在巴尔干地区建立了中央集权的帝国政府。在接下来的奥斯曼化的过程中，一些保加利亚人皈依了伊斯兰教。保加利亚非但失去了独立，同时也失去了作为保加利亚民族象征的独立的东正教会。保加利亚东正教会原本受到天主教会仪式部分影响，现在保加利亚的基督徒不得不接受希腊东正教会牧师的管理，而对他们来说，这经常比穆斯林帕夏的管辖更让人难以接受。

与此同时，巴耶济德还在准备调兵对付君士坦丁堡。1391年，约翰五世·巴列奥略[1]驾崩。他的继承人曼努埃尔，作为对苏丹唯命是听的附庸，在苏丹宫廷里的地位几乎与被人鄙视的勤务官相差无几，不仅受尽屈辱，还要经常忍饥挨饿。在老皇帝驾崩后，他逃回君士坦丁堡，保住了他的皇帝宝座。他的父亲在世时曾经开始重新修建君士坦丁堡的城墙，并且在黄金门的侧面兴建装饰华美但实为防御工事的塔楼，为此不惜拆毁了数座教堂。巴耶济德得知这一消息后，命令约翰五世立刻拆毁这些防御工事，否则就把曼努埃尔的眼睛弄瞎。于是，约翰五世在临终前做的最后一件事，就是遵从苏

---

1 即前文中一直出现的约翰·巴列奥略。

丹的这个命令。

即位后的曼努埃尔收到了巴耶济德的最后通牒。巴耶济德不仅要求曼努埃尔继续臣服于奥斯曼帝国，增加贡金，还命令他在君士坦丁堡为城内的穆斯林设置一位卡迪（伊斯兰教法官）。在发出最后通牒之后，巴耶济德又派出一支奥斯曼军队直抵君士坦丁堡城下，并且沿途在色雷斯南部屠杀或奴役当地的希腊裔基督徒。就这样，奥斯曼帝国对君士坦丁堡的第一次围困开始了。

这座城市被围困了七个月。随后，在对方接受了比之前更苛刻的条款之后，巴耶济德解除了围城。曼努埃尔皇帝被迫同意在君士坦丁堡城内设立一座伊斯兰教法庭，并且把城内四分之一的土地划给穆斯林移民。位于金角湾对岸的加拉塔港口的一半被奥斯曼人占据，6 000名奥斯曼帝国的军人进驻其中。除了提高贡金的数额之外，奥斯曼人还要对城外的葡萄园和菜园征收什一税。从此以后，从两座清真寺的宣礼塔上传出的宣礼声开始在这座城市里回荡。奥斯曼人开始把这座城市称作"伊斯坦布尔"，这个读音是对希腊语"is tin poli"的讹传，其本义是"进城去"。巴耶济德继续在陆路上封锁这座城市。两年后，在巴耶济德的挑唆和奥斯曼军队的支持下，曼努埃尔的侄子约翰·巴列奥略[1]不无道理地宣称自己才是皇位的合法继承者，于是率军进攻君士坦丁堡。但是，他的进攻被打退了。1395年，巴耶济德号称"罗马皇帝的继承人"，在塞雷斯召集他的附庸们前来朝见，其中就包括曼努埃尔皇帝，以及他的弟弟和侄子。巴耶济德一时心血来潮，下令将巴列奥略家族的成员全部处死。幸亏巴

---

[1] 这位约翰·巴列奥略史称约翰七世·巴列奥略，是安德洛尼卡的儿子、约翰五世·巴列奥略的孙子。

耶济德的大维齐尔[1]阿里帕夏暂缓了行刑，直到苏丹本人改变主意，收回了成命。不过，作为折中方案，巴耶济德还是命人将几名拜占庭显贵剁手挖眼。就这样，曼努埃尔二世得以继续统治拜占庭帝国，并在日后证明自己是一位还算能干的君主。

此时，来自匈牙利国王西吉斯蒙德的新威胁又吸引了巴耶济德的注意力。西吉斯蒙德对奥斯曼人的骚扰感到不厌其烦，并且认为土耳其人在多瑙河河畔的城堡对他是严重的威胁。于是，他开始游说西方的基督教国家，希望得到它们的支持，发起一次新的十字军东征，以"击败并毁灭土耳其人"。先皇穆拉德很清楚基督教国家的实力有多强大，因此他总是谨慎小心，避免在战役之间的休整期招惹基督教国家。而巴耶济德对待基督教国家则没有那么谨慎。喜欢夸夸其谈的巴耶济德在他即位的初期就曾经对来自意大利的使节夸下海口。他说，等到他征服了匈牙利之后，他要骑马到罗马去，在圣彼得大教堂的圣坛上用燕麦喂马。从那时起，他就一直摆出一副伊斯兰教勇士的姿态，不停地公开吹嘘他要进攻基督教世界的打算。

为了应付巴耶济德的威胁，西吉斯蒙德努力筹划着新的十字军东征。除了勉励的话语，历任的教皇都没有给他什么实质性的帮助。威尼斯人态度暧昧，因为比起奥斯曼人，他们其实更不信任匈牙利人；为了从巴耶济德那里获得贸易上的优惠条件，热那亚人甚至与威尼斯人争宠；那不勒斯和米兰都与奥斯曼人保持着友好的关系。因此，为了寻找能帮助他"把土耳其人逐出欧洲"的志愿

---

[1] 奥斯曼帝国苏丹手下最高级的大臣，相当于宰相。

者，西吉斯蒙德只好派遣特使到法国，去觐见时不时会发狂的法国国王查理六世（Charles VI）。法国国王的叔叔勃艮第公爵（Duke of Burgundy）愿意支持西吉斯蒙德，但是他也有自己的如意算盘。他许诺西吉斯蒙德说，他将派出一支由骑士和雇佣兵组成的部队，并由他年轻的儿子讷韦尔伯爵（Comte de Nevers）统率这支军队。

此时，英法百年战争暂告停歇，神圣罗马帝国内部也并无战事。因此，西吉斯蒙德的请求在欧洲的各个封建国家得到了广泛的回应。加入他麾下的不仅有法国军队，还有来自英格兰、苏格兰、佛兰德斯[1]、伦巴第、萨伏伊和德意志各地的贵族骑士。此外，还有来自波兰、波希米亚、意大利和西班牙的冒险者。带着各自世俗和宗教上的动机，欧洲骑士阶层的精英最后一次聚集在一起发动远征。他们的目标是阻挡巴耶济德闪电般的攻势，并且彻底地将土耳其人逐出巴尔干地区。于是，在1396年的初夏，一支由西吉斯蒙德自己的部队、雇佣军、各国的骑士及他们的扈从组成的人数达到数十万的"国际"联军，集结在了布达（Buda）。这是基督徒对抗异教徒的历史上规模最大的一支军队。此外，在黑海，还有一支由医院骑士团、威尼斯人和热那亚人组成的舰队，即将从多瑙河河口上溯，赶来支援。

从5月份开始，西吉斯蒙德就预计巴耶济德即将渡过多瑙河、发动对匈牙利的入侵。然而入侵并没有到来，西吉斯蒙德的侦察兵也没有发现敌人的任何踪迹。于是，他决定采取防御策略，试图将土耳其人引诱至匈牙利，再在这里攻击他们。然而，骑士们却跃跃

---

[1] 一个地理名词，大体位于今天的比利时西部、荷兰南部和法国北部。

欲试，想要发动一次伟大而光荣的进攻。土耳其人的入侵迟迟不来，对地理一无所知的骑士们开始认为，巴耶济德[他们有时候也搞不清楚奥斯曼苏丹到底是巴耶济德还是"阿穆拉"（Amurath），即穆拉德]肯定是在"巴比伦的开罗"招兵买马，并且在亚历山大港和大马士革集结兵力。他们相信，巴耶济德得到了一支"由来自鞑靼、波斯、米底亚、叙利亚、亚历山大港和其他更遥远的地方的异教徒组成的军队"，这支由"萨拉森人和异教徒"组成的军队在"巴格达和小亚细亚的哈里发的指挥下，还得到了他的祝福"。如果敌人还不来，他们就应该出击。他们幻想自己可以从土耳其人的领地一直打到波斯帝国。用弗鲁瓦萨尔（Froissart）[1]的话说，他们认为自己可以"征服叙利亚和圣地，把耶路撒冷从苏丹和他的敌人手中夺回来"。然而，正在君士坦丁堡忙着围城的巴耶济德仍然没有来进攻。

十字军认为"没有理由再傻等下去了，他们应当去赢得一些战功，这正是他们前来此地的目的"。于是，他们南下进逼多瑙河河谷，到达了铁门峡谷（Iron Gates）附近的奥尔绍瓦（Orsova），接着又花了八天时间渡过了多瑙河。匈牙利人一路畅通无阻地涌入了塞尔维亚，接着又进入了摩拉瓦河河谷。在那里，他们缴获了葡萄酒，"（美酒）被土耳其人装进了羊皮袋里。他们的信仰禁止他们饮酒，否则有被处死的风险，因此土耳其人只好把酒卖给基督徒"。匈牙利人夺取了尼什，在这里"大肆屠戮男人、女人和孩子，基督徒没有对任何人表示怜悯"——其残忍程度超过了信仰异教的奥斯曼劫掠者的所作所为。

---

[1] 让·弗鲁瓦萨尔（约1337—约1405），中世纪历史学者、诗人，英法百年战争历史的重要记录者。

在保加利亚，身为基督徒的守军指挥官打开了多瑙河上的第一座城堡——维丁城（Vidin）的城门，放基督教军队入城屠杀了奥斯曼守军。接着，基督徒沿着多瑙河向下游进军，攻击了第二座城堡拉赫瓦（Rahova）。在那里，由法国人和匈牙利人组成的基督教军队屠杀了大量已经投降的奥斯曼守军和当地居民，其中包括不少保加利亚的基督徒。在关键的要塞尼科波利斯城下，基督教军队扎营等候，但仍然没有看到任何奥斯曼军队来犯的迹象。不过，目光短浅的基督教军队没有从西方带来任何攻城器械，而一直以来西吉斯蒙德做的准备则是为了应对防御作战的。事实证明，他们没有办法强攻破城，于是只好等在城墙前面，寄希望于尼科波利斯城会不堪饥馑而开城投降。

没有敌人可打的西方骑士们带着一种参加野餐的心情看待这场战争，纵情享受女人、美酒和从家乡带来的奢侈品，沉湎于赌博和声色。他们十分轻蔑地认为，土耳其人根本构不成什么威胁。谁要是敢表达不同的意见，谁就会被冠以散布失败情绪的罪名被割掉耳朵。而且，来自不同地区的部队之间常有争吵，瓦拉几亚人和特兰西瓦尼亚人[1]则不被信任。

基督教军队一连等待了16天，依然不见巴耶济德的踪影。然而，正如他一贯迅捷的作风，巴耶济德突然率军出现在尼科波利斯城下。在这里，他曾打赢过两场战役。根据西吉斯蒙德得到的情报，巴耶济德的大军有20万之众。西吉斯蒙德很了解他的敌人，知道他们训练有素，纪律严明，机动性也强过十字军，绝非等闲之辈。他

---

1 特兰西瓦尼亚在今罗马尼亚的中西部地区，历史上曾经属于匈牙利王国。

要求基督教军队小心谨慎地协同作战。一位经验丰富、名叫德库西（de Coucy）的法国骑士在率军侦察的过程中遭遇了土耳其人的一支先头部队。他手下的士兵们高呼着"圣母保佑！为了德库西大人！"的口号，在山口处击败了土耳其人。这场战斗的胜利让其他法国骑士嫉妒不已，指责德库西出于虚荣心径自出战。西吉斯蒙德试图说服他们采取守势，先用匈牙利和瓦拉几亚的步兵抵挡第一轮攻击，再由骑士和雇佣军里的骑兵组成第二道防线，可攻可守。听到这个提议，法国骑士们勃然大怒，认定匈牙利国王的这种安排是为了窃取"最高的胜利荣誉"。他们要求必须由他们来打头阵。

在众人的支持下，法国的伊尤伯爵（Comte d'Eu）拒绝听命于西吉斯蒙德，伯爵叫来了他的掌旗官："以上帝和圣乔治之名，命令军队前进，让他们看看我是个怎样的骑士！"于是，在"圣母的旗帜下"，他们不假思索地向可鄙的异教徒发动了冲锋，自信一定可以击败他们。"法国的骑士们，"弗鲁瓦萨尔记录道，"装备奢华……但是，据说他们在冲向土耳其人时，人数不超过700人。多么愚蠢！多么可悲！如果他们能等待手下至少拥有1.6万名士兵的匈牙利国王一同进攻，他们是可以取得辉煌的战果的。但是，他们的骄傲毁了他们。"

向山坡上冲锋的骑士们打了巴耶济德的前哨部队一个措手不及。在冲散了土耳其人的骑兵之后，骑士们下马冲向步兵，一边冲锋一边拔掉地上用来掩护步兵的木桩，然后击溃了土耳其人的步兵。鲜血从骑士们的剑上飞溅出去。他们十分自信地认为，这一天的胜利将属于他们。在冲到山顶之后，他们遭遇了苏丹的主力军。苏丹的主力军在得到塞尔维亚人的增援后，有6万人之众。他们布满了山坡，好整以暇，准备充足。像往常一样，巴耶济德采取了西吉斯蒙德已经十分熟悉的战术：把没受过什么训练、充当炮灰的杂牌部队放在最前方，用他们消耗敌军的体力。接着，"巴耶济德的骑兵、主力军和战车以战斗队形向他们袭来，仿佛一弯新月"。下了马的骑士们已经被笨重的盔甲累得气喘吁吁，无力应战，遭遇了溃败。他们的战马自己跑回了大营。全欧洲最优秀的骑士们就这样或是死在了尼科波利斯的原野上，或是做了土耳其人的俘虏。

按照当时的标准，十字军的士兵实际上是业余的战士，他们用古老的方式、带着浪漫主义的精神作战。他们对几个世纪来专业战争艺术的演进一无所知，也不了解土耳其人的战斗技巧，不了解他们出色的纪律性、训练、情报系统和战术。更重要的是，他们不懂得轻装上阵的步兵和骑在马背上的弓箭手会有怎样的机动性。西吉斯蒙德和他手下的匈牙利人通过一次次的战斗逐渐学到了这些。他指挥他的部队跟随十字军冲锋，但是他心里清楚，就在他的建议被骑士们抛弃的那一刻，这场战役就已经输了。"如果他们能够相信我，"他说道，"对付敌人我们是有足够的人手的。"他在战前就吹嘘他们富足的兵力："就算天塌下来，我们的军队也有足够的长矛把它顶住。"

而现在，他只能和医院骑士团的大团长一起，逃到多瑙河上的船只上。而那些侥幸从奥斯曼人面前逃脱的士兵和骑士，有的也逃到了这些船上，另外还有数以千计的人历尽艰险翻越了喀尔巴阡山。战役结束后的第二天，巡视战场评估损失的巴耶济德下令将战俘全部处死。不过，为了得到丰厚的赎金，巴耶济德饶过了讷韦尔伯爵及其参谋人员，以及一些衣着华丽的骑士。但他命令他们站在自己身边,眼睁睁地看着跪在地上的战友被捆在一起,然后人头落地。

据记载,"在那一天,有多达1万人被杀"。就这样,最后一次十字军东征结束了,穆斯林在信仰基督教的欧洲的心脏地带送给了他们一场灾难性的失败。志得意满的苏丹无心进一步扩大战果。在送别西方骑士的时候,苏丹轻蔑地挑衅说,欢迎他们回来再吃一次败仗。接着,他率军入侵希腊,夺取色萨利地区的数座要塞,然后又迎娶了一位基督徒新娘——海伦·坎塔库尊[1]的女儿。随后,他命令手下的将领们继续前进,进攻摩里亚[2]。那里已经有了一些由来自安纳托利亚的土耳其人建立的殖民地,但是雅典仍然在基督徒的手中。

尽管巴耶济德的帝国将会取代拜占庭帝国已是板上钉钉的事实,但巴耶济德并没有马上试图攻克君士坦丁堡,因为他缺乏海军力量。在尼科波利斯战役之后,威尼斯和热那亚这两个拥有强大海军的共和国都站在了奥斯曼帝国的对立面。巴耶济德先是在佩拉(Pera)[3]与热那亚人发生公开冲突之后,后又在1399年派遣1万人试图攻进君士坦丁堡,但在法国将领布西科(Boucicaut)率领一小支十字军抵达后,巴耶济德放弃了这个计划。布西科是尼科波利斯战役的幸存者之一,再一次回到战场上面对巴耶济德。他连续调动了两支远征军来支援热那亚人和威尼斯人,并且与他们一同在达达尼尔海峡击败了巴耶济德的舰队,一直追击到博斯普鲁斯海峡亚洲一侧的海岸。这是史上第一次有记录的与奥斯曼海军的战斗。在率

---

1 这位海伦·坎塔库尊是前文提到过的约翰·坎塔库尊的孙女。
2 即伯罗奔尼撒半岛。
3 佩拉今名贝伊奥卢(Beyoğlu),是在今伊斯坦布尔以北隔金角湾相望的城市,加拉塔是其金角湾北岸的港区。佩拉此时是热那亚人的据点,后于1453年随君士坦丁堡一同被土耳其人征服。

领舰队返回欧洲之前，布西科在君士坦丁堡留下了一支法国军队，并且把深受皇帝曼努埃尔痛恨的侄子约翰立为共治皇帝。

名不副实的皇帝曼努埃尔本人则随布西科一同前往欧洲，乞求基督教世界的进一步援助。他在意大利、法国和英格兰都受到了符合帝王风范的礼遇，这也让他充满了希望。但他返回君士坦丁堡的时候却是两手空空。欧洲人再也没有发起真正的十字军远征。与此同时，拜占庭帝国的首都在经历了长达六年的封锁之后，已经陷于饥馑之中。城中居民身上绑着绳子缒城而出，向奥斯曼人投降。帝国的国库已空，献城投降只是时间问题。在各个地方——君士坦丁堡、摩里亚、阿尔巴尼亚、亚得里亚海沿岸，拜占庭帝国已经岌岌可危，巴耶济德随时准备对它发动最后一击。

就在这千钧一发之际，在1402年的春天，巴耶济德的计划被来自东方的巨大威胁破坏了。所有的战役准备都被放弃。巴尔干半岛上所有可以动用的部队，不论是穆斯林还是基督徒，都被迅速调遣到小亚细亚。君士坦丁堡和拜占庭帝国其他的残余部分又得到了喘息的机会。就像近两个世纪之前在欧亚草原上骤然崛起的成吉思汗和蒙古部落那样，一个崭新的震动世界的征服者正在发动西征。他就是成吉思汗家系的后裔帖木儿，也被称作"跛靼人帖木儿"。

第五章

鞑靼人第一次见到铁的时候，发现它与其他的金属不太一样，因为就算是他们当中最有力气的人也不能把铁器掰弯。他们推测，铁器的表面之下一定藏着什么特殊的未知物质。于是，他们就把铁叫作"帖木儿"，意为"里面夹了东西的物体"。后来，他们开始将他们当中伟大的领导者称作"帖木儿"，以此表示这些伟大人物有着非同寻常的力量。在这些"铁人"之中，"鞑靼人帖木儿"是最伟大的一个，因为他的目标是征服世界。他认为："既然天上只有一位真主，那么地上应该也只有一位统治者。"

帖木儿出生在一个很小的鞑靼人部落，年纪轻轻就做了部落酋长，统治撒马尔罕与印度斯坦[1]山地边境之间的一片地区。他生来具有过人的勇气、旺盛的精力、卓越的领导才能和出众的军事天赋。他打造了一支强大的军队，自己永远冲锋在前；他完成了一系列伟大的征服，成为统治波斯、鞑靼（包括土耳其斯坦）和印度三个帝国的君主。以伊斯兰的名义，帖木儿灭亡了九个王朝。他只用了一代人的时间就从撒马尔罕的一个头人变成了一位统治亚洲大部分地区的雄主。

---

1 指印度次大陆的西北部。

帖木儿掌握着绝对的权力。他浑身肌肉，肩膀宽厚，头颅硕大，前额隆起，胡子下面生着白皙的皮肤，有着丰富的面部表情，在年轻时头上就有白发。不知是有先天的疾病，还是遭遇过什么意外，或者是因为脚上受过箭伤，帖木儿走路总是一瘸一拐。因此，他又被人们称作跛子帖木儿（Timurlenk）。有时，他病得厉害，在他的大军向巴格达进发时，他甚至都没法坐在马背上，只能让人用担架抬着他。

帖木儿不苟言笑，信仰虔诚，为人公正，长于算计和筹划。在夜里，他经常独自一人坐在巨大的棋盘旁，一坐就是几个小时，用棋子来揣摩战略。在局势复杂的战役中，"无论对手是谁，取胜的始终都是他"。他的常胜之师拥有多达六位数的马匹，长长的队伍里不仅有骆驼，还有大象。大象这种动物不仅在战场上有用，在修建他传说中的新都撒马尔罕时也是重要的劳动力。到14世纪末，帖木儿的帝国版图已经东起中国西部边境，北达俄罗斯的草原，南到恒河和波斯湾，西至波斯、亚美尼亚以及幼发拉底河和底格里斯河的上游，抵达了小亚细亚的东部边缘。越过边界，看到的便是世界上绝无仅有的可与帖木儿的帝国相媲美的伊斯兰帝国——奥斯曼帝国。穆拉德和巴耶济德开疆拓土的时间恰好与帖木儿相同。现在，两位常胜的帝王，鞑靼人帖木儿和奥斯曼人巴耶济德，就要在这里一决雌雄。用吉本的话说："帖木儿不能忍受有人同他平起平坐，巴耶济德则从不知道有什么人比他更强。"

而在这一关键的历史时刻，其实心照不宣的妥协才是最符合双方利益的做法。我们并不知道帖木儿是否真的觊觎其邻国奥斯曼的领土。作为一名战士，帖木儿对土耳其人的军事实力有着充分的认识和尊敬。作为一位帝国的缔造者,帖木儿还需要征服其他地方以充实他的帝国——南方的道路已经打开,他可以去征服叙利亚、圣地耶路撒冷、美索不达米亚和埃及。类似的,巴耶济德也需要通过夺取君士坦丁堡来完成他对巴尔干地区的彻底征服,而攻占这座城市根本无须消耗太多的时间。帖木儿很清楚他们各自的利益是什么,但巴耶济德却不清楚。十年内未尝一败的巴耶济德被骄傲和无敌于天下的错觉冲昏了头脑。或许是朝臣错误的建议让巴耶济德低估了对手,他毫无必要地引诱着帖木儿对他发难。

巴耶济德在征服了安纳托利亚的一大片地区之后,并没有完成对这些地方的同化。怀着亡国之恨的小公国贵族们四处流亡,希望有朝一日可以从奥斯曼人的手中夺回属于自己的土地,再次统治那些依然忠于自己的臣民。其中的一些人就在帖木儿的朝堂之上。帖木儿对他们的苦难和巴耶济德的一系列行为并不以为意——直到奥斯曼人占领了锡瓦斯。如果巴耶济德能够谨慎小心一些的话,他会把这座防御森严的城市当作一处防御据点。然而,在1399年,巴耶济德把这座城市变成了进一步向东进攻的前进基地。他命令他的儿子苏莱曼指挥大军,向幼发拉底河的上游进发。不久,奥斯曼军队就进入了一位土库曼王公的领地,并将他俘获。而这位名叫卡拉·尤素福(Kara Yussuf)的土库曼王公是受帖木儿保护的。

帖木儿终于被巴耶济德激怒了。他写信给已经返回欧洲的巴耶济德,要求他释放俘虏。吉本援引了波斯历史学家谢雷费丁(Shereffeddin)记录的信件原文:"你何以无礼愚蠢至此?"帖木儿质问苏丹,"你在安纳托利亚的林地里不过打了一些微不足道的胜仗。"不过,同样作为伊斯兰勇士,帖木儿还是肯定了他的功绩。

"你对欧洲的基督徒取得了一些胜利,你的剑获得了真主的使者的保佑。你遵从《古兰经》的教诲,向异教徒开战,这是阻止我们毁灭你的国家、把它留作伊斯兰世界的前沿和壁垒的唯一原因。"帖木儿在信的结尾敦促巴耶济德:"这次放聪明点;反省,悔悟,如此才能躲开依然高悬在你头顶的复仇雷霆。你不过是一只蚂蚁,何必惹怒大象?可怜虫!你只会被踩在脚下。"

接连收到帖木儿的两封来信之后,巴耶济德轻蔑地回复了他:"你的部队人数众多,那又如何?比起我坚不可摧的近卫军的短刀和战斧,鞑靼人的箭矢又算得了什么?那些王公乞求我的保护,我就要保护他们。来我的大帐里找寻他们吧。"接着,他又以一个更私人化的羞辱结尾:"如果我在你面前逃走,那就让我的妻妾都逃离我的床榻;倘若你不敢与我交战,那就让你的妻妾与陌生人缠绵再三之后再回到你的身边。"

不管内容如何,帖木儿写给巴耶济德的书信起码还是正式的外交文书,按照惯例将他们两人的名字并排写。而到了巴耶济德回信的时候,他故意无视外交礼仪,用更大的金色字母书写自己的名字,而把帖木儿的名字用小小的黑色字母写在自己名字的下面。巴耶济德处心积虑地在家事和国事两方面都羞辱了帖木儿,这下就再也没有了进一步磋商的余地,事情的发展只剩下唯一的一种可能。

帖木儿立刻兵发锡瓦斯。手里只有一小支骑兵部队的苏莱曼向身在色萨利的父亲紧急求援,但是并没有收到回信。苏莱曼发动了一次大胆的突击,但在意识到敌众我寡之后,率军撤离了锡瓦斯。尽管如此,帖木儿还是花了18天的时间才逐渐削弱了锡瓦斯的城防,并最终夺取了这座城市。接着,他把此前固守城池的几千名亚美尼亚基督徒守军都丢进壕沟里活埋了。随后，帖木儿并没有选择进一步深入小亚细亚，而是向南进军，依次夺取了阿勒颇（Aleppo）、大马士革和巴格达。攻入巴格达后，帖木儿将整座城市夷为平地，还把守军的头颅堆成了金字塔。一直到1401年的秋天，帖木儿才又回到小亚细亚的边缘地带。他在这里设置了冬季宿营地，自己则对是否再一次进攻奥斯曼帝国犹豫再三。

与此同时，巴耶济德非常令人不解地没有对帖木儿的威胁做出任何应对。锡瓦斯的失陷是他一生中遭遇到的第一个严重打击。在欧亚两大洲轻而易举取得一连串的胜利之后，这是他第一次遭遇真正令人敬畏的敌人，而这次遭遇的结局却是羞辱性的。巴耶济德在前所未有地遇到可以与自己相匹敌的对手之后，好像被失败击昏了，动弹不得；面对即将到来的危机，他的反应十分迟缓。毫无疑问，日渐腐化的生活在身体和精神上都削弱了他。帖木儿在夺取锡瓦斯之后，忙于在叙利亚和美索不达米亚征战，导致其前沿的亚美尼亚基地在一年多的时间里都异常空虚，根本无力抵御巴耶济德赖以成名的"雷霆"式的袭击。然而，人们没有听到雷霆，也没有看到闪电。巴耶济德没有像惯常的那样做出迅速的决断或是行动，既没有向帖木儿复仇，也没有试图去安抚他。曾经帮助他在欧洲赢得胜利的决心与军事、外交才能究竟都到哪里去了？

1402年的夏天，帖木儿终于下定决心向巴耶济德进军。此时，热那亚人和其他来自欧洲的基督教国家都来寻求与帖木儿结盟，共同对付奥斯曼人。自从帖木儿征服了叙利亚之后，他就不再觉得自己有义务维系伊斯兰世界的团结了。于是，他率领他的胜利之师向西进发，抵达锡瓦斯。而巴耶济德在失去锡瓦斯将近两年之后，终于振作了起来，撤除了对君士坦丁堡的包围，把他的大军调集到了亚洲。他的大军从布尔萨出发，在炎炎仲夏的酷暑中穿过被烈日炙烤的安纳托利亚高原，抵达了位于这一地区心脏地带的安哥拉。

巴耶济德的军队坚毅冷酷、纪律严明，在勇气和战斗技巧方面不亚于来自中亚的帖木儿和他的鞑靼人。但是，与以往不同的是，巴耶济德的军队不再团结一心，甚至不再一心一意。在他的军中，有四分之一的士兵本身就是鞑靼人，因此他们的忠诚度十分可疑。在经过漫长的行军之后，士兵们干渴而疲惫，而巴耶济德完全没有给他们休息恢复的时间。另外，巴耶济德的吝啬也增添了他们的不满：他拒绝拿出他宝库里的钱财，导致他们的军饷迟迟没有下发。

与此同时，苏丹的将领们也不同意他的作战计划。他们认为，按照传统的奥斯曼军队战术，面对数量上占据明显优势的敌人，巴耶济德应该先采取守势，从而可以自行挑选接敌的地点。他应该率军在山里躲藏几日，养精蓄锐，迫使帖木儿在高原的酷暑中四处搜寻他的踪影。但是，巴耶济德的固执性格影响了他的判断力和自控力，他迫不及待地要与敌军对决。于是，他的大军开始沿着道路向东行进，直奔锡瓦斯。他们在哈里斯河（River Halys）的一个拐弯处摆下攻击阵势，只待帖木儿出现便立即开战。

然而，几天过去了，巴耶济德的侦察兵都没有找到帖木儿的踪迹。最后，有消息传来，说帖木儿先是撤退，然后绕到了奥斯曼军队的身后，现在正从他们的后面逼近。从锡瓦斯出发的帖木儿避开了西边难走的山路，率军向南沿着河谷抵达了开塞利，一路上收割了成熟的谷物充当军粮。接着，他又向北到达了安哥拉的城下。此时，土耳其人已经在他的东边了。巴耶济德面对曾被自己嘲笑慢如蜗牛的敌人，把小心谨慎抛到了脑后，十分逞能地命令他的军队主动觅敌。大军所处的地带没有水源，成千上万的士兵开始死于干渴和疲倦。

与此同时，在安哥拉附近侦察的帖木儿发现了巴耶济德之前的宿营地。鞑靼人开始四处掠夺补给品，并且利用被土耳其人抛弃的帐篷，将这个宿营地变成了自己的营地。他们兴修水坝，让流向安哥拉的一条溪水改道，从而获得了水源。帖木儿还命人破坏并污染了一处泉水，这处泉水就在从东面赶来的土耳其人的必经之路上。帖木儿准备在这里与土耳其人交战。于是，巴耶济德拖着又累又渴的军队，不得不在属于自己的安哥拉城前，面对已经挖好壕沟准备迎战的敌人。而如果巴耶济德没有轻举妄动，处于帖木儿现在的位置上的本来应该是他。就这样，在这个城墙脚下延伸出来的广阔平原上，历史在这个熟悉的战场上再次见证了一场战斗。

巴耶济德大军的左翼是由其长子苏莱曼指挥的忠诚可靠的安纳托利亚部队；后卫部队的统帅是穆罕默德，巴耶济德对这个儿子的喜爱程度仅次于长子；右翼由塞尔维亚军队和其他忠诚的欧洲军队构成，其统帅是巴耶济德的内兄、塞尔维亚人斯泰凡·拉扎列维奇（Stephen Lazarevitch）[1]。巴耶济德本人坐镇中军，由他的近卫军簇拥着他。然而，就在编排阵列的时候，巴耶济德犯了一个十分低级而愚蠢的错误。通常，奥斯曼军队会把一支战斗力较弱的军队放在阵列前沿，用他们来抵挡敌人的锋锐。于是，巴耶济德就让由安纳托

---

[1] 此人即上文提到过的拉扎尔大公的儿子斯泰凡·布尔科维奇（依照斯拉夫语言的命名法，"拉扎列维奇"的意思即为"拉扎尔的儿子"），他将妹妹狄斯宾娜嫁给巴耶济德。

利亚鞑靼人组成的骑兵部队打了头阵。结果，战斗刚刚打响，可以预见的事情就发生了：这些鞑靼人倒戈投向了他们的同胞帖木儿。就这样，苏丹一下子失去了他四分之一的兵力。

此时，巴耶济德只好下令从左翼发动进攻。苏莱曼命令他手下的安纳托利亚骑兵发动冲锋。面对如冰雹般落下的箭矢和用石脑油制作的"希腊火"，这些骑兵十分勇敢地冲向了敌人。但是，他们并没能冲散鞑靼人的阵列，在损失了大约1.5万人之后，只得仓皇撤退。接着，帖木儿的军队开始发动进攻。在帖木儿的右翼，他的骑兵一路追击土耳其人，到了目力已不可及的地方。在左翼，他的军队遭遇到塞尔维亚人"如同狮子般的"抵抗——塞尔维亚军队的表现得到了帖木儿本人的赞誉——但最终还是击溃了他们，随后转向朝中路进攻。在那里，只剩下苏丹本人和他的近卫军，以及剩余的一些奥斯曼步兵。

在战略和战术上都落了下风、被迫采取守势的巴耶济德在敌人的攻势下慢慢地退却，一步一步地退到了一个小山顶。在他的卫兵和残余部队的保护下，巴耶济德继续战斗着，一个小时，又一个小时，一直战斗到夜色降临。此时，大势已去的巴耶济德又燃起了以前那种固执的勇气。土耳其历史学家写道："'雷霆'持续不断地挥舞着他沉重的战斧。他仿佛一头扑向羊群的饿狼一样，驱散了周围的敌人。他的每一次攻击都如此可怕，完全无须给同一个敌人来上第二下。"帖木儿的主力军在包围并击溃了残余的奥斯曼军队之后，又回到了之前的主战场，发现了正在厮杀中的巴耶济德。巴耶济德骑上马背，试图从鞑靼弓骑兵之中杀出一条血路，逃离这个山顶。但他还是被敌军追上，拉下马来。遭到生擒的巴耶济德被绑了起来，作为俘虏押送到帖木儿的大帐。而此时的帖木儿正在与他的儿子安静地下着棋。

巴耶济德在赢家面前保持了自己的尊严。起初,帖木儿还以君主应有的礼遇对待巴耶济德,到后来则把他当作囚徒对待。在安纳托利亚行军的途中,帖木儿把巴耶济德放在一个带栏杆的轿子里(有些人认为那轿子看起来就像一个笼子),并且允许鞑靼士兵和曾经效忠于巴耶济德的亚洲人公开地嘲弄他。还有很多关于帖木儿虐待巴耶济德的传说:在夜里,巴耶济德会被戴上手铐脚镣;帖木儿拿他当脚凳用;帖木儿霸占了巴耶济德的女眷,并且羞辱了他那来自塞尔维亚的夫人狄斯宾娜,让她在以前的夫君和现在的征服者面前,赤裸着身体在餐桌前服侍。各种各样的折磨摧垮了巴耶济德的精神,继而夺去了他的心智。不到八个月,巴耶济德就在一次严重的中风发作中死去了——也有人说他选择了自杀。

巴耶济德失败的原因,在于他超过了自己的极限。他想要在小亚细亚和欧洲突破他的祖先留下的加齐传统。他在时机尚不成熟、资源尚不充足的情况下,就试图打造一个雄踞中亚的伊斯兰帝国,去完成征服世界的梦想,而这种充满经卷气息的理想正是圣城布尔萨的伊斯兰神学家们所坚持的。于是乎,他与帖木儿的世界性帝国迎头相撞,走向了自己的毁灭。实际上,在巴耶济德向帖木儿挑衅之前,帖木儿只不过想与他西边的奥斯曼帝国——这个属于加齐的国家——和平共存而已。

帖木儿很快就横扫了小亚细亚。他的鞑靼部族迅速地夺取了布尔萨。他们抢走了那里的年轻女性,把清真寺变成了马厩,在城市里大肆掳掠，随后又付之一炬。[1]不过，他们并没有能够捉住巴耶济德的儿子苏莱曼。他在鞑靼人刚刚纵马冲进城门的时候就逃之夭夭，之后安全抵达了欧洲。接着，帖木儿亲率大军进攻小亚细亚最后一个基督徒的据点士麦那，仅仅用了两个星期就夺取了该城。医院骑士团被赶下了大海，他们乘坐桨帆船驶向了罗得岛（Rhodes）。少数没能来得及登船逃走的基督徒惨遭斩首。按照惯例，他们的头颅也被堆成了金字塔。帖木儿用他在士麦那的所作所为，表明自己要遵从加齐的传统去对抗异教徒，以此来赢取伊斯兰世界的赞许。

数以万计的奥斯曼军队的幸存者从安哥拉战场一路穿越安纳托利亚高原，越过群山，接着又奔向达达尼尔海峡。在他们身后，帖木儿的军队一直在穷追不舍。热那亚人和威尼斯人帮助他们返回了欧洲。这种做法惹恼了帖木儿，他称这是"背信弃义"的行为。对于热那亚人和威尼斯人来说，他们更愿意面对他们了解的对手，而非他们不了解的对手。由此可以看出，奥斯曼人在花了两代人的时间扎根巴尔干地区之后，已经被基督教世界心照不宣地默认为拜占庭帝国的继承者了。在安纳托利亚，帖木儿已经把巴耶济德的四个儿子变成了自己的附庸，并且怂恿他们去竞争成为奥斯曼帝国的下一任君主，从而挑逗他们相互残杀。他把苏莱曼变成了掌管奥斯曼帝国欧洲部分领土的鞑靼附庸。

此时，奥斯曼帝国的未来已经握在帖木儿的手中，他开始很友善地接受欧洲各国的示好。但是，就在拜占庭帝国的皇帝表示承认他的宗主权并向他交纳贡金时，帖木儿却下令募集一支舰队，以便

---

[1] 所以帖木儿的帝国不能算是一个代表当时伊斯兰世界的力量。早在帖木儿征服叙利亚时，他对穆斯林犯下的暴行就已经让他成了伊斯兰世界的敌人。

把他的部队运到海峡对面的欧洲去。此举引发了恐慌，人们担忧帖木儿要发兵攻打君士坦丁堡。不过，帖木儿并没有占据欧洲的计划，正如他也没有占据安纳托利亚的企图一样。在安纳托利亚，他让亡国的王公们都回到了自己的封地上，帮助他们复国，因为他很喜欢这种加齐国家的传统。他认为，他在这里的征战无非是一场被夸大了的劫掠，只有东方才在他的帝国蓝图之中。1403年，就在巴耶济德死后不久，帖木儿动身返回撒马尔罕，离开了小亚细亚，从此再也没有回来。他准备去征服中国，却在路上患热病死去，此时距离巴耶济德之死还不到两年。据说，他的病情因疲劳和（用吉本的话说）"不慎使用了冰水"而恶化。在他死后，他的鞑靼部族各奔前程，一路留下混乱和浩劫。

在安纳托利亚的这场惨败几乎导致了奥斯曼帝国的分崩离析，就像小亚细亚的塞尔柱帝国在遭蒙古人入侵后的下场一样。实际上，奥斯曼帝国也的确经历了十余年的分裂，内部的各股势力为了权力相互厮杀，整个国家时常陷入无政府的状态。在此过程中，奥斯曼帝国的国家大权有可能会落入一个个地方贝伊的手中，就像在其他的伊斯兰国家曾经发生过的那样。巴耶济德的四个儿子为了帝国宝座争斗不休——后来又出现了一个觊觎王位者，声称自己也是巴耶济德的继承人。他们每个人的背后都有一些地方上的实权人物撑腰，地方权势出于私利选择了各自的主子；拜占庭皇帝则支持其中最有希望获胜的一方，以图从中渔利；巴尔干地区的基督教附庸国则行动起来，夺回了一些原本属于自己的土地。

大体上，奥斯曼帝国的土地被分成了两半。巴耶济德的长子苏莱曼在阿德里安堡统治着领土的欧洲部分，而最小的儿子穆罕默德则在布尔萨统治着安纳托利亚。他们都很清楚，分裂的帝国不可能存活，因此他们都想消灭对方，扩大自己的势力范围，为此发动了接连不断的内战。巴耶济德的另外两个儿子伊萨（Issa）和穆萨（Musa）也加入了内战。先是穆萨杀掉了苏莱曼，然后拜占庭皇帝将穆罕默德从博斯普鲁斯海峡对岸召来共同对付穆萨。最终，穆罕默德成了最后的胜利者。

1413年，穆罕默德加冕成为苏丹穆罕默德一世。他的背后有两大集团的支持：首先是曾被其父巴耶济德放逐、又被帖木儿复国的安纳托利亚的贝伊们，其次是将穆罕默德称作"最公正贤良的奥斯曼皇子"的近卫军——这是他们第一次在奥斯曼帝国的历史上影响国家内政，但绝不是最后一次。就这样，在经历了无序而分裂的大空位时期之后，最强的一方夺取了政权。中央的权威再一次得以树立，奥斯曼国家以穆罕默德一世的名义重归统一。

尽管统治期只有短短八年，但深谋远虑的穆罕默德为几乎行将灭亡的奥斯曼帝国重铸了坚实的基础，使其恢复了统一和活力（这一点让基督教世界大失所望）。就在拜占庭帝国不可避免地走向衰败的同时，奥斯曼开创的王朝却从分崩离析的状态下浴火重生，一代代出色君主的涌现证明了它强大的复原能力和生命力。过了一代人的时间，奥斯曼帝国就诞生了其历史上最伟大的征服者——穆罕默德二世。

第二部分

新拜占庭

第六章

最终完成征服君士坦丁堡这一伟业的征服者穆罕默德,是穆罕默德一世的孙子、穆拉德二世的儿子。他的父亲穆拉德二世是一位开明的君主,统治国家30年,以崇尚荣誉和公正著称。他真诚而质朴,关心人民的疾苦,因而也赢得了奥斯曼帝国臣民的爱戴和尊敬。最重要的是,他是一个爱好和平的人。然而,战争和战争的威胁却一直笼罩着他。他渴望和平,因为在他的父亲结束了十多年的分裂局面之后,奥斯曼帝国需要时间来恢复内部的秩序和安定。他渴求和平,也有他个人的因素,因为他喜欢闲适而恬静的生活。他不仅追求感官上的快乐,同时也享受精神和心灵上的愉悦。正是出于这方面的追求,他曾经两次宣布将大位让给他年轻的儿子,只不过每一次都被迫收回成命。

从穆拉德二世即位伊始,他的和平梦想就不断被欧洲和亚洲的敌人打破。敌人的威胁迫使他采取行动,并且激发出他与生俱来的战斗热情和军事天赋。不过,他也尽可能避免将他的士兵置于危险之中,在与对手磋商谈判时务实公正,在履行和约时诚实守信。

他先是在近卫军和乌理玛的支持下挫败了一次叛乱。叛乱的领导者曾在其父穆罕默德一世在位时于拜占庭皇帝的羽翼下避难,此时却想要与他争夺苏丹的大位。挫败叛乱后,穆拉德二世对君士坦丁堡展开了围攻，第一次动用了可以轰击城墙的火炮和可以移动的攻城塔。不过，据说希腊人目睹了圣母玛利亚现身的神奇景象，在守城时表现出了非凡的勇气。与此同时，穆拉德又因为亚洲的事务分心，只好解除了围困。从此以后，一直到穆拉德的儿子即位，君士坦丁堡有一代人的时间都没有遭到奥斯曼人的围攻。此时，拜占庭皇帝曼努埃尔已死，穆拉德便与曼努埃尔的继任者约翰八世签署了和约。这一和约延缓了君士坦丁堡的陷落，但也让拜占庭帝国距离被彻底征服又近了一步——在君士坦丁堡城墙之外，这个帝国已经几乎没有什么土地了。

穆拉德率军进入安纳托利亚，前去镇压又一场叛乱。他的弟弟穆斯塔法（Mustafa）公然反对他，当地的王公贵族也都起来作乱。尽管穆斯塔法有卡拉曼尼亚人的支持，但他还是被穆拉德迅速击败，随即被绞死。穆斯塔法叛乱的幕后主使是"伟大的卡拉曼"，一个难以驾驭、总是试图与"伟大的土耳其人"[1]掰掰手腕的附庸。后来，他又策动了两次叛乱，也都遭遇了失败，但每次穆拉德都宽仁地允许卡拉曼尼亚维持其附属国的地位，没有将其领土并入奥斯曼帝国的版图。与此同时，穆拉德把安纳托利亚西部剩下的各个公国都置于自己的掌控之中。

此时，匈牙利人和威尼斯人在欧洲与奥斯曼人为敌，他们试图把拜占庭帝国之前丢掉的土地夺到自己的手中。匈牙利人梦想打造一个包含君士坦丁堡在内的泛斯拉夫帝国，而威尼斯人则想取得海上的霸权。就在拜占庭帝国的皇帝将萨洛尼卡——这座重要的港口

---

[1] 指奥斯曼帝国的苏丹。

一直是奥斯曼人和希腊人争夺的焦点——卖给威尼斯共和国之后，穆拉德被迫采取了行动。1430年，他攻占了这座城市，并将该城连同周边的地区都并入了奥斯曼帝国的版图。对于威尼斯人来说，这是一场惨痛的失败。穆拉德禁止士兵屠杀当地的居民，他还在和约中允许威尼斯人在奥斯曼帝国的领土内自由通行，从事海上贸易，并且承诺奥斯曼人不去袭扰飘扬着圣马可旗帜[1]的岛屿和伯罗奔尼撒半岛上的城堡。

匈牙利人染指巴尔干地区的热情则随着西吉斯蒙德国王之死而重燃。1437年西吉斯蒙德驾崩，没有留下任何男性子嗣，导致国家陷入持续的动荡。穆拉德为了确保多瑙河以南的领土安全，加强奥斯曼帝国对塞尔维亚的控制，在第二年出兵占领了塞曼德里亚（Semendria），并赶走了塞尔维亚大公[2]焦尔吉·布兰科维奇（George Brankovitch）[3]。穆拉德原本允许塞尔维亚人在多瑙河河畔兴建这座坚固的城堡，但是随着焦尔吉·布兰科维奇实力的增强，穆拉德对他的不信任感与日俱增，而塞尔维亚大公也的确试图与匈牙利人结盟并争取他们的援助。穆拉德围攻贝尔格莱德数月，没能攻占这座核心城市。不过，随着西吉斯蒙德的去世，穆拉德还是得以巩固自己对瓦拉几亚的控制。同时奥斯曼劫掠者又恢复了渡过多瑙河进入匈

---

1 即威尼斯共和国的旗帜，其上有象征威尼斯主保圣人圣马可的飞狮图案。
2 此处的"大公"原文为despot。Despot最初为拜占庭帝国中通常封给皇子的贵族头衔，地位仅次于皇帝和共治皇帝，相当于"亲王"；后来，拜占庭帝国的一些皇子在摩里亚和伊庇鲁斯拥有行政管理权，但仍然保有原本的despot称号，表示其级别仍然低于拜占庭帝国的皇帝。后来这种用法被塞尔维亚等国借用。塞尔维亚强盛时，其君主自称国王；但在臣服奥斯曼帝国之后，其君主只能使用较低一级的称号despot，其意义与西欧的"大公"比较接近。需要注意的是，此时的despot一词并无现代意义中的暴君之意。
3 此人即前文中塞尔维亚贵族武克·布兰科维奇的儿子。科索沃之战中，武克率领1万余士兵临阵撤退，这是拉扎尔大公战败的其中一个原因。

牙利境内劫掠的活动。此时，苦于内乱的匈牙利人急需一个统治者，最终决定邀请波兰国王做他们的君主。就这样，波兰国王瓦迪斯拉夫三世（Władysław III）成了波兰和匈牙利两国的共主。他的麾下涌现出一位匈牙利民族英雄——匈雅提（Hunyadi），这位军事领袖将在未来的20年中成为土耳其人的梦魇。

匈雅提也被称作亚诺什·科尔维努斯·匈雅提（John Corvinus Huniades），土耳其人还给他取了个绰号叫"扬科"（Yanko）。匈雅提出身于罗马尼亚贵族世家，其家世十分神秘。瓦迪斯拉夫国王很高兴地委托他管理特兰西瓦尼亚的一大片领土，后来又让他负责掌管匈牙利。对匈牙利人和塞尔维亚人来说，匈雅提就是具有浪漫色彩的"白衣骑士"，总是穿着闪亮的银色盔甲，率领手下的骑兵发动冲锋。凭借战场上的功绩，他如同及时雨一般给基督教世界东部的人们带去了希望。人们希望他能够将这片土地从奥斯曼异教徒手中永久解救，并使其重新获得统一。负责匈牙利南部200多英里边境防务的匈雅提，对阵奥斯曼军队取得了几次标志性的胜利。他不仅让奥斯曼人损失惨重，还用他夺取的奥斯曼旗帜和战利品装点了匈牙利的基督教教堂，从而激发了基督徒的热情。人们相信，匈雅提或许就是西吉斯蒙德国王从尼科波利斯战役的战场上返乡途中留下的私生子。无论如何，他现在的确也在仿效西吉斯蒙德国王，打算组织一支新的十字军将土耳其人逐出欧洲。

教皇的特使、枢机主教朱利安（Julian）亲自来到军中，祝福了他们。除此之外，匈雅提再也未能得到任何来自西方的支持。于是，十字军只好在匈牙利和波兰募集人手，瓦拉几亚人后来也加入进来。巴尔干地区的塞尔维亚人、保加利亚人、波斯尼亚人和阿尔巴尼亚人也提供了一些援助。尽管如此，十字军的进攻还是取得了成功。1443年，他们渡过多瑙河，夺取了尼什，但奥斯曼守军让他们付出了惨重的伤亡代价。占领了尼什，塞尔维亚大公焦尔吉·布兰科维奇得以恢复他的领地。接着，十字军夺取了索非亚，然后又十分勇敢地翻越了冰封雪盖的巴尔干山脉，抵达了南部山脚下的色雷斯平原。

他们行军的山路经常被土耳其人用落石封堵；还有一次，整夜的山洪在山的侧面形成了一堵堵的冰墙和一条条的冰路。十字军在这次远征中留下了史上罕见的英勇事迹。但是，在圣诞节当天取得了一场胜利之后，他们还是被恶劣的天气打败了。考虑到越来越难以为继的补给和来自土耳其人越来越大的压力，匈雅提命令军队撤退。匈雅提的部队饥寒交迫，皮包骨头，最后抵达了布达城。在瓦迪斯拉夫国王的引导下，他们唱着基督教圣歌，挥舞着缴获的奥斯曼旗帜，徒步进城，受到了匈牙利人民的夹道欢迎。他们在大教堂举行仪式，感谢上帝在这极端危难的时刻给予他们的帮助。

爱好和平的穆拉德没有跨过多瑙河去追击十字军。他与匈牙利人在塞格德（Szeged）签署了一项为期十年的和约。根据这份和约，塞尔维亚和瓦拉几亚摆脱了奥斯曼帝国附庸国的地位；匈牙利人则同意不再越过多瑙河，或是在保加利亚问题上提出任何诉求。瓦迪斯拉夫和穆拉德分别向《福音书》和《古兰经》起誓。

穆拉德在恢复了国内的统一之后，采取了一系列具有建设性的步骤以建立强有力的中央政府。其中一项重要的举措就是增加近卫军的人数，并扩大他们的职责范围。现在，他不仅从年轻的俘虏中挑选近卫军的兵员，还从各个省份的基督徒人群中进行遴选。在直接听命于苏丹的西帕希骑兵和同样是奴隶出身的军事行政人员的辅助之下,近卫军的规模曾达到约 7 000 人,成了国家的重要支柱。无论是在国内还是国外,穆拉德二世都弥补了巴耶济德留下的创伤,为奥斯曼帝国的未来打下了坚实的基础。

于是,穆拉德第一次萌生了远离政务、在亚洲的马格尼西亚(Magnesia)的行宫里过归隐生活的想法。作为准备,穆拉德把他 12 岁的儿子穆罕默德召到阿德里安堡,让他在大维齐尔钱达尔勒·哈利勒帕夏(Chandarli Halil Pasha)的监督下掌管帝国欧洲部分的事务。然而,此举引发了哈利勒和其他维齐尔的顾虑。他们认为,尽管穆罕默德是一个机警而早熟的男孩,但还不足以担此重责大任。

穆罕默德二世的出生被认为是一件不祥的事情。当时正在闹瘟疫,他父亲有两个兄弟死于这场瘟疫。他的童年很不愉快。他是他父亲的第三个儿子,但父亲更偏爱两个同父异母的哥哥艾哈迈德和阿里。他也从未设想过自己会成为帝国的接班人。艾哈迈德和阿里二人的母亲都来自地位显赫的家族,而穆罕默德的母亲只是一名女奴,而且很可能是一名基督徒。因此,穆罕默德与其父和祖父截然不同的性格可能就来自他母亲的血统。

穆罕默德是被保姆带大的。在他 2 岁的时候,他和他的哥哥阿里就离开了阿德里安堡,被送到了阿马西亚(Amasya)。这是一个位于安纳托利亚北部的多山省份,夹在中部高原和黑海海滨之间,他们 14 岁的长兄在这里做总督。在这里,居住着古老而具有影响力的奥斯曼人家族,穆拉德的父亲就曾与这些家族中的一个联姻。除此之外，这里还是一个宗教中心，正统的伊斯兰教派和从波斯而来的非正统的托钵僧教派在这里都很活跃。穆拉德本人就出生在这里。他开启了一个惯例，把他的儿子们纷纷送到远离首都的亚洲省份，在值得信赖的官员的看护下长大成人。这样一来，他就可以让他的儿子们远离人群和首都附近可能发生的叛乱。穆拉德的这种做法也得到后世一些苏丹的效法。这种防范叛乱的做法要比其祖父巴耶济德开创的兄弟相残的做法文明得多，但他的儿子穆罕默德后来把后一种做法变成了金科玉律。

不过，穆罕默德的兄长们都早早去世了。艾哈迈德在十几岁的时候突然死在了阿马西亚。穆罕默德接替他成为该省的总督，而他的另一个哥哥阿里则被送到马格尼西亚去做总督。又过了两年，穆拉德命令两个儿子互换位置。几年之后，身在阿马西亚的阿里不明不白地被扼死在自己的床上。这让他的父亲十分悲痛，因为据说他是穆拉德最疼爱的儿子。

此时，11岁的穆罕默德成了帝国的第一顺位继承人。他的父亲将他从马格尼西亚召到了阿德里安堡。穆拉德很快就震惊地发现这个儿子缺乏教育。穆罕默德的老师们发现，这个孩子是个很难办的学生，他不爱学习，特别是对宗教教育反应冷淡。于是，他的父亲挑选了一位名叫艾哈迈德·古拉尼（Ahmed Kourani）的著名毛拉[1]来指导他学习《古兰经》和宗教知识。古拉尼是库尔德人[2]，曾在开罗学习伊斯兰教法和伊斯兰教神学，此时则在布尔萨一处著名的神

---

[1] 毛拉是伊斯兰教内学者或宗教领袖的称号。
[2] 库尔德人是一个生活在中东地区的游牧民族，现在主要分布在土耳其、叙利亚、伊拉克和伊朗，是中东地区人口仅次于阿拉伯、突厥和波斯民族的第四大民族。

学院里授课。

据记载，苏丹给了古拉尼一根棍子，准许他在必要的时候对皇子施以体罚。这位毛拉手里拿着棍子去面见皇子，并对他说："您的父皇派我来教导您，但如果您不听话，我也要处罚您。"穆罕默德闻言大笑。于是，毛拉用棍子将他痛打了一顿。从此以后，穆罕默德就对他的老师毕恭毕敬，很快就跟随他掌握了《古兰经》的知识。在多位著名学者和顾问的教导下，穆罕默德成了一个学识渊博的人。

除此之外，穆罕默德还在阿德里安堡的宫廷里向他的父亲学习政务。在穆拉德到亚洲隐居之后，大维齐尔哈利勒和穆罕默德自己的侍臣就成了穆罕默德的老师。傲慢而早熟的穆罕默德很快表现出了我行我素的一面，想要甩开哈利勒。他父亲离开阿德里安堡不久，穆罕默德就因为支持一个异端宗教运动而惹出了一场风波。当时，有一位波斯传教者在阿德里安堡活动。他是一个托钵僧教派的领袖，宣扬各种非正统的观点，还认为伊斯兰教和基督教之间有着密切的联系。穆罕默德对他的观点表现出了浓厚的兴趣，欢迎此人进入自己的宫廷。这样一来，此人在阿德里安堡城中居民里也收获了更多的受众。

这引起了以大穆夫提（Grand Mufti）[1]和身为传统穆斯林的大维齐尔哈利勒为代表的伊斯兰教正统派的警觉和愤慨。在诱使这名波

---

[1] 大穆夫提是伊斯兰国家中伊斯兰教法的最高权威。在奥斯曼帝国中，穆夫提和卡迪都是司法体系的重要组成部分；穆夫提地位高于卡迪，他们都是伊斯兰神职人员乌理玛群体的成员。大穆夫提作为奥斯曼帝国的高等官职、乌理玛的领导者，有赋予和剥夺苏丹皇位合法性的权威。

斯人说出一些异端观点之后，他们立刻逮捕了他。但是，这位波斯传教者设法逃走了，并且躲进苏丹的宫殿里寻求穆罕默德的庇护。然而，迫于压力的穆罕默德不得不把他交了出去。大穆夫提在清真寺的讲坛上公开谴责了这位传教者，后者随即被群情激奋的民众绑在木桩上活活烧死。那位大穆夫提给火堆添柴添得兴起，以致靠得太近烧焦了自己的胡子。这位传教者的追随者也被斩尽杀绝。这场风波表现出穆罕默德本人对波斯人的偏爱和对非正统观点刨根问底的兴趣，但也让人们对他的未来充满忧虑。帝国的年轻继承人与宗教和行政集团之间的关系有了一个糟糕的开端。尊严受到伤害的穆罕默德在心里播下了怨恨的种子，他永远也不会原谅哈利勒。在经历了这样的危机之后，从孩提时代起就习惯于依靠自己的穆罕默德，与他人愈加疏离。

不久之后，他的这种性格就导致了近卫军的一次叛乱。近卫军尽管对穆拉德忠心耿耿而又充满爱戴之情，但不愿意听命于他毫无经验而又飞扬跋扈的年轻儿子。他们先是要求增加军饷，接着在要求被拒绝后起兵叛乱。他们在阿德里安堡纵火，大火烧掉了城里的市场区。接着他们又四处劫掠，滥杀无辜。他们叛乱的首要目标就是想要加害穆罕默德的私人顾问、宦官奇哈布埃丁帕夏（Chihab-ed-Din Pasha），后者不得不躲到宫里避难。最终，穆罕默德不得不选择妥协，同意了他们增加军饷的要求。

但是，这段插曲不仅进一步撕裂了哈利勒和穆罕默德之间的关系，也暴露了一个新的矛盾之源。自从穆拉德重构了近卫军征兵的体系，并且将征召基督徒这一做法的应用范围从军事方面扩展到行政方面，这个新的矛盾之源就在不停地生长，并最终使得包括奇哈布埃丁在内的基督徒归顺者逐渐攀升到国家权力机构的顶端。他们的晋升开始越来越频繁地损害以钱达尔勒·哈利勒为代表的穆斯林统治阶层的利益。这些古老的穆斯林家族发现自己逐渐被排挤出了权力中心。很有可能，正是哈利勒本人怂恿了这场近卫军针对奇哈布埃丁的叛乱，以此来宣示自己的权力，并且给年轻的穆罕默德一个教训。老权贵与新权贵、传统的穆斯林与归顺的基督徒之间的斗争可能会成为一种威胁帝国行政体系统一性的内部因素。而这种矛盾可能也是穆拉德决定退隐的原因之一——他本人不想牵扯其中，于是把这个问题留给哈利勒去解决。

但是，由于时机尚不成熟，穆拉德的第一次隐退只持续了三个月。匈雅提领导的战役在基督教世界激发了人们的热情，各种援助的承诺纷至沓来，其中还包括一支前来保护达达尼尔海峡通行安全的海军。基督教世界对匈牙利人与穆拉德签订的和约十分不满。正在动员军队准备在摩里亚作战的拜占庭皇帝写信给瓦迪斯拉夫，恳求这位"基督教之盾"一定要保持坚定。于是，瓦迪斯拉夫没有正式批准这份和约，反而宣布要继续推动十字军的事业，"把异教徒赶出欧洲"。他之所以做出这样的决定，很大程度上是受到了教皇的特使枢机主教朱利安的影响。

主教朱利安认为，此时的穆拉德还远在亚洲，而且由于基督教国家的海军封锁了达达尼尔海峡，他也只能暂时留在亚洲。于是，主教朱利安提出，基督徒对异教徒的承诺是无效的，并根据这个看似有点道理的观点，宣布瓦迪斯拉夫不必因为背弃了"与基督的敌人之间令人不快而亵渎神明的誓约"而承担发伪誓的罪责。这份以

《福音书》之名义签订的和约，被以圣三一[1]、圣母、圣埃蒂安（St. Etienne）[2]和圣拉斯洛[3]的名义宣布无效。而十字军的目标上升到了"追寻荣耀与救赎"的高度。就这样，欧洲人再次集合起来，把矛头指向了奥斯曼人。在十字军中，瓦拉几亚人占到了半数，塞尔维亚人却没有参与其中。塞尔维亚大公布兰科维奇认为，这份和约已经满足了他的要求，因此他不同意废除它，并且假装保持中立。对基督徒来说，胜利的所有希望都建立在苏丹和他的大军无法抵达欧洲这个前提条件上。

然而，就在1444年11月，穆拉德突然在瓦尔纳（Varna）出现在十字军面前。他贿赂了两面三刀的热那亚人，从他们那里弄到了船只，借着有利的风向躲开了基督教海军的监视，成功渡过了海峡。穆拉德的大军在海岸火炮的支援下对阵基督徒时拥有三比一的人数优势。在战斗中，穆拉德的近卫军像栅栏一样顽强地顶住了基督教军队的猛攻，在双方都付出惨重的伤亡之后，穆拉德赢得了胜利。瓦迪斯拉夫从战马上跌落下来，在战斗中被杀。随后，奥斯曼人把他那还戴着头盔的头颅插在了矛尖上，又在旁边另一把长矛上插上了那份被撕毁的和约的副本，以此象征基督徒的背信弃义。怂恿瓦迪斯拉夫撕毁和约的主教朱利安从战场上逃走，从此不知所踪。匈雅提和瓦拉几亚人的领袖弗拉德·德拉库尔（Vlad Dracul）一起逃走。出于往日的仇怨，弗拉德·德拉库尔在瓦拉几亚将匈雅提扣押

---

1 即三位一体，指圣父、圣子和圣灵。
2 即圣司提反（Saint Stephen），基督教会首位殉道者。
3 即拉斯洛一世，11世纪晚期的匈牙利国王。他于12世纪晚期封圣，成为在匈牙利广受喜爱的圣徒。

了一段时间。战役结束后，瓦迪斯拉夫国王的头颅被浸泡在蜂蜜中，送到了奥斯曼帝国的旧都布尔萨。在河水里洗净后，他的头颅又被插在长矛上游街。

穆拉德的胜利使他恢复了对多瑙河以南地区全部领土的控制。这时，他认为自己可以彻底隐退了。于是，在1444年的年底，他正式宣布退位，让位给穆罕默德。此时的穆罕默德不再仅仅是名总督，而是拥有了苏丹的全部权力。穆拉德在安纳托利亚的马格尼西亚附近辟出三个地区作为他的私人领地，但这些地方仍然处于其子的管辖范围之内。他为自己创造了宜人的居住环境：兴建了一座可以俯瞰广阔河谷的崭新宫殿，宫殿内还有幽雅的花园。在诗人、潜修者、神学家和学者的陪伴下，穆拉德像他的加齐祖先们一样过上了一种理想的宗教兄弟会式的生活。他学习、写作、冥思，像托钵僧一样苦修。他想要把土耳其语变成一种与波斯语和阿拉伯语截然不同的文化表达的媒介。他还推动了土耳其历史研究界的一场新运动，让他们开始用一种"浪漫主义"的方式去挖掘奥斯曼一世的杰出先祖的生活经历和乌古斯部落的起源。那些偶尔可以得到穆拉德接见的外国使节回忆说，他从来不在正式的接待场合会见外国使节，而都是在私人的房间接待他们。

然而，应哈利勒的要求，穆拉德在1446年的春天再一次回到了阿德里安堡。此时，哈利勒与年轻的穆罕默德之间的关系已经越发恶化。穆拉德以其朴素而平易近人的风格一如既往地获得了市民们的欢迎。穆拉德第二次归朝的原因，可能是因为穆罕默德全然不顾奥斯曼军队正在希腊和阿尔巴尼亚两线作战的局面，提出了一个不明智也不切实际的进攻君士坦丁堡的计划。统治阶层内部的矛盾再一次导致了纷争：哈利勒希望维持和平的局面；而军队的一些指挥官希望开战，并且得到了好斗而年轻的储君的支持。但是，好战派没能较量过哈利勒，后者获得了近卫军和穆拉德本人的支持。穆拉德决定重掌大权，穆罕默德则被迫退隐到马格尼西亚去，在那里好好悔过，并且学会控制自己受挫的野心，他的这种生活状态一直持续到穆拉德在五年后去世。

重回宝座的穆拉德再一次不情愿地把注意力投向了战场。此时的匈牙利十分平静，但拜占庭帝国的几位亲王[1]试图恢复帝国在摩里亚的势力，迫使穆拉德不得不出兵入侵希腊。他成功地攻破了用来守卫科林斯地峡（Isthmus of Corinth）[2]的坚固的赫克萨米利翁之墙（wall of Hexamilion）[3]，然后纵兵在摩里亚大肆破坏。他将希腊人在这里建立的亲王国变成了奥斯曼帝国实质上的附庸国，并把被希腊人赶走的拉丁人附庸接回来重新掌权。

此时，在阿尔巴尼亚又出现了新的冲突。在那里，出现了一位堪比匈牙利的匈雅提的英雄，站出来反抗土耳其人。此人名叫乔治·卡斯蒂利奥塔（George Kastriota），是一位臣服于奥斯曼帝国的阿尔巴尼亚基督徒大公的儿子。他作为人质在苏丹的宫廷里长大并接受教育。他皈依了伊斯兰教，还曾在奥斯曼军队中服役。在军中，他获得了伊斯坎德贝伊（Iskander Beg）的称号，意为"亚历山大大

---

1 如前注，此处的亲王，原文亦为 despot。
2 科林斯地峡是位于希腊南部连接欧洲大陆和伯罗奔尼撒半岛的地峡。
3 这一名称意为六英里长的墙。

人"，因此他后来又被称作斯坎德培（Skanderbeg）。[1] 作为一位勇敢的爱国者，斯坎德培从奥斯曼军队中出逃，决定为了自己真正的信仰和祖国而战。他率领勇武的阿尔巴尼亚同胞反抗土耳其人的统治，正好与匈雅提遥相呼应。1448年，这两位首领联合起来，在塞尔维亚和波斯尼亚的支持下又一次发动了对土耳其人的进攻。然而，穆拉德很快就在科索沃的古战场击败了对手；60年前，他的祖先穆拉德一世就是在这里打败了塞尔维亚人和匈牙利人，却又在胜利后血洒疆场。60年后，穆拉德二世的胜利注定了塞尔维亚彻底沦亡的命运；匈牙利人遭到重创，在短时间内无力进犯；波斯尼亚则成了奥斯曼帝国的附庸国。不过，斯坎德培以坚不可摧的克鲁亚（Croia）为大本营，在接下来的20年里依靠游击战粉碎了奥斯曼人一次次的来犯，无论是步入暮年的穆拉德，还是随后继位的穆罕默德，都未能征服阿尔巴尼亚。此时，身在马格尼西亚的穆罕默德喜欢上了一位名叫居尔贝哈（Gülbehar）的女奴。这位可能出自阿尔巴尼亚或希腊基督徒家庭的女孩为穆罕默德生了一个儿子，即后来的巴耶济德二世。穆拉德认为，以这个女孩的出身，她不能做穆罕默德的新娘。于是，在年轻的皇储年满17岁之后，穆拉德为他安排了一桩更般配的婚姻，让他正式迎娶了一位重要的土库曼王公的女儿西特（Sitt）。但是，穆罕默德从未喜欢过她，而她也没有给穆罕默德生儿育女。后来，在穆罕默德把宫廷迁移到君士坦丁堡的时候，他把西特皇妃留在了阿德里安堡的后宫里。在他后来男性气息十足的生活

---

[1] "伊斯坎德"是东欧和中亚语言中和"亚历山大"对应的名称。用来称谓斯坎德培的绰号"亚历山大"，正是借亚历山大大帝的名号赞美斯坎德培的英勇善战。"斯坎德培"这个名字得自阿尔巴尼亚语的叫法。

之中，再也没有哪个女人扮演过重要的角色。

晚年的穆拉德开始变得对儿子更加友好。穆罕默德有时候会来到阿德里安堡拜访他的父亲，并且陪同他参加了几次战役。在科索沃战役中，穆罕默德负责统率安纳托利亚的部队，第一次经受了战火的洗礼。1450年，穆罕默德又和他的父亲一起在阿尔巴尼亚参加了以失败告终的克鲁亚围城战。当穆拉德于次年因中风去世的时候，穆罕默德正在马格尼西亚。据说，在接到噩耗之后，穆罕默德立刻跳上他的阿拉伯马，呼喊着"爱我的人，都跟我来！"一路朝北，向着赫勒斯滂疾驰而去。

他在加里波利耽搁了两天，等候他的随从，接着又继续赶往阿德里安堡。在那里，他在文武百官的见证下登上了宝座。穆罕默德发现哈利勒以及先皇的密友、官居次席维齐尔的伊沙克帕夏（Ishak Pasha）站得有一点远，似乎在担心自己的命运，便通过宦官总管叫他们到惯常的位置上去。接着，他宣布哈利勒继续担任大维齐尔；他又任命伊沙克为安纳托利亚总督，负责将先皇的遗体运到布尔萨去。

接着，穆拉德那位出身于奥斯曼贵族家庭的遗孀走上前来，为先皇的驾崩表示哀悼，并祝贺穆罕默德荣登大宝。而就在此时，她那还在襁褓中的儿子艾哈迈德（Ahmed）被穆罕默德派去的手下溺死在了浴盆里——这位女奴所生的苏丹就用这样的骨肉相残的行径杜绝了争权的危险。随后，这位痛失爱子的母亲就被送到安纳托利亚，被迫嫁给了总督伊沙克帕夏。

后来，穆罕默德在布尔萨再一次遭遇了近卫军的反叛。他果断地镇压了叛乱，将许多人逐出近卫军，但又为余下的人增加了军饷。

这一精明的权宜之举却变成了后世苏丹即位后的惯例。与此同时，他又从宫中的猎手和养鹰人中挑选人手，组建了一些新的军事单位。他让这些军事单位为自己的家族服务，并从中挑选军队的统帅。近卫军经过重组之后，成为奥斯曼军队更加强大的核心。很快，穆罕默德就做好了准备，去完成那项他早就下定决心要完成的伟业——攻克君士坦丁堡。

第七章

基督教世界对年轻的苏丹穆罕默德二世不以为意。鉴于他以前的种种失败,他们认为他仍然是一个毫无经验、无足轻重的年轻人,不大可能继续他父亲的征服大业。然而,穆罕默德正逐渐变成一个了不起的人物。他个子不高,但强壮而英俊;举止庄严,恭敬有礼,却又沉默寡言。他长了个鹰钩鼻子,目光极具穿透力,个性冷淡而内敛。在他身边,人们会感到不大自然,但他的机警睿智、不屈不挠和强烈的使命感也为他赢得了人们的尊敬。正是他的这些特质,促使他甘愿不惜一切代价去追求绝对的权力。在他统治的初期,他故意表现出爱好和平的姿态,以达到他的长远目标。

"他的嘴上说着和平,"吉本写道,"心里想的却是战争。"在接见外国使节时,他总是表现得很乐于遵守他父亲签过的那些和约,无论对方是威尼斯还是热那亚,是匈雅提还是塞尔维亚、瓦拉几亚、拉古萨,是爱琴海上的岛屿还是罗得岛上的骑士,甚至包括阿索斯山(Mount Athos)[1]上的修道院团体。拜占庭皇帝君士坦丁[2]的大使起初也得到了苏丹的礼遇。苏丹对他们许诺说,他将尊重拜占庭帝国的领土主权。此时,有一位觊觎苏丹大位的奥尔汗皇子(他是巴耶

---

[1] 位于希腊北部的一座半岛山,其上有大量的东正教修道院。
[2] 即君士坦丁十一世·巴列奥略。

济德一世的孙子）居住在君士坦丁堡。穆罕默德二世对拜占庭皇帝的大使许诺说，他将用斯特鲁马河河谷中一些希腊城镇的税收来支付奥尔汗等人居住在君士坦丁堡所产生的费用。

然而，后来在小亚细亚的营地中朝见穆罕默德的拜占庭使节却愚蠢地摆出了一副挑衅的态度，对穆罕默德抱怨说从未收到过他许诺的那笔钱。他们甚至还要求苏丹增加资金的数额，并且带有威胁性地暗示苏丹，拜占庭帝国可以对这位皇位觊觎者善加利用。据吉本的记载，比这些使节更了解他的少主的大维齐尔哈利勒，直率地对他们发出了警告：

> 你们这些愚蠢又可悲的罗马人，我们清楚你们的伎俩，可你们却不知道自己的处境！现在坐在宝座上的不再是谨慎小心的阿穆拉[1]，而是一位年轻的征服者，天下没有什么律法能够约束他，没有什么障碍能够阻拦他……你们何苦用空洞而闪烁其词的威胁来恐吓我们？尽管把那个流亡的奥尔汗放出来吧，拥立他做鲁米利亚[2]的苏丹吧；把多瑙河对岸的匈牙利人叫来吧；让西方诸国都武装起来反对我们吧；相信我，你们这样做只会加速你们的灭亡。

苏丹本人用温和的语言安抚了使节。不过，拜占庭皇帝这下就给了穆罕默德一个借口，可以让他背弃有关尊重拜占庭领土主

---

[1] 即穆罕默德二世之父穆拉德二世。
[2] 此处原文为 Romania，实际意义与现代语境里的罗马尼亚不同，是土耳其人对奥斯曼帝国在欧洲部分领土的称呼，即 Rumelia，字面意思为"罗马人的土地"。

权的誓言。回到阿德里安堡之后，穆罕默德下令驱逐斯特鲁马河河谷城镇中的希腊居民，并没收他们的财产。巴耶济德苏丹曾经在博斯普鲁斯海峡最窄处的亚洲一侧修建了一座"安纳托利亚堡垒"（Anadolu Hisar），穆罕默德此前曾在那里渡海。现在，在从欧洲返回小亚细亚的路上，穆罕默德下令在安纳托利亚堡垒的对岸，也就是海峡的欧洲一侧再修建一座城堡。有了这座城堡，穆罕默德就可以确保对博斯普鲁斯海峡的控制，并且可以获得一个围攻君士坦丁堡的前沿基地。但是，这座城堡实际上坐落在拜占庭帝国的领土上。[1]

拜占庭皇帝立刻派了一支使团前来抗议穆罕默德违背和约的行为。他想要提醒穆罕默德，巴耶济德苏丹在修建安纳托利亚堡垒之前先征得了拜占庭皇帝的同意。然而，穆罕默德轻蔑地拒绝了拜占庭使者的求见。在城堡开工之后，拜占庭皇帝又派出了一支使团，为苏丹带去了礼物和饮食，请求他保障博斯普鲁斯海峡沿岸希腊村庄的安全。苏丹再一次无视了他们。拜占庭皇帝又派出了第三支使团，要求苏丹向他们保证修建城堡不是进攻君士坦丁堡的前兆。这回穆罕默德干脆把他们抓起来砍了脑袋。这样的举动已经无异于宣战。君士坦丁堡陷入了恐慌之中。"这座城市的末日到了，"市民哀叹道，"我们这个民族的末日到了。敌基督的时代降临了。"

1451年的冬天，苏丹下令从帝国的各个行省征调5 000多名石

---

[1] 君士坦丁堡附近，亚欧之间的水道顺序如下：从地中海（爱琴海）通过达达尼尔海峡可进入马尔马拉海，再往西北抵达君士坦丁堡。该城扼守着博斯普鲁斯海峡的南端入口。通过了博斯普鲁斯海峡便进入了黑海。这些地理信息将十分有助于对此后很多内容的理解，望读者牢记。

匠和其他工人，还从四面八方调运建筑材料。第二年春天，为了清理出施工的场地、获得所需的石材，奥斯曼人将附近的教堂和修道院全部拆毁。苏丹本人设计了城堡的围墙，并在春天赶到施工现场监督工程进度。又花了四个半月的时间，这座城堡宣告完工。它被命名为"Boghaz Kesen"，意为"截断海峡"，或"割断咽喉"，即割喉堡；希腊人把它叫作鲁米利堡垒（Rumeli Hisar），意为"罗马土地上的堡垒"，与海峡对岸的"安纳托利亚堡垒"遥相呼应。

城堡竣工后，苏丹率军抵达君士坦丁堡城外，花了三天时间勘察城防情况。然后，他留下 500 人守备割喉堡，自己回到阿德里安堡的宫廷里过冬。他留下命令，要求所有通行海峡的船只，不论去向何方，都必须在城堡前降帆抛锚，得到许可并交纳费用后方可通行。在城堡靠近海面的一座塔楼上，布置了三门巨炮，每门巨炮都可以发射重达 600 磅[1]的石弹。胆敢拒绝听令的船只就会被这些火炮击沉。

这些火炮是一位匈牙利工程师的杰作。此人名叫乌尔班（Urban），是一名擅长火炮制造的冶金专家。最初，他打算为拜占庭皇帝服务，但是皇帝既付不起他的工钱，也无法为他提供必要的材料。于是，他转而去找苏丹，声称他制造的火炮不仅能摧毁拜占庭的城墙，就是传说中的巴比伦城墙也不是它的对手。穆罕默德对于军事科学的新进步总是很感兴趣，一心想为他的军队装备最先进的武器。他也很喜欢钻研现代城堡和攻城器械的建造技术，还会把外国的武器专家召到宫殿里为他答疑解惑。于是，穆罕默德马上重金

---

[1] 600 磅相当于 272 千克。

聘用了乌尔班，然后命他为割喉堡制造一门足以封锁博斯普鲁斯海峡的火炮，以此来检验一下他的能力。他花了三个月的时间铸造好了大炮。一天，一艘威尼斯的船只运载着粮食通过海峡，要赶到君士坦丁堡去。这艘船没有听从停船指令，结果被炮弹直接命中，当即沉没。火炮的实验大获成功。

于是，穆罕默德又命令乌尔班在阿德里安堡的一个铸造厂为他铸造一门个头大一倍的火炮。这门火炮完工后，穆罕默德派了700人负责看管、运送。他们用了15对牛才勉强能够拖动这门火炮。这个7米多长、76厘米口径的庞然大物，可以发射544千克重的炮弹。火炮被安置在距离苏丹的新宫殿很近的地方试射。在准备试射前，附近的居民被告知不要被开炮的声音吓到。引信点燃，炮声响起，连十几千米之外的地方都能听到巨大的爆炸声。炮弹飞行了1.6千米，落地后砸出了一个2米深的坑。

苏丹对试射的成功感到很满意，于是命人平整道路、加固桥梁，这样到春天的时候他就可以把火炮运到君士坦丁堡的城墙外。与此同时，苏丹的铸造厂里还在制造小一些的火炮。就这样，他创建了一支在东方前所未见的使用火药的火炮部队——而这样的部队在西方已经出现了一个世纪之久了。在这些火炮面前，君士坦丁堡那来自中世纪甚至更久远的年代的石头城墙就不再是有效的防御设施了。

1452年的整个冬天，苏丹都在忙着进行攻城准备。在无眠的夜晚，他就彻夜研究君士坦丁堡的城防图，筹划着他的进攻方案：他的部队需要攻占哪里，他的攻城器械、火炮和地雷应该布置在哪里。在午夜时分，他会在两个随从的陪伴下，伪装成一名普通士兵穿行在阿德里安堡的大街小巷，探听军队士气和民情。如果有人认出他，并且向他敬礼，视人命如草芥的穆罕默德就会立刻将他刺死。有一天夜里，他在凌晨时分传唤大维齐尔哈利勒。哈利勒感到自己的地位岌岌可危，去面见苏丹的时候带了一托盘的金币，以备不时之需。苏丹问他，为什么要带这些金币；哈利勒答道，苏丹的仆人在不同寻常的时刻被他的主人召唤时，通常都会带上一些礼物。穆罕默德对金币不屑一顾，"我要的东西只有一件：给我君士坦丁堡"。接着，他告诉哈利勒，对君士坦丁堡的围攻要尽快开始。哈利勒退下后，穆罕默德又开始继续研究他的方案。

他从帝国的各个省份征调大军，集结在了色雷斯，总人数达到几十万人，其中包括2万人的非正规军。大军的核心则是1.2万人的近卫军。苏丹亲自督办军队的装备，全国各地的兵工厂都在生产胸甲、盾牌、头盔、长矛、刀剑和箭矢，苏丹的工程师们则在建造着投石机和攻城锤。而在君士坦丁堡，他们的对手希腊人只剩下不到5万的人口，守军只能凑出7 000多人，其中还包括2 000名外国人，主要是"为了上帝和基督教世界的荣耀"而来的威尼斯人和热那亚人，外加停泊在金角湾的船只上的船员。这些守军需要防守14英里（约23千米）长的城墙，而他们只有一些轻型的火炮可以使用。

唯一能够鼓舞守军士气的，是热那亚的守城专家乔万尼·朱斯蒂尼亚尼（Giovanni Giustiniani）的及时到来。乔万尼·朱斯蒂尼亚尼带领700人前来支援，被拜占庭皇帝任命为总指挥，随即展开了工作。在当地居民的不懈努力下，乔万尼·朱斯蒂尼亚尼主持加固了城墙，清理了壕沟，从总体上提高了城防水平。此外，城中的武器被集中起来，并被重新分配到最合适的地方。拜占庭皇帝不仅缺乏人手，也缺乏资金。个人、修道院和教堂纷纷拿出钱来资助城防工作，教堂中的银盘子也被熔掉铸成银币。

苏丹很清楚，以前围攻君士坦丁堡之所以屡屡失败，是因为围城者只从陆地上进攻。只要拜占庭人控制着大海，就可以从海路获得补给。而土耳其人，就连把自己的部队从亚洲运到欧洲，都要依赖基督徒的船只。因此，穆罕默德认为，他不仅需要一支陆上大军，更需要一支海军力量。充分认识到大海的重要性的穆罕默德对此事格外重视。于是，他组建了一支舰队，其中不仅有征召来的旧船，还有在爱琴海沿岸的船坞里迅速制造出来的新船。舰队总计有大小舰只125艘，外加各色辅助船只。

1453年的春天，这支舰队从加里波利出发，在一位保加利亚裔海军司令的率领下驶入了马尔马拉海。到这时，希腊人才惊恐地发现，土耳其人已经拥有了一支庞大的舰队，其舰只数量是自己舰队的六倍多。苏丹召开御前会议，向大臣们透露了他的战争计划，并向他们寻求支持。因为有了这支舰队，苏丹得以在御前会议上向他们保证自己可以取得制海权。他坚称，纵然奥斯曼帝国过去取得了种种成就，但如果无法占领君士坦丁堡，这个帝国永远都不会安宁。而且，他列举了种种理由，指出君士坦丁堡并非坚不可破。他最后总结道，对他本人来说，如果他统治的帝国不能拥有君士坦丁堡，那么他宁愿不统治它。穆罕默德的计划取得了御前会议的一致支持。

预言的内容也对他十分有利。苏丹的军队普遍认为，先知穆罕默德将为第一个进入君士坦丁堡的士兵在天堂里准备一个特殊的位置。先知穆罕默德曾经预言道："他们将征服君士坦丁堡，完成这一伟业的君王和军队将获得荣耀。"苏丹经常宣称，他将成为预言中的那位君王，以伊斯兰之名击败异教徒。

而希腊人则在一个漫长而艰难的寒冬中日渐消沉。地震、暴雨、洪水、闪电、流星，种种不祥之兆似乎都在预示着帝国的末日和敌基督的降临。在圣诞节之前，圣索菲亚大教堂举办了一场庄严的仪式。根据此前在佛罗伦萨会晤达成的决议，希腊和拉丁两个教会完成了联合。然而，希腊教会的会众却不情愿接受这种联合。由于只有赞同联合的神职人员才可以继续在圣索菲亚大教堂服务，希腊人从此开始拒绝进入这座教堂。

随着春天的到来，苏丹的大军开始从色雷斯向君士坦丁堡进发。1453年4月2日，复活节星期一[1]这天，苏丹随着他的最后一支部队抵达了君士坦丁堡城下。在此之前，他的重型攻城器械都已经到达。他把大本营设在了一处正对陆墙中点的山丘上，四周簇拥着近卫军的营地，巨炮和另外两门小一点的火炮也部署在附近。拜占庭皇帝则出现在苏丹面前的圣罗曼努斯门，他的两翼是朱斯蒂尼亚尼带来的热那亚部队。为了表明威尼斯人也站在他的一边，他在城墙上检阅了1 000名穿着别致制服的威尼斯水手，好让所有的土耳其人都能看到。

土耳其人和希腊人的外交接触没有任何结果，拜占庭皇帝只给苏丹写了一封信：

> 显然，你想要的是战争，而不是和平。既然无论是我诚恳

---

[1] 即复活节星期日后一天，是基督教的节日。

的声明还是效忠的意愿都已经无法使你满意,那么就随你所愿吧。我现在只听从上帝的意愿。如果他要把这座城市交给你,那又有谁能够阻止呢?如果他能让你萌生和平的念头,那我只能感激不尽。无论如何,你背弃你的一切誓言和和约,我不追究,而我将紧闭城门保卫我的人民,直到我的鲜血流尽。愿公正的神赐福于你,全能的上帝终将审判你我。

于是,拜占庭人关闭了君士坦丁堡的大门,毁掉了护城河上的桥梁。为了防御海墙,拜占庭人在热那亚人的监督下[1]布设了一条配有木质浮漂的铁链,封锁了金角湾的入口,将港湾内的26艘船只保护了起来。在此之前,有6艘克里特岛的船只和1艘威尼斯船只搭载着700名意大利人逃走了,但他们是最后一批临阵脱逃者。在复活节前的一周("圣周"),人们在教堂里祈祷,希望可以得到拯救。在圣周结束后,刚刚抵达城下的苏丹按照伊斯兰律法的规定,派出使者举着休战旗进行最后一次劝降。他许诺说,只要君士坦丁堡主动投降,奥斯曼帝国将保障其居民的生命和财产安全。君士坦丁堡拒绝投降。于是,4月6日,炮击开始了。一星期之后,炮击的频率变得更高,并且一直持续了6个星期不曾停息。

苏丹一直寄希望于靠攻城武器——他不仅有火炮和臼炮,还有投石机——而不是人力去攻破君士坦丁堡的城墙,但实际上攻城的进度十分缓慢。尽管炮弹击毁了多处城墙和数座塔楼,但是奥斯曼

---

[1] 金角湾对岸的佩拉是热那亚人的殖民地,这座城市在君士坦丁堡之围中保持中立。

人没有能够取得决定性的突破。一次持续四个小时的攻城突击战也遭到了失败。在朱斯蒂尼亚尼的指挥下，希腊人总是能够迅速地修复被毁坏的城墙，并加固被削弱了的地段。他们用木板和装满土的桶在最危险的地方设置了临时壁垒，在其他一些地方甚至还用上了成捆的羊毛和皮革。

海上的进展也不顺利，苏丹的舰队两次尝试强行攻进金角湾，但都遭遇了失败。4月中旬，三艘满载着武器和补给品的热那亚船只和一艘从西西里岛赶来的拜占庭船只成功地通过了达达尼尔海峡，出现在君士坦丁堡附近。得知这个消息后，苏丹本人亲自骑马给他的海军司令下达命令，要求他必须击沉这些船只，不然就提头来见。当天，在君士坦丁堡居民的见证下，海上发生了一场激战。凭借着更好的军备和更高超的航海技术，基督徒的船只成功地躲开了土耳其人的纠缠，安全地驶入了金角湾。苏丹在博斯普鲁斯海峡的岸边目睹了其舰队的失败。对航海一无所知的苏丹恼怒地纵马下到海水里，高声咒骂着向他的海军司令和船员们下达命令，但这根本无济于事。战斗结束后，他命人鞭笞了海军司令，还威胁要把他钉死在尖木桩上。最后，他只是解除了他的职务，并且没收了他的个人财产分配给近卫军。

穆罕默德早就知道，单靠陆上强攻无法攻克君士坦丁堡，但现在他的海上进攻又遭遇了失败。或许是在一个意大利人的建议下，穆罕默德有了一个天才的主意。他打算从陆地上把他的船只由博斯普鲁斯海峡运到金角湾里面，这样就可以避开金角湾入口的海上封锁。他手下的工程兵们为此专门修建了一条道路，沿着谷地爬过海拔200英尺（约61米）的山坡，然后再向下通向金角湾。接着，奥斯曼人用滑轮把装上了带金属滚轴支架的船只拖出水面，再用成群的公牛拖着船只在涂抹了油脂的圆木上移动。

奥斯曼人的船只扬着帆，张着旗，桨手们的桨也在空中挥舞着。基督徒士兵和守卫们惊讶地看到，奥斯曼人的舰队似乎在从山坡上滑入他们的港湾。不久，在希腊人的海上防线的内部，70艘奥斯曼船只出现在了金角湾的水面上。威尼斯人和热那亚人试图用轻武装的小艇和两艘大型的桨帆船攻击奥斯曼人的舰队。但奥斯曼人早已预料到了这次进攻，他们依靠岸上火力持续不断的支援挫败了基督徒的进攻，并且击沉了两艘船。就这样，希腊人失去了对金角湾的控制，土耳其人可以从后方对君士坦丁堡采取行动了。现在，奥斯曼人可以包围并控制佩拉的热那亚人，可以在港口内搭设浮桥加强通信联络，还可以威胁港口方向的城墙，从而分散城墙上的防御力量。

在取得了海上的胜利之后，土耳其人并没有立刻在陆上发动猛攻，而只是在海陆两面一起骚扰对方。在君士坦丁堡城内，补给已经消耗殆尽，而人们翘首盼望的从威尼斯赶来的补给舰队也一直没有出现。守军的士气开始日渐消沉。鉴于从西欧得不到任何支援，有人开始劝说皇帝离开君士坦丁堡，在其他地方继续抵抗。但皇帝拒绝说："我不可能离开。我怎能忍心将上帝的教堂和仆人、我的宝座和人民置于那样的苦难之中？……我请求你们，我的朋友们，以后不要再对我说其他的话了。你们只需要对我说，'不，陛下，不要离开我们'，我也的确不会离开你们。"他宁愿像"好牧人[1]一样为他

---

[1] 指耶稣。

的羊舍弃生命"。

在经过了将近七个星期的围城之后，装备了当时最先进的武器的土耳其人仍然无法进入君士坦丁堡。土耳其人试图用地雷炸毁城墙，还试图在护城河上搭建桥梁，但这些计划都被挫败了；在金角湾的行动也不是决定性的。在这个紧要关头，从一开始就对君士坦丁堡围城热情有限的大维齐尔哈利勒说服苏丹再给希腊人一次和谈的机会。他的这个建议得到了年长的同僚的支持，但遭到了年轻同僚的反对。苏丹派出了密使去面见皇帝，要求他要么支付沉重的岁贡，要么放弃君士坦丁堡，但城中居民可以携带全部财产离开，皇帝本人则可以在伯罗奔尼撒半岛拥有一个王国。皇帝拒绝了苏丹的建议。苏丹表示，那么希腊人就别无选择了，要么投降，要么被杀，要么皈依伊斯兰教。

他宣布将在5月29日星期二对城墙发动总攻。在发动总攻前的星期日，苏丹带着他的传令官们视察了他的部队。传令官们告诉士兵，按照伊斯兰的传统，破城之后，士兵们将可以大肆劫掠三天，劫掠所得将公平地分配给他们。第一个登上城墙的人将获得封地和高阶官职。除了城墙和建筑要留给苏丹，士兵们可以劫掠一切。穆罕默德的士兵们发出阵阵欢呼，高喊着"真主之外再无真神，先知穆罕默德是他的使者"，连城中守军都听得真真切切。夜里，在管乐和鼓声之中，土耳其人填平了护城河，堆好了武器。他们借着火把的光亮施工，从漆黑一片的城中望去，还以为土耳其人的营地失了火。等他们猜到了土耳其人点起火把的真正原因，希腊人不禁跪在地上开始祈祷。

次日一整天，城外笼罩着不祥的寂静，奥斯曼大军正为第二天的进攻进行着休整。教堂的钟声和敲锣声时不时地打破这种寂静，城内的人们正在街上举着圣物和偶像，绕着城墙一边祈祷一边游行。苏丹在探视了一圈之后，将大臣和军队的指挥官们召集到他的大帐。他提醒他们，多少个世纪以来，夺取基督徒的首都一直都是虔诚的穆斯林的神圣使命，而传说已经预示了他们的成功。明天，他将派遣一拨又一拨的士兵发动攻势，直到守城者在疲倦和绝望的重压下投降。他要求指挥官们一定要展示出他们的勇气，并且维持好军队的纪律。

拜占庭的皇帝也在对他手下的干将们讲话，告诉他们，人应当随时准备为了自己的信仰、国家、家庭和君主献身。现在，他们必须准备好为所有这四个目标而牺牲。他谈到了荣誉和这座伟大帝都的传统，谈到了异教徒苏丹的背信弃义。他说，异教徒想要摧毁正信，并在基督的殿堂上崇拜虚假的先知。他要求士兵们勇敢坚毅，无愧于自己的祖先，无愧于希腊和罗马的古代英雄们。凭借上帝的帮助，他们将获得胜利。吉本评价说，这便是"罗马帝国的祭文"。

1453 年 5 月 29 日的凌晨，苏丹的大军发动了总攻，一时间响声震天：士兵的战吼声、火炮的轰鸣声、铜钹的碰撞声、战鼓的敲击声和横笛的悲鸣声从城墙的一端绵延到另一端。很快，随着守卫的示警，城中的教堂钟声扰乱了之前的合奏。各个钟楼发出的响声遍及全城，所有人都明白战斗开始了。有战斗任务的男人跑向他们的岗位，女人则快步跟在他们后面，搬运着城墙上用的石头和木板。老人和孩子从家中涌向教堂，一边告解一边祈求他们的城市能够得救。教堂会众们守望、祈祷，一直到黎明破晓。

苏丹的军队分成三个波次攻击城墙。第一个波次是由成分复杂的非正规军（bashi-bazouks）[1]组成的，他们身后跟着一排督战队，手持着皮鞭和铁棍督促他们向前进攻，以免他们踌躇不前。尽管他们的对手在武器装备和训练水平上都要好于他们，这些非正规军还是战斗了近两个小时，直到穆罕默德下令准许他们后撤。他们已经起到了他们的作用：让敌人感到疲倦。

接下来参与进攻的，是武器装备和纪律水平都十分优秀的安纳托利亚部队。教堂的钟声再一次开始示警，但是钟声被巨炮和其他重型攻城武器轰击城墙的巨响淹没了。之前，守军在朱斯蒂尼亚尼的指导下用木板和装土的桶做成临时壁垒，用来填补炮轰在墙上留下的空隙。现在，安纳托利亚部队朝着临时壁垒扑了过去。他们相互踩踏着爬向城墙的顶端，城上的防御者则用如雨的石块砸他们，然后和已经爬上城墙的土耳其人短兵相接。安纳托利亚部队的人数很多，但是攻击面很窄，使他们蒙受了惨重的伤亡。然而，就在日出前一个小时，乌尔班巨炮的一枚炮弹正中临时壁垒，撕开了一个大口子。300名土耳其人疯狂地从这个口子冲进城内，高喊着君士坦丁堡已经属于他们。不过，拜占庭皇帝本人带领一支希腊部队迎头把他们拦住，杀掉许多土耳其人，又将剩下的人赶回了壕沟之中。

苏丹手里拿着一把铁质钉头锤督战，时而赞扬军队的表现，时而对他们发出威胁。他对刚刚的败退感到十分恼火。不过，按照作战计划，现在到了把他的预备队——近卫军投入战场的时候了。在军乐声中，近卫军毫不迟疑地迅速冲向了临时壁垒，面对如雨的箭

---

[1] 即"巴什波祖克"，字面意思为没有领袖的、无序的，他们是奥斯曼军队中由各个民族的人员构成的缺乏纪律性的非正规军，以军纪败坏闻名。

矢依然保持队形。穆罕默德本人带领他们一直冲到壕沟处,然后停在那里大声鼓舞着一波又一波冲上前去的近卫军。在一个小时的白刃战之后,土耳其人几乎没取得任何进展,而已经连续不停地战斗了四个钟头的基督徒则继续绝望地战斗着。

接着,两个致命的不幸事件落在了基督徒的头上。首先,在城墙的北边角落,有一个名叫科克波塔(Kerkoporta)的小边门。那里的守军在发动了一次对土耳其人的侧翼突袭之后,归来时忘了关闭这个小门。结果,在守军将其关闭之前,一队土耳其人冲了进去,爬到了上面的塔楼上。如果此时没有发生第二个不幸事件的话,这一小队土耳其人本来是可以被解决掉的:朱斯蒂尼亚尼在近距离中了一枪,枪弹击碎了他的胸甲,导致他受了重伤。在剧痛之下,朱斯蒂尼亚尼失去了勇气,乞求人们把他从战场上撤下去。皇帝请求他说:"不要在这样危急的时刻抛弃我,这座城市的救赎全仰仗您一人。"但皇帝的请求也徒劳无功。朱斯蒂尼亚尼的手下打开了内侧的城门,经过城市的街道,把他抬到了金角湾的一艘热那亚船只上。看到朱斯蒂尼亚尼离开,许多热那亚人认为败局已定,于是也跟着他一起离开了。

守军的士气严重受挫,人们开始感到恐慌。苏丹迅速地利用了这一有利因素,高呼"城市属于我们",然后命令他的近卫军向圣罗曼努斯门发动最后一次冲锋。带头冲锋的是一名来自安纳托利亚的巨人,名叫哈桑(Hassan),他一路率领着其他人冲杀到了临时壁垒的顶端。在那里,他被打倒在地,随即和他的一半战友一起被杀,但剩下的人守住了临时壁垒,撑到其他近卫军士兵赶来。他们把希腊人从临时壁垒中赶了出来,居高临下将他们射杀。就这样,许多近卫军士兵冲到了内墙处，并且在毫无阻拦的情况下爬上了内墙。就在这时，人们看到科克波塔门上方的塔楼上空飘扬着土耳其人的旗帜，于是一同高呼"城市失守了！"

此时，皇帝已经骑马赶到了科克波塔门，但守军已然人心惶惶，来不及关上大门。土耳其人冲了进来，而留下来抵挡他们的热那亚人已经寥寥无几。君士坦丁又骑马回到了圣罗曼努斯门的主战场，看到土耳其人正从临时壁垒的缺口处涌入。在做了最后一次集合希腊部队的尝试之后，皇帝意识到败局已定。"城市已经失陷，我却仍然活着。"说完，皇帝从马上下来，扯下了自己的徽章，一头冲向了奥斯曼近卫军，与他们展开肉搏战。此后，再也没有人看到过拜占庭皇帝，生不见人，死不见尸。"君士坦丁清醒地意识到已经没有希望，"吉本写道，"于是他抛却了一切幻想；在一片混乱中，他不知丧身于何人之手，躯体则被埋没在尸山之下。"

在行伍整齐地通过城门之后，征服者们立即打破了阵形，涌进君士坦丁堡的大街小巷，按照惯例大肆杀戮劫掠。他们洗劫了教堂、修道院和女修院，抢劫宫殿和住宅，不仅抢夺财物，还要掳掠人口。成千上万的希腊人朝着圣索菲亚大教堂逃去：

> 在一个小时之内[历史学者米海尔·杜卡斯（Michael Ducas）如是说]，整座圣殿里都挤满了男人和女人……人数已无法估计。他们关闭了大门，热切地期盼着天使的解救。接着，就在白昼的第一个小时尚未结束的时候，四处打斗、杀戮和掳掠人口的土耳其人来到了这座教堂。他们发现大门紧闭，于是就用斧子猛砸大门，心中没有一丝愧疚。

就在教士们还在祭坛上吟唱着颂歌时，土耳其士兵却早已把从妇女身上扯下的短上衣和面纱当作绳子，将大部分的教众捆在了一起，然后把他们像牲口一样赶到街上，带到了士兵们的临时营地。为了争抢较有姿色的女孩、小伙子以及九位衣着华丽的达官贵人，土耳其士兵激烈地争吵了起来。

一直到当天傍晚，苏丹穆罕默德才举行了他的入城式。接着，在近卫军护卫和大臣的陪伴下，他在街道上缓慢地骑行，直接骑到了圣索菲亚大教堂。他在大门前下了马，随后俯身抓了一把土，扬过自己的头顶。他用这种具有东方象征主义色彩的方式表达了在真主面前的谦卑。进入教堂之后，他径直朝祭坛走去。他看到一名土耳其士兵正在砸大理石地面。苏丹问他，为什么要破坏地面。"为了信仰。"士兵答道。苏丹挥剑把他砍倒："有了财宝和囚犯还不够吗？这座城市的建筑属于我。"那名士兵被人拽着脚拖走，扔了出去。

穆罕默德释放了躲在角落里的一些希腊人，还放走了一些基督教的教士。然后，他命令将这座教堂改建成清真寺。一位伊斯兰教的神职人员走上讲坛，背诵了一段祈祷词。接着，苏丹本人走上了祭坛，向赐予他胜利的真主祈祷。当他走出教堂时，街上一片寂静。秩序已经得到恢复，一天的抢劫已经足以回馈士兵。苏丹骑马经过广场，来到大半被毁的皇宫。在这里，他想起了波斯诗人的诗句："在皇帝的宫殿里，蜘蛛成了卷帘人；在阿弗拉西亚布[1]的塔楼上，猫头鹰在发号施令。"

---

1 波斯神话传说中的英雄和国王。

第八章

君士坦丁堡的陷落让西方的基督教世界感到末日将至。他们为了君士坦丁堡的沦亡哀痛不已,可他们此前却没有努力地援救这座城市。在最后关头,教皇曾派出一支由威尼斯船只组成的舰队,但这支舰队仅仅抵达了爱琴海的沿岸,未能再前进一步。到了追悔莫及的时候,基督徒们才意识到他们已经失去了这座最后的屏障,而之前他们一直躲在君士坦丁堡的身后,在虚假的安全感中争吵不休。当然,这场灾祸的确会威胁到西方文明自身,但其他的情绪只是君士坦丁堡的失陷给人们带来的心理冲击的结果。实际上,君士坦丁堡早在一个世纪前就已经注定要丢掉了。到了这个时候,无论发生什么事情,君士坦丁堡的陷落都已经不会被拖延太久。但是,当它真的发生的时候,还是对西方人造成了巨大的冲击。他们整日忙于自己地盘上的事务,没能预见到君士坦丁堡沦陷的必然性,也没能看到攻守双方巨大的实力差距——依赖于中世纪城墙的寥寥守军面对的是拥有最先进武器装备的大军。由于奥斯曼人已经占据了欧洲东南部的大部分土地,君士坦丁堡早已在地理、政治、经济、军事层面上——或者可以说除了文化层面之外的所有层面上——陷于孤立。它早已不是西方世界的壁垒,而只是一处前哨站,宛如一个置身于伊斯兰教汪洋大海中的基督教小岛。

历史上，人们曾经把君士坦丁堡陷落的日子——1453年5月29日——视作中世纪和近代的分割点。其实这种划分只具有象征意义。实际上，君士坦丁堡的陷落只是一个缓慢的变化过程中诸多转折性事件中的一个。这个日子仅仅意味着拜占庭帝国的灭亡及其最后一个真正的君主的死亡。在此之前的一个半世纪里，拜占庭帝国的衰亡留下的空白就已经逐渐被一个新的帝国填补上了——由奥斯曼部落国家的加齐们逐渐打造的新帝国。奥斯曼人将在这片广袤的土地上继续统治四个半世纪，欧洲和亚洲两个大洲之间的中心点从此由他们掌控。

从即位之日起，穆罕默德二世就把自己视作古典时代的罗马帝国及其基督徒继承者的接班人。如今，他对君士坦丁堡的征服确认了这一事实。拜占庭将在一个新的名号下重生。在穆罕默德接受教育和早期执政的过程中，他逐渐成了一个有着宏大志向和开阔眼界的年轻人。熟稔历史的穆罕默德对自己获得并使用绝对权力的能力充满了自信，他渴望成为比肩亚历山大大帝、罗马帝国诸位皇帝的世界征服者，甚至取得比他们更高的成就。后来，被穆罕默德召到宫里、出生在克里特岛的历史学者乔治·特拉布宗蒂奥斯（George Trapezountios）[1]对他说："你就是罗马人的皇帝，没人质疑这一点。君士坦丁堡是罗马帝国的首都，这座城市的合法主人就是帝国的皇帝。"于是，穆罕默德立刻宣布自己为"Kaisar-i-Rum"，即继承奥古斯都和君士坦丁大帝的罗马皇帝；他还宣布自己是"帕迪沙阿"（Padishah）[2]，即波斯人对"神在人间的代理人"的称谓。

---

1 即特拉布宗的乔治，人文主义学者。
2 这个词由两部分组成，分别是"pād"（主宰）和"shāh"（君王），其意味近似于"大帝"。

与此同时，穆罕默德也按照奥斯曼帝国的传统，继承了一个古老的伊斯兰梦想——征服世界。他要打败西方世界，成为"两洲（鲁米利亚和安纳托利亚）和两海（地中海和黑海）的主人"。夺取君士坦丁堡，是以往的哈里发们都未能完成的伟业。他把自己的王朝视作伟大的伊斯兰历史的延续，而在完成攻陷君士坦丁堡这一神圣使命之后，他被推崇为伊斯兰教历史上最早的四大哈里发[1]之后最伟大的君主。穆罕默德认为自己是集大汗、加齐和罗马皇帝的身份于一身的君主，继承了突厥、伊斯兰和拜占庭的传统。因此，他必须将君士坦丁堡变成这个世界和这个帝国的中心。

他留给自己的任务并非毁灭拜占庭帝国，而是以新的奥斯曼的方式赋予其新生，并重现帝国的辉煌。帝国的首都被重新命名为伊斯坦布尔。保罗·维特克写道，穆罕默德的理想"体现了这个国家的本质：它是古老的拜占庭势力范围内的当地文化传统、西方世界的影响与古老的伊斯兰教传统交融的产物"。

奥斯曼帝国将是一个政教合一的伊斯兰国家。但同时，像曾经的拜占庭帝国一样，它也是一个世界性的帝国，可以包容各个种族和各种信仰的人民一同生活在有序而和睦的社会中。随着最后一位拜占庭皇帝的死亡，基督教会不再是国家政权的一部分。现在，基督教会必须接受这个伊斯兰国家的管辖，并且向国家支付税赋。作为回报，基督教的信徒们仍然享有信仰自由，并且可以保留他们自己的仪式和生活传统。

这就是在穆斯林统治区内管理宗教少数派的体系。这些宗教少

---

[1] 指伊斯兰教创始人穆罕默德逝世后，自632年至661年相继执掌阿拉伯伊斯兰国家政教大权的四位继承人。

数派群体被称作"拉亚"（rayas），字面意思是"人群"；他们被组织进一个个的"米利特"（millets），即"族群"——保留自己的法律和习惯的自治性群体；每一个族群的宗教领袖负责帮助中央政府管理其成员，并约束他们的行为。类似的管理体系以前也曾出现过，比如在阿拉伯帝国和奥斯曼帝国内部的形形色色的东方基督教会牧首区制度。东正教的君士坦丁堡牧首一直以来都负责管理生活在奥斯曼帝国内部穆斯林统治区的东正教族群，不论他们是在欧洲还是在亚洲。现在，这一制度的适用范围扩展到了以往拜占庭帝国版图内的所有基督教族群。作为被征服的族群，他们不再享有作为一等公民的特权和绝对的政治自由，但他们还是有机会过上和平而富足的生活，甚至在日渐繁荣的商业领域获得更多的机遇。现在，穆罕默德要求，除了伊斯兰教的乌理玛之外，希腊东正教的牧首、亚美尼亚教会的牧首和犹太教的首席大拉比也要共存于伊斯坦布尔城中。

征服者穆罕默德表现出了对城中希腊人族群的好感，他们是规模最大、最富有和最有文化的非穆斯林群体。他很清楚地看到，希腊人将是他的帝国的一份资产，因为他们在手工业、商业和航海方面拥有土耳其人不具备的天赋。不仅如此，穆罕默德还十分推崇希腊的学术。在他成长的过程中，他曾经学习过希腊的历史，他甚至还有可能从母亲那里继承了一部分希腊人的血统。他对他的继母——穆拉德那位有着一半塞尔维亚血统、一半希腊血统的遗孀玛拉夫人（Lady Mara）[1]也格外敬重、关心。在穆拉德去世后，穆罕默德曾考虑是否要将玛拉夫人嫁给拜占庭皇帝君士坦丁十一世。

---

[1] 即玛拉·布兰科维奇，她是塞尔维亚大公焦尔吉·布兰科维奇和坎塔库尊家族一位女性后裔的女儿。

出于对希腊人的关心，穆罕默德立即为希腊教会指派了一位新的牧首，因为之前的牧首已经在1451年逃到了意大利，形同退位。穆罕默德看中的人选是颇有名望的学者真纳迪乌斯（Gennadius），他也被称作乔治·斯诃拉里奥斯（George Scholarius）。在君士坦丁堡围城开始前，希腊和罗马教会曾试图完成联合，以换取西方基督徒对君士坦丁堡的支援，而真纳迪乌斯是反对这一联合的领袖人物。因此，真纳迪乌斯不大可能与西方的基督徒暗通款曲。当苏丹召唤真纳迪乌斯时，发现他在城破时被人从修道院的房间里抓走做了俘虏，此时已经作为奴隶被卖给了一个赏识其渊博学识的土耳其富人。获得赎身后，真纳迪乌斯被带到征服者穆罕默德面前。穆罕默德对他礼遇有加，劝说他接受牧首的职位，并且和他商讨管理东正教族群的系统安排。穆罕默德的安排至少在原则上保证了东正教徒在宗教事务和部分世俗事务方面的自决权，保证他们不受干涉、不被迫害。在苏丹的推荐下，真纳迪乌斯出任牧首的任命获得了神圣大会（Holy Synod）的确认。

1454年1月，真纳迪乌斯正式举行加冕仪式，成为希腊牧首；苏丹行使了以往拜占庭皇帝的特权，支持了这一任命。整个仪式也基本遵循了传统的方式。苏丹本人亲自将牧首的象征物授予了真纳迪乌斯——长袍、牧杖，以及一个崭新的佩戴在胸前的镀金银质十字架（因为旧的已经丢失了）。接着，他对真纳迪乌斯念了祷文，说道："请赐予牧首好运，愿我们的友谊长存，愿你拥有历代牧首享有的一切特权。"真纳迪乌斯获得了对鲁米利亚所有东罗马（拜占庭）东正教族群的管辖权，还被授予了三尾帕夏的荣誉头衔。此外，在城中属于希腊人的芬内尔区（Phanar），真纳迪乌斯还拥有自己的民事法庭和监狱。由于圣索菲亚大教堂已经被改成了清真寺，授予圣职和加冕仪式都是在圣使徒教堂举行的。穆罕默德特意下令禁止破坏这座教堂，把它留作牧首座堂使用。在接受了苏丹一笔丰厚的赏金之后，新上任的牧首骑着一匹漂亮的白马（也是苏丹的礼物）在街上游行，随后在圣使徒教堂附近住了下来。

除了圣使徒教堂之外，还有一些教堂也被保留了下来，仍供基督徒使用；其中的许多教堂获此恩典，是因为其所在的教区主动向苏丹表示了恭顺。而其他的一些教堂则被改建成了清真寺。圣索菲亚大教堂依然保留了它的名字，只是变成了伊斯兰风格的"阿亚索菲亚清真寺"（Aya Sofya）；圆顶上的十字架被换成了一弯朝向麦加方向的新月——新月从土耳其人历史的早期开始就是他们的传统标志，经常出现在他们的旗帜上；后来的历史中，这一标志的旁边又被加上了一颗星。虽然征服者穆罕默德为圣索菲亚大教堂添加了一座宣礼塔，但他从一开始就对该教堂充满了崇敬，甚至不惜违抗伊斯兰教关于禁止人像艺术的禁令，保留了其中的马赛克人像。

苏丹很愿意让新任的牧首将自己视作希腊东正教会的恩人和保护者，从而与罗马教皇形成鲜明对比。新任牧首的权力和声望超过了拜占庭帝国晚期以来的任何一任牧首，几乎获得了相当于"希腊教皇"的地位。这恰好证实了曾经流行的那句话："就算是土耳其人也要好过拉丁人！"穆罕默德与真纳迪乌斯建立了密切的关系，常与他友好地探讨神学方面的问题。出于对知识的渴求，穆罕默德还表现出对基督教信仰的浓厚兴趣。在他的要求下，真纳迪乌斯为他写了一篇关于东正教信仰的介绍，随后苏丹又命人将其翻译成土耳其语。

这让西方世界产生了一种虚妄的希望：或许苏丹会皈依基督教。在君士坦丁堡陷落之后，一位来自意大利的名叫弗朗切斯科·菲勒菲尔佛（Francesco Filfelfo）的著名希腊文化爱好者写信给征服者穆罕默德，恳求他释放菲勒菲尔佛在君士坦丁堡被俘的岳母——一位希腊哲学家的意大利遗孀。他在信中十分谄媚地恭维了穆罕默德，并且希望穆罕默德能够皈依基督教。另据说，穆罕默德在与教皇尼古拉五世（Nicholas V）的书信往来中自诩为赫克托耳（Hector）[1]的继承者和复仇者，并且给了某种他可能会皈依基督教的暗示。于是，教皇尼古拉五世真的为穆罕默德皈依基督教做了祈祷。

更为可信的一件事是，后来的教皇庇护二世（Pius II）担心苏丹可能会倾心于东正教的信条，于是写信给他，详细阐述了天主教智慧和真理的优越之处，并且提出为他洗礼，让他成为教皇保护下的基督教世界里最伟大的君主。而就在君士坦丁堡城中，有一位名叫乔治·阿米罗特斯（George Amiroutzes）的希腊哲学家为苏丹写了一篇论文，强调伊斯兰教和基督教之间的共通性，并且建议将这两种宗教合并成一种宗教，或者至少彼此承认对方为兄弟宗教。

但是，这些举动都不可能影响苏丹，因为他一如既往地把自己视作安拉的工具和哈里发的继承人，在精神上和政治上都已经投身于伊斯兰教的怀抱。不过，他还是确保了东正教文明的健康存续。他依然对基督徒持有包容的态度，并且像他的父亲一样，在选贤任能时更愿意挑选出身基督徒家庭的皈依者，而不是传统的穆斯林；

---

[1] 希腊神话里特洛伊的王子，特洛伊的第一勇士，在特洛伊战争中死于半神半人的阿喀琉斯之手。

他尤其偏爱那些与他一样有着广阔胸襟的人。

尽管在宗教事务上有着宽容的胸襟，征服者穆罕默德在政治和个性方面却可能像在战场上一样冷酷无情。在征服了君士坦丁堡之后，他释放了拜占庭皇帝手下的几位大臣，其中就包括大将军卢卡斯·诺塔拉斯（Lucas Notaras）。据说，在听闻希腊和罗马的教会将要合并时，感到万分沮丧的诺塔拉斯曾说道，他宁愿在君士坦丁堡看到苏丹的头巾，也不愿意看到枢机主教的帽子。起初，苏丹对他十分尊敬，甚至考虑过让他掌管君士坦丁堡，但这个想法受到了苏丹手下充满疑虑的顾问们的反对。一天晚上，穆罕默德决定考验一下诺塔拉斯的忠诚度。在这天晚上的宴席上，苏丹又像往常一样喝得满脸通红。苏丹对男色也大感兴趣，这是出了名的。酒酣之际，苏丹派了一位宦官到诺塔拉斯家去，要他把年方14的长相俊美的儿子交给苏丹取乐。诺塔拉斯拒绝了他的要求。于是，苏丹立刻命人将诺塔拉斯、他的儿子和他的女婿斩首，并且把三人的头颅摆在宴会的餐桌前。据说，诺塔拉斯要求先砍那两位男孩的头，免得他们看到自己被行刑的惨状后，失去作为基督徒慷慨赴死的勇气。在此之后，苏丹冷酷地决定把拜占庭帝国留下来的主要官员剪除干净，于是其他的希腊人政要也被以相似的方式处决了。

此前，诺塔拉斯还曾经向苏丹暗示，他的大维齐尔哈利勒帕夏曾经收受希腊人的贿赂，与他们串通一气；而自从哈利勒建议与拜占庭人和谈，穆罕默德就已经开始怀疑他对自己不忠。他立即逮捕了哈利勒，革除了他的职务，将他送到了阿德里安堡。据说，有一天苏丹看到一条狐狸被拴在阿德里安堡的宫殿大门上，于是他讥讽地说:"这蠢货,你怎么不去叫哈利勒给你自由呢?"听说此事之后,担心遭遇不测的哈利勒立刻宣称他打算到麦加去朝觐。在苏丹的安抚下,哈利勒最终没有成行。不久,他就被苏丹斩首。就这样,穆罕默德除掉了他忌恨已久的敌人,了却了他从孩童时代就耿耿于怀的一笔旧账。

到哈利勒为止,已经有连续四任大维齐尔由钱达尔勒家族的成员出任了。在除掉哈利勒之前,穆罕默德已经把他父亲留下来的旧臣遣散,他身边的顾问全都换成了出自基督徒家庭、后来皈依了伊斯兰教的归顺者。这些人的前途完全仰仗苏丹的垂青,因此他们对苏丹绝对忠诚。至于新的大维齐尔人选,他选择了自己手下的将军、阿尔巴尼亚人扎加诺斯帕夏(Zaganos Pasha)。

对征服者穆罕默德来说,最紧迫的任务是要让伊斯坦布尔获得重生,这样才能让它有朝一日成为世界上最伟大的都市。其中格外重要的一个任务就是增加这座城市的人口。在此之前,随着这座城市日益陷于孤立境地,其重要性逐渐下降,城里的人口也减少到了3万到4万人。城里的大片区域无人居住。雪上加霜的是,奥斯曼军队的围攻让这座城市满目疮痍,宫殿和其他宏伟的建筑都化为废墟。现在,奥斯曼人迅速地清理了街道上的瓦砾,修补了城墙,并且按照奥斯曼帝国的方式建立起新的行政机关。奥斯曼帝国呼吁那些逃走的居民(大部分是东正教徒)立刻回来,承诺保护他们的财产,尊重他们的信仰,免除他们的赋税,政府还经常出面帮助他们重建住房和店铺。被奥斯曼军队抓捕的俘虏获得了释放。他们被安置在芬内尔区,并且在一段时间内享有免税的优待。苏丹命令鲁米利亚和安纳托利亚的各行省总督各自派遣4 000户居民——不管是基督徒还是穆斯林——到伊斯坦布尔来，住到被遗弃的房屋里。在一系列战事中被俘的大约3万名农民也被送到了伊斯坦布尔附近无人居住的村庄定居，以便为这座城市提供食物。

按照苏丹的命令，各个被征服的城市都要选出一些有钱人、商人和手艺人送到伊斯坦布尔来，以此来促进这座城市的商业和手工业发展。很多移民来自拥有大量犹太居民的萨洛尼卡，从欧洲也来了大量的犹太人。在25年的时间里，在自己的族群领袖领导下的犹太人成了伊斯坦布尔城中除了穆斯林和基督徒之外的第三大群体。随着穆罕默德后续的征战，从特拉布宗（Trebizond）[1]及其周边地区又迁移来了5 000户居民，从安纳托利亚、摩里亚和爱琴海诸岛上也迁来了一些居民。在伊斯坦布尔城中，从同一个地方来的人被安置在了一起，并且以他们来的地方为他们新的居住区命名，比如"阿克萨赖"（Aksaray）或是"卡拉曼尼亚"。除了贵族之外，迁移而来的还有小店主，以及数量众多的手工业者和石匠，他们加快了城市重建的速度。渐渐地，随着这座城市愈加繁荣，希腊人开始自愿迁徙到伊斯坦布尔居住，寄希望于像犹太人和亚美尼亚人一样在这里发财致富。与此同时，金角湾对岸的佩拉的防御工事被拆毁，它的加拉塔港恢复成了一座城镇。除了土耳其人之外，也有热那亚和其他拉丁居民居住于此。

"伊斯坦布尔这座城市真是奇怪，"在君士坦丁堡被攻陷后不久，一位土耳其作家写道，"只需要花上一个铜板，就可以让人划船

---

[1] 特拉布宗是小亚细亚半岛东部、黑海南岸的一座希腊化城市，历史悠久。

把你从鲁米利送到法兰克斯坦（Frankistan）[1]。"而到了征服者穆罕默德执政的中期，伊斯坦布尔就已经再次成为一座繁荣的城市。城中遍布作坊和市场，手工业兴旺发达，城中各民族居民混杂，人口总数比被征服时多了三到四倍。在不到一个世纪的时间里，伊斯坦布尔的人口就达到了 50 万，其中土耳其人的比例只微微超过半数。

穆罕默德特别热衷于提高人民的经济生活水平。为此，他在伊斯坦布尔建设了大量的规范市场、提供公共服务的"伊马雷特"（imaret），以促进伊斯坦布尔的发展。"伊马雷特"是一种传统的伊斯兰慈善机构，在帝国之前的首都布尔萨和阿德里安堡都可以见到。它实际上是"瓦合甫"（vakf，即慈善基金）的一种形式，是一种兼具宗教、文化和商业功能的机构。有的"伊马雷特"由国家出资；有的则由个人捐献，但需要得到国家的认可并受到国家的掌控。"伊马雷特"包括了一系列围绕清真寺建成的公共建筑，其中既有高等的宗教学校（medresse）、医院和接待旅行者的客栈，也有可以产生收益的旅馆、市场、商队客店、磨坊、公共浴室、染坊、仓库、屠宰场和粥厂。这些公共建筑产生的收益可以补充宗教捐献的不足，从而为其他非营利设施的运转提供资金。

作为给予伊斯坦布尔第一座大清真寺——阿亚索菲亚清真寺——的奉献的一部分，征服者穆罕默德下令修建了一座有顶棚的大市场（bedestan），里面有数百家店铺和库房，在它附近的街道和市场内另外还有上千家的店铺。这里实际上成了一座商业和贸易中

---

[1] 这里的"法兰克斯坦"的具体意义不明，可能指从君士坦丁堡城出发，渡过金角湾到加拉塔。拜占庭人（希腊人）曾习惯把除自己之外的其他欧洲人统称为法兰克人。这种称呼在后文还会出现。

心。在这里,商人们可以安心地储存货物,料理生意往来。到了穆罕默德为自己修建一座大清真寺[1]的时候,那座清真寺的周围兴建了八座宗教学校,里面可以容纳 600 名学生学习。此外,周围还有一座供孩童上学的学校,一座图书馆,两家客栈,一处食堂,一些为穷人提供食物的粥厂,以及一家提供免费医疗的医院。在这家医院里,有一名眼科专家、一名外科医生、一名药剂师,以及遵照医嘱准备饮食的厨师。这就是中世纪伊斯兰福利国家提供的免费教育和医疗服务。

穆罕默德苏丹命令帝国的族群领袖们在伊斯坦布尔的其他地方也建设"伊马雷特",并将它们作为新的居住区的中心。随着贸易活动的增加,伊斯坦布尔的商业地位日渐提高,并最终超过了布尔萨和阿德里安堡,成为帝国的贸易中心,再一次成了掌控黑海、地中海和亚洲大陆之间商路的商业枢纽。随着商路的扩张,"伊马雷特"式的公共服务建筑群也沿着商路遍布全国。

另一种传统的伊斯兰经济生活组织是工匠行会。这些行业组织或联盟控制着大量的劳动力,穆罕默德鼓励它们的发展,同时也把它们纳入严密的政府监管之下。这种组织的起源或许可以追溯到希腊罗马世界的手工业联盟,在中世纪的欧洲也十分常见。而到了伊斯兰世界,工匠行会发展出了自己的特色,具备了宗教和社群兄弟会的特征。在缺乏强有力的中央政府的早期奥斯曼边疆社会中,在兄弟会(Akhis)领导下的行会曾经发挥过举足轻重的作用,负责为工匠和劳工提供政治保护。这些行会按行业组成,每个行会都有一

---

[1] 即下文将要提到的法提赫清真寺(Mosque of Fatih),始建于 1463 年。

位由资深匠人们按照本行会的规矩选举出来的领袖,负责在政府面前维护行会的自主性和利益。尽管这些行会至少在理论上是不受国家控制的,但根据法律规定,它们要负责确保一些商业规章的执行,比如计量标准、劳工报酬、利润水平、商品质量,还要负责防范骗子和投机商。作为一种维护秩序和稳定的力量,行会的传统结构获得了国家的尊重,国家也不干预它们的内部事务。国家唯一关心的是保护政府的财政利益和公众的利益。

行会体系的演进、城镇化程度的提高以及市场设施的增加,反映出羽翼已丰的奥斯曼帝国进入了一个新的经济发展阶段。对西方贸易的迅速增长也体现出了这一点。在15世纪的最后几十年,贸易已经成为奥斯曼帝国与欧洲国家关系中的重要部分。鉴于拜占庭帝国已经不复存在,真正具有威胁性的十字军东征也已经成为历史,奥斯曼帝国自发地崛起为重要的贸易中心。奥斯曼帝国成了连接欧亚贸易的重要纽带,扩大了两大洲之间的经济往来,同时也影响了这两个世界之间的社会和文化交往。拜占庭时期的经济活动由威尼斯人掌控,而多民族社会兴旺发展的奥斯曼帝国则在保护性关税体系的保护下,与所有国家都建立了平等的贸易往来。随着时间的推移,奥斯曼商人逐渐从东欧渗透到中欧,甚至远达北欧,在重要的城市开设大型的店铺,并发展出了他们自己的信用体系。他们用东方的农产品和手工产品换取西方的武器和矿物等原材料。

奥斯曼人的国家从一系列实现定居的游牧民族群,逐渐演变为一个拥有传统东方国家基本框架的伊斯兰帝国,同时使用历史悠久的经济组织和原则来实现对这个国家的管理。在这个国家里,普天之下的社会阶层和财富存在的目的都是保障统治者的权力。不过,在这个国家里还是可以划分出两个主要的社会阶层：第一个阶层代表着苏丹的权力——行政官员、军队和神职人员；第二个阶层被称作"拉亚"（raya），由工匠和耕种土地的农民构成，他们是这个国家里唯一的生产者和纳税者。为了维护社会利益和政治秩序，国家严格控制着他们的生产方式和利润水平。一种僵硬的逻辑确保了这一点的实现：每个人都要安于本分，留在自己的阶层之中。

不过，还有第三个阶层正在变得愈加重要——商人。只有他们不受前述法律和社会限制的制约，也只有他们会演变为资本家。我们在这里说到的商人是巨商大贾，不包括那些产业规模较小的商人和手工业者。他们通过经营地区间的贸易和销售从远方进口来的货物谋利。从希南帕夏（Sinan Pasha）在《奥斯曼君主镜鉴》（*An Ottoman Mirror for Princes*）的记载中，我们可以一窥 15 世纪这一时期奥斯曼帝国政府对商业的关心程度：

> 欣赏这片土地上的商人吧；要永远关心他们；不要让任何人对他们指手画脚，因为靠着他们的贸易这片土地才得以繁荣，靠着他们的本领才有了物美价廉的商品；是他们将苏丹的威名播撒邻邦，是他们让这里的财富愈加繁盛。

穆罕默德开始重建并加固伊斯坦布尔的城墙。他决心让这座帝都在建筑上取得不亚于拜占庭帝国任何时期的成就，如此才能配得上奥斯曼帝国——这个起源于塞尔柱人的鲁姆苏丹国的国家——的无限荣光。他还抓紧一切时间修建属于他自己的清真寺——人们称之为法提赫清真寺，即"征服者"的清真寺。他选用了一位希腊建筑师，把这座清真寺的选址定在了圣使徒教堂的位置。他拆毁了圣使徒教堂，并利用其材料修建他的清真寺，而希腊牧首的座堂则迁到了俯瞰金角湾的希腊人聚居区——芬内尔区的帕玛卡里思托斯教堂（Convent of the Pammakaristos）。穆罕默德宣称，算上其外围区域，他的清真寺的总面积超过了阿亚索菲亚清真寺。法提赫清真寺耸立在马尔马拉海和金角湾之间的岬角的西侧，成了那里第一个有着巨大圆顶的清真寺；在接下来的几个世纪中，一系列有着巨大穹顶的清真寺相继建成，赋予了伊斯坦布尔一道全新的天际线。虽然这种建筑形式的灵感最初来自圣索菲亚大教堂的拜占庭风格，但从伊斯兰文明的角度，它体现了一个新的民族恢宏的帝国气象，这个民族所创造的穆斯林都市终将超过基督徒的都市。

穆罕默德还亲自为艾郁普清真寺（Mosque of Eyup）奠基，这座清真寺旨在纪念先知穆罕默德的同伴艾郁普。艾郁普就牺牲于君士坦丁堡城下[1]，而在穆罕默德二世围攻君士坦丁堡期间，他的坟墓被土耳其人发现。接着，鉴于拜占庭皇帝的宫殿已经都化为废墟，而且它们的规模也达不到穆罕默德期望的标准，他在岬角的中央将潘托克拉托修道院（Monastery of the Pantocrator）扩建为自己的宫殿，并在其周围修建了多条平整的新路，以改善附近的交通。日后，他将从阿德里安堡移居至此。像其他的建筑工程一样，穆罕默德对这些工程也给予了密切的关注；在他未来25年的统治生涯中，他通常会在两个年度的征战季节之间——冬季为期数月的休战期中——亲自过问工程的进展。

---

[1] 674年，艾郁普在阿拉伯人进攻君士坦丁堡时去世。

第九章

在征服了君士坦丁堡之后，穆罕默德苏丹将这座城市作为他的基地，确保了侧翼和后方的安全。现在，他的军事目标是巩固帝国的版图，扩展并修整其疆界。在海上，他拥有了一座规模得到扩大的防御森严的港口和一支实力得到增强的海军。与把守着亚欧之间水道北端的割喉堡和安纳托利亚堡垒相对应，穆罕默德又在南端的达达尼尔海峡两岸的塞斯托斯（Sestos）和阿拜多斯（Abydos）各修建了一座新的堡垒。每一年，苏丹都会从欧洲和亚洲征调纪律严明的大军，御驾亲征。他不设置军事会议机构，直接向将军们下达命令，每次出征的目标都不向任何人透露。有一次，一位将军询问他下一场战役的目标。苏丹回答道，哪怕是自己的一根胡子知道了自己的意图，他也会把它拔下来丢进火里烧掉。

他面对的还是他父亲当年面对的老对手——匈牙利的匈雅提、塞尔维亚的焦尔吉·布兰科维奇大公、阿尔巴尼亚的斯坎德培，以及希腊和爱琴海上的威尼斯人。在征服了君士坦丁堡之后，他紧接着在1454年和1455年对塞尔维亚发动了连番进攻。塞尔维亚夹在匈牙利和奥斯曼帝国之间，是两国竞相争夺的缓冲国。穆罕默德的父亲穆拉德二世在位时，通过瓦尔纳战役重新夺取了塞尔维亚大公国的大部分土地，控制了当地价值连城的银矿，也使这个国家与奥斯曼帝国之间的关系变得更加紧密。但是，要想实现进军匈牙利的目标，穆罕默德还面临一个障碍——多瑙河河畔的贝尔格莱德城。

尽管他的父亲未能攻克贝尔格莱德，但穆罕默德势在必得。1456年，穆罕默德召集了装备精良的15万大军，还派遣了一支由轻型船只组成的小舰队上溯多瑙河直抵维丁。舰队中较大的船只运载着重型的攻城器械，而轻型的火器则在塞尔维亚就地制造，负责制造火器的工匠大部分来自西方世界。其他的武器、军需品和补给品则由组织良好的驼队或其他畜力通过陆路运输。为了切断贝尔格莱德在多瑙河上的交通，穆罕默德在城市的上游布置了一连串小艇以封锁河面。河岸上，他的重型攻城器械直接面对着贝尔格莱德西侧的陆墙。6月初，就在谷物刚开始成熟时，苏丹在一个小山的顶部设下了大帐，其周围和坡下是近卫军的兵营。被攻克君士坦丁堡的成功冲昏了头脑的穆罕默德相信，要拿下贝尔格莱德根本不用费吹灰之力。

7月初，奥斯曼骑兵扫荡了周边的乡村地区，对城墙的轰击也开始了。在经受了两个星期的轰击之后，城墙遭到了严重的损坏，但是守军的伤亡寥寥。接着，匈雅提的河上舰队沿着多瑙河顺流而来，他的骑兵则出现在河岸边，阻止土耳其援军的到来，并且截断了土耳其人的后路。激战进行了五个小时，土耳其人拼死抵抗，多瑙河的河水都被鲜血染红了。最终，更加灵巧轻便的匈牙利船只冲破了由笨重的奥斯曼船只组成的链条，冲散了由缺乏经验的水手操控的奥斯曼船只，击沉了两艘土耳其桨帆船，俘获了另外四艘船以及船上的武器。奥斯曼船队剩余的船只载着死伤者设法逃脱，但苏丹随后命令将这些船只烧毁，以免它们落入敌人之手。

匈牙利人获得了决定性的胜利。现在，匈雅提和对十字军圣战充满热情的神父卡皮斯特拉诺（Capistrano）得以率军进入贝尔格莱德，增援要塞里遭到围困的守军，鼓舞他们的士气。城墙上的缺口被匆忙地修补上，火器也重新投入了使用。穆罕默德对河上战斗的失利大为光火，决心一定要攻克贝尔格莱德。于是，他在夜里亲率近卫军发动了对要塞的总攻。最终，他们攻入了贝尔格莱德城中较低的部分，一群群的士兵开始爬墙，渗透到了要塞的内部。匈雅提十分狡猾地命令士兵撤离城墙，躲藏起来，奥斯曼近卫军则冲进空荡荡的街道，开始分头搜刮战利品。在得到预先安排好的信号之后，匈牙利人一拥而上。他们的战吼淹没了土耳其人庆祝胜利的呼喊声，分成小股的土耳其人还没来得及聚拢，就被匈牙利人团团围住，大部分被歼灭。

幸存者们纷纷从要塞上逃了下去，却遭遇了更加悲惨的命运。在前一天夜里，匈雅提和卡皮斯特拉诺命人准备了成捆的柴火和粘了硫黄的树枝，堆在一起。到了早上，他们点燃柴火堆扔了下去，掉到正在逃命的土耳其人中间。要塞下面化为一片火海。难以计数的土耳其人被困在壕沟里逃生乏术，活活被烧死。很快，壕沟里就堆满了烧焦的残尸，其他逃命的土耳其人身上也着了火。战斗热情高涨的十字军则直扑敌军的攻城器械。土耳其人在他们面前丢下火器，四散奔逃，一直逃到苏丹大帐前的第三道防线。陷入狂怒的穆罕默德冲进了战阵，亲自挥剑砍掉了一名十字军士兵的头颅，但紧接着就在大腿上中了一箭，不得不撤离了前线。苏丹的近卫军在混乱中开始溃散。苏丹对他们的表现大为光火，痛斥了他们的头领哈桑阿迦（Hassan Agha）[1]。哈桑立刻冲进战阵之中，在主人的注视下战死。夜幕降临之后，苏丹下令撤退，结果撤退演变成了一场溃退，大量的火器、弹药和补给都落入了敌军之手。

基督教军队的胜利让全欧洲欢欣鼓舞。然而，就在这场围城战结束后不久，一场瘟疫席卷了贝尔格莱德一带，匈雅提和卡皮斯特拉诺都在这场瘟疫中丧生。几个月之后，焦尔吉·布兰科维奇在圣诞夜寿终正寝。亲奥斯曼派和亲匈牙利派的纷争使塞尔维亚陷入了分裂，王室内乱和宗教纷争四起。最终，穆罕默德连续发动了两场入侵塞尔维亚的战役，将其并入了奥斯曼帝国的版图，从而为他继续向西北方向扩张提供了一个可资使用的基地。在接下来的四个多世纪中，这片土地都在土耳其人的掌控之下。

在贝尔格莱德不光彩的撤退过程中，穆罕默德的军队丢掉了大量的武器装备。因此，在整个1457年，穆罕默德都没有发动任何战争。鉴于伊斯坦布尔的宫殿仍然在建设之中，穆罕默德选择待在阿德里安堡，住在马里查河中一座岛屿上新建的宫殿里。他把两个年轻的儿子巴耶济德和穆斯塔法分别从阿马西亚和马格尼西亚召来，在外国使节以及从帝国各地赶来的宗教人士、法学大师和文学翘楚的见证下，为他们完成了庄严的割礼，并举行了热烈的庆祝活动。

第二年，也就是1458年，穆罕默德开始了他征服希腊的战争。在摩里亚，巴列奥略王朝的两个幸存者、拜占庭帝国末代皇帝君士坦丁十一世的兄弟季米特里奥斯（Demetrius）和托马斯（Thomas）

---

[1] "阿迦"是奥斯曼帝国中对文武官员的一种敬称。

各自软弱无力地统治着两个亲王国，西边的帕特拉斯（Patras）和东边的米斯特拉。他们收留了拜占庭帝国曾经的统治阶层中的许多人，彼此之间争端不休，同时又都有义务向苏丹纳贡。不久，他们就拖欠了许多贡金。于是，苏丹率军穿过科林斯地峡，在摩里亚西部一路南下。在名存实亡的统治下，当地人民并没有什么爱国情感，因此奥斯曼军队几乎没有遭遇什么抵抗。苏丹占领了摩里亚西部的大部分地区，纵兵掳掠，但一直等到班师向北的时候才去进攻关键性的科林斯要塞。苏丹开出条件，允许科林斯人有尊严地投降，无须皈依伊斯兰教。在遭到拒绝后，苏丹命人从这座城市古典时代的废墟中就地凿取大理石，制成炮弹轰击科林斯要塞的三道城墙。在两道城墙都被炮弹击穿之后，守军宣布投降。奥斯曼近卫军进驻了科林斯。巴列奥略两兄弟同意把君士坦丁十一世留下的亲王国的大片领土割让给奥斯曼帝国，以换取和平。这样一来，他们两人还剩下一些残存的领土，但仍然要继续向苏丹纳贡。

接着，苏丹造访了雅典。两年前，土耳其人从佛罗伦萨公爵手中夺取了这座城市。对奥斯曼人来说，雅典是一座"智者之城"，而作为"睿智而伟大、热爱希腊文化的君主"，穆罕默德自然对雅典的古典时代遗迹着迷。他尤其欣赏雅典卫城。他对雅典人十分大度，确认了他们的公民自由和免税待遇。而格外让雅典人感到欣喜的是，在当地的拉丁教会瓦解之后，苏丹给予了东正教神职人员诸多特权。

就在苏丹离开后不久，两位巴列奥略亲王的手足之争又一次爆发了。季米特里奥斯支持土耳其人，同意信守和约；托马斯则撕毁了和约，请来了教皇的援军。1460年，穆罕默德再一次率军进入希腊。季米特里奥斯先是逃命，最后在米斯特拉投降，将他的亲王国整个交给了苏丹。只有莫奈姆瓦夏城（Monemvasia）没有投降，在教皇军队的支援下坚持抵抗土耳其人。接着，穆罕默德又赶去对付托马斯亲王的势力。托马斯很快就逃到了西方世界，过上了流亡生活，却把他的人民丢给了土耳其人。

就这样，除了几个可以获得海上支援因而还留在威尼斯人手中的沿海据点之外，奥斯曼土耳其确立了对整个希腊半岛的统治。从此以后，奥斯曼治下的和平取代了法兰克人的长期内斗，希腊人则得到了一定程度的优待——他们不需要承担过于沉重的赋税，不需要把他们的孩子送给苏丹当兵，还拥有贸易自由和选举地方政府的自由。而西方的基督教世界则更愿意认为希腊人在遭受异教徒的压迫，急需拉丁国家施以援手，重获自由。渐渐地，欧洲十字军圣战热情的主题就不再是君士坦丁堡和圣地耶路撒冷，而换成了更具人文主义色彩的目标——希腊。

穆罕默德二世的目标是在自己的统治下重新创造一个拜占庭帝国。因此，用土耳其撰史者的话说，他要除掉"所有可能称王的拜占庭希腊人"。他已经解决掉了巴列奥略家族，接下来就轮到了科穆宁（Comnene）家族。现在是时候消灭掉特拉布宗帝国了。在大科穆宁（Grand Comnen）约翰四世（John IV）在位的时候，他就开始每年向苏丹支付价值不菲的贡金，实际上已经放弃了其独立地位。[1]

---

[1] 科穆宁家族曾经是拜占庭帝国的皇室。1204 年，拜占庭帝国科穆宁王朝末代皇帝安德洛尼卡一世的孙子阿列克赛预见到第四次十字军东征将会攻破君士坦丁堡，于是在黑海南岸的特拉布宗自立为皇帝，建立了特拉布宗帝国。特拉布宗帝国皇帝这一支系的科穆宁家族成员也被称作"大科穆宁"。约翰四世统治时段为 1429—1460 年。特拉布宗帝国 1453 年开始向奥斯曼帝国进贡。

约翰四世死后，他的弟弟大卫皇帝则选择与苏丹为敌。他不仅与苏丹在欧洲的敌人——威尼斯、热那亚和教皇国——结盟，甚至还与苏丹在亚洲的敌人——白羊王朝的土库曼王公乌尊·哈桑（Uzun Hassan）联合。乌尊·哈桑不仅是一个有着基督徒血统的穆斯林，还与科穆宁家族有联姻关系。他在安纳托利亚的东部组织了一个反对奥斯曼帝国的强大联盟，其盟友包括锡诺普和卡拉曼尼亚的土耳其王公，以及信仰基督教的格鲁吉亚诸王。

大卫通过乌尊·哈桑在伊斯坦布尔的使者向苏丹传达了免除岁贡的要求，这些使者还向苏丹提出了更为过分的种种要求。苏丹认为，是时候拆散这个危险的联盟、彻底解决安纳托利亚地区问题了。1461年，他海陆并进，在亚洲发动了一次惩罚性的远征。他首先占领了热那亚人在黑海的最后一个贸易据点阿玛斯特里斯港（Amastris），接着又通过谈判取得了锡诺普，随后他率军进入了乌尊·哈桑的领地。由于得不到卡拉曼尼亚盟友的援助，乌尊·哈桑选择向东方撤退。他派他的母后、出身于叙利亚基督徒家庭的萨拉夫人（Princess Sala）带着礼物面见苏丹，代表自己与他议和，并且答应不出手援助特拉布宗帝国的科穆宁王朝。萨拉试图劝说穆罕默德不要冒着矢石之险去进攻特拉布宗，穆罕默德却说："老母亲，伊斯兰之剑在我手中。"

穆罕默德的舰队在海上围攻特拉布宗，但收效甚微。与此同时，穆罕默德率军艰难地穿越了本廷山脉（Pontic mountain range）。奥斯曼大军的先头部队在大维齐尔马哈茂德帕夏（Mahmud Pasha）的指挥下，经过18天的行军，出现在了特拉布宗的陆墙面前。他们没有携带任何攻城武器，几乎也没有什么骑兵，补给线也十分不稳定。但是，大卫皇帝并不是一名战士。在被他最强大的盟友抛弃之后，他不想像他那位更有英雄气概的亲戚君士坦丁皇帝一样在废墟中结束自己的生命。大卫想要和平，更想要活下来，他随时准备接受马哈茂德派来希腊的达官贵人或是别的什么贵族提出的议和条款。而事实证明，苏丹也确实受到了萨拉祈求和平的举动的影响。

于是双方讲和，但希腊人毫无尊严可言。奥斯曼军队未遇抵抗就进入了特拉布宗，末代皇帝凭着苏丹的宽仁和恩惠，得以带着家眷、朝臣、黄金和其他贵重的个人物品，乘坐一艘特别的船只去了伊斯坦布尔。为了感谢萨拉的调停，大卫还给她送去了一堆珠宝作为礼物。城中居民的待遇则悲惨得多。不论男女，所有人都沦为奴隶，任由苏丹和他手下的显贵们瓜分；男孩被编入近卫军；许多家庭失去了财产，被迫迁居到伊斯坦布尔以增加那里的人口。

然而，科穆宁家族的好日子也没有持续太久。不到两年之后，大卫皇帝又一次与乌尊·哈桑密谋反对奥斯曼人。于是，他被苏丹关进了伊斯坦布尔城中新建的七塔监狱[1]。几个月后，大卫和科穆宁家族的其他成员——他的兄弟、七个儿子、一个侄子——一同在此地被杀。不仅如此，苏丹还下令不准埋葬他们的尸体，任由他们被以腐肉为食的狗和猛禽分食。

通过特拉布宗战役，穆罕默德把小亚细亚北部沿海地区的大部分土地都纳入了帝国的版图，还在黑海沿岸取得了三个重要的港口。[2] 1464 年，卡拉曼尼亚大公易卜拉欣贝伊（Ibrahim Bey）去世，

---

[1] 即耶迪库勒堡垒（Yedikule Fortress），其字面意思即有七座塔的堡垒或地牢。此处历史准确性存疑：七塔城堡在建立之初是帝国国库，在 16 世纪才改为监狱。

[2] 即阿玛斯特里斯、锡诺普和特拉布宗。

他的七个儿子兄弟阋墙，导致卡拉曼尼亚陷入分裂。于是，穆罕默德趁机征服了这个与奥斯曼帝国作对了一个半世纪的国家，兼并了其大部分领土。这样一来，奥斯曼帝国就取得了对奇里乞亚地区（Cilicia）[1]和地中海亚洲一侧海岸的实际控制。

在暂时平定了东方、稳定了自己的后方之后，穆罕默德再一次把注意力投向了西方。他的目标是将整个巴尔干半岛纳入奥斯曼帝国直接的集权统治之下。要达到这一目标，他就必须像在希腊半岛所做的那样，在各个方向尽可能地扩展自己的领土，并将其整合成一个前进基地，以便于日后继续征服西欧。在他的东北方向，是多瑙河对岸的瓦拉几亚，那里的统治者是前文提到过的弗拉德·德拉库尔的儿子，弗拉德·德拉库拉（Vlad Dracula）。这个历史上的怪物的残忍程度，哪怕是在当时那个野蛮的时代也堪称骇人听闻，因此也让他自己在传说中变成了一个恶魔。[2]

尽管如此，只要德拉库拉老老实实地支付贡金，不去骚扰他的奥斯曼邻居，苏丹也愿意与他相安无事。但是，在1461年，德拉库拉组织了一个反对土耳其人的联盟，他的盟友是接替匈雅提之位成为匈牙利统治者的马加什·科尔维努斯（Mathias Corvinus）[3]。穆罕默德派了一名使节，要求德拉库拉交纳拖欠的贡金，并且为奥斯曼军队提供一支瓦拉几亚部队，试图以此诱使德拉库拉亲自前往伊斯

---

1 即安纳托利亚东南部。
2 弗拉德·德拉库拉即为吸血鬼德拉库拉故事的原型。他在历史上还有一个名号为"穿刺王"，因为他会把人从高处抛到竖满尖刺的地面上，以此实施死刑。
3 马加什·科尔维努斯是匈雅提的次子，也被称作匈雅提·马加什。

坦布尔。穆罕默德命令其在多瑙河的部队的指挥官沿途设伏，在路上擒拿德拉库拉。结果，德拉库拉的卫队赶跑了土耳其人，打乱了所有计划。德拉库拉下令对穆罕默德的使节和军队指挥官处以穿刺刑，官衔最高的人得到了最长的那个尖木桩。接着，弗拉德·德拉库拉率军渡过多瑙河，进入保加利亚。他走在大军的最前方，一路率军在奥斯曼帝国的领土上大肆破坏，屠戮人民。

决意复仇的穆罕默德率领大军开进了瓦拉几亚。在征战过程中，他们遇到了一座"尸林"——大约2万多名保加利亚人和奥斯曼人死在了尖木桩上。德拉库拉十分喜欢用这种恐怖的集体处决的方式取乐，并"教育"他的邻邦。尽管遭遇了一波又一波不胜其烦的游击战的阻挠，苏丹的军队最终还是击败了敌人，迫使弗拉德·德拉库拉逃亡到了摩尔达维亚，而奥斯曼军队的指挥官则在他的君主面前摆下了2 000颗瓦拉几亚人的头颅。弗拉德的弟弟拉杜（Radu）取代他成了瓦拉几亚大公。拉杜曾经在伊斯坦布尔当人质，因为容貌俊美而获得了苏丹的垂青，成为苏丹最得宠的侍从之一。他统治下的瓦拉几亚成了奥斯曼帝国的一个附庸国，而没有沦为帝国的一个省。

然而，两年之后，苏丹的这个宠儿就被邻国摩尔达维亚的斯特凡大公（Stephen of Moldavia）赶出了瓦拉几亚。斯特凡大公的才干堪比匈雅提，两次率领能征善战的农民军击败了试图帮助拉杜复位的土耳其人。穆罕默德的黑海舰队占领了克里米亚的热那亚殖民地，随后在那里征募了一支由鞑靼人组成的军队。穆罕默德亲率这支大军从北方入侵摩尔达维亚，击败了斯特凡大公。兵临多瑙河三角洲的奥斯曼军队此时已经威胁到了匈雅提·马加什的侧翼。但是，由于担心匈牙利人从特兰西瓦尼亚切断他的退路，穆罕默德不得不率军撤出了摩尔达维亚。

1463 年，穆罕默德把注意力转向了西北方向的波斯尼亚。波斯尼亚也是一个向奥斯曼帝国纳贡的附庸国，经常与塞尔维亚同进退。穆罕默德需要把波斯尼亚变成一个基地，以便继续向西扩张。波斯尼亚十分脆弱，因为不但其统治阶层内耗不断，国内还有宗教纷争。波斯尼亚曾经是一个东正教国家，但是后来又在教皇的大力推动下转而信奉罗马天主教。然而，这一改宗行为又基本上只是表面文章。不仅如此，波斯尼亚国内还有很多被称作"波格米勒派"（Bogomils）的异端信徒。教皇派来了方济各会的传教士，试图消除他们的影响。波格米勒派教徒更愿意与土耳其人交好，因为在奥斯曼帝国的行省里，波格米勒派教徒是受到保护的。这样一来，奥斯曼人总是可以知道波斯尼亚国内的最新情况，并且用自由的许诺诱惑当地的农民。从 1461 年开始，波斯尼亚国王斯泰凡就预计苏丹可能会来犯，于是向教皇示警说，苏丹"对领土的渴求可谓贪得无厌，绝无止境"。斯泰凡向教皇请求支援。他告诉教皇，如果他的王国被奥斯曼帝国征服，接下来匈牙利就会遭到入侵，然后是威尼斯和意大利的其他地区。不仅如此，"他（苏丹）经常谈到罗马，那是他梦寐以求的目标"。

而教皇的回应是派来了一位使节，为斯泰凡举行了盛大的加冕仪式，并且要求匈牙利国王与波斯尼亚人谈判。为了满足教皇的要求，斯泰凡不再向奥斯曼帝国纳贡。这激怒了苏丹，他马上发兵波斯尼亚。一座关键的要塞博波瓦兹（Bobovats）向苏丹投降。按照惯例，他把当地居民分成了三组——一组留在原地，一组作为奴隶由他的帕夏们瓜分，第三组则被送到伊斯坦布尔充实人口。接着，他派遣他的大维齐尔马哈茂德帕夏率领前锋部队去攻打斯泰凡国王藏身的要塞。斯泰凡投降的请求得到了马哈茂德的同意，他还对斯泰凡的人身安全做出了书面承诺。

马哈茂德的承诺让穆罕默德感到不悦，因为他的政策是把被征服地区的统治者家族屠戮殆尽。于是，他在他的房间里咨询了一位波斯来的神职人员。这个波斯人十分恭顺地表示，根据伊斯兰教法，下属给予异教徒的免死承诺，并不能用来约束苏丹的行为。于是，在穆罕默德的面前，这个波斯人亲自砍掉了波斯尼亚最后一位国王的头颅；也有一种说法是行刑的就是苏丹本人。从此，奥斯曼人开始统治波斯尼亚。至少波格米勒派教徒接受了奥斯曼人的统治，他们中的很多人也皈依了伊斯兰教。位于邻近山区的黑塞哥维那（Herzegovina）又摇摇欲坠地独立了一段时间，后来在征服者的儿子巴耶济德二世在位期间被并入了奥斯曼帝国的版图。

距离更远的阿尔巴尼亚仍然坚挺，它也是阻挡土耳其人染指达尔马提亚海岸和意大利人的岛屿的最后一道屏障。在匈牙利人、威尼斯人和其他意大利城邦的鼓励之下，从穆拉德二世时期就坚持抵抗土耳其人达二十余载、被教皇誉为"基督的勇士"的斯坎德培，依然统治着阿尔巴尼亚。在这一过程中，他在西方的基督教世界几乎成了一位传说中的英雄。阿尔巴尼亚之所以能够保持独立，很大程度上要归功于当地的地理条件和人民。那里的山脉难以逾越，山地上坚毅的部落氏族则有着顽强的战斗精神。斯坎德培把这些人团结了起来，并且依然有力地领导着他们。土耳其人或许能够占领山谷，但是穆罕默德的将军们在付出了血的代价后意识到，他们完全无法攻占山顶地区。

1466年，苏丹亲率大军进入了阿尔巴尼亚。他的前锋部队先在周边地区大肆破坏一番，随后他率领主力开始围攻克鲁亚城的石头要塞。守军凭借着坚固的城墙和非凡的勇气，让奥斯曼人的围攻进展缓慢。与此同时，斯坎德培带领他的机动部队持续不断地从后方骚扰着围城的奥斯曼军队，不仅造成惨重的伤亡，还经常切断他们的补给线。最终，苏丹一气之下率军前往杜拉佐（Durazzo）[1]方向，只留下一名帕夏继续指挥攻城。不久，奥斯曼人就被迫在一片混乱中逃离了阿尔巴尼亚。

在穆罕默德的亲自指挥下，土耳其人的军队在本方领土一侧的爱尔巴桑（Elbasan）[2]兴建了一座堡垒，随后在第二年继续发动进攻，终于攻克了杜拉佐。城中数以千计的难民逃到了意大利。但是，克鲁亚城坚挺依旧，穆罕默德的努力收效甚微。1468年，斯坎德培去世，他一手团结起来的各个部落也分崩离析。然而就在这种情形下，穆罕默德依然没能取得成功。据说，在听说斯坎德培去世的消息之后，苏丹曾言之过早地宣称："欧洲和亚洲终将属于我！可悲的基督徒，他们失去了他们的剑，也失去了他们的盾。"

此前，奥斯曼帝国已经与威尼斯共和国公然开战，于是斯坎德培将他的领土都赠予了威尼斯共和国。这场战争起源于奥斯曼人对威尼斯人手中的一些海军基地的觊觎，而这场战争终将时断时续地延续16年之久。

1　今称都拉斯，阿尔巴尼亚的一座沿海城市，位于克鲁亚的西南方向。
2　位于今天阿尔巴尼亚中部的一座城市，在克鲁亚的东南方向。

只有在苏丹的精力被亚洲事务分散时，这场战争才会进入停歇期。苏丹面对的压力也的确加大了——威尼斯人、教皇和其他基督教国家与白羊王朝的乌尊·哈桑结成了联盟。西方希望东方人发生内斗，这样就可以阻止奥斯曼的攻势；乌尊·哈桑也愿意接受西方的示好，因为他想像帖木儿一样入侵安纳托利亚中部。被穆罕默德从自己的国土上赶跑的卡拉曼尼亚和其他公国的安纳托利亚人逃到了波斯，躲藏在乌尊·哈桑的羽翼下，他们也愿意帮助乌尊·哈桑。为了进攻安纳托利亚中部，乌尊·哈桑在埃尔津詹集结了一支大军，而他的盟友则夺取并摧毁了托卡特（Tokat）。他们试图攻下苏丹之子巴耶济德管理的阿马西亚未能如愿，但夺取了开塞利，并在安哥拉一带大肆破坏，最西一直打到阿克谢希尔（Akshehir）。

接下来就轮到奥斯曼人大举反击了。像帖木儿和巴耶济德一样，乌尊·哈桑和穆罕默德在交锋之前也先互相写信威胁对方。先是乌尊·哈桑吹嘘了一番自己对波斯的征服，并宣称自己不再惧怕任何对手；穆罕默德则在回信中表现得十分高傲，字里行间只把乌尊·哈桑当成一个小小的波斯可汗对待。他斥责了乌尊·哈桑的傲慢态度，并且警告他说，他的权势很快就会被深渊吞没。

1472年秋天，穆罕默德按照惯例就重大决定咨询了他的占星家们之后，率领大军渡海来到了亚洲，开始向东方进军。他的大军在阿马西亚度过了冬天，到春天来临时继续向东进发，目标直指埃尔津詹。乌尊·哈桑惊讶地发现穆罕默德的军队有如"潮水"一般涌来。乌尊·哈桑精心挑选了己方的位置，用幼发拉底河的上游掩护了自己的右翼，背后则靠着连绵的山脉。在苏丹帐下，有一位最年轻也最受苏丹青睐的将军名叫哈斯·穆拉德帕夏（Hass Murad

Pasha)。他出身于巴列奥略家族，刚刚成为鲁米利亚的总督，负责指挥一支轻骑兵部队参战。在泰尔然（Terjan），满怀青春热情的哈斯·穆拉德轻率地发动了一次进攻，结果落入了敌人的包围圈。他的部队大部分被歼，哈斯·穆拉德本人则落入幼发拉底河中溺水身亡。

苏丹对这场失败感到十分恼怒，为此责怪了大维齐尔马哈茂德帕夏。由于失去了他最喜爱的将领，有些灰心丧气的苏丹下令撤退。不过，据说他恰好在此时做了一个梦，梦到他与乌尊·哈桑赤手空拳地肉搏。搏斗中，他先被打得跪倒在地，但很快恢复了力量，给了乌尊·哈桑的胸口狠狠一击，打得对方心脏的一部分都掉到了地上。苏丹把这个梦讲给他的将军们，让他们以此来鼓舞士兵们的士气。穆罕默德率军翻山越岭向埃尔津詹的北部撤退，而乌尊·哈桑的军队突然出现在了右侧的高处。战斗在巴什肯特（Bashkent）打响了。经过八个小时的激战，白羊王朝的领袖遭遇了惨败，他手下的军队四散奔逃，伤亡人数是敌人的十倍。乌尊·哈桑的营地连同所有辎重都落入了奥斯曼人的手中。苏丹本人在战场上花了三天时间督斩战俘。作为艺术和科学的资助人，苏丹赦免了一些学者和手艺人，并把他们送到了伊斯坦布尔。在向西回师的路上，苏丹的大军一共带了 3 000 名土库曼战俘，并且以每天 400 人的速度处决他们。

乌尊·哈桑和他的白羊部落的族人还拥有广袤的土地，因此并没有被彻底击败。在战役结束后，威尼斯人立刻又与乌尊·哈桑建立了外交联系。他确实有能力东山再起，但是至少在眼下，穆罕默德苏丹认为他不会再造成什么麻烦了。而到了 1478 年，乌尊·哈桑就去世了。

趁着斯坎德培的亡故,穆罕默德又把矛头对准了阿尔巴尼亚。他的大军由一位名叫苏莱曼帕夏的波斯尼亚宦官统领,在斯库台(Scutari)[1]要塞前安营扎寨。斯库台建在一块400英尺(约122米)高的巨石之上,在内陆眺望着亚得里亚海。苏丹需要夺取斯库台,这样才能在未来率军渡过亚得里亚海的时候保证其后方内陆的安全。海岸边到处都是威尼斯人的舰只,它们和斯库台湖中的渔船一起保证着该城所需物资的供应。苏丹按照他惯用的方式就地制造火炮,开始了为期六个星期的围城,直到大段的城墙化为尘土。旷日持久的总攻给奥斯曼人造成了数以千计的伤亡,几十位将军喋血沙场,无数士兵死于口渴和沼泽地附近流行的热病。最后,苏莱曼放弃了围城,打碎了火炮,用骆驼将火炮的金属残片运走。斯库台的居民们陷入了狂欢,但这种喜悦很快也被打消了:很多人在口渴难忍的情况下喝了不洁净的水,因而丧命。而且,大家都清楚地知道,对阿尔巴尼亚来说战争并没有结束,那个"伟大的土耳其人"肯定还会回来。三年后,苏丹果然回来了,再一次开始围攻"鹰巢城"克鲁亚。在一年多的围城之后,克鲁亚城陷入了饥荒,城中居民只能靠吃猫狗度日。于是,这座要塞终于投降了。在谈判中,奥斯曼人许诺城中居民可以不留下来接受奥斯曼帝国的统治,准许他们平安离去。然而,在投降之后,苏丹下令将其中的大部分人斩首。

---

[1] 其英文名称与前文提到过的斯库塔里相同,但并非同一个地方。斯库台在今天的阿尔巴尼亚,毗邻斯库台湖,距离亚得里亚海也不是很远;斯库塔里则位于马尔马拉海的东岸,地处亚洲。

接着，他又把全部精力转向了斯库台——西方世界的最后一道屏障。从斯库台城中望去，奥斯曼非正规军四处破坏焚烧阿尔巴尼亚村庄而产生的阵阵浓烟已经成了司空见惯的景象。土耳其人还把蘸了油和沥青的破布团点燃投进了城中，给要塞内的城镇造成了巨大的破坏。老人和孩子不得不躲进了地窖里；体格健全的人都在屋顶灭火。为了防止火势蔓延，他们经常不得不拆掉房顶。土耳其人发动了两次猛攻，但是都没有取得明显的战果。于是，苏丹决定率领主力撤退，只留下一支部队继续封锁斯库台。此时的斯库台几乎成了敌占区里的孤岛。很快，城中居民就开始挨饿。他们只能靠面包和水维生，没有任何肉食可以补充营养，就连大小老鼠都吃光了。

而在意大利本土，人们已经陷入了恐慌和沮丧的情绪中。奥斯曼人在达尔马提亚海岸的劫掠活动愈加频繁，冲天的火光让威尼斯的圣马可钟楼时常敲响警钟。曾经在匈牙利的山区省份大肆破坏的劫掠者从波斯尼亚沿着河谷北上，于1477年以一支骑兵部队向西进入了意大利半岛的桥头堡弗留利地区（Friuli）。他们在伊松佐河（Isonzo）和塔利亚门托河（Tagliamento）流域洗劫城镇和村庄，并在这两条河流之间的平原上（位于威尼斯的北方）击败了威尼斯人。他们来到了皮亚韦河（Piave）的岸边，惊恐万状的威尼斯元老院成员已经可以从圣马可钟楼上看到土耳其人的营火和燃烧的村庄。到了秋天，劫掠者满载而去，身后留下一片火海，谷仓、庄园、城堡和宫殿都被火焰吞噬。

到了第二年，伊松佐河两岸又出现了规模更大的劫掠活动。就在庄稼即将成熟的时候，数以万计的奥斯曼非正规军劫掠者开始在这里散布恐慌。穆罕默德的圣战士们高呼着安拉的名字和"穆罕默德！穆罕默德！罗马！罗马！"的口号。到了这个时候，"所有人都知道，兵强马壮的土耳其人已经出现在意大利的大门口了"，连远在英格兰宫廷的人们都开始忧心基督教世界的命运。

现在轮到威尼斯人求和了。1479 年，威尼斯人与苏丹达成了和议，确认了奥斯曼人对斯库台、克鲁亚、利姆诺斯岛（Lemnos）[1]、内格罗蓬特岛（Negropont）[2]，以及摩里亚南部多山的马尼半岛（Mani）的占领。在 16 年的战争中被威尼斯人夺取的奥斯曼的土地也归还给了苏丹，不过当地的威尼斯驻军可以携带着武器和军需品不受阻拦地撤出。奥斯曼人也归还了在摩里亚、阿尔巴尼亚和达尔马提亚占领的一些威尼斯的领土。威尼斯人需要支付一大笔岁贡，以此换取通商的自由，他们还获准在伊斯坦布尔开设一家领事馆来保护其公民的权利。就这样，穆罕默德迫使爱琴海和地中海上最强大的海军国家与他和谈，从而为入侵意大利扫清了海上的障碍。他打算派遣一支奥斯曼舰队以及由盖迪克·艾哈迈德帕夏（Gedik Ahmed Pasha）率领的陆军入侵意大利。在和约签署后几个月，苏丹占领了爱奥尼亚海上的几个岛屿，作为进攻意大利海岸的海军基地。

1480 年，奥斯曼人发动了对奥特朗托（Otranto）的攻击。他们最初的进攻目标是布林迪西（Brindisi），但鉴于位于意大利半岛脚后跟位置的奥特朗托缺乏海岸防御，他们最终还是选择了这里。一队骑兵奇袭了这座城镇，一路杀人放火。该城有 800 名居民由于拒绝改信伊斯兰教而被野蛮地处死。他们后来被教皇追封为圣人。周

---

[1] 位于爱琴海中的岛屿，威尼斯人与奥斯曼人曾对此岛屿进行反复争夺。
[2] 又称埃维亚岛，是希腊第二大岛屿。原本在威尼斯人控制下，后来在 1470 年被奥斯曼人夺取。

边的乡村也遭到了洗劫。奥斯曼人向布林迪西、莱切（Lecce）和塔兰托（Taranto）的方向进击，但被从那不勒斯赶来的一支斗志昂扬的队伍赶了回去。苏丹希望能把奥特朗托变为进一步征服意大利的桥头堡，但当地的居民纷纷逃走，不愿意回到这座城镇或是为入侵者提供补给。于是，大部分土耳其人只好撤了回去，只留下一支小型的守备队，靠着来自亚得里亚海的海上补给（威尼斯人很可能提供了帮助）支撑了下来。当地开始传说穆罕默德将亲率大军入侵意大利。对此深感担忧的教皇甚至考虑过逃到阿维尼翁（Avignon）[1]去。不过，他还是留了下来，开始向热那亚、西班牙和葡萄牙等各方势力求援。结果，苏丹和他的大军并没有出现，因为他已经把他的注意力转向了东方的罗得岛，奥斯曼军队也于同期撤出了意大利。

在罗得岛的要塞中，依然据守着最后的十字军——医院骑士团。只有夺取这里的要塞，奥斯曼人才能彻底控制东地中海的海面，保证安纳托利亚的安全。在坚韧不拔的大团长皮埃尔·德·欧比松（Pierre d'Aubusson）率领下的骑士们早就预见到会遭遇进攻，因此尽可能地加固了要塞，储备了足以支撑三年的给养，还与埃及和突尼斯的穆斯林统治者结成了同盟。对这些举措不屑一顾的奥斯曼人，在舰队指挥官、有着巴列奥略家族血统的梅西赫帕夏（Mesih Pasha）[2]的率领下，于1479年冬天在罗得岛的西北部进行了一次骑兵侦察。他们试图对要塞发动突然袭击，但并没能奏效。梅

---

[1] 阿维尼翁位于法国南部。14世纪，天主教教廷曾经从罗马迁至此处。
[2] 梅西赫帕夏是前文提到过的哈斯·穆拉德帕夏的弟弟。他们同是拜占庭帝国末代皇帝君士坦丁十一世的侄子，在君士坦丁堡失陷时被俘。

西赫的部队被赶出了罗得岛。他随后回到隔海相望的马尔马里斯港（Marmaris），等待春天援军的到来。大约7 000人的援军如约从赫勒斯滂赶来，后面跟着运载重型攻城器械的大约50艘帆船。

面对顽强的抵抗，土耳其人进行了持续多个星期的轰击。在七月的最后一周，他们发动了总攻——就在同一天，土耳其人在地中海另一端的奥特朗托登陆。在对罗得城要塞发动总攻的前一天，土耳其人按照他们的军事传统鼓噪喧闹了一整天，笛子、钹和鼓发出震耳欲聋的响声，让城中的守军知道总攻即将到来。尽管这种方式让他们的进攻失去了突然性，但可以提高己方部队的士气，打击对方的信心。对于土耳其人的喧嚣，骑士们回报以号声和教堂的钟声。土耳其人朝着要塞射了一通箭，箭上带着书信。他们宣称，帕夏已经升起了黑旗，这意味着城破之后，城市将被洗劫一空，城中居民要么被杀，要么被卖为奴隶。接着，一波又一波的非正规军，即"巴什波祖克"们，迅速地冲进了壁垒的废墟，并且爬进了意大利人驻防的塔楼，在上面插上了奥斯曼人的旗帜。在他们的身后，坚不可摧的近卫军阵列也快步冲了上来。

志在必得的梅西赫帕夏选择在此时传令，告诉士兵们进城后不得劫掠，罗得岛的财宝全部属于苏丹。结果，这个命令打击了士兵们的战斗精神。骑士们在救世主、圣母、施洗者约翰的旗帜下冲上前去，挡住前往塔楼的道路，与入侵者在塔楼下狭窄的壁垒中展开肉搏，一直杀到城墙上和壕沟中到处堆满了奥斯曼人的尸体。终于，一队骑士杀进了塔楼，消灭了塔楼里的入侵者，并把他们的旗帜扔到了地上。看到这一幕，灰心丧气的土耳其士兵丧失了斗志，开始逃跑。他们从还在前进的同袍之中挤出一条路想要逃走，而骑士们则在后面穷追不舍。用一位观察者的话说,奥斯曼人"像猪一样"被砍倒。

围城解除了。奥斯曼军队重新上船,在马尔马里斯重新集结,然后撤回了伊斯坦布尔。军队的统帅被解除了职务,并且被贬黜到了加里波利任职。罗得城成了一片废墟,但红底白十字的圣约翰旗仍然高高飘扬,象征着基督教的胜利。圣约翰旗还将在罗得岛继续飘扬半个世纪。现在,在经历了一代人时间的不断征伐之后,征服者的生命即将画上句号。

第十章

征服者穆罕默德渴望缔造一个全新的世界性的伊斯兰帝国。为此，他不仅要巩固并扩大以往拜占庭帝国所辖的领土，还要把它变成一个在行政、司法、经济和社会等方面都拥有全新体制的新国家。由边疆地带的加齐贝伊们统治的、形形色色的、拥有半独立性的开放社会，曾经是奥斯曼国家得以成型的基石。现在，它们终于被整合进了中央集权的帝国政府的社会和政治框架之中。

现在的奥斯曼帝国实际上像曾经的拜占庭帝国一样，成了一个政教合一的军事神权国家。通过高度组织化的官僚体系，苏丹得以施展其绝对的权力。在穆罕默德看来，他的目标是把任何有可能对他的个人权威构成威胁或形成竞争的力量都消灭掉，至少也要改造它们，让它们处于自己的掌控之下。作为被神选定的人，他，也只有他，才有资格统治这个国家。为了确保这种神权统治能够在他的国家永远持续下去，他把已经在帝国皇室内十分流行的同胞相残的做法上升到了法律的高度："经大多数法学家的认可，我的任何一个儿子，如果蒙神恩赐而继承苏丹大位，都有权为了国家的福祉处死他的兄弟。"

与以往不同，穆罕默德手下的大维齐尔成了苏丹的管家和忠实执行君主命令的工具。大维齐尔无权就国事做出重大决定，但可以在他的职权范围内发号施令，其权力超过了以往的大维齐尔。在穆罕默德之前，苏丹通常会亲临迪万（Divan）[1]，坐在自己的座位上参加国务会议，就如同多少个世纪以来处于游牧生活状态、在帐篷里议事的先祖们一样。

然而，穆罕默德在他的统治期内却逐渐把这一权力移交给了他的大维齐尔。他自己不再经常出席迪万的会议，而是在一个装有格栅的房间里——这个房间被称作"苏丹之眼"——居高临下地看着他们，而他自己却不会被别人看见。到了后世苏丹的时代，这种做法成了一种惯例。

据说，这一转变源自一个意外事件。在一次迪万会议上，有一个衣衫褴褛的土库曼人突然冒冒失失地闯了进来，操着粗鄙的方言问道："我说，哪个是那位开心的皇上呀？"苏丹勃然大怒。大维齐尔劝他说，为了避免类似的事件再次发生，迪万的事情以后不妨交给维齐尔们处理。于是，大维齐尔成了实际上的政府首脑，掌握了国家的大印。作为苏丹的副手，大维齐尔获得了广泛的世俗权力，负责管理各个方面的行政事务，并且监督人事任免和官僚的工作表现。

大维齐尔以苏丹之名掌管的行政体系建立在"四根帝国之柱"上。这个说法来自军事术语，原本指的是早期的奥斯曼王公帐篷上的四根支柱。数字"四"有着神圣的意味，象征着《古兰经》中提到的支撑宝座的四名天使、先知穆罕默德的四位战友——后来的四位哈里发——以及天堂中的四种风。

---

1 即伊斯兰国家高级的行政机构。

第一根支柱就是大维齐尔本人。像其他高级官员一样，大维齐尔也拥有"帕夏"这一荣誉头衔。"帕夏"的意思是"苏丹之足"；这种称呼方式很像古代波斯的做法，当时的官员往往被称作国王的眼睛和手。大维齐尔享有殊荣，可以持有装饰了五条马尾的帕夏旌旗；而他的其他三名维齐尔同僚只能配备三条马尾。这种象征物起源于突厥游牧民生活在草原的时代。其他三名维齐尔分别负责掌管行政、法律和财政事务，在他们的部门内部拥有一定的自主权，但都要直接对苏丹本人负责。

第二根支柱是负责管理司法事务的两名"卡扎斯克"（kadiaskers），即军事法官。他们一个负责安纳托利亚的司法事务，一个负责鲁米利亚的司法事务，主要负责提名其他法官。

第三根支柱是四名"德夫特达"（defterdars），字面意思为会计或记账员，实为掌管财务和财政事务的国家财务官。

第四根、也是最后一根支柱是"尼尚奇"（nishanjis），即国务助理和秘书，他们负责起草苏丹的诏书，并在上面加盖苏丹的印信——"图格拉"或"尼尚"（nishan）。

此外，还有被称作"阿迦"的军官或官员们。阿迦分为两种，在外的为军职，例如近卫军的阿迦；在内的则专为苏丹的宫廷服务。

这套经过征服者穆罕默德修改和完善的体系，被记载在了《法令集》（Kanun-name）中。"Kanun-name"一词源自希腊文"kanon"和阿拉伯文"kanun"，意为"法律书"。在穆罕默德统治的末期，他下令开始编纂这部汇集了法律和规章制度的书籍，其中记述了奥斯曼国家的等级制度、惯例、仪式要求、职位职责、组织机构以及奖惩制度。

《法令集》体现的并非穆斯林的传统，而是土耳其国家的传统。像其他伊斯兰国家一样，奥斯曼帝国传统上使用源自《古兰经》的至高无上的"神权法"或"沙里亚法"（Sheriat Law）来管理国家。但是，随着帝国的版图越来越大，面对的情况越来越复杂，就需要用一部国家法律来对《古兰经》加以补充，增加新的条款，使其可以适应不断变化的世俗社会。穆拉德一世是这一变化的肇始者，而穆拉德二世又将这种变化向前推动了一步。在这两位苏丹之间的接近一个世纪的时间里，奥斯曼帝国获得了诸多新的行政功能，同时也出现了更多的新问题，因此穆拉德二世有必要制定新的法律。随着时间的推移，法律在接下来的几个世纪里不断得到增补乃至替代。新的法律中还包括了苏丹本人制定的规章和命令。根据奥斯曼的传统，作为"帕迪沙阿"和帝国的君主，他拥有不受伊斯兰教法机构阻挠、自行颁布法律的绝对权力。不过，在这些国家法律的条款（也被称作"乌尔菲"，urfi，意为"补充"）之外，苏丹仍然需要承认以下法律规定的义务，并受到它们的约束：基于《古兰经》这一伊斯兰教最基本文献和真主旨意的沙里亚法；圣行（Sunna），即穆斯林的惯常做法；最早的四位哈里发发布的文书。苏丹颁布的圣旨（被称作"Hatti-Sherifs"）都要符合上述法律的规定，苏丹任何重要的政治举措也需要事先取得大穆夫提——伊斯兰教法的权威——的法律意见（也被称为"费特瓦"，fetva），获得他的批准。

　　《法令集》还涵盖了习惯做法和苏丹宫廷中的礼仪。苏丹宫廷中的礼仪强调森严的等级，讲究排场，十分复杂，很大程度上受到了拜占庭帝国的影响，尤其是由拜占庭皇帝"生于紫室者"君士坦丁七世（Constantine Porphyrogenitus）在10世纪所著的《典仪论》

的影响。像拜占庭皇帝一样，苏丹尤其强调外国使节在觐见时必须表现得格外恭顺。传统上，臣民对苏丹的致敬礼仪接近于对"巴赛勒斯"（Basileus）[1]的礼仪，即对希腊和罗马皇帝的致敬，而在希腊人和罗马人的皇帝面前，他们的子民都有如主人面前的奴仆。实际上，同时代的拜占庭编年史中，仍然将苏丹称作"巴赛勒斯"——一位伊斯兰的巴赛勒斯。

像在拜占庭帝国一样，奥斯曼帝国对诸如宫廷庆典、装束、礼节等内容都有着十分细致的规定。穆罕默德规定，每一位廷臣的等级和职责必须通过其着装的颜色体现出来。比如说，维齐尔穿绿色，内侍穿猩红色；而在伊斯兰教的神职人员中，穆夫提要穿白色，乌理玛要穿蓝紫色，毛拉要穿天蓝色。靴子的颜色也很重要。政府的职员要穿绿色的靴子，宫廷人员要穿红色的靴子。除了色彩之外，着装的风格也很重要——袖子的剪裁、装饰用的毛皮，尤其是各式各样的头巾和胡子的式样，都别具意义。在伊斯兰社会中，头戴之物有着特别的象征意义。只有穆斯林可以戴头巾，而非穆斯林，不管是法兰克人还是希腊人，都要戴红色、黑色或黄色的帽子。非穆斯林所穿的鞋子的颜色也不能与穆斯林相同。不论是便鞋还是靴子，希腊人、亚美尼亚人和犹太人分别要穿黑色、蓝紫色和蓝色。

在一个特别的方面，穆罕默德二世脱离了奥斯曼祖先的传统，直接效仿了拜占庭帝国的做法。以前，苏丹的臣民经常可以看到苏丹，并且可以在相对非正式的场合与苏丹近距离接触。而随着奥斯曼人对欧洲的征服，他们越来越多地受到拜占庭人的影响，愈加注

---

[1] "巴赛勒斯"是希腊语中君主的称呼，主要用来称呼东罗马帝国即拜占庭帝国的皇帝。

重塑造君主的神圣感。不仅苏丹的后宫女眷在宦官的看护下与世隔绝，就连苏丹本人也是如此。穆罕默德的祖先会随意地与臣民一同进餐，他的父亲穆拉德二世则把一同和自己在桌旁用餐的人数减少到了不超过十人。穆罕默德抛弃了他们的做法，总是独自用膳。他还颁布了一道敕令，禁止维齐尔或其他官员靠近他的餐桌："除皇室成员外，任何人不得与帝国的君主一同用餐。"

穆罕默德的第一座宫殿建在伊斯坦布尔的第三山丘上[1]，但他在这里无法彻底做到与世隔绝。这里人口稠密，宫廷的围墙又不够严密，无法维持君主高高在上的状态。考虑到这些因素，他亲自为自己的新宫殿选址。这座宫殿被称作大萨拉基里奥宫（Grand Seraglio）[2]，也被称作"大炮之门宫"[3]。这里原本是拜占庭的卫城，地处一个可以控制三海（金角湾、博斯普鲁斯海峡和马尔马拉海）的岬角——此处后来被称作萨拉基里奥角。1465年，穆罕默德开始在这个关键性的地点兴建宫殿。这项宏大的工程由波斯、阿拉伯和希腊的建筑师们负责，起初估计要花上25年才能完工。不过，苏丹不仅在付给工人们工资和奖金时异常慷慨，还亲自监督工程进度，结果整个工程只用了预估时间的四分之一。在大萨拉基里奥宫的高墙之内，有三道大门、两个庭院和数不清的建筑物，其中大部分都是优雅的亭楼。根据同时代的希腊传记作家克里托布洛斯（Critoboulos）的记载，大萨拉基里奥宫的四面都有"巨大而华美的花园，其中种植着

---

[1] 君士坦丁堡（伊斯坦布尔）建立在七座山丘之上，与罗马的七丘山相映衬。
[2] "萨拉基里奥"的本意就是奥斯曼苏丹的宫殿，所以除了大萨拉基里奥宫之外，阿德里安堡等地也有别的萨拉基里奥宫。
[3] 根据这个名字的音译，现在一般称这座宫殿为"托普卡珀皇宫"。

各种可以想象得到的树木和水果；新鲜洁净得可以直接饮用的水在四处流淌；成群的各色禽鸟，不论是可供食用的家禽还是歌声婉转的鸣禽，都在吵闹、歌唱；那里还有成群的家畜和野生动物。"在战事间歇的冬季，苏丹就会离开公众的视野，住到这座宫殿中来。他只会在重兵拱卫的情况下，为重大国事在伊斯坦布尔的街头偶尔露面。

在设计这座崭新的萨拉基里奥宫的时候，穆罕默德实际上为接下来几个世纪的奥斯曼宫廷生活定下了基调。整座宫殿分为两个主要的区域：外廷是政府办事机构和苏丹的办公地点（包括迪万），内宫则包括苏丹的大殿和皇室成员的居所，以及苏丹手下的宦官和侍从的住所。一个世纪之后，这里变成了"丰饶宫"，由苏丹的女眷居住，因此成了苏丹的后宫。穆罕默德本人则更愿意让女眷单独居住在一处。他把她们留在了第三山丘的宫殿里，由 370 名宦官服侍她们，因此那里仍然是他私宅的核心区域。

进入大萨拉基里奥宫，要经过三道大门。第一道是连接大萨拉基里奥宫与伊斯坦布尔城区的帝王之门（Bab-i-Humayun）。在这道门上至今可以看到纪念其兴建者的碑文："穆罕默德苏丹……真主在人世间的影子和灵，地上的君主，两洲两海与东方西方之主，君士坦丁堡的征服者。"早期的土耳其人经常在宫殿大门处进行司法判决。帝王之门取代了以往拥有四根柱子的苏丹大帐入口的地位，成了奥斯曼帝国政府的象征。正因如此，"大门"（Porte）或者"高门"（Sublime Porte，欧洲人后来经常用这个称呼），成了奥斯曼帝国政府的代称。[1]

作为帝王之门的守门阿迦，白宦官总管负责监管苏丹的大萨拉基里奥宫与外部世界的交通。白宦官总管和他的下属负责打理大萨拉基里奥宫的外廷。他实际上相当于典仪总管，同时也担任苏丹的密探。他手下管理着各个层级的白宦官，他们作为宫廷内侍各有职责。与白宦官总管相对应的是一位黑宦官总管，这位阿迦在苏丹的女眷最终搬迁到大萨拉基里奥宫之后，负责管理苏丹的后宫。[2] 奥斯曼帝国的前代苏丹并不使用宦官，这一做法来自拜占庭帝国，而拜占庭帝国又是早年从东方世界学会的这套制度。由于伊斯兰教禁止阉割，这些宦官都是奥斯曼人从基督教国家买来的。在这一时期，大部分的阉人都是从高加索地区买来的。像一般的奴隶生意一样，贩卖阉人的生意也基本掌控在犹太人手中。

白宦官总管负责管理苏丹的宫廷中的所有人员，大约管理着350多人。这些人都曾经是基督徒。实际上，从大维齐尔到其他维齐尔，再到行省长官、封地的所有者、征税官以及各个级别的行政人员，奥斯曼帝国的全部行政官员和大部分军官莫不如此。他们全都是苏丹的"奴隶之家"的成员。大萨拉基里奥宫可以看作这个"奴隶之家"的雏形。在这里，所有人都是他们的主人的私人奴隶，不论他们获得何等的恩宠和多大的权力，终其一生他们都维持着这种主仆关系。这一体系是军事和行政两种制度相融合的产物。它起

---

1 除了第一道大门之外，进入皇宫第二进区域的大门为"敬礼门"，而把守着皇宫核心区的第三道大门为"丰饶门"。"丰饶门"在后文之中还有提到，是举行重大仪式的地点，在政变中也常常遭到叛军的围攻。
2 黑宦官都是出身非洲黑人族群的奴隶，故也可以译为"黑人宦官"。白宦官总管的职权在苏莱曼苏丹之后逐渐式微，在17、18世纪之交完全被黑宦官总管取代。

源于"德夫希尔梅"（devshirme）这种征募制度，即欧洲人所说的"儿童贡品制度"。这一制度最初是为了征募近卫军而出现的，后来在穆拉德二世在位时期从军事领域推广到了行政领域。通过这一制度，穆拉德二世创造出了一种更有活力的新的统治机构，用它替代了旧有的统治机构，他的儿子穆罕默德则继承、发扬并改进了这一制度。

这一制度的最大优势在于它的非世袭性，它不会像旧有的制度那样创造出土生土长的豪门贵族。这样一来，就不会产生任何可能威胁苏丹的绝对权力的政治力量。有一种十分切合实际的观点认为，如果传统的穆斯林也可以成为苏丹个人的奴隶，他们就会滥用这种特权。他们在各个行省的亲属会凭借他们的势力来压迫农民，拒绝纳税，不服从地方政府的命令。"而这些出身于基督徒家庭的孩子在皈依伊斯兰教之后，会成为新的信仰的狂热信徒，因而成为他们亲属的敌人。"因此，有一位名叫温塞斯拉斯·瓦迪斯拉夫男爵（Baron Wenceslas Wradislaw）的外国访客在造访伊斯坦布尔之后说道："我在君士坦丁堡或土耳其的任何地方，都没有听说过或见过土生土长的土耳其人担任帕夏；相反，这些帕夏都是通过绑架、俘获等手段后来才成为土耳其人的。"

这一体系最重要的人才来源是设在苏丹的大萨拉基里奥宫内的皇家侍从宫廷学校。这所学校的目的是为世袭的苏丹家族遴选提拔非世袭的统治阶层。每一名精英都有均等的机会获得提拔，所有人都只凭自己的本领说话。在当时的时代，整个世界还都处于贵族统治之中，而奥斯曼帝国却已经独树一帜地开始任人唯贤。穆罕默德苏丹想要扩大并发展这所学校，而这需要更多的空间。这种想法可能在一定程度上影响了他为其新宫选址在萨拉基里奥角的决定。穆罕默德本人对教育高度重视，乐于重用知识分子，并且意识到随着帝国的扩张，他十分需要有见识的文武官员。因此，在他的指导下，这所宫廷学校成了一所组织紧密、规划合理的国家学校。

穆罕默德意识到，他的侍从对他十分忠诚，因此可以成为抗衡时常怀有异心的近卫军的重要力量，所以他才决心开设这样一所学校，用来从基督徒家庭中选拔培养统治精英阶层。这所学校旨在培养兼具军事和行政才能的忠贞不贰的穆斯林公务人员。借用一位16世纪的意大利作者的话说，他们培养的是"识文断字、能言善辩、彬彬有礼、诚实正直"的人才。正因如此，在此之后的大维齐尔人选中，每五位中有四位都出自这所宫廷学校。这所学校按照穆罕默德制定的路线运转了三个半世纪，后来经过改革后又延续了一个半世纪，为奥斯曼帝国做出了重要而持久的贡献。

宫廷学校位于帝国宝库和私人军需部之间，由白宦官总管掌管其行政事务。根据学生的年龄，宫廷学校分成两个预备学院和两个职业培训学院。学生会表现出些许的差异，有些人在智力方面更有优势，有些人则更擅长体力活动，但他们都可以在学校里完成14年的学业，并获得7到8年的见习期。对大部分学员来说，他们在见习期之后并不能成为苏丹的私人仆从，而只能在经过一定的预备训练之后获得较低级的军事或行政职位。在穆罕默德的执政晚期，他又创办了第三所职业培训学院——皇家寝宫堂。在这里，4名长官负责管理40名侍从。这4名长官分别被称作"掌剑官""马匹总管""衣橱总管"和"头巾总管"。每个大堂都有一位负责维持秩序和纪律的首席长官，一位次席长官，一名勤务官，以及图书管理员、记录员、财务官和伊玛目，外加三名宣礼员。学院高度重视学员的个人品格，认为从中可以看出学员的能力、积极性和领导力。学院也鼓励学员自行选择他们想学习的科目。像日后在政府机构里一样，宫廷学校对侍从学员们的管理原则也是"有功必赏，有错必惩"。

虽然学员在宫廷学校中也会学习《古兰经》以及伊斯兰神学和法学的原则，但这所学校主要的教学内容还是世俗知识。较之宗教知识，这里更重视治国之术和军事科学的学习。因此，这所学校在伊斯兰世界是独一无二的。最初，大部分的教员都出自乌理玛，即伊斯兰教神职人员和研习伊斯兰教法的学者。不过，穆罕默德后来又从他的宫廷里抽调出学者、科学家和文学家，补充到这所学校中，从而使得这所学校的教学有了希腊和拉丁世界学校的风格。因此，奥斯曼帝国甚至被人们比作柏拉图的理想国，以至于许多在君士坦丁堡被征服期间逃亡意大利的拜占庭希腊人现在又纷纷回到了这里。

如穆罕默德所愿，宫廷学校的课程安排兼顾了人文学科、体育锻炼、动手能力和职业训练。人文课程包括土耳其语、阿拉伯语和波斯语。学校尤其重视土耳其语的教学，要求学生必须彻底而熟练地掌握这门复杂的语言；他们还要学习阿拉伯语的字母、语法和句法，以及侧重描绘侠义精神和传奇故事的波斯诗歌和文学。此外，教学的内容还包括土耳其历史和数学（不仅有算术，还可能有几何）。独具慧眼的导师们会在学员们学习运用这些知识和技能的时候，观察他们每个人的特长，包括他们在奥斯曼军乐和声乐方面的天赋。除了在每天日出前半小时、日落后一个半小时以及其他场合要唱歌致敬苏丹之外，宫廷的合唱团还会定期为苏丹举行演出。

通过包括体操在内的体育训练，侍从们可以显著提高他们的耐力、健康状况和敏捷性。他们还参与各种各样的运动——射箭、摔跤、剑术、长矛和一种可谓早期马球（使用以细绳拴着的球）的运动。由于许多侍从最终会加入骑兵部队，骑术也变得越来越重要。为了配得上精良的奥斯曼军队，很多学员不仅骑术了得，使用起兵器来也十分在行。

最后，除了近卫军之外，其他人都会在各种各样的职业学校里学一项技能或是手艺。历代苏丹也是如此。穆罕默德二世是一名专业的园丁，他把大量的业余时间都花在了照看自己的宫廷花园上。他不仅养花、植树，甚至还种菜。据说，有一次他颇为骄傲地种出了一根硕大的黄瓜，可是这根黄瓜后来却消失不见了。盛怒之下，他把一名可疑的园丁开膛破肚，结果在他的胃里发现了黄瓜的残渣。塞利姆一世（Selim I）和苏莱曼一世都是技术高超的金匠，阿卜杜勒·哈米德二世（Abdul Hamid II）特别擅长制作有着复杂镶嵌图案的家具，还有其他皇室成员擅长刺绣、制弓和打磨刀剑。侍从们还学习调制饮料、烹饪苏丹喜爱的菜肴、清洗亚麻制品、整理头巾、理发、剃须、修剪指甲和土耳其浴养生等技能。

在首都和它的高门之外，奥斯曼帝国的治理则与军队的组织和发展息息相关。与宫廷内部的阿迦相对的，军队的长官被称作外部或军事阿迦。他们代表了苏丹的行政权，而从乌理玛中遴选出的卡迪们（法官）则是苏丹的司法权的代表。在日渐加强的中央集权下，奥斯曼帝国版图内的行省划分很大程度上考虑的是军事因素。整个帝国被分成两半，即安纳托利亚和鲁米利亚，两半各由一位总督或者叫贝勒贝伊（beylerbey）管理，这两名总督的级别都是两尾帕夏。安纳托利亚和鲁米利亚都被继续细分成更多的地区("桑贾克",sanjaks),每个地区由被称作桑贾克贝伊的军事指挥官管理。每一位桑贾克贝伊都会获得一面叫作"桑贾克"的旗帜,象征着苏丹的权威。作为一尾帕夏,桑贾克贝伊负责召集和管理其辖区内的苏丹的武装力量,维护公共治安,并且确保税收的按时缴纳。在征服者穆罕默德的时代,奥斯曼帝国在亚洲有 20 个桑贾克,在欧洲有 28 个桑贾克。

像前代苏丹时期一样,每一个桑贾克省份都会再被细分成大大小小的封地[被称作"扎米特"(zeamet)和"蒂玛尔"(timar)]。这些封地会被封给出身于土耳其人家庭的骑兵(西帕希骑兵),他们可以获得一定的管理当地农民的权利。西帕希骑兵是帝国武装力量的重要组成部分,他们必须随时准备好按照桑贾克贝伊的要求,征调一定数量的士兵,并武装起来参战。无法做到这点的西帕希骑兵会被剥夺封地。与西方不同,这种封地制度并不是世袭的。在一个西帕希骑兵死后,他的儿子只能得到一小部分封地,他需要凭借自己在战场上的表现来赢得更多的封地。

在奥斯曼帝国的版图上,大部分的农业用地都属于国家,直接处于中央政府的掌控之下,没有私人产权。穆罕默德把基督教领主和修道院占有的大片土地都变成了蒂玛尔。接着,他又把一些私有的或是集体所有的土地占用为"皇室土地"。其中的一些土地被他作为封地赏赐给了他的维齐尔们和其他官员,这些赏赐同样在世袭方面受到类似的限制。大部分的土地则被他当作赏赐给士兵的封地,以借此来增加骑兵的数量。

蒂玛尔制度的诞生,是为了在中世纪的经济基础上供养一支庞大的帝国军队。这一已经十分庞大并且仍在不断扩张的制度体系逐渐成了帝国行政体系的主体,这个体系的目标就是利用一切财政、社会和农业政策来满足帝国的军事需求。这一体系造就了一种"碎片化的所有权",国家、西帕希骑兵和农民分别享受并承担土地带来的一部分权利和义务。国家拥有土地;西帕希骑兵得到国家的授权,可以从农民身上获得一定数额的收入,以此来回馈他和他的手下提供的军事服务;被称作"拉亚"的农民则负责耕种土地,拥有土地的使用权,在支付了税金和付出了劳动之后,可以用土地上的物产来养活家人。在农民去世时,他的土地可以传给儿子。就这样,在穆罕默德苏丹的统治下,帝国建立起了一个完善、协调而又得到了严格监管的封建组织;在这个组织中,劳动阶层和军事阶层彼此联系,相互受益。

这些拥有蒂玛尔的西帕希骑兵和他们所属的骑手,使用传统的中世纪武器,例如弓、剑、盾牌、长矛和钉头锤。到穆罕默德统治的末期,他们的总数达到4万多人,构成了奥斯曼军队的主要部分。他们与苏丹本人的皇宫卫队——宫门西帕希并不是一回事。像奥斯曼一世的时代一样,在战争期间,苏丹会从民间征召非正规的阿金基骑兵来辅助西帕希骑兵作战。阿金基骑兵主要依靠在新征服的土地上进行劫掠为生。此外,苏丹还会征召奥尔汗时代引入的民兵部队——阿扎布步兵。

不过,奥斯曼军队的主力军仍然是近卫军。这些奴隶身份的步兵没有土地,出身于基督徒家庭,其总数在穆罕默德的时代增加到了1万人。他们的待遇获得了提高,配备的武器也更为现代化。在当时的东方世界,军队的核心往往是骑兵,而奥斯曼军队的核心却别具一格地由近卫军步兵组成。在西方，土耳其人也没有遇到过可以与近卫军相匹敌的敌人。在首都，近卫军只是普通的守备部队，由他们的阿迦统率，驻扎在皇宫里。在外征战时，只有近卫军会被派去驻防刚刚攻克的城池，除了守城之外还要负责维护城市附近的治安。近卫军不受任何地方政府的管辖，直接听命于苏丹，苏丹也亲自为他们委派指挥官。因此，在帝国的版图上，近卫军可以为中央政府征服地方上可能的反对势力。从奥尔汗苏丹的时代开始，在强有力的苏丹在位时，近卫军就是皇室忠诚的仆人，用来遏制中世纪欧洲常见的独立封建贵族势力的增长。

穆罕默德消灭了旧的统治阶层，并用他私人的奴隶出任高官取代他们，这样整个奥斯曼帝国里决定荣辱的就只有官阶了。如此一来，人们也获得了自由晋升的机遇。在这个充满弹性的社会中，一个仆人可能会在日后超过他的主人，一个下级也可能超过他的上级；一个匠人可能会成为大维齐尔，而一个大维齐尔也可能会跌落到匠人的地位。这种地位的下降成了众人认可的个人风险，不会因此导致某个阶层的损失。与西方基督教世界不同，在这个伊斯兰帝国的社会和行政体系中，苏丹的青睐和个人的才干成了决定性的因素。在这个时期的奥斯曼帝国，与生俱来的特权大体上是不存在的。在法律和其他奥斯曼人的面前，拥有绝对君权的苏丹之下的任何人都是平等的。在这个唯贤是举的国家里，人们必须凭借自己的本领去换取特权。

国家的收入首先来自被征服的非穆斯林（拉亚）支付的人头税。农民中的大多数和大量的城市人口都是非穆斯林，尤其是在欧洲地区。身为穆斯林的土耳其人和皈依了伊斯兰教的前异教徒无须支付人头税，但在其所在地区发生战争时，他们需要根据财产多寡缴纳什一税。什一税涵盖的财产种类包括牲畜、谷物和蜂巢。在战争过程中，在沿海及靠近主要道路或森林的具有战略性的地区，其居民需要承担劳役来协助军队作战；作为回报，不论是不是拉亚，他们都可以获得免税的待遇。其他的收入还包括由瓦拉几亚、摩尔达维亚和拉古萨共和国等国家支付的岁贡。

不过，帝国最主要的收入来源是各种国家机构和事业收入——关税、港务费、过路费、摆渡费、称重费以及对盐、肥皂和蜡等商品的垄断收益。国家经常会把这些产品和包括银、铜、铅矿在内的其他产品及自然资源的销售权转让给特许经营商。政府和特许经营商双双从中获益，但这种做法有时也会带来一些社会和财政方面的弊端，并导致对生产资源的过分压榨。当苏丹需要增加收入以维持其庞大的军备时（他需要让军队常年保持战备状态），他还会铸造新钱，同时以一定的折旧率回收旧钱，以此来实现周期性的货币贬值。这种做法实际上等于对人们手中的银币征了一次税，因而引发了人们的不满。而且，苏丹还会派遣一些被称为"觅银者"的官员去搜查人们的房屋，没收藏起来的钱币。

不过，从长期来看，穆罕默德还是设法通过促进商业和经济的发展来持续增加国家收入，并以此来为他的战事提供资金。为了终结西欧人在黎凡特地区（Levant）[1]的政治特权，前代的苏丹取消了从拜占庭帝国晚期开始实行的对西欧人的海关免税制度，改为向他

---

1 黎凡特是一个模糊的地理名称，此处可能取其广义，指整个地中海东岸地区。

们征收相当于贩运货物价值 10% 的关税。到了穆罕默德的时代，税率翻了一倍，因此引发了西欧商人的强烈不满。然而，在穆罕默德征服君士坦丁堡之后，由于苏丹治下领土的政治稳定性更强，相隔甚远的地区之间的交通往来也变得更安全，贸易活动反而有增无减。越来越紧密和普遍的经济融合增进了经济繁荣。不过，在奥斯曼帝国的版图内，其他非穆斯林族群，特别是希腊人、亚美尼亚人和犹太人，逐渐取代了意大利商人的地位。

取得快速发展的不仅仅是伊斯坦布尔，诸如布尔萨、阿德里安堡和加里波利港等城市也从贸易增长中获益匪浅。安纳托利亚西部的棉花业、安哥拉附近的山羊毛行业以及伊斯坦布尔和布尔萨的丝绸业蓬勃发展，成了西方市场的出口中心。特别是位于自波斯而来的大篷车丝绸之路末端的布尔萨，已经成了一座世界性的商品集散地，其中包括从印度和阿拉伯经大马士革运来的香料。这些货物有两种运输途径：其一是走以往穿越安纳托利亚的陆路，一路经过阿达纳（Adana）和科尼亚；其二是走海运，从埃及和叙利亚的港口运往安塔利亚（Adalia）和阿拉尼亚（Alanya），再由那里将安纳托利亚出产的铁矿石和其他货物出口到埃及去。在反方向的商路上，布尔萨同时也成了欧洲羊毛制品出口东方的中心。

精力充沛的征服者穆罕默德一心想要尽可能地开发国家的资源，于是在来自西方的顾问的建议下，他把大量的精力都花在了贸易和财政事务上。从即位伊始，穆罕默德就专注于行政体系，特别是财政部门的重组。通过改革，他确立了高效而有序的税收制度。在这样的实际事务方面，穆罕默德要胜过他的父亲。而在知识层面上，他也要感谢他的父亲。虽然起步有一点晚，但是穆罕默德还是接受了第一流的教育。他熟练地掌握了六种语言——土耳其语、希腊语、阿拉伯语、拉丁语、波斯语和希伯来语，并且在多名教师的帮助下精通伊斯兰文学、希腊文学和哲学，还略懂一些科学知识。

像对东方文化一样，穆罕默德对西方文化也充满了崇敬之情。在征服君士坦丁堡之后，他把数量众多的意大利人请到了他的宫廷里，其中包括使用拉丁文的人文主义学者和各知识领域的专家。诚然，此举部分是出于政治目的，因为他需要了解他想要征服的世界，懂得西方，特别是亚平宁半岛的历史、地理、政府体系、宗教信仰、内部矛盾、外交伎俩、武装力量和军事战略。同时，他也要靠这些顾问就贸易和财政政策给出意见。在学者的帮助下，他为大萨拉基里奥宫的图书馆收集了一些供其进行研究的古典时代手稿，以及一些关于基督教的希腊文著作（为了方便苏丹阅读，它们被翻译成了土耳其文）。

后来，一直对伊斯兰教有关禁止描绘人像的禁令置之不理的穆罕默德又开始赞助西方绘画和雕刻艺术，一些意大利艺术家也造访了他的宫廷。其中最有名的是威尼斯人詹蒂莱·贝利尼（Gentile Bellini）。苏丹向威尼斯总督提出要求，让他派个"好画家"来。于是，贝利尼就在1479年来到了伊斯坦布尔，并在这里待了15个月，得到了格外的优待。他为苏丹和宫廷里的其他要人画了肖像。据说，贝利尼有一次向苏丹展示了一幅描绘施洗者约翰被斩首的画。苏丹凝视良久，然后告诉画家，根据他的个人经验，斩首后的颈部应该比画家画得短一些、窄一些。贝利尼用壁画和其他画作为大萨拉基里奥宫做了内部装饰。在穆罕默德死后，他的儿子巴耶济德二世反对偶像崇拜，于是将这些"不合时宜"的作品都拿到公开市场上卖掉了。大部分的画作都消失了，但是苏丹的肖像保存了下来。它被一位威尼斯商人买下，之后又辗转几个世纪，最终进入了伦敦国家肖像馆。除了向威尼斯要求出色的画家之外，穆罕默德还要了一名优秀的青铜雕塑家。究竟是哪位雕塑家得到了指派，目前还没有定论，不过费拉拉的克斯坦佐（Costanzo of Ferrara）肯定造访过苏丹的宫廷，并为苏丹铸造了一枚画像章。

不过，征服者穆罕默德并不是一位热衷文艺复兴运动的贵族，而是一名沉浸在伊斯兰传统中的中世纪君主。作为一名圣战士，他期望能够利用伊斯兰传统在这个曾经的东正教帝国的版图里维持奥斯曼治下的和平。在文化上，他对东方文化的热衷超过了西方文化，尤其醉心于波斯文化。他对波斯的伊斯兰教派什叶派及其托钵僧兄弟会组织十分感兴趣。不过，在实际操作层面，他无法调和这一"异端学说"与逊尼派教义之间的矛盾。毕竟，在奥斯曼土耳其这个信奉正统的伊斯兰教义的国度，有这样一句谚语："谁阅读波斯人的文字，谁就失去了他一半的信仰。"

然而，穆罕默德还是会阅读波斯人的著作，并且表现出对波斯人的特别垂青。他对波斯人的喜爱首先体现在知识分子身上，继而又在行政领域表现出来，因而引起了土耳其人的妒意。受到穆罕默德的赞助而在奥斯曼帝国生活、写作的波斯人的数量之多，可谓空前绝后。除了一些法学家之外，他们中的大部分都是诗人，而奥斯曼诗人也把波斯诗作——特别是菲尔多西（Firdausi）的史诗和哈菲兹（Hafiz）的抒情诗——作为他们的榜样，并将其改写重构，变成土耳其语的诗作。穆罕默德本人用土耳其语写了80多首诗，质量都不高，不过还是因此被人称作"诗人苏丹"。他每个月为诗人和其他文学家发生活费，以此来鼓励文学发展。与此同时，他还想方设法为他以前的导师们——都是知识分子或有其他才能的人——提供生计，他非常乐于让饱学之士和神学家在他的宫廷里陪伴左右。

不过，在这样的环境下，科学的发展却相对缓慢。穆罕默德本人对天文学很感兴趣，但只把它作为占星术的背景知识。在做任何重要决定之前，尤其是在军事方面，他都会询问他喜爱的占星者的意见。为了等待行星进入精确的位置，他的行动不仅会精确到具体日期，还会精确到具体的小时。土耳其人的医学仍然没有什么发展，苏丹本人的医疗顾问大部分是来自意大利的犹太人。其中最显赫的当属雅各布·德加埃特（Jacopo de Gaete），他后来成了一名维齐尔，人称雅各布帕夏（Yakub Pasha）。在30年的时间里，他一直都是苏丹宫廷里的红人，不仅在医疗事务上有发言权，在财务方面也很有影响力，苏丹每次出征时他也都跟在苏丹身边。威尼斯人一直想要刺杀穆罕默德，在20多年的时间里至少14次试图对苏丹下毒。他们想得到雅各布的协助，但是没有能够成功。

穆罕默德的健康状况并不好。在30岁出头的时候，他第一次出现了健康问题。他开始变得特别肥胖，并且得了遗传性的急性关节炎，这让他在战争期间骑马的时候感到异常痛苦。他沉湎于肉体的快乐，暴饮——在这方面他不是个好的穆斯林——暴食，因而日益发福。他还经常被急性的痛风和腹绞痛折磨，有时完全无法离开自己的宫殿，这种情形的持续时间也变得越来越长。近几代的奥斯曼统治者的平均寿命明显变短了。在过去的一个半世纪中，只有一位统治者活过了50岁。1479年，还不到50岁的穆罕默德在腿上长了一个肿瘤，而医生们束手无策。到了第二年年底贝利尼为他画肖像时，他明显已经病入膏肓。

1481年春天，他随大军渡海来到了亚洲，开始向南方进军。按照惯例，行军的目的地是个秘密。他可能打算亲自率军再一次攻打罗得岛，或是有意夺取埃及马木留克苏丹的领地。然而，就在行军路上，他患了严重的结肠炎，加重了他的痛风和关节炎。他的波斯私人医生给他开了药方，但并不见效。他的敌人宣称，这名医生按照苏丹的儿子巴耶济德的指示给他服用了过量的鸦片。当雅各布帕夏终于赶到主人床榻旁时，他宣称之前的药方起到了致命的效果：苏丹的肠道已经阻塞，他也回天乏术。1481年5月4日，征服者穆罕默德在下午祈祷时分去世，终年49岁。

"雄鹰已死。"信使把这样的消息带到了威尼斯共和国。西方世界终于再次获得了喘息的机会，不需要害怕东方的威胁了——在接下来的40年中的确如此。实际上，苏丹穆罕默德二世用了一代人的时间南征北战，并没有大规模地扩展帝国的疆土。他在贝尔格莱德、罗得岛和奥特朗托都遭遇了失败。不过，就像他宣称的那样，他已经成了两海两洲的主人。作为一名征服者，他终于完成了一个伟大的伊斯兰帝国的奠基；作为一名政治家，他在这个伊斯兰国家内部创造了崭新而持久的国家架构，他确立的体制、传统和政策足以让这个帝国继承古罗马文明和基督教希腊文明的衣钵，并且在实际上成为东正教文明的狂热保护者。凭借这样伟大的成就，他在历史的长河中不愧为中世纪的一代英主。

第三部分

帝国之巅

第十一章

16世纪，奥斯曼帝国迎来了历史上最伟大的苏丹——苏莱曼一世。在世界范围内，他被称作苏莱曼大帝；而他的臣民则称他为立法者苏莱曼。作为穆罕默德二世的曾孙，苏莱曼一世将超越征服者本人的成就，在开疆拓土的同时将奥斯曼帝国推向权力与声望的顶峰。不过，在穆罕默德二世刚刚去世之后，奥斯曼家族手足相残的固有做法演变成了长期的内讧。争斗的双方都是穆罕默德的儿子，一位是巴耶济德二世，一位是他的弟弟杰姆皇子（Prince Jem）。

巴耶济德苏丹与其父截然不同，是一位爱好和平、乐于沉思的学者。他潜心信仰，生活朴素，为人包容，对征伐不感兴趣，被同时代的作家称作"正义者"。他是第一位始终不曾亲自率军出征的奥斯曼帝国苏丹。比他年轻12岁的杰姆则是一个充满浪漫色彩的行动派，精力充沛而十分勇敢，很懂得享受生活的乐趣。他热衷艺术，身边有许多诗人，自己也是一位天才的诗人。"在他的手中，"他的传记作者写道，"贾姆希德的酒杯（the Cup of Jamshid）[1]取代了所罗门的印戒（Seal of Solomon），吟游诗人的歌声替代了胜利的鼓声。"

---

[1] 波斯神话中用来预见未来的酒杯，经常出现在波斯诗歌和故事中。

刚刚得知征服者穆罕默德去世的消息,杰姆就立刻武装起来,宣布继承苏丹之位;而他的父亲在生前也的确倾向于让杰姆继位。但是,奥斯曼帝国的君主继承权越来越取决于近卫军的决定,而近卫军更青睐巴耶济德,认为他更能代表加齐传统。在部分官员和民众的支持下,近卫军曾经强烈反对征服者穆罕默德手下最后一位大维齐尔卡拉曼勒·穆罕默德帕夏(Karamanli Mehmed Pasha)和他的政策。而作为卡拉曼尼亚的总督,官邸位于科尼亚的杰姆曾经支持这位大维齐尔。巴耶济德在阿马西亚出任总督,从这里出发到伊斯坦布尔的距离是从科尼亚到伊斯坦布尔的距离的两倍。然而,在反对派的支持下,巴耶济德却率先抵达了首都。在这里,他不可避免地向近卫军许诺了礼物和更加优厚的待遇,从而确保了他能够成功继位。

近卫军预见到了巴耶济德的到来,牢牢地控制住了首都。他们与宫廷里的一些官员合谋,暗杀了大维齐尔,并把他的头颅插在长矛上游街。接着,他们截获了大维齐尔向杰姆派出的密使,将他处以穿刺之刑。同时,巴耶济德废除了其父不受欢迎的货币贬值政策,并将被其父剥夺并化为封地的一些私人土地归还了原来的主人和宗教慈善组织。总体来看,巴耶济德倾向于废除其父的政策,而回归其祖父穆拉德二世的政策。

然而,杰姆是一个不肯屈服的斗士。他发动了叛乱,并在卡拉曼尼亚的一支军队和托鲁斯山区的土库曼部落的支持下,夺取了布尔萨。他在这里自称苏丹,铸造钱币,命令公开祈祷时要诵念他的名字。他的统治持续了18天。他向他的兄长提议将帝国一分为二,由巴耶济德统治欧洲部分,他自己统治亚洲部分。巴耶济德则派遣先皇的大将、近卫军的英雄盖迪克·艾哈迈德帕夏率军讨伐杰姆。为此,盖迪克·艾哈迈德帕夏放弃了再次从阿尔巴尼亚攻打意大利的计划。

他连续两次击败了杰姆,但是都未能将他擒获。杰姆先是流亡到了马木留克王朝的地盘上,一路经过阿勒颇、大马士革和耶路撒冷抵达了开罗,并在这里得到了埃及马木留克王朝苏丹凯特贝伊(Kait Bey)的款待和保护。接着,杰姆又从那里动身去圣地麦加和麦地那朝圣,然后在他的保护者的支持下回到了安纳托利亚,再次把卡拉曼尼亚的支持者召集在了身边。但是,还没有到达安哥拉,他的军队就抛弃了他,于是他只好逃到了奇里乞亚。

此时,巴耶济德摆出和解的姿态,提出只要杰姆愿意和平地归隐到耶路撒冷,他就可以把杰姆曾经主政的卡拉曼尼亚的税收都交给杰姆。他坚称:"帝国是一个不能与人分享的新娘。"然而,此时的杰姆情愿到罗得岛去,寻求耶路撒冷圣约翰骑士团——医院骑士团的保护。医院骑士团的大团长德·欧比松给了杰姆帝王般的礼遇。不久,巴耶济德与医院骑士团达成了协议,只要他们把他的弟弟置于监管之下,他同意每年向他们支付4.5万枚金币的津贴。

尽管杰姆一开始没有完全意识到这一点,但骑士团对他的关心主要是出于政治考量。他实际上成了一名人质,可以帮助基督教世界对抗奥斯曼的入侵。他先是在法国居住,后来又去了罗马的梵蒂冈。接待他的主人们实际上是他的看守,他们随时可能对他加以利用,在合适的时候用这位"土耳其人的兄弟"来对付他们共同的可怕敌人。在互相争斗不休的基督教王公手中,他成了一枚外交棋子。最后,他死在了那不勒斯。他可能是被毒死的。一般认为,波吉亚家族的教皇[1]和杰姆的兄长巴耶济德苏丹联手害死了杰姆；这种说法也有证据支持。教皇杀害杰姆的目的是让法兰克人的国王陷入被动的境地[2]，而巴耶济德可以用允许兄弟相残的法律来为自己的罪行开脱。

不论在杰姆死前还是死后，巴耶济德都倾向于使用和平的手段解决问题，但他还是不可避免地卷入了欧洲的外交旋涡之中。此时的欧洲国家已经惯于狐假虎威地利用奥斯曼的威胁在意大利相互博弈。奥斯曼帝国已经不仅仅是一个陆上强国，其在地中海的影响力也不容忽视。巴耶济德决心终结一切十字军远征，于是沿着他父亲的足迹继续扩充奥斯曼舰队。他通过大张旗鼓的造舰计划取得了地中海的海上霸权，并把这股力量用在了新的针对威尼斯人的战争中。他的大军海陆并进，先后夺取了希腊的勒班陀（Lepanto）、莫登（Modon）[3]、科伦（Coron）[4]和纳瓦里诺（Navarino）。他还向米兰和那不勒斯提供支持，希望那里的君主可以将奥特朗托割让给他。不过，他并没有尝试渡过亚得里亚海，因为威尼斯可能会获得法国、西班牙和葡萄牙的海军支持。

1503年，苏丹与威尼斯人及其盟友签订了和约，大体上确认了现状。这场战争削弱了威尼斯人的海上力量，从此奥斯曼海军不仅可以活跃在地中海东岸，还可以在地中海的西部海岸发动袭击。他们被称作"海上的加齐"，受到了西班牙和北非穆斯林的欢迎。与此

---

[1] 指教宗亚历山大六世，他出身于波吉亚家族。
[2] 此处的法兰克人的国王，应该指的是法国国王查理八世。1495年年初，就在杰姆死前几天，查理八世刚刚率领法国军队从那不勒斯国王阿方索二世手中夺取了那不勒斯。
[3] 希腊人称迈索尼（Methoni）。
[4] 希腊人称科罗尼（Koroni）。

同时，巴耶济德大张旗鼓地推动帝国在贸易和经济方面的扩张，使其在与意大利各城邦商人的贸易活动中获益匪浅。由于西班牙在15世纪末期驱逐犹太人，又有大量的犹太人移居到了巴耶济德的版图之中。

与此同时，奥斯曼人还要在亚洲对付土库曼游牧部落。这些骚动不安的游牧民长久以来一直在安纳托利亚的边缘地区徜徉，现在又受到了叙利亚和波斯一带政权的影响，时常起兵反叛中央政府。为了争夺这些土库曼游牧部落的控制权，奥斯曼人与叙利亚的马木留克苏丹打了六年的仗。最终，奥斯曼人割让了部分边境领土给马木留克王朝，才获得了和平。

随着帝国的扩张，奥斯曼人建立了中央集权的政府。奥斯曼人的政府试图控制土库曼人，对他们征税，限制他们早先的部落自治权，并且禁止他们劫掠骚扰定居的农民。这些举措都引发了土库曼人的不满。他们头戴红帽，因此被称作"奇兹尔巴什"（Kizil Bash），即"红头"的意思。他们信仰异端教派[1]，并且在波斯的边境地区受到当地新的统治者伊斯玛仪（Ismail）的鼓励及其在宗教和政治方面的领导。1502年，伊斯玛仪自称波斯沙阿。伊斯玛仪继承了乌尊·哈桑的野心以及白羊王朝与部落武装紧密联系的传统。像乌尊·哈桑一样，伊斯玛仪也试图与威尼斯结盟，同时自己亲自领兵突袭奥斯曼帝国。与此同时，奇兹尔巴什叛军也打着伊斯玛仪的旗号深入国境，一直打到布尔萨城下。在那里，巴耶济德的

---

[1] 指不同于奥斯曼帝国主流教派逊尼派的什叶派。

大维齐尔阿里帕夏在战斗中阵亡。伊斯玛仪自称是先知穆罕默德的女婿阿里的直系后裔，宣扬什叶派的教义。伊斯兰教中的什叶派认为，只有阿里拥有继承哈里发大位的合法性。由于什叶派教义的神秘性和直观性，格外受波斯人的青睐，因而什叶派成了波斯的官方宗教。与什叶派相对立的是支持倭马亚家族（Umayyad）的哈里发继承权的逊尼派。作为伊斯兰世界最主流的教派，逊尼派后来被视为"正统"。

被称作"大苏菲"（Great Sufi）的伊斯玛仪凭借他的什叶派信仰在安纳托利亚的东部和南部赢得了广泛的支持。巴耶济德本人也有一些神秘主义倾向，也曾倾心于苏菲主义（Sufism）的哲学信条。但是，如果一名外国君主利用苏菲主义在自己的国境内煽动叛乱，巴耶济德就必须要反对它。奥斯曼帝国出动军队反对伊斯玛仪，但并没有能够与他直接交战。在奥斯曼王朝的内部，伊斯玛仪的出现制造了具有宗教色彩的新冲突。巴耶济德苏丹此时有三个儿子，都在行省当总督。其中最年轻的塞利姆最有活力也最好战，与他的父亲形成了鲜明的对比，却与他的祖父征服者穆罕默德十分相近。而巴耶济德本人则偏爱更具行政天赋的次子艾哈迈德。

塞利姆清楚巴耶济德健康状况不佳，于是为了确保自己能够顺利继位，他十分轻率地动身去了伊斯坦布尔，试图获得近卫军的支持。巴耶济德在军事上并不积极，近卫军无法获得丰厚的战利品，因此对巴耶济德心怀不满。不过，至少在现在，巴耶济德还有能力阻挠塞利姆，并且在手下官员的支持下继续巩固艾哈迈德的地位。于是，塞利姆逃到了克里米亚，他的儿子苏莱曼——也就是未来的苏莱曼大帝——正在那里做总督。塞利姆在这里动员了一支军队，绕过黑海北岸夺取了阿德里安堡。与此同时，身在安纳托利亚的艾哈迈德却对异端教派着了迷，头上戴起了奇兹尔巴什的红帽子，并且纠集了一支部队夺取了布尔萨。这样一来，他就失去了父亲的支持。塞利姆取得了近卫军的支持，率军来到了伊斯坦布尔。巴耶济德同意退位，将苏丹宝座让给塞利姆。在把权杖交给塞利姆之后，退位的苏丹请求回到他在德莫迪卡的出生地养老。不过，巴耶济德最终死在了半路上——有可能是在他儿子的授意下被人毒死的。

就这样，后来被人称作"冷酷的塞利姆"（塞利姆·亚武兹，"Selim Yavuz"）的塞利姆一世开始了他的统治。他登基后的第一个行动就是命人用弓弦勒死了他的两个兄长。他还扩大了手足相残的范围，绞杀了五个侄子，其中最小的只有 5 岁。行刑之时，他就在旁边的房间里亲耳听着他们的哭喊。在通过如此激烈的行为确保了国内的稳定之后，他暂时离开了欧洲，派兵向东进入亚洲。

对宗教十分虔诚、甚至时而充满狂热的新苏丹决心从他的帝国里彻底清除什叶派异端。他的主要敌人就是什叶派的支持者——波斯沙阿伊斯玛仪。在对伊斯玛仪发动圣战之前，塞利姆先在安纳托利亚消灭了大约 4 万名伊斯玛仪的宗教追随者，此举堪比同时代在欧洲的基督教世界发生的圣巴托罗缪大屠杀（Massacre of St. Bartholomew）[1]。由于对伊斯兰教正统派别的捍卫，塞利姆获得了"公正"的称号。

塞利姆宣称，他即将发动的战事是加齐对异端的战争。他给沙阿写了一系列粗鲁而具有挑衅意味的长信，但伊斯玛仪并不上钩，

---

[1] 圣巴托罗缪大屠杀是 1572 年在法国发生的天主教徒对新教徒的大屠杀。

反而提出两国应当和平相处。当塞利姆率军进攻的时候，伊斯玛仪就撤回他的边境后方，并且奉行焦土政策。不过，伊斯玛仪最终还是被迫在查尔迪兰（Chalderan）山谷与塞利姆交战。塞利姆获得了战役的胜利，占领了大不里士（Tabriz）[1]。他屠杀了大部分战俘，但是把几千名工匠送到了以手工业闻名天下的伊斯坦布尔，让他们到那里去谋生，丰富奥斯曼帝国的建筑风格。在接下来的一系列战役中，他又占领了多座城市和大片领土，最终吞并了安纳托利亚东部的高原。这样一来，奥斯曼帝国就获得了一个可以抵御东方侵略的具有战略意义的天然堡垒，从而在根本上改变了亚洲的权力平衡。

丝绸是波斯向西方出口的主要商品，为波斯提供了大部分的金银收入。因此，为了在经济上打击波斯，塞利姆禁止了丝绸贸易，还把布尔萨的波斯丝绸商人流放到了巴尔干地区。出于类似的经济战目的，塞利姆后来还曾试图阻挠马木留克王朝从高加索地区贩卖切尔克斯奴隶的贸易。

在取得对波斯的胜利之后，塞利姆于1516年把矛头指向了马木留克王朝。在此之前，马木留克王朝依靠奥斯曼人的支持，一面应对着咄咄逼人的伊斯玛仪，一面在海上应付着新威胁。由于瓦斯科·达伽马（Vasco da Gama）在非洲和印度的航行，葡萄牙人现在出现在了马木留克王朝的背后。为了应对葡萄牙人的威胁，马木留克王朝需要从奥斯曼人那里获取木材和制造舰船的其他材料，以及火药和武器。

---

[1] 位于今伊朗的西北部。

但是，鉴于塞利姆的军队已经侵入了叙利亚的边境地区，年事已高的马木留克苏丹高里（Al Ghawri）也不能再保持中立了。于是，他开始从埃及向北进军。塞利姆率军直逼阿勒颇，在阿勒颇城下击溃了马木留克苏丹的部队，高里苏丹本人也在战场上因中风发作而死。接着，塞利姆又率军占领了大马士革、贝鲁特和巴勒斯坦的加沙（Gaza）。他在这里朝圣了几位先知的墓地和耶路撒冷的亚伯拉罕巨石。

塞利姆给这些被征服的城市委任了总督。他们只把黎巴嫩的王公们当作名义上的附庸，对基督徒和犹太人十分宽容，并且为前往耶路撒冷的朝圣者减免税费。比起对待穆斯林其他教派的信徒，塞利姆对基督徒更为宽容。

苏丹在埃及的边境停了下来。他在马木留克苏丹的败军中找到了正统的阿拔斯王朝哈里发穆塔瓦基勒（Al-Mutawakkil）[1]。苏丹对穆塔瓦基勒表示敬重，但也充满警惕。他写信给高里在开罗的继任者图曼贝伊（Tuman Bey），告诉他哈里发和他的法官们已经向自己宣誓效忠，因此自己已经成为马木留克王朝所有领地上的合法苏丹。不过，他愿意让马木留克的统治者在开罗继续执政，但是需要作为附庸向伊斯坦布尔进贡。

图曼贝伊拒绝投降，并且公然自封为马木留克苏丹。于是，塞利姆率军进发，穿过了西奈沙漠。初战告捷之后，他派哈里发率军进入开罗，许诺将善待埃及人民，帮助他们脱离苦海。他希望可以借此安抚民众。第二天，人们就已经开始在星期五祈祷词中诵念塞

---

1 在阿拔斯王朝于1258年被蒙古人消灭后，阿拔斯王朝的哈里发在埃及复位，但只是马木留克王朝名义上的统治者而已。

利姆的名字。这标志着马木留克王朝统治的终结。战斗在开罗及其周边的地区进行了几天。最终，图曼贝伊在金字塔附近的一场战斗中被击败，他本人在开罗城门上被绞死——利用城门实施绞刑是当地的传统。

塞利姆在埃及待了六个月左右，筹划埃及作为纳贡的附庸国的未来。1517年秋天，塞利姆留下来一位总督，随后率军返回了伊斯坦布尔。在此之前，哈里发已经先踏上了前往伊斯坦布尔的旅程，他将被塞利姆留在自己的宫廷中。在人们看来，哈里发的大位实际上已经落到了奥斯曼帝国苏丹的手中。更看得见摸得着的是，先知穆罕默德的旗帜和长袍也被送到了伊斯坦布尔。谁拥有了这些圣物，谁就等于成了麦加、麦地那两圣地以及汉志（Hejaz）的朝觐之路乃至整个伊斯兰教的保护者。这样一来，塞利姆就可以像以前的马木留克王朝的苏丹一样，自称为伊斯兰世界的首领。由于他已经成了伊斯兰世界最有权势的君主，从理论上讲，伊斯兰世界所有的统治者都成了他的臣属。

大概两年之后，在前往阿德里安堡的路上，塞利姆在一个村庄里痛苦地死于癌症。在临死之前，他说自己除了往生之旅，已别无旅程可走了。塞利姆是个大块头，外表凶狠，性格暴戾，目光如炬，焦躁易怒，漠视人命。有许多关于他的冲动和残忍的故事。据说，在塞利姆刚刚向近卫军承诺了更优厚的待遇之后，一名行省总督就迫不及待地也要求提高自己的俸禄，结果苏丹亲自拔剑杀死了他——这成了他作为苏丹最早的公开举动之一。如果有人胆敢反对他的意见，或是因为别的什么原因触怒了他，塞利姆随时可能命令将这样的人当场处死，而在场的其他人都沉默不敢言。

因此，塞利姆手下的大维齐尔的生命和职业生涯往往都不会太长。在他的命令下，七位大维齐尔身首异处，还有许多官员和将军也遭遇了相同的命运。在土耳其人的语境中，"愿你成为塞利姆的维齐尔"成了等同于"去死吧你！"的咒骂。为了有备无患，维齐尔们被苏丹召唤时，身上都会带着遗嘱。有一次，一位维齐尔斗胆跟他的主人开玩笑，问他打算什么时候取自己的性命，自己好提前做一些准备。塞利姆大笑，说："我也一直想杀你，只是暂时没有合适的人选顶替你；不然的话我早就让你遂愿了。"

尽管有这样的风险，人们仍然愿意做高官，毕竟高风险带来的是高回报。除此之外，在塞利姆的宫廷里和在他身边做事，经常可以看到一些大事发生，十分激动人心，常常给人带来令人忘乎所以的全身心的愉悦。他虽然很残酷，但残酷正是那个时代的基调；而塞利姆的残暴是一种热烈的残暴，这与他的祖父征服者穆罕默德那种基于冷酷算计的残暴形成了鲜明的对比。尽管有诸多的野蛮行径，塞利姆却又是一个热衷文化的人。他倾心于文学，又有诗人的天赋。他曾用波斯语写过一本诗集，还慷慨地资助有学识的人。出征的时候，他会把吟游诗人和历史学家带在身边，让他们记录发生的事情，吟诵奥斯曼人的英雄事迹。

他最重要的身份是一名伟大的战士。在他的祖父和先祖对基督教欧洲的征服之后，他又在帝国的另一侧征服了信仰伊斯兰教的亚洲地区。在不到十年的时间里，他把奥斯曼帝国的疆域扩大了一倍。到他去世的时候，帝国的疆界已经从多瑙河的沿岸延伸到了尼罗河的沿岸，从亚得里亚海的海岸扩展到了印度洋的海岸。现在，这个已然深入两大洲的帝国，就交到了他的儿子苏莱曼的手中。

第十二章

1520年，苏莱曼登基成为奥斯曼帝国的苏丹，此时也恰逢欧洲文明的历史转折点。封建制度奄奄一息，中世纪晚期的黑暗正逐渐被文艺复兴的璀璨光芒所取代。在拥有杰出个人能力的年轻君主的带领下，更加成熟而文明的国家正在崛起。16世纪属于查理五世（Charles V）和哈布斯堡王朝[1]、弗朗索瓦一世（Francis I）和法国的瓦卢瓦王朝（Valois）、亨利八世和英格兰的都铎王朝。现在，这三位强大的君主又有了一位可以与他们匹敌的同侪——被誉为"所罗门第二"[2]的26岁的苏莱曼苏丹。

在西方世界，苏莱曼将成为基督教世界权力制衡中的重要一环；在东方的伊斯兰世界，他将获得巨大的荣耀。在穆斯林的眼中，"十"是个得到祝福的数字：人有十根手指、十根脚趾和十种感官，《古兰经》分为十个部分，《五书》（Pentateuch）[3]中有十诫，先知穆罕默德有十个门徒，伊斯兰教的天堂里有十重天，由十位天使守护其中。而苏莱曼正好是奥斯曼帝国的第十位苏丹，他的统治又开始

---

1 此处指由哈布斯堡家族把持皇位的神圣罗马帝国。
2 所罗门王是大卫王的儿子，是古代以色列王国的君主，其事迹见于《希伯来语圣经》和基督教的《圣经旧约全书》；他在《古兰经》里被称作先知，其名字在阿拉伯语中即为"苏莱曼"。
3 即《摩西五经》，穆斯林也接受《摩西五经》的内容。

于伊斯兰教历（Hegira）[1]中第十个世纪的开端。东方世界传统上认为，每个世纪之初时都会崛起一位伟人，而苏莱曼就是这样一位伟人，他是"完美数字的完美之人"，是天堂来的天使。

由于君士坦丁堡的陷落和穆罕默德二世发动的后续征服战，西方国家不得不认真对待奥斯曼土耳其人的攻势。它们意识到，奥斯曼帝国的威胁不是暂时的，它们必须同时动用军事和外交两种手段来加以应对。对意大利的各个国家来说，奥斯曼人的潜在威胁和有关与奥斯曼人的秘密联盟的谣言成了十分有用的外交武器。在这个宗教狂热的时代，有很多人相信土耳其人的入侵将是对欧洲人罪孽的神圣审判。有些地方会每天敲响"土耳其钟"，提醒虔诚的人们到了忏悔和祈祷的时间。十字军的种种传说预言道，土耳其人将会一直打到圣城科隆（Cologne），但他们会在那里被一位基督徒皇帝——而不是教皇——击败，并且一直被赶到比耶路撒冷更遥远的地方。当查理五世成为神圣罗马帝国皇帝时，很多人声称他就是这位传说中的基督教世界的英雄。

由于一系列精心安排的联姻和恰逢其时的死亡事件，查理五世的帝国疆域从波罗的海一直延伸到地中海，覆盖了尼德兰、德意志、奥地利和西班牙。它还包括了那不勒斯王国、西西里王国以及位于墨西哥和秘鲁的据点。查理五世继承的奥地利领土与土耳其人的威胁只隔了一道阿尔卑斯山；而在苏莱曼的统治下，土耳其人的威胁将与日俱增。

尽管查理五世越来越清晰地感受到了土耳其人的威胁，他眼下

---

[1] 伊斯兰历也称为"希吉拉"，意为"出走"，以先知穆罕默德带领信众离开麦加的公元622年为元年。

却有一个更为直接的敌人：法国的弗朗索瓦一世。他正是在竞争中击败了弗朗索瓦一世，才当选为神圣罗马帝国皇帝的。就在苏莱曼刚刚登基不久，查理五世就与弗朗索瓦一世公然开战。查理五世的野心是把西方的基督教世界都统一在哈布斯堡家族的神圣罗马帝国之下，而法国是这一梦想的一大障碍。它隔开了查理五世在德意志和西班牙的领地，威胁到了对他的军事安全和贸易繁荣而言都至关重要的海上交通。此外，法国还打乱了他在意大利北部的安排。在这里，查理五世和弗朗索瓦一世一直就边界问题争吵不休。由于这些矛盾的存在，基督教世界的两大强权相互对立。这样一来，穆斯林就并不总是基督教国家共同的敌人，反而经常成为潜在的受到欢迎的盟友。

此时的弗朗索瓦一世发现了这个道理。尽管他曾经鼓吹由教皇组织针对土耳其人的十字军东征，弗朗索瓦一世很快就开始寻求土耳其人的支持。这是因为他们有着一个共同的敌人——哈布斯堡王朝。基于双方的政治利益，他秘密地促成了这个"亵渎神明的百合花与新月的同盟"。他一开始十分奸诈地企图不让基督教世界发现这一同盟。可是，尽管有中断和波折，这个同盟最终竟然延续了300多年。苏莱曼多次资助弗朗索瓦一世，曾在1533年为他提供了10万枚达克特金币的援助，帮助他联合英格兰和德意志贵族一同反对查理五世。两年之后，弗朗索瓦一世又要了100万枚达克特金币的资助。他曾经向威尼斯的使者坦承，他认为奥斯曼帝国是唯一能够让欧洲诸国在哈布斯堡王朝皇帝的威胁下存活下来的力量。

每当查理五世指责弗朗索瓦一世的亲穆斯林态度时，弗朗索瓦一世都会公开许诺加入十字军圣战，接着又通过他在伊斯坦布尔的特使为这一表态开脱。精明的苏丹接受了他的解释，因为他很清楚，法国人十分需要奥斯曼人的帮助，而他自己的外交政策也是围绕着这一基石展开的。于是，在16世纪，苏莱曼扮演了平衡欧洲局势的角色，而这一角色无论是在军事上还是在外交上，都提高了奥斯曼帝国的实力和威信。

为了适应其蒸蒸日上的国际地位，奥斯曼人发展出一套情报体系，使其可以随时了解西欧发生的大事和趋势。他们的主要消息来源是威尼斯人。尽管威尼斯人的权势在这个世纪里不断衰落，但他们仍然活跃在欧洲的各种事务之中，而且在苏丹的宫廷里还有一名常驻的代表。反过来，他们也向西方人报告苏莱曼的个性和所作所为。

有关这位新苏丹的早期记录，来自一位威尼斯使者巴多罗米欧·孔塔里尼（Bartholomeo Contarini）。他在苏莱曼登基后几星期写道：

> 他今年25岁，个子很高，瘦而结实，表情柔和。他的脖子有点太长，脸有点太瘦，还长了个鹰钩鼻子。他的唇上留着一点胡子，下巴上也有一撮小胡子。不过，他的相貌还是让人感到愉快，尽管肤色略有些苍白。据说，他是一位睿智的君主，热爱学习，所有人都期望他的统治会带来好日子。

苏莱曼曾在伊斯坦布尔的宫廷学校接受教育，青年时期大部分时间都在接触文明的生活方式和宫廷的日常事务。他也得到了伊斯坦布尔和埃迪尔内（Edirne，即阿德里安堡）人民的尊敬和喜爱。

他先后担任过三个行省的总督，因此对行政事务也很在行。就这样，他成长为一个既有开阔眼界又有实务才能的治国之才。他不仅是一名实干家，并且还十分优雅而有文化气息，无愧于他所处的文艺复兴时代。另外，他还有着虔诚的宗教信仰，这塑造了他善良而包容的性格，在他身上一点也找不到其父的那种狂热。最重要的是，他十分看重自己作为"虔信者的统领"（Commander of the Faithful）[1]的身份。像他的祖先一样，他也信守加齐传统，因此从他即位伊始，他就想要让基督徒领教自己的军事能力。他的父亲塞利姆主要在东方建功立业，而他想要征服西方。

在西方，苏莱曼的扩张眼界比他的祖先征服者穆罕默德还要广阔。对亚历山大大帝的故事着迷的苏莱曼像伊斯坎德（Iskander）[2]一样，想要建立一个一统东西方土地和人民的大帝国。为了建造一个可以与亚历山大帝国[3]比肩的世界帝国，他就必须让奥斯曼帝国的版图突破东欧的边缘地区，延伸到中欧的神圣罗马帝国的中心地带。

神圣罗马帝国皇帝查理五世咄咄逼人，想要成为"时代之主"，让奥斯曼君主在他面前黯然失色。而苏莱曼则决心在中欧地区对抗他，击败他，夺取他的土地。苏莱曼的战略是海陆并进。在陆地上，他的目标是充当哈布斯堡王朝中心领地屏障的匈牙利王国；在海上，他的目标是基督徒控制的岛屿以及西班牙和北非的海岸线。他最直接的目标正是征服者穆罕默德未能夺取的目标——贝尔格莱德城和罗得岛。

---

[1] 即 Amir al-Mu'minin，一些穆斯林统治者使用的阿拉伯语称号。
[2] 即"亚历山大"这一名字在中亚等东方地区的叫法。
[3] 亚历山大帝国是对亚历山大大帝时期的马其顿王国的称呼。

在进攻贝尔格莱德时，苏莱曼利用了一个有利条件——此时的匈牙利十分虚弱，成了哈布斯堡王朝防御链条上的一个薄弱环节。他速战速决地取得了胜利。他先是包围了贝尔格莱德，然后从多瑙河中的一座岛屿上用重炮轰击该城。"敌人放弃了城镇，并在城中纵火，"他在日记中写道，"他们撤到了要塞里面。"城中守军没有得到匈牙利政府的任何援助，而城墙下地雷的爆炸加速了他们的投降。苏莱曼留下一支近卫军驻守贝尔格莱德，他本人则回到伊斯坦布尔举行了凯旋仪式。苏莱曼相信，匈牙利平原和多瑙河上游盆地此时已经门户大开。不过，由于他有多项事务需要兼顾，一直到四年之后他才继续向匈牙利发动进攻。

现在，他的注意力被从中欧吸引到了地中海东侧。罗得岛位于伊斯坦布尔与奥斯曼帝国的新领土埃及和叙利亚之间的海上，成为基督教世界防御森严的前哨站，阻隔了土耳其人的海上交通。在土耳其人看来，罗得岛上隶属于耶路撒冷圣约翰骑士团（医院骑士团）的技艺高超、令人生畏的水手和战士们，就是一群臭名昭著的"职业杀手和海盗"。他们持续不断地威胁着奥斯曼帝国本土与亚历山大港之间的贸易线路，经常截获运送木材和其他物资的奥斯曼补给船，阻拦途径苏伊士（Suez）[1] 前往麦加朝圣的朝觐者。他们还与效忠苏丹的海盗发生冲突，并且支持叙利亚的一场反对奥斯曼帝国统治的叛乱。

因此，苏莱曼决心夺取罗得岛。为此，他向南方派遣了一支由400多艘舰船组成的舰队，他本人则亲率10万大军穿过小亚细亚，来到正对该岛的海岸边。

---

[1] 苏伊士位于埃及，处于苏伊士湾的北岸，是红海上的港口。

此时的医院骑士团有了一位新的大团长——维利耶·德·利尔-阿达姆（Villiers de l' Isle-Adam）。他是一位有决心的实干家，勇敢而好斗，全身心地投入到基督教信仰之中。依照《古兰经》规定的惯例，苏丹在发动进攻之前先是向罗得岛发出最后通牒，开出典型的和谈条件。大团长没有回复，只是加紧了防御准备。在征服者穆罕默德上次的围攻之后，医院骑士团又加固了要塞的城墙。

医院骑士团的各个分遣队从欧洲各地赶来支援，守军里至少有了700名骑士——这是罗得岛历史上规模最大的一支守军了。此外，尽管威尼斯保持中立，大团长还是设法从克里特岛请来了500名弓箭手。他们下船时伪装成搬运工和水手，随船还带来了克里特岛的葡萄酒和其他大受欢迎的补给物资。

既然是围城战，最重要的武器自然是攻城武器。土耳其人在工程方面的实力已经举世闻名，他们的攻城武器也是全世界最好的。他们尤其擅长按照既定方案对防御工事进行持续不断的攻击。此外，在罗得岛上，苏丹还计划使用地雷增强攻城效果。装填了火药的地雷可以产生剧烈的爆炸。地雷已经取代了火炮，成了他最主要的战术性武器。

在他们的舰队集结完毕之后，土耳其人将工程师运到了岛上。他们花费了一个月时间为火炮寻找合适的炮位。1522年7月底，苏丹率领主力部队登岛。奥斯曼军队分成五部分，分别在城墙前就位，组成了一个新月形的包围圈，围住了五座棱堡。这五座棱堡分别由来自法兰西和德意志的骑士、来自奥弗涅（Auvergne）[1]、卡斯蒂利亚

---

[1] 今法国中部的一个地区。

和阿拉贡[1]的骑士、来自英格兰的骑士、来自普罗旺斯（Provence）的骑士、来自意大利的骑士驻守。奥斯曼军队在南侧包围了要塞，他们的左右两侧都是大海。[2]第二天，可怕的炮击开始了。事实证明，城墙十分坚固，苏丹速战速决夺取要塞的希望破灭了。炮击持续了一个月。

不过，炮击只不过是攻击的预演，主要的攻城手段其实是地雷。工兵先在多石的地下挖掘壕沟，再沿着有遮掩物的壕沟把火炮送到距离城墙更近的地方。接着，他们还会把地雷埋放在城墙下方或城墙里面。这种缓慢地通过地下工程的攻城方式，几乎是史无前例的。最危险而又吃力不讨好的工作就是挖掘壕沟，这项任务落在了那些从波斯尼亚、保加利亚和瓦拉几亚征召来的充当炮灰的基督徒农民身上。

一直到9月初，壕沟才挖到足够接近城墙的地方，土耳其人开始安排大量的人手向城墙下方挖掘。大约50条伸向各个方向的地道削弱了大部分的城墙。不过，骑士们找来了一位为威尼斯人服务的意大利地雷专家，他的名字叫马尔蒂内戈（Martinengo）[3]。马尔蒂内戈也在地下挖洞。很快，他横向挖掘的地道就与土耳其人的地道相交会了。在很多地方，双方的地道之间仅仅相隔一块木板的厚度。他发明了一种装置，用来探测土耳其人的挖掘工作。他用羊皮做成

---

[1] 卡斯蒂利亚和阿拉贡是伊比利亚半岛上的两个国家，因斐迪南二世和伊莎贝拉女王的联姻而联合，逐步形成了西班牙王国。神圣罗马帝国皇帝查理五世就是这两位君主的外孙，此时也是西班牙的统治者。
[2] 罗得城位于一个向北凸起的半岛上，奥斯曼军队在罗得城的南侧形成封锁线，实际上就在陆地上截断了该城的交通。
[3] 此人的全名叫作马尔蒂内戈的加布里埃尔·塔蒂尼（Gabriel Tadini di Martinengo），在很多文献中被称作塔蒂尼。

鼓，敌人每次用镐头挖土的时候，鼓面都会产生回响。他训练了一些罗得岛人使用这种装置，然后让他们在己方的地道网络内监听。接着，他会引爆地雷，炸毁土耳其人的地道；为了防止有漏网的地道，他还钻出螺旋形的通风孔，以降低地雷爆炸的冲击力。

在发动了一系列代价不菲的进攻之后，土耳其人在9月24日清晨发动了一次总攻。此前一天，土耳其人引爆了不少新埋放好的地雷，预示了这次总攻。在火炮炮击产生的黑烟的掩护下，近卫军带头发动了对四座堡垒的攻击。他们在城墙的一些地方插上了己方的旗帜。双方展开了激战，战斗的狂热程度不输给基督徒与穆斯林战争史上的任何一场战役。然而，在经过六个小时的激战之后，进攻一方在蒙受了数以千计的人员损失后被打退了。在接下来的两个月中，苏丹再也没有冒险发动任何一场总攻，转而专注于地道工程。地道越挖越深，有时候能成功地挖进城去，但随后的局部进攻往往不太成功。奥斯曼军队士气低迷；更糟糕的是，冬天已经临近。

不过，骑士们的士气也不高。尽管他们的伤亡人数只有土耳其人的十分之一，但考虑到他们的兵力总数，伤亡已经十分惨重。军需品和其他补给品已经所剩不多。不仅如此，有些人已经开始考虑投降。他们理性地指出，在君士坦丁堡陷落之后，罗得岛能坚持到今天已经实属幸运；眼下，欧洲的基督教国家也不太可能放下他们之间的分歧，团结一心地来救援罗得岛；而在征服了埃及之后，奥斯曼帝国已经成了东地中海地区唯一的伊斯兰强权，再也没有哪股势力能阻挡它；土耳其人的海军实力发展迅速，现代化的火炮又无坚不摧；如果能够与土耳其人达成有尊严的和约，骑士们还可以获得一条生路，去征服其他的地方，让更多的人皈依基督教，从而完成他们的使命。然而，德·利尔-阿达姆是一个极富浪漫主义色彩的圣路易（St. Louis）[1]式的老派十字军战士，打算抵抗至死、杀身成仁，用自己的牺牲来为基督教世界照亮道路，鼓励他们向奥斯曼异教徒发动最后一次十字军东征，一战功成。

苏丹又一次发动了总攻，但再次遭遇了失败。12月10日，苏丹在城外一座教堂的塔楼上升起了一面白旗，请守城一方商讨投降条件。大团长召开了一次内部会议。结果，骑士们也升起了一面白旗，并且宣布停战三天。苏莱曼传达给他们的提议是，允许骑士和当地居民自由携带他们能够拿得走的财物离开；愿意留下来的人仍然可以保留他们的房屋、财产和宗教信仰，并且五年内不需要缴纳贡赋。骑士们在经过激烈的辩论之后，大部分都认为，"为了保全穷人、女人和孩子而讲和，是可以为上帝所接受的行为"。大团长仍然想要抵抗下去，但守军已经坚持不下去了，当地的居民也威胁要公然发动叛乱。

于是，在遭到长达145天的围攻之后，罗得岛在圣诞节这天有条件地投降了。苏丹信守了他的承诺，还提出可以为选择离开的居民提供船只。此外，他还保证留下来的人可以拥有信仰自由，五年内不需要纳税。双方交换了战俘，接着一小队纪律严明的近卫军进入了城内。苏丹十分仔细地确保履行自己的承诺。唯一打破了承诺的事情，苏丹也并不知情：一支预备队失去了控制，冲进了街道，在得以重整纪律之前犯下了一些暴行。

在土耳其人举行了入城式之后，大团长正式向苏丹投降，苏丹

---

[1] 指法兰西国王路易九世，他曾经组织第七次和第八次十字军东征。

怀有敬意地接待了他。1523年1月1日,德·利尔-阿达姆带领手下幸存的骑士和追随者,高举着旗帜,列队走出了城市,永远地离开了罗得岛。他们在克里特岛的外海遭遇了风暴。海难让他们损失了许多财产,但他们还是得以继续航行,最终抵达了西西里和罗马。居无定所的状态持续了五年,最终他们获准在马耳他安家。在那里,骑士们还将与土耳其人一战。奥斯曼帝国对罗得岛的征服沉重地打击了基督教世界,因为在爱琴海和东地中海上,再也没有人能真正威胁到土耳其人的海上地位了。

第十三章

在接连两场战役中展现了帝国超群的武力之后,头戴桂冠的年轻苏丹选择了暂时休整,连续三个夏天都没有发动新的战役。他把时间花在了改进政府的内部结构上:自从登基以来,他第一次来到阿德里安堡,并在这里忙得不亦乐乎;埃及总督艾哈迈德帕夏发动了一场叛乱,宣布不再向苏丹效忠,苏丹不得不派兵去化解这场危机。苏丹的大维齐尔易卜拉欣帕夏领兵前往开罗,恢复了那里的秩序,并且重组了当地的行政机构。

不过,当苏丹从埃迪尔内回到伊斯坦布尔时,却遭遇了近卫军的哗变。对这些好斗而又受到优待的步兵而言,每年一度的战事不仅可以满足他们征战的欲望,更重要的是可以为他们提供劫掠战利品的机会。因此,苏丹按兵不动的行为让他们十分不满。这在后世的苏丹那里也成了一种常见的问题。此时的近卫军,兵力已经达到苏丹全部常备军的四分之一。他们的力量变得越来越强大,而他们也越发意识到了自己的强大。战时,他们只是偶尔会违抗禁止洗劫刚占领的城市的命令,或是在战事过于艰苦时向苏丹抗议。他们在某种程度上影响了苏丹的征服大业,但大体上还能遵守纪律,效忠主人。而到了和平时期,缺乏纪律约束而又无所事事的近卫军则容易陷入躁动,往往变得十分危险而贪婪——特别是在老苏丹驾崩、新苏丹继位的间隙，他们仿佛是得到了肆意妄为的许可。

1525年春天，近卫军发动了暴乱，他们洗劫了海关、犹太人居住区以及高官和其他一些人的住宅。有一群近卫军士兵还冲到了苏丹面前。据说，苏丹亲手杀死了三名近卫军士兵，但其他人则对着他拉起了弓。面对生命威胁，苏丹只好逃走。哗变被镇压了。近卫军的阿迦和一些有合谋嫌疑的军官被处决，另有一些军官被解除了职务。但是，按照惯例，苏丹出了一笔钱安抚士兵（这种惯例越发让奥斯曼帝国的财政吃不消）。另外一个可以安抚士兵的因素是，他们得知明年又将有一场战役可以参加。苏丹开始动员军队，准备第二次入侵匈牙利。他把易卜拉欣帕夏从埃及召回，任命他为帝国军队的大将军，作为仅次于苏丹的副总指挥统率这支军队。在夺取了贝尔格莱德之后，沿多瑙河上溯匈牙利的道路已经畅通无阻。

在匈牙利，易卜拉欣帕夏作为苏莱曼统治时期最杰出而又最有权势的人物之一，彻底成了公众瞩目的焦点。此时31岁的易卜拉欣帕夏，出身于希腊的基督徒家庭，来自爱奥尼亚海沿岸的帕尔加（Parga），是一位水手的儿子。他与苏莱曼出生在同一年，他本人甚至宣称他们出生在同一个星期。他在幼时被土耳其海盗劫走，作为奴隶卖给了马格尼西亚的一名寡妇。这名寡妇给他衣服穿，让他接受良好的教育，还让他学会了一件乐器。还是一个年轻人的易卜拉欣遇到了时为皇储和马格尼西亚总督的苏莱曼，靠魅力和天赋打动了他，被苏莱曼买了下来。于是，易卜拉欣成了苏莱曼的个人侍从。很快他就成了最得宠、最重要、与苏莱曼关系最密切的侍从。

在苏莱曼即位之后，这个年轻人先是被任命为首席养隼人，后来又在宫廷内担任了一系列职务。他与他的主人有着非同寻常的友谊。他睡在苏丹的寝宫里，与苏丹一起用餐，跟他一同玩乐，两人分离的时候还通过聋哑人传递字条。作为一位君主，苏莱曼性情内敛，举止冷漠，天生沉默寡言，多愁善感，恰好需要易卜拉欣这样一个人与他沟通，为他的计划和想法提出独到的见解。

在苏丹的安排下，易卜拉欣举办了一场排场盛大的婚礼，迎娶了一位被苏丹视同姐妹的新娘。由于地位升得太快，易卜拉欣自己感到有一些不安。易卜拉欣十分清楚，在奥斯曼帝国的宫廷里，人们的命运可谓变幻莫测。他有一次故作轻松地去乞求苏莱曼，请他不要让自己攀升到太高的位置，以免跌落下来的时候粉身碎骨。据说，苏莱曼先是夸奖了易卜拉欣的谦逊，然后又向他保证道，只要自己还在位，无论朝廷上针对易卜拉欣出现怎样的指控，他也永远不会置易卜拉欣于死地。然而，就像下一个世纪的一位历史作者评论的那样："君主是人，人就会生变；宠臣会骄傲，会变得不知感恩。正因如此，苏莱曼有一天会食言，而易卜拉欣也会失去他的信任和忠实。"

苏莱曼之所以加紧对匈牙利的进攻，部分原因可能是受到近卫军哗变的影响，但他同样也受到了另外一件事的影响：1525年，弗朗索瓦一世在帕维亚（Pavia）之战中被哈布斯堡王朝的皇帝击败，做了俘虏。弗朗索瓦一世在马德里的监牢里写了一封密信，把信藏在使臣的鞋跟里送到了伊斯坦布尔。他在信中恳请苏丹帮助自己，向查理五世发动总攻，以免查理五世"成为世界之主"。他的请求正好与苏莱曼自己的打算不谋而合。此时的匈牙利既缺乏爱国精神，也没有任何朋友，而且处于前所未有的混乱与分裂之中。以软弱的国王拉约什二世（Louis II）[1]和贵族为代表的"宫廷派"支持神圣罗马帝国皇帝，但是没能从他那里得到什么实际帮助，更不要说来自西方世界的帮助了；"国民派"则以特兰西瓦尼亚总督、实际上的特兰西瓦尼亚统治者亚诺什·佐波尧（John Zapolya）为首，其成员还有一些地位略低的地方士绅；此外，还有把土耳其人视作拯救者的受压迫的农民。这样一来，苏莱曼可以以地方士绅和农民之友的面目进入匈牙利，他的敌人只有国王和皇帝。

自从贝尔格莱德陷落之后，土耳其人和匈牙利人之间的边境冲突就时断时续，双方互有胜负。苏丹在命人于多瑙河的支流萨瓦河（Sava）和德拉瓦河（Drava）上兴修了两座桥梁之后，于1526年4月23日率领十余万大军开始西征。大军之中纪律严明的正规军大约占了半数，他们是这支军队的核心，或领取军饷，或拥有封地，由步兵（近卫军）、骑兵（西帕希）和炮兵组成。另一半则由非正规军组成，他们不领军饷，靠战利品为生，其兵种构成也包括步兵（阿扎布）和骑兵（阿金基）。通常，这些非正规军要么是在发动进攻时作为炮灰被放在第一线，要么是被放出去在敌国领土上大肆破坏，散布恐慌。所有的部队，不论是正规军、封地的所有者，还是非正规军，也不论是在营地里、行军中，还是战斗中，他们都在苏丹本人的权威和注视下团结一致。作为最高统帅和君主，苏丹总是在臣僚的陪伴下出现在显眼的位置，让他手下的士兵都能看得到他。

---

[1] 前文提到过的匈牙利国王匈雅提·马加什于1490年去世。由于他没有合法的子嗣，匈牙利王位落到了波希米亚国王乌拉斯洛二世手中。拉约什二世是乌拉斯洛二世的儿子，在其父去世后，年纪轻轻便成为匈牙利国王。他娶了查理五世的妹妹玛丽公主，通过联姻加强了匈牙利王国与神圣罗马帝国之间的联系。

大军遭遇了十分恶劣的天气，暴雨和冰雹一直持续到了夏季。洪水冲毁了道路、桥梁和帐篷营地，溪水也经常变得无法逾越。苏莱曼大军的前进速度十分缓慢，经过将近三个月的行军才第一次接触到敌军。与陆军一同行动的还有由上百艘小船组成的多瑙河船队。由于水流湍急，这支船队无法跟上陆军前进的步伐。

像往常一样，军队的纪律十分严格。在1526年的行军途中，苏丹的日记里不断有这样的记载："5月10日，在凯末尔村（Kemal）附近，一名士兵因为践踏庄稼被斩首……5月11日，两名士兵被指控偷盗马匹，因而被砍头。"后面还有，"6月5日，两名西利赫达（silihdars，即持剑的士兵）在未收割的农田里放马，被斩首"。在行军途中，苏莱曼十分信赖易卜拉欣。每当遇到艰难险阻，他就会派遣易卜拉欣前去查看并打通道路。当大军抵达贝尔格莱德时，横越萨瓦河的几座桥梁就已经为他们准备好了。敌人已经撤回了多瑙河北岸，只在南岸的彼得罗瓦拉丁（Peterwardein）要塞留下来一支守备队。苏莱曼命令易卜拉欣夺取这座城镇及其要塞，并且告诉他说："跟维也纳的早餐比起来，这不过是一口垫垫肚子的点心。"在发动了一系列的进攻之后，易卜拉欣用两颗地雷在要塞的城墙上炸开了一个口子，终于成功夺取了要塞。"大维齐尔将500名守兵斩首，"苏丹记录道，"另有300人被掳为奴。"

接着，苏莱曼和他的大军沿着多瑙河向西，来到了具有重要战略意义的德拉瓦河一线。他们预计匈牙利人将在这里布下第一道防线。然而，他们惊奇地发现，河的北岸并未设防。边境上的要塞一座接着一座地落入土耳其人手中，匈牙利人却还在犹豫不决，调配补给的进度也十分缓慢。他们无法协调好内部的矛盾，始终拿不出一个清晰的统筹全局的作战方案。于是，在多瑙河南岸，被抛弃了的埃塞克（Essek）居民主动向苏丹投降。接着，苏丹下令修建一座浮桥渡河。按照记录了这场战役的土耳其历史学者凯末尔·帕夏·扎德（Kemal Pasha Zadeh）的说法，工程专家预计建设这座浮桥需要花费至少三个月的时间。然而，"由于大维齐尔巧妙的安排和充满睿智的热情"，整个工程在三天之内就完成了。在大军成功渡河之后，苏丹又下令将浮桥毁掉。这样一来，"再无安全返乡之路，士兵们也就没有了逃跑的想法，哪怕是在恐慌之中，他们也清楚绝无撤退的可能。如此，他们在战场上就会坚毅而毫不动摇"。

此时匈牙利人正在30英里（约48千米）以北的摩哈赤（Mohacs）平原上集结兵力。年轻的拉约什国王只带了4 000人，但包括波兰人、德意志人和波希米亚人在内的各路援军渐次到达。最终，他的总兵力达到了2.5万人。至于神圣罗马帝国的皇帝，每当他要发兵对抗土耳其人的时候，他都需要得到由新教徒组成的帝国议会的同意。帝国议会的动作很慢，甚至有些不情不愿，因为议会成员中有些绥靖主义者认为，他们的主要敌人是教皇，而不是苏丹。而且，他们又十分乐于利用哈布斯堡王朝和奥斯曼帝国之间的世俗矛盾来达到他们自己的宗教目的。正因如此，1521年，在沃尔姆斯（Worms）召开的帝国议会拒绝向贝尔格莱德守军提供援助；而到了1526年，在施派尔（Speyer）召开的帝国议会又是一拖再拖，等到他们终于投票做出决定时，神圣罗马帝国已经来不及派兵增援到摩哈赤了。

在战场上，匈牙利方面一些比较精明的军官建议向布达方向战略撤退。这样做一来可以吸引土耳其人尾随跟进，从而拉长他们的交通线；二来可以争取时间，得到佐波尧的部队（只有几天路程就能赶到）和一支波希米亚军队（他们已经抵达西部边境）的增援。然而，大部分的匈牙利人都过于自信而又缺乏耐心，幻想着立刻在战场上建功立业。在好斗的马扎尔贵族（他们既不信任国王，又嫉妒佐波尧）的率领下，他们嚷着要马上开战，立即发动进攻。他们的意见占了上风。于是，战斗在多瑙河西侧 6 英里（约 10 千米）宽的土地湿软的平原上打响了。把战场选择在这里，是为了给匈牙利骑兵发挥的空间；但是，土耳其人的骑兵质量更高，数量更多，他们也可以利用这种地理环境。一位眼光敏锐而又言辞诙谐的主教在得知这一决定之后预言道："匈牙利民族今天要在这里获得 2 万名烈士了。这也挺好，教皇会把他们封为圣人的。"

在战略上缺乏耐心的匈牙利人，在战术上同样缺乏耐心。他们在拉约什国王的带领下，毫无必要地用重装骑兵直接冲击奥斯曼防线的中央。这次冲锋似乎取得了成功，于是匈牙利人发动了全线总攻。而土耳其人布下的防线有很深的纵深，他们把主力军安排在了阵线的深处，背靠着山坡。土耳其人的战术是欺骗敌军，把他们引入万劫不复的深渊。于是，不停地向前冲锋的匈牙利骑兵遇到了由近卫军组成的主力，他们身后就是苏丹和他的旗帜。在这里爆发了一场激烈的肉搏战，苏莱曼本人一度陷入危险，箭矢和长矛击中了他的胸甲。但是，像往常一样被小心翼翼地集中使用的出色的奥斯曼炮兵，此时起到了决定性的作用。炮火撂倒了数以千计的匈牙利人，使得奥斯曼军队可以包围匈牙利军队，并且将集中在中路的匈牙利人一举击溃。在屠杀下幸存的匈牙利人四散奔逃，朝着北方和东方逃窜。只用了不到一个半小时，土耳其人就赢得了战役。

匈牙利国王头部负伤，在试图逃走时丧了命。人们在沼泽地里找到了他的尸体，通过头盔羽饰中的宝石才把他认了出来。由于他的盔甲太重，他被倒下的战马压着，溺死在了沼泽里。由于他尚无子嗣，他的王国也随他一同灰飞烟灭。大部分马扎尔贵族和八名主教也葬身沙场。据说，苏莱曼颇有骑士精神地哀悼了国王的殒身："愿真主宽仁待他；他涉世未深，愿真主惩罚那些误导了他的人；他尚未品尝过身为君主的人生之乐，却丧命于此，这并非我愿。"

不过，苏丹接下来的命令就不那么有骑士精神了，他十分务实地下令不留俘虏。很快，在他猩红色的大帐之前就堆起了一座由上千颗匈牙利贵族的头颅组成的金字塔。1526年8月31日，即战役结束后第二天，他在日记中写道："金座上的苏丹接受了维齐尔们和贝伊们的致敬；2 000名俘虏被屠杀；暴雨倾盆。"他又在9月2日写道："在摩哈赤休整，埋葬了2万名匈牙利步兵和4 000名匈牙利骑兵。"摩哈赤城被付之一炬，阿金基骑兵则蹂躏了周边的乡村地区。正因如此，这场战役被称作"摩哈赤浩劫"，摩哈赤则被称作"匈牙利国家之墓"。一直到今天，面对灾祸的匈牙利人都还会这样说："无所谓了，总归还没有摩哈赤那么惨。"

匈牙利人有组织的抵抗随着摩哈赤战役的结束而终结，此战也奠定了土耳其人接下来两个世纪中在欧洲的心脏地带的主导地位。本来可以影响战役结果的亚诺什·佐波尧的部队，在第二天抵达了多瑙河河畔，但在听到同胞战败的消息后，他们就立即撤退了。9月10日，苏丹和他的大军进入了布达。苏丹一路上留下了这样的记载："9月4日，下令屠杀了营地里所有的农民，只留下了女人；禁止阿金基骑兵去劫掠。"但他们无视了禁令,苏丹也没有干涉。

布达城被夷为平地,只有苏莱曼下榻的王宫幸存了下来。在易卜拉欣的陪同下,苏莱曼挑选了匈牙利王宫中的珍宝,将它们顺河运到了贝尔格莱德,继而又运到了伊斯坦布尔。其中包括马加什·科尔维努斯全欧洲驰名的藏书,以及来自意大利的赫拉克勒斯、狄安娜和阿波罗的青铜塑像。不过,要说最珍贵的战利品,当属当年征服者穆罕默德在围攻贝尔格莱德失败后被迫遗弃的两门巨型火炮。匈牙利人一直骄傲地将这两门火炮视作他们勇气的象征。

苏丹开始享受生活,在乡间打猎、放鹰,或是在宫廷里欣赏音乐,开怀饮宴。与此同时,他也在思考要如何管理这个被他出人意料地轻而易举就征服的国家。按理说,他应当像对待贝尔格莱德和罗得岛一样,派兵占领并驻守匈牙利,将其纳入帝国的版图。但是,此时的苏莱曼却宁愿见好就收。他的军队基本上只适合在夏季作战,而且又经受了多瑙河流域严酷的暴雨天气的折磨。现在,冬天即将来临,他也没有足够的人手去控制整个匈牙利。不仅如此,在安纳托利亚,奇里乞亚和卡拉曼尼亚爆发了叛乱,他必须亲自回到首都,主持平叛。布达和伊斯坦布尔之间的交通线实在太长了。用历史学者凯末尔·帕夏·扎德的话说:"将这个省份纳入伊斯兰世界的版图的时机尚不成熟……因此这一行动被推迟了,以等待更好的时机。"

于是,苏莱曼在多瑙河上搭建了一座浮桥,过河抵达了佩斯(Pest),并将这座城市付之一炬。接着,他率军沿着多瑙河左岸踏上了回家的路。

在苏莱曼撤退后,匈牙利的政权和王权就都出现了真空。有两股力量想要争夺已故的拉约什二世留下的王位。第一位角逐者是哈布斯堡家族的斐迪南大公，他是神圣罗马帝国皇帝查理五世的弟弟，同时也是拉约什二世的内兄。由于拉约什二世无后，所以斐迪南大公是其王位的合法继承人。他的对手是统治特兰西瓦尼亚的亚诺什·佐波尧。作为匈牙利人，亚诺什·佐波尧要求立法禁止由外国人来继承匈牙利的王位。此外，他的军队未经战事、实力完整，此时控制着匈牙利王国的大部分领土。主要由匈牙利贵族组成的议会选举佐波尧为匈牙利国王，于是他就进入了布达佩斯，加冕为国王。这种安排是苏莱曼愿意看到的，因为佐波尧可能会遵从他的意愿；作为交换，弗朗索瓦一世和其他反对哈布斯堡王朝的盟友可以为佐波尧提供实实在在的支持。然而，就在几周之后，一些亲德意志的贵族也组织了一个议会，选举斐迪南为匈牙利国王。此时的斐迪南已经经选举成为波希米亚国王。这样一来，内战就爆发了。斐迪南率军击败了佐波尧，迫使他流亡到了波兰。于是，在占领了布达之后，又轮到斐迪南加冕为匈牙利国王。他开始设想在中欧建立一个囊括奥地利、波希米亚和匈牙利，并由哈布斯堡家族掌控的国家。

然而，这样的计划势必受到土耳其人的左右，因为土耳其人的外交活动已经开始影响到欧洲的历史进程了。佐波尧从波兰派遣了一名特使到伊斯坦布尔，希望与苏丹结成攻守同盟。易卜拉欣和其他维齐尔轻慢地接待了这名特使。不过，最终苏丹还是同意承认佐波尧的王位，实际上等于承认了佐波尧对自己曾经率军征服的土地的所有权。他还许诺说，将帮助佐波尧对付斐迪南和其他一切敌人。

他们达成了一项协议，佐波尧同意向苏丹交纳岁贡，每十年将匈牙利人口的十分之一（不论男女）交由苏丹差遣，并且永远准许奥斯曼军队在他的土地上自由通行。就这样，亚诺什·佐波尧成了苏丹的一个附庸，他所占领的那部分匈牙利则成了在奥斯曼帝国保护下的一个卫星国。

接着，斐迪南也向伊斯坦布尔派遣了一个使团，希望可以达成停战协议。奥斯曼人对他的使团充满了敌意。苏丹拒绝了他们过分的要求，并将他们投入了监狱。

此时的苏丹准备沿着多瑙河上溯，发动第三次战役。他现在的身份是佐波尧的保护人，以及斐迪南和查理五世本人的敌人。一首德意志民谣预言了土耳其人的到来：

> 他很快离开了匈牙利
> 破晓就到了奥地利
> 巴伐利亚已在眼前
> 接下来又要去哪里
> 也许就到莱茵河哩

1529 年 5 月 10 日，苏丹率领规模超过以往的大军离开了伊斯坦布尔，军队的指挥官依然是易卜拉欣帕夏。他们遭遇了更加猛烈的暴雨，到达维也纳附近地区的时间比计划晚了一个月。行军途中，佐波尧率领 6 000 人在摩哈赤的原野上拜会他的宗主。苏丹为他举行了欢迎仪式，并且为他戴上了神圣的圣斯蒂芬（St. Stephen）王冠。在攻占了布达城之后，佐波尧再次入城，被加冕为亚诺什一世。9 月 27 日，在先行派遣阿金基骑兵四处破坏之后，苏丹率军抵达了维也纳城下。在此之前，城中居民已经看到了地平线上发红的夜空，那夜空是被燃烧中的村庄的熊熊火光映红的。而现在，环绕着他们的城墙，目力所及之处都点缀着数以万计的白色的穆斯林帐篷。

斐迪南发现，他很难征集到足以防御维也纳的军队。正忙于西方战事的皇帝坚持要求他的弟弟与佐波尧暂时议和，等到他腾得出手的时候再向东方的土耳其人发动进攻。然而，斐迪南没有听从他的意见，反而在自己的各个领地上加紧征兵。所有有义务向他提供军队的人都来了，奥地利每十个男人中就有一个被征召进他的军队。但这还是不够。德意志的诸侯们也向他伸出了援手。他们一开始还有些犹豫，但最终为了保卫帝国，他们还是投票决定了援军的数量。

斐迪南还向施派尔的帝国议会请求援助。他强调了他们之间的共同利益，并且告诉议会，苏莱曼曾经说过，除非能够在莱茵河河畔竖起一座胜利纪念碑，他绝不会息兵。这一说辞发挥了一些作用。最终，在路德（Luther）[1]就抗击土耳其人一事发表了算不上热切的请求之后，新教徒和天主教徒投票同意为了保卫帝国而出兵。动员军队的工作颇花了一段时间，如果不是苏莱曼被大雨耽搁了一个月，这些军队或许根本来不及赶去救援维也纳。事实上，援军只比土耳其人早到了三天，但维也纳守军的人数因而从 1.2 万人增加到了 2 万多人。不仅如此，他们大多并非封建领主强征来的士兵，而是训练有素的职业步兵。他们曾在意大利为皇帝而战，久经沙场。他们

1　即马丁·路德，宗教改革运动的主要发起人。

的统帅则是勇敢而拥有半个世纪从军经验的尼克拉斯·冯·扎尔姆伯爵（Count Nicholas von Salm）。

维也纳的防御工作匆忙而巧妙地组织了起来。此时的维也纳只是一座半毁的城市，环绕城市的中世纪城墙只有6英尺（约2米）厚，再外围则是一道由尖木桩围成的脆弱屏障，它被恰如其分地称作"城篱"。守军的任务是要把这座城市变成一座具备有效防御能力的要塞。与城墙靠得太近的房子都被拆毁了。接着，守军又决定牺牲掉在火炮射程范围之内的所有城外建筑物，以免它们为攻城者所用。这意味着要烧毁整个郊区里的800栋房屋，其中包括城市医院、几座教堂和修道院，以及一座位于山顶、可能被土耳其人当作据点使用的城堡。在城内，他们用泥土构建了新的防御工事，还修建了一道新的壕沟和一座20英尺（约6米）高的新墙。多瑙河的河岸防御工事也得到了加强，修建了篱笆屏障。他们还把周边乡村地区的物资都搜集了起来。守军还针对火矢的威胁做了预防工作，还把易燃的屋顶全部拆除。最后，他们把城门都用砖填死，只留了一道暗门以备不时之需。为了节省城中的粮食，老人、妇女、儿童和神职人员都被疏散了，但有很多人在逃亡途中落到了阿金基骑兵的手中。而在围城开始的时候，斐迪南本人并不在维也纳，他还在林茨（Linz）劝说德意志诸侯们伸出援手。

对防守一方来说，有一个好消息。由于大雨，苏莱曼不得不把他大部分的重型攻城武器都留在了后面，而这些武器曾经在罗得岛大显神威。现在，苏莱曼只有一些轻型火炮，它们几乎无法对加固过的城墙构成威胁，因此他只能依靠地道。尽管如此，他还是觉得拿下维也纳易如反掌。他开出了条件，要求守军投降，声称自己只是想找到斐迪南国王。他吹嘘道，即便守军反抗，他也会在三天之内破城，在圣米迦勒节（Feast of St. Michael）[1]那天在维也纳用早餐；到那时，他将把维也纳夷为平地，人畜不留。可是，两个星期过去了，维也纳人依然在坚守城池。圣米迦勒节那天，天上不合季节地降下了大雨，让住在帐篷里的土耳其人吃了不少苦头。维也纳人释放了一名战俘，让他给苏丹带个话：为苏丹准备的早餐已经凉了，不知道他是不是已经吃炮子儿吃饱了。

土耳其人的火枪队技艺娴熟，兢兢业业，敢在城墙上冒头的守军难免不被击中；土耳其人的弓箭手则躲在城郊的废墟里，接连不断地向城中放箭，他们的箭矢经常可以穿透城墙上的缺口和垛口，使得城中居民在街道上行走都成了一件十分危险的事。箭矢从各个方向射进城中。有些箭缠着昂贵的布料，甚至镶嵌着珍珠，维也纳人推测这是有一定身份地位的土耳其人放的箭，于是把它们当作纪念品收藏起来。尽管守军从城中的地窖出发挖了许多防御性的地道，土耳其工兵还是成功地引爆了许多地雷，导致城墙出现了一些缺口。不过，守军勇敢地击退了土耳其人接踵而来的进攻，然后吹响军号、奏起军乐庆祝他们的胜利。维也纳人还时常发动一些突袭，并且带一些俘虏和战利品回来。有一次，他们俘获了80名士兵和5头骆驼。

苏莱曼在他的大帐中审视着攻城行动。他的大帐内铺有地毯，四周挂着精美的罗纱，帐中是镶嵌了珠宝的卧榻。他的大帐耸立在土耳其人的营地中央，大帐之上有着众多的尖角，尖角顶端是金质的球饰。苏丹在这里接见基督徒俘虏，让他们带着袍子和土耳其达

---

[1] 圣米迦勒是基督教和伊斯兰教共同承认的大天使，圣米迦勒节是9月29日，而维也纳攻城战开始于1529年9月27日。

克特金币回到城中，向守军转达他的威胁和利诱。但守军却不为所动。用一首流行歌曲的歌词来形容的话，对于苏丹来说，这些守军"不是人，是魔鬼"。为了鼓励士兵进攻，指挥攻城的易卜拉欣帕夏设下赏格，凡是能取得敌人首级或是占领重要地点的人都能获得成捧的金子。可是，士兵们的热情很快就低沉下去了，只有棍子、鞭子和军刀才能逼迫他们上前。

10月12日晚上，在苏丹的大帐中召开了一次迪万会议。这次军事会议将决定是否继续围城。易卜拉欣说出了大部分人的心声，主张撤军：士气低迷，寒冬将至，补给匮乏，近卫军已经开始抱怨不休，而敌人很快就会得到增援。经过讨论后，会议决定再发动第四次也是最后一次总攻，并且为这次进攻设下了十分丰厚的赏金。10月14日，近卫军和经过精挑细选的一些部队发起了这次总攻。一个小时又一个小时，他们遭遇了守军顽强的抵抗，始终无法拿下城墙上一处宽达150英尺（约46米）的缺口。奥斯曼军队损失十分惨重，全军士气普遍低落。

归根结底，苏丹的军队还是一支夏季军队。来自封地的骑兵不能在冬季作战，以免出现战马的折损。这样一来，他们最多只能连续作战六个月，从而影响了苏丹大军整体的作战限度。此外，苏丹本人和陪同他出征的大臣们也不能长时间地远离伊斯坦布尔。鉴于此时已是10月中旬，最后一次进攻也告失败，苏莱曼只好解除了围城，下令全军撤退。奥斯曼军队纵火焚毁了他们的营地，屠杀了从奥地利乡间抓来的俘虏，或者干脆任由他们在营地里被活活烧死。只有那些能在奴隶市场卖上价钱的年轻俘虏被留了下来。在返回伊斯坦布尔的漫漫旅途中，他们时常被小股的敌军骑兵袭扰，还要忍受愈加糟糕的天气。维也纳的一座座钟楼在围城期间一直保持寂静，此时终于伴随着火枪的齐射敲响了胜利之声，圣斯蒂芬大教堂也回响着感恩赞美诗（Te Deum）的旋律，赞颂这次伟大的胜利。著名的歌手汉斯·萨克斯（Hans Sachs）也亲自谱写了一首感恩之歌，其中唱道："若不是耶和华看守城池，看守的人就枉然警醒。"[1]

基督教欧洲的心脏地带没有落入土耳其人之手。面对只有自身实力三分之一的守军，苏莱曼苏丹没能攻破这座伟大都市的城墙，这是他遭遇到的第一次失败。在布达，他的附庸佐波尧恭维他"赢得了战役"。他也想让他的子民认为这是一场成功的战役，于是他举行了铺张而奢华的庆典，还开展了人们喜闻乐见的娱乐活动，以此来庆祝他五个儿子的割礼和他的凯旋。他装作自己并不是去攻打维也纳，而是去挑战斐迪南大公，但后者不敢露面，证明他根本不配当什么国王，而（用易卜拉欣的话说）"不过是维也纳的一个不值一提的小人物"。苏丹试图借此为自己挽回颜面。

在全世界面前，他也的确挽回了颜面。斐迪南又派了第二个使团到伊斯坦布尔，请求停战，并提出每年为苏丹和大维齐尔分别奉上一笔"津贴"，条件是苏丹承认斐迪南为匈牙利国王，撤出布达，并且抛弃佐波尧。听到这样的条件，易卜拉欣打开窗户，傲慢地用手指着苏莱曼的七塔城堡，说那里存放着堆积如山的珍宝。他还说，不要试图通过贿赂来诱使他背叛自己的主子。他十分傲慢地故意直呼大公为"斐迪南"，不加任何头衔，而且拒绝承认查理五世是"皇

---

[1] 此句出自《圣经·诗篇》127:1。

帝"——他认为这个称号只能属于苏丹。不过，谈话的氛围还是要比以往更友好。但他们也十分明确地告诉使团，如果斐迪南想要和平，必须由苏丹开出和谈的条件。

苏丹仍然表示，他决心与皇帝查理五世一战——他故意将查理五世贬称为"西班牙国王"。于是，1532年4月26日，他再一次率领陆军和船队沿着多瑙河上溯。他还没到达贝尔格莱德，就遇到了斐迪南派来的又一个使团。他们提出了比之前更有诚意的和谈条件，增加了"津贴"的数额，甚至准备有条件地承认佐波尧的地位。苏丹在衣着华丽的达官贵人的陪同下接见了这个使团。斐迪南使团的座次排在了法兰西国王的使节的后面，这让使团成员十分难堪。苏丹很明确地告诉他们，自己的敌人不是斐迪南，而是查理。"西班牙国王，"他质问道，"他一直宣称想要对付土耳其人；而我，在真主的庇佑下，正在向他进军。如果他真是一个了不起的人，就让他在战场上等着我，由真主来决定后面会发生什么。不过，如果他不想在战场上跟我会面，那就让他向我的帝国纳贡。"

皇帝十分清楚土耳其人的巨大威胁和自己保卫欧洲的责任。此时他已经回到了自己在德意志的领地，并且暂时与法国处于和平状态。于是他集结了一支帝国军队，这支军队无论在数量上还是实力上都超过了土耳其人曾经面对过的任何敌人。士兵们相信，这将是基督教与伊斯兰教史诗般的斗争的转折点，于是从查理五世领土上的各个地方蜂拥而来。意大利和西班牙的军队从阿尔卑斯山的另一侧赶了过来。在这里集结了一支西欧历史上前所未见的大军。

为了集结这样一支大军，查理五世不得不与路德派人士达成妥协。在此之前，正是路德派人士在提供资金、军备和补给方面犹疑不决，影响了查理五世保卫帝国的努力。如今，1532年6月，他们在纽伦堡（Nuremberg）达成了和解。信仰天主教的皇帝向新教徒做出了重大让步，并且无限期地搁置了宗教争议，以此来换取他们的支持。就这样，奥斯曼帝国十分值得玩味地成了"宗教改革的帮手"。在被奥斯曼人征服的基督教地区，土耳其人也支持新教徒反对天主教社群；甚至，土耳其人还会支持宗教改革者的主张，这种支持不仅体现在政治上，也体现在宗教上，因为与伊斯兰教一样，宗教改革人士也禁止崇拜偶像。

这一次，苏莱曼没有像以前那样沿着多瑙河河谷直逼维也纳。他派出了一支非正规的骑兵部队在维也纳周边地区搞破坏，好让这座城市感受到他的到来。他本人则亲率主力在更靠南的地方活动，率军进入开阔的乡村地区。他可能是要试图引诱敌人出城交战，这样比较利于他手下正规骑兵的发挥。在维也纳城南大约60英里（约97千米），他被一座名叫居斯（Güns）[1]的小城挡住了。这座小城是奥地利边界前的最后一座匈牙利城镇，苏丹在这里遇到了始料未及的英勇抵抗。在一位名叫尼古拉·尤里西奇（Nicholas Jurisitch）的克罗地亚贵族的领导下，实力羸弱的守军在8月份坚守了大半个月，拖延了苏莱曼进攻的脚步。

土耳其人在城墙最薄弱位置的对面修建了木质掩体，把火炮放到掩体里向城镇开火，在防线上打开了好几个缺口。他们发动了12次进攻，但都被打退了。土耳其人还埋放了很多地雷，但大多数都

---

[1] 居斯是德文名称，匈牙利人称之为克赛格（Kőszeg）。

被守军发现并引爆了。持续不断的降水淹没了土耳其人的战壕。他们要求守军投降，结果被轻蔑地拒绝了。最后，易卜拉欣想出了一个挽回面子的折中方案。他告诉守军，鉴于他们的勇敢表现，苏丹决定饶恕他们。守军的指挥官得到了易卜拉欣彬彬有礼的接待，并且与他达成了有利于守军的投降条款。守军只是在书面意义上投降了，他们交出了城镇的钥匙，表示土耳其人名义上占有了这座城镇。只有很少量的奥斯曼军队象征性地进了城，负责管理城墙的缺口，避免其他奥斯曼军队入城杀人劫掠。

对土耳其人来说，他们在这里浪费了宝贵的时间，天气也变得越来越糟了。尽管如此，苏莱曼原本还是可以进军维也纳的，他却放出话来说，他并不想要维也纳，只想要皇帝本人率军出来迎战。他这么做可能是最后一次努力，想把敌人引诱出来跟他在开阔地上交战。而此时的查理五世还远在多瑙河上游 200 英里（约 322 千米）的雷根斯堡（Ratisbon），他也无意正面决战。苏莱曼由于缺乏重型攻城武器，同时又意识到此时的维也纳守军已经比上次打退自己时更加强大，只好挥师向南撤退。大军穿过施蒂里亚（Styria）[1]的河谷和山地，沿途大肆破坏。他们避开主要城堡，摧毁村庄，袭扰农民，把奥地利南部的大片乡村地区都化为废墟。

两个月后，回到伊斯坦布尔的苏丹写道："接连五天张灯结彩，饮宴作乐……苏莱曼乔装打扮，去逛通宵营业的大市场。"毫无疑问，他这样做是为了看看他的臣民到底是把第二次维也纳战役看作一场失败还是一次胜利。像第一次维也纳战役结束后一样，官方大

---

[1] 在德语中称为施泰尔马克（Steiermark），位于今天奥地利的东南部。

张旗鼓地向公众宣称，苏莱曼前去挑战他的敌人，可是基督教皇帝却不敢迎战，躲了起来。为了挽回他的声誉，苏莱曼宣称由于敌人避战，双方并未有机会一较高下，因此奥斯曼军队的主力毫发无损地回到了伊斯坦布尔，以备日后再战。

现在，哈布斯堡王朝和奥斯曼人都打算和谈了。苏莱曼与斐迪南达成了和约。按照易卜拉欣的要求，斐迪南像儿子称呼父亲一样地尊称苏莱曼，从而满足了奥斯曼人的虚荣心。苏莱曼承诺将像对待自己的儿子一样对待斐迪南，并且许诺："这不是七年的和约，不是二十五年的和约，不是一百年的和约，也不是两个世纪、三个世纪的和约。只要斐迪南本人不撕毁和约，他将永远享有和平。"匈牙利和其领土上的城堡将一分为二，分别由斐迪南和佐波尧这两位君主统治。

然而，具体的协议却难产了。苏莱曼想让佐波尧（"我的奴仆"）压过斐迪南，并且坚持认为"匈牙利是我的"；易卜拉欣则倾向于承认既成事实，让他们两个人保有现在各自占领的土地。最后，斐迪南和佐波尧背着苏莱曼私下达成了协议，这让苏莱曼感到有点难堪。他们同意各自以宗主的名义统治自己手中的土地，但到佐波尧去世之后，他的领地将交给斐迪南统治。与此同时，苏丹和皇帝之间并没有达成和约，因为他们都不肯在头衔和事关尊严的帝王虚名上让步。

就这样，苏莱曼苏丹终于在维也纳城下遭遇了失败，未能深入欧洲的心脏地带。他的失败就像800年前西班牙的穆斯林在图尔战役（Battle of Tours）[1]中的失败那样，成了历史的转折点。他失败的部分原因在于，他面对的对手不再是奥斯曼人以往在巴尔干地区和匈牙利遇到过的封建军队，而是在纪律性和战斗技能方面远超前者的训练有素、指挥得当、经验丰富的欧洲军队。他遇到了与他旗鼓相当的对手。

不过，地理和天气因素也十分重要。苏丹的交通线太过漫长，从博斯普鲁斯海峡一直延伸到中欧，绵延700英里（约1 127千米）；多瑙河流域又发生了不常见的自然灾害，暴雨、大风和洪水持续不断。这些因素缩短了本来就已经不长的战斗时节。由于奥斯曼军队自己不携带给养，其骑兵部队需要为他们的战马搜集草料，而这项任务根本无法在冬季和经受了破坏的乡村地区完成。现在，苏莱曼意识到，一旦他跨过了中欧的某一个点，再发动战争就变得无利可图了。考虑到那个时代的军事水平，对于伊斯坦布尔的苏丹来说，维也纳实际上成了一个可望而不可即的目标。

但是，在经过艰苦的战斗之后，欧洲人对土耳其人的武力产生了可以理解的敬畏，因此他们对奥斯曼军队的惧怕反而加深了。他们并不是什么来自亚洲草原的野蛮人部落，而是当时的西方世界从未遭遇过的高度组织化的现代军队。一位意大利评论家曾这样评价土耳其士兵：

> 他们的军事纪律公正而严明，胜过了古代的希腊人和罗马人；土耳其人在三个方面都超过了我们的士兵：他们总是立即

---

[1] 也被称作普瓦捷战役。732年，法兰克人在是役中击败阿拉伯人，阻止了他们进一步深入欧洲的企图。

执行指挥官的命令；他们在战场上总是置生死于度外；即便在没有面包和酒的情况下，他们也能靠大麦和水支撑很长时间。

无数的欧洲人目睹了奥斯曼军队的战斗素养、战斗热情、自控能力和极强的目的性。

凭借这样一支团结一致的武装力量，奥斯曼帝国在西方事务中的重要性达到了前所未有的高度。苏莱曼让奥斯曼帝国成了欧洲重要的政治力量之一，长久地影响被后世称作"欧洲协调"（Concert of Europe）的欧洲政治格局。

第十四章

在年纪轻轻的苏莱曼刚登上奥斯曼帝国苏丹的宝座时,约克枢机主教托马斯·沃尔西(Thomas Wolsey)曾经在英王亨利八世的宫廷里对威尼斯大使说道:"这个苏莱曼苏丹25岁,很有见地;只怕他会像他的父亲一样。"威尼斯总督则写信给他的大使说:"这位苏丹很年轻,很强大,对基督徒极为仇视。"对西欧的统治者来说,这位"伟大的土耳其人"(威尼斯人称他为"Signor Turco")是基督教世界"强劲而可怕的敌人",只能给他们带来恐惧和疑惑。

好斗是早期的苏莱曼得到的唯一评价。但很快,他在外交战线上的活跃程度就已经堪比他在战场上的活跃程度了。在此之前,苏丹宫廷里的外国代表基本上只有威尼斯的使节。自从他们于世纪之交在海上败给了土耳其人、继而失去了在地中海的霸主地位之后,威尼斯人就"学会了亲吻她没有能力斩断的手"。他们与土耳其人建立了密切的外交联系,将奥斯曼帝国视作最为重要的外交目标。威尼斯人经常向伊斯坦布尔派遣使节,并且在这里常驻一名公使(bailo)——出任这一职务的,往往都是最有能力的人才。威尼斯的使节经常向总督和威尼斯政府提交报告,也间接帮助整个欧洲了解苏丹宫廷里的动态。弗朗索瓦一世国王曾经说:"从君士坦丁堡来的消息都不可信,威尼斯人传来的除外。"

不过，其他国家也渐渐开始与奥斯曼帝国建立了外交联系，派来了新的使团，伊斯坦布尔城中的外国人也多了起来——先是法国人，然后是匈牙利人、克罗地亚人，最重要的是斐迪南国王和治下拥有各民族子民的查理五世皇帝的代表，也带了一大群随从来到了这里。由于来到这里的外国使节、旅行者和作家越来越多，西方的基督教世界也逐渐对这个国家有了更多的了解：从"伟大的土耳其人"（苏莱曼）本人和他的生活方式，到他统治国家的体制、讲究繁文缛节的苏丹宫廷的本质，乃至他治下的子民们带有异域风情但又远不能称之为"野蛮"的生活传统、习俗与习惯。苏莱曼本人的形象也越来越频繁地出现在西方世界的面前。与他的奥斯曼先祖们不同，苏莱曼给人一种文明国家的君主的印象（如果说他的形象与西方君主的形象有所不同，那么他至少也符合东方文明君主的形象）。显然，他已经把一个起源于带有强烈宗教色彩的游牧部落的东方文明带到了它的顶峰，赋予了它种种新的绚丽色彩。此时的苏莱曼已经开始被西方人恰如其分地称作"苏莱曼大帝"。

从起床到就寝，苏莱曼在宫中的日常生活也有着一套固定程序，其细致程度堪比凡尔赛宫中的法国国王。苏丹从他的长榻上起床之后，会先在特别挑选过的奴仆的帮助下，穿上一件卡夫坦长袍（Caftan）[1]。这件袍子他只会穿一次，一边口袋里放着20枚达克特金币，另一边口袋里则装着1 000枚银币。在一天结束时，这件袍子和口袋里没花掉的钱币就都归了苏丹的内侍总管。苏丹的一日三餐都会由一长队的侍从呈上。苏丹总是独自用膳，精美的瓷器和银质

---

[1] 一种长及脚踝的长袍。

餐具放在低矮的银质餐桌上,他饮用的水则是加了糖和香料的。总有一名医生站在他的身旁,以便在苏丹中毒时立即施救。

夜晚,苏丹会躺在三张猩红色的天鹅绒垫子上就寝,一张垫子里面填充的是羽绒,另外两张里面填充的是棉花。他会把头枕在两个绿色的装饰有流苏的枕头上,夏天盖着轻薄的被子,冬天则裹着柔软的紫貂或黑狐毛皮睡觉。他的长榻之上是一顶金色的华盖,周围有四根长长的蜡烛立在银质的烛台上,每个烛台旁有一名全副武装的卫兵站着守夜。苏丹面朝哪个方向睡觉,他们就把哪个方向的蜡烛熄灭。他们整夜守卫苏丹,直到他醒来。出于安全考虑,苏丹每晚都会挑选不同的房间就寝,然后安排他的内侍们准备卧房。

白天,他大部分的时间都花在正式会见和与官员探讨国事上。迪万休会时,他也有一些别的休闲娱乐,比如阅读《亚历山大之书》(*The Book of Alexander*)——一位波斯作家写的关于征服者亚历山大大帝的传奇故事和英勇事迹——或是研习宗教和哲学著作,抑或听音乐,看侏儒的滑稽表演,看摔跤表演,也可能听宫廷弄臣插科打诨。躺在两张垫子上(一张有金线花纹,一张有银线花纹)午睡之后,苏丹经常在下午挑一些同伴渡过博斯普鲁斯海峡,到亚洲一侧的花园里放松身心。或者,他也可以选择待在宫里,在第三庭院的花园里放松、休息。那里种着棕榈树、柏树和月桂树,其间点缀着金顶的小亭子。天热时,从亭子的顶上会有小瀑布落下来,水流映出道道金光。

他举行的公共娱乐活动也配得上他的"大帝"之名,可谓壮丽之至。在他第一次于维也纳城下遭遇败绩之后,为了转移注意力,他在1530年的夏天为他的五个儿子举行了割礼庆典。庆典持续了整整三个星期。君士坦丁堡大竞技场（Hippodrome）[1]之中遍布帐篷，到处是色彩华丽的帷幔，最中央的位置则是一座高耸的大帐。大帐之内，苏丹端坐在由天青石柱支撑起的宝座上。在他的头顶，是镶嵌着珠宝的金色华盖；在他的脚下，是铺满整座大帐的柔软而珍贵的地毯。在大帐的四周，是一顶顶五颜六色、歪歪斜斜的帐篷，其中最显眼的，当属那些被奥斯曼军队俘获的、曾经属于败在苏丹手下的王公贵族的帐篷。除了官方举办的壮观的游行和奢华的宴会之外，在大竞技场内还有各种娱乐项目可供民众选择：游戏、比赛、模拟战斗、马术表演；舞会、音乐会、影子戏以及在舞台上重演的围城战和重大战役；在马戏场上有大量的小丑、变戏法的和杂技演员参加表演，还有噼啪作响、坠落夜空的焰火——所有的一切，盛况空前。

庆典结束后，苏莱曼扬扬得意地问易卜拉欣，他儿子的这次庆典和这位大维齐尔的婚礼比起来，哪次典礼更棒？易卜拉欣的回答让苏丹大吃一惊："没有哪次庆典比得上我的婚礼。"他接着说道："我的帕迪沙阿呀！我的婚礼有这样一位贵客：时代之主、伊斯兰之壁垒、麦加和麦地那的拥有者、大马士革和埃及的主人、神圣入口的哈里发、神之居所[2]的主人——苏莱曼。请问，在您的庆典上，可有哪一位客人比得上我的这位客人呢？"

四位来自威尼斯的使节是仅有的来自西方世界的代表，他们一如既往地热衷于观察和记述庆典上发生的一切。他们中的一人——

---

[1] 这是君士坦丁堡城中一座历史可以追溯到罗马帝国时期的古代竞技场。由于土耳其人对赛马等赛事不感兴趣，在奥斯曼帝国时期，这座竞技场逐渐变成了举办庆典仪式的场所。

[2] 原文是Pleiades，即昴宿星团。有些人认为这里是神的居所。

威尼斯公使彼得罗·布拉加蒂诺（Pietro Bragadino）这样描述他在庆典上见到的苏莱曼："他32岁，面色惨白，长着鹰钩鼻子和长长的脖子；虽然看上去没什么力气，但是我在亲吻他的手时发现，他的手臂十分有力，据说能够拉动非常硬的弓。他天性郁郁寡欢，对女人很感兴趣，开明、骄傲、急性子，但有时又十分彬彬有礼。"

随着时间的推移，苏莱曼的宫廷在外交领域的重要性越发凸显。因此，除了威尼斯人之外，其他国家的使团也纷至沓来。他们纷纷记录下自己对奥斯曼土耳其和苏丹的观察，这些观察对西方世界而言大有裨益。其中有一位来自佛兰德斯的贵族，名叫奥吉尔·吉塞林·德·巴斯拜克（Ogier Ghiselin de Busbecq）。他是一位著名的学者，阅历丰富，思想开明，对事物常抱着积极乐观的看法。从1554年起，他时断时续地在伊斯坦布尔出任查理五世皇帝的使节。在写给一位朋友的一系列信件中，他从个人视角出发，为西方世界提供了诸多有关苏莱曼本人、他的宫廷和人民的生动而客观的记述。从一开始，来自西方的巴斯拜克就学会了欣赏陌生的东方世界较为文明的方方面面。在抵达伊斯坦布尔就职后不久，他曾这样描写苏丹在阿马西亚会见众人的场面：

> 现在请随我来，看看这一大群人吧：他们都戴着包出无数道褶的洁白的丝质头巾，穿着各色各样的服装，满目都是金色、银色、紫色的绸缎的光彩……我从未见过比这更绚丽夺目的景象。在这样的奢华背后，却体现出别样的简洁和经济。不管他们的级别如何，所有人都穿着同样款式的衣服；与我们大为不同，他们的衣服上没有镶边或无用的配饰……最值得一提的是，

尽管有这么一大群人,现场却出奇地安静,井然有序。这里没有人头攒动的大厅里常见的喊叫声或是默默低语,人们也不会聚成一团。每个人都尽可能安静地待在自己的指定位置。

巴斯拜克很快就发现了这个社会背后运行的原则:在绝对专制的君主统治之下,高度民主化的平等精神却支配着苏莱曼的"私人之家"。

> 在这一大群人中,没有哪个人的地位声望不是源自他自身的本领和勇气;没有人凭借出身而高人一等,每个人获得的礼遇都由他的职责和官职决定;没有哪个人会拼命地去追根溯祖,因为他们的地位都是凭借能力得来的。苏丹本人负责分配每一个人的职责与官位,他对他们的财产状况、虚名、影响力和受欢迎程度都不感兴趣,他只关心他们的本事和人品、能力与性格。因此,每个人都各得其所,每个职位都能分配给适合的人。

苏丹亲自接见了巴斯拜克。"他坐在一个矮沙发上,距离地面不超过一英尺,身下是绣着精美花纹的沙发罩子和靠垫,身边放着他的弓和箭。他的脸上……没有一丝笑容,严厉的神色中带着一丝忧伤,但又十分威严。我们前去拜见他时,他的内侍总管向他介绍了我们……在装模作样地亲吻过他的手之后,我们被人领着面朝着苏丹向墙的方向退去,以避免我们的背部朝向苏丹。"

接着,巴斯拜克表明了此行的目的,希望说服土耳其人停止对匈牙利的劫掠。这个请求和其他的一些相关要求并不符合苏丹的政策。苏丹"表现出鄙夷的神情",只简短地回答以"好,好",随即差人把查理五世皇帝的使节带回了他们自己的居所。对于苏丹对其请求的冷淡态度,巴斯拜克并不感到特别惊讶。在接见外国使节时,苏莱曼总是用截然不同的态度对待友邦(比如威尼斯和法国)和敌国的使节。

在巴斯拜克到访的同时,还有一位波斯使节也来拜见苏丹。他比巴斯拜克更受欢迎,同时又带了许多华美的礼物。于是,他对和平的诉求当场就获得了应允。"苏丹对波斯人可谓礼数周到,"巴斯拜克写道,"毫无疑问,苏丹是真心想和他们议和。无论在什么事情上……不论是礼遇友人,还是羞辱敌人,土耳其人总是喜欢走极端。"波斯人获得了正式的和约,而巴斯拜克只得到了六个月的休战。于是,他带了一封苏莱曼的书信回到了维也纳,然后又不太情愿地带了一封回信返回了伊斯坦布尔。他又一次被引见给苏丹:

> 他们在我身上套了两件绣着花纹、长及脚踝的长袍,倘若再多一件,我怕是都穿不动了。我的随员们也都穿上了各种颜色的丝质长袍,陪我一同觐见苏丹。接着,我跟着一支规模壮观的队伍向前走,仿佛是在一出悲剧里面饰演阿伽门农(Agamemnon)或是别的什么类似的英雄人物。穿着金衣的苏丹打发了我们,于是我们就向他道别了。

巴斯拜克和他的随员就这样离开了,没能享用离任使节通常都能享用到的正式早餐。这是因为,"那是给友邦使节的待遇,而我们两国之间的和平都还不甚稳固"。

苏莱曼的外交政策一直受到易卜拉欣帕夏的影响。易卜拉欣帕夏在1536年失势之前一直是苏莱曼的大维齐尔。苏丹任命易卜拉欣为大维齐尔，可谓开创之举。以前的苏丹通常都是从官僚系统内挑选军事法官或行省总督出任大维齐尔，而苏莱曼却从自己的私邸中挑选了自己的亲信，他们密切的私人关系确保了他对其能力的充分了解。就这样，苏莱曼为后世的苏丹开创了一个难说是好是坏的先例。易卜拉欣本人出身于希腊的基督徒家庭，在外国统治者和使节之中也很有影响力，以致弗朗索瓦一世和斐迪南都会写信给他，而来到伊斯坦布尔的使节也总是先去拜见他。

易卜拉欣总是吹嘘说，他有能力让苏丹按他的意思办，还说"管事的其实是我"。威尼斯人很把他的这种说辞当真，将他戏称为"易卜拉欣大帝"。跟他平日里的嬉笑怒骂一样，易卜拉欣的吹嘘也不过是一种外交武器，都是用来威服、恫吓敌国使节的。这一时期，奥斯曼人在战场上节节胜利，欧洲人则乞求和平。在这样的背景下，对待敌国使节就应当采取强势的态度，而不需要谨小慎微。而且，苏莱曼似乎也不反对他的维齐尔自吹自擂。易卜拉欣与苏莱曼表现出的是同样的傲慢态度，区别仅在于易卜拉欣把他的傲慢直率地表达出来，而作为君主的苏莱曼则用一种内敛而冷漠的方式展现他的傲慢。易卜拉欣与苏莱曼成了同一事物的两面。长期来看，苏莱曼一直坚持着自己的外交策略，即联合法国，侵蚀哈布斯堡王朝，并延伸自己在欧洲的势力。易卜拉欣则利用自己对欧洲的了解，在战术、细节和短期应变方面弥补苏丹的不足。在易卜拉欣自己看来，他对欧洲的了解超过了他的主人，因此自己有能力拓宽主人的视野。在奥斯曼帝国历史上的这个重要时期，易卜拉欣对奥斯曼帝国与西方世界之间外交关系的初创、帝国与欧洲国家新的外交关系的演进都做出了重要的贡献。

1535年,易卜拉欣完成了他的终极成就——与他的"好朋友"弗朗索瓦一世协商、起草并签署了一项协定。这项协定允许法国人在奥斯曼帝国境内继续经商,他们只需要像土耳其人一样向苏丹缴纳税费即可;作为交换,土耳其人在法国也享有同等特权。根据协定,法国领事法庭的判决在奥斯曼帝国境内也拥有法律效力,且土耳其人有义务执行领事法庭的判决,必要时甚至可以动用武力。在奥斯曼帝国境内的法国人获得了彻底的信仰自由,法国还有权守卫基督教圣地,实际上相当于将黎凡特地区的所有天主教徒划入了法国的保护之下。这一协定终结了威尼斯在地中海地区的贸易主导地位,并且使得所有的基督教国家船只——除了威尼斯船只以外——都挂上了法国国旗,以获得保护。

这一协定的重大意义在于,它是第一个给予外国特权的"让步条约"(the Capitulations)。作为法国人经过巧妙磋商后取得的成果,这项协定允许两国互派永久性的使节,使得法国在很长一段时期内都是对奥斯曼帝国政府最具影响力的国家。在贸易合作的外衣之下,法国和奥斯曼帝国实际上组成了一个同盟。此时,法国国王和神圣罗马帝国皇帝之间的政治和军事角力的轴心,已经转移到了地中海,而这项协定稳固了欧洲的力量平衡,这是苏丹乐于见到的。但是,这项协定也在接下来的几个世纪中为帝国带来了隐患,因为它在帝国的疆域内部承认了外国势力的合法存在。而这也是易卜拉欣在外交领域的最后一次活动——他的垮台已经近在眼前。

苏莱曼苏丹被西方人称作"苏莱曼大帝",而他的奥斯曼臣民则称他为"立法者苏莱曼"。他在"武功"方面是一位伟大的军事统帅,堪与他的父亲和曾祖父媲美;而他在"文治"方面,却要胜过他们一筹。他是一位伟大的立法者。在臣民的眼中,他是一位品行高尚的君主,崇尚公正而不失宽仁。有时,在征战的过程中,他甚至会骑在马背上亲自做出裁决。作为一名虔诚的穆斯林,他随着年纪渐长而越发严格地遵循伊斯兰教的规则和传统,越来越笃信伊斯兰教的理念和体制。在这样的理念指导下,他成了一位睿智而仁慈的立法者。

帝国的上一位立法者是征服者穆罕默德。而苏莱曼,这位新的征服者,就站在征服者穆罕默德打造的基石之上。苏莱曼并不想当一位极端的改革者或革新者,因为在这片保守的土地上,已经有了详尽的法律条文、日积月累形成的成文或不成文的规则以及前代苏丹留下的先例。他要做的并不是创立一个全新的法律体系,而是让过时的法律条文跟得上时代,让法律能够适应新的时代和迅速扩张后的帝国的需要。他整理并简化了令人困惑的惯例体系,将其具体化。他完成这一切,依然要依靠奥斯曼政权两大基石的支持:世俗的行政统治体系和宗教立法体系。在苏丹的绝对权力的统治下,这两大体系各有各的功能,有点类似西方的政教二元体系。

除了苏丹和他的家族之外,统治体系还包括苏丹的廷臣、政府里的行政官员、常备军,以及大量在接受培训、日后可以成为前三者的年轻人。他们几乎都是出身于基督徒家庭的男子或者他们的孩子,即都是苏丹的奴隶。一位名叫莫罗西尼(Morosini)的威尼斯使节记载道,他们"都以能自称'伟大主人的奴隶'而感到莫大的光荣；因为他们知道，这就是一个奴隶之邦，在这里他们是发号施令的人"。另一位使节巴尔巴罗（Barbaro）则评论道："值得注意的是，奥斯曼帝国的财富、军队和政府——或者简而言之，整个奥斯曼国家——都构建在这些出身于基督徒家庭的人之上，并且由他们掌控。"

与行政体系相平行的是穆斯林的宗教体系，这一体系的成员全都出身于穆斯林家庭。法官、法学家、神学家、神职人员、教师，他们作为伊斯兰神圣教法的守护者和执行者，构成了乌理玛这一群体。这些有学识的人负责在整个帝国内维系其知识、宗教和法律体系。

神圣的沙里亚法是由先知穆罕默德传递的真主的意旨，因此苏丹无权变更或忽略沙里亚法规定的原则。这样一来，沙里亚法就限制了苏丹的神授君权。作为一名虔诚的穆斯林，苏莱曼也无意忤逆沙里亚法。但是，为了让他的人民能够在这个迅速变化的世界里继续做合格的穆斯林，他认为有必要修改法律的实践方式。例如，在世纪之初，奥斯曼帝国征服的领土上主要的居民还都是基督徒。但是随着帝国在亚洲的进一步征服，一些诸如大马士革、巴格达和开罗这样以前属于伊斯兰哈里发国家的城市也纳入了帝国的版图，圣城麦加和麦地那也被帝国置于自己的保护之下。这样一来，亚洲居民占到了奥斯曼帝国人口的五分之四（到苏莱曼统治末期，帝国总人口大约为 1 500 万，包括 20 个不同的民族，受 21 个不同的政府的管辖）。只要能让苏莱曼获得作为苏丹-哈里发应有的权力，他就愿意承担伊斯兰教的保护者、信仰的守卫者、伊斯兰教神圣律法的保卫者、解读者和执行者这一系列头衔。整个伊斯兰世界都把他视作圣战的领袖。总之，奥斯曼帝国拥有了比例更高的穆斯林人口，因此就需要用一套新的、效力更高的法律体系来补充以前的法律体系。

苏莱曼命令一位颇有学识的法官——阿勒颇的易卜拉欣毛拉（Mullah Ibrahim of Aleppo）——负责准备新的法典。苏莱曼为这部法典起了一个新奇的名字，以体现其如汪洋大海般的体量——《诸海之汇》(The Confluence of the Seas)。在19世纪的司法改革之前，这部法典一直发挥着效力。与此同时，苏莱曼还为埃及的政权起草了一部新的法典，这部法典实际上成了一部新的宪法。在孜孜不倦地起草新的法律的过程中，苏莱曼与乌理玛中的法学家和神学家密切合作，以确保他的新法不会违犯原初的伊斯兰教法的规定。这些学者将伊斯兰教法中的原则按照重要程度分门别类，明确地让他知道哪些是必须严格遵守的，哪些不是，并且尽可能地为他提供有弹性的诠释方式。

与伊斯兰教法不同，《法令集》式的国家法律体现的完全是苏丹作为君主的意志。出于善心，一向对细节十分关注的苏莱曼特别考虑到了基督徒子民的利益。从他即位之初，他就指示他的行省总督们必须把公正地使用法律当作他们的头等大事，不论法律适用的对象持有何种信仰、是穆斯林还是拉亚。在过去的40年中，他的两位前任苏丹在法律问题上留下了许多没有填补的空白。而要填补上这些空白，实际上相当于进行一次针对国家封建制度的改革和调整，改变征服者穆罕默德立法时确立的土地所有权和税收制度。

根据前代苏丹的规定，较大的封地（扎米特）是终身制的，理论上不得世袭。然而，此时世代承袭封地却成了一种常见的做法。

因此，苏莱曼试图通过改革来制止这种行为。此外，当一些封地由于原有的主人没有男嗣而成为无主土地时，行省总督和维齐尔们经常会随意地将这些土地转让给其他人，导致土地的所有权经常出现不负责任的转移。这种行为损害了苏丹的利益，因为在理论上，作为真主的代言人，苏丹才是一切土地的所有者。

为了重申这一原则，他颁布了一道法令，规定总督们只有批准小块封地（蒂玛尔）转让的权力，而大片封地的转让必须得到伊斯坦布尔的中央政府或苏丹本人的许可。苏丹此举意在把那些"上层士绅"再次置于国家的控制之下，抑制大片田产的积累，同时确保他分封出去的土地可以确实为他提供有实战能力的常备军。与此同时，为了伸张正义，苏丹大规模地清洗了有着残暴、贪婪、不公正、腐败和无能等种种劣迹的总督和官员。

在推行改革的过程中，苏莱曼特别关心拉亚们——为西帕希骑兵耕种土地的基督徒子民——的境况。他颁布了《拉亚法典》（Kanune Raya），规范了他们缴纳的什一税和人头税。这样一来，原本属于农奴或隶农的拉亚们的地位有所上升，达到了近似于欧洲的佃册农（copyholder）[1]的水平。在承担繁重义务的同时，他们的生产能力却因此得到了提升。

尽管外界热衷于说这些拉亚处于"土耳其人的枷锁之下"，但实际上，他们的境遇要比基督教世界里一些从属于基督徒主人的农奴好得多。在奥斯曼帝国的邻国，一些居民甚至宁愿逃到边界的另一边去生活。一位当时的作家这样写道："我看到许多匈牙利农夫点

---

1 指自己不拥有土地、对地主承担封建义务但以自己的耕畜、农具等独立进行耕作的农民。在15世纪的英格兰，这种佃册农占大多数。

着了他们的小屋，带着老婆、孩子、牲畜和农具逃到土耳其人的土地上。他们知道，除了什一税之外，他们在这里不需要忍受其他的苛捐杂税和痛苦折磨。"同样的情形也出现在了摩里亚，那里的居民宁愿接受土耳其人的统治，也不想再受威尼斯人统治。

苏莱曼的法典里也包括了新的刑法和治安法，内容涵盖了针对失德行为、使用暴力、伤人、偷盗和抢劫等罪行的处罚内容。总的来说，惩处的力度要比以往更加宽仁。许多肉刑被罚款代替了，每种罪行都规定了罚金的数额。适用死刑和毁坏肢体的刑罚的情境减少了，但是作伪证、造假和使用劣币者仍然要被砍掉右手。法律变得更加开明了：诽谤和搬弄是非者要为他们造成的恶果做出赔偿；贷款利率的上限被限制在11%；法律还要求人们善待役畜。

除了伊斯兰教法规定的传统的土地税和人头税之外，苏莱曼还设置多种多样、范围广泛的其他税种。在家庭组成方面，未婚男子需要缴税，结婚时也需要缴税。在宫廷领域，他对仪式礼节进行了细致入微的调整。在贸易领域，苏莱曼出台了一系列旨在规范市场和行会行为、价格与工资、生产与零售活动的法令，甚至详细规定了制作和出售食品的方式。

各色各样的产品、牲畜、矿井和贸易利润都需要纳税，此外还有进出口的关税。除了税收之外，另外一个重要的财源是罚没作奸犯科的高官和其他人等的财产。苏丹还可以从他发动的战争中获得战利品和基督教附庸国支付的岁贡，这些收入不仅可以用来承担战争中的开销，还可以充实国库。

从经济层面看，奥斯曼帝国正在变得越发繁荣。苏莱曼的收入主要来自苏丹私人的领地以及从分配给臣民的土地上收取的税收。

苏莱曼的收入很可能比当时任何一位基督教君主的收入都多，而他也不会大肆挥霍。随着苏莱曼统治的继续，财政收入日渐增多，而为了获得这些财政收入，官僚体系也需要相应扩展，于是官僚体系的规模就变得越来越庞大。

尽管苏莱曼在改革目的和原则方面都很开明，但他的改革注定效果有限。他毕竟是一名自上而下的立法者，他能够得到的建议只能来自他身边的一小群高官和法学家。他身居帝都，远离分散在帝国各地的绝大部分臣民，无法与他们近距离接触，对他们的需求和生活境遇也缺乏亲身体会。因此，他既无法直接了解他的法令可能会给臣民的生活带来怎样的影响，也无法一路追踪监督法令的公正执行。这样一来，对法令的解释权就会不可避免地以各种形式下放，导致在行省中出现对法令的滥用和各种贪赃枉法的现象，并且在一定程度上留下了日后官员腐败的隐患。不过，在眼下，由于苏莱曼对正义、公平和秩序的孜孜追求，再加上强有力的中央政府的执行能力，这种权力分散的趋势暂时还不会成为帝国臣民头上的重担，新的法律在大体上也还是改善了他们的境遇。

苏莱曼在全国范围内巩固了他的政府，特别是它的宗教体系。他确认并扩大了乌理玛的首领[大穆夫提或谢赫伊斯兰（Sheikh-ul-Islam）[1]]的权力和特权，使其实际上拥有了可以与大维齐尔比肩的地位，从而调整了立法机构和行政机构之间的力量平衡。与此同时，他重组并加强了乌理玛，使帝国内的法官和其他的穆夫提（他们现在成了法官的法学顾问）也成为乌理玛的一部分，并且让他们都获

---

[1] 奥斯曼帝国的大穆夫提拥有"谢赫伊斯兰"的称号。本书中的"谢赫伊斯兰"均指奥斯曼大穆夫提。

得了一些特权，例如无须纳税和不被罚没财产的特权。这样一来，他们就可以实现父子相承，从而在帝国内部形成了一个来自教育和法律行业的世袭阶层。他们并非土地的贵族，而是"头脑的贵族"。不过，随着时间的推移，他们享有的这种特权将会带来一些问题。

苏莱曼发展了乌理玛的教育体系，他们的学校继续由宗教基金会资助，并且附属于清真寺。穆斯林男孩可以在这些学校里获得几乎免费的教育，这种待遇远远超过了同时期的基督教国家。苏莱曼十分慷慨地创办了大量的学校和高等学院，扩展了征服者穆罕默德留下的教育体系。在苏莱曼统治期间，首都伊斯坦布尔的小学（mektebs）数量增加到了14所。小学教授孩子们阅读、书写和伊斯兰教的基本原理，小学毕业的学童会兴高采烈地在街上举行游行，就像举行割礼庆典时一样。

有能力也有意愿的小学毕业生可以进入伊斯兰学校学习。此时，一共有八所伊斯兰学校，分别位于八个重要的清真寺的辖区内，因而被人称作"八座知识的天堂"。参考西方的人文学科，这些伊斯兰学校会开设十种课程，分别是语法、句法、逻辑、形而上学、哲学、论题、文体学、几何、天文学和占星学。还有一些高等的宗教学校，相当于大学层次的法学院校，其大部分的毕业生都会成为伊玛目（负责带领人们做礼拜）或教师。像以前一样，这些院校都是紧邻或靠近清真寺院落的建筑群的一部分。其周边还会有府库、银行、供旅行者使用的客栈、餐厅、图书馆、浴场、喷泉和奥斯曼"福利国家"提供的其他慈善设施，例如粥厂、医院和疯人院。

处于这个黄金时代的顶点的苏莱曼，既是伊斯兰世界的苏丹-

哈里发，又被文艺复兴中的欧洲人视作一位"伟大的阁下"。苏莱曼本人集东方式的神圣君权与西方式的贵族荣耀于一身，他同时也希望将伊斯坦布尔改造成一座在建筑层面上豪华壮丽的都城，使之可以在蓬勃发展的16世纪跻身伟大城市的行列。于是，随着他接连不断的征服和财政收入的迅速增加，一座座圆形穹顶和高耸的宣礼塔也渐次改变着伊斯坦布尔的天际线；即便到了苏莱曼身后四个世纪的今天，这些建筑的独特轮廓依然装点着马尔马拉海的风景线。当年由征服者穆罕默德继承自拜占庭的建筑风格，在苏莱曼的时代达到了顶峰。这些建筑让人们实实在在地看到了伊斯兰教的荣光，以及它在这个曾经由基督教主导的世界播撒文明的成果。

这种连接了两种截然不同的文明的建筑风格，在一个人的作品中达到了巅峰。这个人就是堪称历史上最伟大的建筑家之一的米马尔·希南（Mirmar Sinan）。他来自安纳托利亚，是一位基督徒石匠的儿子。年轻时，他曾经加入近卫军，作为军事工程师伴随苏丹南征北战。渐渐地，他成了建造要塞、军火库、桥梁和输水渠的行家里手。50岁时，他成了皇家首席建筑师，开始在苏莱曼身边服务，把他作为军事工程师掌握的技巧用到了建造精美的宗教建筑上。他修建了数百座风格持重庄严的清真寺和陵墓，以奥斯曼土耳其文明特有的方式融合了简洁与典雅、力量与轻快，丰富了16世纪的建筑艺术。其中最出色的杰作要数为苏莱曼苏丹本人兴建的苏莱曼清真寺和陵墓。在建设这组建筑时，希南意在使其超过查士丁尼皇帝（Emperor Justinian）[1]的圣索菲亚大教堂（此时已经被称作阿亚索菲

---

[1] 即拜占庭帝国皇帝查士丁尼一世，527—565年在位。

亚清真寺）。他研究了阿亚索菲亚清真寺的建筑特点，根据伊斯兰教仪式的需要调整了其平面规划。在苏丹的资助下，希南在伊斯坦布尔这座城市中，将这种东西方交融的建筑风格推到了极致。

这一时期的奥斯曼设计师们在设计建筑（无论是宗教建筑还是世俗建筑）的内部装潢时，往往会更多地借鉴东方的风格。他们会在墙体上使用颜色明快、饰有花纹的瓷砖。这种瓷砖起源于早年的波斯，此时则主要在伊兹尼克（Iznik，即以前的尼西亚）和伊斯坦布尔的作坊里生产，经手的工匠都是从大不里士专门迁来的波斯匠人。像征服者穆罕默德的时代一样，来自波斯的文化影响依然在文学领域中占主导地位，并在苏莱曼统治期间达到了一个新的高度。苏莱曼特别鼓励诗歌。在他的积极资助下，波斯传统风格的奥斯曼诗歌创作达到了前所未有的高度。他设置了一个地位崇高的职位，叫作"帝国叙事诗人"，其主要任务就是用诗作记录时事。用诗作记载历史事件，这是曾经的菲尔多西和其他波斯诗人的传统。

第十五章

苏莱曼苏丹决定改变其军事行动的重心。他不再试图从陆上向中欧地区扩张，因为他已经在维也纳城下，达到了他拥有的资源所能支持的战线的极限。帝国在欧洲东南部的统治区域已经延伸到了多瑙河北侧，占据了匈牙利的大片地区，只是还无法达到奥地利的国境。苏莱曼对帝国在这一地区的稳固统治感到心满意足。在陆上，他离开了欧洲，转而试图在亚洲进行扩张。他将在这里与波斯打三场旷日持久的战争。他依然像以往一样执着地想要挑战哈布斯堡王朝的"西班牙国王"（查理五世），但他把战场转移到了海上。在征服者穆罕默德打造的基础上，奥斯曼海军将达到其实力的顶峰，实现对地中海的掌控。

至此神圣罗马帝国的皇帝都未曾试图染指东地中海，而苏丹也尚未尝试进入西地中海。但是这一次，苏丹决心在皇帝家门口的意大利、西西里和西班牙的海域中寻求战机。在16世纪，伟大的探险家们完成了一系列发现之旅，使得海洋取代了草原，成了世界交通的主要媒介。在贸易领域，土耳其人依然高度依赖传统的陆上商路，以便把帝国遥远的领土与无可匹敌的伊斯坦布尔港口连接在一起。但是，海路正在逐渐弥补陆路的不足，甚至开始取代陆路。土耳其人必须适应这一变化趋势。于是，亚洲大陆的加齐现在变成了地中海上的加齐。

时机刚刚好。在法蒂玛王朝（Fatimid Caliphate）[1]覆灭后，它的一些卫星伊斯兰王朝也纷纷衰落。这样一来，北非的巴巴利海岸（Barbary）[2]就落入了一些小部落酋长的手中。当地的海港纷纷成为海盗的基地，名义上的统治者根本无暇管理。1492年，格拉纳达的伊斯兰王国覆亡于西班牙基督徒之手，那里的摩尔人随后逃到了北非。他们十分踊跃地支持海盗活动。这些渴望复仇的穆斯林煽动起对基督徒的广泛敌意，促成了针对西班牙南部海岸接连不断的海盗劫掠。伊莎贝拉女王（Queen Isabella）[3]统治下的西班牙人被迫反击，把战火烧到了北非，并且夺取了一些港口的控制权。摩尔人则找到了两位杰出的领袖：奥鲁奇（Aruj）和巴巴罗萨·海雷丁（Barbarossa Khaireddin）。

这身材健壮、留着红胡子的兄弟二人，是一位陶工的儿子。他们的父亲是一位基督教归顺者，从近卫军退伍后娶了一位希腊牧师的遗孀为妻。兄弟俩都是奥斯曼帝国的臣民，来自莱斯博斯岛（Lesbos）。这座岛屿掌控着达达尼尔海峡的入口，是穆斯林海盗众所周知的核心据点。他们二人既从事私掠活动，也从事贸易，以突尼斯城和的黎波里之间的杰尔巴岛（Jerba）为据点和跳板，劫掠航路和基督教世界的海岸。在突尼斯统治者的保护下，奥鲁奇收服了许多地方酋长，并且从西班牙人的手中解放了阿尔及尔和其他一些港口。但是，在试图向内陆的特莱姆森（Tlemcen）扩张的过程中，

---

1 法蒂玛王朝是909—1171年存在于北非的伊斯兰王朝，中国史籍称其为绿衣大食。
2 指北非的中部和西部沿海地区。
3 伊莎贝拉是卡斯蒂利亚女王，前注中曾提及，查理五世是她的外孙。

1 人物肖像
People of the Empire

奥斯曼（约 1299—1323 在位），帝国的创始者，土耳其之父。他统治下的奥斯曼土耳其人国家还是小亚细亚半岛西部的一块弹丸之地。不过，传说在奥斯曼的梦里，世界成为一枚戒指，欧亚两个大洲、地中海和黑海两片大海簇拥着君士坦丁堡，幻化成戒指上两块蓝宝石和两块翡翠簇拥着一颗钻石，戴到了奥斯曼的手上。

征服者穆罕默德，即穆罕默德二世苏丹（1451—1481在位）。1453年他毁灭了存在一千余年的拜占庭帝国，奥斯曼土耳其帝国自此定都伊斯坦布尔，真正成为两洲两海的主人。这幅肖像是受到穆罕默德特别邀请的威尼斯画家詹蒂莱·贝利尼所画。

从 14 世纪到 17 世纪，土耳其近卫军是一支在欧亚大陆所向披靡的军事力量。这是一支在很长一段时间里超前于时代的专业化军队。这支部队的标志是汤锅和勺子，军官的头衔名称也都来自厨房。图中从左到右依次是"送水使"、两位"厨师"、主厨——虽然这么称呼，但是他们都是真正的近卫军军官。

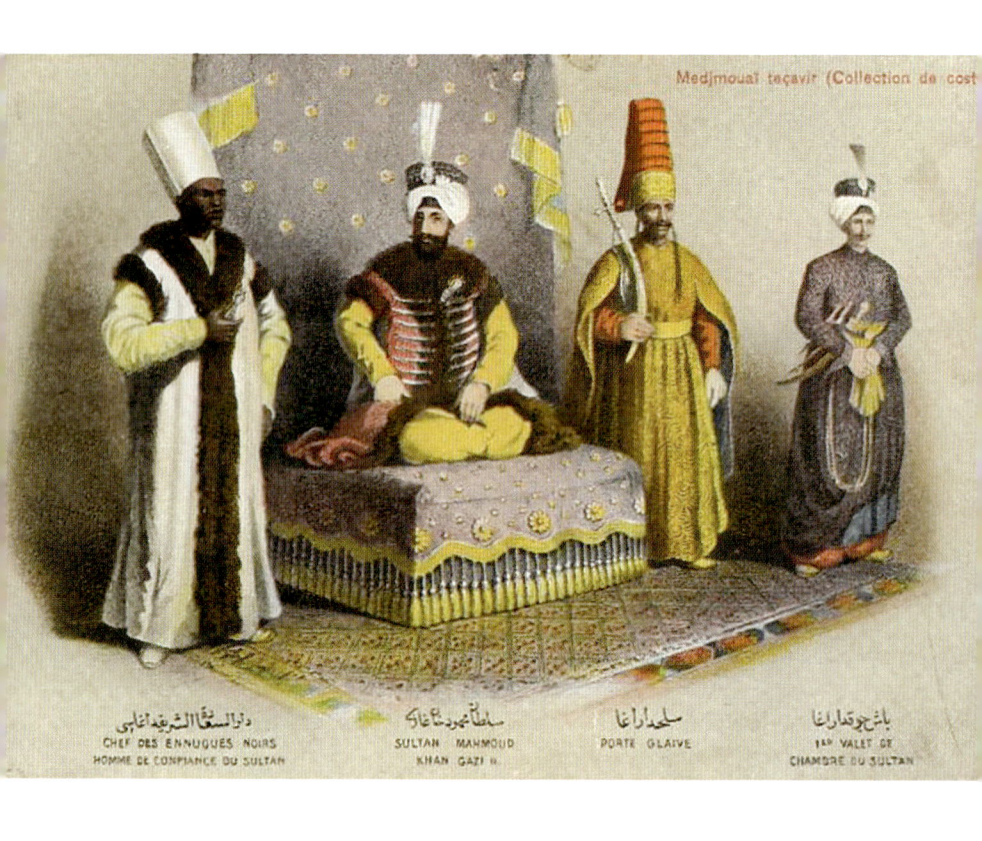

定都伊斯坦布尔之后，征服者穆罕默德设计了一套影响整个帝国历史的宫廷及政府制度。本图显示了奥斯曼苏丹的几个贴身侍从职位，从左到右依次是：黑宦官总管（负责管理苏丹的皇宫及后宫）、苏丹本人、掌剑官（他手中拿的是"奥斯曼之剑"，相当于奥斯曼帝国的尚方宝剑）、内侍总管。

冷酷者塞利姆，即塞利姆一世（1512—1520在位），征服者穆罕默德之孙。奥斯曼帝国在他的统治期间极大拓展了疆土。他的大军冲出了小亚细亚半岛，征服了叙利亚、红海两岸和埃及。他将伊斯兰圣地麦加和麦地那纳入了帝国的保护之下，同时从埃及的统治者那里夺走了哈里发的头衔，使奥斯曼帝国成为伊斯兰世界的绝对领导者。

苏莱曼一世（1520—1566 在位），史称苏莱曼大帝，是奥斯曼帝国历史上最著名的苏丹。奥斯曼帝国在他的手上达到了鼎盛，成为欧亚两洲首屈一指的军事和外交强权。苏莱曼大帝一生钟爱他的皇后罗克塞拉娜，两人的爱情留下了很多民间传说。然而，罗克塞拉娜权倾朝野，也开启了奥斯曼帝国历史上延续一百余年的后宫干政时期。在巴洛克风格的奥地利画家卡尔·安东·希克尔的描绘中，苏莱曼和罗克塞拉娜的爱情少了皇室的威严，多了唯美暧昧的气息。

改革者马哈茂德二世（1808—1839 在位），奥斯曼帝国现代化的先驱者。16 世纪苏莱曼带来奥斯曼帝国的鼎盛时代，从那之后，权力的天平就开始向欧洲倾斜，奥斯曼却走上了下坡路。帝国内部的制度和观念逐渐陈旧，外部不断受到神圣罗马帝国和新兴的俄罗斯帝国的挤压。马哈茂德克服内外阻力，将帝国带上了现代化改革之路。

阿卜杜勒·哈米德二世苏丹（1876—1909 在位）的统治时期正是欧亚国际局势最风起云涌的时代，然而这位苏丹也是帝国历史上最抱残守缺的苏丹。他对内压制改革，建立集权高压统治，残害少数民族，对外推行消极的外交政策。帝国领土在他的统治期间大幅缩水，土耳其也获得了"欧洲病夫"的绰号。1909 年，他的统治被青年土耳其革命推翻，奥斯曼帝国确立了君主立宪政体。

2 帝国外交
Imperial Diplomacy

波兰画家斯坦尼斯拉夫·赫莱博夫斯基（1835—1884）的画作《被帖木儿囚禁的巴耶济德》。画中躺在简陋小室中的是成为俘虏的巴耶济德一世（奥斯曼帝国的第四位苏丹，1389—1402在位），而画面正中趾高气扬者是帖木儿。此时的耻辱，与巴耶济德一世年轻时的功业形成了鲜明对比。巴耶济德曾征服了欧洲的大片土地，粉碎了一场反抗土耳其人的十字军东征，最后却败在帖木儿手上。奥斯曼帝国差点成为被蒙古铁蹄摧毁的众多国家之一，淹没在历史的尘埃里。

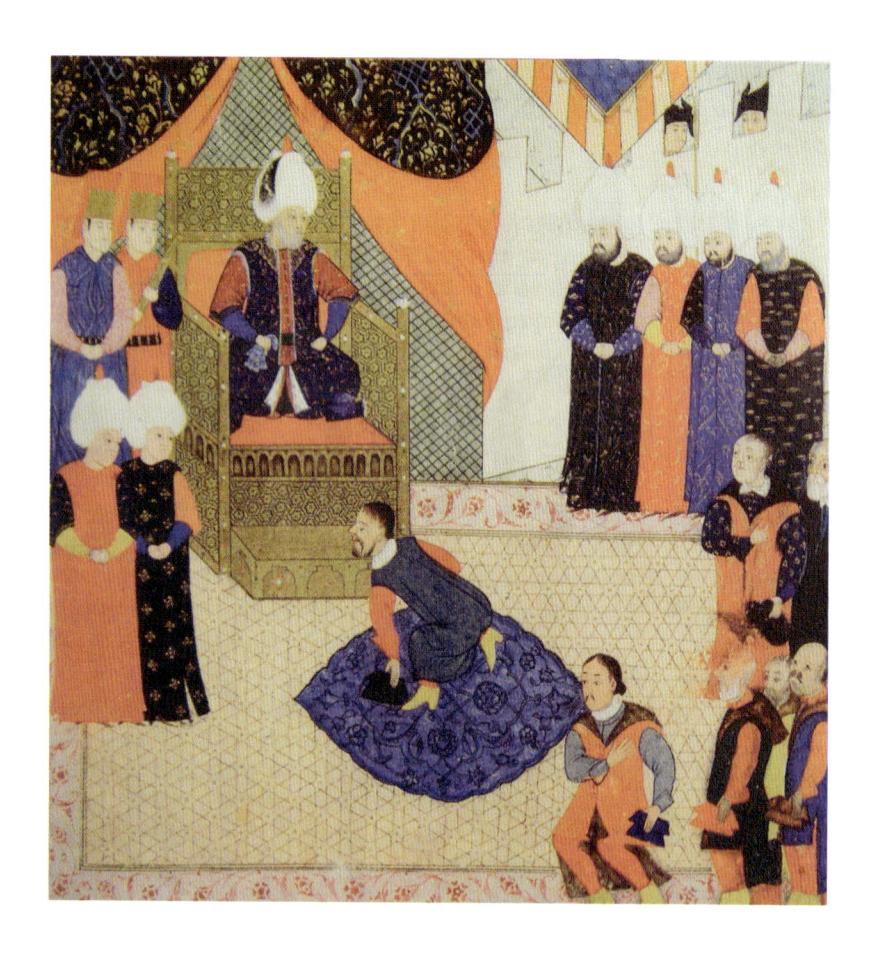

匈牙利国王亚诺什·西吉斯蒙德·佐波尧（跪于紫色垫子上者）觐见苏莱曼一世苏丹。苏莱曼亲率大军征服了重镇贝尔格莱德（今塞尔维亚首都）和布达（后发展为今匈牙利首都），并围困奥地利首都维也纳，把奥斯曼帝国国界推到了中欧的大门口。征服匈牙利后，苏莱曼让匈牙利国王成了自己的附庸。苏莱曼晚年直接和间接掌握的欧洲领土，大致相当于如今法国和英国国土的总和。

16世纪，为了遏制神圣罗马帝国日益壮大的力量，位于它东西两侧的奥斯曼帝国和法兰西王国秘密结成了同盟。由于当时奥斯曼帝国被视为整个基督教世界共同的敌人，法土同盟被称为"亵渎神明的百合花与新月的结合"。尽管如此，法国和土耳其的盟友关系竟然断断续续持续了3个世纪之久。这张图是今人把结盟双方——法国国王弗朗索瓦一世和奥斯曼帝国的苏莱曼一世苏丹——的肖像画拼合而成的，竟产生了一种奇特的和谐之感。两幅肖像据说都出自威尼斯著名画家提香之手。

18世纪初奥斯曼皇宫中欧洲使节觐见苏丹的场景。图中右边穿金色衣帽者是前来觐见的大使。头上包着高耸的头巾的,都是奥斯曼宫廷内侍——我们可以很清楚地看到,除了大使之外,使团里的每一个人都被一左一右两个奥斯曼内侍握住了双臂。该画作藏于佩拉美术馆。

1856年，克里米亚战争结束，各参战国在巴黎签署和约。一如这幅画的构图所暗示的，克里米亚战争是一场英国、法国和奥斯曼帝国联手对抗俄罗斯帝国的战争；坐在前排的四个人从左至右分别是俄国女皇特使的阿列克赛·费奥多罗维奇·奥尔洛夫伯爵（Aleksei Feodorovic Orloff）、法国外交大臣、拿破仑私生子亚历山大·科伦那-瓦莱斯基公爵（Alexandre Colonna-Walewski）、英国外交大臣克拉伦登勋爵（Lord Clarendon）、奥斯曼帝国大维齐尔穆罕默德·艾敏·阿里帕夏（Mehmed Emin Âli Pasha）。显然，奥斯曼帝国此时的国际地位只相当于一个待在边上的次要角色。

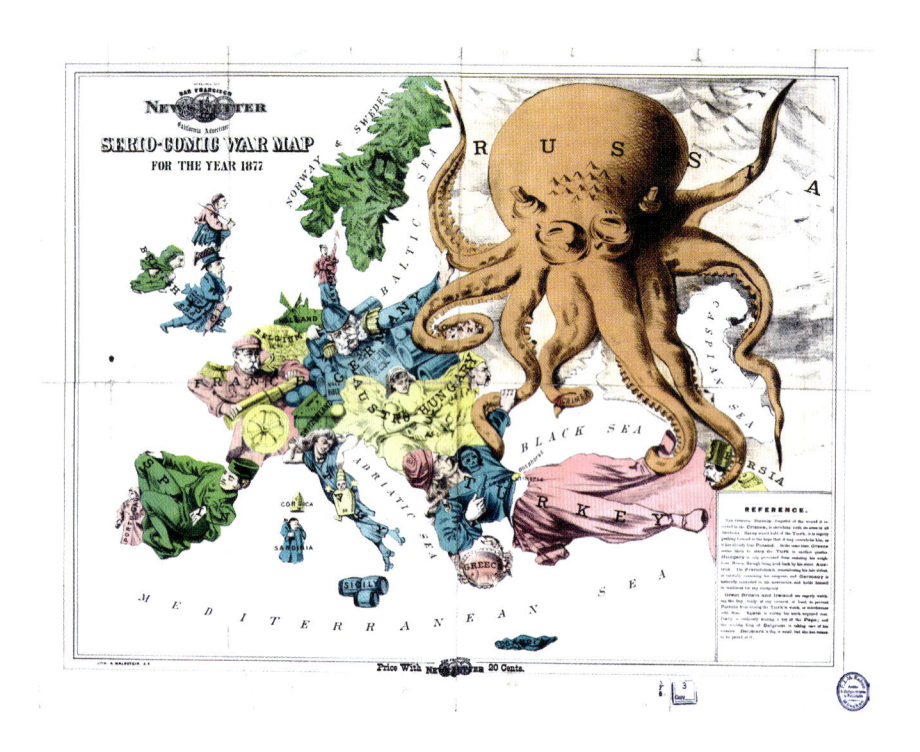

整个19世纪，俄国和土耳其之间发生了四场大战，大约每过20年左右就有一场俄土战争，其中土耳其只在克里米亚战争中取得了防御性的胜利，其余三场战争都败给了俄罗斯。在18和19世纪，俄罗斯帝国的扩张被视为欧洲均势的重大威胁，对奥斯曼帝国生存空间的挤压尤其严重。

名画《拿破仑一世及皇后加冕典礼》作为一个肩负政治任务的艺术品，里面充满了严谨的政治细节。注意这位戴头巾的观礼官员，他就是时任奥斯曼帝国驻法国大使穆罕默德·赛义德·哈莱特。奥斯曼帝国堪称欧洲强权兴替的最好见证者。它在近代两个世纪中虽然日益贫弱，却见证了自己曾不可一世的敌手——威尼斯共和国、神圣罗马帝国、殖民帝国西班牙和俄罗斯帝国——一一覆灭。

19世纪末，土耳其和德意志帝国的关系日益密切。德国极大帮助了奥斯曼帝国的军事现代化进程。第一次世界大战爆发之时，土耳其面临的外交孤立使其与德国结成了攻守同盟。图为德国皇帝威廉二世在1917年访问土耳其时，与苏丹穆罕默德五世同车的合影。一年之后，两个帝国双双战败投降。

他被西班牙人击败，丢掉了性命。据记载，奥鲁奇一直战斗"到了最后一刻，如同一头雄狮"。

在奥鲁奇死后，他的弟弟巴巴罗萨·海雷丁从1518年开始在地中海为土耳其人服务。巴巴罗萨的能力更为出众，成了一名伟大的海军指挥官。他先是加强了沿岸的守备力量，并与内陆地区的阿拉伯部落结盟。接着，他与征服了叙利亚和埃及的塞利姆苏丹建立了联系。巴巴罗萨在北非沿岸的力量可以帮助塞利姆巩固他的右翼。据记载，巴巴罗萨派了一艘大船前往伊斯坦布尔，上面载着送给苏丹的贵重礼物。苏丹封他为非洲的贝勒贝伊，给阿尔及尔送去了官职的传统象征——马匹、短弯刀和饰有两条马尾的旌旗。此外，他还给巴巴罗萨送去了武器和战士，并允许他继续征募军队，享有近卫军的特权。

不过，一直到了1533年，塞利姆的继承者苏莱曼才与巴巴罗萨建立了直接联系，在此之前苏莱曼一直忙于欧洲的陆上战事。巴巴罗萨在西地中海与神圣罗马帝国皇帝旗下力量的缠斗引起了苏莱曼的注意。苏莱曼忧心忡忡地发现，就在前一年，基督教的海军力量从西地中海进入了东地中海。统率他们的是本领高强的热那亚海军将领安德里亚·多利亚（Andrea Doria）。他改换了门庭，不再为法国国王服务，转而投入了哈布斯堡王朝皇帝的麾下。他的舰队穿过墨西拿海峡（Straits of Messina），进入土耳其人的海域，夺取了希腊西南侧海角附近的科伦。当时，苏莱曼正在围攻维也纳的屏障居斯，多利亚希望通过自己的行动来分散苏丹的注意力。苏丹派出了一支拥有人数优势的大军海陆并进，但是未能夺回科伦。尽管基督徒后来撤出了科伦，但在这里的挫败还是让苏莱曼感到十分忧心。

他意识到，在他增强陆军力量的同时，他的海军力量已经衰落到无法与西方世界匹敌的程度。他必须立即行动起来，大张旗鼓地重组他的海军。由于苏莱曼即将出征波斯，他必须确保他的海上防御力量可以在他不在的时候保卫本土。

于是，苏莱曼派遣使臣到了阿尔及尔，命令巴巴罗萨到伊斯坦布尔觐见苏丹。为了符合他自己的权势，巴巴罗萨不慌不忙地率领由40艘舰船组成的巴巴利舰队启程了。他的舰船上挂满了礼节性的装饰，气势壮观地驶过达达尼尔海峡，绕过萨拉基里奥角，驶入了金角湾的海港。他为苏丹带来了规模可观的礼物，包括需要用骆驼驮运的黄金、珠宝和贵重的织物，狮子和其他来自非洲的野兽，以及用来充实苏丹后宫的一大群披金戴银的年轻基督徒女子。随着年龄渐长，巴巴罗萨的胡子已经花白，浓密的眉毛让他看起来十分凶狠。他依然拥有强健的体格和旺盛的精力。在18名桨帆船船长的陪同下，巴巴罗萨在迪万会议上向苏丹致敬。他手下这些经验丰富的船长获得了象征着荣誉的袍子和金钱的赏赐，巴巴罗萨本人则被任命为卡普丹帕夏（Kapudan Pasha），即海军总司令。苏丹命令他们"发挥造船方面的技艺"。于是，他们来到帝国的造船厂，监督造船事宜，加快了造船进度，改进了造船工艺。经过他们一个冬天的努力，苏丹的海上力量迅速壮大，已经足以扩张至整个地中海海域和大部分的北非沿岸。

巴巴罗萨十分积极地倡导土耳其人与法国人在地中海上密切合作。在他看来，两国的联合可以有效地对抗西班牙的海上力量。这也符合苏丹的计划，因为他已经决心继续在海上——而不是陆地上——对抗皇帝查理五世。法国国王弗朗索瓦一世本人也热衷于这一安排，因为对他来说，这种联合意味着他可以在对付效忠于皇帝的意大利城邦时，在地中海上得到直接的海上支援，这比在遥远的多瑙河流域获得间接的支援要好得多。于是，这成了土耳其人和法国人在1536年达成协定的原因之一。两国在协定中还规定了秘密的共同防御条款。

1534年，就在苏丹出发前往波斯前不久，巴巴罗萨率领着他得到重建的舰队穿过达达尼尔海峡，进入了地中海。巴巴罗萨的舰队是这一时代舰队的典型，主要由大型的桨帆船（galley）组成。这种桨帆船可谓是当时的"战列舰"，其动力主要依靠划桨，桨手都是在战争中俘获的俘虏或者通过其他渠道得到的奴隶；细长盖伦船（lean galleon）相当于"驱逐舰"，更小、更快，桨手都是技艺更为娴熟的自由人；盖伦帆船（galleon）则属于"风帆战列舰"，完全依靠帆来获取动力；此外还有部分靠帆、部分靠桨的加莱赛战船（galleasses）。

巴巴罗萨向西进发，绕过墨西拿海峡，向北进入那不勒斯王国的海域，大肆破坏意大利的海岸和港口。不过，他更紧要的目标是完成他向苏莱曼许诺过的任务——夺取突尼斯。那里的哈夫斯王朝（Hafsid）发生了血腥的内讧，国势衰微。巴巴罗萨希望把从直布罗陀海峡到的黎波里的整个北非海岸上的一连串海港都纳入奥斯曼帝国的版图和他自己的实际管辖之下。他打出帮助哈夫斯王朝一位流亡王子复辟的旗号，让他手下的近卫军在拉格莱塔（La Goletta）登陆——此地扼守着通往突尼斯湖港的水路。以前还只是名不见经传的小海盗的巴巴罗萨和他的兄长奥鲁奇曾经把他们的桨帆船停放在这里。巴巴罗萨本来已经准备好了发动进攻，但是慑于他的声威，突尼斯的统治者穆莱·哈桑（Muley Hassan）直接逃走了。巴巴罗萨没有理睬突尼斯王位继承者的主张，把突尼斯并入了奥斯曼帝国的版图。这样一来，土耳其人就获得了一个战略立足点，从南方控制了连接东西地中海的狭窄通道。此外，从这里出发，可以很容易地利用桨帆船袭击马耳他和西西里。以前的罗得岛骑士团（圣约翰骑士团或医院骑士团）现在就以马耳他岛为基地，而西西里岛在历史上曾先后被从突尼斯出发的迦太基人和萨拉森人征服过。现在，西西里岛无疑成了土耳其人在地中海的下一个目标。

皇帝查理五世立刻意识到了危险，他明白在这种形势下西西里岛将不堪一击。他先是试图通过策划阴谋来达到自己的目的。他派了一名熟悉北非情况的热那亚使节到突尼斯充当间谍，让他争取下台的统治者穆莱·哈桑的支持，在那里组织反对土耳其人的叛乱。如果这个计划不能奏效，那么他可以再通过贿赂的手段诱使巴巴罗萨背弃苏丹，转而为皇帝效忠；或者安排人暗杀巴巴罗萨。结果，巴巴罗萨发现了这套计划，这名热那亚间谍为此丧了命。

于是，必须有所行动的查理五世从西班牙和意大利的各个港口纠集了一支庞大的舰队，其中包括由安德里亚·多利亚率领的400艘船只，以及由西班牙人、德意志人和意大利人组成的帝国军队。1535年夏天，他们在靠近迦太基遗址的地方登陆。在夺取突尼斯城之前，他们必须先拿下扼守"海流咽喉"的拉格莱塔堡垒的双塔，然后才能抵达突尼斯港。他们围攻了24天，在土耳其人的激烈抵抗下付出了惨重的损失。守军由一位来自士麦那的能干的犹太人海盗头目指挥，他们用船只从湖港运来火炮，组织了有效的防御。不过，这座要塞最终还是陷落了，主要因为圣约翰骑士团的一艘盖伦帆船上的火炮在墙上打出了一个缺口。这艘船有八层甲板，体积惊人，很可能是当时装备最为精良的战斗船只。

于是，通往突尼斯城的道路在帝国军队的面前打开了。帝国军队进入了内湖，俘获了巴巴罗萨大部分的船只。不过，对可能的失败有所准备的巴巴罗萨已经提前将他的体积最大、装备最精良的桨帆船作为预备队派到了位于突尼斯城和阿尔及尔之间的博恩（Bône）。接着，查理五世的陆军开始冒着酷暑沿着湖边进军，巴巴罗萨要准备面对陆上的进攻了。他未能阻止他们靠近沿途的水井，于是只好撤回突尼斯城，准备第二天率领由土耳其人和柏柏尔人（Berber）[1]组成的军队应战。

然而，就在基督教军队迫近的同时，在奥斯曼帝国治下的基督徒的帮助下，一名圣约翰骑士团的骑士领导城中数千名基督徒俘虏挣脱了枷锁，夺取了军械库，把自己武装起来开始袭击土耳其人；而柏柏尔人则拒绝协助土耳其人作战。于是，在遭遇微弱的抵抗后，查理五世率军进入了突尼斯城。他麾下的基督教军队烧杀奸淫，掳掠了整整三天，其罪行之恶劣与奥斯曼军队曾经犯下的暴行毫无二致。接着，查理五世重新把穆莱·哈桑扶上了宝座，让他成为自己的附庸，并且留下一支西班牙军队驻守拉格莱塔。查理五世在整个基督教世界被传颂为一名征服者，他还创建了一个新的十字军骑士团，名叫"突尼斯十字军"，其箴言是"巴巴利"（Barbaria）。为了庆祝这场胜利，纽伦堡的著名歌手汉斯·萨克斯排演了一出历史情景剧，再现了基督教军队围攻土耳其人驻守要塞的情景。在观众的

---

[1] 相对于土耳其人，柏柏尔人是北非的原住民穆斯林。

欢呼声中，留着红胡子的土耳其船长（巴巴罗萨）被火焰吞噬。

但巴巴罗萨并未遭此厄运。他一发现突尼斯城即将遭遇失陷和被洗劫的厄运，就立刻混在几千名土耳其人之中逃到了博恩。由于他的先见之明，被他留作预备队的舰队正在博恩等着他。查理五世的军队忙于在突尼斯城中大肆破坏，因此并没有追击。在此之前，皇帝曾经命令安德里亚·多利亚夺取博恩，以绝后患；但是他当时并没能完成这项任务，现在也就来不及逮住巴巴罗萨了。巴巴罗萨一点时间也没有浪费，凭借他高超的战略眼光和战术技巧，他立刻率领他的桨帆船和部队驶离了博恩。他的目标既不是撤退，也不是像他的敌人预计的那样回师防御阿尔及尔。在与阿尔及尔的部队会合之后，他立刻率军展开了报复行动，直扑皇帝的领地巴利阿里群岛（Balearic）[1]。

巴巴罗萨在这里打了敌人一个措手不及。他的小分队突然出现在海平面上，桅杆顶上挂着西班牙和意大利的旗帜。起初，人们以为这个小分队是皇帝的凯旋之师的一部分，还给予他们热烈的欢迎。他们先是俘获了一艘大型的葡萄牙商船，接着又驶入了梅诺卡岛（Minorca）的马戈港[Mago，现在叫马翁（Mahón）]。反败为胜的巴巴罗萨洗劫了这座城镇，奴役了数千名基督徒，毁坏了海港的防御设施，还把西班牙人的财物和物资运回了阿尔及尔。作为公认的海上活动的行家里手，巴巴罗萨还将在海上活跃很长一段时间。只要巴巴罗萨还在海上逍遥自在，突尼斯城的胜利就对查理五世来说不仅没有太大价值，而且还带来了内部的政治问题。

---

[1] 巴利阿里群岛位于西班牙东部海面，主要包括马略卡岛、梅诺卡岛、伊维萨岛和福门特拉岛四座大岛。

1536年，巴巴罗萨又一次来到了伊斯坦布尔，"拿他的脸蹭君主的马镫"（有人这么描绘巴巴罗萨向他的主人致敬的场景）。刚刚征服了巴格达归来的苏莱曼苏丹指示巴巴罗萨再建造一支包括200艘船只的舰队，用来大举入侵意大利。伊斯坦布尔的船坞和兵工厂里一片热火朝天。安德里亚·多利亚的所作所为激怒了苏莱曼：他沿着苏丹的航线大肆劫掠，先是在墨西拿俘获了10艘土耳其人的商船，接着又向东穿越了爱奥尼亚海，在帕克西岛（Paxos）附近击败了一支奥斯曼舰队。这一系列事件验证了巴巴罗萨的提议的正确性。巴巴罗萨向苏丹建议说，既然苏丹的海上力量已经延伸到了地中海的西部和中部，现在是时候在地中海的东部靠近本土的地方建立一个更加稳固的基地了。

1537年，巴巴罗萨率领他的新舰队驶出了金角湾，打算先对意大利东南部海岸发动袭击，然后再沿着亚得里亚海一路扫荡。这将是一次联合行动，苏丹本人将指挥一支规模庞大的陆军从阿尔巴尼亚渡海，然后沿着意大利一路向北进军。这个计划还要仰仗弗朗索瓦一世国王在北方的行动，土耳其人将派出桨帆船协助他的行动。在整个冬季，这些土耳其人的桨帆船都待在马赛港里，相当于公开宣告了法国人和土耳其人的合作关系。巴巴罗萨先在奥特朗托靠岸，然后"像瘟疫一样在阿普利亚（Apulia）[1]的海岸上肆虐"。巴巴罗萨新舰队的规模让安德里亚·多利亚感到胆战心惊，不敢再从墨西拿出来迎战。不过，陆上的战事并没有什么战果，这一部分要归咎于弗朗索瓦一世——一向口是心非的弗朗索瓦一世其实倾向于与查理

---

[1] 指意大利东南部沿岸地区。

五世议和。

于是，此时人在阿尔巴尼亚的苏莱曼决定把他的目标改成威尼斯。威尼斯人在爱奥尼亚海上控制的岛屿一直是双方争夺的焦点。除此之外，由于对土耳其人给予法国人的贸易优惠感到不满，威尼斯人近来开始对土耳其人的船只表现出公然的敌意。在科孚岛（Corfu）[1]附近，威尼斯人俘获了加里波利总督搭乘的船只，然后将船上的所有人灭口，除了一名年轻人靠着一块木板逃出生天。他把这个令人震惊的消息报告给了大维齐尔。苏莱曼立即下令开始围攻科孚岛。他的军队通过由船只组成的桥梁从阿尔巴尼亚海岸登岛，劫掠了岛上的村庄。但是，岛上的要塞守军顽强抵抗。到冬天来临时，苏丹只好放弃了围城。

作为对战斗失利的报复，巴巴罗萨和他的船员们冷酷无情地沿着爱奥尼亚海一路向南劫掠，然后向北进入了爱琴海，在那里蹂躏了长久以来为威尼斯共和国的繁荣做出重要贡献的一系列岛屿。他们奴役当地的居民，俘获他们的船只，然后以变本加厉的劫掠为要挟，迫使他们向奥斯曼帝国政府支付数额高昂的岁贡。接着，巴巴罗萨班师伊斯坦布尔。根据土耳其历史学家哈吉·哈利法（Haji Khalifeh）的记载，他的舰队"满载着布料、钱币、1 000名女孩和1 500名男孩。全部的劫掠所得价值40万枚金币，他的财富算下来最少也得有这个数"。第二天，巴巴罗萨带着礼物前去拜见苏丹，"这位帕夏带着200名穿着猩红色衣服的男孩，他们手里都拿着金银制成的细颈瓶和高脚杯；他们身后还有30名男孩，每个人都在肩膀

---

[1] 希腊人称其为克基拉岛，此岛十分接近阿尔巴尼亚南部海岸。

上扛着一袋金子；接着是200名男子，每个人拿着一袋子钱币；最后是200名脖子上戴着箍的异教徒，每个人都背着一卷布料"。巴巴罗萨也得到了苏丹丰厚的赏赐，"因为从来没有哪位卡普丹帕夏有过如此杰出的表现"。一位西班牙的历史学家记载说，巴巴罗萨是"土耳其海军的缔造者、指挥官和灵魂"。

巴巴罗萨对基督教世界构成了巨大的威胁，使得基督教各国，包括教皇、皇帝和威尼斯需要联起手来对付他。他们集结了大约200艘船只、6万人和大量的火炮，组成了一支由安德里亚·多利亚指挥的舰队。这支多国舰队在数量上压倒了巴巴罗萨的舰队，其中还包括50艘大型的横帆盖伦帆船。这种新型的帆船在新世界[1]已经占据了主导地位，但是在地中海还并不常见。多利亚十分自信，认为他的舰队的强大火力将轻而易举地击败海盗使用的体量较小的桨帆船，并且一劳永逸地消灭土耳其人的海上力量。

就在基督教舰队于科孚岛附近海面集结时，在希腊本土的巴巴罗萨率领他的舰队在基督教舰队的南方进入了一个在战略上十分有利的位置。巴巴罗萨穿过防御森严的普雷韦扎（Prevesa）海峡，绕过历史上曾经发生著名海战的亚克兴角（Actium），进入几乎完全被陆地包围、十分安全的阿尔塔（Arta）湾。他的做法与1500年前屋大维（也就是后来的奥古斯都·恺撒）在亚克兴角海战中击败安东尼和克里奥帕特拉之前的行动完全一样。他在这个有利的位置等待着多利亚和他的多国舰队。此时，多利亚的舰队已经抵达了普雷韦

---

1 指美洲。

扎外海上阿尔塔湾的入口处。

巴巴罗萨无意离开他安全的锚地阿尔塔湾；多利亚也没有办法绕过亚克兴角进入阿尔塔湾，因为土耳其人的桨帆船正在亚克兴角等着他。要想逮住敌人，他就只能把军队和火炮卸到陆地上，夺取普雷韦扎的城堡，并且封锁港湾。这样一来，他就可以把奥斯曼舰队困在里面，然后从陆地上的高处对他们进行炮击。他们讨论了这个计划，但是多利亚将其否决了。此时已是9月，有可能会刮起迫使舰队撤退的风暴，到那时留在陆地上的部队就只能任由巴巴罗萨的近卫军宰割了。

就这样，多利亚想把巴巴罗萨引诱到外海，巴巴罗萨想把多利亚引诱到海湾，结果双方没有发生任何大规模的冲突。他们只象征性地派出桨帆船小分队到海湾入口处游弋，然后在那里发生一些无关痛痒的小冲突。接着，安德里亚·多利亚和他的舰队从普雷韦扎向南驶去，摆出撤退的样子，希望可以诱使巴巴罗萨出来追击。等到巴巴罗萨的舰队确实离开海湾时，他发现基督徒的船只已经分散开，沿着海岸排成了一条长线。

现在，拥有兵力和火力方面巨大优势的多利亚可以重组队形、乘风向北进发挑战土耳其人了。然而，他令人费解地并没有这样做。巴巴罗萨也没有试图对占据绝对数量优势的敌人发动全力袭击。他的桨帆船追上了威尼斯人外形巨大的盖伦帆船。这艘盖伦帆船像陆上城堡的翻版，被称作水面上漂浮的城堡，是当时世界上最强大的战舰之一。不过，这种帆船笨重而又缓慢，因此落在了舰队其他船只的后面；由于完全依靠风帆的动力，它此时几乎无法移动。

巴巴罗萨小心翼翼地对付着这个庞然大物，不停地派遣一支又一支的桨帆船小分队对它发动袭击。盖伦帆船一侧的火力给桨帆船小分队造成了惨重的损失，但是盖伦帆船的主桅杆也被桨帆船上的火力直接击中，掉进了海里。威尼斯指挥官请求多利亚派遣他的桨帆船前来对付土耳其人的桨帆船，但是没人来帮忙，多利亚宁愿让他的舰队在远离岸边的地方来回机动。巴巴罗萨继续他恼人的战术，持续不断地攻击那艘盖伦帆船，并且沿着海岸一路追击掉队的船只，一共俘获了两艘桨帆船和五艘帆船，自己却一艘船也没有损失。最后，到了那天晚些时候，多利亚终于命令他的舰队北上，但不是朝向土耳其人前进，而是驶向大海深处。他或许希望能引诱土耳其人追击，但是他的希望落了空。第二天清晨，多利亚的舰队开始向科孚岛撤退，并在那里解散，船只各自返回了自己的母港。

对于基督徒一方而言，1538年的这次避战事件无异于一场大败。失败的部分原因在于，要指挥这样一支非同寻常的规模庞大的混合舰队——既有依靠划桨的桨帆船，又有依赖风帆的盖伦帆船——并非易事，而安德里亚·多利亚并未掌握这样的能力。另一个原因则是政治性的，不同的国家有着不同的利益，来自不同国家的指挥官难以相互协调彼此的行动。威尼斯人特别急于发动进攻，而西班牙人的主要目标却是不蒙受损失。对于皇帝查理五世来说，他的利益主要位于西地中海，因此在东地中海的战事对他来说无利可图。在战役开始前，他曾经试图贿赂巴巴罗萨，让他不要再为苏丹服务，但是没有成功；在战役结束后他又徒劳地尝试了一次。尽管一开始看起来形势大好，但是团结基督教世界的努力再一次失败了，或者至少可以说这次团结未能持续下去。像以往的陆上战事一样，胜利的天平又一次倒向了团结的土耳其人，他们将地中海变成了奥斯曼帝国的内湖。全凭"海上之王"巴巴罗萨的努力，这种情形再有一代人的时间就会实现。

威尼斯人退出了皇帝组织的联盟，并且在法国人的外交努力下单独与土耳其人媾和。现在，再也没有什么力量能够阻止奥斯曼舰队将其海上行动的重心从东地中海转移到西地中海了。他们的舰队耀武扬威地穿越西西里海峡，最远一直抵达了赫拉克勒斯之柱[1]。他们以阿尔及尔的海盗据点为基地，对直布罗陀发动了猛烈的袭击。1541年秋天，趁着巴巴罗萨身在伊斯坦布尔的空当，皇帝查理五世和他的基督教盟友派出了一支强大的舰队和陆军，不顾不利的季节因素发动了一次进攻，试图夺取阿尔及尔。由于遭遇了风暴，这次行动变成了一场彻头彻尾的灾难，这也是皇帝本人遭遇过的第一次重大的个人失败。

试图打破"亵渎神明的"法土联盟的阿尔及尔远征失败了，现在皇帝的敌人们可以在海上肆意行动。1543年，苏丹再一次派巴巴罗萨西进。他统率了一支由100艘桨帆船组成的舰队，随行的还有一位法国使节。他再一次蹂躏了那不勒斯和西西里的海岸，洗劫了雷焦卡拉布里亚（Reggion di Calabria），并在那里俘虏了当地总督年方十八的妻子。他释放了她的父母，得到的报答则是娶她为妻。在罗马，人们惊慌失措，官员们在夜里举着火把巡街，阻止吓破了胆的市民逃离城市。接着，奥斯曼舰队又抵达了蓝色海岸

---

[1] 即直布罗陀海峡，这一名称出自希腊神话。有趣的是，神圣罗马帝国皇帝查理五世的私人徽章上就有赫拉克勒斯之柱的形象，这一形象后来也出现在了西班牙的国徽上。

（French Riviera）[1]。巴巴罗萨在马赛登陆，得到了来自波旁家族的年轻的昂吉安公爵（Duke of Enghien）的迎接。巴巴罗萨获准将土伦（Toulon）的港口用作他的海军基地，为此一部分当地居民都被疏散了。法国人开始将那里称作君士坦丁堡第二，说那里到处都是"San-Jacobeis"（桑贾克贝伊）。

土伦港确实呈现出一片令人惊异、又让法国的天主教徒感到十分羞辱的场景：包着头巾的穆斯林在甲板上走来走去，而来自意大利、德意志甚至法兰西的基督徒奴隶则被锁在桨帆船的长凳上。由于一场流行性的热病导致了许多船员死亡，土耳其人劫掠了法国人的村庄，把农民抓到桨帆船上干活，同时还在市场上公开出售基督徒俘虏。就像在一座穆斯林城市里一样，宣礼员们自由自在地呼唤着穆斯林们前去礼拜，伊玛目们则诵读着《古兰经》。

虽然是弗朗索瓦一世本人请求土耳其人的支援，但是土耳其人大张旗鼓的做法也让他感到十分不安，更何况他们的举动还引起了法国民众的不满。由于他的海上力量并不充足，弗朗索瓦一世像往常一样含糊其词，不肯对他的盟友做出共同在海上对神圣罗马帝国皇帝发动猛攻的承诺。他的目标十分有限，只想对意大利的门户尼斯港（这个港口在皇帝的盟友萨伏伊公爵手中）发动攻击。这让巴巴罗萨十分不满，因为他想追求的是更宏大、更有野心的目标。

在一位可敬的圣约翰骑士团骑士的指挥下，尼斯的城堡始终没有被攻克；但尼斯城本身的城墙却被土耳其人的火炮炸开了一个大缺口，当地的政府首脑随即宣布正式投降。进攻一方违背了投降协

---

[1] 直译为法国里维埃拉，指与意大利海岸接壤的一段法国海岸。

议的规定，洗劫了尼斯城，并将其夷为平地。土耳其人和法国人互相指责是对方犯下了恶行。1554年春天，弗朗索瓦一世给了土耳其人一大笔钱，还送给巴巴罗萨本人珍贵的礼物，通过贿赂的方式中止了这令人难堪的联盟关系。他之所以这么做，是因为他即将再一次与查理五世议和。随后，巴巴罗萨和他的舰队返航回到了伊斯坦布尔。

这是巴巴罗萨最后一次出征。两年后，年事已高的巴巴罗萨在伊斯坦布尔的宅邸因热病去世。整个伊斯兰世界都为他哀悼："大海之主已经逝去！"

第十六章

苏莱曼长年进行着两线作战。他的海军在地中海上缔造着霸权，他的陆军则在亚洲活动。1534 年到 1553 年之间，苏莱曼亲率大军对波斯发动了三次战争。波斯一直是奥斯曼帝国的宿敌，这种敌对不仅体现在国家利益上，还体现在宗教上，因为土耳其人是正统的逊尼派穆斯林，而波斯人则是什叶派穆斯林。不过，自从苏莱曼的父亲塞利姆苏丹在查尔迪兰击败了伊斯玛仪沙阿之后，尽管两国没有签署任何和约，苏丹也一直维持着咄咄逼人的态势，但两国之间的关系还是进入了一段相对平静的时期。在伊斯玛仪沙阿去世后，他年仅 10 岁的儿子塔赫玛斯普（Tahmasp）即位。尽管塔赫玛斯普也始终面对着土耳其人入侵的威胁，但这种威胁在十年的时间里都没有成真。与此同时，趁着土耳其人的注意力在其他方面，塔赫玛斯普还成功唆使奥斯曼帝国边疆地区的比特利斯（Bitlis）总督投到他的麾下；而忠于苏莱曼的巴格达总督则被沙阿的一位拥护者杀害并取而代之。苏莱曼开始了报复行动。他先下令处决了羁押在加里波利的一些波斯囚徒，接着派遣大维齐尔易卜拉欣先他一步开始准备对亚洲的征讨。

这将是易卜拉欣的最后一场战役。他成功劝降了波斯人在边境上的几座要塞，接着在 1534 年的夏天开进了大不里士。沙阿没有像他的父亲那样鲁莽地为了保卫大不里士打一场会战，而是选择了撤退。苏莱曼苏丹在干旱的山地里行军四个月之后，在大不里士城下与他的大维齐尔会师。接着，他们在 10 月转向南方，在山地冬季恶劣的天气条件下艰难地朝着巴格达进发。

最终，在 1534 年的 11 月底，苏莱曼作为"虔信者的统领"，骄傲地从什叶派的波斯人手中夺得了神圣的巴格达。像易卜拉欣在大不里士所做的那样，苏莱曼对待城中的什叶派信徒十分宽容，这与基督教的皇帝查理五世在突尼斯对穆斯林的虐待形成了鲜明对比。苏莱曼设法找到了伟大的逊尼派伊玛目阿布·哈尼法（Abu Hanifa）的遗骸，此举让逊尼派的信徒们大为赞叹。阿布·哈尼法是先知穆罕默德时代著名的伊斯兰法学家和神学家，此前传说他的遗骸已经被波斯的什叶派穆斯林破坏了，但苏莱曼还是凭借其遗骸上的麝香气味将其找到。苏莱曼立刻命人为这位圣人修建了一座新的坟墓，这座坟墓从此之后就成了一处朝圣之所。从宗教的角度上说，苏莱曼在从异端穆斯林手中夺取巴格达之后发现阿布·哈尼法的遗骸，就如同当年从基督教异教徒手中夺取君士坦丁堡之后发现先知的同伴艾郁普的遗骸一样，堪称一项神迹。

1535 年春天，苏莱曼离开巴格达，选择了一条更好走的路回到了大不里士。他在大不里士停留数月以树立奥斯曼帝国的威信，接着在一番洗劫之后离开了这座城市。之所以这样做，是因为他很清楚他不可能长期控制距离首都如此遥远的一座城市。实际上，就在他漫长的回师途中，波斯人一直持续不断且卓有成效地骚扰着他的后卫部队，直到他在 1536 年 1 月凯旋进入伊斯坦布尔。

伴随着第一次波斯战役的，是易卜拉欣的失势。此时的易卜拉欣已经当了13年的大维齐尔，并且替苏丹掌管着陆军。在这段时间里，易卜拉欣不可避免地树了一些敌人。他们或是嫉恨他的平步青云，或是嫉妒他过大的影响力，或是眼红他富可敌国的财产。还有一些人厌恶他，是因为他偏爱基督徒，而忽视穆斯林的感受。在波斯，他的所作所为似乎有点过头了。在苏莱曼尚未抵达时，他从波斯人手中夺取了大不里士，然后把苏丹的头衔加在了自己的塞拉斯克尔（Serasker，即总司令）头衔之上。他很喜欢人们称他为易卜拉欣苏丹。在那一带，这种叫法十分常见，微不足道的库尔德人酋长往往都拥有苏丹的头衔。但是，奥斯曼帝国的苏丹却不太可能这么理解，他很可能会把易卜拉欣的做法视作不忠的表现。在战役进行的过程中，与易卜拉欣素来不合的德夫特达（财政大臣）伊斯坎德·切莱比（Iskender Chelebi）一直在他身边。伊斯坎德·切莱比反对易卜拉欣使用苏丹的头衔，试图劝他放弃这个头衔。

结果，两个人之间爆发了争执，这场争执最终演变成了你死我活的斗争。伊斯坎德被指控对苏丹图谋不轨和滥用公款，最终惨遭处死。临刑之前，伊斯坎德要来了纸笔，书面控诉易卜拉欣图谋叛逆。穆斯林把人们的临终遗言视作神圣的证词，因此苏丹开始认为易卜拉欣确实有罪。雪上加霜的是，据土耳其的史料记载，苏丹梦见已死的伊斯坎德·切莱比头上带着光环出现在自己面前，并且试图勒死自己。此外，在苏丹的后宫中，那位野心勃勃、拥有俄罗斯-乌克兰血统的新宠罗克塞拉娜（Roxelana）毫无疑问也对苏丹施加了影响。她十分嫉妒易卜拉欣与苏丹之间的亲密关系和他手中掌握的大权。

无论如何，苏莱曼决定迅速而隐秘地解决问题。1536年春天的一个晚上，已经回到伊斯坦布尔的易卜拉欣帕夏被召唤到大萨拉基里奥宫，让他到苏丹的房间去与苏丹共进晚餐。通常来说，在与苏丹共进晚宴之后，他还会在苏丹的住处留宿。第二天早上，人们在大萨拉基里奥宫的大门口看到了易卜拉欣的尸首。尸体上的痕迹表明，他是被勒死的，而且很显然，他曾经拼死挣扎过。他的尸体被一匹套着黑色马具的马驮走，然后立刻埋进了加拉塔的一座托钵僧修道院里，坟墓上连墓碑都没有。按照大维齐尔死亡后的惯例，易卜拉欣的巨额财富被没收，收归苏丹所有。在易卜拉欣发迹之初，他曾经乞求苏莱曼不要让自己攀升得太高，以免跌落下来的时候粉身碎骨。现在果然一语成谶。

苏丹第二次发动对波斯的战争，已经是十多年之后的事情了。在此之前，匈牙利发生的种种又一次把他的注意力吸引到了西方。1540年，按照秘密和约与斐迪南对匈牙利分而治之的亚诺什·佐波尧突然去世了。根据和约，如果佐波尧死时无后，那么属于他的那部分领土就应当交给哈布斯堡王朝。在签署和约时，佐波尧尚未婚娶，因此也没有孩子。但是，不久之后，佐波尧就迎娶了波兰国王的女儿伊莎贝拉。这一行动可能是受到了精明的僧侣马丁努齐（Martinuzzi）的影响。马丁努齐是一名热忱的匈牙利民族主义者，坚决反对哈布斯堡家族。佐波尧后来在布达逝世。临终前，他得到了儿子出生的消息。佐波尧宣布他的儿子斯蒂芬将继承匈牙利的王位，并且留下遗言让臣下寻求苏丹的帮助。

得知这一消息，斐迪南立即动用他能动员的资金和部队，兵发布达。斐迪南自命匈牙利全境的国王，宣称布达是他的合法都城。但是，他的部队未能攻克布达，于是只好选择撤退，仅在佩斯留下了一支守军，另外还占据了几座城镇。面对斐迪南的威胁，马丁努齐和他的反哈布斯堡王朝集团以小国王的名义向苏莱曼求救。苏莱曼对佐波尧和斐迪南签署的密约和其后一系列的不诚实行为大为不满。他说："这两位国王都不配戴王冠，他们都是背信弃义之徒。"不过，苏丹还是很乐于接待匈牙利的使团。他们希望苏莱曼能够支持斯蒂芬国王。苏莱曼原则上承认了斯蒂芬的王位，但要求他支付岁贡。不过，苏莱曼首先想要搞清楚，伊莎贝拉是不是真的生了一个孩子。于是，他派了一名高官去探明此事的真伪。伊莎贝拉怀抱着婴儿接见了这位官员。她从容地敞开胸怀，当着这位官员的面给婴儿哺乳。土耳其人跪倒在地，亲吻新生儿的脚，承认他就是佐波尧国王的儿子。

整个冬天，苏莱曼都在为又一次进军匈牙利做着准备。1541年夏天，他的军队开进了布达。在此之前，斐迪南的军队再一次试图攻击布达，但马丁努齐在他的教袍外面穿上了胸甲，指挥守军奋力防御，成功地守住了布达。苏丹率军渡过多瑙河，占领了佩斯，随后击溃了撤退中的敌军。接着，苏莱曼在布达接见了马丁努齐和他的民族主义追随者。之后，他借口伊斯兰教法不准许他亲自会见伊莎贝拉，派人把那个躺在黄金摇篮里的婴儿带进了他的大帐。一同前来的还有三名保姆和王太后的主要顾问。苏莱曼在仔细端详了一番这个婴儿之后，让儿子巴耶济德把婴儿抱在怀里，并且亲吻他。接着，婴儿被送还给了他的母亲。

不久，苏莱曼就向伊莎贝拉保证，她的儿子（此时已经以他祖先的名字被正式命名为亚诺什·西吉斯蒙德）到一定年龄之后就可以成为匈牙利的统治者。不过，他要求她现在带着婴儿到特兰西瓦尼亚的利帕（Lippa）[1]隐居。理论上，小国王将作为苏丹的附庸向他纳贡，但实际上，所有的迹象都表明，奥斯曼帝国将要在匈牙利确立永久性的统治。布达及其周边地区变成了奥斯曼帝国的一个行省，由一名帕夏管理，其政府也全部由土耳其人组成，当地的教堂也逐渐被改建为清真寺。

这让奥地利人大为不安，他们又一次开始担心维也纳的安危。斐迪南派出使团到苏丹的大帐下向他求和。他们带了大量的礼物，其中包括一座巨大而精巧的钟。这座钟不仅可以显示时间，还能显示日期、月份，以及太阳、月亮和行星的运行情况。他们认为，既然苏莱曼对宇宙和天体的运行十分感兴趣，这件礼物一定可以投其所好。然而，这样的礼物也没能说服苏莱曼接受使团提出的过分要求——他们的主子仍然希望可以成为匈牙利全境的统治者。苏莱曼先是询问了自己的维齐尔："他们说了些什么？他们想要什么？"接着，他直接打断了使节的发言，命令道："如果他们没有别的什么事了，就让他们走吧。"于是，他的维齐尔斥责使团说："你们以为帕迪沙阿疯了吗？他怎么可能放弃他第三次靠宝剑赢得的这一切？"

斐迪南又一次试图在战场上夺回佩斯，但他的围城半途而废，他的部队也被打得四散逃窜。接着，在1543年的春天，苏莱曼再一次率军深入匈牙利。经过短暂的围城之后，苏莱曼夺取了格兰

---

[1] 现名为利波瓦，位于今天的罗马尼亚西部。

（Gran）[1]，并将当地的大教堂改建成了清真寺。他把这座城市划入了布达的帕夏辖区，并且加固了它的城防，将其作为在西北方向面朝欧洲的前哨站。他的大军继续前进，在经历了一系列围城战和野外的遭遇战之后，从奥地利人手中夺取了一些重要的据点，并且占领了大片的土地。新占领的土地面积非常广阔，苏莱曼在其上设置了12个桑贾克。这样一来，匈牙利的大部分地区实际上都被并入了奥斯曼帝国的版图，由同时兼顾军事、民政和财政功能的井井有条的土耳其式政府体系管理了起来。匈牙利的这种状态将持续一个半世纪之久。

至此，苏莱曼在多瑙河流域的胜利达到了顶点，此时进行和谈就成了符合相关各方利益的一件事。查理五世本人希望和谈，以便腾出手来对付新教徒。因此，哈布斯堡家族的兄弟俩——查理五世和斐迪南——终于都同意与苏丹和谈（至少是在陆地上）。在与布达的帕夏达成停战协议之后，他们联合派出了一系列特使前往伊斯坦布尔。经过三年的努力，他们终于在1547年取得了成果，在阿德里安堡签署了为期五年、承认现状的和约。根据这项和约，苏莱曼可以保留所有新征服的土地；匈牙利的领土还有一小部分留在斐迪南的手中，但它需要为此向奥斯曼帝国政府支付岁贡。查理五世在奥格斯堡（Augsburg）[2]在这项和约上签了字，法国国王、威尼斯共和国和教皇保禄三世（尽管他在对待新教徒的态度问题上与查理五世

---

1 匈牙利北部城市，位于布达佩斯西北部46千米处，匈牙利语名字为埃斯泰尔戈姆（Esztergom）。
2 位于今德国南部，巴伐利亚的西南部。在神圣罗马帝国时期，奥格斯堡是帝国的自由城市，直属于皇帝。

不和）也都在和约上签了字。

对于苏莱曼来说，这项和约也来得恰逢其时，因为在1548年的春天，他已经准备好对波斯发动第二次战争了。不过，这次战争并不是决定性的，他取得的战果仅仅是夺取了凡城（Van）。

按照东西方之间来回摇摆的惯例，苏莱曼接下来又一次投身匈牙利事务。在阿德里安堡签署的和约并没有能够维持满五年。此时的匈牙利实际上由三股势力瓜分，而斐迪南很快就开始对自己占有的份额感到不满。土耳其人的布达帕夏辖区将斐迪南的领土和特兰西瓦尼亚分隔开了。在特兰西瓦尼亚，伊莎贝拉王太后和她年幼的儿子待在利帕，为他继承这个面积狭小但十分繁荣的国家做着准备。不过，在这里最有影响力的人却是野心勃勃的僧侣马丁努齐。为此，伊莎贝拉向苏莱曼诉苦，于是苏莱曼下令剥夺这位僧侣的权力，并命人把他绑上送到伊斯坦布尔来。

这样一来，马丁努齐就开始密谋反对苏丹了——这不仅符合斐迪南的利益，更符合他自己的利益。1551年，他偷偷地说服伊莎贝拉拿特兰西瓦尼亚跟斐迪南交换别的地方的土地，于是将特兰西瓦尼亚变成了奥地利的领土。因为促成此事有功，马丁努齐获得了枢机主教的头衔。得知这一消息之后，苏莱曼立即把奥地利的使节扔进了安纳托利亚堡垒的黑塔（这是博斯普鲁斯海峡一带著名的监狱）中。这位使节在里面遭受了两年的折磨，被放出来时已经几乎是个死人。接着，苏莱曼命令深受信任并将在日后成为大维齐尔的穆罕默德·索科卢（Mehmed Sokollu）不顾渐凉的天气率军开进特兰西瓦尼亚。大军夺取了利帕，在那里留下了一支守备队后又撤了出来。

斐迪南围攻了利帕，并且收复了这座城市。尽管马丁努齐也参与到了这一行动之中,但是他其实想安抚土耳其人的怒火。他对处于困境之中的奥斯曼守军异常宽大,希望借此获得苏丹的原谅和奖赏。斐迪南觉察到了马丁努齐的不忠举动,于是命令他手下的将领处死马丁努齐。他们买通了马丁努齐的秘书,趁他坐在桌旁时用刀捅伤了他。接着,一队全副武装的西班牙和意大利士兵冲了进去,向呼喊着"耶稣!玛利亚!"的马丁努齐开火。他们在他的身上一共留下了63处伤口。

1552年,奥斯曼军队再次入侵了匈牙利。他们夺取了一系列城堡,迅速增加了土耳其人控制区的面积。他们击败了斐迪南派来的一支军队,俘获了半数的敌人,并把他们送到布达卖为奴隶。由于人数太多,他们只好把这些人贱卖。不过,到了秋天,奥斯曼军队却在布达东北方向的埃尔劳(Erlau)[1]遭遇了英勇的抵抗,在进行漫长的围城之后不得不解围撤退。

在签署了一项停战协议之后,苏丹又在1553年发动了他的第三次也是最后一次针对波斯的战争。趁着苏莱曼忙于匈牙利事务的时机,沙阿对土耳其人发动了攻击(他有可能是受到了神圣罗马帝国皇帝的怂恿)。沙阿的儿子出任波斯军队的总司令,率军夺取了埃尔祖鲁姆(Erzurum)。负责管理埃尔祖鲁姆的帕夏被波斯人引入了埋伏圈,遭遇了惨败。接着,波斯人又取得了一系列胜利,以致欧洲人都在喜气洋洋地传递消息说,波斯人已经夺取了托鲁斯山脉的山口,兵锋已经威胁到了叙利亚。现在,轮到苏莱曼复仇了。

---

1 匈牙利人将其称作埃格尔(Eger)。

在阿勒颇度过了一个冬天之后，苏莱曼和他的大军在春天发动进攻，夺回了埃尔祖鲁姆。接着，他们在卡尔斯（Kars）[1]附近的幼发拉底河上游渡河，一路上以前所未有的疯狂大肆破坏，将波斯人的土地烧成一片废土。他们与敌人在波斯的国境内交战，连战连捷。事实证明，波斯人根本无力在野战中抵抗苏丹的大军，也无法夺回被土耳其人占领的土地。不过，土耳其人也不可能永久性地在如此遥远的地方占据土地，因为他们既没有能力彻底解决波斯人，也无法对波斯人的威胁坐视不顾。这样一来，双方就陷入了对彼此都没有好处的僵局。1554年的秋天，波斯人的使节来到埃尔祖鲁姆，双方签署了停战协议，又在第二年正式签署了和约。

苏莱曼的亚洲战事至此告一段落。事后算来，这些战争也不能说是没有收获。根据和约，苏莱曼放弃了大不里士及其周边地区，这相当于承认了他没有能力永久性地深入波斯的心脏地带，正如同他没有能力深入中欧的心脏地带一样。不过，他还是在东方为他的帝国拓展了领土，牢牢占据了巴格达、美索不达米亚平原的南部以及幼发拉底河和底格里斯河的河口，在波斯湾获得了立足之地。现在，奥斯曼帝国的版图已经从印度洋一直延伸到了大西洋。

第一场波斯战争伴随着苏莱曼的宠臣易卜拉欣之死，而第三场波斯战争则招致了另外一场变故，其可怕和不祥的程度在奥斯曼王朝历史上殊为罕见。在这两场战争之间的20年中，苏莱曼越来越严重地受到他的斯拉夫宠妃的影响——欧洲人通常将她称作拉罗

---

1 位于今天土耳其的最东部，与亚美尼亚交界。

萨（La Rossa）或是罗克塞拉娜。她是一位乌克兰牧师的女儿，在加利西亚地区（Galicia）[1]，被俘。因为她有着愉悦的笑容和欢快的性情，土耳其人把她叫作"许蕾姆"（Hurrem），意为"爱笑的人"。她逐渐取代居尔巴哈（Gülbahar，意为"春天的玫瑰"），成了苏丹的新宠。而在朝政方面，她也取代了易卜拉欣的地位，而且很可能促成了易卜拉欣的死亡。她身材纤细，举止优雅，她的魅力主要来自让人愉悦的个性，而非她的美貌。她用她的魅力来抚慰人心，用她的活泼来促人奋进。善解人意而机敏伶俐的罗克塞拉娜能够猜透苏莱曼的心事，并且善于诱导他的行动，以满足自己对于权力的渴求。居尔巴哈的地位原本仅次于苏莱曼的母亲苏丹皇太后（Sultana Valide），可谓后宫里的"第一夫人"；但是罗克塞拉娜设法取而代之，让居尔巴哈陷入近乎被放逐的境地，每年都有一段时间要待在马格尼西亚。

罗克塞拉娜在怀上苏丹的孩子之后，设法为自己争取到了伊斯兰教法中苏丹的合法妻子的地位，与苏丹确立了婚姻关系——在过去的两个世纪中，从来没有哪一位奥斯曼苏丹的嫔妃获得过这样的地位。大约在1541年，供苏丹的后妃居住的旧宫被大火毁坏，于是罗克塞拉娜又开创了一条先例，作为后妃入住了苏丹居住并处理公务的大萨拉基里奥宫。她带着她的财产和一大群随从搬进了大萨拉基里奥宫，其中包括100名侍女和私人裁缝若干，光是为她置办食物的供应商就带了30名奴隶一同前往。根据惯例，女人是不许在大萨拉基里奥宫就寝的，罗克塞拉娜却在那里度过了余生。在大

---

[1] 东欧的一个地名，这一地区现在属于乌克兰和波兰。

萨拉基里奥宫与世隔绝的庭院里，新的后宫建了起来，取代了旧的后宫。

在易卜拉欣被处死之后，罗克塞拉娜花了七年的时间，最终成了苏丹身边最具影响力的人——她设法让鲁斯坦帕夏（Rustem Pasha）成了大维齐尔。鲁斯坦帕夏娶了罗克塞拉娜和苏丹的女儿米赫里马赫（Mihrimah），因此他实际上是苏莱曼的女婿（而易卜拉欣曾是苏莱曼的姐夫）。鲁斯坦帕夏阴郁而勤奋，是一位能力出众的管理者，特别是在财政方面。苏丹逐渐把政府的权柄越来越多地移交给了鲁斯坦帕夏，罗克塞拉娜也就随之越来越接近其权势的巅峰。

尽管苏莱曼宽容、公正而又富于感情，但他的内心还是有着一种丑陋的冷酷。他天生就有着对绝对权力的执迷，对任何可能威胁到自己权力的人都充满怀疑。罗克塞拉娜很清楚如何利用苏莱曼的这种个性。她为苏丹生育了三个长大成人的儿子，分别是塞利姆、巴耶济德和杰汉吉尔（Jehangir），她决心让她的长子成为苏丹宝座的继承人。但是，苏莱曼想让他的长子、由居尔巴哈生育的穆斯塔法成为自己的继任者。穆斯塔法年轻俊朗，大有前途，"学识渊博，行事谨慎，年纪也堪当大任"。在父亲的安排下，穆斯塔法曾经在多个职位上有过历练，此时则作为阿马西亚的总督，走在前往波斯的路上。由于他为人慷慨，作战勇敢，近卫军也把他视作其父的合格接班人，效忠于他。

就在第三次波斯战争开始时，时年 60 岁的苏莱曼起初并不想亲自带兵出征，于是将指挥权交给了鲁斯坦帕夏。但是，鲁斯坦帕夏很快就派人回来报信说，近卫军对这一安排不甚满意，躁动不安。

考虑到苏莱曼年事已高，近卫军要求让穆斯塔法指挥他们。鲁斯坦帕夏报告说，近卫军认为年迈的苏丹已经无力御驾亲征，而且只有大维齐尔本人不同意穆斯塔法取代自己的军务。他宣称，穆斯塔法很乐于听到这些煽动言论，因此恳求苏丹立刻亲自前来接管军队的指挥权，以保证苏丹宝座的安全。罗克塞拉娜的机会来了。她轻而易举地利用苏丹的疑心，激发出他对穆斯塔法的野心的不满。她让苏丹相信，他的儿子试图夺取他的苏丹大位，就像他的父亲塞利姆夺取其父巴耶济德二世的大位那样。

自己究竟是出兵还是不出兵，苏莱曼犹豫不决。他的心中充满疑问和道德上的顾虑，不知道该怎样对付自己的儿子。最终，他决定抛弃私人因素，把问题上升到理论层面，让大穆夫提来给出一个公正的决断。根据巴斯拜克的记载：

（苏丹对大穆夫提说：）在伊斯坦布尔，曾有一位颇有地位的商人，准备离家一段时间。临走之前，他让一个深蒙其恩惠的奴隶照看他的家业，相信他能忠实地照看好自己的妻儿。主人刚一离开，这个奴隶就开始侵吞主人的财产，谋害主人的妻儿，甚至还图谋彻底搞垮他的主人。苏丹问穆夫提："应当怎样处置这个奴隶才是合法的呢？"穆夫提回答道，在他看来，这个奴隶应当被折磨至死。

于是，苏莱曼在宗教层面上的疑虑就打消了。他向东方进军，在9月到达了他设在艾雷格里（Eregli）的大本营，并且召唤身在阿马西亚的穆斯塔法前来。穆斯塔法的朋友们认为前途凶险，央求穆斯塔法不要听从苏丹的命令。但穆斯塔法回答说，如果他难免一死，那么最好是把自己的生命还给赐予他生命的那个人。巴斯拜克写道："穆斯塔法面临着两难处境。如果他去见他盛怒之下的父亲，毫无疑问是有风险的；而如果他不去，那么就等于承认自己意图谋反。""他选择了更勇敢也更危险的那条路"，去了他父亲的大营。

他的到来引起了一阵骚动。他十分大胆地把营地安在了其父营地的旁边。在接见了维齐尔们之后，他骑上一匹装饰华丽的战马，在维齐尔们的陪伴下和近卫军士兵的欢呼声中走进了苏丹的大帐。他以为会在这里获得苏丹的接见。在大帐里，

> 看上去一切都好。没有士兵，没有贴身的仆人，也没有侍从。不过，大帐里有几个强壮结实的聋哑人（土耳其人很看重的一类仆人）——他们是来杀他的。他刚一迈进内帐，他们就扑了上来，试图用绳子把他捆住。孔武有力的穆斯塔法拼命抵抗，不仅要保全自己的性命，更要保住自己的宝座。毫无疑问，如果穆斯塔法能够设法逃脱，跑到近卫军中，他们显然会为他的遭遇感到义愤和同情，他们不仅会保护这位他们最青睐的皇子，还会帮助他夺取苏丹的大位。距离搏斗现场只隔了一层亚麻帐子的苏莱曼害怕会发生这种情况……于是把头探了出来，用严厉而带有威胁意味的目光瞪着那几个聋哑人，并且做了几个威胁性的手势，打消了他们的疑虑。惊恐的聋哑人更加奋力地搏斗，把不幸的穆斯塔法狠狠地摔倒在地，在他的脖子上套上弓弦，将他勒死。

他的尸体被放在毯子上，在大帐前面示众。军中普遍为他的死亡感到哀痛，近卫军更是既惊愕又愤怒。但是，既然他们心仪的领袖已死，他们也无可奈何。

为了安抚他们的情绪，苏丹解除了鲁斯坦的指挥权和其他职务（无疑，鲁斯坦本人也并不全然反对这一做法），然后将他送回伊斯坦布尔。不到两年，鲁斯坦的继任者艾哈迈德帕夏被处决，鲁斯坦随即恢复了大维齐尔的职务。在这一过程中，罗克塞拉娜的坚持无疑发挥了作用。

不到三年，罗克塞拉娜去世了。她的去世让苏丹伤痛不已。他把她安葬在了专为她兴建的陵寝中，位置就在新建的苏莱曼清真寺旁边。不过，她在生前已经达到了她的目的，确保苏丹之位会传到她的两个年岁较长的儿子手上。她最喜爱的长子塞利姆是一个无能的酒鬼，而较年轻的巴耶济德则是一个更加称职的接班人。巴耶济德很像他的父亲，继承了他更多正直的品质，也更受到近卫军的欢迎。她最小的儿子杰汉吉尔是一个驼背，在脑力和体力上都不突出，却热忱地仰慕穆斯塔法。在这位同父异母的兄长被谋害后不久，杰汉吉尔悲痛不已而又忧虑万分，很快也染病去世。

仅存的兄弟二人相互仇视。为了将他们分开，苏莱曼让他们分别掌管帝国的一部分。结果，几年之后，获得各自所辖区域内的军事力量支持的兄弟二人就爆发了内战。1559年，在其父手中的军事力量的支持下，塞利姆在科尼亚击败了巴耶济德，迫使巴耶济德带着四个儿子和一小支精干的武装力量逃到了波斯沙阿塔赫玛斯普那里避难。起初，巴耶济德获得了作为奥斯曼帝国皇子应有的优待。作为回报，巴耶济德也给沙阿送去了各种礼物，包括50匹装配了精良马具的土库曼马，还让他手下的骑手为波斯人展示了惊人的骑术。接着，苏丹和沙阿之间开始了漫长的外交活动。苏丹的使节要求引渡巴耶济德，或是将他处决；沙阿则表示，按照伊斯兰教法规定的穆斯林待客之道，他不能接受这两项要求。一开始，沙阿希望可以利用手中的人质，从苏丹那里讨回在第一次战争中丢掉的美索不达米亚地区。但他的希望落空了，巴耶济德也只能在幽禁中日渐憔悴。

最终，面对奥斯曼帝国占据优势的军事力量，沙阿只能选择屈服妥协。他同意由苏丹派人在波斯的土地上处决这位皇子。沙阿在得到一大笔黄金之后，把巴耶济德交给了一位来自伊斯坦布尔的行刑官。这位皇子要求在死前再见自己的四个儿子一面，并拥抱他们一下，但被告知"忙好眼前的事情吧"。接着，弓弦套在了他的脖子上，将他勒死了。

接着轮到了他的四个儿子。他的第五个儿子年仅三岁，也在苏莱曼的命令下于布尔萨遭遇了相同的命运，被一位深受苏莱曼信任的宦官杀害。

就这样，沉湎酒色的塞利姆在继承苏莱曼大位的道路上就再也没有任何阻碍了——奥斯曼帝国也将因此走向衰落。

第十七章

随着苏莱曼在陆地上向东方的征服，他在海上的扩张方向也不再局限于地中海。1538年夏天，就在巴巴罗萨和他的舰队从金角湾出发在地中海上与查理五世的舰队进行较量的同时，奥斯曼帝国又在海上开辟了第二条战线——一支奥斯曼舰队从苏伊士启航，驶入了红海。统率这支舰队的是负责管理埃及的帕夏，宦官苏莱曼（Suleiman the Eunuch）。这支舰队的目的地是印度洋。此时葡萄牙人已经在印度洋上占据了支配地位，威胁到了奥斯曼帝国的利益。葡萄牙人想要改变东方贸易的路线，将其重心从传统的红海和波斯湾航路转移到绕过好望角的新航路上。

苏莱曼与他的父亲一样，也对这种情形感到担忧，并且终于应另一位穆斯林统治者的要求采取了行动。请求苏莱曼援助的，是古吉拉特苏丹国（Gujarat）的巴哈杜尔沙阿（Bahadur Shah），他的国家位于孟买以北的马拉巴尔海岸（Malabar Coast）[1]一带。由于莫卧儿帝国的皇帝胡马雍（Humayun）出兵入侵了古吉拉特苏丹国和德里苏丹国[2]，巴哈杜尔被迫投向了葡萄牙人，准许他们在第乌岛

---

[1] 马拉巴尔海岸指的是印度次大陆西南侧的海岸。
[2] 德里苏丹国是12—16世纪统治印度河平原和恒河平原的一个伊斯兰王国，于1526年被莫卧儿帝国吞并。

（Diu）[1]上兴建了一座堡垒。但是，巴哈杜尔现在想把葡萄牙人从这里赶走。

由于同为穆斯林，苏莱曼充满同情地听取了巴哈杜尔的请求。在苏莱曼看来，作为"虔信者的统领"，他有义务在新月与十字架陷入争端时出手援助新月一方。因此，巴哈杜尔的基督徒敌人就必须被逐出印度洋。而且，更让苏莱曼充满敌意的是，葡萄牙人阻碍了奥斯曼帝国的贸易活动。他们占据了波斯湾入口处的霍尔木兹岛[2]，而且还试图占领红海入口处的亚丁（Aden）[3]。不仅如此，在神圣罗马帝国皇帝占领突尼斯的行动中，同为基督徒的葡萄牙人也派出了一支舰队相助。因此，苏丹早就想对葡萄牙人有所动作，而此番在亚洲对他们动手，恰好遂了苏丹的心愿。

指挥这支奥斯曼舰队的宦官苏莱曼年事已高，十分肥胖，在四个人的帮助下站起来都十分困难。不过，他的舰队由武器装备精良的70余艘舰船组成，上面还搭载着一支实力可观的陆军，其中还包括一支近卫军。早在苏丹平定埃及的时候，红海一带由难以驯服的部落酋长控制的阿拉伯海岸就曾遭到过海盗的大肆破坏。而当宦官苏莱曼的舰队沿着红海南下、抵达亚丁时，他又在自己的旗舰桅杆的横杆上绞死了当地的酋长，并把他的领地变成了奥斯曼帝国的一个桑贾克。这样一来，红海的入口就落入了土耳其人的手中。与此同时，他们在印度的穆斯林盟友巴哈杜尔恰好去世，于是宦官苏莱曼就把巴哈杜尔存放在圣城麦加的金银送到了伊斯坦布尔，作为礼

---

1 印度西南部距离陆地非常近的一个岛屿。
2 该岛位于霍尔木兹海峡，今属伊朗。
3 红海和亚丁湾连接之处的重要港口，今属也门。

物献给苏丹。

尽管他的舰队拥有火力优势,但宦官苏莱曼并没有试图像苏丹命令的那样在印度洋上直接与葡萄牙人的舰队交战,而是利用顺风直接穿越大洋,抵达了印度西海岸。他让部队在第乌岛上登陆,然后利用从苏伊士地峡拖运到船上的巨型火炮围攻葡萄牙人的堡垒。要塞中的守军在妇女的帮助下进行了英勇的抵抗。在得知亚丁酋长的厄运之后,巴哈杜尔在古吉拉特的继承人开始把土耳其人看作比葡萄牙人更为致命的威胁,因此不仅拒绝登上宦官苏莱曼的旗舰,而且没有按照约定为他的舰队提供补给。

接着,土耳其人得到消息称,葡萄牙人正在果阿(Goa)[1]集结一支舰队,准备前来解救第乌岛。于是,宦官苏莱曼审慎地决定将舰队撤回红海。像在亚丁所做的那样,他杀掉了也门的统治者,并将其领土置于一名奥斯曼帝国总督的管辖之下。最后,宦官苏莱曼又在取道开罗前往伊斯坦布尔之前到麦加朝觐,试图以此在失败的印度之役之后依然让苏丹将自己视为圣战士。苏丹也的确奖励了他的忠诚,让他像苏丹的维齐尔们一样在迪万拥有了一席之地。但是,从此以后,土耳其人再也没有试图将他们的版图向东扩张到印度海岸那么遥远的地方。

不过,苏丹继续在印度洋上挑战着葡萄牙人。尽管苏丹控制了红海,但是他在波斯湾受到了阻碍,因为葡萄牙人控制了霍尔木兹海峡,挡住了土耳其人离开波斯湾的航路。这样一来,尽管苏丹在

---

[1] 印度西海岸的一个地区,位于古吉拉特的南方,此时是葡萄牙的殖民地。

幼发拉底河和底格里斯河三角洲拥有巴格达和巴士拉（Basra）港口，但它们的海路等于被封锁住了。1551年，他派遣指挥埃及舰队的皮里雷斯（Piri Reis）[1]率领30艘舰船沿着红海南下，绕过阿拉伯半岛，然后将葡萄牙人从霍尔木兹驱逐出去。皮里雷斯是一位著名的水手，出生在加里波利。用一位土耳其历史学家的话说，加里波利港的孩子们"像鳄鱼一样在水中长大，船就是他们的摇篮，日夜都伴着海浪和船只的摇摆入睡"。年少时从事海盗活动的经历让皮里雷斯成了一名出众的地理学家，留下了有关爱琴海和地中海航行情况的内容丰富的著作。他还是最早绘制世界地图的人之一，他绘制的地图里还包括了美洲的一部分。出征之后，皮里雷斯在阿曼湾占领了正对着敌人控制的海峡的马斯喀特（Muscat），并且在霍尔木兹附近的陆地上大肆破坏。但是，他却无法夺取保卫霍尔木兹岛港口的要塞。于是，他满载着从当地居民那里搜刮来的财物，向西北方向驶入了波斯湾，接着又从河口上溯，把船只停泊在巴士拉。葡萄牙人一路追击，希望能把他的舰队堵死在港口里。

面对"邪恶的异教徒"的进攻，皮里雷斯十分无耻地抛弃了他的舰队，只带了三艘满载财物的桨帆船，避开葡萄牙人冲过了海峡。在返回埃及的途中，他又损失掉了一艘桨帆船。刚一抵达埃及，他就立即被奥斯曼帝国政府逮捕，然后按照苏丹的命令在开罗被斩首。他的所有财物，包括装满黄金的大瓷瓮在内，都被送到伊斯坦布尔献给了苏丹。

接着，苏莱曼命令接替皮里雷斯的海盗穆拉德贝伊从巴士拉

---

[1] Reis是奥斯曼帝国授予海军军官的一种称呼，其意义类似于船长，有时作为绰号直接接在人名后面。

出发，冲破霍尔木兹海峡，把舰队剩余的船只带回埃及。但是穆拉德贝伊也失败了。于是，这个任务又被交给了经验丰富的水手西迪·阿里雷斯（Sidi Ali Reis）。西迪·阿里雷斯的祖先曾在伊斯坦布尔负责管理海军的军备库，他自己则是一位杰出的作家。他以卡迪比·鲁米（Katibi Rumi）为笔名，不仅写作有关数学、航海和天文学的著作，还涉猎神学，同时也是一位颇有名气的诗人。他先在巴士拉整修了15艘船只，然后出海迎战数量上占据优势的葡萄牙船队。他事后记载说，在霍尔木兹两次交战的激烈程度超过了巴巴罗萨和安德里亚·多利亚在地中海上的任何一次交锋。他损失掉了三分之一的船只，但是成功地率领其余船只冲破了封锁，进入了印度洋。

接着，阿里雷斯在印度洋上遭遇了风暴。跟这次风暴比起来，"地中海的风暴简直就像一粒沙子那样微不足道；在风暴中根本无从分辨日夜，海浪涌起犹如大山"。最终，他漂到了古吉拉特的海岸，但已经无力对付葡萄牙人，于是只好向当地的苏丹投降。他的一些追随者投入了当地苏丹的麾下，他本人则带着一些同伴深入内陆地区，开始了回家的漫漫旅程。他一路走过印度、乌兹别克斯坦、河中地区和波斯，并把他的旅途见闻记录下来，一半写成诗文，一半写成散文。苏丹奖励了他，提高了他的薪俸，还为他和他的旅伴偿付了一大笔欠款。后来，他又根据个人经历和阿拉伯文以及波斯文的资料，写成了一部有关印度海域的十分有用的著作。

不过，苏莱曼苏丹的舰队再也没有染指过这些海域。他之所以在这片海域展开海上行动，是为了保持奥斯曼帝国对红海的控制，并且阻止葡萄牙人长期霸占波斯湾的入口处。尽管苏莱曼占据了亚丁，但是他所拥有的资源已经不足以支持他在如此广阔的海域上进行两线作战。相似的情形也发生在神圣罗马帝国皇帝查理五世身上——尽管他占领了奥兰（Oran）[1]，但是在多种目标之间忙于应付的查理五世也无法保住他在地中海西部的势力。

在苏伊士以东，苏莱曼还不得不再打一场短暂的战争。在这里有一个孤立的山地王国，名叫阿比西尼亚（Abyssinia）[2]。自从奥斯曼帝国征服了埃及，这个基督教国家的统治者就试图与葡萄牙人联手，共同应对土耳其人的威胁。奥斯曼帝国给予红海沿岸及其腹地的穆斯林酋长们越来越多的支持，使他们得以时断时续地发动针对基督徒的战争，并且最终夺取了阿比西尼亚的整个东部地区。有鉴于此，1540年，葡萄牙人派遣一支军队进入了阿比西尼亚，这支军队由瓦斯科·达伽马的一个儿子统率。与此同时，一位年轻的统治者（当地人将他们的统治者称作"尼格斯"，negus）登上了阿比西尼亚的王位。这位新君名叫克劳狄乌斯（Claudius），也被叫作格拉德乌斯（Gradeus），他甫一即位便与葡萄牙人联手采取了攻势，让土耳其人在接下来的15年中都不得安宁。最终，苏丹决定把那些长期以来得到自己支持的部落民众集结起来，发动一场旨在征服努比亚（Nubia）[3]、进而从北方威胁阿比西尼亚的战争。1557年，他夺取了红海沿岸的港口马萨瓦（Massawa），这座港口一直是葡萄牙人向内陆地区活动的大本营。这样一来，克劳狄乌斯就只能孤军作战，

---

[1] 阿尔及利亚西北部的沿海城市。
[2] 即今天埃塞俄比亚的前身。
[3] 努比亚指埃及南部和苏丹北部的尼罗河沿岸地区。

最终在两年之后的一场战斗中阵亡。随着他的死亡，阿比西尼亚人的抵抗也偃旗息鼓。尽管这个基督教山地国家依然保持着自己的独立，但再也不能对其伊斯兰邻居构成任何威胁了。

在地中海，巴巴罗萨的得意门生图尔古特（Dragut，或者写作Torghut）在他死后继承了他的衣钵。图尔古特来自安纳托利亚，在埃及受的教育，曾经在马木留克的军队中担任炮手，锻炼成了一名火炮专家。接着他又来到海上寻求冒险和财富。

他的英勇表现吸引了苏莱曼的注意，被苏莱曼任命为苏丹的桨帆船部队的指挥官。从此以后，这个海盗就开始在舰队总司令的指挥下，正式效命于飘扬着苏丹旗帜的奥斯曼帝国舰队。1551年，他们开始了行动。他们的对手是耶路撒冷圣约翰骑士团。在撤出罗得岛后，这个骑士团就驻扎在马耳他岛上。首先，图尔古特从骑士团的手中夺取了的黎波里，随后被正式任命为这座城市的总督。

1558年，神圣罗马帝国皇帝查理五世去世，他的儿子兼继承人腓力二世（Philip II）[1]在墨西拿集结了一支庞大的基督教舰队，打算夺回的黎波里。他首先在陆军的配合下夺取了杰尔巴岛（这座岛屿曾经是巴巴罗萨的早期据点），并巩固了该岛的防御。但是，他在这里遭到了从金角湾出发的规模庞大的奥斯曼舰队的突袭。基督教军队大惊失色，纷纷逃回自己的船只。许多基督教船只被击沉，其余的则逃回了意大利。图尔古特十分狡猾地夺取了杰尔巴岛上的所有水井，迫使口渴难耐的要塞守军投降。自从查理五世出兵阿尔

---

[1] 腓力二世只从查理五世手中继承了西班牙和低地国家的统治权；奥地利大公和神圣罗马帝国皇帝的头衔给了查理五世的弟弟、匈牙利国王斐迪南。

及尔之后，基督教世界还没有在地中海上遭遇过这样的惨败。土耳其海盗们趁机控制了北非沿岸的大部分地区，只有奥兰还留在西班牙人的手里。接着，他们穿过直布罗陀海峡进入大西洋，一直抵达加那利群岛（Canaries）[1]，四处寻找从新世界满载财物而归的西班牙商船队。

这样一来，通向基督教世界在地中海上的最后一座堡垒——马耳他岛——的道路就畅通无阻了。医院骑士团的这个根据地位于西西里岛的南方，控制着沟通东西的海峡，位置极具战略意义，因此也就成了阻挠苏丹取得地中海全面控制权的主要障碍。用图尔古特的话说，已经到了"用烟把这一窝毒蛇熏出来"的时候了。苏莱曼对此也十分认同。苏丹和罗克塞拉娜的女儿、鲁斯坦的遗孀米赫里马赫也一直影响着步入暮年的苏莱曼。她告诉苏莱曼，发起马耳他岛战役、打败异教徒是他的神圣使命。在大萨拉基里奥宫里，也不乏支持她的观点的喧闹声。医院骑士团俘获了一艘从威尼斯驶往伊斯坦布尔的大型商船，而这艘商船是黑宦官总管的财产，上面满载着价值高昂的奢侈品，其中有不少是属于苏丹后宫中地位显贵的嫔妃的财物。

年到古稀的苏莱曼不打算像年轻时围攻罗得岛那样亲自率军远征马耳他。他把指挥权分给了两个人，由年轻的海军总司令皮亚利帕夏（Piale Pasha）指挥海军，老将穆斯塔法帕夏指挥陆军，二人共同在象征着苏丹的标志物——饰有金球和新月、拖曳着马尾的铭牌——之下指挥作战。苏莱曼知道他们二人不和，特地要求他们要

---

[1] 位于非洲西海岸、摩洛哥西南方向的一个群岛，今属西班牙。

精诚团结，责令皮亚利要像尊重父亲一样尊重穆斯塔法，而穆斯塔法要像疼爱儿子一样疼爱皮亚利。苏莱曼的大维齐尔阿里帕夏在送他们二人登船时欢快地说："两位生性快活、乐于享用咖啡和鸦片的绅士，开始了驶向海岛的愉快之旅。我打赌他们的船上一定满载着阿拉比卡咖啡豆和天仙子提取物。"不过，在地中海的战事方面，苏丹特别推崇图尔古特的战术和经验，而且信赖一位名叫乌鲁奇·阿里（Uluj Ali）的冉冉升起的海盗新星，此人此时正在的黎波里与图尔古特待在一起。苏莱曼聘请他们担任这次远征的参谋。他告诉大军的两位指挥官，要信任图尔古特和乌鲁奇·阿里，任何行动没有他们的建议和同意都不得施行。

他们的对手是医院骑士团的大团长让·德·拉·瓦莱特（Jean de la Valette），他是一位坚毅而狂热的基督教战士。他与苏莱曼同岁，曾在罗得岛围攻战时与他对垒。从那时起，他就决心把自己的一生都奉献给骑士团。拉·瓦莱特既是一名战术娴熟、久经战阵的老兵，又是一位全身心奉献于信仰的宗教领袖。在意识到对马耳他的围攻即将开始时，他向手下的骑士们发表了最后的劝勉："今天将决定基督教信仰的命运，决定《福音书》是否要屈服于《古兰经》。在加入骑士团时，我们曾把自己的性命许诺给上帝，现在就是我们兑现承诺的时刻。为主牺牲者将享有赐福。"

坐落在马耳他岛大港的城市叫马尔萨（Marsa），其两侧是石头山，守军可以依托石头工事防御城市。在它南侧的侧翼，一条条石岬伸入海中，分隔出一座座小海港。其中防御最森严的是中部两个相邻的海岬——比尔古（Il Burgo）和森格莱阿（Senglea），分别由圣安杰洛（St. Angelo）和圣米迦勒（St. Michael）两座城堡据守。

图尔古特先对马耳他岛发动了一次简短的突袭行动，让守军预感到大规模袭击即将到来。于是，他们又修建了一座新的堡垒——圣艾尔摩（St. Elmo）堡，用来加强防御。圣艾尔摩堡位于圣安杰洛堡和圣米迦勒堡的对面，处于大港的北侧侧翼，既可以保护大港的入口，也可以保护位于其北侧、与大港平行的中港（或者叫马尔萨姆谢特，Marsa Muscet）的入口。

1565年5月18日，敌军的主力部队在晨雾中出现在马耳他的海平线上。由于身为最高统帅的苏丹本人没有随军出征，陆军统帅"父亲"穆斯塔法和海军统帅"儿子"皮亚利之间的分歧从一开始就给整个行动带来了巨大的阻力。陆军统帅穆斯塔法想要先夺取戈佐岛（Gozo）[1]、主岛的北部和位于主岛中部的姆迪纳（Mdina）城，以确保大军背后的安全。他打算绕过圣艾尔摩堡，直接攻击大港的主要据点比尔古和森格莱阿。海军统帅皮亚利反对这一方案。他认为，在发动任何陆上行动之前，他的舰队必须先找到安全的停靠地点，而只有中港马尔萨姆谢特堪当此任。而要控制马尔萨姆谢特，就必须先夺取圣艾尔摩堡。为了满足海军的要求，穆斯塔法便让陆军登陆，随即开始围攻圣艾尔摩堡。尽管图尔古特和他的舰队的抵达时间比之前承诺的晚了两个星期，但是利用其舰队配备的新型火炮，他在抵达后一天之内就把围攻圣艾尔摩堡的火力增强了一倍。随着围攻的持续，还有新的火炮源源不断地从各个方向赶来增援。

守卫圣艾尔摩堡的骑士只有数百人，他们面对成千上万的敌军持续不断的进攻，拼死抵抗。随着土耳其人夺取星形堡垒外围的角

---

[1] 位于马耳他主岛北侧的一个岛屿。

堡，圣艾尔摩堡陷入了岌岌可危的境地。近卫军在狂热的托钵僧的鼓舞之下，开始对圣艾尔摩堡本身发动猛攻。他们蜂拥冲上跨越沟渠的桥梁，透过吊门的网格向要塞内齐射，然后利用梯子开始爬墙。基督徒从城墙上浇下"希腊火"，使得爬墙的敌军浑身着火，在绳梯上荡来荡去。

不过，由于土耳其人已经夺取了角堡，如此惨重的损失对他们来说也是可以承受的。很快，土耳其人就把角堡变成了坚不可摧的要塞，不仅在那上面用火炮把圣艾尔摩堡的城墙轰成了碎石，甚至还能从那里袭击到圣艾尔摩堡的内部。在他们看来，圣艾尔摩堡的陷落只是一个时间问题。但实际上，圣艾尔摩堡坚持了一个多月。狂热的土耳其人随时准备为了圣战而牺牲自己，但是他们低估了拥有相似的狂热精神的基督教骑士——他们也是圣战者，愿意为了信守自己的骑士誓言而为基督献出生命。他们像大团长要求的那样，将会战斗到最后一个人、用尽最后一弹。土耳其人的炮击是如此猛烈，圣艾尔摩堡摇晃得"仿佛风暴中的船只"，但是骑士们凭借着持续不断的精准炮击，打退了土耳其人一波又一波的进攻，给他们造成了惨重的伤亡。

图尔古特意识到了行动进展不顺利的原因所在，于是和穆斯塔法一起开始布置更多的火炮。在视察炮位布置的时候，图尔古特过于显眼地暴露在了基督教军队的火力范围之内。从圣安杰洛堡发射的一枚炮弹落在了他身边，溅起尖利的碎石，击中了图尔古特的头部。图尔古特跌倒在地，看上去好像已经死了。为了避免他的死讯动摇其手下的士气，穆斯塔法命人在图尔古特身上盖一条斗篷，把他抬回了大本营。实际上，图尔古特时而清醒时而糊涂地又活了一段时间，听到了圣艾尔摩堡陷落的消息。在圣约翰节[1]的前夜，圣艾尔摩堡在发生了最后一次你死我活的恶战后终于陷落了。据说，"他（图尔古特）表现出了喜悦之情，抬眼望向天空，仿佛在感谢上苍的恩惠，接着他脸上的表情就都消失了"。

在圣艾尔摩堡里只剩下九名圣约翰骑士团的骑士还活着。土耳其人则损失了数千人。穆斯塔法站在圣艾尔摩堡已被毁坏的城墙上，一边眺望着大港对岸巍然耸立、依旧完整的圣安杰洛堡，一边计算着己方的损失人数。在向真主祈祷后，他说道："如果这个小儿子都能让我们蒙受这么巨大的损失，那么我们要攻克他的父亲，又要付出多大的代价？"

穆斯塔法想起罗得岛投降的往事，于是给骑士们开出了投降的条件。大团长鄙夷地答复说，他可以把比尔古要塞下的壕沟送给穆斯塔法，让他在那里掩埋近卫军的尸首。被羞辱的穆斯塔法大为光火。他效仿征服者穆罕默德在伊斯坦布尔的做法，将 80 艘桨帆船借由陆路从中港运到了大港。接着，他命令海军和陆军一起攻打比尔古的圣安杰洛堡和森格莱阿的圣米迦勒堡。

在海上防御方面，骑士们用防栅封锁了这两座海岬之间的海湾。土耳其人派出工兵，带着斧子要去毁坏防栅，结果在水中碰到了赤身裸体、嘴里衔着匕首和刀子（正可谓"武装到牙齿"）的马耳他人。这些土生土长的海洋之子与入侵者在水里一边游泳一边激烈地近身搏斗，保护了防栅。

接着，土耳其人针对马耳他大港里的多个防御据点发动了一系

---

1 圣约翰节是公历 6 月 24 日。

列进攻，攻势几乎接连不断地持续了近两个月。他们想出了各种精妙的战术，也表现出了锲而不舍的精神，但仍旧没能取得什么决定性的战果，付出的伤亡代价也与基督徒的损失不成正比。骑士们依然在生死搏斗中表现出了他们的坚忍顽强，守军的士气也依旧高涨，但他们的补给供应已经吃紧。不过，进攻一方的情况也好不到哪儿去。基督徒的私掠船经常拦截他们的补给船，导致他们的食品和弹药供应已经不足。而且，他们不像医院骑士团的骑士那样有提供医疗服务的能力，军中热病和痢疾肆虐，随时有可能发生瘟疫。土耳其人的士气开始下滑，他们胸中的战斗热情开始衰退。更重要的是，由于已经到了9月，糟糕的天气开始威胁到奥斯曼大军，这也成了陆军和海军统帅发生争执的一个新的源头。

在穆斯塔法帕夏看来，如果有必要，他打算让部队在岛上过冬，并且夺取姆迪纳作为军队的基地，试图通过这种方式迫使基督徒在缺吃少喝的困境下投降。然而，像之前一样，皮亚利帕夏认为他的舰队比陆军更重要，坚称他不会允许他的舰队在缺乏安全的锚地和妥当维护的情况下在偏远的马耳他海域长期驻扎下去，最晚也不能晚于9月中旬。由于图尔古特已死，也没有人能够化解这两位奥斯曼军队指挥官之间的分歧。

然而，他们之间的分歧却因为一件意想不到的事化解了：在安德里亚·多利亚的继任者、地中海上帝国军队的新指挥官堂·加西亚·德·托莱多（Don Garcia de Toledo）的率领下，一支从西西里出发的基督教舰队抵达了马耳他，这让骑士们感到欢欣鼓舞。这支带来了1万多人援军的舰队从圣安杰洛堡面前驶过，鸣放了三响礼炮。皮亚利帕夏之前没有尝试拦截这支舰队，现在则打定主意撤退，因此也没有对它发动袭击。于是，基督教军队毫无阻碍地在马耳他岛北部登陆了。穆斯塔法立即解除了围攻，命令部队撤离马耳他。他的军队开始拔营撤退，把拆卸后的火炮运回船上，部队也纷纷登船。

然后，他才注意到援军的数量比他之前以为的要少（医院骑士团的大团长用狡猾的伎俩误导了他），于是立刻让他的部队再次登陆，与之交战。但是，军中的士气已经十分低落，士兵们都已经无心再在马耳他的土地上继续作战了。面对训练有素、令人生畏的西班牙步兵的进攻，奥斯曼军队阵列瓦解，士兵们开始四散逃命，而他们的舰队则躲在北方的圣保罗湾里。在岸上进行了几番激烈的肉搏战之后，土耳其人承受了不少伤亡，终于又被赶回了船上。

不久，奥斯曼舰队离开了马耳他岛，向东开始了返回博斯普鲁斯海峡的千里航程，全军只有大约四分之一的人幸存了下来。两位指挥官十分担心苏丹会处置自己，因此派了一些航速较快的桨帆船先赶回去把坏消息带给苏丹，好让苏丹在见到自己之前能有时间平息怒火。在到达奥斯曼帝国水域之后，他们接到命令，要求舰队必须等到天黑之后进入伊斯坦布尔的港口。苏莱曼的确非常恼火，这是他第二次在基督徒手中遭遇重挫。当年从维也纳撤军之后，他找了一些办法来挽回颜面。但是这一次，他完全没有办法遮掩在马耳他遭遇挫败的事实。从此之后，苏丹渐渐不再试图让奥斯曼帝国在整个地中海上建立统治地位了。

面对这次失败，苏莱曼十分恼怒地说："只有随我出征的时候我的军队才会打胜仗！"这不是自吹自擂的空话。在他年轻时，面对同样难缠的基督徒敌人，他凭借强有力和统一的指挥赢得了罗得岛之战。到了他年迈时，他的军队却缺少了这样的指挥能力，因而在马耳他遭遇了失败。只有拥有不可挑战的个人权威的苏丹本人，才能实现这样的指挥。正是凭借集权，再加上对各种建议的敏锐判断力、领导过程中的决断力和行动中的强大决心，苏莱曼才在45年的征战生涯中让奥斯曼帝国军队几乎战无不胜。但苏莱曼已经接近了他生命的终点。

在罗克塞拉娜去世后，苏莱曼在个人生活中变得越发孤单、内向，越来越沉默寡言、忧郁惆怅，避免与他人发生接触。成功和喝彩也不再能打动他。有一次，皮亚利帕夏令人欣喜地在杰尔巴岛和的黎波里赢得了历史性的胜利，巩固了伊斯兰世界对地中海中部的控制，随后率领舰队返回了伊斯坦布尔。巴斯拜克如此记载："在这样喜悦的时刻，人们也无法从苏莱曼的脸上看到一丝额外的欣喜……他脸上的表情毫无变化，露出的是一如既往的严厉神情……当天所有的凯旋和喝彩都未能在他身上激发出一丝满足。"巴斯拜克早就注意到了苏丹苍白的脸色——这或许是由于他有"某种隐疾"。他观察到，在各国使节向苏丹道别时，苏丹会"在脸上涂一层胭脂"来掩盖他苍白的面色，"因为他认为，如果他看起来身体强壮健康，其他国家会更加畏惧他"。

在一年之中，陛下有好几个月的时间都会感到身体十分虚弱。水肿，腿部肿胀，毫无食欲，面部也出现浮肿，脸色十分糟糕——看起来完全像一个濒死的人。在上年3月，他昏过去四五次。在那之后，他又发作了一次，他的随从当时都难以分辨他究竟是活着还是死了，也不指望他能恢复过来。人们普遍认为，他的死期已近。

年纪越大，苏丹也变得越发迷信。"以前，"巴斯拜克写道，"他很喜欢听男孩们为他合唱和演奏乐器。结果，有一次来了一个预言家（一位据说很灵验的老妇人），宣称如果他不放弃这种娱乐方式，就会遭到惩罚。于是他就不再进行这种活动了。"乐器被砸坏，扔进了火里。相类似的，为了开始过清苦的生活，他不再使用银餐具，而改用陶土做的餐具用餐。而且，他还下令禁止一切酒类进入伊斯坦布尔，因为先知穆罕默德禁止人们饮酒。"非穆斯林群体对此提出了抗议，认为骤然改变饮食习惯会导致疾病和死亡。于是，迪万做出了妥协，允许他们每周通过大海之门运送所需的酒类进城。"

然而，这样的苦行也无法减轻马耳他之败给苏丹带来的羞辱。尽管他年事已高、健康堪忧，对于一生戎马倥偬的苏莱曼来说，只有一场能够证明奥斯曼军队不可战胜的胜利才能医治他受伤的尊严。一开始，他发誓要在第二年春天亲自率军征服马耳他。不过，他最后还是决定回到他更熟悉的战场——陆地。他将再一次向匈牙利和奥地利发动进攻。奥地利的统治者、哈布斯堡王朝的斐迪南的继承者马克西米利安二世（Maximilian II）[1]非但没有向奥斯曼帝国支付岁贡，还突然入侵了匈牙利，损害了奥斯曼帝国的利益。此外，苏丹的军队此前曾经在锡盖特（Sziget）和埃尔劳受阻，因此他也十分急

---

[1] 马克西米利安二世是斐迪南的儿子，在其父去世后加冕为神圣罗马帝国皇帝。（皇帝查理五世于1556年退位，将皇位让给其弟斐迪南。斐迪南于1558年即位为神圣罗马帝国皇帝，6年后去世。）

切地想要报此一箭之仇。

于是，1566年5月1日，苏莱曼最后一次从伊斯坦布尔启程，率领规模空前的大军开始了他的第十三次亲征——这也是他第七次入侵匈牙利。在经过贝尔格莱德之后，他在多瑙河流域遭遇了熟悉的洪水。洪水冲毁了他的大帐，于是他只好住进了大维齐尔的帐中。他已经无法骑马（除了有一次阅兵的时候），于是坐在挂着帘子的轿子里随军前进。在塞姆林（Semlin）[1]，他郑重地接见了年轻的亚诺什·西吉斯蒙德·佐波尧。在西吉斯蒙德还是个襁褓中的婴儿时，苏莱曼就曾宣称他是匈牙利的国王。作为苏莱曼忠实的附庸，西吉斯蒙德在他的主子面前下跪了三次。在苏莱曼叫他平身后，他又走上前来亲吻苏丹的手，苏丹则称他为自己心爱的儿子。苏莱曼提出，自己将作为盟友为西吉斯蒙德提供支援，表明他已经准备好满足年轻的西吉斯蒙德谦恭的领土要求。

苏丹从塞姆林出发，率领大军向锡盖特要塞进军，决心向该城的指挥官、克罗地亚人尼古拉·兹里尼伯爵（Count Nicholas Zrinyi）复仇。早在围攻维也纳的时期，兹里尼就是土耳其人的死敌，曾经袭击了苏丹最喜爱的一位桑贾克贝伊的营地，将他连同他的儿子一并杀害，并且劫走了他全部的个人物品和一大笔钱财。

由于一名军官把自己的热情用错了地方，前往锡盖特的路程按照命令本来应该两天走完，结果大军一天就走完了。健康状况堪忧的苏丹累得筋疲力尽，大为光火，下令要把这名军官斩首。不过，大维齐尔穆罕默德·索科卢替他求情，救下了他的性命。他十分聪

---

[1] 今名为泽蒙（Zemun），塞姆林是其德语名称。该地区今属塞尔维亚，是贝尔格莱德市的一部分。

明地辩解道，敌人会认为，虽说苏丹年事已高，但是仍然可以像他年轻时一样用一天走完两天的行军里程，这肯定可以打击敌人的士气。于是，恼火而又迫不及待想要杀人的苏丹没有杀掉那名军官，却以作战不利为由处决了他的布达总督。

接着，奥斯曼军队开始进攻锡盖特。兹里尼在城中立起了一座十字架，组织了顽强的抵抗，给敌人造成了重大的伤亡。在城镇部分失守之后，他又撤进了城中的要塞里。要塞守军升起一面黑旗，宣称他们决心战斗到最后一个人。这样的英勇行为让苏莱曼大为触动，同时他也为攻打这么一座无关紧要的城堡浪费了这么多时间而感到十分沮丧。于是，苏莱曼开出了宽大的投降条件，并且许诺让兹里尼做克罗地亚的实际统治者，希望以此来诱使他为奥斯曼帝国效命。但是，守军轻蔑地拒绝了他。于是，苏莱曼派出了工兵，他们连续工作了两个星期，准备在主堡下面安放一枚大地雷，为总攻做准备。9月5日，他们引爆了地雷，毁灭性的爆炸炸碎了城墙，在城堡内引发了大火，要塞因而变得不堪一击。

但是，苏莱曼并没有能够亲眼看到最终的胜利。当天晚上，他就死在了大帐中，死因可能是中风，也可能是极度紧张的情绪导致的心脏病。就在几个小时之前，他还对他的大维齐尔说："我还没有听到象征征服的鼓声。"索科卢掩盖了苏丹的死讯，对外宣称苏丹患了痛风，因而不得不待在大帐中，不能公开露面。据说，为了保密，他甚至勒死了苏莱曼的医生。于是，战斗继续进行，土耳其人获得了胜利。他们连续不断地又炮击了四天，直到整座要塞只剩下一座塔楼还没有倒塌，要塞中的幸存者也只剩下了600人。在兹里尼的带领下，他们衣着华丽、披金戴银，仿佛要去参加一场宴会。在自我牺牲精神的感召下，兹里尼已经让他们做好了成为基督的烈士的准备。就在近卫军冲进来的时候，兹里尼亲自用一门巨大的臼炮开火，弹雨打倒了上百人。接着，他手持佩剑，和他的战友们一道英勇作战，直到倒下。600名守军几乎无人生还。兹里尼在战斗前的最后一个举动是布置了一条通往塔楼弹药库的导火索，剧烈的爆炸杀死了大约3 000名土耳其人。

对于大维齐尔索科卢而言，最重要的事情莫过于确保塞利姆能够和平地继承苏丹的大位。他派出行动迅速的信使，去把其父的死讯带给远在安纳托利亚屈塔希亚（Kütahya）的塞利姆。在接下来的几个星期中，他一直保守着这个秘密。政府的一切功能继续运转，仿佛苏丹还活着一样。从苏丹的大帐中还会传出命令，仿佛是他亲自签发的。空缺的职位指派了人选，晋升和奖赏也按照惯例进行。迪万还召开了一次会议，报捷消息也依照惯例以苏丹的名义送到了帝国各个行省的总督手里。在攻克锡盖特之后，战役继续进行，就好像苏丹依然在发号施令一样。不过，军队渐渐开始向奥斯曼边境方向撤退，沿途还打了一次小型的围攻战，作战的命令表面上也是苏丹下达的。苏莱曼的内脏已经被掩埋，他的遗体则经过了防腐处理。像出发时一样，在班师的路上他还被抬在封闭的轿子里，四周都是卫士和侍从，就如同轿子里的苏丹还活着一样。

直到索科卢得到消息，确认皇子塞利姆已经抵达伊斯坦布尔、可以正式举行加冕典礼之后，他才向行军中的士兵们透露了苏丹的死讯。那天晚上，大军停在距离贝尔格莱德不远的一座森林的边缘准备过夜。大维齐尔叫来了《古兰经》诵经师，让他们围在苏丹的轿子周围，开始以真主之名诵读奉献给死者的经文。宣礼员们围绕着苏丹的大帐，开始庄严地吟诵。这声响惊醒了士兵们。他们意识到，这熟悉的吟诵声是在宣告人的死亡。士兵们聚集起来，开始痛哭哀悼。在拂晓之前，大维齐尔现身在士兵中间，告诉他们，他们的帕迪沙阿、士兵之友，现在已经安息在唯一真主的怀抱之中。他回忆着苏莱曼为伊斯兰世界立下的丰功伟绩，叮嘱他们说，怀念苏莱曼的正确方式不是徒表哀痛，而是效忠于苏莱曼的儿子、接替其大位的光荣的苏丹塞利姆。士兵们的情绪逐渐平静了下来，部分是由于大维齐尔的劝导，部分则是因为他们意识到新苏丹将会给他们颁发赏赐。他们继续井然有序地行军，护送着他们伟大的统治者和指挥官的肉身抵达了贝尔格莱德。当年就是在这里，苏莱曼赢得了他的第一场胜利。接着，他的遗体又被运到了伊斯坦布尔，按照他自己事先的安排埋在了苏莱曼清真寺附近。

苏莱曼的一生大部分时间都是在战场上度过的，在手下部队的拱卫下居住在他的大帐中；他去世时也是如此。在穆斯林看来，这样的离世方式让苏莱曼成了为圣战而死的烈士。正因如此，当时最伟大的抒情诗人巴基（Baqi）为苏莱曼写下了这样的挽歌：

> 道别之鼓，终于响起，汝之旅程，由此开启
> 看哪，汝之面前，乃天堂之原野
> 感谢真主，将汝始终看护
> 烈士和加齐，皆是汝光荣的称呼

对于这位统治着伟大的军事帝国、戎马一生的苏丹来说，在如此高龄卒于战胜之时，可谓是适宜的结局。作为一位征服者，苏莱

曼用实际行动扩张并巩固了帝国的版图；作为一位立法者，追求秩序、公正和智慧的苏莱曼，通过有效的制度体系和人性化的政策打造了开明的政府架构；作为一位政治家，他让他的帝国变成了占据支配地位的世界大国；作为奥斯曼帝国的第十位苏丹，或许也是最伟大的苏丹，他让帝国的实力和威信都达到了不可逾越的高度。

然而，就在他伟大的成就之中，暗藏着终将带来衰败的祸根。继承他衣钵的后代都将是远逊于他的人——既不是征服者，也不是立法者，亦非政治家。奥斯曼帝国的巅峰突然成了一座分水岭，一座山峰的顶点，整个帝国的命运缓慢而不可避免地沿着山坡下滑，进入衰败的深渊，并走向最终的消亡。

第四部分

衰败之种

第十八章

"伟大的土耳其人"苏莱曼作为文艺复兴时代的君主,无论是在宫廷的华美壮丽方面,还是在生活方式的考究方面,都超过了西方基督教文明在这一黄金时期的许多君主。除此之外,他不仅在个人素养上远超他人,也十分善于评判他人的能力。他打破了在奥斯曼帝国政府层级体系里遴选高官的传统做法,转而亲自挑选那些他深信可以像管家一样忠实履行君主意愿的人。一位研究这段历史的土耳其历史学家认为,正是苏莱曼放任他的这些宠臣积攒了巨额的财富,任由他们过上穷奢极欲的生活,而这一切财富的来源往往都是腐败。但是,在西方世界看来,这些不过是苏莱曼时代散发着璀璨光芒的帝国荣耀背后的一点代价罢了,在那个时代腐败也是常见的现象。

在他的大维齐尔中,至少有两位——尽管他们各自有着种种弱点——为苏莱曼帝国的伟大成就做出了积极的贡献。这两位出身于基督徒家庭的大维齐尔,任职的时间共占苏莱曼统治期的三分之二:希腊人易卜拉欣帕夏是一位卓越的外交家和军事统帅;而保加利亚人鲁斯坦帕夏是一名经济专家,在帝国日渐扩张、财政收入增长一倍有余的情况下,巧妙地管理了面临种种复杂问题的帝国国库。苏莱曼的最后一位大维齐尔索科卢帕夏也来自基督徒家庭,他一直活到了苏莱曼驾崩之后。索科卢帕夏是一位来自波斯尼亚的斯拉夫人,孩童时期曾在塞尔维亚人的教堂里做辅祭。他在至关重要的时期维护了已经驾崩的苏丹的权力和威严。由于苏莱曼是一位强有力的专制君主,政府运行中的过分或不足之处,往往都被索科卢帕夏的能力抵消了;当时,人们也很难预见到这些过分或不足之处在未来会产生怎样的后果。只有当权柄落入能力较差的苏丹手中时,这些问题才会开始削弱奥斯曼帝国。

然而,颇具讽刺意味的是,正是苏莱曼本人两个灾难性的举措,导致了这种情形的提前出现。他令人遗憾地处决了他的长子穆斯塔法,继而又杀死了他的幼子巴耶济德,改变了奥斯曼帝国苏丹大位的继承人选。他的所作所为显然是不明智的,更不用说有多么惨无人道。穆斯塔法和巴耶济德都从苏莱曼的身上继承了许多可贵的品质,足以让他们承继奥斯曼帝国前十位苏丹留下的大业,确保他们的帝国继续作为令人敬仰的大国傲立世界。苏莱曼却犯下了盲目而冷酷的罪行,这种屠戮子嗣的行为比奥斯曼王朝传统的兄弟相残行为更加恶劣。这一切行为造成的结果是,苏莱曼确保了接替他大位的只能是能力格外低下、远远逊色于前代苏丹的塞利姆。在接下来的几个世纪中,虽然偶有喘息之机,但奥斯曼帝国大体上处于缓慢衰落的过程中,而塞利姆是这一阶段统治国家的25位苏丹中的第一位。

由于有罗克塞拉娜煽风点火,苏莱曼的情绪战胜了他的判断力、智慧和身为政治家的理智。随着他的死亡,他为之奋斗一生的奥斯曼帝国的伟业也注定将付诸东流。他一直相信奥斯曼一世的血脉不会犯下大错,而现在他的子嗣即将辜负他的期望。读史至此,人们总是不情愿接受这一事实，甚至还有人提出，塞利姆或许并非真的是其父的血脉，而是他的斯拉夫母亲和某个情夫的孩子。

塞利姆二世的可怜形象根本配不上做苏丹。他矮小而肥胖，面色通红，常年酗酒，因而被人恰如其分地称作"醉鬼"——或是"酒鬼塞利姆"。他生性懒散放纵，能力平庸，自私自利，一心只想取乐，丝毫没有继承其父的种种才干或其母的心机和说服力。他没有什么可以赢得臣民尊敬的事迹，对在战场上冒险和料理国事都毫无兴趣。比起宝剑和帐篷，他更愿意在大萨拉基里奥宫里虚度光阴。在狐朋狗友和逢迎拍马者的陪伴下，他无所事事地度过一天又一天，几乎不思考未来。

塞利姆唯一的才能体现在诗歌方面。他可以用土耳其语写出十分雅致的诗篇，但往往是仿效波斯人哈菲兹的诗句。先知穆罕默德曾批判道，酒是"万恶之源"。哈菲兹却不这么看，认为酒"比少女之吻还要甜蜜"。塞利姆对这种说法产生了共鸣，在一篇描绘相思的诗作中这样结尾：

哦，亲爱的，把你泛着美酒色泽的嘴唇交给塞利姆吧
倘你不在我身边，我便可含着热泪举起酒杯，吾爱……

为了不让塞利姆因为违反了先知的戒律而良心不安，大穆夫提为他提供了一个充满诡辩色彩的裁决意见，认定只要苏丹本人想要喝酒，那么饮酒的行为就是可以被宽恕的。而塞利姆登基后颁布的第一条法令，就是取消了对贩卖和消费酒类的限制。这两件事成了公众打趣的话题。有人发问道："我们今天该去哪儿买酒呢？是去穆

夫提那儿，还是去卡迪那儿？"

不过，塞利姆对政务全无兴趣，对国家来说倒是一件好事，因为这样一来，实权就落入了索科卢的手中。新任苏丹对索科卢甚是尊重，此前还把自己的女儿嫁给了他。他十分相信苏莱曼对大维齐尔的选择，因此颇为信任这位大维齐尔，愿意把自己的权力交给他使用。塞利姆的这种做法实际上开创了一个先例。在接下来的几个世纪里，时不时会有出身基督徒家庭的强势维齐尔涌现出来，对弱势的苏丹加以弥补，并且帮助国家度过危机。现在，在索科卢的看护下，国家的政策可以继续施行，苏莱曼统治时期的惯性在最高统治者不理朝政的时期得以延续，从而将形势的逆转推迟了12年。

索科卢充满活力，能力出众，雄心勃勃，思维开阔。他首先结束了苏莱曼在匈牙利开启的战事，于1568年与哈布斯堡家族的皇帝达成了体面的和约。和约为期八年，在事实上确认了领土现状。然后，索科卢把奥斯曼军队部署到了一个新的方向——俄罗斯。在16世纪，莫斯科大公国逐渐发展成为一个统一而富有活力的国家。起初，土耳其人并不把俄罗斯人视作威胁，还从1492年起允许俄罗斯人在奥斯曼帝国的版图内自由地从事贸易活动。接着，恐怖伊凡（Ivan the Terrible）[1] 出现在了历史的舞台上。他在1547年加冕为沙皇，渴望将他的大公国扩张为一个帝国。他的祖父、前任莫斯科大公伊凡三世娶了拜占庭帝国末代皇帝的侄女索菲娅（Sophia）[2]，随后宣布莫斯科大公国为拜占庭帝国的继承者，还把拜占庭帝国的双头

---

1 即有着伊凡雷帝称号的伊凡四世。
2 其父即为前文提到过的摩里亚地区亲王国的统治者托马斯·巴列奥略。

鹰作为自己的君主徽记。

恐怖伊凡向南扩张，一路夺取鞑靼人可汗的土地，最终占领了里海沿岸的阿斯特拉罕（Astrakhan）。接着，他袭击了亚速（Azov）和克里米亚沿岸地区，相当于直接袭扰了奥斯曼帝国的版图，因为这些地方属于奥斯曼帝国的附庸——克里米亚的鞑靼人可汗。索科卢认为有必要出兵干预。这种必要既出于政治因素，也出于宗教因素，因为这事关作为哈里发和圣城麦加、麦地那之保护者的苏丹的尊严。此前，不论是朝觐者还是商人，土耳其斯坦的穆斯林已经不能经过波斯人的土地进入奥斯曼帝国了。而现在，随着莫斯科大公国的扩张，穆斯林通过这个方向进入奥斯曼帝国的道路也遭遇了种种阻碍。因此，他们的统治者开始请求奥斯曼帝国政府夺回阿斯特拉罕，以重新打开传统的朝觐路线。

由于这一缘故，再加上对帝国的资源和能力的自信，索科卢开始酝酿一个既可以打击俄罗斯人南侵势头，又可以帮助土耳其人向东扩张的不切实际的计划。他在位于西北方向、流入亚速海的顿河（Don）和位于东北方向、注入里海的伏尔加河（Volga）之间，找到了一处两河相距只有30英里（约48千米）的地方，打算在这里开凿一条运河。有了这条运河，就可以将已经成为奥斯曼帝国内湖的黑海同里海连接起来。如果奥斯曼帝国舰队能够进入里海，那么就可以协助奥斯曼军队绕过漫长难走的陆路，进入并包围波斯，而且还可以打开一条通往高加索地区的新路和经由大不里士进入中亚地区的道路。如此，他们就能恢复历史上从中亚经由阿斯特拉罕到克里米亚的故道，从而为奥斯曼帝国带来贸易和战略上的优势。伊斯兰世界也绝不能让莫斯科大公国获得这一优势。早在18个世纪前，亚历山大大帝手下的将领和继业者"胜利者"塞琉古（Seleucus Nicator）就曾经设想过大维齐尔考虑的这个方案。

索科卢热情高涨地落实着这个方案。1568年，他派遣一支大军渡过黑海，控制了亚速；另外还派遣了一支规模更加庞大的军队，其目标是夺取阿斯特拉罕。一支舰队搭载着部队沿着顿河上溯，抵达了开凿运河的地点。在当地鞑靼人的帮助下，开凿运河的初步工作就此开始。然而，受限于16世纪的技术条件，运河工程在进行了三分之一之后遇到了困难。于是，一部分船只经由陆路被运到了伏尔加河，从那里顺流而下，开始围攻阿斯特拉罕。但是，围城的奥斯曼部队先是缺乏火炮支援，接着又遭遇了愈加严酷的寒冬，导致军中士气普遍下滑，最终未能攻克城市。他们随后穿过草原向克里米亚撤退，一路上也饱受折磨。

野心勃勃而又有着独立思想的克里米亚可汗杰夫列特·格莱（Devlet Ghirai）不希望苏丹以后再派兵进入自己的领地。于是，他竭尽全力地宣扬这样的观点：为了奥斯曼帝国士兵的利益着想，如此靠北的地方是不适合虔诚的穆斯林的。他强调说，在夏天，这里的夜晚只有短短五个小时，而穆斯林需要在日落之后两个小时和破晓时分礼拜，这样就会导致士兵们睡眠不足，痛苦不堪。于是，奥斯曼人放弃了攻城计划，结果在归途中又在黑海遭遇了猛烈的风暴，损失了大量的士兵。幸存下来的人由此认定，北方地区不适合穆斯林。实际上，一心想要自立为王的杰夫列特·格莱打算趁恐怖伊凡困于内忧之际自己直接进攻莫斯科。凭借他手上那支只够进行一些劫掠活动的鞑靼骑兵，杰夫列特·格莱也的确把战火烧到了莫斯科郊区。与此同时，索科卢设想的顿河-伏尔加河行动也没有再持续下去，因为苏丹塞利姆把话说得很清楚："我会计算整个行动的成本和损失的，你可得保证能算出来不错的结果。"

不久之后，沙皇就向奥斯曼帝国派出一位使节，双方达成了和约。苏丹依然拥有对克里米亚汗国的宗主权，但默认了阿斯特拉罕的沦陷。至于莫斯科人和鞑靼人之间的矛盾，就交给他们自己去用武力解决了。沙皇的统治范围向东扩张，一直到达了西伯利亚。奥斯曼和俄罗斯这两个强大帝国之间的初次遭遇就这样结束了，双方之间的和平将持续近一个世纪。

索科卢依然十分关注与东方的贸易，于是又设想出一个宏大的计划：他打算在苏伊士地峡开凿一条运河，打通从地中海到红海乃至印度洋的海路。不过，也门行省发生的一场严重叛乱阻挠了他的计划，他不得不立刻发兵平息这场叛乱。

与此同时，索科卢又把注意力转向了西方的突尼斯。海军统帅兼阿尔及尔总督乌鲁奇·阿里夺回了突尼斯，赶走了查理五世在当地扶植的王公，但那里的要塞仍然在西班牙守军的手中。索科卢的主要目标与奥斯曼帝国的传统政策相一致，他仍然将西班牙视作帝国的主要敌人，因而希望在地中海再发动一次针对西班牙人的战争，而且这一行动最好能得到法国人的帮助。此时，格拉纳达的摩尔人正在进行一场反对西班牙国王腓力二世的叛乱。这对索科卢来说是采取行动的绝好时机，因为此时动手可以巩固土耳其人作为反抗基督徒压迫的穆斯林勇士的地位。由于他们在北非的同胞无法提供足够的支持，格拉纳达的摩尔人派出了一个代表团来到伊斯坦布尔，请求苏丹的干预；而他们的穆斯林同胞也的确满怀着同情接待了他们。

然而，就在此时，塞利姆苏丹第一次表现出了令人不安的任性。他不想去对付西班牙人，而是想要对仍然与帝国处于和平状态中的威尼斯开战，因为威尼斯人拥有既盛产棉花和糖、又以出产高质量的美酒而闻名遐迩的塞浦路斯。提醒塞利姆注意到这一点的，是他身边富有影响力的红人、来自葡萄牙的犹太金融家约瑟夫·纳西[Joseph Nasi，他不久之前还被以"堂·米格斯"（Don Miguez）之名为人所知]，他对威尼斯的敌意尽人皆知。纳西怂恿塞利姆说，入侵塞浦路斯不仅能为他赢得美酒，还能获得大量威尼斯铸造的达克特金币。他的说辞得到了另一位宠臣拉拉·穆斯塔法（Lala Mustafa）[1]的支持。酒酣之际的塞利姆同意了纳西的方案，甚至还拥抱了他，并且许诺一旦成功，就封他做塞浦路斯的国王。与此同时，他还给纳西加官晋爵，把纳克索斯岛（Naxos）、帕罗斯岛（Paros）、安多罗斯岛（Andros）以及基克拉泽斯群岛（Cyclades）上另外十座岛屿[2]都赏给了他，为此不惜剥夺这些地方现有领主的土地所有权。在缴纳比例不高的税金之后，这些岛屿上总额不菲的收入和出售酒类的利润也都归纳西所有。

就这样，索科卢的决定第一次也是最后一次被塞利姆苏丹推翻。苏丹派遣了一位使节到威尼斯，逐条数落了威尼斯共和国的罪状，然后要求威尼斯要么赔款，要么割让塞浦路斯岛。威尼斯元老院拒绝了这一要求。于是，1570年，索科卢本打算派去援助摩尔人

---

[1] "拉拉"是此人的一个头衔，意为"苏丹的导师"。在奥斯曼帝国的体制中，皇子会得到一位或多位资深官员作为辅佐人。拉拉·穆斯塔法曾经是巴耶济德皇子的导师。
[2] 这些岛屿都位于爱琴海中。

的部队被派遣到了塞浦路斯。

威尼斯人对这座地中海上的东方前哨站已经忽视了一段时间,岛上的人口也在此期间出现了锐减。岛上的居民大部分是信奉东正教的希腊农民,而西欧来的统治阶层奴役、压迫着他们。据估算,大约有5万名农奴随时准备倒向土耳其人一方。塞利姆苏丹在一封诏书中要求辖区与塞浦路斯邻近的桑贾克贝伊尽可能地争取民心。他还庄严地许诺说,一旦奥斯曼军队占领了塞浦路斯岛,他们不会骚扰当地的居民,他们的财产也将得到保全。这种做法早在土耳其人开始扩张前很久就已经成了一种范式。

1570年,奥斯曼大军登上了塞浦路斯岛。陆军由索科卢的对头、塞利姆的宠臣拉拉·穆斯塔法统率,舰队则由皮亚利帕夏指挥。在岛上的一个地区已经出现了希腊人即将举事的迹象,这让威尼斯人深感担忧。为了预防这种情况的发生,他们采取了突袭行动,处死了400名希腊人。奥斯曼人抵达这一地区后,给了当地居民格外的优待,还免除了一段时间的税赋。不过,在接下来的战斗中,希腊农民对直接与他们的拉丁主人兵戎相见还是抱有疑虑,他们更愿意通过提供食品和情报的方式帮助奥斯曼人。许多逃到山区避难的人都很快返回了家乡,并且向征服者效忠。

奥斯曼军队从帝国南部出发,没有遇到任何抵抗就登上了塞浦路斯岛。他们的主要目标是征服威尼斯人的两座城堡——尼科西亚(Nicosia)和法马古斯塔(Famagusta)。在等来北非和安纳托利亚的增援部队之后,大约5万名奥斯曼帝国的军人开始向尼科西亚推进。预料到土耳其人早晚会发动入侵的威尼斯人已经提前请来军事工程专家改进了他们的要塞,但由于指挥不利,尼科西亚还是在六个星期之内投降了。残存的守军遭到了屠杀；接着，这座据说拥有教堂的数量可与一年之中的天数相比的城市遭到了洗劫，其悲惨程度（据西欧人说）堪与对君士坦丁堡的洗劫相提并论。城中的大教堂被改建成了一座清真寺。不论男女，只要是年轻、容貌姣好的居民都被贩卖为奴。他们被赶上了一艘桨帆船，但在启程前往伊斯坦布尔之前，这艘船就爆炸了。为了维护贞节，一位虔诚的女性基督徒在船内的弹药库放了一把火。

现在就剩下法马古斯塔要塞了。第二年春天，土耳其人对它发动了进攻。在总督马克·安东尼奥·布拉加丁（Marc Antonio Bragadino）的鼓舞下，威尼斯守军英勇地坚守了三个月。为了鼓舞士气，拉拉·穆斯塔法告诉士兵说，城中的敌军与尼科西亚的守军一样既不擅长战斗，也毫无经验。但威尼斯人的抵抗给他留下了深刻的印象，有人甚至回到伊斯坦布尔报告说，法马古斯塔的守军里不只有人类，还有巨人。土耳其人修建了堡垒，又挖掘了足够骑兵通过的深深的堑壕，然后又用地雷在城墙上炸出一段缺口，并对这个缺口发动了一系列的攻击。但是，他们遭遇了顽强而英勇的抵抗。守军用木柴、柴草和其他易燃物填满了角堡前面的壕沟，再将其点燃。大火燃烧了好几天。更让土耳其人感到难受的是，守军点燃了岛上生长的一种木材，而这种木材在燃烧时会散发出有害的恶臭。不过，守军渐渐沦落到吃马、驴、狗和"其他令人作呕的食物"的地步。在经过三个月的围城之后，守军只剩下七桶火药了。已经坚持到最后的布拉加丁别无选择，只能寻求体面的投降。

穆斯塔法同意了他的条件。穆斯塔法许诺说，只要要塞投降，所有人的性命都可以得到保全，守军可以携带他们的武器，由土耳其人的船只运送到克里特岛去,而城中居民可以自行决定自己的去留。布拉加丁带着三名军官和一支卫队来到了奥斯曼军队的大营,前来移交城市的钥匙。穆斯塔法一开始彬彬有礼地接待了他,双方友好地进行了协商。接着,麻烦来了。先是有人指责布拉加丁屠杀了奥斯曼战俘,接着穆斯塔法又要求守军提供一名人质,以确保运送他们的船只可以平安归来。

布拉加丁以违反停战协议为由,拒绝了这一要求。结果,出了名的暴脾气的穆斯塔法陷入狂怒,干脆宣布整个停战协议全部作废。据说,他命人把布拉加丁捆了起来,然后割掉了他的右耳和鼻子。在狱中遭受了两个星期的折磨之后,布拉加丁被铐在法马古斯塔主广场的一个木枷上。在拒绝改宗伊斯兰教之后,他被活活地剥了皮。他的尸体遭到了肢解,并被示众。接着,穆斯塔法又命人晒干了布拉加丁的皮,在里面填上稻草,然后放在一头牛的背上在城里四处游街示众。

两年之后,威尼斯将塞浦路斯岛割让给了苏丹。根据和约,威尼斯人又支付了一笔赔偿金,用来偿付土耳其人征服塞浦路斯岛所产生的花费。不过,按照当时奥斯曼帝国在被征服地区的标准做法,接下来的统治倒是足够开明。拉丁天主教会的特权被取消了,但希腊东正教会的特权得以恢复。拉丁式的农奴体系被废除,曾经属于威尼斯贵族的土地都划归奥斯曼帝国国家所有。经济的发展和财政上的支持帮助了当地居民的生活。从安纳托利亚中部来了大量的移民,他们带着牛和农具,到无主的土地上定居。

对塞浦路斯的征服导致了可怕的报复。在教皇庇护五世(Pius V)的积极倡导下,基督教国家组织了一个"永久性的"神圣同盟,旨在再一次以十字军精神将基督教世界团结起来。由于基督教国家一贯相互猜忌，彼此之间又充满利益纠葛，神圣同盟花费了一年多的时间才真正组建起来。威尼斯担心这个同盟会损害意大利的利益，而增强西班牙的实力；西班牙也不想帮助威尼斯，因为后者随时可能投回苏丹的怀抱；法国也不希望看到它的世仇西班牙变得更加强大，像往常一样更愿意亲近它的秘密盟友——苏丹。因此，法国并没有参加神圣同盟，反而试图阻挠它的成立。

1571年夏天，教皇、西班牙和威尼斯组成了共同反对奥斯曼帝国的三元同盟，而当时土耳其人还在围攻法马古斯塔。神圣同盟的联合舰队还包括来自意大利各邦国和马耳他骑士团的舰只。这支成分复杂的舰队的战斗力很大程度上取决于他们能否找到一名能力卓著的指挥官。最终，这一重任落在奥地利的堂·胡安（Don John）的肩上。堂·胡安是皇帝查理五世的私生子，即国王腓力二世同父异母的弟弟。堂·胡安是一名充满活力、有着火一般热情的年轻人，天生具有领袖气质，并且在指挥镇压格拉纳达的摩尔人叛乱时证明了自己的能力。基督徒们终于找到了一位能够让来自不同国家的人们团结一致、全身心地投入"十字军东征"（这次晚近的针对奥斯曼土耳其的战争，可以被看作第13次十字军东征）的领袖。

堂·胡安的舰队规模比奥斯曼舰队略小，由大约200艘桨帆船组成。但威尼斯人派来的6艘加莱赛战船给了他们一定的优势，因为这种战船比地中海上的任何船只都大，火力也更强。伴随堂·胡安的舰队出征的大约有3万名士兵；而人数相近的奥斯曼舰队则由穆赫辛扎德·阿里帕夏（Muhsinzade Ali Pasha）统率，前文提到过的乌鲁奇·阿里[西方人称他为奥基亚利（Ochiale）]在他的手下效命；一同出征的还有另外两名私掠船船长和15名负责管理沿海桑贾克的贝伊。他们每个人都获准在自己的桨帆船船尾楼上挂起自己的旗帜，象征他们"海上贵族"的身份。

1571年9月，神圣同盟的舰队在墨西拿集结，随后起航前往属于异教徒的东地中海寻找敌人。挂着三角旗和其他旗帜的桨帆船桅杆林立，在位于防波堤尽头的教皇特使的祝福下，跟随着旗舰驶入了墨西拿海峡。在抵达土耳其人曾经围攻却无功而返的科孚岛之后，堂·胡安接到了有关法马古斯塔的陷落和那里发生的亵渎神明的行为的第一批报告，这些消息坚定了十字军战士们与土耳其人拼死战斗的决心。

与此同时，奥斯曼舰队从科孚岛向南朝着帕特拉斯撤退，随后在勒班陀海湾下锚停泊。基督教舰队穿越了凯法洛尼亚岛（Cephalonia）[1]和伊萨卡岛（Ithaca）之间的海峡，出现在海湾的入口之外。在看到基督教舰队之后，土耳其人的海军统帅在他的旗舰"苏丹娜号"上召开了作战会议。像基督教舰队一样，土耳其人这边的意见也不统一，有人嚷着要马上行动，有人则建议小心从事。好斗的乌鲁奇·阿里斥责那些想要留在勒班陀的同僚，说他们想在这儿"照看妇孺"；不过，作为一位久经考验、做事务实的海盗，他也同意陆军统帅佩尔塔乌帕夏（Pertau Pasha）的意见，认为应该稍事休整，在装备和训练完成之后再发动进攻。

但海军统帅阿里帕夏勇猛有余而谨慎不足，而且必须严格遵守苏丹的命令。自从攻陷法马古斯塔之后，苏丹本人也变得格外好

---

[1] 爱奥尼亚群岛中最大的岛屿。

战，一心想要他的舰队英勇出击俘获基督教舰队，并把它带回金角湾去。于是，阿里帕夏下令立刻发动进攻。为了鼓舞士兵，他让他们不要忘记土耳其人已经征服了数不清的基督教城市，且无论在人数上还是船只数量上他们都占据着优势，随后又贬损了眼前的敌人一番。

于是，奥斯曼舰队驶出了位于勒班陀海湾内的安全港，到海湾入口之外的外海上与基督徒交战。

这次新月与十字架之间的碰撞，是欧洲历史上最后一次发生在桨帆船舰队之间的大型海战。十字架一方打出了堂·胡安的教皇旗，其上绘有钉死在十字架上的基督的形象；新月一方打出了来自麦加的神圣旌旗，其上饰有《古兰经》中的章句。1571年10月7日，星期日，是阳光明媚的一天。在这天的日出时分，堂·胡安命令全舰队将士举行弥撒仪式。接着，土耳其人就在海平线上出现了。

两支摆好了战斗队形的舰队遭遇了。奥斯曼舰队组成了一个宽宽的新月形，冲向基督教舰队。双方的舰队都分成了三个分队，双方的主帅均位居舰队中央的突前位置。双方舰队的总指挥各自站在自己的旗舰上，直接面对着对方。堂·胡安的旗舰两侧分别是教皇舰队的旗舰和威尼斯人的旗舰，而直面他们的挑战的阿里帕夏的两侧，分别是佩尔塔乌帕夏和他的财务主管所在的舰只。乌鲁奇·阿里统率着奥斯曼舰队的左翼，面对的对手是热那亚的舰队；亚历山大港的贝伊穆罕默德·舒卢奇[Mehmed Chuluk，通常被叫作西罗科（Scirocco）]统率右翼，面对的是威尼斯的舰队。阿里帕夏发现基督教舰队的实力比他预计的要强，为了以防万一，他命令舰队把队形从新月形变成一条直线。在基督教舰队组成的直线前方几千码的地方，是堂·胡安手下令人生畏、如城堡一般坚固的加莱赛战船。

有那么一会儿，双方都没有什么动作，只是审视、评估着对方。接着，土耳其人发出了正式的挑战，射出了一发只填充了火药的空包弹。作为回应，基督教舰队射出了一发重重的实心弹，这枚炮弹从奥斯曼舰只的索具中间穿了过去。伴随着呐喊声和铿锵的鼓声和笛声，土耳其人开始划桨向前。两支舰队很快就纠缠在了一起，从战线的一头到另一头，双方发生了全面的接触。很快，加莱赛战船的舷炮齐射就打乱了土耳其人的攻势。土耳其人的船只先是散开，接着又固执地重新集结，然后继续执行传统的冲撞登船战术。渐渐地，这场战役演变成了三场单独的战斗。在西罗科的指挥下，奥斯曼舰队的右翼向海岸的方向移动，试图绕到敌人的侧翼。但是，威尼斯人凭借着训练有素的船员和质量更好的桨帆船，把土耳其人的船只赶上了海岸，然后又冲上陆地屠杀了逃窜的土耳其船员，彻底消灭了这支分队。威尼斯舰队的指挥官巴尔巴里戈（Barbarigo）被一箭射中了眼睛，箭头插进了他的脑中，当即阵亡；而受伤的西罗科则落入海中，随后被敌人拖出来斩首，也丢了性命。

主要的战场在中路。双方总指挥的旗舰"国王号"和"苏丹娜号"船头对着船头冲向彼此。它们剧烈地相撞，"苏丹娜号"的船首尖角嵌进了"国王号"的索具之中，把两艘船紧紧连在了一起。这两艘船就成了中心战场，威尼斯舰队和教皇舰队的旗舰则分处于这个中心战场的两侧。使用钩铳和弓箭的基督徒钩铳手和奥斯曼近卫军旗鼓相当，双方拼死激战了两个小时；在需要的时候还不断有援军从周围的桨帆船和盖伦帆船上登舰。基督徒一方的火力占据优势，而奥斯曼船只用来防御敌人登舰的手段不多。于是，基督徒在战斗中逐渐占了上风。阿里帕夏率领手下士兵英勇地保卫着"苏丹娜号",接连打退了基督徒的两次进攻。接着,堂·胡安亲自带人冲上了"苏丹娜号"。在战斗中,一颗子弹击中了阿里帕夏的前额,他向前跌倒,死在了舷梯上。他的头被砍下来,呈到堂·胡安面前。据说,堂·胡安很不高兴,因为他对他的敌人十分尊敬;但他还是把人头插在了长矛上,在他的旗舰上示众。

基督徒登上了奥斯曼舰队的旗舰,将其俘获。土耳其人发动了一次绝望的反击,想要将它夺回,但没有成功。奥斯曼舰队的中路被击破了。在土耳其人的桨帆船上,划桨的基督徒奴隶打破枷锁,夺取武器,扑向了奴役他们的人。经过三个多小时激烈无比、可歌可泣的战斗,基督教军队赢得了勒班陀战役。奥斯曼舰队的大部分船只(大约230艘桨帆船)都被击沉或俘虏,而基督教舰队只损失了不超过15艘桨帆船,人员损失也只有土耳其人的一半。不过,牺牲的基督徒里有许多是西班牙和意大利贵族阶层中的精英人物。参战的西班牙人里包括塞万提斯(Cervantes),他在进攻西罗科的旗舰时负伤,左手从此落下了残疾。后来,他曾这样描写自己:"尽管这只手看起来很丑,我却觉得它很可爱,因为它见证了过去几个世纪中最值得纪念、最伟大的事件——未来的人再也不会遇到可以与之相比肩的伟业。"

不过,左翼的土耳其人幸存了下来。作为一名高超的战术家,海盗乌鲁奇·阿里首先迫使基督教舰队的右翼——统率它的是吉安·安德里亚·多利亚(Gian Andrea Doria),那位著名的海军将领的侄子——向南移动以避其锋芒;接着乌鲁奇又在北方的主战场展开激战时，令其舰队穿过基督教舰队之间的空隙，从后方攻击堂·胡安。圣约翰骑士团的桨帆船挡在他的面前，他手下的阿尔及利亚人就欣然投入了与他们的厮杀之中；接着，他们又开始攻击前来救援的西西里桨帆船，随后夺取了马耳他人的旗舰，并在船上升起了自己的旗帜。战斗进行得十分激烈，但不久多利亚的舰队开始向北移动，与一支实力更为强大的预备队会合了。此时，精明的海盗头子意识到己方已经在主战场上落败，于是率领大约40艘桨帆船趁着黄昏逃走，让土耳其人不致落得惨败的下场；而多利亚要为乌鲁奇的逃走负主要责任。不过，这场战役仍然是基督徒的胜利。用塞万提斯在《堂吉诃德》中的话说："对于基督教世界来说，这是幸运的一天，它让所有国家都醒悟到，它们相信土耳其人不可战胜是多么荒谬。"

得知胜利的消息，欧洲人陷入了狂喜之中。就在阿里帕夏丧命的那一刻，教皇庇护五世得到了上帝的启示，明白他们已经赢得了胜利，于是他在一尊耶稣受难像面前跪了下来，感谢上帝的庇佑。现在，端坐在宝座上的教皇见到了报捷的使者。他恰如其分地引用《福音书》中的话说："有一个人，他受神的差派而来，他的名字叫约翰。"

威尼斯率先得知了战胜的消息。在圣马可广场上人群的注视下，一艘桨帆船从潟湖驶来。它的船尾拖曳着缴获的土耳其人的旗帜，船尾甲板上一名船员穿着从阵亡土耳其人身上剥下来的衣服。听到桨帆船鸣炮敬礼，威尼斯人松了一口气，随即陷入狂喜之中。西班牙也化为了欢乐的海洋。他们认为，正是在西班牙的主持下，这次针对奥斯曼异教徒的十字军圣战才取得了胜利，他们为此而骄傲不已。听闻奥斯曼盟友的败绩，法国国王查理九世（Charles IX）命人演唱了感恩赞美诗，还举行了其他的庆祝活动。即便是在遥远的英格兰，人们也为"打倒土耳其人"而点起篝火，进行布道，从圣马田教堂（St. Martin-in-the-Fields）传来了洪亮的钟声；而年幼的苏格兰国王詹姆士六世（James VI）[1]则写了上千行蹩脚的诗句助兴。在接下来的几个世纪里，史诗般的"勒班陀之战"都将作为传奇在全欧洲传颂，画家、水平各异的诗人和民谣歌手都用自己的方式描绘着堂·胡安和摧毁奥斯曼入侵者的英勇战士的不朽荣耀。

就在欧洲为胜利欣喜若狂的同时，奥斯曼帝国的首都则由于这前所未有的重大失败而笼罩在沮丧的气氛之中。由于舰队遭受的巨大损失和陆军蒙受的巨大屈辱，土耳其人对勒班陀战役的失败感到灰心丧气——至少一开始是如此。苏丹塞利姆斋戒祈祷了三日，乞求真主怜悯他的子民。接着，为了安抚民众的骚动情绪，他下令屠杀掉帝国版图内所有的西班牙人和威尼斯人。不过，这一命令并没有得到执行。这多亏了穆罕默德·索科卢的干预，他设法让他的主人把精力用在了更有建设性的事务上。

临近年底时，乌鲁奇·阿里率领大约80艘船只骄傲地驶入了金角湾，其中半数船只是从勒班陀海战中幸存下来的，另外一半则来自东地中海的各港口。在索科卢的建议下，乌鲁奇·阿里被擢升为海军总司令（卡普丹帕夏），接替了战死的穆赫辛扎德·阿里；苏丹塞利姆还十分贴切地将他的名字由乌鲁奇改成了基利希（Kilij），

---

[1] 后来，他在英格兰女王伊丽莎白一世驾崩后兼任英格兰国王，称詹姆士一世；其母为苏格兰女王玛丽一世。

意为"宝剑"。接着，在塞利姆的支持下，他和经验丰富的皮亚利帕夏合作，用一个冬天的时间组建了一支新的舰队。塞利姆本人为此提供了资金，还把大萨拉基里奥宫中花园的一部分拿出来，改造成了一座造船厂。

于是，到了1572年的春天，也就是勒班陀战役结束仅仅六个月之后，一支奥斯曼舰队就已经做好准备，拥有大约250艘船只和8艘巨大而现代化的加莱赛战船，意欲在海上展示土耳其人的武力了。当时，没有哪个基督教国家能够完成这样的造船壮举。1572年，这支舰队出现在塞浦路斯外海。这让基督教同盟大吃一惊，从此不再敢筹划夺回塞浦路斯岛的行动。接着，这支舰队驶入了希腊海域，最远航行到了可以威胁克里特岛的地方，一路展示着他们复兴的海上力量。不过，在这一阶段，他们还是避免与敌人发生直接冲突。尽管基督教舰队仍然拥有比奥斯曼舰队更庞大的规模，但他们既未能与基利希·阿里交战，也未能将他逐出爱奥尼亚海的沿岸地带。

这一情形加速了威尼斯与奥斯曼帝国的议和，威尼斯正式割让了塞浦路斯岛。在威尼斯内部，有一股强大的力量要求与奥斯曼帝国议和，以期恢复双方的贸易活动。当威尼斯驻伊斯坦布尔的公使第一次与大维齐尔探讨议和的前景时，索科卢这样回答他："你们的损失与我们的损失有很大的不同。我们夺取了塞浦路斯，相当于斩断了你们的一只胳膊；你们击败了我们的舰队，相当于剃掉了我们的胡子；断臂不能重生，而剃掉的胡子却会长得更加茂盛。"

法国国王查理九世派驻伊斯坦布尔的大使对和谈给予了大力支持。查理九世与威尼斯人一样，担心西班牙的壮大会损害他在黎凡特地区的利益，因此试图拆散神圣同盟。实际上，基督徒们表面上大谈在取得了海上优势之后应当采取怎样协同一致的行动，实际上早就开始了内部的小摩擦，各国船只也都回到了自己的港口。各国之间充满了矛盾，每个国家的内部也有各种相互矛盾的目标需要权衡。这些事务的重要性很快超过了它们的共同目标。因此，勒班陀战役的胜利没有能够带来更多的成果。不过，在道义层面和心理层面，它仍然是一场胜利。在欧洲人的眼中，土耳其人的魔咒被打破了。自从一个多世纪前君士坦丁堡沦陷以来，欧洲的局势就一直受到奥斯曼帝国的掌控，而土耳其人不可战胜的形象到此时才第一次被打破。土耳其人的传奇破灭了，基督徒因而可以更加自由地呼吸。

对于土耳其人的威望而言，这是一个转捩点。不过，就实力而言，苏莱曼留下的帝国依然强盛，它依然拥有无可匹敌的物质资源和实用技艺，因而可以在失败后迅速地复苏。即便拥有塞利姆这样无能的君主，索科卢领导下的奥斯曼帝国依然像往常一样，在现实层面和精神层面上都团结一致，在行动上富于活力，在政策上富于决断力，在实际事务方面也十分务实。它依然是一个具有凝聚力的伊斯兰强国，在这一方面完全可以被其基督教敌人视作楷模。这样的情形还将持续20多年。

帝国的主要敌人依然是西班牙，双方此时争夺的焦点是突尼斯。奥斯曼人在塞浦路斯战役期间夺回了突尼斯，但在勒班陀战役结束一年之后，一支西班牙舰队在堂·胡安的指挥下又将其攻占。第二年，基利希·阿里率领一支规模堪与勒班陀战役中的奥斯曼帝国舰队相媲美的舰队卷土重来，永久性地占领了这座城市。与此同时，他还攻占了长期以来被西班牙人控制的拉格莱塔堡垒。在勒班陀战役失利短短三年之后，这位海盗船长出身的舰队司令就再一次让金角湾迎来了一支凯旋的舰队。

与阿尔及尔和的黎波里一道，突尼斯也成了奥斯曼帝国的一个省份。在接下来的几个世纪中，它们将帮助奥斯曼帝国在遍布着无法无天的海盗的巴巴利海岸维持一定程度的统治权。1578年，土耳其人的势力范围扩张到了摩洛哥。由于葡萄牙人在那里登陆，支持当地的一个王位觊觎者，非斯（Fez）的谢里夫（sherif）[1]请求土耳其人前去帮助他们对付葡萄牙人。土耳其人欣然同意了他的请求，因为他们十分担心西班牙人会与葡萄牙人合作。土耳其人在阿尔卡扎奎维尔（Alcazarquivir）的大战中击败了葡萄牙人，葡萄牙国王塞巴斯蒂昂（Sebastian）、他支持的王位觊觎者，还有他们四分之一的军队都命丧疆场。这场战役导致了葡萄牙的衰落，西班牙国王腓力二世很快就利用此次机会，武力吞并了葡萄牙。

在夺回突尼斯之后不久，酒鬼塞利姆突然死了。他死于最后一场纵情享乐中的一次意外。天性迷信的塞利姆，看到了许多预示着死亡将近的征兆：彗星、伊斯坦布尔发生的大地震、威胁到圣地麦加的洪水。最可怕的预兆是大萨拉基里奥宫厨房发生的一场大火，这场大火把厨房连同酒窖都烧毁了。这一事件尤为不祥，因为他的祖父去世前，阿德里安堡的萨拉基里奥宫内也发生过一起火灾。闷闷不乐的塞利姆决定到新建的浴室洗土耳其浴，这座浴室的墙都还没有干。为了麻痹自己，他一口气喝完了一整瓶塞浦路斯葡萄酒。结果，步履蹒跚的塞利姆一下子滑倒在地，在大理石地砖上摔裂了

---

[1] 谢里夫相当于贵族的一种称谓。

头骨。很快，塞利姆就因发热死去。对于这位土耳其历史上最无能的苏丹来说，这样的结局也不可谓不适宜。

塞利姆的统治毫无建树，但他死得也不合时宜。穆罕默德·索科卢确保了塞利姆的儿子穆拉德三世可以和平地继位，但穆拉德反过来却想要限制索科卢的权力。索科卢试图凭借自己的治国才能，保持苏莱曼留下的帝国的国力，并且让其焕发出新的生命力，但他的行动受到了穆拉德的阻挠。尽管索科卢又当了四年的大维齐尔，但是他已经不能像塞利姆在位时那样拥有全权。获得新主子青睐的奴隶和后宫里的女人们，都满怀恶意地想在苏丹面前施加对索科卢不利的影响，持续不断地搞出阴谋诡计来对付他。

穆拉德从他在马格尼西亚的官邸一路颠簸，于夜里抵达了伊斯坦布尔。就在当夜，还在晕船的穆拉德下令将他的五个弟弟全部绞杀。第二天早上，他接见了他的政府官员们。东方世界流行的迷信观点认为，新苏丹的第一句话将预示他的统治状况，因此官员们都紧张而安静地等着新苏丹开口。经过一晚上的休息，晕船带来的症状已经消失，因此穆拉德也恢复了胃口。于是，他的第一句话是："我饿了，给我拿些吃的。"这句话似乎预示了一场饥荒，而第二年也的确发生了饥荒。穆拉德对他父亲最重要的嗜好不感兴趣，即位之初就下令禁止饮酒。他之所以颁布这一命令，是因为有一群近卫军士兵在酒馆外面举杯祝新苏丹身体健康。得知这一禁令之后，近卫军发动了一场叛乱反对这一命令，他们破口大骂大维齐尔，还对他施加了人身威胁。于是，禁酒的命令取消了，近卫军又可以饮酒了；但有一个前提条件，他们必须控制自己，不得滥用暴力。

穆拉德也有自己的嗜好，尤其贪财和好色。他对女人和金子的喜爱堪称痴迷。在苏莱曼去世之前，奥斯曼帝国的国库一直在七塔城堡，七座塔楼分别用来存放黄金、白银、金银器具和珠宝、价值连城的文物、来自波斯和埃及的文物、军械以及国家档案。在进行了耗资巨大的战争之后，塞利姆二世把国库里剩余的财富转移到了他的私人金库，这七塔城堡则主要作为监狱使用。而穆拉德三世则更进一步。他建了一座有着三重锁的特殊金库。在他的整个统治期内，他就在这座金库的上方就寝。这座金库每年只开放四次，用来把新的财宝运到里面去，每次运进去的财宝价值都高达数百万枚达克特金币。

穆拉德身边有着数不清的侍从，在他们的陪伴下过着慵懒而放纵的生活。他只有在帮助身边的侍从满足他们的野心时，才会过问国事。他的生活由四个女人主宰；十分具有讽刺意味的是，她们四个人就仿佛是帝国的四根柱石一样。第一个女人是他的母亲，主宰后宫的苏丹皇太后；第二个女人是他的姐姐，索科卢的妻子，但她的影响力很快就消失了；第三个女人是一位来自威尼斯的美人，名叫萨菲耶（Safiye）。她出身于威尼斯贵族巴福（Baffo）家族，她的父亲在科孚岛担任总督。在前往科孚岛的途中，她被一名土耳其海盗俘获，后来为穆拉德生了他的长子穆罕默德。穆拉德十分迷恋萨菲耶，在很长一段时间内只忠实于她。穆拉德的母亲对萨菲耶地位的上升感到十分不安，便尽可能地设法让穆拉德把注意力转向其他女人。穆拉德仿佛得到了肆意妄为的许可，经常在一个晚上要求两到三名姬妾陪侍。由于穆拉德的放纵，伊斯坦布尔的奴隶市场上女孩的价格翻了一倍，而他本人则有了100多个孩子。

在所有这些姬妾之中，有一位来自匈牙利的女人赢得了他的青睐，并且一度获得了一定的影响力。不过，第四位在生活上和国事上都对他产生重要影响的女性是杰恩法达（Janfeda）。在穆拉德的母亲去世后，杰恩法达根据她的遗愿获得了主宰后宫的权力。由于她本人并不为穆拉德侍寝，她的主要职责是为穆拉德提供其他女性侍寝。这些女人或是单独行动，或是联合起来，总之她们都会在国事上对穆拉德施加影响。但最具影响力的依然是威尼斯来的苏丹娜萨菲耶·巴福，她在外交事务上有着尤其强大的影响力。尽管威尼斯的航运业对奥斯曼帝国构成了很大的威胁，她还是设法说服苏丹不要攻击她的母国；威尼斯甚至还与奥斯曼帝国政府续签了让步条约，并取得了其他一些贸易上的优惠条件。即便到了下一代人——她的儿子穆罕默德三世统治的时期，作为苏丹皇太后的萨菲耶依然拥有同样巨大的影响力。

由于穆拉德既贪财又好色，他的宫廷里很快就贿赂成风。想在他的朝廷里谋得官职，要么得通过后妃的影响力，要么得靠金钱购买，获得任命前都需要付上一笔钱。想要得到官职的人会向苏丹的侍从和大臣们行贿，而苏丹本人也会从贿金中分一杯羹；其腐败程度之深，由此可见一斑。向穆拉德推荐这种做法的，是一位颇具影响力的宠臣谢姆西帕夏（Shemsi Pasha），此人也被称作"行贿训练师"。他自称是塞尔柱王公的后裔，因此十分仇视取代了其先祖的奥斯曼人。据他的传记记载，有一天他兴高采烈地从苏丹的住所走出来，说道："我终于为塞尔柱王朝复仇了！奥斯曼家族毁灭了我们的王朝，而我已经把他们送上了毁灭之路。"当有人问到他究竟做了什么时，这位苏丹的宠臣回答道："我劝说苏丹从他的宠臣们卖官鬻爵的所得中分上一杯羹。毫无疑问，这对他来说是一个巨大的诱惑，4

万枚达克特金币可不是一笔小钱。从今天开始，苏丹本人将带头贪腐，而贪腐终将毁灭这个帝国。"

像拉拉·穆斯塔法帕夏一样，谢姆西也是索科卢的仇敌。有一次，大维齐尔向谢姆西抱怨说，宫廷里的腐败风气已经影响到了国政。大维齐尔得到的回答是，他好好遵从宫廷里传出的旨意就好了，苏丹的旨意是不会错的。在穆拉德登基四年之后，索科卢迎来了他的结局。索科卢曾经为奥斯曼帝国赢得了塞浦路斯、突尼斯和也门，而此时依然大权在握的他又发动了一场为奥斯曼帝国开疆拓土的战争——只是这次赢得的土地未必守得住。这场战争的目标是波斯。当时，波斯的老沙阿塔赫玛斯普刚刚驾崩（据说是被他的妻子毒死的），整个国家陷入了血腥的内乱之中。

利用这一时机，奥斯曼帝国在没有发出任何警告的情况下于1578年出兵入侵波斯。奥斯曼大军从克里米亚出发，由穆斯塔法帕夏指挥，同时还得到了鞑靼人的支援。他们接连击败了两支波斯军队，随即征服了格鲁吉亚（一个基督教王国，是波斯的盟友）的大部分地区。土耳其人开进了第比利斯（Tiflis），将那里的教堂改建成清真寺。土耳其人让投降的格鲁吉亚酋长们负责管理各个桑贾克，出兵占领了大部分的邻近省份，并且成立了一个由四名贝勒贝伊分而治之的行省。

土耳其人进入达吉斯坦（Daghestan）[1]，抵达了里海之滨，完成了索科卢在塞利姆统治时期的夙愿（当时他想在顿河和伏尔加河之间修建一条运河以达到这一目标，但没有能够实现）。在跨越草原直

---

[1] 今属于俄罗斯，位于格鲁吉亚的东方。

抵黑海北部的进军路上，负责管理亚速的贝伊一直充当着大军的前锋，此时也因功获得了显赫的头衔，被擢升为里海卡普丹帕夏（里海海军司令）。但是，波斯人的抵抗开始变得越发顽强，导致这场战争又持续了12年。最后，波斯人签署了和约，同意割让格鲁吉亚、阿塞拜疆、希尔凡（Shirvan）[1]、大不里士和其他一些省份。与此同时，奥斯曼人则在卡尔斯修建了坚实的防御工事，将这座城市打造成了针对波斯的军事基地。在接下来的几个世纪里，这座城市都将是帝国在东部的重要屏障。

但是，要控制新征服的行省并不容易。当地的大部分居民都是什叶派穆斯林，因此仍然忠于波斯。奥斯曼帝国的行政体系有着自己独特的征税和租地制度，当地人并不习惯，因而对其充满了反感。游牧部落也更喜欢波斯沙阿相对间接的统治方式，而不喜欢苏丹直接的中央集权统治。而最重要的因素在于，像以往针对波斯的战争一样，这些新征服的土地远离本土的基地，因此会产生运输和补给方面的问题。正因如此，自信可以靠水运来解决这些问题的索科卢，并不同意通过陆路来发动这场战争，他认为此举需要的资源超过了奥斯曼帝国所能提供的限度。事实上，在接下来50年不断发生的战争中，索科卢的观点不幸得到了证实。

与此同时，索科卢在宫廷里的敌人正在紧锣密鼓地筹划着针对他的阴谋。首先，他们找出各种借口除掉了索科卢的朋友和门生。接着，一个打扮成托钵僧的人到索科卢的宅邸求见，然后在议事厅里拔出匕首捅进了索科卢的心脏，将他当场杀害。像索科卢本人一

---

[1] 位于高加索东部，今属于阿塞拜疆。

样,这名凶手也是波斯尼亚人。他在严刑拷打之下拒不招供,于是这起案件的犯罪动机被定性为由于封地减少而导致的私人恩怨。不过,据说就在索科卢遇刺的前夜,一名侍从官给大维齐尔朗读了关于苏丹穆拉德一世在科索沃战场上遇刺身亡的记载。听完之后,索科卢长叹道:"愿真主也赐我同样的命运吧!"没想到他一语成谶。一名威尼斯使节这样写道:"土耳其人的美德随着穆罕默德·索科卢一起沉入了坟墓。"毫无疑问,索科卢的遇刺身亡拉开了奥斯曼帝国长期衰落的大幕。

第十九章

就这样,奥斯曼帝国很快进入了漫长的衰落期。这种衰落直接体现在苏丹权威的下降和政府机构的弱化上。苏丹个人权威的下降要归咎于他个人对国事缺乏关注;而政府机构的弱化,则缘于对政府责任的忽视和分解,以及对制度原则的漠视。长期以来,奥斯曼帝国的运转一直依靠君主对个人绝对权威的有力使用。他通过掌控精明强干的"奴隶之家"的成员,有效地控制着帝国的政府机构。而现在,苏丹权威的下降和政府机构的弱化很快引发了崩解、混乱和大范围的无序状态。从奥斯曼帝国崛起之初,在欧洲进行领土扩张就一直是这个国家运转的主要动力。而现在,奥斯曼帝国已经既没有足够的土地资源,也没有足够的生产能力去支撑进一步的领土征服了,而这也是导致其衰落的部分原因。多少个世纪以来,战争都为奥斯曼人提供了一个共同的目标,并且给他们带来了财富——不仅是战利品,还有可以用来移民的土地。而现在,他们缺乏塑造共同目标的机遇,也缺少获得新的财富的机会。既然没有了可供劫掠的敌人,那么他们就只好相互倾轧;既然没有了新的土地,他们就只好蜂拥挤进城市里面,或是在乡间散播混乱。

苏莱曼推行的土地改革中的瑕疵现在变得越发明显。以前,分配封地的权力分散在各个行省的政府手中,而苏莱曼将这种权力集中到了首都的中央政府手中。这项改革的动机是好的，但是随着时间的推移，其产生的效果并不好。很快，一个人是否有正当的权利诉求就不再是决定他能否获得封地的关键，更重要的因素变成了宫廷内部的暗箱交易和个人关系。结果就出现了与苏莱曼的动机背道而驰的现象：占有大量土地的庄园越来越多，土地世袭也逐渐变成了通行的原则。这种现象的发生与奥斯曼土耳其对外扩张的逐渐停歇是同步的。以往，国家的对外扩张可以给土地持有人带来好处。而现在，他们只能加紧对农民的压榨，并且想方设法把更多的土地划到自己的名下。

不仅如此，在此之前一直是奥斯曼帝国军队中流砥柱的西帕希骑兵也不再具有军事价值了。这些持有封地的西帕希骑兵依靠封地上的收入和封地所属的农民的劳作取得生活来源。他们习惯于以往的奥斯曼传统，只能适应短期作战，而不适应现代战争的需求。现代战争需要更多受过火器使用训练的步兵和在其他方面有一技之长的专业化部队。在欧洲战场上，西帕希骑兵被证明无法抵挡火力更猛的德意志燧发枪兵。因此，作为一个阶层，西帕希骑兵正在衰落，至少是在发生变化——实际上，他们变得越来越容易违抗命令，并产生破坏性的作用。现在，面对充满艰难和危险但又不像以往那样有物质奖励的战斗任务，西帕希骑兵往往拒绝参战。即便到了战场上，他们也会挑选对自己有利的时机逃离战场，就像他们在1596年于匈牙利的迈泽凯赖斯泰什（Mezo-Keresztes）战役中所做的那样。在这场战役之后，有3万名西帕希骑兵被剥夺了封地。这清晰地表明，这套体系已经不适应时代的需要了。

如果他们不能履行自己的义务，那么除非他们可以出钱来替代服役，否则他们的封地就会被褫夺。这样一来，由于失去土地而心怀不满的人就越来越多。他们的土地会落到其他人的手中，而转移土地所有权的过程有时候会按照法定程序进行，有时候负责裁决的法官则会把土地转交给行贿者。就这样，一个新的地主阶层崛起了。他们中有很多人是宫廷里的官员、侍从和仆人，也有不少人来自宫廷之外，但他们往往居住在城市里，而不居住在他们的封地上。如果有的西帕希骑兵能保住自己的封地，他们现在也会想方设法地把自己的封地传给自己的儿子，实现土地的世袭。他们的子孙不服兵役，而且通常会放弃艰苦的马上生活，转而像那些购买封地的人一样选择悠闲的城市生活。就这样，帝国内部形成了外居地主世袭的土地制度，这些外居地主往往不负任何责任，承担所有重担的都是农民。无论在原则上还是在实践上，这一体系都与历任前代苏丹精心设计的国家制度背道而驰，并且在农民和城市人口之间造成了日渐扩大的生活方式和利益上的鸿沟。

而在首都内部，政府官员的任命机制也发生了类似的急剧转变。在此之前，负责管理国家的苏丹的"奴隶之家"的成员全都是身为奴隶的前基督徒。他们基本上都来自农民家庭，从小在乡村长大，因此都保留着对农民的亲近感，也熟悉农村的事务。但是，在苏莱曼统治的末期，这套体系出现了松动。到了16世纪末，身为自由人、成长于城镇之中的穆斯林子民也可以进入苏丹的"奴隶之家"了。他们进入"奴隶之家"，凭借的往往是家族的影响力，或者靠出钱买官。他们现在还可以将官职传给自己的儿子。于是，在政府机构里也建立起了普遍的世袭体系，因此也不可避免地出现了任人唯亲的现象。从此以后，兼具野心、背景、资财、好胜心和敏锐的政治直觉的年轻穆斯林，就可以从一个权钱双收的职务爬到另一个权钱双收的职务，扶摇直上，尽收私利。不过，要想爬到权力的顶端，依然像以前一样需要过人的精力和智慧。但是，奥斯曼帝国政府内曾经全都是训练有素、凭借个人品行和能力获得君主青睐的精英，这样的盛景已然不再。

奥斯曼帝国种种衰落表象的背后，是社会和经济基础的紊乱。首先，奥斯曼帝国的人口增长速度超过了耕地增长的速度。其次，在大量的金银从新世界的西属美洲注入之后，帝国内部出现了物价暴涨。大量的金银注入导致奥斯曼帝国的银币贬值，引发了严重的通货膨胀。这种现象在当时的欧洲地中海沿岸地区也十分常见。

面对由此引发的经济危机，奥斯曼帝国政府不得不在1584年效法波斯，操控币值。金币贬值了50%，而通常用于支付军饷的标准银币阿斯皮尔则被融掉，再掺进更多的铜铸成更薄的钱币。用一位当时的土耳其史家的话说，这种钱币"像杏树叶一样轻薄，像露珠一样毫无价值"。货币贬值一直在持续，西班牙驻威尼斯大使甚至这样对腓力二世汇报道："奥斯曼帝国十分贫穷，资源也已经耗竭，唯一还在流通的货币是完全用铁制成的阿斯皮尔。"在16和17世纪之交，奥斯曼帝国遭遇了接连不断的经济危机，经济实力十分衰弱。奥斯曼帝国即便还没有到破产的境地，但至少也到了经常发不出军饷的地步。国内的不满情绪越发高涨，中央政府的权威则日益衰减，已经无法控制国内的示威活动、叛乱和骚乱。

16世纪，帝国的人口总数翻了一倍。在人口压力之下，帝国发动了对欧洲的征服活动，但是收效甚微。因此，帝国已经没有足够的土地来安置过剩的人口了。由于人多地少，村庄里的年轻人不得不离开家乡，到其他地方去寻求生计。除了从土地上获得资源，奥斯曼帝国政府和它中世纪式的传统行会体系也没有办法开发出新的经济资源。只有对塞浦路斯的征服带来了一些移民定居的机会，而在其他地方都已经没有了类似的机遇。尤其是在安纳托利亚，到处都是没有土地、四处漂泊的农民，他们满心希望能找到作为非正规军为国效命的机会，或是从政府那里得到别的什么就业机会。如果找不到工作机会，他们往往就会掀起骚乱，时常还会从事打家劫舍的勾当。货币的贬值还导致了一系列的问题，诸如物价翻倍，假币泛滥，投机活动猖獗，利率高企，高利贷横行，这一切都加剧了失业人群的生活困境。

面对财政赤字，帝国政府不得不通过增税来开源，而这一切负担归根结底还是落在了农民身上。从官方的角度看，农民的负担来自中央政府和行省政府增加的税收；但实际上，他们的负担更多地来自权力的滥用和一些非法的行径。通货膨胀对于依靠固定收入的阶层而言冲击尤为明显，他们收入的实际价值相当于减少了一半。因此，不论是负责军事、民政还是司法的官员，都切身感受到了通货膨胀的影响，这迫使他们贪污纳贿、日渐腐败，使用各种非法的方式敲诈、骚扰农民。在16世纪末，这些非法行为大行其道。1609年，苏丹艾哈迈德一世在颁布给行省官员的诏书中这样写道：

你们在巡视省务时并未恪尽职守，反而四处非法敛财……在所谓的"巡视"中……你们犯下了如下恶行：倘若有人从树上摔下来，你们偏要把这说成是一起谋杀，然后到村庄里住下来寻找所谓的凶手,给村民戴上镣铐,骚扰百姓。除了榨取成百上千的金币银币(所谓"血税")之外,你们还从村民处搜刮马匹、骡子、奴隶、大麦、稻草、木材、草料、绵羊、羔羊、小鸡、黄油、蜂蜜和其他食品,美其名曰"征用"。你们还把自己的收入拿去放高利贷,由带着大量骑手的催债人到处讨债。他们才不会按照法律规定的数额去讨债,而是想要弄多少钱,就去弄多少钱。

法官也像其他官员一样腐败。他们本应负责听取民怨,搞清楚纠纷的缘由,但他们反而用对自己有利的方式去解读苏丹的法令,从被起诉的人身上榨取钱财。负责税务登记的法官往往夸大应缴税金的数额,中饱私囊。法官有权在自己的辖区内任命代理人,于是他们就挑选出价最高的人。在种种压榨之下,为了偿付税金和债务,村民不得不去借高利贷,利率往往高达50%。他们为放贷者劳作而一无所得,实际上成了他们的奴隶。

为了顶替日渐衰微的依托封建制度的西帕希骑兵,政府不得不增加常备军的力量。常备军既包括近卫军,也包括其他由苏丹支付军饷的部队,比如隶属于帝国政府的常备西帕希骑兵这样的"苏丹的战士"。增加常备军意味着需要新的兵源。以往,常备军的兵源是战争中被俘或是出钱购买的基督徒家庭出身的奴隶,但现在这种来源已经不足以补充常备军的兵力。像在行政领域一样,穆斯林以前是不能被编入常备军的。但现在,大量的穆斯林臣民也史无前例地被编入了帝国的武装部队之中,他们既可以加入近卫军,也可以加入其他的常备军（卡皮库鲁，kapi-kulus）[1]。这样一来，这些部队的成色就被冲淡了，新成分的兵源改变了部队内部的单一性。这不仅明显影响到这些部队的纪律性，也影响到了他们内部的团结，动摇了他们的集体精神。

近卫军越来越经常地待在兵营里无所事事，因此获得了从事手工业工作的许可，以便通过出售手工制品来贴补开销。随着他们第一次接触商业，他们逐渐与伊斯坦布尔和其他驻扎城市的平民手工匠人融为了一体，实际上变成了当地的居民，丧失了纪律性和对战争的热情。除此之外，在苏莱曼统治期间，近卫军还获得了结婚的许可。这样一来，就像行政官员和有地阶层一样，近卫军也不可避免地越来越世袭化。很快，近卫军的儿子就可以获准进入近卫军。起初，只能通过走法律规避程序来做到这一点，毕竟近卫军是一支奴隶部队，而把生来就是穆斯林的人化为奴隶是不合法的。而塞利姆二世在位时，正式为近卫军的儿子进入近卫军设置了一定的名额。最终，在穆拉德四世统治时期[2]，无论是近卫军还是苏丹的"奴隶之家"的其他岗位，只接纳基督徒奴隶的传统做法被彻底废除，从而在法律上确认了已经通行的既定做法。

随着他们的苏丹主人日渐软弱，近卫军从16世纪的最后十年开始，变得越发躁动不安、贪得无厌。1589年，为了抗议苏丹发放给他们劣质钱币，他们给穆拉德三世带来了大麻烦。有史以来第一次，他们一路攻进了大萨拉基里奥宫。当时，迪万正在召开会议，近卫军就要求得到那些该为铸造劣质钱币负责的政府官员的项上人头。

1　字面意思为宫殿奴隶。
2　穆拉德四世苏丹的统治时期是1623—1640年。

苏丹不敢亲自面对叛乱的部队，只好向他们的武力屈服，批准了他们要求的两个死刑。在接下来的三年中，意识到了自身优势的近卫军又接连迫使两任大维齐尔下台。1593年，又轮到苏丹的常备西帕希骑兵造反了。这一次当权者巧妙地利用了近卫军和常备西帕希骑兵之间的矛盾（后来又不止一次这样做），让近卫军出面对付他们，恢复了秩序。苏丹部队的类似叛乱影响了帝国的多个省份。在帝国的附庸国摩尔达维亚，近卫军甚至胆大妄为到收受贿赂、自立总督的地步。结果，由于没能交纳贡金，这位总督后来又在伊斯坦布尔被近卫军劫杀。

从1596年开始，安纳托利亚出现了更为严重的问题。非正规军掀起了"杰拉里（Jelalis）叛乱"，导致安纳托利亚陷入了彻底的无政府状态。在安纳托利亚，此时已经有大量隶属于苏丹的正规军驻扎。与他们相对的是规模日渐庞大的"塞克班"（sekhans），即配发火枪的非正规步兵和骑兵。他们受行省总督的指挥，是行省内的主要部队。在和平时期，得不到军饷又对享有种种特权的苏丹正规军充满了妒忌的塞克班就成了不稳定因素，这群没有土地、四处漂泊的农民时常在乡间游荡，沦为土匪和强盗。

这些失业的塞克班就构成了杰拉里叛乱的主力，土库曼人、库尔德人和其他亚洲部落也加入其中，里面还有被剥夺了封地的西帕希骑兵。一大群塞克班和其他非正规军士兵在欧洲的战事中做了逃兵。面对指挥官残酷的惩罚，他们被迫作为"菲拉里斯"（firaris，即"逃亡者"）逃到了安纳托利亚，他们之中大部分人的家乡都在这里。行省政府派出一些非正规军来镇压他们，但比起与他们作战，这些前来镇压的部队往往更愿意加入他们。于是,杰拉里叛乱的队伍又壮大了。为了对付他们,专注于匈牙利战事的帝国政府接连挑选了两个人强行征募部队前去镇压。结果,在征募完部队之后,这两个人也拥兵叛乱,并且从百姓身上榨取钱财和给养以资军用。

这两位指挥官中,比较有本领的那个名叫卡拉-亚兹吉(Kara-Yaziji)。他从安纳托利亚各类对现实不满的人群之中,纠集了数万名杰拉里叛军。他的大军迫使一座座城镇向其纳贡,在安纳托利亚中部控制了若干个行省。面对政府军的攻势,他们退到了安纳托利亚东南部,在乌尔法(Urfa)要塞顽强抵抗。在卡拉-亚兹吉死后,他的兄弟德利·哈桑(Deli Hassan,也被称作疯子哈桑)又让叛乱席卷了整个安纳托利亚。哈桑自称沙阿,在率军击败了数个行省的总督后自夸道:"我在这些地方推翻了奥斯曼帝国的统治。现在,这片统一的领土已经属于我。"

为了躲避哈桑四处出击的军队,成群结队的农民胡乱奔逃。他们抛弃了自己的村庄,想要躲到要塞里避难,而比较富有的安纳托利亚居民则逃到了伊斯坦布尔和鲁米利亚,甚至还有远逃到克里米亚的。这场出逃运动被称作"大逃亡"(Great Flight)。最终,中央政府用波斯尼亚总督的职位诱使德利·哈桑放下了武器。这样,他就可以把他难以管控的部众用在欧洲了。这些周身半裸、蓄着长发的亚洲来的"野蛮人"在鲁米利亚肆虐,不加区分地屠戮着穆斯林和基督徒。1603年,他们才终于在多瑙河河畔被一支匈牙利军队消灭。

而在安纳托利亚,叛乱依然在继续,政府试图重塑权威的一系列努力都失败了。安纳托利亚的大片地区化为荒野,土地无人耕种,导致了大面积的饥荒。农民抛弃的土地被军事统帅和其他人占有了。他们建立起大型的私人庄园,把土地改造成牧场,豢养牲畜,进一步剧烈改变了安纳托利亚传统的农耕格局。

奥斯曼帝国政府原本想要组建一支帝国军队,用来应付与波斯之间的战争,而杰拉里叛乱阻挠了这一计划。1603 年,一直致力于恢复波斯军队实力的阿巴斯沙阿,利用这一机会发动了进攻。他迅速地收复了大不里士、其父在位时的都城埃里温(Erivan)以及土耳其人控制的要塞卡尔斯。在五年之内,他就从土耳其人手中收复了前任沙阿丢掉的各个省份,并且几乎摧毁了奥斯曼帝国在高加索地区并不稳固的统治。随后,他顶住了奥斯曼帝国的反攻,并于 1612 年迫使土耳其人议和。根据这项和约,土耳其人割让了他们通过 1590 年和约得到的大部分领土。

阿巴斯沙阿起兵时正逢又一位无足轻重的苏丹即位,这已经是苏莱曼驾崩后的第四位苏丹了。他是 14 岁的艾哈迈德一世,穆拉德三世的孙子、穆罕默德三世的儿子。穆拉德三世的一位宠臣做了一个梦,预示了他的死亡。紧接着,穆拉德就经历了一次腹部绞痛。他被送到俯瞰博斯普鲁斯海峡的一个亭子里,躺着观看驶过窗前的船只。他的乐师演奏着惆怅的曲子,他自己则喃喃自语说:"哦,死亡,今晚就来照看我吧。"两艘埃及的桨帆船放了一轮礼炮,结果震碎了亭子圆顶上的玻璃,玻璃的碎片洒落在了苏丹的身边。苏丹见状痛哭流涕。"倘若是在平时,"他悲叹道,"整支舰队的齐射也不会震碎这玻璃,结果今天它却碎了……这亭子象征的就是我的生命啊。"他被送回了宫殿,第二天就死了。

他的儿子穆罕默德三世继承苏丹大位后做的第一件事，就是派聋哑人勒死了他的19个弟弟——这是奥斯曼帝国历史上规模最大的手足相残。接着，他为他们举行了庄严的国葬。他们被放进装饰着头巾和羽毛的棺椁之中，庄重地埋葬在父亲的旁边。与此同时，后宫里得到皇子宠爱、怀有身孕的六名女奴被缝进袋子里，丢进了博斯普鲁斯海峡，以免她们生出有资格声索苏丹大位的孩子。后来，穆罕默德又处死了他自己的儿子马哈茂德（Mahmud）。这个颇有雄心壮志的年轻人乞求苏丹让自己统兵去镇压安纳托利亚的叛军，而他的父亲却因此对他既嫉恨又怀疑。马哈茂德的母亲和他最亲密的伙伴被投进了监狱，随后也遭遇了同样的厄运。不久之后，穆罕默德本人也去世了。在他的墓碑上写着这样一句话："万能的真主说过，万物皆有一死，并将回到真主身边，接受审判。"

穆罕默德三世是最后一个在接任苏丹大位前曾出任行省总督的皇位继承人。在行省总督的位置上，皇子可以在父皇还在位时就积累一些处理公共事务的经验。但在他之后，为了防止皇子造反，所有的皇子都要被永久禁锢在萨拉基里奥宫里，住在一座被称作"牢笼"的建筑中，与世隔绝。因此，他们也不可能拥有任何处理公共事务的经验。穆罕默德很满足于待在宫中的生活，完全落入了他的母亲、来自威尼斯的先皇宠妃——巴福苏丹皇太后的掌控之中。他手下的大臣一直希望他能够效法历代苏丹，亲自统兵投身到与匈牙利旷日持久、互有胜负的战争之中。他们认为，苏丹本人亲临战场，可以重振奥斯曼军队在丢失格兰等城镇之后日渐低迷的士气。然而，苏丹皇太后却反对这一计划，她不想让苏丹离开伊斯坦布尔，脱离她的影响范围。她打算精挑细选一些妃嫔去分散苏丹的注意力。

然而，生性懦弱的穆罕默德也有自己拿主意的时候。先是发生了一场不祥的地震，接着近卫军又强烈要求苏丹亲征——如果苏丹不统率大军出征，他们就没法从他手中得到赏赐，因此他们拒绝在这种情况下开拔。于是，苏丹终于听从了大臣们的意见。1596年的夏天，他排场盛大地亲自率军进入欧洲。他特意命人从大马士革运来了先知穆罕默德本人神圣的旗帜，并且有史以来第一次在大军面前展开了这面旌旗，祝福大军，鼓舞士气。

奥斯曼军队先是攻占了埃尔劳，接着在迈泽凯赖斯泰平原上与敌军正面交锋。这场战役十分漫长，几经周折（比如西帕希骑兵的集体逃跑），苏丹很快就泄了气。在战役开始阶段的一次挫折之后，骑在骆驼背上的苏丹要求大军全面撤退——至少他本人要撤退。不过，在召开了一次军事会议之后，他又握紧了先知的旗帜，穿上了神圣的先知斗篷，同意继续跟自己的军队待在一起。局势发生了逆转。基督教军队为了劫掠敌军的大营，分散开来。恰在此时，奥斯曼骑兵发动了冲锋，打得基督教军队在一片混乱中四散奔逃。

基督教军队战败了，超过3万名德意志和匈牙利士兵丧命，土耳其人缴获了大量的物资，包括数百门做工精良的火炮。对于土耳其人来说，这场战役无疑是一场决定性的胜利，它为奥斯曼帝国保住了保加利亚、马其顿、半个匈牙利，以及除了特兰西瓦尼亚之外的多瑙河北岸的大部分领土。这些地盘在接下来的几个世纪中仍将归奥斯曼帝国所有。穆罕默德苏丹在战场上至少充当了观察者的角色。他备感轻松地回到伊斯坦布尔，受到了热烈的欢迎。回到首都之后，他像以前一样沉浸在后宫的放松享乐之中，而把国事都留给了他来自威尼斯的母亲。1603年10月底，他遇到了一位托钵僧，此人预言他将在 55 天后遭遇一场灾祸。极为迷信的穆罕默德果然就在 55 天之后死了。

继承穆罕默德宝座的艾哈迈德青春年少。他并没有屠戮他的兄弟，因为他唯一还活着的弟弟穆斯塔法是一个疯子，而穆斯林对精神失常的人有着一种具有神圣感的尊敬。用一位土耳其诗人的话说，艾哈迈德是"奥斯曼的子孙中第一个还没举过旗帜就继承帝国的人"。不久，他举行了割礼，他也是第一个在苏丹任上行割礼的奥斯曼帝国苏丹。不久之后，他感染了天花，因而缩短了庆典活动。

还在恢复中的少年艾哈迈德就已经表现出了他的急性子和热情活力。有一次，他的大维齐尔表示，如果国库不能再拿出一笔额外的赏金，他就不能出征匈牙利。于是，苏丹给他捎话说："如果你还珍惜自己的性命，就马上出发。"还有一次，近卫军和常备西帕希骑兵为了抗议拖欠军饷，朝他们的长官扔石头。还是个孩子的苏丹披上了猩红色的袍子——哈伦·拉希德（Harun-al-Rashid）[1]在行刑的日子就会这么穿——把高级军官传唤到面前，专横地审问了他们。他告诉他们，军饷很快就会发放。"你们怎么能不相信我呢？你们怎么敢跑来侮辱我的'高门'？把有罪的家伙给我交出来。"这些人吓坏了，不敢作声。过了一会儿，其中一位阿迦回答苏丹说，起头闹事的不是苏丹的奴隶，而是为了加强驻防，按照艾哈迈德的命令征募的陌生人。这些人的名字被点了出来，随后立即被处决。苏丹还严词警告负责搬运尸首的头目们说："下次你们再敢抗命不遵，我就把

---

[1] 哈伦·拉希德是阿拉伯帝国阿拔斯王朝最鼎盛时期的哈里发。

你们全杀掉，一个不留。"

但是，随着艾哈迈德日渐成熟，他却不再像年少时那样充满活力了。1606 年 5 月，苏丹主持了迪万会议，探讨即将展开的对波斯的战争。为了这场战争，奥斯曼大军已经在斯库塔里集结待命，苏丹却提出推迟行动。与会人士都惊讶得说不出话来。接着，大穆夫提争辩说，帝国的马尾旗帜已经竖立在亚洲海岸，全世界都看到了；如果现在拔营撤兵，一定会被人耻笑。于是，苏丹建议缩小战役的规模，由费尔哈德帕夏（Ferhad Pasha）率领一部分部队出征。大穆夫提又询问道，如果国库真的像苏丹所说的那样空空如也，那么可否由苏丹本人出资支持这场战役，就像苏莱曼苏丹在他生前最后一场战役时所做的那样？艾哈迈德答道，时代已经变了，以前必须要做的事情，今天可能已经不方便做了。接着，他就打发迪万散会。于是，被人称作"有勇无谋的费尔哈德"的费尔哈德帕夏就率领一支军队深入了亚洲。但是，他根本没有足够的资金来支付军饷、筹集补给。不久，他手下的近卫军掀起了兵变，随后被他们在路上遭遇的第一支叛军击溃。

除此之外，艾哈迈德在他的任期内就再也没有自己拿过什么主意。他反复无常，缺乏判断力，没有能力遴选出优秀的谋臣，不停更换大维齐尔的人选，且做出的更换人选的决定往往是受到了后宫的影响。出于一己私利，宫里的各色人等对苏丹的影响力越来越大。尤其是他的黑宦官总管，自己拥有一个小宫廷，排场堪比他的主人。当时，一个意大利人这样评论道："人们根本不知道究竟谁才是君主。"不仅如此，随着苏丹家族中的女性与苏丹手下的官员和宠臣联姻的现象日渐常见，后宫的影响力还扩展到了各个方面。在联姻关系的保护下，他们得以肆意盘剥勒索，玩忽职守，在帝国内部巧取豪夺，败坏政府风气。

1617年，27岁的艾哈迈德一世驾崩。以往14代的奥斯曼帝国苏丹都是父子相传，而艾哈迈德的皇位却传给了他低能的弟弟穆斯塔法一世。不知所措的穆斯塔法被人从大萨拉基里奥宫的地牢里带了出来。他在地牢里生活了14年。根据英格兰特使托马斯·罗爵士（Sir Thomas Roe）的记载，有些人将穆斯塔法视为圣人，因为他"介于狂人和傻瓜之间，能看到幻象，还有迷信天使"。在被关押期间，他的一项消遣活动是喂博斯普鲁斯海峡里的鱼。但他投给鱼的不是食物碎屑，而是金币。在黑宦官总管的提议下，迪万禁止了他的这种行为。黑宦官总管建议说，还不如把这些金币留起来，等到他有朝一日即位时，拿去犒赏近卫军。

艾哈迈德一世在有了自己的儿子之后，很想让儿子做接班人，于是两次考虑将穆斯塔法处决 [至少理查德·诺尔斯（Richard Knolles）[1] 是这样记载的]。第一次，他在前一天夜里"看见了鬼魂，做了噩梦"，于是作罢。第二次，他看到他的弟弟和卫兵一起在大萨拉基里奥宫的花园里漫步，勃然大怒，拿出弓箭就要射死他。结果，他突然感到胳膊和肩膀一阵剧痛，只好放弃。他认为，这是先知穆罕默德不想让穆斯塔法死。于是，在漫长的监禁生活中日渐疯癫的穆斯塔法最终继承了苏丹宝座。不久，他就被赶下了台，再次回到了幽闭之所。接替其大位的是他的侄子、艾哈迈德一世14岁的儿子奥斯曼，是为奥斯曼二世。

---

[1] 理查德·诺尔斯是当时英格兰的一位历史学家。

穆斯塔法是被近卫军赶下台的。近卫军此时实际上已经控制了都城。凭借拥立之功，他们在短短三个月内就得到了两笔不菲的赏赐。年少的奥斯曼十分憧憬能像他的祖先立法者苏莱曼那样立下赫赫战功。他十分擅长使用武器，据说为了炫耀射术，他会命令战俘甚至他本人的侍从站到自己面前做靶子。此时，欧亚两洲的前线都处于相对和平的时期，但他不顾大臣的劝阻，执意要对波兰开战，借口是克里米亚的鞑靼人（他们是苏丹的附庸）经常会和乌克兰的哥萨克（他们则是波兰人的臣属）为了争夺奴隶和追捕盗窃牲畜的窃贼而发生争端。

在奥斯曼军队初战告捷之后，奥斯曼苏丹在1621年集结了一支规模超过苏莱曼时期任何一支军队的大军。他穿上祖先留下来的铠甲，率军经过阿德里安堡，渡过多瑙河，抵达了德涅斯特河（Dneister）河畔。由于寒冷天气的提前降临、雇佣兵的哗变和其他困难，他们的行军十分艰难。苏丹下令修建了一座横跨德涅斯特河的桥梁，但是跨过桥梁后对防御坚固的据点霍京（Choczim）的一系列攻击并不奏效。他的部队十分不满，（用诺尔斯的话说）"宁可在逃跑、劫掠甚至吃饭的时候丧命，也不想在面对敌人的时候牺牲"。苏丹本人倒是愿意亲冒矢石，但是他没有办法"像他的祖先在类似的境遇中"那样煽动士兵跟他一起作战。于是，他只好在蒙受了惨重的损失后撤退，并且与波兰人议和。随后，他回到伊斯坦布尔，宣称自己获得了胜利。但是，就像伦敦接到的报告所说的那样："伟大的阁下于1月1日入城，穿得像一名普通的士兵，没有满载战利品的车队，更没有什么排场。他在这场战争中损失颇为惨重，特别是损失掉了许多马匹。"

近卫军开始对奥斯曼心怀不满。这一方面是因为在战场上吃了败仗（实际上近卫军很大程度上要为这场失利负责），另一方面是因为他们贪得无厌的本性。很难说是因为他们太过贪心，还是因为帝国的国库经常性地陷入亏空的窘境，近卫军得到的军饷和赏钱总是低于他们的预期。比如，他们会抱怨说，他们在战斗中要冒着生命危险去拿敌人的首级，可现在一个首级能换到的赏钱只有区区一枚达克特金币。

此外，和苏丹的许多臣属一样，近卫军还厌恶苏丹微服私访的习惯。苏丹经常在宫里几名官员的陪伴下，化装后在夜里穿行于城市的大街小巷，"像个小吏一样探听住户和客栈"，看看是否有人违反禁酒禁烟的命令。一旦发现有人违反禁令，他就立即命人将其拘捕处罚。据说，在巡查过程中，他手下的首席园丁曾经把从酒馆里逮到的近卫军士兵和西帕希骑兵扔到博斯普鲁斯海峡里，还曾经把喝醉的士兵送到桨帆船上当奴隶。

此时，近卫军已经对帝国构成了严重的威胁。几个世纪以来，他们一直是奥斯曼帝国征服大业的主力军；而现在，贪婪而丧失纪律性的近卫军日渐堕落，驻扎在外的近卫军变成了好斗的团伙，而留在国内的近卫军则成了一群颠覆分子。在战场上，现代化的外国军队逐渐将近卫军视作无能之师，甚至只是一群武装起来的懦夫。他们的敌人发现，近卫军依然保持着迅捷的移动能力和敏锐的观察能力：他们时刻留意着西帕希骑兵的状况，一旦后者出现动摇的迹象，近卫军就立刻飞快地逃离战场。在首都，由于帝国出现了一代又一代昏庸无能、任由腐败的大萨拉基里奥宫廷摆布的苏丹，近卫军取得了首都的支配权，并且热衷于煽动叛乱。

18岁的奥斯曼苏丹不甘沦为"自家奴隶的臣属"，于是在以倡导改革闻名的臣僚的鼓励下，筹划了一个详尽的方案，意图消除近卫军对君权的威胁。这个方案的策划者来自帝国的亚洲边疆，人称"勇敢者"迪拉瓦尔帕夏（Dilawar Pasha），他是一个"极为聪慧的人"。迪拉瓦尔帕夏是辖区巨大的迪亚巴克尔（Diyarbekir）行省的总督，在这个民风尚武的地区颇具威望。因此，按照计划，他将在周围其他行省总督的帮助下，从当地吃苦耐劳的居民中招募一支亚洲大军，充当苏丹新的民兵部队，用来制衡伊斯坦布尔的常备军。这支大军将拥有大约4万人的兵力，其中包括大量的库尔德人和其他尚武部落的成员，以及从埃及和叙利亚招募的训练有素的雇佣兵。一旦这支大军集结完毕，苏丹就会前往亚洲，再统率这支军队返回首都，用来压制近卫军和西帕希骑兵。

1622年的春天，苏丹找了个借口，宣布他将带领个人扈从前往麦加朝圣。他真正的目的地其实是叙利亚的大马士革，他打算中途以镇压德鲁兹派（Druzes）[1]叛乱为借口前往那里。然而，如此雄心勃勃的冒险要想取得成功，必须要依靠严格的保密安排，而年轻又毫无经验的奥斯曼缺乏必要的谨慎小心。此外，他的大臣们对这一计划也态度不一，大穆夫提则明确反对这一计划，并且试图阻止苏丹启程"前往麦加"。另外，在接到将苏丹的帐篷运到亚洲的命令之后，近卫军和西帕希骑兵也很快起了疑心，开始怀疑这背后有什么别的动机。奥斯曼甚至还打算把自己全部的珠宝、财产和"任何能

---

1 什叶派伊斯玛仪支派的一个分支，目前仍作为一个少数民族生活在黎巴嫩、叙利亚等地。

换成金条的东西"都带走。

于是,近卫军和西帕希骑兵决定发动叛乱。他们聚集在大竞技场,"齐声高呼",要求苏丹把惹他们不快的大臣交出来。苏丹拒绝了他们的要求。于是,他们攻进了大维齐尔和另一位大臣的官邸,将这些地方洗劫一空。为了稳住他们,苏丹只好答应放弃前往亚洲的计划。然而,他们接着攻进了大萨拉基里奥宫。奥斯曼事先没有防备,因此宫里并没有效忠于他的部队承担防御,保卫宫殿的基本上只有他的园丁们。头脑发热的叛军决定史无前例地向神圣的苏丹本人发动攻击。

就在叛军聚集在庭院里时,突然有人高喊:"我们要穆斯塔法做苏丹!"其他人也立刻跟着高喊起来,然后蜂拥冲进宫殿,四处寻找穆斯塔法。后宫的大门紧闭,他们就拆掉了一部分屋顶,用帷幔做成绳子,缒了下去。他们在一个地窖里找到了疯子穆斯塔法,他在里面已经待了三天,没吃没喝,只有两个黑奴为伴。他们给他水喝,然后把他抓起来带走。穆斯塔法惊慌失措,不知道自己将遭遇何等厄运,结果却被第二次推上了苏丹的宝座。不久,大维齐尔和黑宦官总管从后宫的门里走出来去见叛军,结果被他们撕成了碎片。穆斯塔法的母亲苏丹皇太后负责照看他,试图用鼓励的话语安慰他——"来,我的雄狮。"——接着以他的名义组建了新的政府。

与此同时,军人们还在搜寻逃离了寝宫的奥斯曼。一名西帕希骑兵找到了奥斯曼的藏身之所。他身上只穿着内衣,头上戴了顶小圆帽,可怜极了。抓到他的那名士兵轻蔑地把自己头上的头巾摘下来,戴在了奥斯曼头上,然后让他骑着一匹衰弱的驽马,在人们的奚落辱骂中来到近卫军的兵营。在路上,他们看到被叛军斩首的前任大维齐尔、他的宠臣侯赛因的尸体就躺在路当中。奥斯曼哀叹道："他是无辜的。假使我听了他的话，我就不会遭此厄运了。"在兵营里，他哀求着士兵们，几乎要哭出来了："你们要拿我怎么样？近卫军，你们会毁掉这个帝国，也会毁掉你们自己的。"接着，他摘掉头巾，可怜兮兮地哀求叛军的头目道："如果我无心冒犯了你们，请原谅我吧。昨天我还是帕迪沙阿，今天我却连衣服都没得穿。看看我吧，命运或许也会这样捉弄你们的。"面对着即将被用弓弦勒死的威胁，他当着新任大维齐尔达乌德帕夏（Daud Pasha）和苏丹皇太后的面，乞求一个对外面的"仆人"——那些军人——说话的机会。

窗子开了。这个不幸的年轻人做了他最后一次演说。"西帕希骑兵的阿迦们，还有你们，近卫军的元老们，你们对我来说如同父亲一般。我是一个轻率鲁莽的年轻人，误听了错误的建议。你们何必这样羞辱我呢？你们不需要我了吗？"

军人们异口同声地答道："我们不想让你继续统治下去，但我们也不要你的鲜血。"于是，奥斯曼经过人群中间，被人送到了可怕的七塔监狱。后来，筋疲力尽正在睡觉的奥斯曼在牢房里被人粗鲁地叫醒了。来人是达乌德帕夏和他的三名心腹。他们朝他扑了过去。年轻而又强壮的奥斯曼拼命挣扎了一番，但最终（根据托马斯·罗爵士的记载）"一个壮硕的恶棍用战斧击中了他的头部，其他人则压到他身上，轻而易举地将他勒死"。他们割掉了他的一只耳朵，送到了心狠手辣的苏丹皇太后那里。正是她下令处决了奥斯曼。当晚，他就被埋葬了。尽管手足相残在奥斯曼帝国十分常见，但这是帝国历史上第一次出现弑君的暴行。罗写道："他们第一次对君主下手了。我想，这恰恰印证了他们的衰落。"

第二十章

在奥斯曼遭到杀害之后,近卫军和西帕希骑兵开始感到后悔。"现在,他们开始哀悼死去的君主,莫名其妙地愤怒起来。"他们陷入了一种群体性的歇斯底里,同时又没有什么人有能力去阻止他们。他们暴跳如雷,把这个由疯子苏丹统治的国家带入了一种更为可怕的混乱之中。这种情形已经远远超出了他们最初的设想,而且也不符合他们自身的利益。疯子穆斯塔法渐渐意识到究竟发生了什么,于是表达了他对奥斯曼之死的哀痛,并且下令惩处杀害奥斯曼的凶手。但是,不久之后,他又忘了奥斯曼已经死了,还在大萨拉基里奥宫里四处奔跑去寻找他的侄子,到处敲门、呼喊,让他出来从自己身上接过君主的重担。尽管穆斯塔法根本没有能力执政,但他还是在苏丹的位置上又坐了15个月。

看到奥斯曼帝国的无政府状态,托马斯·罗爵士这样预测道:"我只能说,奥斯曼帝国的内部病症一定会将其毁掉;每天都会出现更多的变化,流更多的血;最聪明的人不愿意掌舵,蠢货们则很快载着大家一起撞向礁石。如果有人做好了准备来利用这一时机,我得说世界上再也没有比这更唾手可得的猎物了。"他接着写道,奥斯曼帝国"像一个衰老的机体一样,因周身的种种恶习而日渐癫狂;青春不再,力量衰减,但是这些恶习依然存留了下来"。然而,要一直到两个半世纪之后,世界才意识到奥斯曼帝国"已然衰老",并将它视作"欧洲病夫"。

现在,实际上执掌政府的是一个女人——苏丹皇太后。内部分成两个派系的军人则是背后支持她的苏丹儿子的力量。选择政府官员时他们或是随性为之,或是通过收受贿赂决定,但官员的人选总是由这两派军人中的某一派决定的。对于正占着上风的那一派,大臣们在提拔和贿赂他们时异常慷慨,在给近卫军和西帕希骑兵提高军饷时也毫不吝啬。由于达乌德帕夏下令处决了奥斯曼,军方以此为借口罢免了他。在他之后,大维齐尔的人选换得有如走马灯一般。

接替达乌德帕夏的是阿尔巴尼亚人梅雷·侯赛因帕夏(Mere Hussein Pasha)。他是个"人人痛恨的暴虐之徒",厨子出身,刚刚在埃及总督的任上留下了敲骨吸髓的恶名。他两次出任大维齐尔,在任期间一直利用近卫军来对付西帕希骑兵。他不顾公众的利益,赋予近卫军额外的特权和丰裕的给养配额,最后甚至为近卫军打开了苏丹的仓库,然后对他们说:"想拿什么就拿什么,肉、蜡烛,你们需要的任何东西!苍天在上,帕迪沙阿有的是钱!"西帕希骑兵则造了反,要求他把大萨拉基里奥宫里的所有金银器皿都融成金块银块给他们。接连不断的劫掠、暗杀、纵火在伊斯坦布尔肆虐,整座城市仿佛刚被敌军攻破似的。

后来,近卫军和西帕希骑兵结成了短暂的同盟,一起反对侯赛因。苏丹皇太后不惜违反《古兰经》的规定(尽管她已经戴上了完全遮住脸的面纱),公开出现在军人面前,询问他们现在想让谁来当大维齐尔。他们否决了全部的人选,大维齐尔之位最后落到了苏丹的奶妈的丈夫手上。后来,他们又指责此人任命一个赶驴车的和一个吹号的在阿亚索菲亚清真寺当宣礼员，要求将他罢免。于是，在军人们一次次专横而又心血来潮的决定下，四个月内有三位大维齐尔遭到罢免。接着，出现了侯赛因即将再度掌权的迹象。此人"为了讨近卫军的欢心，飞快地吞噬着公共财产，残暴地从私人身上榨取钱财。就连收受他的钱财的人都感到恐惧不安，因为他们当中最聪明的人已经预见到，这样的行为只会给他们自己也带来毁灭"。

接着，局势演化成了一场危机。在奥斯曼遭到处决后不久，埃尔祖鲁姆总督阿巴扎·穆罕默德帕夏（Abaza Mehmed Pasha）打着为奥斯曼复仇的旗号，发动了一场叛乱。他是近卫军的死敌，无疑也是奥斯曼苏丹组建亚洲军队、消灭近卫军计划的同谋者之一。他在手下为数不少的非正规军和其他一些叛军的支持下，迅速控制了安纳托利亚中部和东部的大部分地区。他接连不断地击败苏丹派来的军队，在这一地区统治了五年。在伊斯坦布尔，乌理玛也试图发动一次叛乱。事态平息后，行政官员和军人经过商议，同意任命有着诚实名声的阿里帕夏（Ali Pasha）出任大维齐尔一职。接着，他们要求疯子穆斯塔法下台，"据说他满心欢喜地同意了"。奥斯曼的弟弟穆拉德，"真正合法的继承人"，成了近卫军和西帕希骑兵都能接受的人选，被选中成为苏丹，是为穆拉德四世。考虑到国库已经空空如也，他们甚至还同意穆拉德登基时无须向他们颁发赏金。

于是，1623 年，年仅 14 岁的苏丹穆拉德四世第一次庄严地进入了伊斯坦布尔。他未经世事，"胖胖的，面部表情丰富，名声不错"。至少在当时，一切看上去平静安宁。奥斯曼帝国将自己从深渊的边缘挽救了回来，终于再次得到了喘息之机。富于弹性的奥斯曼帝国寄希望于在能够强有力地贯彻个人意志的新苏丹的统治下，延续帝国的寿命和威望。

在这一关键时刻,奥斯曼帝国急需一位专断之主,来抗衡专横的军人和见利忘义的行政官员。他要像军人一样残酷无情,战胜暴力,恢复遭人轻视的法制的尊严。在穆拉德四世长大成人后短暂的亲政时期,他的确做到了这点,成了奥斯曼帝国的"尼禄"。有一位机敏的奥斯曼作家和旅行家,名叫爱维亚·瑟勒比(Evliya Chelebi)。他曾是穆拉德四世宫廷里的宠臣,十分敬畏这位苏丹。他评价道:"穆拉德四世是奥斯曼帝国最为血腥的一位苏丹。"

在艾郁普清真寺里准备妥当之后,年轻的苏丹来到了大萨拉基里奥宫。他先做了祈祷,希望真主和人民愿意接受他成为君主。接着,他又按照传统来到了国库。爱维亚·瑟勒比记载道:

这里已经没有黄金器皿了。除了一些木材,国库里只有六袋钱(3万阿斯皮尔)、一袋珊瑚和一箱瓷器。看到空空如也的国库,苏丹穆拉德涕泗横流。他跪拜了两次,然后说:"真主保佑,我要罚没那些侵吞国库的人的财产,用他们的财产重新填满国库;我还要再兴建50座宝库。"

国库里确实没什么钱了。维齐尔们想到以前一些国家曾经向奥斯曼帝国纳贡,于是就向这些国家的使节寻求贷款,但是并不成功。不过,穆拉德自掏腰包,拿出来3 040袋钱。尽管近卫军曾经同意不索要赏金,但穆拉德还是在登基后的一个月内把这些钱分赏给了近卫军。

不过，等到穆拉德四世成熟到能够自己掌握权柄，已经是十年之后的事情了。在此之前，他的希腊母亲、苏丹皇太后柯塞姆（Kösem）凭借自己的精力和能力把持着朝政。尽管她有心于此，但仍然无力扭转军人肆意妄为、官员贪污腐化的局面。小亚细亚仍然陷于内战和叛乱之中，波斯人则夺回了巴格达和埃里温行省；黎巴嫩的部落掀起了叛乱，埃及和其他一些行省的总督变得不再忠诚可靠；巴巴利海岸的国家宣布独立；克里米亚的鞑靼人发动叛乱，俘虏了大量的奥斯曼人，在市场上用一杯博萨（Boza, 发酵的麦芽饮料）就能换一个奥斯曼俘虏；四处劫掠的哥萨克人洗劫了黑海沿岸，随后一直深入到博斯普鲁斯海峡，甚至威胁到了首都的周边地区。不过，朝廷还是多少保留了一些传统的权威，可以让日渐步入青春期的穆拉德从中学习。他热切地吸收着各种知识，敏锐地观察着各项事态的进展，关注着他的帝国的未来。

穆拉德成长为一个精力旺盛的小伙子，时常拧着眉毛，一脸凶狠的表情。爱维亚·瑟勒比写道，从来没有哪个当代的王公贵族"如此健壮、匀称而又专横，举止庄严，让敌人忌惮不已"。有许多关于他体格健硕的传说。据说，他十分强壮，射箭的射程比火枪发射的子弹还远，还可以射穿4英寸（约10厘米）厚的金属板。他使用长矛的技艺也很娴熟，可以轻而易举地刺穿用十张骆驼毛皮做成的盾牌。他可以把标枪投掷得很远，有一次还投中了1英里（约1.6千米）之外的宣礼塔上栖息的渡鸦。他每天还在大竞技场上展现他的精湛骑术，能够轻松地从一匹飞奔的马上跳到另一匹马上。他对自己的肌肉力量十分自信，是一位令人生畏的摔跤手，"就像先知穆罕默德一样"。爱维亚·瑟勒比声称，他有一次看到苏丹挑战两位强壮的剑士。他把他们举过头顶,一个扔到右边,一个扔到左边。还有一次,他把爱维亚·瑟勒比当成了他开玩笑的目标,"他像只雄鹰一样抓着我的腰带,把我举过头顶,然后像旋转一个孩子那样让我在他头顶打转"。最后,穆拉德笑着把他放了下来,赏给他48枚金币。

然而,不久之后,他对嬉笑杂耍的喜爱就转变成了对杀戮的热衷。苏丹手下的军人又发动了一次似曾相识的兵变,结果加快了穆拉德亲掌苏丹大权的进程。1632年,常备西帕希骑兵再一次聚集在大竞技场。集会持续了三天,商店都关了门,城里和宫里都弥漫着恐惧的气氛。

叛军点名要至少17名官员和苏丹宠臣的人头,名单中包括大维齐尔哈菲兹帕夏(Hafiz Pasha)和大穆夫提。哈菲兹与苏丹有姻亲关系,二人关系十分密切。在不久前的一场战役中,哈菲兹帕夏还用诗文写作公文,让苏丹大为赞赏。他的诗文用棋局作比,苏丹则也用诗文加以回复。而现在,冲进大萨拉基里奥宫第一庭院的叛军朝着骑马去参加迪万会议的哈菲兹猛扔石头,把他打下马来。他的随从赶快把他营救出来。随后他把官印拿去送给苏丹,苏丹命令他逃走,于是他就乘船从宫殿的水门离开,准备驶往斯库塔里。

很快,叛军就攻进了第二庭院,蜂拥冲到召开迪万会议的大堂,要求苏丹当着他们的面召开会议。他走到他们面前,问他们到底有什么要求。狂怒的叛军围在苏丹身边,要求他交出那17名叛国者,好让他们把这些家伙撕成碎片。他们威胁说,如果苏丹不照办,就会有大麻烦。在一片嘈杂声中,穆拉德意识到他们即将对自己动手,但还是充满威严地回答说:"你们完全不听从我的话,那你们叫我来干什么?"接着,他在侍从的保护下退了出去。士兵们吵吵嚷嚷地穷追不舍,一直追到内庭的大门口。

此时,新任的维齐尔雷杰卜帕夏(Rejeb Pasha)对年轻的苏丹说,除非他满足叛军的要求,他们绝不会善罢甘休——"与其让苏丹本人丢了性命,那还不如给他们大维齐尔的人头。"穆拉德十分不情愿地接受了失败。他派人去找他的朋友哈菲兹,随后在水门处找到了他。之后,他坐在宝座上,徒劳地恳求西帕希骑兵和近卫军的代表,希望他们不要用嗜血的暴行玷污哈里发的尊严。就在这时,哈菲兹出现在苏丹面前,说:"伟大的帕迪沙阿,为了保住您的宝座,死掉一千个哈菲兹这样的奴隶也毫不足惜。我只有一个要求:请您不要亲自动手处决我。把我交给那些疯子,我要像一位烈士一样死去,让我无辜的鲜血溅到他们的头上。"说完,哈菲兹跪下亲吻了地面,说了一句祷告词,随即坚定地朝着刽子手们走去。他奋起抵抗,打中了第一个来犯者的头部,将其击倒在地;其他人此时挥舞着匕首冲了上来,将他打倒在地,在他身上刺出17处伤口。接着,一名近卫军士兵跪在他的胸口上,砍掉了他的头颅。大萨拉基里奥宫的侍从们用绿色的丝绸将他的尸体包裹起来,送去安葬。

看到朋友的英勇表现,苏丹热泪盈眶。他慢慢走回自己的宫殿,在大门前停住脚步,对暴乱的人群说道:"你们这些既不敬畏神明、在先知面前也不知道羞耻的臭名昭著的凶手,真主保佑,让你们迟早遭遇可怕的复仇。"叛军根本拿他的话当耳旁风,接着又迫使大穆夫提下台,随即开始公然讨论是否要罢黜穆拉德。不过像往常一样,不仅近卫军和西帕希骑兵之间产生了意见分歧,极端分子和少数温和派之间也出现了矛盾。在看到满目的强盗行径之后,温和派感到十分震惊，渐渐地站到了苏丹一方。

羞辱灼烧着穆拉德，他十分渴望复仇，但也害怕自己会重蹈奥斯曼二世的覆辙。从此之后，他坚定了决心，认定要么由他杀掉敌人，要么自己就会被敌人杀掉。他现在明白，继承哈菲兹大维齐尔之位的雷杰卜帕夏一直在叛军背后煽风点火，也正是他劝说自己投降。苏丹决定采取行动。一天早上，雷杰卜结束了迪万的会议，回到家中。一会儿，一位内侍前来拜访，请他回到宫殿去。来到宫殿之后，雷杰卜以为自己会得到苏丹的接见，结果却被人引到了一间只有一群黑宦官的房间。这些象征着噩运先兆的宦官让他到旁边的房间去。雷杰卜患了痛风，缓慢而痛苦地走进了那个房间。苏丹在那里，命令他说："过来，你这个一瘸一拐的叛徒。"苏丹无视他的辩白，继续说道："去找人要水来沐浴吧，你这个异教徒！"他还没来得及照办，苏丹就专横地命令宦官："把这个叛徒的头砍下来，马上。"他们立刻照办了，随后将雷杰卜的尸体从宫门扔了出去。看到这一幕，陪伴雷杰卜前来等候在宫门外的叛军大感震惊，惊慌地四散而逃。就这样，局势发生了逆转。

随着雷杰卜之死，穆拉德四世摆脱了维齐尔们对他的牵制和母后对他的监护，正式开始了他的统治。行政官员已经被他制伏，接下来，他必须粉碎军人的跋扈。为此，他在博斯普鲁斯海峡旁的一座亭子里召开了一次公开的迪万会议。苏丹坐在宝座上，两旁是他忠诚的卫士，大穆夫提、高级法官和政府部门的主要首脑也参加了这次会议。还有两名军队的指挥官也站在他的一边，出席了会议。苏丹召唤了西帕希骑兵的代表，接着又与在他面前站成一排的近卫军交谈。他使用《古兰经》里的措辞，称他们为信实而忠诚于主人的仆人。他要求他们不得再保护西帕希骑兵中的叛军。他们高声表达了自己的忠心："我们是帕迪沙阿的奴隶，我们不保护叛军，帕迪沙阿的敌人就是我们的敌人。"他们接过苏丹亲手递给他们的《古兰经》，然后起誓效忠于苏丹。

接着，苏丹又转向作为代表出席迪万会议的西帕希骑兵元老们：

你们这些西帕希骑兵，是一支奇怪的部队，好像很难理解什么叫公正。你们有4万人，人人都想要官职，可整个帝国里能给你们的官职一共也不超过500个。你们的要求倾覆了这个国家，你们的索求耗尽了国家的资财。官职的诱惑让你们当中心怀不满的人越来越多，他们不肯听从像你们这样的元老和智者的劝告，欺压人民，吞噬神圣的基金会的财产，让你们背上专横和叛逆的恶名。

听闻此言，西帕希骑兵的元老们辩解说，他们自己都是忠于苏丹的，但他们没办法控制整支部队。苏丹回答说，那他们就应该像近卫军一样宣誓效忠，并且把那些带头造反的家伙交出来。这些西帕希骑兵照办了。最后，苏丹又叫法官们来到他的面前。"人们指责你们，"他对资深的法官说，"说你们为了钱随意判决，践踏帝国的子民。"他们回答说，他们不敢这样压迫民众，但西帕希骑兵在催交税金时滥用暴力，他们没办法保证做出不受干扰的独立裁决。一名来自鲁米利亚的法官声称，因为反对西帕希骑兵的横征暴敛，自己的裁判所遭到了袭击，自己的家也被人洗劫。听闻此言，一名来自亚洲的阿拉伯法官站起身来，拔出他的剑，目光炯炯地说道："我的帕迪沙阿,要消灭这些暴行,只能依靠弯刀。"与会者一致同意这个结论,然后起誓贯彻这一裁决。他们都在一份法令上签了字,发誓镇压暴行,重铸公共秩序。

接下来就到了付诸行动的时候了。穆拉德用他的恐怖统治终结了军人带来的无政府状态。按照他的命令,深得他信任的心腹和训练有素的探子在伊斯坦布尔城内四处追查叛军的头目和同谋者,用刀剑或弓弦将他们当场处决,随后将他们的尸首扔到博斯普鲁斯海峡里。他们的尸体往往会被海浪冲上岸,暴露在大庭广众之下。在地方行省也发生了类似的流血事件。失去了领袖和同谋者的军队很快就被震慑住,安静了下来。

此时的穆拉德,有着比以往任何一位苏丹都更令人畏惧的铁腕。不论是白天还是黑夜,他或是乔装打扮,或是公然出动,经常与他的手下一起纵马去粉碎非法的集会活动,亲手击垮那些胆敢违犯他的治安法令的人。接着,为了杜绝公众聚会及其可能带来的麻烦,他又下令关闭了帝国内所有的咖啡馆和酒馆——这一政策在他的统治时期内一直延续了下去——他还宣布吸烟违法。有些人在夜里抽烟斗、喝咖啡或是喝酒喝得满脸通红,被逮到后会被立即处以绞刑或是穿刺刑,尸体就扔到街上,以儆效尤。

渐渐地,嗜血让穆拉德偏离了轨道。一开始,被他处决的人还都毫无疑问地有罪。后来,他的打击面就变得越来越广,被处决的人往往有犯罪的嫌疑,但是证据有时候不太站得住脚;到最后,在反复无常的任性性格或是头脑发热的坏脾气的影响下,他根本不管有没有任何嫌疑,纯粹为了杀戮而杀戮。沉溺于杀戮之中的穆拉德逐渐变得对人命毫无尊重。由于他的所作所为,人们噤若寒蝉,到处都是一片死寂。所有人都像他手下的聋哑仆人一样，不敢开口说话，交谈全靠眨眼、努嘴和叩齿。

有很多关于他残暴的传说。一次，一群女人在海边的一块草地上跳舞，欢快的嬉笑声惹恼了他。于是，他下令把她们全都抓起来淹死。他迫使他的一名医生吞食过量的鸦片而死。有一名信使跑来告诉他，苏丹娜生了一个儿子，但实际上她生的是女儿。为此，苏丹让这个信使受了穿刺刑。他的首席乐师唱了一首波斯歌曲，相当于赞美了帝国的敌人，于是被斩首。一位受他喜爱的托钵僧奚落地称他为"屠宰大师"，他笑着说："复仇女神永远不会衰老，但她可能会厌倦。"据说，他在5年之内将2.5万人送上了黄泉路，其中很多人还是被他亲手处死的。

不过，穆拉德的暴虐却将他的帝国从无政府的状态中解救了出来，一度当道的地方上的小暴君们也不再得势。他不仅惩罚民众，也惩罚管理民众的官员。他的铁腕统治重铸了秩序，纪律回到了军营，公正回到了法庭。他重组并加强了军队（不论是正规军还是非正规军），还计划改造军队。在宫廷里，他也推行了改革。他增加了帝国的收入，征收税收和使用税收的流程都回到了正轨。他剥夺了西帕希骑兵管理慈善基金会和其他政府部门的特权，改革了封地制度，立法保护农民。

最重要的是，穆拉德无情地动用其军事力量，维护了奥斯曼帝国在亚洲的利益。他第一次跨越博斯普鲁斯海峡的行动十分短暂。在前往布尔萨的路上，他发现道路维护情况很差，于是立刻绞死了尼科米底亚的法官。这一行为在伊斯坦布尔引起了乌理玛的骚动。他立刻赶回伊斯坦布尔，下令处决了大穆夫提——这是第一个死在苏丹手上的大穆夫提。五年之后，小亚细亚的叛乱终于被彻底镇压，但苏丹宽恕了与他一样痛恨近卫军的叛军首领阿巴扎。随后，阿巴扎先出任了一段时间的波斯尼亚总督，随后又被召回伊斯坦布尔，出任近卫军的阿迦。他用冷酷无情的工作风格很好地履行了这一职务。不过，他的敌人还是设法让他失去了穆拉德的宠信，最终遭到处决。

1635 年的春天，苏丹开始了他的第一次亚洲战役。他先是无情地寻访了他在亚洲的臣属，一路血腥地审查着他们的表现。每到一地，行省官员们就诚惶诚恐地蜂拥而来亲吻苏丹的马镫，苏丹则从中挑出无能或者可疑的人物加以屠戮。苏丹在近卫军和西帕希骑兵队列的簇拥下庄严地进入了埃尔祖鲁姆，随后继续前进，要从波斯人手里夺回埃里温。穆拉德的军纪十分严厉，但他像他的祖先一样，给军队提供了充足的给养，他的指挥才能也赢得了士兵们的尊敬，他还与士兵们同甘共苦。他要求他的将军们表现出勇气，用装满金银的钱袋激励军队。"不要气馁，我的恶狼们，"他对士兵们呼喊道，"是时候伸展你们的翅膀了，我的猎鹰们。"

在攻陷埃里温之后，他派官员们回去准备他在伊斯坦布尔的第一场凯旋仪式。他还命令他们绞死他的两个弟弟。在他刚登基的时候，他认为还没到做这件事的合适时机；而在这个胜利的时刻，他觉得时机已经成熟。他希望人们在凯旋仪式上的欢呼声能够淹没他的弟弟们恐惧的哭喊。在城里喜庆的光辉的映衬下，丧礼队伍的火把会显得微不足道。

1638 年初夏，穆拉德苏丹再一次把他饰有七条马尾的旗帜立在了斯库塔里的高处，第二次也是最后一次踏上了征途。这次的目标是收复巴格达。大军按照计划有规律地走走停停，用了110天抵达了巴格达城下。巴格达第一次被并入奥斯曼帝国的版图，还是在苏莱曼的时代。按照传统，这座城市必须由君主本人亲自统兵攻克。守城一方指挥得当，守军里还有大量训练有素的火枪手。但是，在短短40天的围城之后（恰好在苏莱曼夺取罗得岛的纪念日那天），穆拉德苏丹就凭借高超的领导才能夺取了城池。他穿上近卫军的制服，亲自在堑壕里劳作，调整火炮的炮口，坚毅果敢，以身作则。在一次突袭中，有一名波斯巨人要求最勇敢的土耳其人站出来一对一决斗。据传说，苏丹本人接受了这一挑战，一剑就把他的对手从头顶劈开到下巴。夺取城市之后，苏丹下令屠杀了守军和居民。

接着，苏丹返回伊斯坦布尔，举行了第二次凯旋入城式。这一次，他炫耀地穿着一套波斯人的铠甲，肩膀上披着花豹的皮，骑在马上，后面跟着22名戴着枷锁的波斯人酋长。不久，他就与波斯人签订了和约，和约的条款跟苏莱曼在一个世纪前签署的和约相差无几——那也是此前最后一次由奥斯曼帝国君主依照加齐传统亲自统兵，击败敌人并迫敌求和。巴格达留在了奥斯曼帝国手中，但埃里温还给了波斯人——他们在议和之前又夺回了这座城市。尽管受到痛风和坐骨神经痛的折磨，穆拉德在从巴格达回来后还是主持镇压了阿尔巴尼亚的叛乱，同时又忙于重振奥斯曼帝国的海军力量。据说，他还在考虑对威尼斯发动一场战争。从长期着眼，他还筹划着一次彻底的军事改革，建造一支规模更小、定期领取军饷、完全职业化的军队。

但是，在1640年年初，28岁的穆拉德在病了两个星期之后去世了。具有讽刺意味的是，尽管他对自己的臣民实施了针对饮酒和亲近波斯文化的禁令，他自己却热衷于聚众酗酒滥饮，他的酒伴里还有好几个是得宠的波斯人。这种嗜好加速了他的死亡。此外，一次日食也让他深感不安。

在临终的高烧中，他仿佛决心要终结奥斯曼王朝，让自己成为家族的最后一位君主。他下令处决他唯一还在世的弟弟，奥斯曼家族父系血统仅存的后嗣易卜拉欣。在苏丹皇太后的干预下，易卜拉欣的性命才得以保全。人们让苏丹确信他的命令已经得到了执行，他的弟弟已死。他的脸上浮现出可怕的笑容，但他仍然要求亲眼看到尸体，甚至还试图从床上爬起来，只是被他的侍从阻止了。接着，一直等待着穆拉德走到人生尽头的伊玛目为他进行了临终祝祷，他就在祝祷声中死去了。

穆拉德的铁腕统治卓有成效地让奥斯曼帝国出现了复兴。在此之后，帝国再一次陷入了无序和衰落之中。易卜拉欣苏丹比帝国历史上出现过的任何一位苏丹都更为无能。易卜拉欣完全在大萨拉基里奥宫中长大，实际上一直处于监禁之中，还时常担惊受怕。他软弱无能，继承了其父[1]的残忍，却没有继承他的任何优点。他不负责任，耽于享乐，脾气时好时坏，毫无道德准则，同时又贪得无厌。他完全被他的后宫和他自己琐碎多变的情绪和欲望所支配。

他下令在全城搜罗美女供他享乐；只因一时兴起，就让人洗劫了珠宝商和欧洲商人的店铺。受他宠爱的女人可以随意在市场上白拿东西；有些妃子不喜欢白天购物，他就命令店主们通宵营业。苏丹的一位妃子想要看他用珠宝装饰自己的胡子，于是他就公然以这

---

1 指艾哈迈德一世。

副模样出现在大庭广众之下。许多土耳其人对此深感不安，他们认为此举是在效法古埃及的法老，十分不吉利。为了取悦另外一位宠妃，他还斥重金建造了一驾装饰有宝石的战车。

苏丹本人则迷上了香料（特别是琥珀香）和毛皮。他向他的臣民们征收琥珀税和毛皮税，他们要么缴纳实物，要么就得支付等价的货币。这一切的根源，是有一个老妇人在夜里给后宫的妃嫔们讲了一个故事。她讲到古时候有一位王子，非但自己周身上下都穿着紫貂皮，就连他的沙发、地毯和墙壁上也都是毛皮。苏丹立刻决心在他的大萨拉基里奥宫里效仿这位王子，整夜里梦见的都是紫貂皮。次日早晨，他命令迪万从帝国的各个行省收集毛皮。首都的乌理玛、行政官员和军事将领也都接到了类似的命令。一位从前线回来的近卫军高级军官愤怒地告诉征税官，自己从前线带回来的只有火药和铅弹，也没有钱买这种没用的东西。

起初，还有一位大维齐尔卡拉·穆斯塔法（Kara Mustafa）[1]对易卜拉欣直言不讳，试图弥补他的缺点，限制他过火的行为。这位征服了巴格达的大维齐尔将易卜拉欣的财政打理得井井有条，还设法抑制后宫带来的腐败影响。像以往一样，后宫大肆卖官鬻爵，苏丹本人也参与其中。卡拉·穆斯塔法因为没有听从后宫中一位女官的命令而倒了台。这位女官命令他运来500车木柴供后妃们使用，但卡拉·穆斯塔法忘了办这件事。结果，苏丹立即命令他中止进行中的迪万会议，马上到苏丹面前解释他不听从命令的原因。卡拉·穆

---

[1] 此人也被称作凯曼凯什·卡拉·穆斯塔法（Kemankeş Kara Mustafa），以区分在奥斯曼帝国历史上其他的卡拉·穆斯塔法。他曾经在穆拉德四世至易卜拉欣苏丹在位期间出任大维齐尔。

斯塔法先许诺会把这些木柴运去，接着发起了脾气："我的帕迪沙阿，就为了价值不超过 1500 阿斯皮尔的 500 车木柴，真的有必要让我——你的代表——暂停了迪万会议、置重要的国事于不顾吗？你为了些木柴来盘问我，却对你的子民、边境和国库的情况漠不关心，这到底是为了什么？"

大穆夫提告诫卡拉·穆斯塔法，他最好当心自己的措辞，苏丹关心的事情一定十分重要。卡拉·穆斯塔法回答道："我想我有责任告诉他实话吧？难道我必须阿谀奉承他吗？与其像一个奴隶一样苟且偷生，我宁可作为一个自由人死去。"他的这番表现为他的未来蒙上了阴影。后来，他又密谋反对一位深得苏丹宠爱的官僚，结果遭到了失败，这直接招致了他的死亡。不过，他没有像大多数人那样软弱地等待死亡的来临，而是拔剑与前来扼死他的刽子手搏斗至死。接替他出任大维齐尔的是苏丹扎德帕夏（Sultanzade Pasha）[1]。他阿谀谄媚，逢迎拍马，就连他的主子都问他："你怎么总是赞同我的行为，不管是好的还是不好的？"他承认了这一点，然后又给出了让苏丹心宽的答复："您是哈里发，是真主在地上的影子。您内心赞同的主意都是来自天堂的旨意。您的命令，哪怕看起来不可思议，一定也有着内在的合理性。作为您的奴仆，哪怕不能理解这种合理性，也要永远表示赞赏。"

然而军队毫不欣赏易卜拉欣苏丹毫无意义的愚蠢行为，他们在精明强干的将领统率下为帝国在前线征战。苏丹即位后帝国军队打的第一场战役是收复亚速之战。掌握了亚速城旁的陆间海[2]，就可以

---

[1] 苏丹扎德的称号意味着他与奥斯曼帝国皇室有着血缘关系。
[2] 即亚速海。

控制克里米亚和黑海的北岸。此时，亚速已经落入了莫斯科沙皇名义上的附庸——哥萨克人的手中。在克里米亚鞑靼人的支援下，土耳其人发动了对亚速的第一次围攻，却在近卫军付出了惨重伤亡之后被击退。接着，他们又发动了第二次围攻。除了土耳其人组成的正规军之外，还有多达10万名鞑靼人前来助战。这一次，哥萨克被逐出了亚速，但亚速城已经变成了一片废墟。土耳其人留下了一支守军来重建和驻守这座城市。

沙皇拒绝向他的哥萨克人提供援助，看起来似乎是要断绝他们的从属关系，还试图派使团觐见易卜拉欣，以恢复俄国和奥斯曼帝国之间的友好关系。不过，哥萨克人和鞑靼人在边境的战事依旧在持续，奥斯曼帝国和俄国也都要求对方管好自己的附庸。在易卜拉欣统治期间，土耳其人还与俄国人兵戎相见了几次。比起苏丹，克里米亚的可汗对俄罗斯人的敌意更浓。他曾经向奥斯曼帝国政府报告说："如果我们给他们喘息之机，他们就会派小分队来破坏安纳托利亚的沿岸地区。我不止一次地告诉迪万，他们在这一地区忽视了两个关键的据点，保险起见我们应该夺取这两个据点。现在，俄国人已经占领了这两个战略要地。"

土耳其人发动的第二场战役的目标是克里特岛，实际上相当于对统治该岛的威尼斯共和国开战。这场战事的起因是来自马耳他的私掠船俘获了一艘装备精良的土耳其人的盖伦帆船。这艘帆船在护卫舰的保护下，本来要运送价值连城的货物到埃及去，船上还搭乘着前往麦加的朝觐者。这艘帆船是黑宦官总管的财产，黑宦官总管本人也在激烈的抵抗过程中被杀。在船上还有一位衣着华丽、珠光宝气的地位显赫的妃子。她还带着一名男婴，别人都认为他是苏丹的孩子（但实际上，这个孩子更可能只是跟苏丹的儿子，即未来的穆罕默德四世一同养大的一个孩子）。

听到帆船被劫的消息，苏丹勃然大怒。他立刻下令处决帝国境内所有的基督徒。待到情绪平复之后，他又下令将所有基督教国家派来的使者软禁在他们的居所里，并且查封西欧商人的办公场所。有人提醒他说，马耳他骑士团的成员几乎全部是法国人，于是他开始考虑对法国采取行动。但是，他的大维齐尔建议他打着进攻马耳他的旗号，声东击西去进攻克里特岛，理由是马耳他桨帆船在劫掠的归途中曾经在克里特岛停泊。而他没有对苏丹提及一个事实：奥斯曼帝国此时与威尼斯处于和平状态。克里特岛是威尼斯人在希腊地区的最后一点领土，如果土耳其人能够夺取该岛，他们就可以将其构建为爱琴海南部一个有效的防御屏障。

于是，1645年，一支奥斯曼舰队发动突袭，夺取了克里特岛西端的干尼亚（Canea）。第二年，他们又乘胜占领了雷提莫（Retimo）[1]。接着，他们又开始围攻克里特岛的首府干地亚（Candia）[2]。在马耳他骑士团时断时续但卓有成效的协助下，威尼斯人通过海上封锁加强了干地亚的防御。结果，这场围城战持续了20年之久，其持续时间是特洛伊之围的两倍。当初被马耳他人俘虏的那个孩子——管他是易卜拉欣的儿子还是别的什么人——后来被扶植起来，声称自己有权继承奥斯曼帝国的皇位。他成了一名天主教牧师，被人称作"奥斯曼神父"（Père Osman）。他渴望结合拜占庭帝国和奥斯曼帝国的

---

[1] 今称雷西姆农（Rethymno）。
[2] 今称伊拉克利翁（Heraklion）。

理念，将奥斯曼帝国的全体臣民（不论是穆斯林还是基督徒）都召集到自己麾下，在东方建设一个崭新的国度。但他的理想落了空。

在对威尼斯的战事迟迟无法了结的同时，国内对苏丹的怨气正越发高涨。表示不满的不仅有近卫军和西帕希骑兵的领袖，还包括大穆夫提和乌理玛的成员。更换苏丹的时机已经成熟，因为易卜拉欣已经不再像他即位时那样，是皇室的最后一位继承人。他自己已经有了几个儿子。在叛军的逼迫下，现任的大维齐尔下台并躲藏了起来。随后，叛军又挑选了他们青睐的人选来接替这一职位。接着，他们包围了皇宫。苏丹派了一位高级官员让他们自行散去，近卫军的资深阿迦却对着他逐条指出了帝国面临的困境。

他对苏丹提出了三点要求：第一，停止出售官职；第二，废黜他的宠妃；第三，处死刚刚卸任的大维齐尔。第二天，那位大维齐尔就被人从藏身之所找出来杀掉了。军人要求面见苏丹，但遭到了拒绝。于是，军队和乌理玛就派出了一个代表团去面见他的母亲苏丹皇太后。由于苏丹的宠臣从中作梗，苏丹皇太后此时已经被逐出了大萨拉基里奥宫，而且随时可能被放逐。她戴着黑色的面纱和头巾，在两名黑宦官的陪同下接见了这个代表团。代表团告诉她，他们打算废黜苏丹，让她7岁的孙子穆罕默德取而代之。他们告诉她说，大穆夫提已经发布了一道费特瓦[1]，承认了此举的合法性。

由于苏丹皇太后徒劳地劝说易卜拉欣苏丹纠正自己的行为，她与苏丹之间的关系已经破裂。不过，她此时还是为他求情，坚称他是受了居心叵测的臣僚的蛊惑。她恳求军队保全他的帝位，让乌

---

1 即根据伊斯兰教法提供的法律意见。

理玛和新任的大维齐尔出任他的监护人。安纳托利亚的大法官告诉她说，事态已经不可收拾，必须做个了断。他说，她自己肯定也已经发现，苏丹已经听不进理智的建议。卖官鬻爵的现象已经遍布各处；苏丹完全受自己的情绪支配，其行为早已经偏离了合法的道路；皇宫里传出的笛声和铙钹声淹没了阿亚索菲亚清真寺的宣礼声；受苏丹宠信的奴隶统治着整个奥斯曼帝国，市场惨遭洗劫，无辜者枉送性命。

苏丹皇太后接着问道，一个7岁的孩子怎么能坐上苏丹的宝座呢？法官回答说，费特瓦中已经写明了法学家的意见：不管年龄几何，疯子都不能治国；与其如此，还不如让一个有理智的孩子接任，因为他可以任用"睿智的维齐尔，帮助他恢复秩序"。"而一个失去理智的成年君主却只会犯下杀戮、腐败和令人蒙羞的罪行，毁掉他的帝国。"最终，苏丹皇太后回答说："那便如此。我会把我的孙儿穆罕默德带来，为他裹上头巾。"她的回答获得了热烈的赞许。人们在丰饶门前放置了一个宝座，年轻的皇子由宫廷里的几位阿迦陪伴着登上宝座，接受帝国头面人物的宣誓效忠。为了不让蜂拥的人群吓到这个孩子，每一拨只允许几个人上前觐见苏丹。

接着，就轮到维齐尔和乌理玛处理易卜拉欣了。"我的帕迪沙阿，"鲁米利亚的大法官告诉易卜拉欣，"乌理玛和帝国政要已经做出决定，您必须逊位。"

易卜拉欣喊道："逆贼！我难道不是你们的帕迪沙阿吗？你们这是什么意思？"

大穆夫提大胆地回答他说："您已经不再是帕迪沙阿了。您的行为践踏了公正和神圣，您给世界带来了毁灭。您把自己的时间浪费在了嬉戏和放荡行径之上，为了您的虚荣挥霍了帝国的财富，还让腐败和暴行遍布世界。"易卜拉欣在激动地辩驳之后，又一次问到自己为何必须退位。他得到的回答是："您偏离了祖先的道路，已经不配当苏丹了。"

易卜拉欣又怒斥了一番众人的"叛逆行径"，随后只好同意退位。他对他的亲信们说："这是真主的旨意，已经写在我的额头上了。"接着，他顺从地被送进了大萨拉基里奥宫内的监狱。

此时，他的最终命运依然悬而未决。结果，一支宣布忠于易卜拉欣的西帕希骑兵的叛乱起到了决定性的作用。惊慌失措的大维齐尔和其他人向大穆夫提寻求一份费特瓦，希望可以获准将易卜拉欣处决。伊斯兰教法有一项原则是："如果有两位哈里发并存，就杀掉其中的一位。"于是，根据这项原则，大穆夫提给出了简洁的答复："同意。"大穆夫提和大维齐尔带着两名刽子手来到了易卜拉欣的房间，法官和阿迦们则从窗口往里面看。他们看到易卜拉欣正在读《古兰经》。易卜拉欣认出了首席刽子手，因为他以前经常为自己效命。他大声说道："难道那些吃我俸禄的人里就没有一个愿意可怜我、保护我吗？这些冷血的家伙是来杀我的，救命！救命！"当刽子手开始对他动手的时候，他开始大声地咒骂，说出亵渎神明的话来。他诅咒土耳其人，说他们对自己的君主不忠，必遭天谴。

就这样，1648年，发生了奥斯曼帝国历史上第二次弑君事件。他们也第二次把一个孩子推到了苏丹的宝座上。这次危机展现了奥斯曼帝国内部的权力制衡机制。事实证明，在生死攸关的时刻，奥斯曼帝国的政府部门有足够强大的力量去平衡、制约君主个人的缺点，从而维系帝国的基本架构。以乌理玛为代表的伊斯兰宗教组织，则以宗教的名义提供了决定性的司法权威,废黜了堕落失德的苏丹。为了保证帝国的社会和政治利益,统治阶层发挥了决定性的作用。

帝国的统治阶层及时地完成了演化,形成了第一个由杰出的大维齐尔组成的"王朝",构成了维系帝国的新兴力量。这些大维齐尔都来自同一个家族:科普鲁律家族(Köprülüs)。在年轻的苏丹成长过程中和长大成人之后,他们都将辅佐苏丹的统治。凭借这个家族出众的治国能力,开明的官僚政府有效地修正了苏丹的专制统治。

就这样,宗教和世俗这两大基本的统治体系渐渐在一定程度上恢复了奥斯曼帝国的内部稳定。更重要的是,在这一切发生的同时,帝国也没有受到来自欧洲的外部威胁。在17世纪后半叶,奥斯曼帝国衰落的态势得到了遏制,帝国得以重新进入一个相对强盛、繁荣的阶段。

第二十一章

自从奥斯曼帝国最后一位伟大的苏丹苏莱曼去世,时间已经过去了将近一个世纪。在本土,这是动荡不安的一个世纪;在欧洲,奥斯曼帝国也停下了征服的脚步,但帝国同时也并没受到敌人反攻的威胁。先是反宗教改革运动,接着又是三十年战争,欧洲在宗教和政治层面都处于分裂状态。忙于内部斗争的欧洲还试图向土耳其人寻求海上或陆上的军事援助,但土耳其人既没有意愿也没有能力去提供这种援助。对奥斯曼帝国而言,这是一个调整与基督教国家关系的时期。1606年,出现了标志着这一趋势的第一个信号:奥斯曼帝国和哈布斯堡王朝在匈牙利边境上的中立地带签署了《吉托瓦托洛克和约》(Treaty of Zsitvatörök)。

以往,作为觊觎世界霸权的"超级大国"的君主,苏丹在签署(如果不说是"强加"给对方的话)此类和约时,往往都会限定一个有效期。而且,在表面上,苏丹从来都不会主动提出议和,总要摆出勉强恩准敌人的苦苦哀求的姿态,让敌方派出使团到伊斯坦布尔来协商和约。在以往与基督教皇帝的和约中,总会出现这样的字样:"蒙常胜之苏丹恩准,与常败之异教维也纳国王和议。"以前,苏丹总是带有挑衅意味地将哈布斯堡王朝的皇帝贬低为"西班牙国王(要么就是维也纳国王)";但这一次苏丹屈尊遵从了欧洲通常的外交规则，平等地称呼对方为"皇帝"。奥地利不再是奥斯曼帝国的附庸，以往支付给苏丹的岁贡也取消了，取而代之的是一笔一次性的贡金，后来又改为每三年一次通过双方大使交换自选品类的礼物，礼物的价值也由双方提前约定。

与以往持续时间短暂的停战协议不同，这一和约的有效期限经双方协商定为20年，而实际上则一直延续了50年。从领土方面来看，土耳其人在这一和约中吃了一点点亏，但他们保住了边境地区的诸座城堡——埃尔劳、格兰和考尼绍（Kanischa）。奥斯曼帝国治下的匈牙利领土也得以保留，并且组建了两个新的行省；但土耳其人并没有能够得到以往向奥斯曼帝国纳贡的那部分匈牙利领土。此外，统治特兰西瓦尼亚的大公也参与了这次和谈，他的领地获得了高度的自治权。这一和约开启了东方与西方之间崭新的外交关系，这让奥斯曼帝国军队备感屈辱。这份和约让土耳其人屈服于国际法规定的一般原则和礼节，同时相当于承认了奥斯曼帝国的征服能力是有限度的，而且又公开认可了哈布斯堡王朝的权势。

在此之前，奥斯曼帝国与基督教欧洲总是处于战争的边缘。奥斯曼帝国一直维持着孤立的外交政策，只有哈布斯堡王朝的死敌法国是一个长期的例外。但现在，随着一段相对和平的时期的到来，奥斯曼帝国打破了它的孤立状态，开始变得乐于接受西方国家的示好，以便从中获得贸易和其他方面的好处。这也给传统的"米利特"体系带来了变化。原本苏丹的子民们隶属于基于种族或宗教信仰形成的社群，这些社群对国家承担一定的义务，以此换取半自治的地位。而现在，外国臣民，尤其是商人，也可以组成"米利特"。根据协议或让步条约中的规定，在本国大使或公使的管辖之下，外国人可以享有治外法权。汤因比教授这样写道："奥斯曼人看待西方人的贸易殖民地的方式,就如同他们在草原上生活的游牧民祖先看待绿洲里生活的异族人的方式一样——他们从对方那里购买自己需要却无法生产的必需品或奢侈品。"在17世纪及以后的时间里,这些西方人的贸易殖民地将极大地改变奥斯曼帝国从事外交活动的方式和特征。

从1535年开始,与苏莱曼签署了条约的法国人就一直享受着让步条约带来的好处。与那些苏丹可以随意废止的单边协议不同,法国人与奥斯曼帝国签署的是双边协议,对双方均有约束效力。因此,法国人在接近半个世纪的时间里都对奥斯曼帝国政府有着他国无可匹敌的外交影响力。

在穆拉德三世在位时的1579年,法国国王亨利三世认为应当加强两国间的关系,于是派了一位比以往派出的特使地位更高的大使来到了伊斯坦布尔。这位热尔米尼男爵（Baron de Germigny）赢得了迪万的信任,确保了土法联盟的延续。土法联盟确认了商贸方面的让步条约,让法国大使在外国使节中获得优先的地位,还确认了法国对耶路撒冷和西奈等圣地以及奥斯曼帝国境内基督徒的保护权。受法国保护的基督徒不包括威尼斯人,但明确说明了包括"热那亚人、英格兰人、葡萄牙人、西班牙人、加泰罗尼亚人、西西里人和拉古萨人,以及从古至今曾生活在法国的名号和旗帜下的人"。

不过,热尔米尼男爵也清楚地意识到,"从伟大的阁下和他的帕夏们处理问题的方式可以看出,他们想要无差别地接受所有可能的友谊和盟友关系"。外国使节在政治层面之外还有其他的意义。在这个腐败成风的时代，不论是维齐尔、皇宫和军队里的官员，还是苏丹在后宫和其他地方的宠妃宠臣，都把前来示好的外国使节视作重要的收入来源。在续签了对法国的让步条约后不到两年，苏丹就定下了这样的原则："奥斯曼帝国政府的大门向所有前来寻求庇护的人敞开。"

苏丹之所以定下这条原则，是因为英格兰女王伊丽莎白希望她的子民可以获得在帝国境内航行和通商的自由，且英格兰的船只可以挂着本国旗帜出航，而不用像以前那样必须挂着法国国旗。英格兰商人在地中海发展贸易的进展十分迟缓。在 16 世纪早期，凭借威尼斯人的帮助，英格兰商人进入了地中海东部海域。但是，土耳其人海上力量的崛起和奥斯曼私掠舰队的猖獗行径让英格兰商人失去了在这一地区进行商业冒险的兴趣，英格兰与黎凡特地区之间的贸易活动也逐渐停歇。另一方面，随着葡萄牙人开辟出好望角商路，英格兰商人转而开始与尼德兰合作。尼德兰的安特卫普（Antwerp）港逐渐取代了威尼斯，成了东方商品的货仓。但是，这条路线在 16 世纪后半叶因尼德兰叛乱而切断了。与此同时，伊丽莎白女王的头号死敌——西班牙的腓力二世又征服了葡萄牙，葡萄牙人宝贵的东方航线很可能就要落入西班牙人的手中。

除此之外，从政治层面上看，随着英格兰对西班牙的敌意日渐加深，与土耳其人联手抑制西班牙在地中海上的霸权就越发成为一个显而易见的选择。与从前的法国国王弗朗索瓦一世不同，伊丽莎白女王并不是一位心甘情愿与异教徒结盟的君主。但是，即将与异教徒结盟的伊丽莎白女王却将穆拉德三世苏丹说成是"在妄称基督之名的偶像崇拜者，尤其是他们的头子西班牙国王面前，捍卫正信的、不可征服而强悍有力的守护者"。因此，伊丽莎白女王之所以同意把大使派到伊斯坦布尔与土耳其人谈判，不仅出于贸易因素，也出于政治考量。

迈出第一步的是伦敦的两位贸易大亨——爱德华·奥斯本爵士（Sir Edward Osborne）和他的同僚理查德·斯泰普（Richard Staper）。这两位见多识广的商人意识到了恢复与黎凡特地区的贸易将带来怎样的收益。1575 年，他们派了两位中间人到伊斯坦布尔去，其中一人在伊斯坦布尔待了 18 个月，从苏丹那里为奥斯本的代理人威廉·哈本（William Harborne）取得了在苏丹的国境内自由通行的许可证。于是，1578 年夏天，日后将成为英格兰驻奥斯曼帝国第一位大使的哈本启程前往伊斯坦布尔。他先通过海路到达汉堡，再经过波兰从陆路抵达伊斯坦布尔。

事实证明，哈本颇有一些外交技巧和手腕。尽管受到了法国人的阻挠，哈本还是很快从奥斯曼帝国政府那里取得了承诺，允许英格兰商人在帝国境内自由经商。这一承诺经由穆拉德三世和伊丽莎白女王的几次通信获得了确认，并在 1580 年正式写入两国之间的协议。通过这份协议，英格兰获得了法国人在让步条约中取得的同等权益。穆拉德三世在一开始写给英格兰君主的信中，用谄媚的口吻称呼她为"最著名的伊丽莎白、最圣洁的女王、耶稣最伟大的崇拜者的宗主……永享喜悦和光荣的伟大的英格兰女主人和传人"。他告诉她，自己已经颁布谕旨，确保"自英格兰经海路而来……合法进入帝国疆域者，必可平安归国，不受任何人骚扰侵害"。英格兰人可以与"我们的常客和盟友法国人、威尼斯人、波兰人、德意志国王及其他邻邦人民一样"，享受同等的自由，"并可与其他基督徒一样，不受阻挠地从事各类商品贸易"。

在最终协议中还特别规定，如果有英格兰人被捕入狱，应当立即释放；除"法定过路费和关税之外"，英格兰人也不需要交纳任何人头税；英格兰人可以委任领事，由领事裁决其本国人的内部纠纷；只要按购买价赎人，被掳为奴隶的英格兰人就可以获得自由；遭遇风暴或海难时，奥斯曼帝国的水手有责任搭救英格兰船只；英格兰船员购买食品补给时不得受到妨碍。如果奥斯曼帝国的政府机关能够认可并严格执行这些具体的要求，那么这些可谓是慷慨的优惠。但这一点还有待日后观察。哈本回到英格兰，向女王的大臣和雇用他的商人汇报了进展。

与英格兰人达成的协议立即惹恼了法国人，因为这违背了奥斯曼帝国与法国达成的准垄断性的协议——所有获准在奥斯曼帝国水域经商的船只，包括英格兰的船只，都必须悬挂法国国旗。在哈本启程回国之后，法国大使热尔米尼男爵费尽心机地游说苏丹穆拉德三世和他的大臣们，希望可以废除奥斯曼帝国许诺给哈本的让步条款，但他努力的结果只是暂时延缓了协议的生效。由于与波斯的战争造成了武器和军需品的短缺，此时的土耳其人急需从西方获得这些物资。但对于这种需求，热尔米尼男爵却给出了否定的回应，因为内战[1]让法国也陷入了类似的物资短缺之中。而英格兰相反却可以向土耳其人供应铁、钢、锡、黄铜等生产武器的原材料。其中有些原材料甚至来自毁坏的天主教偶像，而这也很讨反对偶像崇拜的穆斯林的欢心。除此之外，苏丹还将伊丽莎白女王视作共同对抗西班牙的潜在盟友。

---

1 指16世纪法国发生的八次宗教战争，也称作胡格诺战争。

回到英格兰之后，哈本的事业得到了伊丽莎白女王手下的重臣伯利勋爵（Lord Burghley）和他的外交事务代表弗朗西斯·沃尔辛厄姆爵士（Sir Francis Walsingham）的大力支持。弗朗西斯·沃尔辛厄姆爵士预见到法国和威尼斯可能会通过外交乃至军事手段加以阻挠，但他认为与土耳其人的贸易将推动英格兰商船队的发展，并造福于海军。最终，在哈本取得的成果之上，奥斯本一干人等获得了英格兰官方的认可，特许他们向土耳其人申请成立一家公司，并给予这家公司垄断英格兰在奥斯曼帝国境内所有贸易活动的权利。尽管法国人动用了种种阴谋诡计，奥斯曼帝国政府还是在1581年9月批准了这一申请，有效期七年，并且可以续约。就这样，"土耳其商人公司"——黎凡特公司成立了。

先前，土耳其人对正式批准与哈本草签的协议一事有所犹豫，部分原因在于哈本本人没有正式官职。现在，经过女王和黎凡特公司之间的协商，这一问题得到了解决。伊丽莎白女王本人已经支付了哈本第一次前往伊斯坦布尔的费用，现在则愿意任命他作为自己在苏丹那里的大使。不过，此时的英格兰政府没有足够的财力在奥斯曼帝国政府长期派驻外交使团——包括负责管理当地的英格兰商人社群的大使馆和若干位领事，以及一位享有足够大权力和威望的大使，能够确保奥斯曼帝国政府当局切实保护英格兰商人和他们的货物。因此，有人主张使团的开销应当由黎凡特公司承担，这项主张最终获得了通过。就这样，1582年11月，威廉·哈本被任命为英格兰驻苏丹宫廷的首位大使。他身兼两重职务：一方面作为王家代表，要承担外交职责；另一方面作为商业代表，要为资助他的黎凡特公司负责。

于是，哈本又回到了伊斯坦布尔。这次他走的是海路，搭乘的是"一艘名叫'伦敦的苏珊'的高大船只",船只抵达后由桨帆船领入海港。当大使登陆时,岸上礼炮齐放,鼓号齐鸣,一片喜悦的景象,还有一队骑兵来迎接他。这一天恰好是圣周五,城中的基督徒正在举行神圣的仪式,"吟唱着适合纪念耶稣受难的歌曲"。敌对的威尼斯大使汇报说,"就连对他毫无敬意的土耳其人也称他为路德的信徒",而且哈本还拒绝参加威尼斯大使当晚设下的"丰盛的肉食宴"。哈本先是给各位帕夏分发了适当的礼物,接着又带着礼物和伊丽莎白女王的一封信在桨帆船上获得了乌鲁奇·阿里的接见。不过,他并没有能够从这位老海盗那里得到太多的支持。后来的弗朗西斯·德雷克(Francis Drake)也是如此,他带去了"许多坛子白银",但是没有得到什么回报。

接着,哈本一行人在苏丹的宫殿里享用了150道菜的盛宴,还有"加了糖和香料的玫瑰色的水"可供饮用。最后,哈本带着一名捧着礼物的随从,走过铺着金线织物的地面,受到了身穿银线织物的穆拉德三世苏丹的公开接见。他献上的礼物包括"三条披着红色外衣的良种獒犬、三条西班牙猎犬、两条寻血猎犬、一条普通猎犬、两条灰猎犬和两条穿着丝绸外衣的小狗"。最珍贵的礼物当属价值"500英镑"、装饰华丽、镶嵌宝石、顶上还有一座城堡的银质钟表。

热尔米尼男爵瞧不起哈本,称他"不过是个从商人那儿拿薪水的家伙"。男爵在此次官方欢迎仪式上激烈地表示了抗议,还威胁说,如果英格兰船只获准挂着本国的旗帜航行,那么法土联盟就会破裂。威尼斯大使莫罗西尼(Morosini)[1]则向大维齐尔行贿,并且

---

1 指詹弗朗切斯科·莫罗西尼(Gianfrancesco Morosini),他于1582—1585年期间出任威尼斯驻伊斯坦布尔大使。

试图让他相信，如果英格兰商人获准到奥斯曼帝国境内经商，帝国海关的收入就会减少。哈本在报告中写道："法国人和威尼斯人竭尽全力地阻挠，但他们的阴谋未能得逞。"大维齐尔不容置疑地告诉热尔米尼男爵，"你的吵闹毫无理由"，并且再次强调说，奥斯曼帝国政府欢迎所有寻求和平的人。

哈本出色地应对了他的职务带来的挑战。他有一种冷静、顽强的个性，与热尔米尼男爵易于冲动的性格形成了鲜明对比。很快，他不仅重新启动了被搁置的让步协议，还在海关税率上取得了更加有利的条件，他的对手则因此吃了亏。他深爱着自己的祖国，总是乐于宣扬祖国的伟大之处。他的对手在大维齐尔面前诋毁他，说他不过是个商人。大维齐尔则说，"他是一名伟大的贵族，比这里的任何人都更伟大"，无论如何，"他们都不应当对他的个人身份说三道四，只需要知道他的女主人——女王有多伟大就够了"。

实际上，英格兰比法国取得了更大的优势，因为英格兰的让步协议里只规定了它所享有的贸易特权，而法国人却还要负责保护所有的基督徒和教堂。有一次，在大穆夫提的怂恿下，苏丹穆拉德三世涌起了一阵宗教热忱，打算对付基督徒，还威胁说要把伊斯坦布尔所有的教堂都变成清真寺。热尔米尼男爵的抗议和信奉东正教的希腊人的慷慨献金打消了苏丹的这一念头，但还是有三座位于加拉塔的教堂被关闭了，直到基督徒们四处打点之后才获准重新开放。等到萨瓦里·德兰可思慕（Savary de Lancosme）接替了热尔米尼男爵的职务，这位新来的大使又在主教堂惹出了一场争端——他擅自占用了留给钦差的重要座位。于是，大维齐尔下令再度关闭了这座教堂，"除非兰可思慕先生不再做蠢事"，否则就不再开放。法国人就这样一点点丢掉了在奥斯曼帝国的影响力,而被英格兰人夺了过去。当哈本得知兰可思慕在搞一些针对英格兰人的阴谋诡计时,他冷静而自信地说道:"我认为他根本没有足够的能力把我怎样。"

不过,对于英法这两个欧洲国家来说,它们在奥斯曼帝国身上得到的利益更多的只是经济层面的,而非政治层面的。它们很快就清楚地看到,以奥斯曼帝国残存的海军力量,它根本就不愿意参与到任何战事之中,无论这些战事是否事关法国或英格兰的政治利益。腓力国王一度在大西洋的诸港口大肆造舰,显然是在准备派一支强大的西班牙舰队去入侵英格兰。哈本向奥斯曼帝国政府请求海上支援,哪怕只是袭扰西班牙的地中海沿岸地区,牵制一下西班牙的注意力也好,但奥斯曼帝国政府却礼貌而坚决地无视了他的请求。在西班牙无敌舰队启程前不久,哈本结束了他的任期,动身离开伊斯坦布尔返回英格兰。出于稳妥考虑,他避开了直布罗陀海峡,改为经陆路旅行。而就在西班牙无敌舰队出动之后,奥斯曼帝国政府内部也普遍认为英格兰必将败北。结果,1588年,土耳其人得到了西班牙人战败的消息。起初,他们还不敢相信。不久之后,土耳其人确认了这个消息,因为堪与巴巴利海盗相匹敌的英格兰武装私掠船出现了。它们打着经商的旗号,不加区分地劫掠地中海沿岸国家的商船队。英格兰大使无力约束它们的行为,只好央求伦敦出面干预。

法国也来向土耳其人寻求支持,希望他们帮助即位成为法国国王的胡格诺派教徒纳瓦拉的亨利(Henry of Navarre,即亨利四世)。与亨利四世为敌的是以吉斯家族(Guises)为代表的法国天主教徒,这一派获得了西班牙国王腓力的支持。苏丹穆拉德三世写信给伊丽莎白女王和亨利四世国王，告诉他们土耳其人将与他们联手对付西班牙人。

于是，人们开始希望奥斯曼舰队可以与英格兰和法国联手，共同对付"偶像崇拜的"西班牙人的威胁。哈本的继任者爱德华·巴顿（Edward Barton）将这个方案汇报给了女王的大臣们。但是，不知是出于苏丹的悭吝还是他的国库真的没钱，土耳其人并未真的组建一支远征舰队。

1595年，穆罕默德三世苏丹即位。伊丽莎白女王依旧希望可以得到奥斯曼帝国的支持，共同对付她的天主教敌人。于是，她为新苏丹准备了一船的礼物，其中包括一些羊毛制品和成捆的其他织物。这让威尼斯人大感不安，生怕英格兰人的货物会挤占他们的市场。他们恶毒地宣称英格兰人送来的织品都在路上发霉了。不过，最为重要的礼物是一架独具匠心、结构复杂的自鸣琴。设计制造这架自鸣琴的托马斯·达勒姆（Thomas Dallam）以技艺精湛著称，他亲自将琴运到了伊斯坦布尔。自鸣琴的演奏和琴上旋转的一群人造的乌鸦和画眉鸟让苏丹赞叹不已，特别是那群鸟儿还会在音乐结束时一边拍翅膀一边歌唱。

尤为让穆罕默德三世惊叹的是武装精良的英格兰海军军舰"赫克托耳号"，正是这艘军舰将达勒姆和他的琴运来的。苏丹身边的随从评论道，他们"从未见过哪位基督教王公的军事力量曾让他这么高兴"。停靠在金角湾的"赫克托耳号"允许人群自由参观，让人们好奇不已。威尼斯大使担心这一展示会"让土耳其人大开眼界，从而对基督教世界构成损害"。但其实并没有必要担忧，因为土耳其人什么也没有学到。正如托马斯·罗爵士后来所说的那样，奥斯曼帝国政府

"已然在桨帆船中衰朽"。到乌鲁奇·阿里死后的 16 世纪末期，奥斯曼海军既没有能力威胁敌人，也没有能力帮助盟友。奥斯曼人并没有善加利用勒班陀海战后复苏的海军，其武器装备也渐渐变得不堪使用。奥斯曼帝国的海上力量曾经雄霸一时，但正如人们所说："与西班牙的战争并没有摧毁它，与西班牙的和平却摧毁了它。"

亨利四世召回了亲天主教的兰可思慕，用更难对付的萨瓦里·德布勒维（Savary de Brèves）取代了他。在此之后，在奥斯曼帝国朝廷上的英法关系进一步恶化了。德布勒维扩大了法国在商业和政治等层面上对奥斯曼帝国的影响力，而不惜损害法国国王的盟友英格兰人的利益。巴顿的继任者亨利·莱洛（Henry Lello）曾这样抱怨道："法国大使到处行贿，还收着教皇的钱，到处不遗余力地破坏我的计划。"英法两国的使团之间仇恨已极。一年冬天，威尼斯大使曾这样汇报道："昨天晚上，因为一场雪球大战，法国和英格兰的使团之间爆发了暴力冲突，有好几个人受了重伤。要不是夜幕降临，局势还会进一步恶化，因为就连双方大使本人也参与了进去。"

英法两国先是在穆罕默德三世继续在匈牙利开战一事上起了冲突（此时尚未签署《吉托瓦托洛克和约》）。德布勒维在此事中起了煽风点火的作用。他的主子亨利四世一直有成为神圣罗马帝国皇帝的野心，他曾说："天主教联盟让我成了国王，没准儿土耳其人会让我变成皇帝呢。"由于此时的奥地利十分软弱，如果土耳其人能够击败匈牙利，那么就可以为亨利四世的野心铺平道路。而伊丽莎白女王认为这场陆上战争毫无意义，因此试图让双方讲和。经济领域是英法之间最主要的争夺点，而德布勒维一直试图阻止奥斯曼帝国与英格兰续签让步条约。

结果，此事又把荷兰人——此时已经从西班牙的统治下独立出来的低地联省共和国——卷了进来。荷兰商人也加入了在奥斯曼帝国海域的贸易，开始与英格兰和法国商人竞争。英格兰曾经支持荷兰人的独立斗争，因此与荷兰人联系紧密，希望荷兰商人能够在英格兰的保护下经商。法国人则认为荷兰人依然是西班牙的臣民，认为他们应当在法国国旗的保护下经商。1601年，大维齐尔在做出许多新的让步之后续签了与英格兰的让步条约，并且要求荷兰商人航行时必须悬挂伊丽莎白女王的旗帜。

1612年，联省共和国也与奥斯曼帝国签署了让步条约，条约内容与英格兰和法国的近似，但仅限于贸易领域。他们利用这一条约将烟草引入了奥斯曼帝国，全然不顾穆夫提激烈而徒劳的反对。土耳其人十分喜欢烟草，在不到半个世纪的时间里，烟斗就几乎成了土耳其的国家象征。算上在苏莱曼统治时期引进的咖啡，再加上鸦片和酒，此时的土耳其人已经可以享用到这四样东西——诗人将它们形容为"欢愉之沙发上的四个靠枕"和"享乐世界的四大元素"。但是，在严格的伊斯兰法学家看来，它们是"放荡之帐的四个基座"和"恶魔的四名仆人"。

就这样，在苏莱曼的时代结束之后，奥斯曼帝国进入了一个新的时代：它既深深受到英格兰的影响，同时也会被英法之间的敌意所左右。

第二十二章

1648年，易卜拉欣苏丹遭处决，他年幼的儿子穆罕默德四世即位。但国家的复苏没有立刻到来。在穆罕默德四世统治的前八年，近卫军和西帕希骑兵之间的派系斗争导致内乱不断，双方各有一位苏丹皇太后做靠山：一位是穆罕默德四世的母亲图尔汗（Turhan）；另一位则是他的那位曾经大权在握的祖母柯塞姆，但不久之后她被对手设计杀害了。与此同时，对外战争的形势出现了逆转，还有新的威胁涌现出来。奥斯曼帝国对克里特岛旷日持久的战争空前清楚地证明了一点：土耳其人已经不再拥有掌控海洋的能力了。从17世纪中叶开始，制海权逐渐落入了威尼斯人手中，而马耳他和托斯卡纳的私掠船也在地中海横行无阻。巴巴利海盗则摆脱了奥斯曼帝国的控制。土耳其人已经无法保护自己的海上航线，甚至保护不了自己的海岸。

土耳其人刚刚在克里特岛的干尼亚登陆时，威尼斯人就封锁了海峡、爱琴海沿岸和摩里亚的港口。接着，在达达尼尔海峡爆发了一场大战，威尼斯人击败并摧毁了为长期围困干地亚而向克里特岛运送补给品和援军的奥斯曼舰队；威尼斯人继而又夺取了扼守达达尼尔海峡和博斯普鲁斯海峡的特内多斯岛（Tenedos）和利姆诺斯岛（Lemnos）。在土耳其人看来，这次海上失利堪比勒班陀之败。威尼斯人加强了对海峡的封锁,使得帝国首都得不到补给。伊斯坦布尔食品价格飞涨,人们普遍感到不满,而且十分担心都城本身会遭到敌人的进攻。

直到这个时候,苏丹的母亲——苏丹皇太后图尔汗才秘密召见了一个既有地位又有能力的非凡人物来为国效命,以应对这次危机,重振朝纲。此人名叫科普鲁律·穆罕默德(Köprülüs Mehmed),被她委任为大维齐尔。他是个出身卑微的阿尔巴尼亚人,其先祖定居在安纳托利亚北部的小镇科普鲁(Köprü,意为"桥梁")。科普鲁律最初只是在苏丹的厨房里打下手,后来升任厨师,之后又获得了官职,继而出任过好几个行省的总督。他此时已经81岁,有不少年纪更轻的对头说他已经是个老糊涂了。科普鲁律明确提出了几个条件,方才同意出任大维齐尔:他的行动必须无条件得到批准;无论官职大小,他享有绝对的人事任免自由;任何维齐尔、官员或宠臣都不得妨碍他的权威;所有汇报到宫廷的报告他必须经手;他必须得到苏丹完全的信任,确保苏丹驳回一切针对他的诽谤。简而言之,他要求获得此前只有苏丹拥有过的绝对权力。苏丹皇太后代表她的儿子,对至高无上的神起誓答应他的全部要求。科普鲁律从大穆夫提那里得到了一份费特瓦,提前认可了他的所有行动。苏丹履行了母亲的诺言,亲自接见了他,并且提名他为大维齐尔。在这八年中,他已经是第11位获得提名的大维齐尔了。科普鲁律获得任命之后,在阿尔巴尼亚(他的家乡)和保加利亚有越来越多的信仰基督教的巴尔干山区部落成员皈依了伊斯兰教,应征入伍。他们为军队和政府机构带来了新的活力,也提高了这些组织对苏丹的忠诚度。

穆罕默德四世苏丹接受了改革派的建议,默不作声地将帝国政府交给科普鲁律管理,后来又交给了科普鲁律的儿子艾哈迈德,让他接替其父的职责。穆罕默德四世本人对执政不感兴趣,但始终含蓄地支持这对父子,帮助他们压制一切阴谋诡计和争权对手。在随后的20年和17世纪末期的大约20年时间中(这两段时期之间有一段不幸的权力真空期),这个家族以其出众的智慧和执政能力,为奥斯曼帝国带来了强有力的官僚统治;而在此之前,除了帝国皇室之外,整个国家一直在和权力结构的世袭原则划清界限。从17世纪的这个至关重要的转折点开始,帝国政府的实际核心就不再是苏丹的皇宫,而是位于皇宫大门[即赋予奥斯曼帝国政府"高门"这一代称的大门,土耳其语称其为"巴布–伊·阿里"(Bab-i Ali)]处的大维齐尔官邸。

科普鲁律·穆罕默德经验丰富,十分了解政府机器及其缺陷。他行动起来十分活跃,是个少说多做的实干家,同时也是个意志坚定的独裁者。他在自己的"统治"刚刚开始时,就先裁撤了一批高官,改派其他人选。他决心不计一切代价消除动荡、腐败和无能等现象,对可能危害帝国安全和福祉的现象明察秋毫、冷酷无情。据说,在他执政的五年时间里,他一共下令处决了3.5万名违法者。他的主行刑官号称亲手绞死过4 000名有名有姓的头面人物。

科普鲁律做这些事时并没有表现出巨大的热情,他不像以前的穆拉德四世那样不分青红皂白地残忍行事。无论他对付的是官员、军人、法官还是宗教人士,他都经过了精明的计算才施展铁腕,同时还用他冷静的头脑去甄别哪里可能隐藏着会威胁到他和国家权威的危险。他最大限度地利用现有的政府机器,严格执行法律,将政府打造成纯粹执行君主意志的有效工具。他的目标是复兴一息尚存的奥斯曼帝国，不仅为其恢复内部的稳定，更要重铸其外部的威望和权力。

为了达到这些目标，科普鲁律决心让军队恢复纪律和骄傲，让军队把精力从在国内制造棘手的派系斗争，转向在国外延续奥斯曼帝国扩张征服的传统。他迅速解除了威尼斯人对达达尼尔海峡的封锁，夺回了特内多斯岛和利姆诺斯岛；他重振奥斯曼舰队，重塑舰队的信心，在海峡入口处兴建了两座永久性的要塞，一定程度上重建了土耳其人对爱琴海各港口和岛屿的支配权，从而打通了到克里特岛的交通和补给线。尽管奥斯曼海军未能重新控制地中海，但起码对威尼斯的战争局势有了改善，对干地亚的围攻也得以恢复，未再中断。

在小亚细亚，穆罕默德镇压了阿巴扎（Abaza）的叛乱，将此人和另外30名叛军的头颅送到首都示众。在黑海对岸，科普鲁律在顿河和第聂伯河（Dnieper）上兴建了城堡，加强针对哥萨克人的防御。他成功地发动了一次对特兰西瓦尼亚的远征，在那里新成立了一个行省以加强奥斯曼帝国对该地区的控制，也为日后他的继任者向匈牙利和奥地利发动进攻铺平了道路。

1661年，科普鲁律·穆罕默德在"统治"了五年之后寿终正寝。按照他的主人的要求，其大维齐尔的职位传给了他26岁的儿子艾哈迈德。这位科普鲁律二世将以政治家的姿态再统治帝国15年。临终前，科普鲁律·穆罕默德留给时年20岁的穆罕默德四世苏丹四条行事原则：永远不要听信女人的建议；永远不要让某个臣下太过富有；永远保持国库充盈；永远骑在马背上，不能让军队无所事事。

苏丹穆罕默德四世的确花了很多时间在马背上，只不过他不是去参与严酷的战争，而是去享受追逐的乐趣。他在孩提时没受过太多教育，很早就对各种游戏产生了兴趣，后来更是被人们称作"非凡的猎手"。英国驻土耳其的外交人员、历史学家保罗·里考特（Paul Rycaut）写道："从来没有哪位王公贵族这么痴迷于打猎……他一刻也闲不住，总是骑在马背上在田野里驰骋。"他在阿德里安堡一带和巴尔干半岛的其他地区从事他的打猎"战役"，让他的子民深受其累。有一次，他征发了来自15个地区的三四万名农民，"让他们到森林里去驱赶动物，一干就是三四天……好把那些猎物和野兽都驱赶进一个圆形区域；到打猎那天，伟大的阁下就用猎犬、火枪或其他手段把这些被喧嚣声吵得不知所措的动物杀掉"。为了养活苏丹的这支"军队"，农村各个地区还要额外缴纳赋税。被苏丹征来干活的人工作十分艰苦，出现伤亡也并不罕见。有的人要在森林里忍受异常漫长的冬夜，"许多人为帝王的消遣丢掉了自己的性命"。

有时候，苏丹本人的随从们也并不热衷于他们主子的马上活动，往往开始思念起萨拉基里奥宫里的轻松日子；他们"认为，眷恋温柔乡的前任苏丹可比他那时常异想天开永不停歇的儿子好伺候多了"。在冬季的一天，随从们向苏丹暗示是时候启程返回阿德里安堡了。出乎意料的是，苏丹竟然同意了，随后命令他们跟着自己一连骑行了20个小时，中间都没下过一次马。为了打猎，穆罕默德苏丹从国外（通常是俄罗斯）引进了血统优良的猎犬和猎鹰。他那些更为杰出的先祖们曾经立下赫赫战功，被写入诗歌永久传颂；他在猎场上的英勇表现也被写进了诗歌。他会亲笔记录打猎的经历，他每次杀死一头野兽，都会留下精确详尽的记录。

此时，科普鲁律·艾哈迈德已经开始沿着多瑙河上溯，接连不断地发动大型的战役了，但这些战事很少能吸引穆罕默德的参与。大维齐尔在打仗，苏丹却在打猎。科普鲁律·艾哈迈德发动第一场大型的战役是在1663年夏天。苏丹亲率大军行进到阿德里安堡，但随后就把先知神圣的旌旗交给了科普鲁律，离开了大军前去打猎。艾哈迈德带到贝尔格莱德的部队是自苏莱曼时代之后规模最大、军容最为壮观的一支军队。他们打了一场值得铭记的战役，瓦拉几亚和罗马尼亚的基督教附庸国匈牙利农民，都把土耳其人视作解放者，纷纷前来帮助土耳其人，反抗哈布斯堡王朝的暴政。

渡过多瑙河之后，艾哈迈德的大军很快就占领了匈牙利和特兰西瓦尼亚。抵达德拉瓦河之后，他要求敌人像苏莱曼时代一样支付贡品，但遭到了拒绝。于是，他继续进军布达，接着又转向西北方向，夺取了至关重要的诺伊霍伊塞尔（Neuhäusel）要塞。这场战斗打了奥地利人一个措手不及，是奥斯曼帝国自将近70年前的迈泽凯赖斯泰什战役后在欧洲取得的最重要的胜利。尽管这场胜利充其量不过是一次成功的劫掠式突袭，但鼓舞了科普鲁律·艾哈迈德，让他"开始梦想着夺取维也纳，建立比苏莱曼大帝更伟大的功勋"。

在贝尔格莱德越冬之后，科普鲁律在第二年继续向西进军。鞑靼部落的非正规军在前方开道，像苏莱曼时期的阿金基骑兵一样沿途大肆破坏，散布恐慌。科普鲁律决心占领到维也纳途中遇到的所有要塞。在取得了一些成功之后，他的大军抵达了靠近匈牙利和奥地利边界线的一个重要据点：拉布河（Raab）上的克尔门德（Körmend）。沃什瓦尔（Vasvar）的奥地利人觉察到了这一威胁，于是遣使求和，原则上得到了同意。还没等和约正式生效，艾哈迈德就继续率军前进，意欲渡过拉布河。但是，在圣戈特哈德修道院（Convent of St. Gothard）附近地区，他遭到了奥地利军队精心部署的激烈抵抗。这支守军在数量上居于劣势，但在武器装备上占优势，战术和技巧也运用得更加纯熟。艾哈迈德在此遭遇了一次迅速而耻辱的失败。

科普鲁律·艾哈迈德自信满满地先调遣了一半的部队渡河，他本人则跟着另外一半部队留在后方，打算第二天早上渡河。结果，夜里突发暴风雨和洪水，导致他次日早晨无法渡河。不过，他还是自信满满地派遣信使去苏丹那里，告诉他大军已经顺利过河，伊斯坦布尔城中也因此过早地开始了庆祝活动。可是，先头部队在首战告捷之后，遭遇了一场失败。奥地利骑兵冲乱了土耳其人的阵线，把数以千计的人赶进了河水之中。"当日的光荣属于基督徒。"

在1664年的圣戈特哈德，奥斯曼帝国与哈布斯堡王朝之间的争斗发生了不幸的逆转——土耳其人第一次在会战中败给了欧洲的基督教军队，打破了自1526年摩哈赤战役以来土耳其人连战连捷（包括70年后的迈泽凯赖斯泰什战役）的纪录。在三十年战争中，欧洲军队在组织、训练、装备、战术和专权领导等方面有了新的发展，在这一役中第一次让土耳其人领教了一下。尽管科普鲁律在战争初期取得了成功，且奥斯曼人有着从16世纪延续而来的乐观情绪，但他们没能跟上17世纪军事发展的脚步。与西方军队相比，执着于传统战争方式的奥斯曼军队逐渐落伍了。对于土耳其人来说，这是他们第一次尝到这种苦头，但不是最后一次。

在圣戈特哈德，奥地利军队得到了一支法国军队的支援。此时的法国在军事技术方面比任何欧洲国家都更出色。这支法军是被路易十四（Louis XIV）派来支援教皇主导的神圣同盟的。尽管法国人原则上与土耳其人保有联盟关系，但自从第一位科普鲁律——科普鲁律·穆罕默德执政以来，法国与奥斯曼帝国政府的关系就已经到了破裂的边缘。法国大使看不起科普鲁律·穆罕默德，对他十分轻慢，结果对法国的让步条约被中止了。当科普鲁律·艾哈迈德在战场上看到下巴和脸颊刮得干干净净、头上还戴着假发的法军迈着步子前进时，他轻蔑地问道："这些小女孩是谁？"可是，他们面对着穆斯林军队"安拉！"的呼喊声，高声呼喊着"Allons! Allons! Tue! Tue!"（"冲啊，冲啊！杀啊，杀啊！"）冲到土耳其人面前将他们砍翻在地，在近卫军中间大肆砍杀。后来，近卫军在很长一段时间里都记得法国人的叫喊声，自己进行军事演习的时候也会加以模仿；他们还会谈起法军的统帅——人称"弗拉迪"（Fouladi，铁人）的弗亚德公爵（Duc de la Feuillade）。

不过，奥地利人在战斗中的损失也很惨重。战役结束后还不到十天，他们就打算与大维齐尔确认草签的和约条款了。双方签署了《沃什瓦尔条约》，其内容实际上延续了《吉托瓦托洛克和约》。尽管奥地利人取得了战争的胜利，但是这份和约却令人惊异地有利于奥斯曼帝国一方。帝国得以保留包括诺伊霍伊塞尔在内的几处新近征服的要地；土耳其人和奥地利人都要撤出特兰西瓦尼亚，奥斯曼帝国在特兰西瓦尼亚的附庸奥保菲（Apafi）大公获得了承认，但需要向奥地利支付贡金。哈布斯堡王朝的势力范围并没有向东方扩展，仍然只控制着匈牙利的西部和北部地区。到了这个时候，科普鲁律·艾哈迈德还扩张了苏丹的领土，凭借高超的外交手段赢回了他在战场上丢掉的东西。他胜利回到伊斯坦布尔,受到了人们的热烈欢迎。

科普鲁律·艾哈迈德接下来的任务是征服防御较弱的克里特岛,终结那里持续了 25 年、一直在消耗帝国力量的战争。1666 年,他率领一支规模庞大的援军抵达了克里特岛,在岛上一待就是三年。一名来自克里特岛的奴隶女孩此时成了穆罕默德苏丹最得宠也最具影响力的妃子。她热切地支持科普鲁律的事业,帮助他维护其在苏丹心目中的威望,因此科普鲁律可以安心地离开首都如此之久。就这样,对干地亚的第三次围攻开始了,从夏至冬几乎一刻都不停歇。保罗·里考特将干地亚称作"世界上最坚不可摧的要塞,使用了这个时代人类智慧所能企及的最高超技艺"。地道和反地道、堑壕和障碍物,工程师的技艺在这里大显身手。曾在罗得岛围攻战中率先运用工程学技艺的土耳其人,依然在这方面拥有卓越的技巧。他们技艺精巧,势不可当,在干地亚城下开凿地道,削弱城防。

在这场战役中,土耳其人拥有了将海军派遣到克里特岛的能力。而威尼斯人则打出又一次十字军远征的旗号,不仅从教皇、其他意大利城邦和哈布斯堡王朝那里得到了援军,还从一开始就得到了法国人的秘密援助。被誉为法国骑兵部队之花、参与了圣戈特哈德之战的"小女孩们",在指挥官弗亚德公爵的带领下,乘着悬挂马耳他旗帜的船只来到了干地亚。他们不顾威尼斯指挥官莫罗西尼[1]的命令,凭着一股浪漫的英雄主义精神,坚持要求从城中发动一次

---

[1] 虽然同属威尼斯望族莫罗西尼家族,但此处的莫罗西尼并非上文中的詹弗朗切斯科·莫罗西尼,而是弗朗切斯科·莫罗西尼(Francesco Morosini, 1619—1694)。

突袭。他们在举着耶稣受难像的僧侣的带领下，出城杀死了一些土耳其人，随后面对蜂拥而至的敌人不得不选择撤退。第二年，在诺瓦耶公爵（Duc de Noailles）的带领下，一支规模更大的法国军队抵达了干地亚，这一次他们打出的是教皇的旗帜。诺瓦耶公爵坚持要由法国人独力发动一次突袭，拒绝了莫罗西尼的威尼斯部队的支援。在这次突袭失败之后，法国舰队又跟威尼斯船只一同发起了炮击，试图将土耳其人从城下的堑壕中赶出来。结果这一行动也失败了，部分要归咎于一艘法国船只在行动中发生了爆炸。接着，法国人与威尼斯人发生了激烈的争执，最终带着他们的陆军一起起航回国了。

四天之后，莫罗西尼宣称无力继续坚守干地亚，献城投降。对这座城市的围攻过程比特洛伊之围还要漫长。科普鲁律·艾哈迈德开出了十分体面的议和条款，这些条款也得到了忠实地履行。弹尽粮绝的威尼斯守军获准携带一部分火炮离开，克里特人则获得了到别处安家的许可。威尼斯保住了克里特岛上的港口，但岛屿的其他部分变成了土耳其人的领土，构成了奥斯曼帝国在爱琴海南部的天然屏障，使得东地中海变成了土耳其人的内湖。岛上的希腊基督徒将土耳其人视作解放者，因为他们就此摆脱了信奉天主教的西欧统治阶层的压迫；随着时间的推移，他们中的很多人还将皈依伊斯兰教。

科普鲁律·穆罕默德将终结这两场战争的任务留给了他的儿子艾哈迈德，一同留给他的还有堪与苏莱曼时代相媲美的军事组织。不过，艾哈迈德不仅仅是一名战士，还是一位颇有水准的政治家。正因如此，他常被土耳其历史学家拿来与苏莱曼的最后一位大维齐尔索科卢相比较——此人扩大了帝国的版图，延缓了帝国的衰败，鞠躬尽瘁，死而后已。艾哈迈德的父亲是个半文盲，却给了他良好的教育和法学训练，并且让他像往代苏丹一样，先后出任了两个行省的总督，帮助他积累了处理公共事务的经验。艾哈迈德继承了其父的能力，却又不像他的父亲那样残酷。在他感觉政局对科普鲁律家族已经足够安全之后，他就放松了以往的苛政，建立起既人道又公正，同时又相对而言远离腐败的统治。他毫无贪欲，不纳贿赂。据说，给他送礼的人非但不会赢得他的欢心，反而会让他心生反感。

他是一个严格自律的穆斯林，却一点也不狂热。他可以容忍其他人的信仰，保护基督徒和犹太人免受不公正的待遇，还废止了有关修建教堂的禁令。在这一点上，他与他的父亲大为不同。他的父亲曾将信仰异端的谢赫和托钵僧都驱逐出境，还以涉嫌煽动基督徒叛乱的罪名绞死了希腊牧首。科普鲁律·艾哈迈德拥有清晰的判断力，能够一针见血地看到问题的根源。他沉默寡言，心地善良，既举止庄严，又彬彬有礼，态度谦和。在人民心目中，他令人钦佩，言而有信，凭借他的种种优点赢得了人们的尊重和喜爱。

在行政领域，艾哈迈德的任务是继续推动其父开启的多项改革，让它们开花结果。他颁布了一系列措施以确保伊斯兰教法和苏丹法令的执行。由于直属于苏丹的部队已经成为沉重的财政负担和国家的动乱之源，他下令削减了这类部队的数量。他减轻了国库的负担，修改了税收和公共秩序体系，以保护农民的利益。在忙于军政事务的同时，他还不忘资助学者、诗人和历史作家，让他们将自己的胜利和其他英雄事迹写成不朽的篇章。

接下来，科普鲁律·艾哈迈德要完成新的征服。1672 年，他把目光投向了黑海的对岸——那里在未来将成为土耳其人厮杀的主战场。他尤其留意乌克兰的局势——那里是俄罗斯和波兰两国争夺的焦点，也留给了土耳其人出手干预的机会。近来，俄国人和波兰人试图瓜分独立而充满活力的哥萨克人的土地。他们瞄上的土地在乌克兰和更南方的地方，靠近布格河（Bug）和第聂伯河流入黑海的入海口。他们希望控制这一地区的哥萨克人，就像俄国沙皇控制了东方顿河流域的哥萨克人那样。在属于波兰的那部分乌克兰土地上生活的哥萨克人激烈地反抗着他们的宗主国，结果引来了由扬·索别斯基（John Sobieski）统率的波兰军队的镇压。

于是，哥萨克人的头领跑来向苏丹穆罕默德四世求援，许诺将承认奥斯曼帝国为他们的宗主国。他在伊斯坦布尔得到了体面的接见，苏丹穆罕默德按照恰当的礼节授予了他一面双马尾旌旗，任命他为奥斯曼帝国乌克兰行省的桑贾克贝伊。同时，苏丹还命令克里米亚可汗向哥萨克人施以援手。此举招致了波兰国王和俄国沙皇的强烈不满，他们威胁说要联合起来对奥斯曼帝国苏丹发动战争。奥斯曼帝国政府对他们的这一表态也傲慢地表示了不满，大维齐尔本人则把一封亲笔信交给了波兰使节：

> 哥萨克人，作为一个自由的民族，曾臣服于波兰人。但是，由于再也无法忍受强加在他们身上的暴行、不公正、压迫和勒索，他们……决定寻求克里米亚可汗的保护。哥萨克人现在获得了站在土耳其人旌旗下的克里米亚可汗的支持……现在，这个国家的居民为了获得自由而向强大的苏丹寻求帮助，你们却又来抢夺这些得到了苏丹庇佑的人，难道不觉得太过放肆了吗？

波兰国王无视了这封信。于是，1672年，苏丹亲率一支奥斯曼大军，途径摩尔达维亚来到了德涅斯特河（Dniester）河畔。他在这里等来了鞑靼人的援军。这一次，苏丹本人亲自参与了战争，即便没有真的统率部队，但总算也是陪同军队一同出征。

渡河之后，土耳其人很快夺取了两座重要的要塞。波兰国王在布恰奇（Buczacs）签署了屈辱的和约，同意将乌克兰的波多里亚行省（Podolia，位于第聂伯河和德涅斯特河之间）割让给土耳其人，并且将属于他的那部分乌克兰划归哥萨克人所有。除此之外，他还同意向奥斯曼帝国政府纳贡。索别斯基拒不承认这份和约，又与土耳其人打了三仗，互有胜负。1676年，他最终被土耳其人击败，于是只好在茹拉夫诺（Zurawno）签署了条件比之前更加苛刻的和约。就这样，奥斯曼帝国的势力范围暂时扩展到了黑海的西北方向，一边向波兰人施加了压力，一边又阻挠俄国人在乌克兰地区的扩张企图。

科普鲁律·艾哈迈德巧妙地运用了帝国的新资源，取得了这一成就。但是，这一成功十分短暂。这场战役也成了他的最后一场战役。在战争结束后几天，时年42岁的他就因水肿而死，发生水肿的原因是饮用葡萄酒和白兰地过量——这是这位堪称典范的统治者唯一的恶习。

第二十三章

由于科普鲁律·艾哈迈德唯一的儿子还是个婴儿，人们普遍预计并希望由他的弟弟穆斯塔法·扎德（Mustafa Zade）来接替他大维齐尔的职位。如此，在过去20年中内外兼修、重振衰颓国势的科普鲁律家族，就可以延续他们的统治。但令人惋惜的是，科普鲁律家族的统治被中断了。很不走运，穆罕默德四世苏丹此时突然独断专行，行使起他一直被束之高阁的皇权来。他把大维齐尔的职位交给了艾哈迈德的妹夫卡拉·穆斯塔法[1]，此人还刚刚迎娶了苏丹的女儿。这一任命让科普鲁律家族的统治出现了13年的空窗期，给帝国造成了无法弥补的损失。

"黑穆斯塔法"——卡拉·穆斯塔法的名号来自他黝黑的皮肤。[2] 此人自视甚高，野心勃勃，出了名地喜欢炫耀、卖弄。据说，他家里有1 500个小妾，还有数目相当的女奴，光是伺候她们的黑宦官就有700名。他豢养了数不清的马匹、猎犬和猎鹰，以此讨得苏丹的欢心。在成为大维齐尔之后，利欲熏心的卡拉·穆斯塔法巧取豪夺，腐败堕落，肆无忌惮地卖官鬻爵，用让步条约的条款跟外国使节讨价还价；他还明码标价，凡是要面见苏丹的人都得给他钱。

---

1 显然，此人与前文出现过的那位凯曼凯什·卡拉·穆斯塔法并非同一人。
2 "卡拉"（kara）即为黑的意思。

更重要的是，黑穆斯塔法还是个自大狂，梦想成为举世闻名的伟大征服者。他狂热地反对基督教，曾经复述巴耶济德一世的话说，有朝一日要把罗马的圣彼得大教堂变成马厩。他还想夺取维也纳，再发兵莱茵河，与路易十四一战。在他自己看来，虽然自己名义上是代人执政，但实际上就是一个掌控着欧洲大片领土的君主。但是，事实证明，他是一名水平低劣的将领，在战场上犯下一个又一个的错误，大肆挥霍着科普鲁律家族凭借军事才能和增强了的国力为帝国赢得的成果。

在他的指挥之下，奥斯曼帝国在不到五年的时间里就把科普鲁律·艾哈迈德夺取的那部分乌克兰丢给了俄罗斯人。在严酷而陌生的天气和地理环境中，奥斯曼人打了两场败仗，损失了大量的人员和火炮，而俄罗斯人也日渐成为让土耳其人胆战心惊的敌人。1681年，他们与俄罗斯签订了和约。土耳其人放弃了乌克兰，从该地区撤军，此外还约定双方均不得在布格河和德涅斯特河之间的地区修建要塞。就这样，衰落中的奥斯曼帝国把一个至关重要的桥头堡丢给了扩张中的俄罗斯帝国，这一地区在接下来的几个世纪中将日益成为活跃的战场。

这一失败并未让卡拉·穆斯塔法太过忧心，因为他的征服野心放在了其他地方——中欧的心脏地带。他决心征服伟大的苏莱曼都未能征服的维也纳。他的机遇源自匈牙利爆发的一场叛乱，那里的新教徒对信奉天主教的哈布斯堡王朝的压迫感到十分不满。叛军的领袖是伊姆莱·特克利伯爵（Count Emmerich Tekeli）[1]，他先是率军

---

[1] 原文使用的是德文拼法，其名字的匈牙利文写法是 Imre Thököly，汉译名字以其母语拼法为准。

击败了皇帝的部队，接着又拒绝了一份条件让人难以接受的和约，转而向苏丹寻求帮助。苏丹同意帮助他，并以宗主国的身份承认特克利为西匈牙利的国王。得到苏丹的支持后，特克利又展开了针对哈布斯堡王朝的敌对行动。不过，他也向法国人寻求了帮助。路易十四一直想要压制哈布斯堡王朝，因此援助了反对哈布斯堡王朝的特兰西瓦尼亚大公奥保菲。现在，他又开始资助特克利。为了怂恿奥斯曼帝国出兵进攻奥地利，路易十四在伊斯坦布尔的使节向苏丹保证法国将保持善意中立。

奥地利使节来到奥斯曼帝国政府，要求续签当年科普鲁律·艾哈迈德在沃什瓦尔与皇帝签订的和约。大维齐尔拒绝了这位使节的要求，反而给了他一份相当于最后通牒的文件。文件中提出，如果奥地利人想要维持和平，就必须把重要的杰尔（Győr）要塞[1]交出来，还要补偿奥斯曼帝国备战所耗费的军费。对于这一要求，奥地利使节回答说："您或许可以靠军队夺取城堡，但是靠几句空文肯定不行。"于是，奥斯曼帝国与哈布斯堡王朝之间的战争又一次迫在眉睫了。1682年秋天，苏丹的马尾旌旗在伊斯坦布尔的大萨拉基里奥宫门前升起，宣告苏丹本人将马上离开都城。他动身来到阿德里安堡，于1683年春季在那里集结了一支大军。大军征调了大量的工程人员、炮兵和维护人员，一支克里米亚鞑靼人军队和其他非正规骑兵也赶来会合。跟着大军一起出动的，还有工匠、商人和随军平民，以及他们带来的成群的动物——骡子、水牛、骆驼。这样一来，奥

---

[1] 位于今匈牙利。

斯曼军队看上去的规模总是要比其实际规模更大。

这是最后一支打着宗教的旗号、按照古老的奥斯曼传统出征基督教欧洲的穆斯林大军。利奥波德皇帝（Emperor Leopold）[1]也集结了一支大军，命令能征善战的洛林公爵查理（Duke Charles of Lorraine）指挥大军。这支军队在数量上居于劣势，但教皇许诺将资助他们，同时德意志诸侯也纷纷率军前来支援。除此之外，波兰国王扬·索别斯基[2]也不惜撕毁新近与奥斯曼帝国签署的和约，率兵前来助战。法国国王路易十四一直在对抗神圣罗马帝国，希望削弱利奥波德，因而想要阻止利奥波德与德意志诸侯结成联盟，但未能得逞。于是，像以前一样，他也乐于见到土耳其人和奥地利人之间发生正面冲突。

1683年春，奥斯曼大军在苏丹的率领下开拔。在抵达贝尔格莱德之后，苏丹就把指挥权和先知的旌旗一并交给了卡拉·穆斯塔法。在奥西耶克（Essek）[3]，特克利的匈牙利叛军与大维齐尔统率的大军会合。他们打着与周遭友军十分不协调的基督教旗帜，上面用拉丁文写着"为了上帝和国家"；他们还自称为"克鲁采什"（Kruczes），意为"效命于十字架的人"。在大维齐尔看来，这又是历史的重演，让他回忆起苏莱曼苏丹与亚诺什·佐波尧的联合。卡拉·穆斯塔法还没有公开说明自己围攻维也纳的意图。在布达和奥地利边境之间，还有一片由皇帝控制的匈牙利国土。在多瑙河与其各条支流的交汇点上，各有一些据点挡在前往维也纳的道路上。因此，在进攻维也

---

[1] 指哈布斯堡王朝的神圣罗马帝国皇帝利奥波德一世。
[2] 1673年，前任波兰国王病逝，他于次年被贵族推举为国王。
[3] 今写作Osijek，位于今天克罗地亚的东部，在贝尔格莱德的西北方向，匈牙利以南。

纳之前，卡拉·穆斯塔法需要先对付这些据点的守军，其中最重要的据点就是杰尔和克尔门德。

在拉布河前，大维齐尔召集包括克里米亚可汗在内的指挥官们，召开了一次军事会议。据说，在这次会议上，在布达担任帕夏多年的易卜拉欣建议大维齐尔谨慎从事。为了说明自己的观点，易卜拉欣讲了一个寓言故事：一位国王在地毯中心放了一堆金子，谁能不踩到地毯拿到金子，金子就归谁；一个人从边上开始卷地毯，一直卷到他可以够得到金子，于是成了赢家。易卜拉欣认为，要想得到维也纳，卡拉·穆斯塔法应该先控制住边境地带的城堡，从而把这一敌对地区"卷起来"，然后到秋天或是第二年春天再发动对维也纳本身的进攻。到那时，夺取维也纳城就水到渠成了。

大维齐尔回答他说："你都是个八旬老人了，脑子不灵光了。"克里米亚可汗塞利姆·格莱（Selim Ghirai）提出了与易卜拉欣帕夏相同的观点，从此招致了大维齐尔的忌恨。尽管还有其他人也赞同易卜拉欣帕夏的观点，但卡拉·穆斯塔法表示他决心直接进军维也纳，因为拿下维也纳之后，"所有的基督徒都会臣服于奥斯曼人"。他命令工程人员在拉布河上搭建浮桥，接着率军过河，直接向西进军。易卜拉欣帕夏留在后方负责补给，另外还留了一小支部队佯装要进攻杰尔。鞑靼人的非正规军和特克利的部队被派到前方四处破坏，警示土耳其人来袭的钟声在中欧地区再次敲响。

7月13日，卡拉·穆斯塔法率领大部队出现在了维也纳城下。在火炮就位之后，他按照惯例致函守军，命令他们投降，皈依伊斯兰教，或是从城中安全疏散。一名土耳其人军官将这封信递给了一名士兵，再经由这名士兵交给了维也纳城的总督施塔亨贝格伯爵

（Count Stahremberg）。守军没有回信。皇帝本人和他的廷臣已经向西撤到了帕绍（Passau），而他的总司令洛林公爵查理则带着规模本就不大的奥地利军队的三分之二去了多瑙河上游的林茨。剩下的三分之一部队留下来增援城市守备队，全部守军加在一起也只有大约1.2 万人。

奥斯曼人在维也纳城西侧安营扎寨，其营寨形似一弯新月。2.5 万顶帐篷和 5 万驾运货马车组成了一座帆布之城。黑穆斯塔法坐镇中央，在一座堪与苏莱曼的大帐相媲美的帐篷大厅里发号施令，处理围城事宜和政府公务。击退奥斯曼大军、解救帝都的重任落在了利奥波德皇帝的欧洲盟友身上——巴伐利亚和萨克森（Saxony）的选帝侯，以及最重要的人物波兰国王扬·索别斯基。但是，一直到敌军兵锋直指维也纳的时候，皇帝才开始向他们求援，因此他们的援军无法立刻赶到。而另一边，卡拉·穆斯塔法本来可以先发制人，迅速动用他占据优势的大军全力攻城，但他的动作也十分迟缓。他的贪欲似乎占了上风：如果攻破城池，那么维也纳城中的战利品就会被士兵洗劫一空；如果守军献城投降，那么战利品就可以全部归他——苏丹的代言人——所有。

围攻开始之后，卡拉·穆斯塔法很快就发现守城一方在火炮方面有优势，不仅数量更多，质量也更好。因为没法运输到维也纳这么远的地方，苏莱曼当年围攻维也纳时就没有重型火炮，而卡拉·穆斯塔法也重蹈覆辙。他只有轻型和中型火炮，这些火炮足以用来对付野战中的敌人，但是对付结实的城墙就力不从心了。此外，很多在布达制造的弹药质量低劣，炮弹都不爆炸。土耳其人把火炮看成辅助工具，攻城主要依靠的还是他们的特长——挖地道。他们

第四部分　衰败之种　第二十三章　　　　　　　　　　　　　　　403

的这项技能在其他地方的围攻战中——尤其是在干地亚——曾经大显身手。

卡拉·穆斯塔法首先包围了城市的大部分地区及周边的乡村地带，在很大一片区域内截断了多瑙河两岸的交通，避免对岸的敌军过河来援。接着，他驱使基督徒俘虏帮助他的军队修建堑壕体系，堑壕向着城墙和棱堡的方向延伸，以便于接下来挖掘地道。但是，石质的防御工事十分坚固；勇敢的守军也没有坐以待毙，经常向城外发动突袭；被损坏的防御工事也总是很快得到修复。配备马刀的土耳其人在交锋中往往也敌不过手持长戟、大镰刀和战斧的德意志人。不过，他们用地雷在城墙上炸出了许多缺口。9月4日，在一次猛烈的爆炸之后，土耳其人将施塔亨贝格伯爵的手下赶出了角堡，接着从巨大的缺口涌入了城中。他们一边高喊着安拉的名号，一边挥舞着旗帜和武器。在经过两个小时伤亡惨重的激战之后，土耳其人被赶了回去，但守军的形势已经十分危急。

然而，就在此时，终于传来了波兰援军即将到来的消息。波兰国王扬·索别斯基的进军速度跟穆斯塔法的进攻一样缓慢。他从华沙出发，在克拉科夫（Cracow）耽搁了一段时间，一路上没有遇到什么抵抗。不久，他用舟桥渡过多瑙河，与洛林公爵统率的奥地利军队主力和来自巴伐利亚和萨克森的部队会合。在召开了一次军事会议之后，他们又毫无阻碍地行军了三天，沿着难走的森林小路登上了俯瞰维也纳的卡伦山（Kahlenberg）。他们惊奇地发现，此地竟然没有被土耳其人占领。索别斯基居高临下地朝被围攻的城市望去，看到它的城墙被迷宫般的堑壕包围，间或还有几段城墙已经化为了碎石堆；而敌军并没有集中起来，他们的营地也没有设置壕沟防护。

看到这一情景，索别斯基自信地说："他这营地扎得很糟糕。此人不懂战事，我们肯定能打败他。"

一心想着围城的卡拉·穆斯塔法并没有做应对敌人援军的准备。奥斯曼人的营地没有防御工事，在山脊上没有观察哨，在平地上也没有骑兵巡逻。而且，即便现在穆斯塔法已经知道敌人的援军即将到来，他依然没有立刻调兵遣将做迎敌的准备。他本来应该调遣自己麾下装备精良的部队去阻挠奥地利人或波兰人渡过多瑙河，但他把这个任务交给了克里米亚的鞑靼人可汗，后来又把他当成了替罪羊。他也没有想过在卡伦山陡峭的岩石山坡上阻挡敌军，或是提前控制山上的制高点。一直到敌人的篝火照亮了峰顶和山坡上的树林时，他才悔之晚矣。现在他只能派一支部队到山坡较低的地方，等着索别斯基率军从山坡上猛冲下来。

9月12日破晓之前，纪律严明的基督教军队序列整齐地从山坡上冲了下来。在土耳其人看来，占据了优势的敌人如同"黑色沥青的洪流从山上泻下，吞噬了它遇到的一切事物"。卡拉·穆斯塔法以为派一支骑兵就能挡住敌军。直到克里米亚可汗要求他马上出动近卫军时，他才把一部分近卫军投入战场，而仍然把主力留在了维也纳城下的堑壕里。此时，他也没有时间运来足够的火炮了。

接下来的战斗持续了一整天。土耳其人的军队被夹在了装备精良的守军和指挥得力的援军之间。一开始的战斗发生在山坡的乱石和沟壑之间，双方在一片混乱中厮杀；接着，战场转移到了平原上，奥斯曼骑兵与波兰和德意志骑兵展开了激烈交锋，随后索别斯基又亲率精锐直插土耳其人的中军，闯入敌营，冲向大维齐尔本人显眼的营帐。在亲眼看到这位基督教征服者之后，鞑靼可汗高呼："以安拉之名！波兰国王真的来了！"说罢，他就带着部众纵马逃离了战场。奥斯曼大军的阵列瓦解，士兵们开始在一片混乱中四散奔逃，最后在战场丢下了1万具尸体。

待在城下堑壕里的近卫军没有冒险发起进攻，但也不愿撤退，结果在面前的城中守军和背后乘胜追击的波兰人的夹击之下被砍成了碎片。在一片恐慌之下，奥斯曼人丢掉了他们的大营，一同丢弃的还有他们全部的火炮、10万头牛，以及镶嵌了珠宝的武器和腰带、华美的地毯、纱绸、毛皮等战利品，这些东西全都成了索别斯基及其手下兵士的收获。不过，他们失望地发现并没有多少钱币或贵金属，因为土耳其人刚好来得及把这些东西带走。战利品中还包括一些奇怪的东西，比如一只刚被砍了头的雌性鸵鸟、一只固执地不愿意被人抓住的鹦鹉、装在镀金鸟笼里的其他鸟类以及大量的咖啡——这些咖啡直接催生出维也纳的第一家咖啡馆。

大维齐尔仓皇地与其他人一起逃走了，只来得及带走先知的旌旗和一大笔钱财，却把他华丽的帐篷留给了波兰国王。波兰国王还从穆斯塔法的战马身上取下了金质的马镫，作为战胜的象征物送给了他的王后。随马镫他还附了一封信，在信中夸耀了一番夺取满是珍宝的异教徒大营的伟绩，详细记载了他个人获得的珍品，最后总结道："我们赶着成群的骆驼、骡子和土耳其俘虏。"施塔亨贝格伯爵进入奥斯曼人的营帐，向维也纳的解救者索别斯基致以敬意。在大帐前，镀金的旗杆上悬挂着金线编织的巨大旗帜，上面还装饰着苏丹的马尾。第二天，人们在城中举着这面旗帜进行了胜利游行，基督教军队的指挥官们则列队骑行在旗帜后面。

大约一个半世纪以前，苏莱曼大帝因为运输困难和补给缺乏而未能攻克维也纳，但他从城下撤军时安全地带走了全部的部队；而黑穆斯塔法却在野外的会战中败给了数量居劣势的敌人；他的军队虽然没有被全歼，但也只剩了一些仓皇逃命的乌合之众。在欧洲人的心目中，他的这次失败永久性地摧毁了土耳其人能征善战的名声。

战役结束后，索别斯基和洛林公爵又立刻率领基督教军队追击奥斯曼残军。逃跑中的卡拉·穆斯塔法在拉布河河畔暂时停下来收拾残兵，并重新分配指挥权。他恼火地指责与他战术意见不合的政敌——布达总督易卜拉欣帕夏，说他故意率部先行离开战场，加速了其他部队的败退。于是，他下令处决了易卜拉欣帕夏和其他一些高级军官作为替罪羊。

败军挣扎着朝布达方向赶去，一路上不停遭到敌人控制的各个要塞中的奥地利民兵的骚扰。与此同时，鞑靼非正规军像来时一样，依然沿途在匈牙利的土地上大肆破坏。在帕尔卡尼（Parkany）[1]，追击中的波兰军队遭遇了奥斯曼后卫部队的阻滞和伏击。土耳其人发动了猛烈的攻击，但在激烈的战斗后又被赶回到多瑙河岸边。蜂拥过河的土耳其人数量太多，导致舟桥突然坍塌，有 7 000 人或溺水身亡，或被敌军杀掉。基督教军队进而围攻格兰，该城随即投降。这座当年由苏莱曼夺取的要塞从此不再属于土耳其人，而落入了奥地利人和德意志人之手。土耳其人接着撤到了贝尔格莱德，原本待在那里的苏丹穆罕默德四世则早就撤退到了阿德里安堡。在阿德里安堡，苏丹命令他的侍从长去取大维齐尔的人头。于是，处决过那

---

[1] 今名什图罗沃（Štúrovo），属于斯洛伐克。

么多人的卡拉·穆斯塔法自己也被处决了。这位自负、贪婪而又乐于夸耀的大臣就这样走到了人生的尽头，他在军事上的无能给奥斯曼帝国带来了有史以来最大的一次失败。对维也纳的最后一次围攻结束了，这个重要的年头也就此告终。但是，在这一年开启的这场战争却要到16年之后才能结束。

听到维也纳得救的消息，基督教世界欣喜若狂。长久以来穆斯林对欧洲的侵袭终于宣告结束，整个欧洲再也听不到示警土耳其人入侵的钟声。人们想起《圣经》里的种种预言，认为它们预示着奥斯曼帝国将在1691年消亡，现在看来这些预言果然要成为现实。为基督教的胜利而祈祷的教皇举行了感恩敬拜，接着又号召人们发动第14次十字军东征，彻底夺取胜利；联军的指挥官们也决心乘胜追击。1684年春天，教皇长期倡导的神圣同盟终于在林茨形成。奥地利、波兰和威尼斯这三个基督教强国组成了神圣同盟，他们还希望能够联合波斯人一起行动。这三个国家都将在对自己利益攸关的地区发动进攻——奥地利将进军匈牙利和多瑙河中游流域，直指巴尔干山口；波兰人向南进攻黑海沿岸及其附近地区；威尼斯人则在达尔马提亚（Dalmatia）[1]、希腊和地中海岛屿间活动。人们还制作了一枚徽章，纪念神圣同盟三位"英雄"的团结一致——神圣罗马帝国皇帝利奥波德、波兰国王索别斯基和威尼斯总督。但实际上，就像以前一样，三股势力很快就因为边界和势力范围等问题产生了政治利益上的矛盾。不过，在大约五年的时间里，神圣同盟还是作为一

---

1 指克罗地亚南部、亚得里亚海东岸地区。

种军事工具有效地发挥了作用。

1684年，威尼斯共和国有史以来第一次公开向苏丹宣战，开启了它计划好的战事。在马耳他和托斯卡纳的援助下，莫罗西尼领导的威尼斯人组建了一支舰队，夺取了普雷韦扎（Prevesa）[1]和位于外海的圣毛拉岛（Santa Maura）[2]；接着，他们又在当地一些海盗的帮助下登陆达尔马提亚，还派遣陆军攻进了阿尔巴尼亚和波斯尼亚。第二年，面对土耳其人坚决的抵抗，莫罗西尼在伯罗奔尼撒的马尼半岛（Mani Peninsula）上剽悍居民的支持下，征服了摩里亚，为自己赢得了"伯罗奔尼撒科"（Peloponnesiaco）的尊称。

一年之后，他又出动了陆军。这支军队由一名瑞典指挥官统率，士兵大部分是德意志人。他们向北推进到科林斯，继而又攻占了雅典。在威尼斯人炮轰城市的过程中，一发炮弹击中了被小心翼翼地保护了2 000年之久的帕特农神殿。炮弹引爆了土耳其人藏匿在那里的火药，毁掉了大片的殿体，给后世子孙留下一片残垣断壁。由于担心底比斯（Thebes）[3]的奥斯曼守军可能会发动反攻，威尼斯人又撤出了雅典。他们还搬走了比雷埃夫斯（Piraeus）[4]的石狮。直至今日，这尊石狮依然与来自提洛岛（Delos）[5]的一尊母狮像[6]一同装点着威尼斯军械库。

"英雄的"基督教同盟三国中的波兰在波多里亚的进攻遭遇了

1　希腊西部沿海城市。
2　今名莱夫卡扎（Lefkada），位于普雷韦扎南侧。
3　希腊城市，位于雅典西北50千米处。
4　雅典附近的海港。
5　爱琴海上的一座岛屿。
6　古希腊时期的遗迹，最初有大约9至12尊狮子像。

挫败，没能拿下土耳其人控制的要塞卡缅涅茨（Kamieniec）。不过，索别斯基还有更加野心勃勃的计划，他打算控制遥远的摩尔达维亚和特兰西瓦尼亚。但神圣罗马帝国的皇帝也企图控制这一地区，两位盟友之间出现了利益冲突。因此，当索别斯基于1686年在摩尔达维亚发动战役时，他未能得到皇帝的支持，也没能在这一地区取得具有决定性的战果。

1684年，奥地利军队占领了克罗地亚的大部分地区，很快将其划为奥地利的一个省份。与此同时，从格兰出发的奥地利军队在遭遇奥斯曼守军的顽强抵抗后，夺回了诺伊霍伊塞尔。一年之后，他们又重新发动了对布达的围攻。此时的土耳其人进行了一系列坚决的后卫战，三次试图解救布达未果。最终，皇帝的军队攻克了布达，并且将当地的指挥官和守军屠戮殆尽。就这样，在1686年，奥斯曼帝国统治了一个半世纪之久、曾经挺过六次围攻的布达城终于落入了匈牙利人手中，这让全欧洲都大为欢欣。

一年后，新任大维齐尔苏莱曼发动反击，率领一支奥斯曼大军直奔德拉瓦河。他在摩哈赤遭遇了洛林公爵查理的部队——这里正是苏莱曼苏丹首次赢得争夺匈牙利的关键战役的古战场。而现在，历史发生了逆转，大维齐尔的军队遭受了灾难性的失败，损失了大约2万人。由此，利奥波德皇帝控制住了匈牙利的大部分地区。他将他的长子约瑟夫（Joseph）加冕为匈牙利国王，而约瑟夫日后还将继承其父的皇位。为了有效地保卫刚刚夺得的领土，皇帝还需要夺取贝尔格莱德，将其变成这一地区的屏障。在遭遇了短暂的抵抗之后，巴伐利亚的马克西米利安·埃曼努埃尔（Maximilian

Emanuel）在不到一年的时间里就完成了这项任务。接着，他们又夺取了多瑙河流域其他一些重要的要塞。神圣罗马帝国扩张的矛头向东指向保加利亚，最远达到了尼科波利斯；向南则进入塞尔维亚，最远达到了尼什。

与此同时，摩哈赤的失利导致了奥斯曼军队的兵变。首都发生的叛乱迫使穆罕默德四世退位，但他并没有遭到处决。穆罕默德四世被放逐，而且在流放地不得从事他最热衷的休闲活动——打猎。他两个弟弟中年纪较长的那个被人从"牢笼"里带出来，继位成为苏莱曼二世。事实证明，尽管一直生活在与世隔绝的环境里，苏莱曼二世是个比他哥哥更负责任的统治者，而且当真想要结束愈演愈烈的无序状态。他在阿德里安堡召开了迪万的非常会议，接受臣僚的建议，任命了第三位出自科普鲁律家族的大维齐尔——穆斯塔法·扎德。13 年前，在他的兄长艾哈迈德死后，正是这位穆斯塔法·扎德被卡拉·穆斯塔法取代，没能接任大维齐尔的职务。像他的父兄一样，他在大维齐尔的位置上享有绝对的权威。在一次迪万会议上，他召集了帝国的头面人物，告诉他们帝国正面临着迫在眉睫的严重危机。"如果我们任由形势这么发展下去，"他预言道，"下一次战役的时候我们就会看到敌人在伊斯坦布尔的大门前安营扎寨了。"

这位科普鲁律三世精神昂扬，精通"科普鲁律王朝"的工作方法，立刻开始了不倦的工作。他充盈国库，改革行政机构，恢复军队的战斗力，以备夺回失地。他经常提及先知的事迹和律法，鼓舞土耳其人对抗哈布斯堡王朝。刚好，1688 年，皇帝被远方的事务吸引了注意力。英格兰发生了光荣革命，奥兰治的威廉（William of

Orange）上台执政。[1]威廉三世治下的英格兰加入了奥格斯堡同盟（League of Augsburg）[2]，并将其扩展为"大同盟"（Grand Alliance），不久就与路易十四开战。应威廉的请求，皇帝派遣洛林公爵查理和巴伐利亚的马克西米利安·埃曼努埃尔率军开辟了对法国的第二战场。这场战争让奥斯曼人得到了喘息之机。法国大使面见科普鲁律·穆斯塔法·扎德，要求奥斯曼帝国政府拒不承认奥兰治的威廉的王位，但被拒绝。科普鲁律不无道理地说，奥斯曼人经常推翻自己的君主，因此根本没资格去反对英格兰人推翻他们的君主。但是，他乐于接受大使的第二个要求——对皇帝开战。

1690年，科普鲁律打出先知神圣的旌旗，发动了对皇帝的战争。他先让包括鞑靼人在内的一些部队进行了一系列准备性的行动，然后再次派遣特克利进入特兰西瓦尼亚，在那里恰到好处地吸引敌人的注意力。接着，他亲率主力进入塞尔维亚，夺回了尼什等一系列要塞和一大片失地，继而围攻贝尔格莱德。由于城堡内的一处大型军火库发生了爆炸，贝尔格莱德又一次出乎意料地迅速投降了。科普鲁律认为当前的季节已经不适合再发动大型攻势，于是派遣了一小支部队进入特拉西瓦尼亚，帮助特克利对付奥地利人。随后，科普鲁律在贝尔格莱德留下了一支战斗力强劲的守备队，他本人则班师回到了伊斯坦布尔，受到了苏丹的热烈欢迎。

科普鲁律用了一个冬天组建了一支规模更大的军队，在1691年的夏天率军从贝尔格莱德出发，沿着多瑙河上溯。在上游不远处

---

1 奥兰治亲王威廉应邀率军前往英格兰，将不得人心的詹姆士二世赶下台，与其妻玛丽共同成为英格兰的君主，史称威廉三世和玛丽二世。
2 这是1686年反对法国国王路易十四的欧洲各国在德意志奥格斯堡组建的同盟。

的斯兰卡门（Slankamen），他的大军遭遇了从更上游的彼得罗瓦拉丁赶来的敌军，这支军队由经验丰富的巴登侯爵路德维希（Ludwig of Baden）指挥。大维齐尔询问他的将领们，究竟应当主动采取攻势，还是采取守势等对方来攻。考虑到鞑靼援军即将到来，他们建议他按兵不动。但军事才能逊于行政技巧的科普鲁律还是决定发动进攻。一位留着大胡子的老将反对主动进攻，科普鲁律却斥责说他更像是个鬼魂，而不是人。他大声喊道："把火炮推上去！"

土耳其人的水军在河面上取得了优势，但陆上的激战从一开始就朝着不利于土耳其人的方向发展。他们发动了一系列鲁莽的进攻，结果遭到敌人纪律严明、技术出色的火枪部队持续不断的迎头痛击。科普鲁律看到战斗行将落败，于是他亲自率军发动了一次绝望的冲锋，试图扭转战局。他高呼着安拉的名号，在卫兵的掩护下挥剑冲向奥地利人的阵列。但他的英勇举动并没有什么意义，敌人的阵列岿然不动。他被一颗子弹击中前额，当场身亡。看到他已经倒下，他的卫兵们丧失了勇气，开始逃跑。他的指挥官们本应暂时不让部队知道他阵亡的消息，结果自己却陷入悲痛之中，任由消息在军中蔓延。土耳其人士气大挫，陷入了一片恐慌之中，继而四散奔逃，将大营和大量的火炮全都丢给了敌人。

奥地利人尽管损失不小，但赢得了决定性的胜利。对于奥斯曼人而言，当权仅仅两年的"善良的科普鲁律"是他们最后的希望，他的阵亡不啻为一场可怕的灾难。他们先是丢掉了匈牙利，在特克利败逃之后，又丢掉了特兰西瓦尼亚。在战役开始后不久，在位四年的苏莱曼二世苏丹也去世了。他的弟弟离开了"牢笼"，继位成为艾哈迈德二世。耻辱和绝望的重担加速了他的死亡，他也仅仅执政了四年。

只有在爱琴海上的行动给土耳其人带来些许安慰。由于土耳其人的帕夏一直坐镇底比斯，威尼斯人发现很难守得住摩里亚，他们也没能在克里特岛夺取一个基地或夺回爱琴海上的其他岛屿。1693年，年事已高的莫罗西尼成了威尼斯总督和所有武装力量的总指挥。他决心夺取士麦那外海上的岛屿希俄斯岛（Chios）。对于土耳其人来说，这座基地的重要性几乎不亚于达达尼尔海峡。莫罗西尼计划了整个行动，但还没来得及执行就去世了。不过，在教皇和马耳他的支援下，威尼斯舰队还是夺取了希俄斯岛。这一失利让心情抑郁、体弱多病的艾哈迈德二世大为悲痛。不过，威尼斯守军在希俄斯岛上只坚持到了第二年。一支奥斯曼舰队赶走了前来增援的威尼斯军队，夺回了这座岛屿。伊斯坦布尔大事庆祝了这场来得恰到好处的胜利，但苏丹没能活着听到这个好消息。他像两位兄长一样饱受水肿病的折磨，在得胜的消息传来时去世。他的侄子继承了苏丹大位，成为穆斯塔法二世。

奥斯曼海军的这场胜利要归功于新任的海军司令———位名叫哈桑的巴巴利海盗。他年轻时曾经与威尼斯人交战，被人认为已经死了，就丢在了战场上；结果他却出人意料地又回到了阿尔及尔，因此得到了"半死的"（Mezzomorto）这一诨号。虽然他针对威尼斯人的积极行动可能不具有决定性，但还是为土耳其人在东地中海上带来了新的生命力和希望。

而在另一方面，土耳其人却在黑海遭遇了新的挫败，而且败给了新的对手——俄罗斯。在此之前，由于克里米亚鞑靼人的努力，土耳其人在黑海地区取得了一系列的成功。他们于1688年打败了波兰人，又在克里米亚两次击败了受索别斯基怂恿去攻击鞑靼人的俄罗斯人。但现在，一个更为可怕的对手出现了——彼得大帝。1695年，彼得大帝治下的俄罗斯再次向克里米亚进军。这一次，俄罗斯采取了新的战略，目标指向顿河河口的亚速。彼得大帝先在第聂伯河下游占领了土耳其人控制的四座要塞；第二年，他又夺取了亚速。在进攻亚速的过程中，他不仅使用了吃水较浅的小船，还动用了在遥远的地方兴建的适合航海的舰队，并把这些船只交到了经验丰富的指挥官和水手手中。接着，他在亚速附近的塔甘罗格（Taganrog）兴建了一座海军基地，并在这里聚集了来自奥地利、荷兰、意大利和英格兰的技师、工程师和船匠，动工造船。他不仅招募斯拉夫裔的水手，也招募外国海员，还照着巴巴利海盗船只的样子仿造了一些船只。由于土耳其人在刻赤海峡（Straits of Kertch）[1]控制着一座要塞，彼得大帝的舰队仍然只能在亚速海中活动，而无法进入黑海。他决心夺取并控制这个出口。这是俄罗斯人第一次拥有一支海军力量，而他们对奥斯曼帝国充满了敌意。

与此同时，在最关键的战场上，新登基的苏丹穆斯塔法二世将证明自己是一个兼具意志力和活力的年轻人。与他那个满足于当猎人的父亲穆罕默德四世不同，穆斯塔法二世是一名饱含激情的战士，他决心以身作则，复兴奥斯曼王朝伟大祖先们的尚武传统。在艾哈迈德二世去世后三天，他发布了一份引人注目而又内容直率的御旨。他在御旨中谴责了过去几位苏丹的执政方式，宣称他将亲自带兵出

---

[1] 刻赤海峡是沟通亚速海和黑海的水道。

征去对付哈布斯堡王朝的皇帝。他说，他决意亲入战阵与敌人搏斗。

接着，他召集了大维齐尔、其他几位维齐尔、乌理玛、军队的副官和阿迦们，让他们认真商议他本人究竟是应该留在阿德里安堡，还是应该亲自出马与皇帝交锋。经过三天的商讨，迪万认为不应当由苏丹本人亲自指挥作战，理由是这可能会危及他本人的性命和江山社稷。而且，苏丹也确实没有任何军事经验。

对此，穆斯塔法二世的答复十分简单："朕决意出征。"1696年，他真的率军亲征。这让部队大感兴奋，因为尊贵的苏丹已经很久没有御驾亲征了。他率军从贝尔格莱德出发，夺取了几座小城堡，并且赶走了包围蒂米什瓦拉（Temesvar）[1]的萨克森公爵。由于已经临近冬天，他没有继续前进，而是选择返回伊斯坦布尔。在首都，那些曾经反对他的雄心壮志的官员为他举行了得体的凯旋仪式，他在音乐和礼炮声中回到了大萨拉基里奥宫。凯旋队伍中押着300名战俘（他公开宣称这些战俘都是将军），还带着他的军队夺取的各种战利品。

第二年，他再次率军前往贝尔格莱德，一心想要再打一次胜仗。但这一次，他的对手是皇帝的一位新将领——杰出的指挥官萨伏伊的欧根亲王（Prince Eugene of Savoy）。而他自己手下的将领们却在一次次的军事会议上争论不休，在进军方向上产生了严重分歧：是向西进入斯拉沃尼亚（Slavonia）[2]呢，还是向北进军匈牙利？苏丹本人也优柔寡断，犹豫不决。最终，他们决定向北进入蒂萨河

---

1 位于今罗马尼亚西部，在贝尔格莱德的东北方向。
2 今克罗地亚东部的一个地区。

（Tisza）流域，并在森塔（Zenta）[1]渡河。

在死亡的威胁下，一名战俘将苏丹的决定透露给了欧根亲王。于是，欧根亲王率部进行了一系列强行军，以阻止苏丹过河。当他率领大军抵达森塔时，土耳其人刚刚搭建完临时桥梁，尚未完成渡河。苏丹和他的骑兵及大部分炮兵部队已经抵达了河的左岸，而步兵和其余的炮兵仍然留在河右岸的堑壕里。如果土耳其人的步兵趁敌人立足未稳立刻发动进攻，且得到炮兵的支援，是有可能将欧根亲王的部队击退的。但是，苏丹的军官们依然没有协调一致，苏丹本人还留在左岸，而对岸的步兵也还待在堑壕里。这就给了欧根亲王准备进攻的时间。距离日落只剩下两个小时，还有一名来自维也纳的信使传令说不得冒险开战。然而，欧根亲王是一个热衷冒险的人，他没有理会维也纳的命令，做了一个大胆的决定。

面对敌人半圆弧形的堑壕，欧根亲王让他的部队组成半月形的队列，在左、中、右三路同时发动了进攻。用欧根本人的话说，这是一场"可怕的大屠杀"。土耳其人的部队被迅速击溃，陷入一片混乱，而军官们仍然没有形成统一的意见。有一队近卫军发生了哗变，反过来杀掉了他们的指挥官。超过2万名土耳其人丧命，其中包括大维齐尔、4名维齐尔、许多帕夏和30名近卫军阿迦。还有1万人在渡河时落水身亡，只有不超过1 000人逃到了河对岸。欧根向皇帝汇报说，己方士兵"站在死尸堆上，如同站在一座岛上"。到夜幕降临时，一切都结束了。

苏丹站在河对岸，无助而惊愕地看着他的部队灰飞烟灭。随

---

[1] 今属塞尔维亚，距离匈牙利不远。

后，他率领骑兵撤退到蒂米什瓦拉，接着又途径贝尔格莱德回到了伊斯坦布尔。补给问题和糟糕的天气使得欧根亲王未能进一步扩大战果。即便如此，除了钱币和武器之外，他还缴获了9 000辆马车、6 000头骆驼、1 500头牛和700匹马，以及由大维齐尔掌管的大印——这一苏丹权力的象征还从未落入过敌手。年轻的穆斯塔法苏丹灰心丧气，再也没有亲自指挥军队出征过。他徒有勇气，既缺乏军事经验，也没有学到祖先传承下来的任何技巧，面对的却是复兴中的西欧国家久经战阵的指挥官。他以国家的拯救者的形象出现，却只能遭遇可悲的失败。

为了恢复奥斯曼帝国的国势，苏丹也只好倚赖科普鲁律家族。这一次，他提名科普鲁律·侯赛因出任大维齐尔。科普鲁律·侯赛因是科普鲁律·穆罕默德的兄长的儿子，也就是科普鲁律·艾哈迈德的堂兄弟。作为科普鲁律家族的第四位统治者，他竭尽全力重整国内的行政体系和经济状况。但是，欧洲的局势已经无可挽回。从维也纳之战算起，哈布斯堡王朝军队已经打赢了九次重要战役，夺取了九座重要的城池。曾经出任过贝尔格莱德总督的侯赛因十分清楚哈布斯堡军队的出众实力。因此，如果说侯赛因本着未雨绸缪的态度为可能的战争进行了什么准备的话，他所做的就是提出议和。和平的曙光终于出现了。

此时，结束这场旷日持久的战争不仅符合失败的土耳其人的利益（他们在英勇地进行后卫战的间歇一直试图求和），也符合胜利的欧洲人的利益。威尼斯已经筋疲力尽；随着索别斯基在1696年去世，波兰日渐衰落；利奥波德皇帝则忙于欧洲事务，特别是迫在眉睫的西班牙王位继承战争。此外，本着讲求实际的原则，他也更乐于花时间去整合神圣罗马帝国在战争中夺取的奥斯曼帝国领土，而不是做什么继续向博斯普鲁斯海峡进军的春秋大梦。还想继续作战的人，只有开启了俄罗斯蚕食奥斯曼帝国之先河的彼得大帝。他亲自去了一趟维也纳，试图说服皇帝与他结盟继续作战。但他来晚了：两个没有直接卷入这场战争的国家——英格兰和荷兰——已经为和谈展开了斡旋。

在此之前，英格兰与奥斯曼帝国之间的联系主要在贸易层面上，尤其是保护英格兰船只免受巴巴利海盗的袭扰，以及在克里特战争期间保证英格兰船只不被土耳其人征用。在英格兰内战期间，由于内战中的敌对双方都向奥斯曼帝国派遣了使节，英格兰在奥斯曼帝国的声望有所下降。但在威廉三世即位之后，情况已经有所改变。为了改善他在对路易十四的战争中的形势，他和荷兰人一直在推动对土耳其人议和，到此时终于快要得偿所愿。除此之外，出于政治和贸易上的考虑，英格兰和荷兰还要阻止法国取代威尼斯商业帝国的地位。路易十四派驻在奥斯曼帝国政府的代表试图说服苏丹从他的领土上驱逐所有的威尼斯人，以达到法国取代威尼斯的目的。另外，神圣同盟战争导致苏丹的宫廷对英格兰奢侈品的需求量下降，严重损害了英格兰商人在黎凡特地区的贸易利益。

因此，英格兰大使佩吉特勋爵（Lord Paget）和荷兰大使雅各布·科利尔（Jacob Colyer）从中斡旋，希望奥斯曼帝国和基督教国家可以在占领地保有原则（uti possidetis）的基础上议和。占领地保有原则意味着各方可以保留当前占有的土地，从而正式确认欧洲各国对奥斯曼帝国领土的占领。科普鲁律·侯赛因为此召开了一次国务会议。几天之后，苏丹给了佩吉特一份答复，要求他转交给英格兰国王。苏丹对议和条款做了一些修改，主要是要求将特兰西瓦尼亚归还奥斯曼帝国。不过，苏丹还是接受了英荷两国的调停。

于是，1698年的最后几个月，各方在多瑙河右岸克罗地亚的卡尔洛维茨（Karlowitz）举行了和谈。为了平等地对待胜利者和失败者，举行和谈的大厅经过特别的设计，有四个相同的入口供与会四方分别使用。此外，在皇帝的要求下，俄罗斯也加入了会谈。

在和约中，俄罗斯只得到了亚速及其周边地区，而这些地方已经处于俄罗斯的掌握之中。彼得大帝一心想要夺取刻赤海峡，打通进入黑海的通道，因此对和约条款并不满意，也不愿意签订期限超过两年的和约。但他在会谈中的主张得不到任何支持，因而对哈布斯堡王朝充满了怨恨，认为他们"对待我像对待一条狗"，迫使他"两手空空地离开了会谈"。在经过漫长而激烈的谈判后，其他各方同意签署有效期25年的和约，和约条款在占领地保有原则的基础上只做了微小的调整。哈布斯堡王朝得以保留斯拉沃尼亚、特兰西瓦尼亚、除蒂米什瓦拉之外的匈牙利大片地区，以及蒂萨河以东的一片领土。这意味着土耳其人先前占有的匈牙利领土只剩下三分之一还在自己手中，而哈布斯堡王朝的版图则扩张到了巴尔干地区的大门口。波兰收回了波多里亚、卡缅涅茨、乌克兰西部以及蒂萨河以东的一片领土，但撤出了摩尔达维亚。威尼斯保留了摩里亚、圣毛拉岛以及在达尔马提亚和阿尔巴尼亚占领的大部分领土，但是需要归还科林斯地峡以北的领土。土耳其人不肯将躲在伊斯坦布尔避难的匈牙利叛军头领特克利交给奥地利人，将他送到了远离神圣罗马帝国边境的小亚细亚。皇帝同意归还特克利之妻被没收的嫁妆，并且允许她到小亚细亚与她的丈夫一起生活。1699年的1月26日，各方签订了《卡尔洛维茨和约》，土耳其人出于占星学上的理由挑选了具体的签字时刻。多瑙河上的彼得罗瓦拉丁要塞和贝尔格莱德鸣放了和平的礼炮，宣告和约的签署。

就这样，在17世纪即将落幕的时刻，奥斯曼帝国历史上的一个时代结束了。在过去的三个世纪里，奥斯曼帝国一直是令基督教国家感到畏惧、富于侵略性和扩张本能的强国，但它已经不再如此。尽管它在亚洲的地位依然稳固，但它在欧洲的收缩开始了。一场又一场的失败，将伴随着一个又一个条件越发不利的和约，奥斯曼帝国再也无法回到征服者辈出的伟大时代了。欧洲的政治家们从此将认清一个事实：奥斯曼帝国的实力弱于欧洲，并且越发地依赖欧洲。

从此以后，随着民族国家的崛起，西方世界的力量超过了东方世界，双方之间的实力差距也将越拉越大。这种差距不仅体现在军事层面上，还体现在决定了军事力量高下的经济形态和社会发展层面上。在国内，以近代的标准看，奥斯曼帝国已经落后了。持续衰落的奥斯曼帝国进步缓慢，在有些时期甚至干脆停滞下来。在国际上，奥斯曼帝国的未来地位越发引人关注，这不仅体现在军事领域，还越来越多地体现在外交领域。当极度虚弱的奥斯曼帝国自己不再构成对外部的威胁，它就逐渐变成了其他矢志扩张的国家加以利用的目标。而在18世纪即将来临的时刻，有一个国家将抓住奥斯曼帝国衰落的机会。这个国家就是俄罗斯帝国。

第五部分

死敌俄罗斯

第二十四章

彼得大帝是一位堪与两个半世纪前征服拜占庭的穆罕默德二世苏丹相媲美的专制君主。作为"第三罗马"的皇帝，他认为自己不仅是"全俄罗斯的君主和独裁者"，更是"新君士坦丁堡的新君士坦丁大帝"。打着双头鹰徽记的彼得大帝一直希望能够从奥斯曼土耳其人手中夺回"君士坦丁堡"。像以往的苏丹一样，彼得大帝也是一个军事国家的最高统治者。他拥有神圣的地位，一心想为帝国开疆拓土，咄咄逼人地在欧洲和亚洲大肆扩张；在接下来的几个世纪里，一代代沙皇也将继续践行着他的侵略性政策。奥斯曼人从未遇到过像俄罗斯帝国这么可怕的敌人。它是一个统一的民族国家，而欧洲其他的基督教国家受制于国内不同的宗教、政治和民族利益，都尚未能够演化成这样的国家；它拥有广袤的领土和众多的人口；由于信仰上的认同感，它对其异教敌人的欧洲子民也有着潜在的强大感召力。

更重要的是，彼得大帝是一个活在现实中的人，而奥斯曼人还活在过去之中。在东方胜过西方的时代，前代苏丹们学习并改进了各种制度和工具（主要是向东方学习），为统一的奥斯曼帝国赢得了一场场胜利。他们首先学习了亚洲草原上异教游牧民的生活方式，然后又向中世纪的伊斯兰定居文明学习。在此基础上，通过对人力和资源的集中使用，他们创造出一个开明而井然有序的国家，并且拥有了一支纪律严明的职业化军队。而中世纪的欧洲由城邦和封建邦国构成，维持着过时而杂乱无序的社会形态，这样一个四分五裂的欧洲根本无法有效地抵挡奥斯曼帝国。

但随着社会的演进和时间的推移，这一形势出现了逆转：西方已经变得比东方更加强大。而处于东西方之间的俄罗斯沙皇彼得一世，是一个拥有远见、决心和充沛精力的新征服者，已经做好了出击的准备。彼得大帝决意带领这个尚显原始的民族打败衰落中的奥斯曼人。为了达到这个目的，他在国内推行了西化政策。他学到的第一课来自他的少年时代，他目睹了射击军（streltsy）——他们相当于莫斯科大公国的近卫军——发动的一场血腥的政变。六年后的1698年，当射击军再次发动兵变时，他同样血腥地将他们彻底消灭。在他看来，射击军"根本不是军人，而是众恶之源"。在清除了射击军之后，他就可以畅通无阻地组建新的卫戍部队，从而实现对俄罗斯军队的重组、扩充和现代化改造。新的卫队使用了欧洲最先进的训练方式，因而在军事上先进而高效，同时又在政治上认同沙皇的目标。

在彼得大帝25年的征战生涯中（其长度与征服者穆罕默德的征战生涯相仿），他竭尽俄罗斯的物质资源和军事能力，野心勃勃地想要把俄罗斯打造成一个世界性的帝国。面对这样的敌人，奥斯曼人却只能勉强维持他们衰落中的帝国。奥斯曼帝国的军事发展已经跟不上西方的前进步伐。曾几何时，他们是战争艺术的先驱。他们率先使用了重型火炮，他们的骑兵在开阔地里锐不可当，他们的近卫军步兵阵列更维护着帝国不可冒犯的尊严。那个伟大时代的土耳其人是训练有素、纪律严明、富于牺牲精神的斗士，他们的指挥官则头脑冷静、能力超群；而在那个时代，他们的敌人往往不具备这些优点。

但现在，具有高度机动性的野战炮得到迅速发展，轻骑兵面对步兵的劣势也越发凸显，西方军队的实力已经远超奥斯曼军队。西方坚决地在大型职业化军队的训练、装备和管理方面一掷千金，组建了可以有效应对各类骑兵突击的装备精良的步兵部队。倚赖于弹药、武器、制服、食品和其他物资的大规模运输和供给的西方军队，是以最先进军事技术为基础的战争机器；而依然执着于过去的军事传统的奥斯曼人根本无力与西方军队匹敌；由于奥斯曼人根深蒂固的保守思维，他们有时候甚至不愿意去效仿西方军队。因此，18世纪的奥斯曼军队就像17世纪时一样，由于使用次等和非标准化的装备而使战斗力受损；按照新时代的标准，他们的军需和补给体系杂乱无章，缺乏专业性，组织结构日趋松散，财务管理水平低劣。以往，军队可以依靠四处掠夺和消耗周边乡村产出的农产品来获得足够的补给；而现在，军队的规模如此之大、构成如此之复杂，过去的方式已经不足以支持。现代战争需要计划周密、管理得当的补给体系的支撑。

在过去的两个世纪里，基督教欧洲从城堡林立的中世纪一路演化，经历了宗教改革和文艺复兴。经济因素和制度因素推动了这一演化过程，具体体现在贸易的发展和技术的进步方面，而经济和制度的创新构成了崭新的西方文明的基石。而奥斯曼帝国在这两个世纪中则落在了后面，并没有实现这种进步。奥斯曼帝国的官僚体系日渐臃肿，整个国家仍然困在经济衰退的泥潭中，无论是商业、手工业还是农业，都举步维艰。因此，它也缺乏足够的资源和意愿去完成这种演进。它既缺乏财政方面和商业方面的积累，同时又囿于对自身力量和体制的盲目迷信。

在奥斯曼帝国军队所依赖的规模庞大、技艺精湛的工匠群体身上，就能看到上述趋势是如何导致奥斯曼帝国陷入军事困境的。以往，贸易行会这种合作体系曾经发挥过积极的社会作用，其存在保证了工匠的道德水准和技术水平。但是，从经济角度上说，手工艺需要一种追求创新和进取的新精神，但行会束缚性的本质决定了它们将阻碍任何进步。它们固执地拒绝任何创新，坚守过时的技艺，僵硬地执行着固有成规和工作时长。此外，不负责任的税收规定和财政政策也不鼓励创新，增强了行会与生俱来的惰性，从而抑制了行业的进步和繁荣。如此一来，奥斯曼帝国的手工业产品就渐渐无法与欧洲的进口货相媲美了。近卫军与行会同进退，怀疑并拒绝任何有可能损害自身利益的军事改革。但是奥斯曼帝国急需进行这种改革，而且它的敌人彼得大帝也正在推行这种改革。

这种态度还导致了经济状况的恶化。本来，奥斯曼帝国拥有构建在商品化农业基础上的货币经济。与欧洲国家相比，奥斯曼帝国的经济实力并不处于明显下风。问题是，奥斯曼帝国的经济运行由少数族裔掌控——大量的银行家和商人都是希腊人、犹太人或亚美尼亚人。想要构建一个统一的、以政府机构与金融阶层、经济阶层密切合作为基础的经济体系，缺乏经验又轻视异教徒的奥斯曼帝国统治者往往没有能力做到，甚至根本都不理解为什么要做到。在欧洲，构建在政府和资本、人和金钱的紧密联合的基础上的社会体系已经茁壮成长；而在奥斯曼帝国，乃至当时其他的伊斯兰国家里，这种体系并不存在。在这些地方，政府和商业依旧固执地井水不犯河水。因此，奥斯曼帝国境内就不会出现政商联合筹划的、长期的、大型的经济项目，整个国家的经济活动还停留在最低水准。欧洲人带来了贸易格局的变迁，欧洲工厂生产的纺织品和其他制成品在市场上大受欢迎。在此冲击下，奥斯曼帝国的本土手工业日益衰败，整个国家的经济日渐萎缩。

而奥斯曼帝国之所以无法解决这些问题，其根源在于伊斯兰教中一种根深蒂固的思想。奥斯曼人不顾现实情况如何，沉醉于伊斯兰文明永远优于其他文明的幻想之中，不愿意面对奥斯曼帝国已经在不断进步的西方文明面前日趋衰落的现实。此外，宿命论也是一大障碍。穆斯林的教育体系让人们相信，无论人类做了什么可能干预历史进程的事，真主的旨意最终都一定会达成，因此他们往往固执地遵循传统。所以，不只是近卫军和行会，就连乌理玛自身也十分保守地排斥剧烈的变革，以此来长久维护他们在既有的军事和经济秩序中所获得的利益。到了18世纪初，奥斯曼帝国的军事和经济秩序变得陈腐不堪。奥斯曼帝国开始腐败变质，而崭新的俄罗斯帝国正在崛起。

但陈旧的结构还没有完全朽坏，伊斯兰教依然作为精神支柱为帝国发挥着积极的作用。除此之外，尽管有种种乱象和腐败，帝国的国家架构依然僵硬地支撑着这个国家，间或还会萌发出复苏的迹象。衰老的奥斯曼帝国依旧活着，尚未变成僵直的尸体。苏丹不再管理国家，但在从上至下替他管理国家的人中，仍然有不少能干的人物，保证其传统的国家机器得以继续运转。其中包括一类新的精英，他们不是武将，而文官；他们没有帕夏或贝伊的头衔，而被称作"阿凡提"（Effendis）[1]。他们大多与往昔的官员出自不同的阶层，往往不是出身于宫廷学校的前基督徒，而是第二代或第三代的穆斯林。不过，他们仍然乐于任用希腊人或其他基督徒出任下级属官。

在签订了《卡尔洛维茨和约》之后，无论在国内事务上还是在国际事务上，奥斯曼帝国都进入了两次风暴间的平静期。在国内，学识渊博、热心公益的科普鲁律·侯赛因（他被恰如其分地称作睿智的科普鲁律；他的三位前任分别被称作冷酷的、谨慎的和善良的科普鲁律）充分利用这一时机，推动内部改革，尤其是行政机构的改革。作为少数拥有敏锐洞察力的人，科普鲁律·侯赛因清晰地看到大有必要进行行政领域的改革。他在帝国的财政、法律和教育领域都开展了改革。在军队方面，为了整顿部队的秩序和纪律，他调整了近卫军的人员组成。他还为陆军和海军配备了更好的装备，兴建新的营房，把帝国的国防打理得井井有条。像征服者穆罕默德和以前的伟大苏丹一样，他要么自掏腰包，要么动用国库，修建了一系列公共设施，包括运河、桥梁、引水渠、清真寺、学校和市场。更重要的是，他十分关切基督教社群的福祉，此时这些人群的生活状况往往十分糟糕。塞尔维亚以及匈牙利边疆省份蒂米什瓦拉的居民获得了免除一年人头税的待遇；在整个鲁米利亚，他免除了拉亚们拖欠的大部分贡金；在叙利亚，他允许牧民自由放牧。

这些措施可以确保基督徒占主体的农民阶层对国家的忠诚，而

---

[1] 意为"主人"或"先生"，在奥斯曼帝国通常用来称呼有学识的人。

且时机也恰到好处。一直对奥斯曼帝国有所图谋的彼得大帝不仅想要蚕食它的土地，还希望其内部出现变乱。他一直想要控制奥斯曼帝国境内的基督徒少数族群。既出于宗教上的考虑，又出于世俗上的考虑，俄罗斯教会一直以东正教信仰的守护者自居，试图将外国信仰东正教的族群纳入自己的控制之下。尤其是奥斯曼帝国版图内的希腊人，他们中有许多人在血统上是斯拉夫人，在宗教信仰上又不相信拉丁人，因此日渐将俄罗斯人视作潜在的解放者，十分欢迎他们当中俄罗斯的代言人。彼得大帝为了达成他的长期目标，动用了宣传攻势，秘密煽动奥斯曼帝国境内的基督徒起来推翻异教徒的统治，还许诺将为他们的行动提供资助。在基督徒生活的省份里，基督教会里有许多具有影响力的人物为彼得大帝服务，比如耶路撒冷牧首多西修斯（Dositheus）。

但是，在巴尔干地区，东正教的神职人员更想让俄罗斯保护他们免受信奉天主教的奥地利人的压迫（奥地利人试图让东正教徒改信天主教），而不是对付土耳其穆斯林（他们并没有要求东正教徒皈依伊斯兰教）。他们恳求莫斯科将自己"从压迫东正教的教皇党人和耶稣会会士手中解救出来，而不是去对付土耳其人和犹太人"。到时机合适的时候，彼得大帝也想把自己塑造成打击其他信仰、捍卫东正教的勇士。但作为一位行事谨慎的君主，他还不急于扮演这一角色。他眼下最重要的战略目标是把俄罗斯打造成黑海地区的一大强权。

由于迪万采取了追求和平的政策，奥斯曼帝国与西方基督教世界之间的关系较以往有了缓和。在《卡尔洛维茨和约》签署六个月之后，苏丹穆斯塔法二世在伊斯坦布尔举行了奢华而得体的仪式庆祝条约的正式批准，这一活动加强了奥斯曼帝国与西方基督教世界之间的关系。在这一友好的氛围下，奥斯曼帝国政府又与其昔日的欧洲敌人互派了长期的大使。以往，奥斯曼帝国的外交人员只会偶尔在外国首都短期逗留，而从 18 世纪初起，他们可以对西方文明和文化产生更多的了解，对西方国家政府运作的方式和政治上的态度也有了更进一步的理解。

奥斯曼帝国派到奥地利帝国的新大使名叫易卜拉欣帕夏，他是一位杰出的将领，曾经与卡拉·穆斯塔法一同参与维也纳围城战役。现在，他进入了维也纳，为皇帝带去了令人印象深刻的大批礼物，其中包括一项用缎子制作的帐篷。这顶帐篷与苏丹的帐篷类似，支柱的顶端都饰有黄金的圆球。皇帝则为苏丹准备了一大笔白银、一座人造的喷泉以及另外一些精美的维也纳工艺品。在伊斯坦布尔，奥地利大使在获得苏丹的接见前先出席了专门为他准备的宴会。宴会上，他享用了产自博斯普鲁斯海峡的炸鱼。能够享用这道佳肴象征着特别的优待，因为较低级别的使节——包括来自波兰的代表——是无缘品尝这道菜的。

不久之后，英格兰派来了一位新大使——罗伯特·萨顿爵士（Sir Robert Sutton），用他接替了曾与荷兰代表从中调停、促成了《卡尔洛维茨和约》的佩吉特勋爵。鉴于英格兰在议和过程中提供的帮助，萨顿得到了苏丹的热烈欢迎。而苏丹对俄罗斯的态度则远称不上友好。彼得大帝拒绝签署《卡尔洛维茨和约》，只愿意签订为期两年的和约，现在已经到了需要续签和约的时候。为续签和约而来的俄罗斯使节乘坐一艘在沙皇的新船坞中打造的战舰来到伊斯坦布尔，让人们大吃一惊，紧张万分。这艘全副武装的战舰 40 门火炮齐放致敬苏丹，接着又齐放了一轮来庆祝俄罗斯的某个节日，给人的感觉却像是在传递信号，等待俄罗斯舰队的其他舰只赶来。

在这样的氛围中，双方花了 1700 年的整个上半年进行这次会谈。会议气氛十分紧张，有时甚至堪称激烈。最终，奥斯曼人同意了和约的条款。根据和约，俄罗斯人同意拆毁他们在第聂伯河上的四座要塞。这四座要塞是在上一次的战争中被俄罗斯夺走的，从那以后就阻断了陆上的交通，同时也影响了草原上生活的克里米亚鞑靼人的放牧生活。奥斯曼人想要通过和谈收回这四座要塞，但没有成功。在亚速城周边，俄罗斯人的领土获准向外扩展一点。两个帝国在边界问题上达成了妥协，以亚速和彼列科普地峡（Perekop Isthmus，控制这座地峡就能封锁克里米亚半岛）之间一片无人居住的沙漠和草原为边界。克里米亚鞑靼人以后不得再袭扰俄罗斯领土，但可以像俄罗斯人一样在第聂伯河三角洲附近的渔场和盐场谋生，也可以在第聂伯河的两岸打猎、捕鱼、养蜂、伐木。克里米亚可汗以后不会再得到沙皇交纳的岁贡，这让可汗大为光火，因为这是他最引以为豪的事情。[1]

与此同时，俄罗斯像其他基督教国家一样，获得了在奥斯曼帝国政府派驻永久性大使的权利。永久性大使这一职务由托尔斯泰伯爵（Count Tolstoi）担任。但是，这些并没有妨碍俄罗斯继续加强海军实力，并且在亚速海沿岸兴建新的要塞。此举让克里米亚可汗十分恼怒，他想再度与俄罗斯开战，但没有成功。在奥斯曼帝国政府，俄罗斯人不断要求获得在黑海自由通航的许可，还要求得到刻赤海

---

[1] 俄罗斯对克里米亚汗国交纳的贡赋，最早可以追溯到 15 世纪初莫斯科公国向金帐汗国交纳的贡赋。

峡的控制权。奥斯曼帝国强硬地拒绝了这些要求。俄罗斯人在亚速海的舰队日渐壮大,这让土耳其人十分不安,因此坚持认为黑海必须"像一个纯洁而无瑕的处女一样"完好地留在自己手中,继而开始考虑阻断刻赤海峡。但他们后来选择加强刻赤海峡西岸的刻赤城的防御,接着又在与俄国海军基地塔甘罗格隔亚速海相望的地方修建了一座新的要塞。这座要塞被称作耶尼卡莱(Yenikale)[1],由一名来自摩德纳(Modena)[2]的归顺者设计,于1703年完工。这座要塞控制着刻赤海峡的北侧入口,要塞中配备的火炮可以摧毁任何试图强闯海峡的船只。

在国内,推动改革的大维齐尔科普鲁律·侯赛因遇到了保守派,特别是大穆夫提和黑宦官总管的阻挠。他们实施了各种阴谋诡计,迫使已然疲惫不堪、健康状况堪忧的科普鲁律·侯赛因辞职。此时,他在大维齐尔的职位上才待了仅仅五年。他获准到他自己挑选的地方——马尔马拉海沿岸的一座农场——居住,而且可以保留他的财产。在临别时,他慷慨地将他最好的60匹马和全部的珠宝都献给了苏丹。短短三个月之后,他就因绝症去世。

就这样,1703年,随着大维齐尔的更迭,帝国再一次陷入无序之中。近卫军和其他部队发动了叛乱,要求得到拖欠的军饷。这场骚乱持续了六个星期,险些酿成一场内战。叛军要求穆斯塔法二世从阿德里安堡返回伊斯坦布尔,但他支支吾吾不置可否。于是,在穆夫提的许可下,规模浩大的叛军和学生一起举着先知神圣的旌旗

---

[1] 意为"新要塞"。
[2] 一座北意大利城市。

向阿德里安堡进军。在阿德里安堡，苏丹集结了一支应该忠于苏丹的部队，准备击溃叛军。结果，这支部队里的近卫军不听指挥，倒向了叛军一方。得到加强的叛军迫使穆斯塔法二世退位。这个不幸的家伙甚至都没有一点抵抗的意愿。在年轻时亲自统兵作战的雄心遭遇了灾难性的挫败之后，他的意志被摧垮了，此后就变得心灰意冷，慵懒不堪。

第二十五章

随着穆斯塔法二世的弟弟继位成为艾哈迈德三世苏丹，局势安定了下来。艾哈迈德三世将统治一代人的时间。他老于世故，更乐于享受和平带给他的快乐。此时，路易十四正在参与西班牙王位继承战争，他派来的法国大使德费里奥尔（De Ferriol）不停游说奥斯曼帝国，晓之以与法国结盟的好处，催促奥斯曼人在匈牙利对哈布斯堡王朝开战，为法国提供军事上的援助。但艾哈迈德苏丹并不想卷入异教徒之间互相残杀的战争。随着战局对法国愈加不利，他就更不情愿参战了。

奥斯曼帝国在俄土边境也获得了暂时的和平。彼得大帝在南方的黑海和北方的波罗的海两条战线上为俄罗斯帝国开疆拓土。他此时被北方的瑞典吸引了注意力，因而需要与奥斯曼帝国保持和平。瑞典是俄罗斯的宿敌，瑞典国王卡尔十二世（Charles XII）此时想要击败俄罗斯，扩大其领土。在1700年与奥斯曼帝国签订和约后不久，沙皇就与丹麦和波兰结盟，对瑞典打响了"争夺波罗的海霸权"的大北方战争。这场战争让土耳其人获得了喘息之机。1705年，俄罗斯与奥斯曼帝国又签署了一项临时协议，勾勒出双方在克里米亚地区的疆界。但土耳其人不敢掉以轻心，他们继续加强北方的防御，并且密切观察俄罗斯人的一举一动，每年都会派遣一支桨帆船舰队在黑海地区巡逻。

1709年，沙皇在关键性的波尔塔瓦（Poltava）[1]战役中戏剧性地击败了瑞典国王，俄罗斯的国势达到了前所未有的鼎盛状态。落败的卡尔十二世逃到奥斯曼帝国避难。尽管瑞典此前并没有与奥斯曼帝国建立外交关系，但艾哈迈德三世苏丹还是热情地接待了卡尔十二世，并且拒绝了俄罗斯人引渡卡尔十二世的要求。不过，他也明确表示，自己无意为了帮助瑞典国王复位而打破与沙皇之间的和平。然而，俄罗斯人却侵犯了奥斯曼帝国的领土。俄罗斯密探一直在摩尔达维亚煽动叛乱，此时俄军又突袭了这一地区，还俘虏了一小队瑞典人。为了以防万一，土耳其人立刻派了一小支部队到德涅斯特河河畔的宾杰里（Bender）[2]去保护瑞典国王。奥斯曼帝国政府内部愤懑难平，主战派要求向俄罗斯人发动进攻。最终，他们说服了苏丹对俄罗斯开战。苏丹动员了近卫军，把彼得的大使托尔斯泰关进了七塔监狱，随后准备派遣部队渡过多瑙河，向摩尔达维亚的普鲁特河（River Pruth）流域进军。

对沙皇而言，这场进攻可谓来得不巧，因为他还忙着在北方巩固俄罗斯在波罗的海一带的地位。尽管他早晚是要发兵黑海的，但此时尚未完全做好准备。他不断地托人调停，争取了一些时间，随即亲自率军来到了普鲁特河河畔。沙皇想要争取当地基督徒的支持，匆匆渡过了普鲁特河，结果发现当地饱受旱灾荼毒，无法为军队提供足够的补给；而当地的基督徒不确定他是否能够打赢战争，不敢前来帮助他。他这一次出征也确实没能取胜。由于情报工作不

---

1 位于今乌克兰。
2 位于今摩尔多瓦。

利,他未能阻止土耳其人迅速地渡过多瑙河,也没有预料到他面对的对手将是装备了大量火炮、数量上也占据明显优势的鞑靼人和土耳其人联军。而且,他还让敌人抢占了俯瞰普鲁特河的高地。奥斯曼军队从高处出击,截断了彼得大帝的退路。他的后方是河岸,侧翼则是无法通行的沼泽。在这种情况下,他要么投降,要么全军覆没。面对这样的危机,彼得急得犯了癫痫病。他把自己关在帐篷里,忏悔说自己从未面对过"这样的绝望"。他不想被土耳其人生擒。面对这最后的审判,他表示自己"除了被奴役"愿意接受任何条件;除了他"可爱的天堂"圣彼得堡,他也愿意放弃他征服的其他土地。

在这个生死攸关的时刻,沙皇的妻子叶卡捷琳娜(Catherine)出现了。她出身于农家,颇有主见,一定要陪他参加这场战役。她坚定的话语和令人心安的爱抚燃起了彼得的勇气,也让他恢复了理智。在一些军官的建议下,叶卡捷琳娜劝说彼得议和。彼得接受了她的建议,向奥斯曼帝国的大维齐尔巴尔塔基(Baltaji)提出议和。叶卡捷琳娜拿出了自己的珠宝,又从军官中募集了上万金卢布,把这些财物都送给了巴尔塔基。按照惯例,他们的确应该献上礼物诱使对方同意协商投降条款,但这笔礼物的数额已经慷慨得出奇了。于是,双方达成了协议。

彼得答应的条款包括:割让亚速及其周边地区;拆毁塔甘罗格和第聂伯河河畔的要塞;俄罗斯军队撤出波兰,不再妨碍哥萨克人;允许瑞典国王卡尔十二世安全经过俄罗斯领土回到瑞典。彼得征服黑海的梦想至此画上了句号。他说:"上帝把我从这里赶了出去,就像把亚当赶出了天堂一样。"他在南方拥有一支舰队的梦想也宣告破灭，未完工的船只能丢在仓库里任其腐烂，船上的木材被拆下来送到了圣彼得堡的造船厂。

不过，奥斯曼帝国此时只顾着保全自己，毫无进取之心，在和约上签字的大维齐尔也没有战士的雄心壮志。因此，对于彼得来说，他接受的条款已经比预想的要有利得多了。除了奥斯曼帝国最关心的那一带地方之外，他没有什么大不了的领土损失。这样的条款让之前吃了败仗的征服者卡尔十二世大为光火，他眼睁睁地看着沙皇和他的后卫部队敲着锣鼓、扬着旌旗，畅行无阻地撤走了。他请求拨给他一支部队去追击俄罗斯人，他的主张也得到了同样愤愤不平的克里米亚可汗（他认为吃了败仗的沙皇应该像过去一样继续向他纳贡）的支持。但他们的请求没有得到准许。

主和派继续占上风，这很大程度上是受到了英国大使罗伯特·萨顿爵士的影响。他向国内汇报说，尽管瑞典国王和克里米亚可汗进行了不懈努力，但土耳其人"似乎普遍对战事以和平的方式收场感到十分满意"。后来，土耳其人又几次威胁要对俄罗斯开战，但在萨顿爵士和荷兰大使的调停下，俄土两国在阿德里安堡重新签订了和约，扩大了土耳其人在亚速附近的版图，终于将俄罗斯的领土与黑海隔绝开来。1712年和1713年，接连签订的两份新和约确认了这些条款。总体来看，对土耳其人而言，达成《普鲁特和约》的过程可谓代价低廉，但土耳其人开出的和约条款也太过慷慨。他们对俄罗斯人的要求并不多，而且基本上立足于防御，因此这些条款也足以让奥斯曼人暂时满意。

瑞典国王卡尔十二世是个麻烦难缠、桀骜不驯的盟友，但他最终也意识到奥斯曼帝国并不会支持自己的事业。于是，瑞典国王在苏丹的一支卫队的护送下出境，接着穿过欧洲，向北回到了波罗的海沿岸。

由于彼得大帝在普鲁特河战败，俄罗斯和奥斯曼帝国之间的和平维持了25年，未起波澜。不过，奥斯曼帝国并不满足于它从沙皇身上获取的荣耀。它的军队依然处于动员状态，而此时统领军队的又是一位十分好战的大维齐尔——达马德·阿里（Damad Ali）。他决心率军去对付更古老的敌人——威尼斯。威尼斯共和国衰落得比奥斯曼帝国更剧烈，而且似乎缺少盟友。

达马德·阿里决定趁机夺回摩里亚。摩里亚是被当年垂垂老矣、如今已经作古的威尼斯将军莫罗西尼夺走的，并且通过《卡尔洛维茨和约》确认了威尼斯对摩里亚的占领。达马德·阿里被希腊人称作"胡穆伊"（Coumourgi），意为"无畏的维齐尔"，他忧郁、神秘，是个引人着迷的人物。1715年，他先查看了星象，然后找了一个合适的出兵借口，在海军的支援下率领一支庞大的陆军穿过色萨利，经过三个星期的围攻拿下了科林斯。

实际上，像此前在塞浦路斯和克里特岛发生的情形一样，希腊人其实更乐于把土耳其人视作解放者，欢迎他们把自己从来自西欧的威尼斯主子的暴政下解救出来。因此，他们没有给威尼斯人提供任何援助。就这样，奥斯曼军队在摩里亚继续前进，夺回了包括莫登、科伦和纳瓦里诺在内的被威尼斯人控制的要塞。不到几个月，这场战役就结束了；在此期间，威尼斯人一直谨慎地避免与奥斯曼军队进行决战。到1715年年底，威尼斯共和国已经丢掉了整个摩里亚和附近的群岛。与此同时，奥斯曼人还夺取了克里特岛上尚留在基督徒手中的两座港口。接下来，奥斯曼人打算向科孚岛和爱奥尼亚诸岛发动进攻，将威尼斯人彻底逐出希腊。

但是，就在达马德·阿里赢得历史性胜利的同时，奥斯曼帝国却在另一条战线上遭遇了同样引人瞩目的失败。达马德·阿里没有能够准确预判出哈布斯堡王朝皇帝查理六世的反应。奥斯曼人曾请求奥地利保持中立，还提出让奥地利出面调停。对于这两项请求，查理六世给出的都是模棱两可的答复。在这种情况下，达马德·阿里却没有能够考虑到查理六世为威尼斯人出兵的可能性。威尼斯人以奥斯曼人践踏了《卡尔洛维茨和约》为由，请求皇帝的帮助。于是，查理六世与威尼斯共和国签署了防御同盟条约。在此期间，富于远见而令人敬畏的萨伏伊的欧根亲王对查理六世施加了重要影响。欧根亲王对土耳其人的迅速胜利感到十分不安，他清楚地看到了这一态势带来的潜在威胁。土耳其人不仅可以从爱奥尼亚群岛威胁到皇帝在意大利的领地，而且倘若他们在东欧重新采取扩张政策，那么就连皇帝在德意志的领地也会受到威胁。

关于是否要把防御同盟条约的签订视作宣战的理由，奥斯曼帝国政府内部意见不一。迪万中的主和派十分明智地反对再与神圣罗马帝国开战。然而，在激烈的辩论之后，好战的大维齐尔达马德·阿里得到了乌理玛的支持，最终获得了大穆夫提支持开战的指令。达马德·阿里的意见压倒了主和派。

于是，在1716年，一支规模庞大的奥斯曼军队又一次向贝尔格莱德进军了。在这里，历史再一次重演。像苏丹穆斯塔法二世与欧根亲王交锋的那次一样，奥斯曼军队的将领们又在战术上产生了分歧。是应该向北前进到蒂米什瓦拉，还是应该向西去彼得罗瓦拉丁？这一次，达马德·阿里不顾星象的预言，独断专行地做了决定。他率军渡过了萨瓦河，沿着多瑙河南岸进军，前去围攻彼得罗瓦拉丁。

一开始，奥地利军队的将领们也无法在战术问题上达成一致。奥地利军队在人数上明显处于劣势，而且鉴于达马德·阿里在希腊取得的胜利，他们对此人十分畏惧。一些将领不敢与土耳其人正面对垒，建议采取消耗战来慢慢拖垮敌人。但是，这样的建议可不合勇猛的欧根亲王的脾气。他很清楚，土耳其人非但使用着过时的武器装备，而且只会鲁莽地发动进攻，一旦遭遇意料之外的情况就会慌了手脚，在撤退时则往往会溃散。因此，在1716年的这个夏天，他决定主动发动攻击。双方在签订《卡尔洛维茨和约》的同名村庄附近发生了初次交锋，土耳其人在这里主动进攻，击败了奥地利人的前锋部队，用行动撕毁了和约。

达马德·阿里率军向彼得罗瓦拉丁进发，而欧根亲王的军队就在那里摆好阵势迎敌。近卫军先取得了一些成功，击溃了奥地利步兵的中军；但欧根亲王随即发动反攻来巩固中路，还调了另一支步兵从侧翼攻击近卫军，将他们击败。奥地利的重装骑兵——土耳其人对这一兵种还很陌生——发动了冲锋，击溃了西帕希骑兵，打得他们仓皇逃窜。大维齐尔一边怒骂一边挥舞着他的军刀，试图挡住逃兵。接着，他又率领一队军官冲进了战阵的中心（就像20多年前科普鲁律·穆罕默德在距此不远的斯兰卡门所做的一样），孤注一掷地想要扭转战局。而就像科普鲁律·穆罕默德一样，他也被一颗子弹击中了前额，受了致命伤。他被马驮到了卡尔洛维茨，在那里咽了气，加速了奥斯曼军队的彻底瓦解。

在取得战役的胜利之后，欧根亲王又攻克了蒂米什瓦拉要塞。从苏莱曼大帝时代起，这座要塞就一直属于奥斯曼帝国，而此时它已经是伊斯兰世界在匈牙利的最后一道屏障。欧根亲王善待了蒂米什瓦拉的守军，还帮助当地的穆斯林居民不受阻挠地离去。以此为序幕，德意志人和奥地利人来到这个省份，开始有计划地殖民这一地区。在经过成功的殖民活动之后，蒂米什瓦拉成了"小维也纳"。

在夺取蒂米什瓦拉后，欧根亲王又在第二年围攻了贝尔格莱德。他在贝尔格莱德的野外遭遇了前来解围的奥斯曼军队，敌军的人数又是他手下人马的两倍。奥地利人的形势十分危急，但土耳其人的拖延、犹疑和糟糕的战术布置挽救了奥地利人。土耳其人十分确信贝尔格莱德要塞肯定会留在自己手中，因此迟迟没有发动对围城者的进攻。尽管机会渺茫，但欧根亲王还是决心背水一战，发动一次大胆的反击。他向奥斯曼人的阵地发动了猛攻，打了敌人一个措手不及，立即让他们陷入恐慌之中。在侧翼骑兵的掩护下，他的步兵高举着各色旗帜，敲击着战鼓，迎着奥斯曼人主力火炮部队的猛烈炮火，在中路发动了进攻。他们低举着刺刀冲锋，一直到距离敌人足够近的时候才开火射击。他们的猛攻让近卫军的阵列全线崩溃，陷入一片混乱。

就这样，欧根亲王的果敢指挥立刻扭转了局势，贝尔格莱德也再次落入了奥地利人手中。就像在彼得罗瓦拉丁一样，奥斯曼军队遭遇了惨败，人员和武器损失都极为惨重。欧根亲王本人在战斗中负了伤。皇帝将这场战役称作"有史以来最伟大的胜利"。这场胜利被写进了一首歌曲，成了奥地利民间文化的一部分。从此以后，一代又一代的奥地利军队在开赴前线之时，都会一再高唱这首歌曲。

与此同时，和平降临了。就像在卡尔洛维茨一样，英格兰和荷兰再一次充当了调停者的角色，建议双方在占领地保有原则的基础上议和。1718年，双方在塞尔维亚的小镇帕萨罗维茨（Passarowitz）签署了和约。尽管并非所有匈牙利人都情愿如此，但这一次，奥斯曼帝国终于将其手中所有残留的匈牙利领土都交给了哈布斯堡王朝；同时被割让的还有包括贝尔格莱德和塞曼德里亚在内的塞尔维亚的大部分地区、瓦拉几亚的大片领土，以及波斯尼亚一处重要的港口。查理六世皇帝由此确立了其在东欧的霸主地位——在土耳其人能征善战的年代，查理六世的先辈们根本无法做到这一点。

只有跟奥斯曼人单独签署了和约的威尼斯人吃了亏。他们丢掉了整个摩里亚，只保留了科孚岛、爱奥尼亚群岛，以及达尔马提亚和阿尔巴尼亚的几座港口。威尼斯人割让了一片领土给苏丹，使得奥斯曼帝国恢复了与其盟友拉古萨之间的交通。尽管奥斯曼帝国也日渐虚弱，但这项和约彻底终结了威尼斯共和国作为一个不可忽略的政治力量的历史。对土耳其人来说，对威尼斯人的胜利可以算得上是一种补偿。但奥斯曼人为此在东欧付出了代价。随着奥斯曼帝国的衰落，它在这一地区的前途也将日渐式微。如果说《卡尔洛维茨和约》证明土耳其人不再对西方构成严重的威胁，那么《帕萨罗维茨和约》的签署则让土耳其人从此开始处于守势，再也无力自发地谋划向欧洲方向的扩张。

第二十六章

现在,爱好和平的艾哈迈德三世终于可以在他统治的最后 12 年中享受和平了。在这一时期,奥斯曼帝国开始出现了西化和改革的苗头。艾哈迈德三世是其父最宠爱的妃子所出,生在战场之上,而非大萨拉基里奥宫中。因此,他没有受过"牢笼"监禁之苦。尽管他也喜好女色,但他从年轻时起就相对远离权力和后宫的阴谋。他是一名十分宽容的统治者,温文尔雅,深谙世故,倾心文化,对东方和西方的文化都十分了解。他热衷音乐、文学和艺术,在身边聚集了一批各具特色的宫廷诗人,还在他的大萨拉基里奥宫内开设了一座新的图书馆,里面填满了珍贵的手稿。

艾哈迈德个人的天赋主要集中在美学方面,设计、创造了数不清的建筑。他不喜欢城市,醉心于鸟语花香、树影水波的自然之美。于是,他摆脱了大萨拉基里奥宫的束缚,为他的廷臣和帕夏们开创了一种新的消夏方式——在附近形色各异的海岸线上修建富丽堂皇的别苑,供避暑之用。其中的一座别苑位于金角湾深处的欧罗巴甘泉(Sweet Waters of Europe)旁。他在那里引了两条小溪,溪水汇进大理石镶面的运河、人工湖、瀑布和喷泉,为大片花园提供了水源。

在这座别苑中心,他为自己兴建了一座萨德阿巴德(Sa'adabad)夏宫,其式样仿照 17 世纪法国的马尔利宫(Château of Marly),由他的大使从巴黎为他带回了图纸。在夏宫的周围，又兴建了数以百计的宫殿和亭台楼阁。它们不像以前的建筑那样由石料和精雕细刻的大理石制成，而是使用了更经济的木材和浇筑石膏。这样一来，这些建筑就可以仿效法国的装潢时尚，创造出新奇的风格，而这种风格后来又在巴黎风靡一时，人称"土耳其风"（turquerie）。不久，类似的"享乐之城"也装点了亚细亚甘泉（Sweet Waters of Asia）和博斯普鲁斯海峡亚洲一侧的部分海岸。在法国大使路易·索弗尔·德维伦纽夫（Louis Sauveur de Villeneuve）看来，这些由欧亚两洲形形色色的建筑师建造的杰作，展现了多种多样的建筑风格，有的如同凡尔赛宫，有的仿佛伊斯法罕（Isfahan）[1]。它们如同一座座临时舞台，持续不断地上演着铺张奢靡、优美如画的剧目。一直追求消遣和变化的奥斯曼宫廷，仿佛永远在张罗着新的远行：

> 有时，奥斯曼宫廷在装饰有丝绸帐篷的窄舟上，仿佛漂浮于博斯普鲁斯海峡或金角湾的波涛间；有时，奥斯曼宫廷组成长长的马队，纵马驰骋到特别的消遣场所……俊美的马匹和奢华的马具让整个队列产生了一种特殊的吸引力；一匹匹骏马套着或金质或银质的挽具奔驰向前，额头上插着羽毛，身上还装饰着璀璨的宝石。

艾哈迈德三世苏丹的女婿达马德·易卜拉欣帕夏负责举办精彩绝伦的庆典和演出，为苏丹华丽的宫廷生活提供娱乐活动。与艾哈

---

[1] 波斯历史上的重要城市，在17世纪时是波斯萨非王朝的首都。

迈德苏丹一样,达马德·易卜拉欣帕夏也十分崇尚艺术。他在这位苏丹统治的最后 12 年中一直担任大维齐尔;而在之前的 15 年里,这位苏丹一共有过多达 13 位大维齐尔。易卜拉欣本人也很喜欢奢侈品和表演。为了让精彩的表演能够一直持续到深夜,他请来专家,为伊斯坦布尔发明出新的节庆照明手段。新上任的法国大使在夜里从佩拉的高处向对岸望去,看到对面城市里的房屋、花园乃至水体都闪耀着火光。"城中清真寺的圆顶周围环绕着数不清的光的皇冠;不知他们用了什么看不见的装置,在一座座宣礼塔之间,用火焰写就的《古兰经》箴言出现在半空之中。"在特殊的场合,伊斯坦布尔会接连三天三夜灯火通明。有一次,为了庆祝苏丹三个女儿和两个侄女的婚礼以及苏丹四个儿子的割礼,大维齐尔命令整个帝国举行庆典活动。他从各个行省请来了多达 2 000 名乐师,滑稽戏演员、摔跤手、变戏法者和杂技演员共 1 500 名,以及数量相当的厨子。苏丹命令皇家厨房的巡查员负责庆典筹备工作,让他为皇子们准备四棵巨大的象征着丰产的棕榈树,为其他人则准备略小一点的棕榈树;厨师们准备了梦幻般的糖果糕点,包括一座完全用糖做成的大约 5 码(约 4.6 米)长、4 码(约 3.7 米)宽的花园,象征婚姻的甜蜜。

到了冬天,大萨拉基里奥宫里会举办"哈尔瓦招待会"(helva fetes)。在这样的聚会上,人们会探讨哲学,朗诵诗歌,跳舞,欣赏中国皮影戏,或一起祈祷,同时分享甜食或哈尔瓦酥糖。到冬天结束时,又会举办春季庆典供苏丹消遣,这一庆典后来演变成了郁金香节。艾哈迈德十分喜欢花——玫瑰、康乃馨(据说他胡子的形状就是模仿康乃馨)、丁香和茉莉。但他最喜爱的莫过于郁金香。郁金香在土耳其语里叫作"lale",听起来很像"安拉",因此获得了神圣的地位。后世将艾哈迈德三世统治的时期称作"Lale Devri"，意为"郁金香时期"。

郁金香本是亚洲草原上的一种野花，装点着土耳其人几个世纪来向西迁徙的道路。第一个把郁金香介绍到西方的，是在16世纪担任奥地利皇帝大使的巴斯拜克。作为一名热心的植物学家，他在返乡途中将郁金香球茎带回了佛兰德斯。郁金香的欧洲名字来自土耳其人给它取的昵称"tulbend"，即波斯语的"头巾"。不久之后，欧洲商人就开始进口郁金香。在荷兰，郁金香得到大规模种植，并且出现了超过1 200个品种。因此，到了17世纪，在奥斯曼帝国精英阶层之中出现了郁金香热潮，有人靠珍稀的郁金香球茎发财，也有人因此而破产。郁金香开始被人们称作"欧洲的黄金"。

率先将郁金香重新引入土耳其的，是艾哈迈德的父亲穆罕默德四世。他在大萨拉基里奥宫的花园里兴建了一个郁金香花圃，里面种植了多个品种的郁金香。而第一个大规模进口郁金香的则是艾哈迈德本人，他不仅从荷兰进口郁金香，还从波斯进口。他花园里的郁金香被打理得井井有条，每个花坛里只种植一种郁金香。

艾哈迈德三世在大萨拉基里奥宫里举行的春季庆典——郁金香庆典——一度在重要性上超过了传统的伊斯兰宗教节庆。郁金香庆典总是在4月举行，持续两个晚上，最好是在满月的夜晚。苏丹会把花园里种植郁金香的那部分花圃遮盖起来，像一座温室一样。一排排的架子上摆放着数不清的花瓶，按照瓶中花的颜色和形状细心地安排了每瓶花的位置，使它们看起来十分协调。四周装点着用彩色玻璃制成的小灯和装满了各色液体的玻璃灯罩，小灯发出的光彩闪烁迷人。在树枝上有类似暖房的鸟笼，里面住着金丝雀和珍稀的鸣禽。苏丹坐在皇家大帐中央的宝座上，接受人们的朝贺。第二天晚上，他会单独为后宫里的女眷们提供娱乐活动，让他的奴隶们演奏音乐，朗诵诗歌，唱歌跳舞。背上驮着蜡烛的乌龟在花园里漫步，为郁金香照明。有时，他们会进行寻宝活动——就像欧洲人寻找复活节彩蛋一样。他们把五颜六色的糖果和小饰品藏在花丛中，然后让苏丹的姬妾们四处寻找，"小心翼翼地在郁金香花朵间穿行"。易卜拉欣帕夏最喜欢一种名叫"蓝珍珠"的郁金香，能成功培植这种郁金香的人会得到他的重赏。他会用白色的面纱把蓝珍珠罩起来，以免花朵在炎热的时节被太阳晒伤。

郁金香的图案还成了地砖和奥斯曼人其他装饰艺术的最重要主题。每到人们疯狂推崇郁金香的春天，奥斯曼诗人们还会把它当作诗作的主题，因为他们正在设法摆脱波斯文化的影响，找到属于他们自己的灵感的源泉。艾哈迈德三世时期最著名的诗人当属"密友"纳迪姆（Nedim）。在一片愉悦、奢华、尽情享受的氛围中，快乐的诗人纳迪姆抱着这样一种无忧无虑的哲学观点："让我们尽情欢笑游玩，享受人间的愉悦。"

一直到20世纪的土耳其共和国时期，郁金香依然是土耳其诗歌中的重要意象之一。土耳其现代诗人叶海亚·凯末尔（Yahya Kemal）曾写道："胜利是令人惊愕的美人，她有着玫瑰的脸庞和郁金香的香吻。"

郁金香的流行并非一个转瞬即逝的风潮。从本质上说，它标志着奥斯曼帝国一个崭新时代的开端。它是一个新的世俗时代和启蒙时代的黎明，展现了理性探究和自由改革的精神。西方在新时代的科学进步、经济富足和军事强盛让奥斯曼人深受启迪，为他们提供了制衡东方伊斯兰世界传统的宗教观念的世俗化力量。尽管这种观念可能还仅仅存在于奥斯曼帝国精英阶层的一小部分人中，但他们的确越来越将西方文明中的社会和文化变革视作大势所趋。郁金香成了一种象征，它象征着在西方文明影响下方兴未艾的土耳其文艺复兴。

1720年，奥斯曼帝国政府派了一位名叫切莱比·穆罕默德的特使到路易十五的宫廷中去。他的官方任务是寻求与法国结盟，但是未能成功。不过，大维齐尔还要求他"访问要塞、工厂和法兰西文明的各种产物，回来告诉我哪些是可以为我们所用的"。于是，他写成了一部法国之行的笔记，这部笔记成了奥斯曼帝国未来变革的指南。

带着儿子赛义德（Said）一同出访的穆罕默德是最早学习法语的土耳其人之一。在记述巴黎的见闻时，他仿佛一个发现了新世界的人，处处感到新奇——技术和医学、动物园和植物园、歌剧和戏剧，特别是错综复杂的社交习惯。他看到一些女性"享有比男性更崇高的地位，可以依照自己的意愿想去哪儿就去哪儿"，对此表示十分惊讶和赞赏。他对巴黎天文台和15世纪撒马尔罕的贵族天文学家乌鲁奇·贝伊（Uluj Bey）制作的星座表特别感兴趣。他还遇到了圣西蒙（Saint-Simon）[1]。圣西蒙记述了穆罕默德的雄伟风度、不凡品位和对女性的强烈吸引力，而且特别赞赏他要在伊斯坦布尔创办印刷厂的想法。

这项创新的主要推动者是穆罕默德的儿子赛义德，他在法国期

---

[1] 此处指第二代圣西蒙公爵（1675—1755），法国外交家和作家。

间对印刷术及其文化价值产生了浓厚的兴趣。虽然印刷技术长期遭到反动力量的反对，但它对奥斯曼帝国的未来而言意义非凡。1727年，赛义德创办了伊斯兰世界的第一座印刷厂。赛义德的合作伙伴名叫易卜拉欣·穆特菲利卡（Ibrahim Müteferrika），是一位归顺的匈牙利贵族。夹在东西方两种文化之间的穆特菲利卡认为，印刷厂可以将西方值得学习的崭新理念和方法传授给奥斯曼土耳其人。

他向易卜拉欣帕夏呈上一份备忘录，送给苏丹过目。这份备忘录后来得到了印刷出版。在这份备忘录里，他提出了这样一个问题："为什么曾经远比伊斯兰国家弱小的基督教国家在当代却支配了那么多的土地，甚至还击败了曾经战无不胜的奥斯曼大军？"他给出了他的答案，呼吁穆斯林们从漫不经心的沉睡中醒来。"他们必须要了解对手，必须要深谋远虑，熟悉欧洲人新的行事方法、组织架构、战略战术和军事事务。"他呼吁穆斯林学习地理知识，以拓宽他们的军事和政治视野；研究航海图，以了解基督徒借以发现新世界、征服穆斯林土地的航海知识。穆斯林尤其应当学习他们的邻居俄罗斯人，因为他们的沙皇"从异邦请来了精通各种科学知识的专家，在他们的建议、推荐和帮助下改造了他的军队"。

他总结说，土耳其人向来以严格遵守法律和秩序著称，在这方面远超其他民族。如果他们能够学习新的军事科学和技术，"这个国家将无人能挡"。他向谢赫伊斯兰申请印刷书籍的许可，获得了准许。谢赫伊斯兰禁止他印刷《古兰经》和其他神圣的典籍，但是允许他印刷世俗书籍，比如字典和科学书籍。

然而，艾哈迈德三世苏丹的和平统治此时步入了尾声。像往常一样,在经过较长的相对和平的时期之后,近卫军又一次由于无所事事而变得躁动不安。他们厌恶宫中奢靡而轻浮的"法兰克作风",对政府忽视他们的利益感到十分愤恨。1730年秋天,有消息传来,说波斯有了一位充满侵略性的新统治者纳第尔可汗(Nadir Khan)掌权,他穿过波斯的边境入侵了奥斯曼帝国。借此契机,一名出身阿尔巴尼亚的近卫军士兵掀起了一场兵变,并且得到了许多平民的支持,结果兵变演变成了叛乱。叛乱的矛头指向了大维齐尔易卜拉欣,但易卜拉欣起初低估了这场叛乱的威力。而在叛乱爆发的那一天,海军总司令还在博斯普鲁斯海峡亚洲一侧海岸的私人花园里恬静地移栽着郁金香。

苏丹失去了勇气,答应了近卫军的要求。他把大维齐尔、海军总司令和另一名高级官员交了出去,任由他们被勒死。接着,他同意退位,以保全自己和孩子的性命。尽管他本人没有住过"牢笼",但把他的侄子囚禁在"牢笼"中。现在,他把自己的侄子从"牢笼"中接出来,并向他——马哈茂德一世(Mahmud I)称臣。马哈茂德一世登基成为苏丹,而艾哈迈德三世则住进了"牢笼",在那里度过了生命的最后几年。

无论如何,艾哈迈德三世的统治还是开启了奥斯曼帝国改革的新浪潮,这一浪潮将在日后越发澎湃。易卜拉欣·穆特菲利卡关于军事改革的备忘录被印刷了出来,呈给了新任苏丹马哈茂德一世。事后证明,这位"牢笼"里的囚徒不是一个有作为的统治者。但是,在马哈茂德一世统治期间,易卜拉欣·穆特菲利卡和他的印刷厂却得以公开传播新的思想和欧洲的科学新发现。在一个由25名翻译组成的委员会的帮助下,他出版了一系列书籍,向他的新同胞们揭示了各种学科的奥秘：他本人最擅长的地理学和制图学；物理学和天文学，包括一本首次介绍望远镜和显微镜的亚里士多德著作的译本，还有探讨磁力和罗盘以及伽利略的理论的书籍；各个分支的数学，有些书探讨了笛卡尔的思想；最后还有医学。在易卜拉欣·穆特菲利卡于1745年去世后，他的印刷厂也停止了运转，一些译著还停留在手稿阶段。由于大环境使然，印刷出版事业直到1783年才在奥斯曼帝国恢复。郁金香时期的种种进步曾经带来些许"土耳其文艺复兴"的意味，却随着印刷事业的中断而中止了。

第二十七章

从此之后，奥斯曼帝国在与欧洲的关系中主要凭借的就不再是武力，而是外交手段了。曾几何时，凭借着宗教上的冲动和战场上的勇气，新月还可以梦想彻底击垮十字架；而随着最后一名圣战士达马德·阿里在彼得罗瓦拉丁被熟稔现代世俗战争技巧和科学的欧根亲王击败，那样令人骄傲的日子便一去不返了。从此以后，奥斯曼人意识到，他们在欧洲事务中实际上只能处于守势，而且要依赖盟友的帮助。所以，在奥斯曼帝国政府中也就建立起了与欧洲国家类似的常设的外交系统。

在签署《卡尔洛维茨和约》之前，作为一个从亚洲闯入基督教欧洲的伊斯兰政权，奥斯曼土耳其人在外交领域上一直采取单边政策，不知双边沟通为何物。他们全然不顾国家之间的任何行为准则，认为自己是"大地上唯一的国家"，自己就是法律。他们会接待其他国家派来的外交使节，但从来不会向对方派驻使节，因为他们十分轻蔑地视基督教国家为低人一等的存在。在土耳其人不断侵蚀欧洲、吞并扩张的几个世纪里，他们的这种做法并无不妥之处。不过，在欧洲的一个个邦国逐渐演化成民族国家的关键时期，土耳其人的做法却让他们与欧洲的国家体系相隔绝。现在，随着与欧洲国家的联系逐渐变得不可或缺，他们的传统做法更是让他们处于不利的孤立状态之中。《卡尔洛维茨和约》与《帕萨罗维茨和约》都是基于国际法原则和欧洲的外交准则签署的。这两项和约，尤其是《帕萨罗维茨和约》，确认了奥斯曼帝国在与西方国家打交道时的角色转变——它不再是一个扩张中的国家，而成了一个收缩中的国家。从那以后，奥斯曼帝国政府被迫在谈判中居于弱势，而不再扮演强势的一方。在那之后的一段时期里，奥斯曼帝国继续按照单边原则从事外交活动，而且在境外依然没有常驻的使节。实际上，就连在国内，也没有处理外交事务的常设机制。

直接受害于这种做法的是外国派来的使节。为了完成使命，他们可谓煞费苦心。他们代表本国政府向奥斯曼帝国施压，要求它采取一些政策——其中一些政策实际上也符合奥斯曼人的利益。但外国使节的生活却充满了挫败感。他们与母国之间的沟通有着无时不在的时滞，通信还常有中断的危险；不仅如此，这些同在佩拉的外国人区域居住的使节还发现，自己与奥斯曼帝国政府之间也难以沟通。他们只在极偶尔的情况下可以获准到金角湾对面的伊斯坦布尔老城区的权力中心活动，还经常受阻于奥斯曼帝国微不足道而死板的礼仪规定；在这里，阴谋一个接着一个，大维齐尔不停地更迭，导致政府权力不断更替；在谈判过程中，拖延、偏差和逃避更是家常便饭。

最重要的是，外国使节还必须面对语言问题。外国使节都不懂土耳其语；而自从奥斯曼帝国的国家大权从叛教的前基督徒群体落入出身穆斯林家庭的群体手中之后，也很少有土耳其人懂得欧洲语言。这样一来，外国使节就只能依靠译员——这些人通常是希腊人，或是有拉丁血统的黎凡特人，他们既充当翻译又充当情报人员。作为外国使节和奥斯曼帝国政府官员之间的中介，这些译员可以有选择地翻译，或是曲解双方的话语，从而按照自己的意愿去影响双方的沟通。他们还可以为了自己的利益故意把情报泄露给其他译员或同谋者。

不过，1669年，译员体系得到了优化改进。这一年，奥斯曼帝国政府设立了帝国政府译员主管一职。出任这一职务的可以是希腊人，也可以是亚美尼亚人，但必须是基督徒。职务人选通常从"芬内尔人"，即伊斯坦布尔城中希腊人聚居的商业社区的居民中选出。这一职位的职责实际上相当于外交大臣。他周围的一些职位从此之后也都交给了基督徒，通常是信仰希腊东正教的基督徒。与对西方语言一无所知的土耳其穆斯林精英不同，经商的希腊人很熟悉西方的语言，而且乐于将他们的子弟送到诸如帕多瓦大学[1]这样的西方学校里接受教育。他们经常会出任使节，或是在基督徒自治的行省里担任总督。就这样，在苏丹的"奴隶之家"逐渐丧失作用之后，奥斯曼帝国得以通过这种方式继续发挥其基督徒臣民的才能，而且这一次不需要将他们征召入伍或强迫他们改宗。随着与欧洲国家关系的发展，帝国政府译员主管的工作变得越发艰巨。他需要与外国使节保持日常沟通，探讨他们的要求，还要在外国使节朝见苏丹或与大维齐尔商谈时担任翻译；他和他的属员们要把奥斯曼帝国政府写给外国政府的信件从土耳其语翻译成外语，还要仔细研读外国的报纸或者其他类似的信息来源，以帮助奥斯曼帝国政府了解欧洲事务。

---

[1] 帕多瓦大学是意大利历史第二悠久的大学。

不过，不知是故意使然还是有其他因素，外国使节们依然在外交事务上屡屡碰壁。18世纪早期的法国大使德维伦纽夫侯爵（即上文提到过的路易·索弗尔·德维伦纽夫）对此深有感触。他奉路易十五的命令而来，希望提高法国在奥斯曼帝国政府的地位，因为法国的影响力在过去的一个世纪里严重下滑，让英格兰占了上风。在由弗朗索瓦一世开启的法土传统友谊的基础上，他希望凭借自己良好的人脉关系，为法国争取到更为有利的外交政策——特别是考虑到弱势的土耳其人和强势的莫斯科之间的力量不均将会威胁到欧洲的力量均衡。

陪同维伦纽夫一同抵达金角湾的，是一支有意要展示法国海军力量的令人印象深刻的护卫队。然而，此时的博斯普鲁斯海峡两岸正沉浸在节日的欢乐气氛之中。人们对政治事务兴味索然，为他递交国书的程序也·拖再拖。终于，他获得了正式觐见苏丹十分钟的机会。几天之后，大维齐尔欢迎了他，与他寒暄良久。尽管他本人并不吸烟，但还是被迫与大维齐尔一起吸了一根"长达20英尺（约6米）"的烟斗。最后，大使终于找到机会提起有关让步条约的两个事项，以及保护基督徒少数族群的问题。听到他的问题之后，大维齐尔无动于衷地回问他，凡尔赛宫的花园是不是还像往常一样美丽动人，得到了精心打理。接着，他又开始谈起他在欧罗巴甘泉旁修建的花园，就这一话题说个没完。几天之后，帝国政府译员主管跑到法国大使馆来，代表他的主子要求他们从法国送一些花草和球茎来。烦躁不已的维伦纽夫又不耐烦地等待了8个月，才有机会再次面见大维齐尔。

对于采取守势的奥斯曼帝国政府来说，他们此时更愿意接待奥地利帝国的来宾，而不是法国大使。在贝尔格莱德遭遇羞辱性的惨败之后，土耳其人想方设法地用各种妥协退让来安抚奥地利皇帝，以避免与他发生更多冲突。奥地利皇帝在《帕萨罗维茨和约》中获得了贸易特权，并且批准成立了皇家奥斯坦德公司（Imperial Ostend Company）[1]来拓展贸易。这样一来，奥地利皇帝就可能会成为黎凡特地区贸易的强有力竞争者。除此之外，当地一些天主教教派也对法国不满，希望可以获得皇帝的庇护。不过，1730年，随着艾哈迈德三世遭到废黜、他的大维齐尔遭处决，情况发生了突变。前任苏丹消失不见，新的统治得以确立；而维伦纽夫也终于可以乐观地向国内汇报说，奥斯曼帝国有可能会采取支持法国的政策。

在新任海军总司令的帮助下，维伦纽夫几个月后为法国商人争取到了免除关税的优惠待遇。接着，亲法的新任大维齐尔托帕尔·奥斯曼（Topal Osman）又恢复了法国在宗教事务上的特权。在前任大维齐尔在任时，传教士的行动自由大受约束，已经沦为驻扎在领事馆的牧师；而现在，他们又可以自由地在所有基督徒生活的省份里活动了。奥斯曼帝国政府公开确认了一些圣地的地方神父享有的豁免权，并且不再插手他们的教会内的事务；奥斯曼帝国政府允许基督徒重建那些被穆斯林焚毁的教堂（他们焚毁教堂的理由是，教堂的钟声在夜里会吵醒清真寺里的天使），还准许他们建设新的教堂。就这样，"法国的皇帝"又开始被视作基督教信仰的全能保护者。

---

[1] 这家公司的创办者是奥属尼德兰治下的奥斯坦德市的商人和船主。奥属尼德兰指尼德兰南部地区，包括今天的比利时西部和卢森堡的大部分地区，于1714—1797年期间属于哈布斯堡王朝君主。

维伦纽夫大使开始像早年的法国大使一样，视自己为奥斯曼帝国政府在外交事务上的顾问。他那位好斗的大维齐尔朋友被他说服，公开宣称奥斯曼帝国应当在合适的时候采取行动，一边对抗奥地利皇帝，另一边对抗女皇安娜（Tsarina Anna，她刚刚继承了彼得大帝的帝位）[1]。

不过，在这位大维齐尔下台之后，他的继承者们并不像他那么亲法。于是，这个"合适的时候"也一直没有来临。在此期间，1733年，神圣罗马帝国皇帝和俄罗斯女皇结成了联盟，参与到波兰王位继承战争中，共同对抗法国支持的一位王位继承人。奥地利和俄罗斯要求奥斯曼帝国保持中立，土耳其人欣然接受；法国要求奥斯曼帝国出手干预，从克里米亚出兵，经过乌克兰进入波兰，从南线对俄罗斯发动进攻。面对法国人的要求，土耳其人开出了一个没有任何商量余地的价码：两国结成攻守同盟，且这一盟约要由苏丹和法国国王本人亲自签署。从弗朗索瓦一世的时代开始至今，主宰法土两国关系的都是一个心照不宣的友好互惠协议，而土耳其人的这个要求则相当于让这个基督教国家公开与异教徒结盟。在凡尔赛宫，路易十五背后的掌权人物弗勒里枢机主教（Cardinal Fleury）激烈而固执地反对这个提议，因为这个提议很容易引发争端，并且有可能破坏法国与欧洲的其他基督教国家，特别是英格兰和荷兰的关系。在这一提议遭到断然拒绝之后，奥斯曼帝国政府和凡尔赛宫之间又进行了长达18个月的冗长磋商。像过去在战场上一样，土耳其

---

[1] 彼得大帝于1725年驾崩。在安娜于1730年继位之前，还有过两位沙皇短暂地统治过俄罗斯，分别是彼得一世的妻子叶卡捷琳娜一世和孙子彼得二世。彼得二世死后，由于罗曼诺夫家族男嗣断绝，于是由彼得一世的侄女安娜继位。

人此时在外交领域也变得十分坚忍不拔。

1734年，确信奥斯曼帝国将保持中立的俄罗斯人从乌克兰调遣了一支大军北上，前去攻取了他们的主要目标但泽（Danzig）[1]。凭借他们在华沙扶植的"卫星"君主，俄罗斯人控制了波兰的大片地区。这样一来，他们就可以重新把注意力从波罗的海移回黑海，报彼得大帝在普鲁特河被土耳其人击败的一箭之仇。

苏丹的附庸——鞑靼可汗的军队侵犯了俄罗斯的领土，为俄罗斯人提供了借口。一支俄军未经宣战就直抵亚速，并且夺取了该城。与此同时，俄军主力穿过彼列科普地峡入侵了克里米亚。在瓦解了鞑靼人顽强的抵抗之后，俄军夺取了敌人在克里米亚的防线和要塞。接着，他们一路在克里米亚半岛大肆破坏、屠杀，深入彼得大帝和以前的俄军从未抵达过的地区。不过，他们却被这里荒凉而缺水的草原打败了。面对疲乏、饥饿和疾病，俄军不得不在冬天到来前撤退。他们在战争初期的胜利就这样被一场失败抵消了，给了土耳其人一种虚假的安全感。

不过，奥斯曼帝国政府还是做了战争准备，动员了一支军队到多瑙河的河口去。实际上，土耳其人对俄罗斯人的抵抗将十分关键，不然俄罗斯人在夺取亚速之后，将会继续侵入黑海地区，围攻守卫河流入海口的另外三座要塞。俄罗斯女皇要求她的战舰和商船可以在黑海自由通航。这样一来，黑海就会被俄罗斯人控制，并且为他们打开通往伊斯坦布尔乃至穿过海峡进入东地中海的道路。果真如此，俄罗斯人还将从西方国家手中夺取利润颇丰的黎凡特贸易。此

---

[1] 今称格但斯克，属于波兰。

时，查理六世皇帝也想分一杯羹。为了跟俄罗斯一起出兵干预，奥地利与俄罗斯还达成了一项秘密协约。

不过，土耳其人依然固执地避免与敌人正面交锋，他们更希望能由某一个基督教国家出面调停。英格兰和荷兰驻奥斯曼帝国的代表都想扮演调停人的角色。1736年，大维齐尔（又是一位新的大维齐尔，维伦纽夫此时还没能和他说上话）准备率军出征，前往靠近多瑙河河口的比萨拉比亚（Bessarabia）[1]的宾杰里驻扎。不过，他来到这里并不是准备作战的，而是打算前来议和。此时，经过波兰王位继承战争之后，皇帝的军队也师老兵疲，组织混乱，因此也没有做好与土耳其人打一场新的战争的准备。于是，为了争取时间，皇帝提出与俄罗斯一起向奥斯曼帝国政府议和。

1737年夏天，一场会谈在波兰占有的乌克兰地区的涅米罗夫（Nemirov）召开。此时，奥地利和俄罗斯都已经做好了出兵准备，因此，甚至懒得在这里掩饰它们对奥斯曼帝国的真正企图。手里握着剑来谈判的俄罗斯人不仅要求获得在黑海的自由通航权，还要求允许他们的舰队通过博斯普鲁斯海峡进入地中海；他们还要求把俄罗斯的边界拓展到德涅斯特河河畔，让奥斯曼帝国将库班河（Kuban）和黑海以北属于鞑靼人的其他土地都割让给俄罗斯；奥斯曼帝国还要承认摩尔达维亚和瓦拉几亚是独立国家，且以俄罗斯为宗主国。奥地利人则要求奥斯曼帝国割让整个波斯尼亚和塞尔维亚。与此同时，俄奥两国的军队已经进入了它们索取的领土，奥地利人在塞尔维亚夺回了尼什要塞。他们提出的要求实际上无异于下

---

[1] 指德涅斯特河、普鲁特河—多瑙河和黑海形成的三角地带。

达给战败国的最后通牒。到了这个时候，土耳其人已经别无选择。他们拒绝了对方提出的条款，结束了会谈，拿起武器准备保卫奥斯曼帝国。

法国是奥斯曼帝国获得解救的唯一希望。一开始，路易十五的政府对如何解决这一危机犹豫不决，这让维伦纽夫焦急万分。法国还希望奥斯曼帝国政府同意割让亚速。如果俄国人能够满足于此，那么法国认为做出这一让步比卷入战争要好。但是，在意识到俄罗斯想要通过黑海染指地中海之后，凡尔赛宫终于醒悟过来，明白必须重新考虑自己的政策。面对奥斯曼帝国可能会被俄罗斯和奥地利肢解的前景，弗勒里枢机主教认识到，目前的当务之急是必须不惜一切代价保持奥斯曼帝国的完整。除了黎凡特地区对于法国的重要商业价值之外，奥斯曼帝国本身的存在（尽管它已经式微）对维护欧洲的力量均衡也至关重要。于是，凡尔赛宫筹划了一个新的外交攻势，试图通过法国在维也纳的代理人来拆散俄奥联盟；法国人还在会谈现场活动，鼓舞土耳其人的斗志，并且让他们相信，与其接受耻辱的和平条款，还不如拼死一战。

大维齐尔意识到自己彻底被奥地利和俄罗斯欺骗了，他立刻回应了法国的示好，并且写信给凡尔赛宫，正式要求法国国王出面调停。他的请求获得了原则上的同意。与此同时，土耳其人也振作起精神，开始了一场两线作战的战争。一位新任的大维齐尔率军向西进发，前往奥土边境。这一行动的时机可谓恰到好处，因为就在一年之前，萨伏伊的欧根亲王去世了，而在之前的战争中实力受损、士气受挫的神圣罗马帝国军队此时只能由一些不称职的将领统率。不仅如此，奥地利人与他们遥远的"盟友"俄罗斯人的关系也并不和睦，双方并没有任何协同作战的计划。在西线波斯尼亚的群山中，奥地利人遭遇了当地好战首领统率的封地军队的强烈抵抗——这些斯拉夫人曾经信奉基督教，但现在都已经成了穆斯林；在东线，奥斯曼军队夺回了尼什，从而打开了经由摩拉瓦河谷前往贝尔格莱德的道路。俄罗斯人的战绩要比他们的奥地利盟友好一些，他们夺取了位于布格河河口的奥恰科夫（Ochakov）和金伯恩（Kinburn）。但是，在草原炎热天气的炙烤下，他们未能如愿抵达多瑙河流域。

奥斯曼军队的胜利要归功于归顺的法国雇佣军人博纳瓦尔伯爵（Comte de Bonneval）。他曾经为奥地利皇帝效命，但现在在为苏丹服务。他为苏丹组建了一支掷弹兵部队，按照欧洲的线列战术训练；他还系统性地重组了奥斯曼帝国其他的武装力量，改进他们的训练方法，让他们更加现代化。

土耳其人的胜利让欧洲人深感震惊，凡尔赛宫因此也可以让奥斯曼帝国在调停中居于比较有利的位置上。不过，重新燃起了征讨异教徒热忱的奥斯曼军队坚决要求趁着季节适宜再发动一次战役。这一次，奥地利人甘于在贝尔格莱德采取守势，而土耳其人则夺取了贝尔格莱德面前的两座要塞——位于多瑙河河畔的塞曼德里亚和奥尔绍瓦。继续在黑海腹地地区行动的俄罗斯人则在德涅斯特河上被击退。由于疾病肆虐，补给困难，俄罗斯人不得不放弃刚到手的奥恰科夫和金伯恩。

维伦纽夫认为，调停的时机到了。为了树立法国的威信，他在令人印象深刻的一大群随从的陪伴下，带着国书和一封法国国王路易十五写给"挚爱而完美的朋友奥斯曼帝国皇帝"的信，颇有排场地前往大萨拉基里奥宫觐见苏丹。苏丹十分礼貌而庄严地接待了他。他十分欣喜地意识到，奥斯曼帝国政府正在前所未有地对法国公开示好。大批的礼物送进了法国大使馆，苏丹的乐队则在大使馆的前院不停地演奏着；不论大使到哪儿去，都有一支近卫军仪仗队如影随形。

不久，维伦纽夫就离开了伊斯坦布尔，带着规模庞大的官方卫队前往阿德里安堡去与大维齐尔会合。到阿德里安堡之后，他才知道大维齐尔已经率军向尼什进发了。等到他抵达尼什，大维齐尔又已经在前往贝尔格莱德的路上了。大维齐尔叮嘱他留在尼什。与此同时，维伦纽夫听说在贝尔格莱德下游的格罗茨卡（Krotzka）发生了一场战斗。在那里，试图夺回奥尔绍瓦的奥地利人严重低估了对面奥斯曼军队的实力。他们在一处山谷的入口执行一次笨拙的战术调动，结果被奥斯曼军队逮了个正着。奥地利人遭受了惨重的损失，被迫向贝尔格莱德方向退却。这场胜利让土耳其人大为振奋，但也让维伦纽夫感到十分担忧。他很清楚，自从欧根亲王夺取了贝尔格莱德之后，那里的要塞就已经被德意志工程师做了大量的现代化改造，其坚固程度已经在欧洲城市中名列前茅。他担心土耳其人被成功冲昏了头脑，在他试图调停之前就贸然猛攻贝尔格莱德。如果这样做，他们有可能会遭遇一场惨败。等到他终于被传到大维齐尔的帐中时，土耳其人的确已经开始了对贝尔格莱德的围攻，没有经过妥善的准备就开始炮击城市。

幸运的是，奥地利人此时士气低落，而维伦纽夫很快就利用了这一点。奥地利皇帝将一位密使从维也纳派到贝尔格莱德，授予他单独与奥斯曼帝国媾和的权力，不需要理睬俄罗斯的态度。这位冯·奈伯格将军（General von Neipperg）来到了奥斯曼人的大营谈判。随着谈判的进行，人们发现他已经做好了以皇帝之名割让领土的准备。但是，当谈到贝尔格莱德城本身的事宜时，他表示如果奥地利人要交出贝尔格莱德，那么城市的防御工事必须首先拆毁。大维齐尔傲慢地拒绝了他提出的条件。他坚称，如果不能在贝尔格莱德城完好无损的情况下把城门钥匙交到他手中，那就没什么好谈的了。不过，虽说他觉得有必要让好斗的士兵们感到心满意足，他真正想要的还是和平。

维伦纽夫清楚地看到了这一点，而且意识到奥地利人也想尽快达成协议。于是，他果断利用了这一点，提出了一个双方都可以接受的解决方案来挽救这次会谈。他提出，奥地利人可以拆毁他们自己兴建的防御工事，但必须保留土耳其人以前建设的城墙。于是，双方达成了协议，同意恢复和平。奥地利皇帝本来有一些犹豫，但考虑到法国正式出面调停，只好批准了这项协议。奥斯曼帝国则收回了在《帕萨罗维茨和约》中丢掉的在塞尔维亚、波斯尼亚和瓦拉几亚的一切利益。多瑙河、萨瓦河和山脉起伏的蒂米什瓦拉行省又一次成了两个帝国之间的边界。

对土耳其人的另一个敌人来说，奥地利人的单方面投降可谓来得太不是时候。因为就在此时，俄罗斯人刚刚对土耳其人取得了一场大胜。如果不是奥地利人议和，这场胜利原本有可能改写整场战争的走向。在此之前，俄军统帅蒙尼西元帅（Marshal Münnich）放弃了穿越黑海沿岸草原的机会，从一条新的路线侵入了奥斯曼帝国的版图。他向北穿过波兰领土，接着渡过德涅斯特河和普鲁特河进入摩尔达维亚。在这里，他攻克了重要的要塞霍京。他扶植了一个傀儡大公，让他以反抗穆斯林压迫之解放者的名义招募基督徒士兵。雅西城（Jassy）[1]开门投降，俄军的前锋部队很快出现在了多瑙河的北岸。接着，蒙尼西元帅又率军进入比萨拉比亚，把宾杰里变成了他向南方进军的基地，准备直插奥斯曼帝国欧洲领土的心脏地带，打通前往伊斯坦布尔的道路。不过，由于奥地利人屈膝认输，20多万乘胜而来的土耳其士兵已经准备好移师多瑙河战线来对付俄国人。蒙尼西元帅语带挖苦地评论道："土耳其人真应该好好谢谢穆罕默德、维伦纽夫和奈伯格！"

俄罗斯人别无选择，只好在贝尔格莱德与奥斯曼帝国签署和约。这是法国调停的第二次胜利。土耳其人放弃了亚速，条件是其要塞必须被夷为平地，且其周边土地必须变成两个帝国之间的一块中立的沙漠地带。

奥斯曼帝国保留了在顿河更下游地区修建要塞的权力，从而可以切断俄罗斯人顺河入海的通道。不论是战舰还是商船，俄罗斯船只都不许进入黑海；在黑海沿岸，俄罗斯人只在布格河和第聂伯河之间保留了一小块狭长的土地，且不准在黑海沿岸再保留任何造船厂。俄罗斯在克里米亚、摩尔达维亚和比萨拉比亚征服的土地都必须交还给土耳其人。不过，俄罗斯在乌克兰地区的领土扩大了些许。根据《普鲁特和约》，俄罗斯不得干预波兰的内政。但是在法国人的建议下，奥斯曼帝国没有坚持要求俄罗斯遵守这一条款。

《贝尔格莱德和约》为这场短暂的战争画上了句号。对于哈布斯堡王朝来说，这个和约是一个耻辱；对于俄罗斯人来说，这个和

---

[1] 位于今罗马尼亚东北部，曾经是摩尔达维亚公国的首都。

约让他们十分懊丧；而对于土耳其人来说，这个和约让他们松了一口气。面对俄罗斯这个最可怕的新敌人，衰落中的奥斯曼帝国一心只想着保持守势，维持和平，现在终于为自己赢得了一代人的喘息之机。而面对宿敌奥地利，土耳其人终于赢回了尊严，并且修复了自上次耻辱性的失败后就一直千疮百孔的安全体系。尽管土耳其人在战场上的胜利主要要归因于奥地利指挥层面的失误，且奥斯曼帝国军队可能在新的军事技能方面还显欠缺，但奥斯曼帝国的军人证明了他们依然拥有昔日的战斗精神。在两线作战的过程中，奥斯曼军队的指挥官们也施展出了精明的战略。

不过，不论是战场上的胜利还是和平的成果，最主要的因素都是外交层面的，特别要归功于法国的高超技巧、智慧和远见。在危急时刻，是法国人促使犹豫不决的土耳其人投入战斗；在胜利时刻，是法国人敦促土耳其人赶快议和；在谈判的过程中，也是法国人让俄奥双方手足无措，相互算计。奥斯曼帝国崭新的外交策略有效地发挥了作用。曾经梦想成为基督教欧洲主人的土耳其人，在这个时代已经无法完全掌控自己版图上的所有臣民，因此也就更不能像以往那样在外交领域独断专行了。要想在强敌面前生存下来，奥斯曼帝国就必须依赖自己在基督教欧洲的盟友。

因为调停有功，法国超过了其他欧洲国家，在奥斯曼帝国政府里取得了不可撼动的巨大影响力和尊贵地位。1740 年，两国签订了包括 24 项条款的正式友好通商条约。通过这个条约，法国获得了比以往的让步条约更优惠、有效期更持久的有利条款，彻底确立了法国在东地中海贸易中的优势地位。与此同时，在法国的唆使下，奥斯曼帝国又与瑞典联合，以增强自己应对俄罗斯威胁的能力。奥斯曼帝国先与瑞典签署了一个类似的友好通商条约，接着又签订了一个庄严的攻守同盟条约（就像它之前试图与法国签订的一样）——这是奥斯曼帝国第一次与一个基督教国家签订此类条约。最后，奥斯曼帝国还详细规定了法国对天主教徒的保护权，这相当于确认了法国在奥斯曼帝国很大一部分领土上的巨大影响力。在这个由西方国家和西方文明主宰的不断变化的世界里，奥斯曼土耳其人决定向18世纪鼎盛状态下的法国寻求启迪和帮助。

第二十八章

奥斯曼帝国在欧洲的领土获得了一代人时间的和平。在这段时期，欧洲国家大多数时候都在忙着打仗。1740年，哈布斯堡王朝的皇帝查理六世驾崩，根据《国事诏令》（Pragmatic Sanction）应由他的女儿玛利亚·特蕾莎（Maria Theresa）继承的奥地利领土分崩离析，引来各国的争夺。[1] 这先是导致了奥地利王位继承战争，后来又引发了七年战争，普鲁士国王腓特烈大帝（Frederick the Great）也趁机崛起，一跃成为欧陆强权。

以奥斯曼帝国的和平守护者和保护者自居的法国，希望土耳其人能够更加主动地投身到欧洲事务之中，充当欧洲的制衡力量——尽管这么做并不一定总是符合奥斯曼帝国的利益，但一定符合法国的利益。此时的法国正与普鲁士和一些德意志邦国一道，对奥地利有所图谋，因此它们也向土耳其人施加压力，希望他们可以入侵匈牙利。法国人许诺说，如果土耳其人能够在匈牙利方向牵制奥地利人的注意力，那么整个匈牙利王国日后都将属于土耳其人。但是，艾哈迈德三世的继任者马哈茂德一世苏丹不为所动，他坚决主张奥

---

1 由于查理六世没有男性子嗣，他于1713年颁布《国事诏令》，宣布女性继承人有权承袭其奥地利大公之位。但在查理六世驾崩后，法国、西班牙、普鲁士等一些国家借口不承认《国事诏令》，引发了奥地利王位继承战争。

斯曼帝国保持中立，还公开发表宣言，劝说其他国家停止战争，并表示愿意出面调停，以异教徒的身份劝说基督教国家彼此之间化干戈为玉帛。对于他做出的姿态，其他国家不过是一笑了之。

法国决定求助于已经归顺奥斯曼帝国的博纳瓦尔伯爵。法国人给了他一笔津贴，还许诺允许他返回法国，希望借助他的影响力让奥斯曼帝国参战。但是，苏丹和他的大臣们的态度依然十分坚决。在接下来的十年中，法国人又不断努力，试图让奥斯曼帝国与普鲁士和瑞典结盟，结果也遭到了拒绝。奥斯曼帝国十分坚定地拒绝战争，甚至还在英格兰的调停下接受了玛利亚·特蕾莎的主动示好，与奥地利和俄罗斯签署了"永久性的"和平条约。

在这几十年间，奥斯曼土耳其人抱着听天由命的态度慵懒地无所事事，全然没有看到未来可能出现的危险。只有一小部分精英分子看到了帝国的孱弱现状，意识到国家急需重新武装自己并进行重组。他们认为，与俄罗斯的下一次碰撞一定会到来，奥斯曼帝国需要利用当前的喘息之机重整国内的秩序。

但是，在奥斯曼帝国的统治阶层中充斥着自鸣得意、目光短浅之徒。从上到下，人们要么固执地不愿意去面对国家存在的问题，要么干脆对这些问题视而不见。这种现象的根源在于，土耳其人传统上一直相信奥斯曼帝国的体制是绝对正确的，而异教徒的体制一定是低劣的，全然不顾过往的经验教训。而从不停更迭的大维齐尔开始，自私自利的情绪从上至下、由内而外，弥漫在整个官僚体系之中，贪污腐化的领域越来越多，污染了整个政府体系。就连军队的中坚力量近卫军也日益腐化。自从穆罕默德四世苏丹给了近卫军免进口关税的特权，他们的生计就不再依靠战争，而是靠经商的副业过活。像其他群体一样，他们也宁愿在和平时期享受既得利益。因为在战争期间，他们的各种损失太大了。

1754年，马哈茂德一世苏丹驾崩，他的弟弟继位，是为奥斯曼三世。在"牢笼"里的生活损害了他的健康，他几乎是一个驼背。他延续了兄长的和平主义政策，仅仅执政了三年。从他执政的最后一年，到接替他的穆斯塔法三世执政的第一年，帝国的实际统治者其实是能力堪与科普鲁律家族成员相媲美的大维齐尔拉吉卜帕夏（Raghib Pasha）。他十分诚实，思想开明，曾经学习过欧洲的科学知识，非常推崇艾萨克·牛顿的著作。他希望能够向西方学习。但是，在现阶段，为了维持秩序的稳定，他认为在推行改革的过程中不能威胁到"现有体制的和谐运行"。

在国外，拉吉卜试图通过构建力量均势来实现奥斯曼帝国的和平诉求。为了抗衡奥地利和俄罗斯的力量，他在1761年与普鲁士签订了条约。不出意外的话，他希望这份条约可以让奥斯曼帝国与普鲁士结成攻守同盟，因为普鲁士本身对奥斯曼帝国并没有领土诉求。他十分清楚俄罗斯对奥斯曼帝国的敌意，因此明白必须改造奥斯曼帝国军队。拉吉卜整顿了帝国的兵工厂，创建了一所火炮铸造厂，组建了一支造桥部队，还开始建造新的战舰。他创办了一系列学校，教授数学、海事、工程学和火炮知识；他还要求近卫军、工程兵、西帕希骑兵及安纳托利亚的封地骑兵定期进行演习。他重组了行政体系以恢复帝国的财政秩序；他还在安纳托利亚镇压土匪，并且设法确保满足圣城麦加和麦地那巨大的粮食需求。在公共工程和事业方面，他重启了古老的黑海到地中海之间的运河项目。借助这条运河，就可以绕开博斯普鲁斯海峡，穿过小亚细亚直抵伊兹尼克湾的尽头，继而进入马尔马拉海。通过这一系列举措，这位大维齐尔希望能让新任苏丹穆斯塔法三世把他的旺盛精力用在适当的地方，控制自己的行为。穆斯塔法三世最初也的确满足于让拉吉卜主导各项事务。

但是，穆斯塔法三世不是一个爱好和平的人。他精力充沛，十分勤勉，急于亲自领导他的人民，为他的国家建功立业。在他身上，人们可以看到奥斯曼帝国早期统治者身上的那种征服欲，而这种精神恰恰是此前几任苏丹所缺失的。但是，这种征服的欲望并不总是能被冷静的判断力控制住。从即位伊始，穆斯塔法三世就决心用自己的方式治理国家。按照传统，苏丹在即位时要举起一杯谢尔贝特（sherbet）[1]向近卫军致辞。穆斯塔法三世信誓旦旦地说："战友们！我希望明年春天能与你们在宾杰里城下同饮此杯！"

他的确希望奥斯曼帝国能够在欧洲事务上展示出更加好斗的形象。不过，一直到拉吉卜于1763年去世，他才真正亲自掌权。与此同时，一个好战的新敌人也掌握了权柄，她就是富有才干而又不择手段的俄罗斯女皇叶卡捷琳娜大帝（Catherine the Great）[2]。这位"北方的塞米勒米斯（Semiramis）[3]"发动军事政变，推翻了她荒淫无能的丈夫彼得三世。叶卡捷琳娜一心想要瓜分奥斯曼帝国，成为统治博斯普鲁斯海峡两岸的女皇。

不过，波兰国王奥古斯特三世（Augustus III）之死却先引发了

---

[1] 一种用水果或花瓣制成的冰镇饮品。
[2] 即叶卡捷琳娜二世。
[3] 塞米勒米斯是希腊神话中的人物。传说，她是亚述国王尼诺斯的王后，以美貌、智慧、淫荡著称，在国王死后继承了王位。

对波兰的瓜分。1764年，叶卡捷琳娜变换阵营，与昔日的敌人——普鲁士的腓特烈大帝结成了一个卑鄙的同盟，意欲终结波兰的独立。在奥地利的默许下，俄罗斯和普鲁士的军队占领并瓜分了波兰，还扶植了叶卡捷琳娜的昔日情人做了波兰的末代国王。

穆斯塔法三世立刻谴责了俄罗斯卑鄙的侵略行径，指责叶卡捷琳娜通过所谓的"选举"扶植了自己的傀儡国王。他夸下海口说："我会想办法教训这些异教徒。"但是，他的迪万反对战争，奥斯曼帝国的军队也没有做好打仗的准备。尽管备受压迫的波兰人不断求救，但奥斯曼帝国最初也只不过抗议了几声；俄罗斯和普鲁士的使团前来做了一些虚假的保证，奥斯曼人就感到心满意足了。对叶卡捷琳娜来说，她也希望在彻底了结波兰事务之前能让奥斯曼帝国保持安静。她发现，只需要拿出一些金钱，俄罗斯就能够收买迪万里一些有影响力的人物。

但是，她也并不费力去掩饰自己对奥斯曼帝国的类似图谋。很快，她的野心就昭然若揭。作为准备，俄罗斯的密探开始在奥斯曼帝国的各个地区煽动内乱——黑山（Montenegro）、阿尔巴尼亚、摩尔达维亚、瓦拉几亚以及格鲁吉亚和克里米亚。按照《贝尔格莱德和约》的规定，布格河与乌克兰边境之间的"新塞尔维亚"应当是中立的边境地带，但俄罗斯人开始在这里修建工事。这样一来，一旦战争爆发，他们就可以切断土耳其人和鞑靼人之间的联系。接着，俄罗斯人又进行了最后一次挑衅：为了追捕波兰流亡者，他们跑到奥斯曼帝国的附庸鞑靼可汗的地盘上，攻破了靠近比萨拉比亚边境的巴尔塔（Balta），并将其夷为平地，还在那里不加区分地大肆屠杀波兰人和土耳其人。这一骇人听闻的践踏和约的行为让苏丹穆斯塔法三世陷入狂怒。迪万也改变了立场，赞成立即宣战。只有大维齐尔穆赫辛扎德反对这一决定——他并不是反对开战这件事本身，而是基于奥斯曼帝国的军队和边防都还没有做好准备这一事实，反对立即宣战。而且，在来年春天之前，他们根本不可能采取真的军事行动，而无谓的提前宣战相当于给了俄国人一个预警。

但是，在不耐烦的苏丹看来，他的机会终于来了。他解除了大维齐尔的职务，然后忙不迭地让新任大维齐尔哈姆扎帕夏（Hamza Pasha）给俄罗斯使节奥布列斯科夫（Obreskov）送去了最后通牒，要求俄罗斯女皇从波兰撤军。没有得到圣彼得堡任何指示的奥布列斯科夫拒绝签署最后通牒。于是，土耳其人把他丢进了七塔监狱，然后对俄罗斯宣战。"忠实的老朋友"法国之前一直在敦促迪万对俄罗斯宣战。凡尔赛宫的舒瓦瑟尔公爵（Choiseul）[1]早就指示法国驻奥斯曼帝国大使韦尔热讷伯爵（de Vergennes）[2]，让他向奥斯曼帝国的大臣们阐明俄罗斯在波兰和其他地区种种行动的危险性。韦尔热讷伯爵告诉凡尔赛宫方面，奥斯曼人并没有做好准备，但他的话被当成了耳旁风。但现在，到了真正要面对现实的时候了。凡尔赛宫派来了一位密使托特男爵（Baron de Tott），让他担任奥斯曼帝国的军事顾问。苏丹命令他检查武器和弹药准备情况，结果他震惊地发现，伊斯坦布尔的兵工厂存在着严重的问题。

在他看来，土耳其人已经遗忘了传统的兵事。从工事的修筑到部队的调遣，从训练到纪律，奥斯曼帝国军队在各个方面全都一塌糊涂。军中充斥着无能之辈，军官们愚钝无知，很多人连基本的地

---

1 即舒瓦瑟尔公爵埃蒂安·弗朗索瓦，此时他在路易十五的政府中担任外交大臣。
2 即韦尔热讷伯爵夏尔·格拉维耶，后来担任法国的外交大臣，支持美国独立。

理常识都没有。到了战场上，更是毫无纪律可言。大量的部队拒绝参战；军需官中饱私囊，导致士兵吃不饱肚子；享有封地的骑兵花钱雇来各种冒险者替他们服兵役；近卫军经常以下犯上，身为步兵还要求骑马上前线，除非军官也跟他们一起徒步行军。奥斯曼帝国军队已经堕落成了一群野蛮的乌合之众。

大维齐尔拉吉卜曾经做了一系列努力改造海军，试图增强其实力，结果海军的船只营造不周，设计过时，材料朽坏。托特男爵汇报说："哪怕有一点点风浪，这些高舷船的下层炮位就会进水。这些船的大面积木质船体暴露给敌人，却没有什么火力。"他把这些船高高的甲板比作水手们头上高耸的头巾。托特男爵还记录了这些船只大量的缺点，"而那些指挥船只的无知之徒甚至都意识不到这些船有什么问题"。海军司令把每艘船的指挥权交给了出价最高的人，他还允许这些船长也如是效法，拍卖职位。

穆斯塔法苏丹在尚未做好准备的情况下就急匆匆地宣战，给了叶卡捷琳娜女皇充足的时间去动员五路大军对付他。这五路军队从西至东分别部署在：可以进占摩尔达维亚的乌克兰和德涅斯特河一线；通往克里米亚的彼列科普地峡前；顿河和高加索山之间的地带；第比利斯地区，威胁格鲁吉亚和安纳托利亚东部。[1] 而在奥斯曼帝国方面，只有克里米亚可汗克里姆·格莱（Krim Ghirai）在1769年的严冬发动了一次进攻。托特男爵跟随克里姆·格莱一同出征，并按照指示打扮成了一个鞑靼人。鞑靼人为他提供了十匹切尔克斯马。他自己那匹娇弱的白色阿拉伯马跌倒冻死之后，人们很快就把

---

1 这里作者仅指出了四个位置。第五路军可能指计划绕过欧洲进入爱琴海的波罗的海舰队。

它做成了熏肉，当作特别的珍馐搭配着鱼子酱一起吃。老练的鞑靼骑兵组成的大军穿过德涅斯特河和布格河，进入了新塞尔维亚的冰封草原。他们大肆劫掠，毁掉了俄罗斯南部的大片土地，带回来数以千计的俘虏。但就在班师后不久，克里米亚可汗克里姆·格莱去世了。奥斯曼帝国为他挑选的继任者未能再取得他那样高的声望。

同样不济的情况也发生在奥斯曼帝国新任的大维齐尔和军队总司令穆罕默德·艾敏（Mehmed Emin）身上。事实证明，苏丹缺乏识人之才。此人是文官出身，并非武将，毫无军事经验。1769年春天，他在抵达多瑙河河畔时召集他的将领们开会。他请求将领们告诉他应当如何筹划战役，这让他们大吃一惊。由于将领们意见不合，奥斯曼大军在没有详细行动方案的情况下就渡过多瑙河进入了摩尔达维亚。缺乏补给又饱受附近沼泽里的蚊虫之苦，他们不可避免地遭遇了一系列挫折，最终全军撤退。俄罗斯人夺取了霍京，接着又进占了摩尔达维亚和瓦拉几亚。最后，苏丹召回了他的大维齐尔，将其处决。这是奥斯曼人在德涅斯特河与多瑙河之间地带的第一次退却。

到了那年年底，叶卡捷琳娜女皇开始着手准备一个她梦想已久的计划——入侵希腊，将当地的基督徒从奥斯曼异教徒的压迫下解救出来。如果能完成这样的伟业，一定可以赢得整个西方世界的一致赞誉。俄罗斯的东正教会已经为此兢兢业业地准备了一段时间。教会利用在希腊的代理人，通过散发十字架、《福音书》和叶卡捷琳娜的画像等方式开展了宣传活动。叶卡捷琳娜许诺说，俄罗斯将为希腊人提供武器，支持他们发动起义。对地理知识一无所知的土耳其人根本不理睬有关这一威胁的汇报，他们只是充满疑惑地问道："俄国人怎么可能把舰队从波罗的海运到地中海去呢？"

这支波罗的海舰队就集结在圣彼得堡的喀琅施塔得（Kronstadt）和附近的几座港口里。尽管名义上统率舰队的两位俄国将领不习海战，但实际上指挥舰队的是经验丰富的英国海军将领约翰·埃尔芬斯通（John Elphinston）。俄罗斯海军还很落后。他们的舰只稳定性欠佳，也没有找到可靠的火炮制造专家，水手里也有大量的新手，要么是被迫放下锄头的农民，要么是医院里拖出来的病号。埃尔芬斯通向女皇抱怨他的同僚们的种种缺陷，叶卡捷琳娜女皇回答他说："俄国人无知是因为他们太稚嫩，而土耳其人无知是因为他们已经衰朽。"她的舰队在英国的港口停靠时受到了热烈的欢迎。英国海军部下令为俄罗斯舰队提供设备和补给品，还为他们提供了干练的领航员和其他军官，每艘俄国船只都获得了英国人的襄助。此时的英国希望可以利用俄罗斯的扩张来抑制自己的劲敌法国的扩张，而且它也不再坚持维护奥斯曼帝国领土的完整性。英国政府公开表示，如果法国或西班牙胆敢阻挠俄罗斯舰队进入地中海，英国将视之为敌对行为。

统率俄国远征军的是奥尔洛夫伯爵（Count Orloff）。他是叶卡捷琳娜的宠臣的弟弟，梦想着自己可以做希腊的君主。1770年年初，大军出现在了摩里亚海岸。威尼斯的密探与希腊部落领袖达成了秘密协议，当地的基督徒许诺将发动大规模的起义。这一消息也鼓舞了俄军。陆军举着俄罗斯的旗帜在马尼登陆，当地桀骜不驯的居民十分热切地想要揭竿而起，反对土耳其人的统治。但是，他们并没有任何协同作战的方案，俄国人也没能系统地掌控那些山区里的土匪。这些狂野的匪帮一心只想着不分青红皂白地屠杀土耳其人。

摩里亚的总督是前任大维齐尔穆赫辛扎德帕夏。他干劲十足地做出了反应。他调来了阿尔巴尼亚武装作为援军，击败了希腊起义军和外国入侵者，把俄国人赶回了他们的船上，又把留在岸上的基督徒起义者屠杀殆尽。于是，在征服君士坦丁堡的纪念日那天，俄国人撤出了半岛。因为这场胜利，穆赫辛扎德帕夏获得了"法蒂日·莫拉"（Fatiji Mora）的称号，意为"摩里亚的征服者"。

但是，俄军依然在地中海上。他们的海上行动要比陆上行动成功得多。他们在希俄斯海峡击败了一支奥斯曼舰队，迫使其躲进了狭窄的切什梅（Cheshme）海湾。俄军将这支奥斯曼舰队封锁在了海湾里，随后神不知鬼不觉地派了两艘火船进入海湾（其中一艘由一名英国海军上尉掌舵），烧掉了这支舰队。托特男爵记载道，这次"巧妙的伏击"让"充斥着船只、火药和火炮的海湾很快就变成了一座火山，吞噬了整个奥斯曼舰队"。

这是自勒班陀海战以来，奥斯曼舰队遭遇过的最悲惨的命运。叶卡捷琳娜在沙皇村（Tsarsko-selo）[1]建了一座凯旋门来庆祝这次胜利。每名参战者都获得了一枚奖牌，上面刻着"我曾参战"的字样。如果俄国人听从了英国将领的意见，那么这场战役的影响本来可以更为深远。英国将领认为，俄罗斯舰队应当立刻驶往防御空虚的达达尼尔海峡，接着强行冲进马尔马拉海，炮击伊斯坦布尔。但是，他的长官奥尔洛夫（他后来被叶卡捷琳娜赐予"切什梅斯基"的称号）却犹豫了。他的舰队在海峡的入口处迟疑不决地巡航了一段时间，给了土耳其人喘息之机。在托特男爵和一群西欧工程师的专业帮助下，土耳其人在达达尼尔海峡欧洲和亚洲两侧的岸边各布置了

---

[1] 圣彼得堡郊外的一个村庄，是俄罗斯帝国皇族的居住地之一。

两门重炮，它们可以形成交叉火力攻击试图闯进海峡的船只。

于是，埃尔芬斯通只好率领舰队封锁海峡到特内多斯岛之间的水路，而奥尔洛夫则去围攻利姆诺斯岛的要塞。在经过60天的围攻之后，奥斯曼帝国的守军已经到了崩溃的边缘。就在此时，苏丹手下的海军将领阿尔及尔的哈桑（Hassan of Algiers）赶到了。他像以前的海盗头目一样，英勇地从伊斯坦布尔出发赶来解围。他手下只有从伊斯坦布尔街头狂热的乌合之众里招募来的4 000人，他们的武器只有手枪和马刀。他们悄无声息地在岛的东侧登陆，突袭了围城部队，将他们砍翻在堑壕里。剩下的俄国人仓皇地逃回了船上，放弃了围攻。经此一战，哈桑被提升为了海军总司令。

奥尔洛夫的海军又在地中海活动了一段时间，骚扰土耳其人的航运，阻断首都和亚洲领土之间的通信，还按照人们已经司空见惯的俄国人的方式去干涉埃及和叙利亚的内部事务。他出兵出军火，支持马木留克酋长阿里贝伊和阿卡（Acre）[1]当地的谢赫反对奥斯曼帝国的叛乱。阿里从大马士革的帕夏手中夺取了叙利亚的大片土地。但是，他最终遭人背叛，在一场距离其根据地更近的战斗中战败。在那场战斗中，有400名俄国军人丧命。这位叛乱头目的人头和四名作为战俘的俄罗斯军官被一同送到了伊斯坦布尔，交给苏丹。

与此同时，在俄土边境的主要战场上，连年的战争越发朝着不利于奥斯曼帝国的方向发展。1770年，俄国人接连占领了摩尔达维亚和瓦拉几亚，土耳其人失魂落魄地逃到了多瑙河对岸。很快，长期以来充当帝国屏障的多瑙河北岸的各个土耳其要塞就全都落入了

---

[1] 地中海东岸、黎凡特地区的重要港口城市，位于今天以色列的北部。

俄国人手中。只有宾杰里的鞑靼人进行了顽强的抵抗。经过两个月的围城和激烈的巷战之后,只有三分之一的鞑靼人幸存了下来。德涅斯特河上的要塞也像多瑙河上的要塞一样,被俄国人攻占。

1771年,厄运又轮到了克里米亚。俄军同时从彼列科普地峡和刻赤海峡入侵,两路夹击克里米亚。在一片混乱之中,整个克里米亚都被俄军占领,其间鞑靼人和土耳其人之间还发生了内讧。奥斯曼帝国派来的总督被俘,克里米亚可汗则可耻地不战而逃,让鞑靼人陷入了群龙无首的境地。可汗的两个儿子得到了俄国人的承诺,允许他们在克里米亚半岛上独立建国,但需要接受俄罗斯的保护。于是,他们随着一支代表团前往圣彼得堡,向叶卡捷琳娜女皇宣誓效忠。至此,除了奥恰科夫和金伯恩,奥斯曼帝国丢掉了黑海北岸的大部分领土。与此同时,在高加索地区,俄国人把土耳其人逐出了明戈瑞利亚(Mingrelia)[1]和格鲁吉亚。

此时,强大的俄罗斯接连不断的征服扩张引起了其邻国奥地利和普鲁士的担忧。奥普两国向俄罗斯女皇提出,他们可以出面帮助她和奥斯曼帝国和谈。但叶卡捷琳娜回答说,她只会和苏丹本人谈判,不需要他国势力的介入。接下来,这几个国家和土耳其人进行了一系列复杂的外交运作,其中还包括有关瓜分波兰的安排。奥斯曼帝国先后试图与奥地利和法国结盟,以争取他们支持自己对抗俄国。最终,在1771年的战事进入尾声之后,俄国和奥斯曼帝国同意停战,两国先后在福克沙尼(Fokschani)[2]和布加勒斯特(Bucharest)

---

[1] 此为俄国人对这一地区的称呼,格鲁吉亚人称其为萨梅格列罗(Samegrelo)。该地区位于格鲁吉亚的西部,其西侧毗邻黑海。
[2] 位于今罗马尼亚东部。

举行了和谈。

但是，和谈破裂了。主要原因是大穆夫提和整个乌理玛团体都反对割让克里米亚。他们认为，作为苏丹-哈里发体系内的伊斯兰政权，克里米亚不能被置于基督教国家的保护之下。尽管穆斯塔法三世苏丹、大维齐尔和政府里主要官员都认为和谈的条件可以接受，但苏丹不得不拒绝在和约上签字。他担心如果自己接受了和谈条款，乌理玛可能会在伊斯坦布尔煽动叛乱。于是，在经过一年多的休战期之后，战争又开始了。利用这一喘息之机，苏丹恢复了摩里亚的解放者——穆赫辛扎德帕夏的大维齐尔职务。

穆赫辛扎德帕夏重组并加强了军队，最后一次赋予了军队新生。1773 年，他发动了一场战役。这场战役的范围局限在多瑙河南岸及保加利亚的部分地区 [从锡利斯特拉（Silistria）[1] 和鲁什楚克（Hustchuk）[2] 到黑海沿岸的区域]。首先，土耳其人顶住了俄罗斯对锡利斯特拉的围攻。守军与敌人展开了巷战，最终迫使敌军撤出。作为报复，俄军屠杀了不设防的城镇巴扎尔日克（Bazarjik）的普通居民。一支奥斯曼军队突然出现在正在屠杀平民的俄军面前，吓得俄军仓皇逃走，他们营火上的锅里还留着尚未煮熟的肉。与此同时，另一支俄军向瓦尔纳进发，但被土耳其人击退。参加战斗的还包括一支奥斯曼舰队的士兵，这支舰队当时正在黑海沿岸游弋。

这一连串出乎意料的胜利大大鼓舞了土耳其人。1774 年，他们从舒姆拉（Shumla）的大本营出发，展开了攻势。舒姆拉位于巴尔干山脉的小山丘上，控制着多瑙河河谷。这一次，土耳其人向

---

[1] 位于今保加利亚东北部边境。
[2] 今称鲁塞，位于今保加利亚东北部边境。

下游的河口方向进军，试图将敌人逐出哈索瓦要塞（Hirsova）[1]。不过，俄国人却首先发动了进攻，彻底击败了奥斯曼大军，夺取了他们的大营。剩下的奥斯曼军队已经不足以守住舒姆拉。俄军开始向南朝着巴尔干峡谷的方向挺进，试图切断舒姆拉与伊斯坦布尔之间的联系。

大势已去。大维齐尔派了一名军官到俄军的营地，请求停战。俄国人拒绝暂时停战，但同意让他派全权代表来议和。在征得奥斯曼帝国政府的同意后，谈判得以重启。在不到七个小时的时间里，双方就达成了《库楚克开纳吉和约》（Treaty of Küchük Kainarji），条款基本上与两年前被土耳其人拒绝的条款相一致。俄国人故意拖了四天才在和约上签字，为的是要等到《普鲁特和约》的纪念日那一天，以彻底洗刷那次失败带来的耻辱。

尽管新的和约让奥斯曼帝国蒙羞，但是其中的条款并不算十分苛刻。由于俄国人付出的战争代价也十分高昂，而且国内和波兰都有别的麻烦，女皇本人也急于求和。俄罗斯既没有继续控制克里米亚，也没有将它交还给土耳其人，而是承认了克里米亚和比萨拉比亚靠近波兰边境地区的鞑靼人的政治独立。鞑靼人由自己选出来的王公统治，俄罗斯人和土耳其人均不得干预他们的选举和内政。在宗教领域，鞑靼人仍然隶属于奥斯曼帝国的苏丹-哈里发，这也是苏丹对境外穆斯林的宗主权第一次获得国际承认。

另一方面，刻赤和耶尼卡莱这两座重要要塞以及亚速和金伯恩等城市依然留在俄国人手中，这让俄罗斯在克里米亚及其周边地区

---

[1] 位于今罗马尼亚南部，多瑙河河畔。

有了坚实的立足点。只要俄罗斯愿意，就随时可以夺取克里米亚。更重要的是，俄罗斯终于达成了近一个世纪前彼得大帝的夙愿，其舰队终于可以进入黑海，终结了黑海作为奥斯曼帝国"纯洁无瑕的"内湖的历史。根据和约，俄罗斯船只有权在黑海航行。从此，黑海两岸的两个国家都可以在黑海水域中航行，俄罗斯还获准在奥斯曼帝国境内事关其利益的地点设置领事馆。

在地中海，和约要求俄罗斯舰队撤出希腊群岛。在亚洲，格鲁吉亚和明戈瑞利亚都被交还给了奥斯曼帝国；在欧洲，瓦拉几亚和摩尔达维亚这两个罗马尼亚省份也是如此。不过，在这两个省份，俄国人提出了一些条件。奥斯曼帝国不仅要保证政府公平对待基督徒，保护他们的信仰自由，俄国人还可以派出得到奥斯曼帝国认可的官员，插手当地的事务。这意味着俄国人拥有了对基督徒的保护权。以后，俄国人还将把这种保护权的适用范围扩大到奥斯曼帝国境内的所有基督徒，从而为日后的冲突埋下了祸根。此外，俄国人还可以自由地前往巴勒斯坦的圣地朝觐，无须支付人头税，且获得奥斯曼帝国法律的保护。

《库楚克开纳吉和约》并没有能够从外部瓜分奥斯曼帝国的领土，但以之为起点，俄罗斯采取了一个从内部瓦解奥斯曼帝国的用心险恶的新政策。从宗教层面来看，它埋下了内部分裂的种子，而在未来的历史进程中俄罗斯人还会继续使用这一手段。此外，苏丹还允许俄罗斯向奥斯曼帝国派驻常设公使，并且给予俄罗斯君主帕迪沙阿的地位和称号。这些举措实际上都为俄罗斯人的新政策起到了推波助澜的效果。

作为一个统治者，穆斯塔法三世有着强烈的意愿想要有所建树，而且他还拥有改革的精神。因此，当托特男爵提出创办并亲自领导一所教授数学的学校时，他也给予了大力支持。这所学校让包括海军和陆军军官在内的许多人接触到了一度被遗忘的三角学奥秘。

穆斯塔法三世并没有亲眼看到自己远大抱负的破灭及其悲惨的后果。他依然相信星象中所描绘的命运，坚信自己将成为"吉汉吉尔"（Cihangir，即"世界征服者"，他在写诗的时候用这个称号作为笔名）。1773年，他决定亲自前往多瑙河前线，从他的将领手中接过指挥权。但他的大臣们不让他这样做，乌理玛也反对他离开伊斯坦布尔，主要理由是他的健康状况欠佳。实际上，就在岁末年初之际，他在经受了几个星期的病痛折磨之后去世了。他一心想要为奥斯曼帝国注入新的活力，抵抗俄罗斯的入侵，这一点是十分可敬的。但是，他缺乏政治上的判断力，性格也不沉稳。不仅如此，他也没有必要的物力和人力资源去重振帝国。在帝国晚期的列位苏丹中，有一些希望能够效法帝国早期强大而卓越的苏丹们，但总被这些因素所制约。在这些苏丹之中，他既非第一个，也不是最后一个。

他的弟弟在"牢笼"里度过了43个年头之后，继承了苏丹大位，是为阿卜杜勒·哈米德一世（Abdul Hamid I）。他即位伊始就发现国库空空如也，甚至没有办法按照惯例在登基之时给近卫军颁发赏金。他彬彬有礼，却是位软弱的君主，徒有好的意愿却受制于自身的诸多缺陷。不过，他倒是精力旺盛，一共生了22个孩子，但其中大多数都夭折了。据传说，他有一个孩子有法国血统，他的母亲是其父后宫中的宠妃艾梅·迪比克·德里弗丽（Aimée du Bucq de

Rivery），她也是后来的约瑟芬皇后（Empress Josephine）[1]的远亲。这个孩子可能就是未来杰出的苏丹马哈茂德二世。[2]

在大约13年的时间里，被战争折磨得疲惫不堪的奥斯曼帝国由苏丹的大臣们主宰，度过了一段相对和平的岁月。但是，这只是给了奥斯曼帝国一点喘息之机，表面上平安无事，实际上危机四伏。对叶卡捷琳娜女皇而言，这不过是一个短暂的间歇期，待她解决了内部的问题，就会回来重拾她侵略性十足的"宏伟计划"——肢解奥斯曼帝国。

正如她的盟友、哈布斯堡王朝的皇帝约瑟夫所留意到的那样，"这个女人有着非凡的意志，谁也无法阻挡"。1778年，她的第二个孙子出生。这个孩子受洗时取了一个帝王的名字——康斯坦丁[3]。叶卡捷琳娜女皇宫廷里的一个英国人伊顿先生（Mr. Eton）披露说："这个孩子的保姆都是希腊女人，他吃奶的时候听到的都是希腊语，后来又请来饱学的希腊教师精进他的希腊语；简而言之，他所接受的所有教育，都是为了让他登上'君士坦丁堡'的宝座而准备的，没有任何人质疑女皇的计划。"按照叶卡捷琳娜女皇的打算，他将来会成为独立于圣彼得堡的沙皇之外的君主，与奥地利皇帝结盟，统治拜占庭帝国在欧洲的领土。他的帝国版图将囊括瓦拉几亚、摩尔达维亚、希腊古老的雅典共和国与斯巴达。叶卡捷琳娜女皇加紧了在希腊的宣传工作，敦促希腊的基督徒投身她的事业当中，拿起武

---

1 即法兰西帝国皇帝拿破仑一世的第一任妻子。
2 这里，已经被证实的史实是：法国富家女子、约瑟芬皇后的远亲艾梅·迪比克·德里弗丽在海上失踪。传说她被巴巴利海盗绑架并卖为奴隶，几经辗转来到伊斯坦布尔，并成为苏丹的妃子娜克希迪尔（Nakshidil），即历史上马哈茂德二世苏丹的生母。
3 即君士坦丁。按照翻译俄国姓名的习惯，此处译为康斯坦丁。

器反抗异教徒。

在她的鼓动下,伊庇鲁斯的山地部落揭竿而起。等到年轻的康斯坦丁皇子到了青春期的时候,一个希腊人的代表团来到圣彼得堡向女皇请愿。他们声称,作为"一个英才辈出的民族,我们从未向您索求过任何财宝,现在也不会提出这种要求;我们要的是我们无法购买的火药和铅弹,然后拿着它们去投入战斗"。女皇答应了他们的请求。接着,他们又要求让她的孙子做他们的君主。女皇准许他们去康斯坦丁的私人房间,以侍奉"巴赛勒斯"[1]之礼侍奉他。在代表团宣誓效忠之后,年轻的康斯坦丁用希腊语回答说:"去吧,愿你们如愿以偿。"

此时,叶卡捷琳娜正在忙于操纵克里米亚的事务。根据《库楚克开纳吉和约》,克里米亚已经成了一个独立的国家。鞑靼人从他们的王室家族中选出了一位杰夫列特·格莱(Devlet Ghirai)出任他们的可汗,但俄国人认为此人不够恭顺。于是,他们先煽动对这位可汗的不满情绪,接着又以恢复秩序为名出兵克里米亚,推翻了这位可汗,挑选了自己认可的人选取而代之。此人曾经在圣彼得堡做人质,鞑靼人和土耳其人都认为他就是一个屈服于俄国意志的软弱傀儡。但是,土耳其人并没有做好开战的准备,因此只好在克里米亚问题上屈服。1779年,在法国人的鼓动下,他们与俄罗斯在《库楚克开纳吉和约》的基础上重新签订了一份协定,默许了新任可汗的当选,并且按照穆斯林的惯例承认了他的地位。

---

[1] 前文提过,"巴赛勒斯"是希腊语中君主的称呼,主要用来称呼东罗马帝国即拜占庭帝国的皇帝。

在鞑靼人看来，这位新可汗粗鲁无礼，恣意挥霍，是俄国人的走狗。鞑靼人掀起叛乱反对他的统治，他就派了一支代表团到圣彼得堡去，乞求女皇的保护。俄军又一次开进克里米亚，无情地镇压了叛军，叛军或死或逃。女皇和她的部队总指挥、顾问和重要情人波将金大公（Prince Potemkin）一致认为，直接吞并克里米亚的时机已经成熟。威逼利诱之下，那位不走运的可汗不得不把他的冠冕交给了女皇。1783年，女皇宣布俄罗斯吞并克里米亚、库班及周边地区。那位可汗遭到了无情的抛弃。他在条件简陋的囚禁地度过了一段时间，之后就被送到了奥斯曼帝国。他一到奥斯曼帝国就立即遭到斩首。

西方世界却相信，俄罗斯人在克里米亚的所作所为是解放者的壮举，认为他们将夹在俄土两国之间的鞑靼人从内部纷争的苦海和外国入侵的威胁中解救了出来。叶卡捷琳娜宣称："俄罗斯人之所以来到克里米亚，是因为他们热爱良好的秩序和安宁的生活。"一些坚强不屈的鞑靼人宁愿为了国家的独立拼死作战。于是，波将金大公的堂兄弟保罗·波将金将军就把这些人全部处死。据说，他屠杀了3万名鞑靼人。还有数以万计的鞑靼人和大量的亚美尼亚基督徒被迫流亡，在蜂拥穿越亚速海以东的草原时饱受冻饿之苦，死者甚众。作为奖赏，这位将军被任命为黑海舰队的总司令，还兼任了新设立的俄罗斯帝国陶里斯（Tauris）[1]省的总督，辖区涵盖了克里米亚及其周边地区。而波将金大公本人则获得了更高的荣誉，被授予了"陶里利安"的称号。

---

[1] 克里米亚的旧称之一。

几年之后，叶卡捷琳娜女皇在战胜功臣波将金和一支壮观的随行队伍的陪伴下，巡访了这片新征服的南方土地。在这里，开发和殖民工作已经展开。奥地利皇帝约瑟夫在第聂伯河上的新要塞赫尔松（Kherson）与他们会合（当时叶卡捷琳娜正在试图加强与奥地利帝国之间的关系）。这座新的要塞有一座凯旋门，上面刻着"通向拜占庭之路"的字样。约瑟夫皇帝恭敬地迎接了女皇。女皇向他展示了新落成的塞瓦斯托波尔（Sebastopol）港口和里面停泊的俄罗斯战舰。接着，他们又一同穿过草原，一边商讨肢解奥斯曼帝国的详细方案，一边又拿"土耳其可怜鬼"开着玩笑。

这次狂妄的出行宣传得举世皆知。与此同时，俄国人还在奥斯曼帝国的其他地区煽动着叛乱。俄国人这么做的目的，就是想激怒土耳其人，让他们主动挑起战争，以入侵者的形象出现在西欧的知识阶层眼中。现在，俄罗斯在西欧知识阶层中间颇有威望。特别是在法国，那里的知识分子将叶卡捷琳娜看作开明君主的楷模和文明开化的希望。在伏尔泰看来，叶卡捷琳娜与穆斯塔法三世之间的战争就是理性与狂热、文明与落后之间的战争。而在法国哲学家沃尔内伯爵（Comte de Volney）的眼中，土耳其人就是"博斯普鲁斯海峡的野蛮人"，"俄罗斯对这个无知而堕落的国家的入侵，将为波斯大地带来新生"。

1787年，奥斯曼帝国向俄罗斯宣战。第二年，约瑟夫皇帝向奥斯曼帝国宣战，以此来支持俄罗斯女皇。在此之前，约瑟夫向贝尔格莱德要塞发动了一次狡猾的突袭，实际上已经破坏了和约。于是，像以前一样，土耳其人又陷入了两线作战，而这次的战果远不如上一次。在海上，资深的阿尔及利亚海盗哈桑成了奥斯曼舰队令人敬畏的指挥官。这位冷酷无情的海军总司令重整了奥斯曼舰队,还在叙利亚和摩里亚(最初为抗击俄国人而被引来这里的阿尔巴尼亚人,留在此地变成了无法无天的强盗)的叛乱省份恢复了苏丹的权威。最近,他还在埃及镇压了马木留克的叛乱。

现在,奥斯曼帝国将哈桑从开罗召唤回来,让他在黑海地区统率奥斯曼帝国的陆军和海军。他坐镇奥恰科夫,试图夺回金伯恩,从而恢复对布格河与第聂伯河河口的控制。但是,他的对手是才干远超同时代将领的俄罗斯将才苏沃洛夫(Suvarow)。他既有精明的谋略,又有鼓舞人心的领导力;既精通军事科学,又善于洞悉手下将士的本性和能力。他像一个粗鲁的老大哥一样与农民出身的俄罗斯士兵打成一片,与他们同甘共苦,激发起他们的荣誉感和爱国热情,让他们充满战斗激情和忠于职守的精神。他静候哈桑的部队登陆,随即用他规模相对较小的部队发动了迅猛的进攻,将敌军歼灭。最后,他又在河口布下火炮,阻止土耳其人的炮艇舰队从上游进入港湾。他在这里几乎全歼了哈桑的舰队。从此以后,金伯恩获得了"苏沃洛夫的荣耀"这一别名。

第二年冬天,在波将金的支援下,苏沃洛夫夺取了奥恰科夫外围的屏障,在德涅斯特河河口上又击沉了一些奥斯曼船只。接着,他率军冒着猛烈的炮火,踩着港湾的冰面向奥恰科夫要塞发动了攻击。在穿越鞑靼草原的残酷而漫长的征途中,俄军蒙受了巨大的损失;而土耳其人在附近一座俄罗斯村庄的屠杀行为也激怒了俄军。所以破城之后,俄军将城中居民屠杀殆尽,只留了一些妇孺。就这样,到1788年的年底,土耳其人实际上在东线已经输掉了战争。

由于率军亲征的奥地利皇帝十分无能，奥斯曼帝国在奥地利获得了一点喘息之机。一支奥斯曼大军渡过了多瑙河，击败了一支奥地利军队。随后，约瑟夫纠集了自己的大军，开始向奥斯曼人进军。但是，他对胜利又没有把握，于是就在惶恐中连夜向蒂米什瓦拉方向撤退。在黑夜之中，困惑而又惊慌的奥地利人误把一支撤退较慢的己方部队当成了土耳其人的追兵。于是，他们组成防御队形，朝各个方向胡乱开火。直到白昼来临，他们才意识到误伤了自己人。上千人躺在附近，已死或是濒死。土耳其人充分利用了这个愚蠢的错误，迅速对敌人发动了攻击，夺取了大量的火炮。接着，他们又持续追击逃跑中的敌人。奥地利皇帝的军队走了一条环境恶劣的道路，除了战斗中的伤亡之外，还有数以万计的士兵因疾病和瘟疫死亡。从此以后，他再也没有尝试过亲自统兵作战——这对土耳其人来说可不是个好消息。

1789年，奥地利帝国军队的指挥权交给了劳登元帅（Marshal Loudon）。他有苏格兰血统，精力充沛，经验丰富。他崛起于七年战争时期，以"战争中的绅士风度"著称。他重振了奥地利军队的精神，成功入侵了波斯尼亚和塞尔维亚，占领了大片土地。另一支由科堡亲王（Prince of Coburg）指挥的奥地利军队则在摩尔达维亚与波将金指挥的俄军战线连成了一线。此时，俄军已经占领了第聂伯河与多瑙河三角洲之间的地区。

那一年的早些时候，苏丹阿卜杜勒·哈米德一世驾崩，继位的是他的侄子塞利姆三世。塞利姆是一个富有活力和远见的年轻人，决心改革并拯救他的国家。他立刻下令，号召所有年龄在16岁和60岁之间的穆斯林入伍。接着，他又召回了在黑海指挥舰队的哈桑，任命他为大维齐尔兼多瑙河流域部队的总司令。尽管哈桑的陆战经验不及海上，但是他麾下的大军已经足以在摩尔达维亚前线压倒科堡亲王的部队。

但是，哈桑不是强大的苏沃洛夫的对手。苏沃洛夫率领俄军穿过荒凉的山区，经过一天一夜的行军突然出现在战场上，挽救了奥地利人。苏沃洛夫不停地命令部队"前进！攻击！"他未做停歇，大胆地抢在哈桑前面发动了进攻。在破晓前两个小时，他率军向奥斯曼军队的大营发动了攻击，夺取了他们的物资、弹药和攻城火炮，并且接连不断地发动残酷的刺刀冲锋，击败了土耳其人，让他们好好领教了俄罗斯人可怕的"冰冷铁刃"。苏沃洛夫不是那么相信火枪的力量。他的战争格言是："用刺刀猛刺：弹丸可能会打偏，但刺刀不会……弹丸是蠢货，刺刀可不是。"

塞利姆三世派出的另一支大军也在里夫尼克河（River Rivnik）河畔被苏沃洛夫击败了。为此，女皇授予了他里夫尼克斯基的称号。这两场败仗在伊斯坦布尔引发了恐慌。为了平息恐慌，苏丹十分可耻地处决了尽心尽力为国效命的老将哈桑。与此同时，劳登元帅在经过为期三周的围城之后，夺取了贝尔格莱德和邻近的塞曼德里亚要塞。不过，约瑟夫皇帝在1790年去世，由他的弟弟利奥波德继位。利奥波德曾经反对约瑟夫与俄罗斯结盟对付奥斯曼帝国，现在则选择退出联盟。他和土耳其人在锡斯托瓦（Sistova）签订了和约，归还了占领的土地，原则上让一切都恢复到了战前的原状。在利奥波德看来，肢解奥斯曼帝国对他的帝国并没有好处。

奥地利人的退出让俄国人略感不安，但他们还是保持了镇静。1790年，他们继续进攻，试图把土耳其人逐出比萨拉比亚和保加利亚的沿海地区。要达到这一目的,多瑙河河口附近的伊斯梅尔(Ismail)要塞是一个重要障碍。

苏沃洛夫鼓舞起了攻城部队的战斗热情,命令他们立刻发动猛攻,而不是在漫长的冬季里长期围城。他跟他们开玩笑说:"兄弟们,别手下留情,我们的补给可不多!"他们趁夜发动了进攻。在付出了惨重的代价后,俄国人攻破了城墙。破城后的战斗极为残酷,因为不论是士兵还是平民,土耳其人全部投入了巷战,他们带着绝望的力量在每一条街和每一座建筑物里拼死抵抗。到了中午时分,土耳其人和鞑靼人守军集中在了市场,在经过两个小时的激战后全部阵亡。俄国援军涌进城中,大肆劫掠屠杀了三天。就连苏沃洛夫本人看到城中的惨状都缩进了他的帐篷里,流下了鳄鱼的眼泪。随后,他用夹杂着打油诗的文风写了一封报捷信,送给他的女皇。

此时,再也没有什么能够阻止奥斯曼帝国的失败了。调停的时机又到了。这一次,欧洲各国的外交关系出现了明显的新变化。在18世纪,英格兰并不十分在意奥斯曼帝国的命运,因此其外交政策往往倾向于亲近俄罗斯,以图利用俄国来制衡自己的主要敌人法国。在首相查塔姆伯爵(Lord Chatham)看来,为土耳其人出面干预不符合英格兰的利益。因此,在叶卡捷琳娜吞并克里米亚的时候,英格兰无动于衷。外交大臣查尔斯·詹姆斯·福克斯(Charles James Fox)表明了辉格党的态度:与北方国家结盟"以前是、将来也是每一个有见识的英国人的立场"。而俄罗斯就属于北方国家,而且与英格兰有许多商贸往来。但是,现在法国陷入了革命的阵痛之中,欧洲的权力结构发生了变化,俄罗斯的威胁变得日益凸显。

因此，新任首相小皮特（Pitt the younger）[1]改变了英格兰的亲俄态度。1790年，英格兰、普鲁士和荷兰结成了三国同盟，致力于保存奥斯曼帝国。随后，奥地利退出了约瑟夫皇帝开启的战争，土奥之间也签署了《锡斯托瓦和约》。现在，普鲁士和英格兰又在努力让俄国和奥斯曼帝国达成和约，且效法土奥和约，让俄国交出新征服的地盘。1790年，它们向叶卡捷琳娜提出调停。叶卡捷琳娜怒不可遏，指责其行径无异于对一位独立的君主发号施令。她傲慢地对普鲁士国王宣称："开战还是议和，女皇全凭自己喜好。"她特别想要把奥恰科夫以及德涅斯特河与布格河之间的土地留在自己手中。但三国联盟认为，俄国人可能会在这个避风港修建一座海军基地，直接威胁到伊斯坦布尔。因此，它们要求俄国必须将该地区归还奥斯曼帝国。作为补偿，英格兰将让奥斯曼帝国正式放弃对克里米亚的领土主张。

与此同时，它们还打算用武力来增强自己的说服力。英格兰可以派遣一支由35艘舰船组成的舰队进入波罗的海，还能派遣一支规模略小一些的舰队前往黑海；普鲁士可以把军队开进利沃尼亚（Livonia）[2]。英普两国并没有领土诉求，只是想确保奥斯曼帝国的安全。小皮特在争取议会同意时说道，奥斯曼帝国在欧洲的天平上有着举足轻重的分量，如果俄国靠蚕食奥斯曼帝国日益强大，就会威胁到普鲁士和整个欧洲的安全。福克斯和伯克（Burke）[3]在下议院强烈反对小皮特的观点。福克斯说，俄罗斯是英格兰的天然盟友。反

1　即小威廉·皮特，18世纪晚期至19世纪早期的英国政治家。
2　波罗的海东岸地区的旧称，包括今爱沙尼亚和拉脱维亚的大部分地区。
3　即埃德蒙·伯克，政治家，被视为英美保守主义的奠基者。

对俄罗斯占领德涅斯特河上的一个要塞以及"北海北岸的一小条贫瘠的土地",对英格兰的利益来说有何益处呢?而在伯克看来,"土耳其人在本质上不过是完全疏离于欧洲事务的一个亚洲民族",在力量制衡体系之中根本没有他们的位置。

在辩论中,反对派斥责土耳其人为野蛮人,而赞颂俄罗斯女皇是最为宽宏大量的君主。有人甚至说,如果俄罗斯女皇能够征服伊斯坦布尔、将土耳其人逐出欧洲,那对整个人类而言都将是福音。政府方面则试图纠正这些谬见,他们指出俄罗斯女皇在对付弱小国家时十分残酷无情。他们还警告说,如果俄罗斯的扩张步伐不能得到遏制,那么俄国人的海上霸权就不仅会在黑海确立,还将越过博斯普鲁斯海峡延伸到地中海。尽管小皮特的动议勉强获得了多数通过,但鉴于议会和政府中的反对声,他明智地放弃了武力威胁的政策。这一政策一直到两代人之后的克里米亚战争时期才又被英国人重新拾起。不过,小皮特在人们的脑海中留下了在欧洲维持力量平衡的思想,其基本原则就是要阻止俄罗斯帝国的扩张和奥斯曼帝国的收缩。

由于士兵缺乏训练,土耳其人又在两个战线上遭遇了一系列的失利。奥斯曼帝国终于准备议和了。叶卡捷琳娜的注意力转向了最终瓜分波兰的问题上,于是也打算议和。1791年,两国在雅西谈判,叶卡捷琳娜放弃了原本已经成为俄罗斯帝国边界的德涅斯特河西侧的新征服土地。不过,她还是达到了她的主要目标,保留了奥恰科夫和德涅斯特河与布格河之间的土地。波将金长期以来的梦想——在多瑙河北岸统治一个包括摩尔达维亚、瓦拉几亚和比萨拉比亚的基督教国家——也破灭了。现在,也没人再提以康斯坦丁为君主建立希腊帝国的事了,希腊人又一次被丢给了他们的土耳其主子发落。不过,叶卡捷琳娜现在控制了黑海和通往伊斯坦布尔的海路，并且手握一支规模远超奥斯曼帝国的舰队。在陆上，她也可以从波兰派遣一支可怕的大军进攻奥斯曼帝国。1796年，就在她即将落实她的"伟大计划"前不久，她突发中风而死。这又给了奥斯曼帝国一次喘息之机。

与此同时，历史的格局已经改变，西方和东方都将受到这种改变的巨大影响。而这一巨变的源头，就是法国大革命。

第六部分

改革的时代

第二十九章

年轻的塞利姆三世于1789年继承了苏丹的大位,那一年也是法国大革命爆发的年头。在俄土战争结束后,塞利姆三世以一个积极进取、全心全意的改革者的形象出现在国人面前,决心把半个世纪前的郁金香时期以来浅尝辄止的改革理念推行到实处。法国大革命也为传播这些改革理念起到了巨大的推动作用。起初,法国大革命仅仅被当作一个只会影响到欧洲内部的事件。但是,少数有识之士很快就意识到,法国大革命开启了一场新的思想运动,它不仅会影响西方,也将波及东方。与在基督教欧洲推动了种种进步的文艺复兴运动不同,法国大革命在本质上是一场与基督教分道扬镳、非宗教的乃至带有反基督教色彩的社会剧变。它是一场世俗主义的运动。因此,西方世界从法国大革命中汲取的养分,同样可以适用于伊斯兰世界,而不一定会与伊斯兰世界本身的宗教信仰和传统发生抵触。

塞利姆三世登上宝座的时候,奥斯曼帝国已经处于衰落之中,但是仍然保有它的大部分领土(只丢掉了匈牙利、特兰西瓦尼亚、克里米亚和亚速)。不过,奥斯曼帝国已经长期陷于停滞之中,而且开始由于内部的分裂而出现崩溃的迹象。地方上强势的帕夏们经常藐视苏丹的中央权威,滥用他们生杀予夺和征税的权力;事实上,有一定地位的官员大多都会滥用权力。不仅如此，许多省份都陷入叛乱之中，或有发生叛乱的风险——从阿拉伯沙漠中强大的瓦哈比派（Wahhabites），到叙利亚和巴勒斯坦山区里的德鲁兹派教徒、伊庇鲁斯和希腊北部的苏利奥人（Suliot）[1]，再到一直藐视奥斯曼帝国政府的埃及马木留克贝伊们，以及被激起了独立精神的形形色色的基督徒族群。

在整个奥斯曼帝国内部肆虐的还有另外一些具有破坏性的不稳定因素，这些因素在封建制的基督教欧洲存在已久：在苏莱曼的时代还不存在、后来不停发展壮大的世袭体系，成为一个重要的不稳定因素，世袭封地的所有者数量也在迅速增长。这些地方上的小贵族被称作"代雷贝伊"（derebeys），意为"谷地的领主"。他们手握权力和土地，藐视君主，欺压属民。农民和普通居民的生活普遍贫苦，而中央政府也面临着紧迫而难以化解的财政问题。为了应对这种困境，塞利姆需要在奥斯曼传统体制的框架之内，尽可能地实施效法西方的改革，至少要在中央层面推行改革。至于奥斯曼的传统体制本身何时会变成改革的阻碍因素，需要得到现代化改造，还有待观察。

在完成了与俄罗斯的和谈之后，塞利姆的改革就开始了。他的改革方案被统称为"新秩序"（Nizam-i-Jedid）。这一名称来自大革命之后法国建立的新秩序。法国国王路易十六在写给苏丹的信中提到了这个词语，引起了苏丹的兴趣。在筹备改革方案时，塞利姆前所未有地采取了集体磋商的原则。

1　苏利奥人是伊庇鲁斯的苏利（Souli）地区骁勇善战的东正教族群。

1791年，正当远在多瑙河的军队刚刚踏上归途之时，塞利姆就已经向22位政、军、宗教界的要人（包括两名基督徒官员）发布指示，要求他们提交类似1789年法国人提交的"陈情书"（cahiers）[1]的"备忘录"。随后，他前所未有地成立了一系列商讨国事的会议和委员会，自由地讨论这些备忘录的内容。他在接下来的两年中制定了"新秩序"的规划，其涵盖的范围超过了以往的所有改革尝试。它不仅涉及军事改革，还涉及民政改革；他还计划制定一个总体方案，需要经过深思熟虑并取得人们的一致同意；在这个规划中，复兴经济是一个高度优先的目标。

但是，最紧迫的需求还是进行军事改革。在派人去欧洲搜集政府、社会和政治思想方面的信息的同时，苏丹还特别派了两名代表去搜集军事方面的第一手信息。1792年，他收到了一份有关欧洲国家，特别是奥地利帝国的军事体系的详细报告。不过，在为新组建的军队提供训练和指导方面，他主要依赖的是法国人。他把自己需要的军官和技术人员的职位清单发到了巴黎——在早期的职位申请者中，还有年轻的拿破仑·波拿巴。

奥斯曼人在一系列问题上征求法国人的意见：火炮（塞利姆对火炮尤为感兴趣，在登基之前还写过有关火炮的论文）、武器装备，以及改进铸炮厂和兵工厂的方法。早年建成的工程学校得到了大规模扩建。他们还建设了新的军事学校和海军学校，研习炮术、工事修筑、航海和各种辅助科目。教官大部分都是法国军官。为了方便教学，他们在苏丹的支持和鼓励下，兴办了一座大型的图书馆，收

---

[1] 在法国的三级会议期间，各地区、各等级可以向政府提交陈情书，发表自己对改革的意见或建议。

藏欧洲书籍。藏书大部分是法文书，包括狄德罗（Diderot）主编的理性主义著作《百科全书》(*Encyclopédie*)。法语也成了所有学生的必修课。1795年，文化领域的改革更进一步，早年间在伊斯坦布尔创办的法国印刷厂得以恢复，并由法兰西国家印刷所的一位主管负责管理，员工也都是来自巴黎的法国印刷工。因此，在秉承西方文化和文明的导师及读物资料的熏陶下，奥斯曼帝国中出现了一群卓有见地的新一代人才。

伊斯坦布尔和其他地区的法国人社群持续不断地加强着对奥斯曼帝国的影响力。这一方面是出于一种传教士般的情怀，但主要还是为了确保法国可以在这一关键时期得到奥斯曼帝国的政治支持。奥斯曼帝国境内一群颇有影响力的法国人支持大革命，身上戴着革命的标志，还召开革命者会议，这些行为惹恼了奥地利和普鲁士的外交官。1793年，两艘法国船只在萨拉基里奥角附近鸣放礼炮，公开庆祝法兰西共和国国旗的启用。除了法国国旗之外，这两艘船上还飘扬着奥斯曼帝国的旗帜、美利坚合众国的旗帜，以及"其他一些没有在可耻的暴君同盟中玷污自己的国家的旗帜"。接着，法国人在奥斯曼帝国的土地上还庄严地栽种了一棵"自由之树"[1]。在法国人的不懈努力下，伊斯坦布尔的社会也出现了变化。原本，伊斯坦布尔的穆斯林和西欧人之间泾渭分明，现在则出现了彼此关系十分密切的讲土耳其语的法国人和讲法语的土耳其人。他们会交流当前的需求和思想，一小部分具有影响力的土耳其人受到了法国大革命热情的感染，开始向西方寻求建议和启迪。

---

[1] 栽种"自由之树"是法国在大革命期间形成的一种习俗。村庄、社区通过仪式性地栽种"自由之树"表达对革命的支持，同时"自由之树"也是社区举行革命集会的场所。

有一段时期，奥斯曼帝国里的基督徒群体，尤其是伊斯坦布尔的希腊裔和亚美尼亚裔精英，一直与西方保持着很亲密的关系，并且在政府圈子里把持着具有影响力的职位，同时又对帝国的经济事务很有影响力。随着塞利姆的改革带来了教育方面的开放，他们可以更多地翻译西方书籍，教授西方语言，并且为西方教师充当土耳其语翻译。但是，他们对法国大革命的反应往往是负面的，甚至是充满敌意的，因为法国的现政权如果崩溃，会给比较富有的希腊人带来很大的损失。等到后来，当法国人开始煽动起希腊人和其他基督教少数族群的民族热情时，他们很积极主动；但是在现阶段，他们往往倾向于在贸易和外交两方面为土耳其人充当缓冲层，避免土耳其人与西方产生过于直接的联系。

实际上，奥斯曼帝国即将拥有自己面向西方的新的官方通道。在提交给塞利姆苏丹的各种各样的报告中，有一份报告建议他"派人去欧洲，研究、观察欧洲人做事的方法"。1793年，奥斯曼帝国在五个最重要的欧洲国家建立了常驻的外交使馆。奥斯曼帝国的第一个使馆设在伦敦乔治三世的宫廷里。大使们得到的指示是学习所在国家的制度。陪同他们一同上任的，除了常见的希腊人译员之外，还有年轻的土耳其人秘书。他们的任务是学习所在国的语言，并且研究欧洲社会——尤其是法国。

由于法国大革命和随后的拿破仑战争扰乱了欧洲的外交活动，塞利姆的外交创举在政治上取得的成果其实很有限。而且，在奥斯曼帝国境内，也没有相应地成立一个制定外交政策的正式的外交部门相配合。但是，他的这项举措至少可以让帝国更多的年轻人产生对西方世俗化风尚的了解和欣赏。而他们之中的很多人，比如刚刚进入帝国军队的那些年轻人，可以在奥斯曼帝国政府内部晋升到更高的位置，并且在这些位置上利用自己的新知识造福于帝国。与此同时，也有更多的外国居民来到伊斯坦布尔，让土耳其人在塞利姆的统治时期对欧洲的生活方式产生了进一步的了解。

按照各种报告和备忘录提出的建议，"新秩序"改革开始着手解决种种社会和经济问题。在地方行政层面，"新秩序"改革带来了制约帕夏权力的种种规章，将总督的任期限制在三年，并且将其能否连任与人民对他的满意程度相挂钩。关于地方税收的新规章也被制定出来，规定由帝国财政部来负责政府的税收工作，试图借此废除包税制。在中央政府，大维齐尔的权力也得到了制约，他在做出重大决定之前必须征求迪万的意见。还有一些土地改革方面的尝试，影响到了蒂玛尔和其他种类的封地。以前，一旦封地的主人死亡，空出来的封地就会被出售或出租，这种做法导致一些目无法纪的世袭代雷贝伊日益坐大。现在，这种做法被彻底禁止，无主封地重归君主所有，土地上的收入也归帝国财政部征收。

人们还认真探讨了重振经济的措施。在对俄战争带来的经济压力之下，通货膨胀和货币贬值又一次损害了货币的信誉，因此奥斯曼帝国试图采取改革措施，恢复货币的本来价值。谷物交易也将由政府控制。人们意识到，奥斯曼帝国的经济状况很大程度上取决于能否获得贸易顺差。于是，有人提出由土耳其人出资组建奥斯曼帝国的商船队，以便把商贸活动的掌控权从基督徒手中夺走，交到穆斯林的手中。外国贷款也是缓解财政危机的一种办法，但这种做法遭到了反对，因为没有哪个伊斯兰国家有能力提供贷款，而作为一

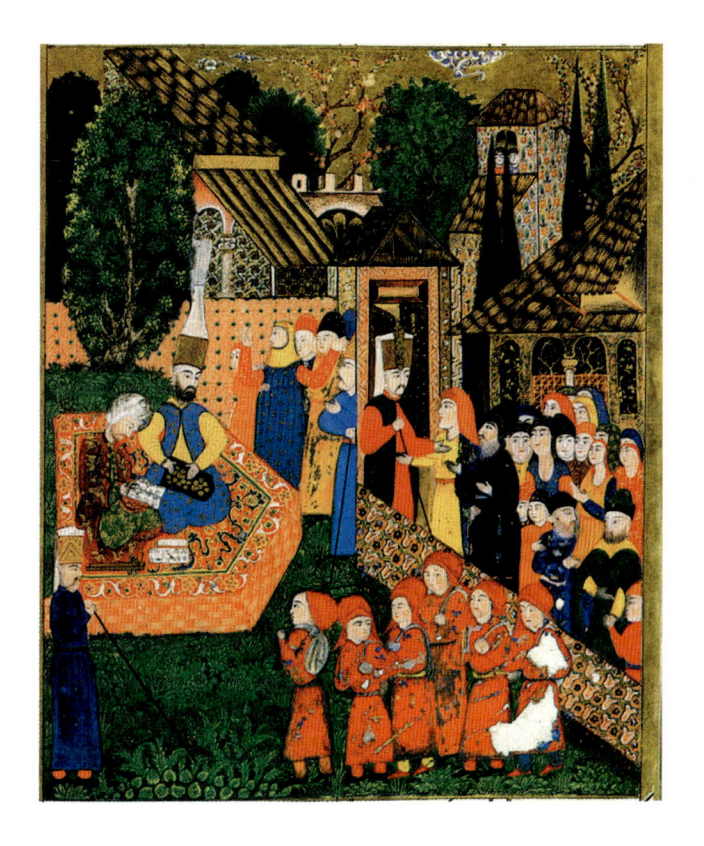

3 政史记忆
Markers of the Ottoman Past

从14世纪起,奥斯曼帝国在各个被征服的地区征募条件合适的男孩成为近卫军战士。他们的唯一使命就是服务苏丹,他们的一切都仰仗苏丹,苏丹则付给他们高于其他军人的待遇。被选中的男孩都有着出色的活力、体格和智力,随后还要经受严格的训练,让他们服从铁一样的纪律,并且适应各种各样的艰难困苦。

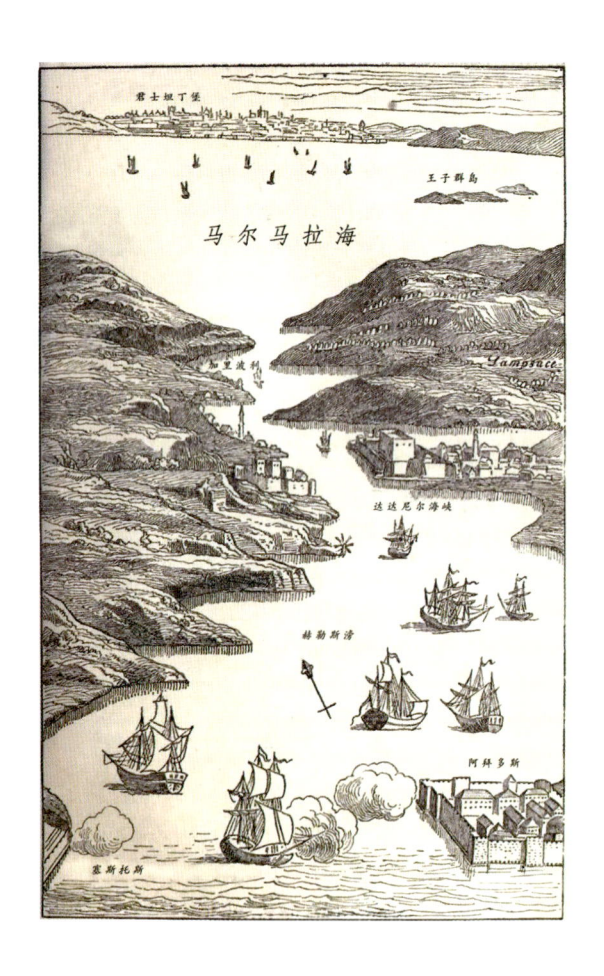

哦，诸圣立在神的火中，
如立在有镶金壁画的墙上，
来吧，从圣火中，盘旋转动，
且教我的灵魂如何歌唱。
将我的心焚化；情欲已病重，
且系在垂死的这一具皮囊，
我的心已不识自己，请将我纳入，
纳入永恒那精巧的艺术。

一旦蜕化后，我再也不肯
向任何物体去乞取身形，
除非希腊的金匠所制成
的那种，用薄金片和镀金，
使欲眠的帝王保持清醒；
不然置我于金灿的树顶，
向拜占庭的贵族和贵妇歌咏
已逝的，将逝的，未来的种种。
——W. B. 叶芝《驶向拜占庭》（余光中译）

奥斯曼帝国的达达尼尔海峡巨炮。这门巨型火炮铸造于1464年，口径635毫米（小于745毫米口径的乌尔班大炮），长5.2米，重16.8吨，可将300千克的石弹射出1.6公里。这门炮在铸成之初是世界上首屈一指的强大武器。但是到了1807年，作为拿破仑盟友与英国陷入敌对的奥斯曼帝国，还在用它轰击英国的舰队。

图为古书插图描绘的罗得岛上的罗得城。罗得岛是东地中海靠近土耳其本土的一个岛屿,在陷落之前是基督教的医院骑士团驻地。1522年,苏莱曼一世为了拔掉这根长在帝国腋肘之下的刺,以10万兵力对只有6000余守军的罗得城发起了围攻。围攻战在伊斯兰和基督教世界都留下了英勇战士的传奇。罗得岛被苏莱曼攻下之后,医院骑士团转而驻扎中地中海岛屿马耳他。

皮里雷斯世界地图残片，图中是美洲的一部分。海军将领皮里雷斯（？—1553）生活在奥斯曼帝国海军力量的黄金时代，此时奥斯曼海军称霸东地中海，和威尼斯争夺着整个地中海的霸权。此时也是大西洋航海大发现的时代，葡萄牙人成功绕过好望角，出现在了帝国的背后。皮里雷斯奉苏莱曼大帝之命，攻击位于波斯湾的葡萄牙要塞。此役战败后，皮里雷斯被苏莱曼下令处死。

勒班陀海战（1571）是基督教欧洲和奥斯曼帝国争夺地中海霸权的一场决战。与奥斯曼海军对战的，是由威尼斯、西班牙、教皇国、热那亚等国组成的"神圣同盟"的海军。战役以基督教神圣同盟的完胜告终，沉重打击了奥斯曼帝国在地中海的海上霸权。

1683年维也纳之围。卡拉·穆斯塔法,时任奥斯曼帝国大维齐尔,梦想完成150年前苏莱曼大帝的未竟之业——征服维也纳。结果卡拉·穆斯塔法指挥的十余万奥斯曼大军惨败于维也纳城下,击败他的波兰国王扬·索别斯基从此扬名立万。维也纳之围的失败标志着奥斯曼帝国在欧洲战略收缩的开始,"从此奥斯曼土耳其人不再是基督教世界的威胁"。

进攻欧洲受到重挫的奥斯曼帝国,在北方也迎来了帝国历史上最可怕的敌人——俄罗斯。从彼得大帝(1682—1725在位)开始,俄罗斯帝国开启了迅速的现代化改革进程。在17、18世纪之交,彼得大帝一方面通过大北方战争进入了波罗的海,另一方面在黑海、克里米亚地区与土耳其交战,进入亚速海,并试图染指黑海。图为亚速城街头的彼得大帝雕像。

著名法国浪漫主义画家欧仁·德拉克洛瓦作品,《希俄斯岛大屠杀》(1824),卢浮宫博物馆馆藏。画中右侧骑马者为土耳其骑兵。

历史进入 19 世纪,新兴的民族主义浪潮开始影响巴尔干半岛,希腊最先爆发民族独立运动,受到了西欧民众的同情。1822 年,在希腊地区的希俄斯岛,一艘希腊起义军的火攻船毁掉了土耳其人的旗舰。作为报复,土耳其人毁掉了繁荣的希俄斯岛。希腊最终在英、法、俄三国的军事干预下,于 1830 年正式成为独立国家。

1918年美国宣传支持亚美尼亚人的海报。

这张著名的照片拍摄的是亚美尼亚难民母亲俯身查看死去的孩子。摄于第一次世界大战期间的叙利亚。

从19世纪90年代到第一次世界大战期间,奥斯曼帝国针对帝国境内的亚美尼亚人展开了多次大规模屠杀,亚美尼亚人死亡人口总数据估计超过了100万。19世纪后期,奥斯曼帝国政府始终反对赋予各民族和信仰人群平等的公民权,这与针对亚美尼亚人(信仰基督教的少数族群)的屠杀密切相关。持续的屠杀事件极大损害了奥斯曼帝国的国际声誉,部分导致了帝国的外交孤立。

一张 1895 年的明信片，纪念土耳其 1876 年宪法，以及两代革命者为土耳其政治改革做出的贡献。画面中央画的是 1876 年宪法的四位主要缔造者（书中将会讲述他们的故事，从左至右依次为米德哈特帕夏、萨巴赫丁皇子、福阿德帕夏、纳米克·凯末尔）扶起象征自由的女神；右边两位第二代革命者（左为尼亚齐贝伊，右为恩维尔帕夏）正在杂碎铐住自由女神的锁链。上方盘旋的天使手拿"自由、平等、博爱"的标语，而左下角的石碑上刻的是"宪法万岁"。

这是1912年12月保加利亚国王斐迪南（画面正中手插入怀中者）和希腊国王乔治一世（斐迪南左边单独站立者）的合影。此时正当第一次巴尔干战争期间，奥斯曼帝国耻辱地败在几个新独立的昔日臣属国（保加利亚、希腊、塞尔维亚）手上，几乎失去了所有的欧洲领土。

贝尔谢巴大本营的土耳其骆驼兵，照片拍摄于1915年。1915年，第一次世界大战初期，土耳其试图以一次主动出击夺取英军控制的苏伊士运河。此役失败后，奥斯曼帝国在对英作战中转入守势。整个"一战"期间，奥斯曼帝国在与英国的交战中失去了巴勒斯坦和叙利亚，同时阿拉伯也发生起义，从奥斯曼帝国独立。

照片摄于 1919 年 5 月 25 日，伊斯坦布尔。照片中为土耳其人抗议巴黎和会、反入侵、呼吁维持国家统一的集会。

土耳其是第一次世界大战的战败国。战后，协约国占领了伊斯坦布尔，并在巴黎和会上图谋肢解奥斯曼帝国，由法国、意大利、希腊瓜分土耳其在亚洲的领土。土耳其的独立战争从 1919 年延续到 1922 年，在穆斯塔法·凯末尔的率领下从西、南、东三个方向分别挡住了希腊、法国和亚美尼亚的进攻。凯末尔于 1923 年 10 月 29 日宣布成立土耳其共和国。

4 帝国劲敌
The Greatest Enemies

斯坎德培（Skanderbeg，1443—1468），图为阿尔巴尼亚首都地拉那的纪念碑雕塑。斯坎德培本名乔治·卡斯蒂利奥塔（George Castriot），是阿尔巴尼亚贵族。他曾在奥斯曼军队中服役，后领导了阿尔巴尼亚地区反抗奥斯曼帝国的起义。斯坎德培的对手是征服了君士坦丁堡的穆罕默德二世。面对强大的征服者穆罕默德，斯坎德培坚守了阿尔巴尼亚 20 年，未尝败绩。

查理五世（Charles V，1500—1558），哈布斯堡王朝皇帝、神圣罗马帝国皇帝（1519—1556在位）、西班牙国王（1516—1556在位）。查理五世的统治代表着哈布斯堡王朝的一个鼎盛时代，他的国家被称为"日不落帝国"，控制着欧洲、美洲、非洲的大片领土。在与同时代的苏莱曼大帝的较量中，查理五世是一个有力的对手，但并不占上风；苏莱曼大帝的奥斯曼帝国在中欧陆地战场和地中海海上争夺中都更胜一筹。

扬·索别斯基,即扬三世·索别斯基(John III Sobieski,1629—1696),波兰国王(1674—1696在位),史称"波兰之狮"。扬·索别斯基在对奥斯曼帝国作战中表现出的英勇与韬略,使他成为当时欧洲最有威望的君主之一。在扬·索别斯基任上,由波兰、神圣罗马帝国和威尼斯三大势力组成的基督教联盟迫使奥斯曼帝国退回了多瑙河南岸。扬·索别斯基死后,波兰王国逐渐衰落,成为新崛起的俄罗斯的附属国,直到在1795年被俄罗斯、普鲁士、奥地利完全瓜分。

萨伏伊的欧根亲王（Prince Eugene of Savoy，1663—1736），军事天才，神圣罗马帝国元帅。欧根亲王以战术上的灵活著称，身经百战，对神圣罗马帝国的贡献卓著。18世纪初，在奥斯曼帝国与欧根亲王的军事交锋中，多以奥斯曼帝国的惨败为结局。这让奥斯曼帝国被迫告别了传统的强权地位；从此，奥斯曼帝国的实力将日益弱于欧洲，并且越发地依赖欧洲。

叶卡捷琳娜二世（Catherine II，1729—1796），史称叶卡捷琳娜大帝，俄罗斯女沙皇（1762—1796 在位）。在她统治期间，俄罗斯真正成为与其他欧洲强权国家平起平坐的力量。叶卡捷琳娜是奥斯曼帝国残酷的敌人，从奥斯曼帝国手中夺取了包括克里米亚在内黑海沿岸的大片领土。叶卡捷琳娜实现了彼得大帝当年的梦想：让俄国的舰队在黑海上游弋。

亚历山大·苏沃洛夫（Alexander Suvorov，1730—1800），叶卡捷琳娜女皇的得力将领，多次统领俄罗斯军队在对奥斯曼帝国的战争中取胜。苏沃洛夫也作为一位开创性的军事理论家载入人类军事史。维基百科将他与亚历山大大帝、大西庇阿、帖木儿、斯坎德培等人并列为人类军事史上不曾战败的军事指挥官。

1798年，拿破仑以"解放者"的姿态入侵属于奥斯曼帝国领土的埃及，宣称自己是来帮助土耳其人镇压埃及的马木留克叛乱的。拿破仑的实际目标是打击英国势力，重振法国在近东的影响力。令人不可思议的是，拿破仑此举竟没有导致法土同盟破裂。1804年拿破仑称帝后，奥斯曼苏丹不顾欧洲列强的反对，宣布承认拿破仑的帝位。1807年，拿破仑抛弃了奥斯曼帝国，转而与俄罗斯结盟，并与俄罗斯秘密计划瓜分奥斯曼帝国。此举终于终结了延续三个多世纪的法土同盟关系。

穆罕默德·阿里（Mehmed Ali，1769—1849），阿尔巴尼亚人，1805年拿破仑的势力撤出埃及后，被奥斯曼帝国任命为埃及总督。之后，穆罕默德·阿里拥兵自重，把埃及变成属于自己的独立王国。在他的治下，埃及一度拥有了比奥斯曼帝国更强大的军事实力。穆罕默德·阿里曾帮助奥斯曼苏丹镇压希腊的民族起义，并抵挡英、法、俄三国的干预势力。1839年埃及与奥斯曼帝国爆发战争，在英、法、俄三国的武力威胁下重新承认奥斯曼帝国为宗主。

5 帝国风情
The Visible Turkey

塞利姆三世苏丹在大萨拉基里奥宫的丰饶门前召见群臣。

多尔玛巴赫切宫宫门。供图：罗闻。

从贝伊奥卢（古称佩拉）上空向南眺望伊斯坦布尔的景色。画面的前景是贝伊奥卢市，右下方的塔形建筑是热那亚殖民时代的遗迹加拉塔塔，画面正中的水面为金角湾，更远方的绿地就是大萨拉基里奥宫（托普卡珀皇宫）的所在地。最远方的海面是马尔马拉海，地平线左边隐约出现的是王子群岛。供图：Selda Yildiz、Erol Gülsen。

油画,《唱歌的巴什波祖克》(巴什波祖克是奥斯曼帝国的非正规军的称谓)。

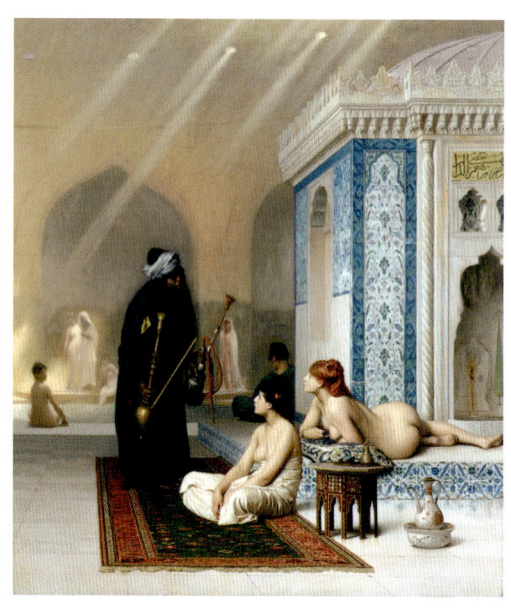

油画,《后宫浴室》。

让-莱昂·杰罗姆的东方主义油画两幅。

油画，《宫女》，佩拉博物馆馆藏。

油画,《喝咖啡的妃子》,佩拉博物馆藏。

细密画，手拿郁金香的男女。

油画,《一家伊斯坦布尔咖啡馆》,佩拉博物馆馆藏。

金角湾上的巴扎，背景为新清真寺（Yeni Cami）。照片摄于1895年。

油画，《金角湾》，佩拉博物馆馆藏。

个伊斯兰国家，向基督教国家借贷又有辱尊严。

土耳其人还计划禁止出口贵金属和石材，鼓励开矿，甚至还计划创办火药厂和造纸厂等国有工业企业。这些想法大多未能变成实际层面的经济改革，但这些通过众人开放思路、自由表达意见而一致达成的方案，让人们开始意识到奥斯曼帝国需要更加现代化的国家经济。

不过，塞利姆的"新秩序"改革的重心还是在军事领域。人们意识到，有效的改革必须以有效的政府为基础，而有效的政府必须依靠一支有战斗力的现代化军队做后盾。有人提出组建一支由军事学校的毕业生组成的新的常备步兵部队，按照西方的战术要求对其进行训练和装备。这支部队耗费的资金由迪万的一位大臣负责，资金的来源是通过罚没或其他方式落入君主手中的封地的收入，以及对酒类、香烟、咖啡和其他一些商品开征的新税。

原本"新秩序"改革指的是整个的改革体系，而现在开始专指这支军队的创建。这是一次大规模的军事改革，在土耳其人中引发了不同的反响。保守派想回归古老的奥斯曼军事传统，以为那样就能重现帝国的赫赫武功；中间派认为应当学习西欧的军事方法，但令人费解地认为这种举措实际上的效果也是在回归奥斯曼传统；而激进派则认为旧的军队已经没有改革的价值，他们要求苏丹完全按照欧洲的方式创办一支新军。

塞利姆苏丹选择了最后一种路线。他清楚，一支纪律严明、忠心耿耿的军队十分重要，一方面可以维护帝国的内部秩序，有助于他推动内部改革，另一方面可以在外部威胁面前维护国家的完整。他尤其倾心于彼得大帝的成功先例：凭借一支用西方方法训练的新军，击败国内和国外的各种敌人。

在上一次对俄战争期间，大维齐尔优素福帕夏（Yussuf Pasha）抓了一位名叫奥马尔阿迦（Omar Agha）的战俘。此人本是土耳其人，却为俄国人效命。优素福帕夏很喜欢同奥马尔阿迦探讨俄土两国的军事体系问题。作为实验，优素福帕夏批准成立了一支主要由外国归顺者组成的小型部队，用欧洲方式进行武装和操练。战争结束后，奥马尔率领这支部队驻扎在距离伊斯坦布尔不远的一个村子。为了看看"异教徒是怎么打仗的"，塞利姆苏丹亲自检阅了这支部队。他立刻就被这支部队远远优于奥斯曼部队的火力吸引了。他深刻地意识到，基督教敌人在武器和纪律上都要优于他的军队。这支军队得以保留，主要从外国归顺者中招募兵员，成员中只有一小部分穷困潦倒的土耳其穆斯林——这些人对采用"异教徒"的训练方法和武器十分犹豫。在苏丹的命令下，迪万开始考虑把这些方法推广到近卫军之中，结果直接导致了一场兵变的发生，迫使苏丹放弃了自己的想法。

1796年，著名的奥贝尔-迪巴耶将军（General Aubert-Dubayet）作为法兰西共和国的大使来到了伊斯坦布尔。他重获法国大使馆的全部使用权，还重新取得了法国先前拥有的各种权利和特权，并且重建了天主教会。作为礼物，他给苏丹带来了现代化的火炮和炮弹。有了这些样品，他让法国的工程师和炮手对土耳其人加以指导，还帮助土耳其人管理兵工厂和铸造厂。在他们的努力下，土耳其人的火炮铸造、装备和使用水平都得到了明显的提高。他还从法国的步兵团、骑兵团中挑选了一些教官，给近卫军和西帕希骑兵授课。一小队骑兵按照欧洲的方式进行了装备和训练。但是，近卫军依然固执地拒绝使用西欧步兵的武器，也不愿意学习他们的操练方法。于是，法国大使带来的教官们就只好去训练奥马尔阿迦那支现在被称作"托皮日斯"（Topijis）的小部队。在大使1797年去世、许多教官离开奥斯曼帝国之后，海军总司令侯赛因把托皮日斯中的一些人调到了他的麾下，并且设法吸引更多的穆斯林加入这支部队。不过，这支部队的规模还是仅仅扩大到了600人。

即便有了上述种种举措，仍然只有一小部分土耳其人能够接受法国大革命的进步思想，并且支持苏丹的"新秩序"改革。对于政府系统里占大多数的保守分子来说，法国大革命不过是野蛮的基督教西方的一件内部事务，跟自己毫无关系，至少没有直接关系。苏丹的私人秘书艾哈迈德·阿凡提在他1792年1月的日记里的评论最能体现他们的态度："蒙真主庇佑，让法国的动乱如梅毒一般在帝国的敌人那里四处传播吧，让他们卷入持续不断的纷争之中，带来对帝国有利的结果。"塞利姆也希望能够远离欧洲的冲突，因为一旦卷入战争只会影响国内改革的进程。

然而，战争却变得不可避免了。随着拿破仑在法国掌权，塞利姆维持和平的愿望就难以实现了。不论是直接还是间接的影响，奥斯曼帝国已经没有办法再远离波拿巴的帝国野心的影响了。1797年，法国和奥地利帝国签署了《坎波福尔米奥和约》（Treaty of Campo Formio），其中涉及分割、瓜分威尼斯共和国的条款。法国人得到了爱奥尼亚群岛和附近的大陆城市，这就让标榜自由与平等的法国与奥斯曼帝国有了共同的边界。如果法国愿意的话，它还可以在希腊和巴尔干地区煽动叛乱。现在，拿破仑可以随意地把他的枪口转向其他敌人。但是，正如法国革命的督政府文件中所说的那样，拿破仑决心"在东方重塑法国的权威"，因为这是"与英格兰一较高下的决定性因素之一"。

不过，与俄罗斯沙皇亚历山大不同，拿破仑此时并不想加速奥斯曼帝国的崩溃。在他看来，奥斯曼帝国自己就会走向灭亡。他对督政府表示，"我们会亲眼看到奥斯曼帝国的崩溃"。为了最大限度地利用这一点，他一方面努力在奥斯曼帝国版图内部为法国争取更多的商业和宗教方面的权益，另一方面试图从奥斯曼帝国手中夺走一个不听中央政府号令的行省——埃及。他在此事上受到了塔列朗（Talleyrand）[1]的影响。塔列朗认为，夺取新的殖民地会给法国带来优势，而埃及就是潜在的新殖民地之一。此外，在开罗经商的法国商人也向政府陈情，他们希望把埃及变成在东方贸易线路上的重要中转站，以削弱英国人在印度的霸主地位。

于是，拿破仑在土伦集结了规模庞大的舰队和军队。对于这些部队的目的地和目标，人们议论纷纷。一开始，人们以为这支部队将是入侵英国的左路军。直到舰队于1798年4月起航向东进发，人们才意识到它的目标是入侵埃及。督政府颁布给拿破仑的"命令"，实际上毫无疑问是拿破仑本人亲自起草的。命令说："他要尽可能地夺取英国人在东方的领地，特别是摧毁他们在红海一带的所有据点；直插苏伊士地峡，采取必要手段确保法兰西共和国完全控制红海。"他还要考察在那里开凿运河、连接红海和地中海的可能性。拿破仑一心想要追随亚历山大大帝的足迹，他的终极目标是让法国在

---

[1] 塔列朗是法国政治家、外交家，从路易十六到七月王朝时期的数届法国政府中均担任高官。

印度取代蒸蒸日上的大英帝国的地位。

拿破仑大军先从残存的圣约翰骑士团手中夺取、吞并了马耳他，接着又在没有遭到什么抵抗的情况下在亚历山大港登陆。随后，他又率军前往开罗。这是自十字军时代以来，第一次有基督教军队插入伊斯兰世界的心脏地带。埃及从漫长的睡梦中被唤醒了。拿破仑十分郑重地宣布自己对伊斯兰教的尊重。在他的激励之下（"40个世纪的历史在注视着你们！"），他的军队于1798年的夏天在金字塔战役中击败了马木留克军队。他以"解放者"的姿态出现，从篡位的暴君手中夺取了开罗。他不停地重申自己对法土联盟的尊重，小心翼翼地宣称他真正的敌人是马木留克军队，而不是土耳其人。实际上，他与塔列朗一样有一个错觉。他们相信奥斯曼帝国可能会默许法国镇压马木留克，因为奥斯曼帝国政府在埃及只剩下了象征性的权威，当地的权力早就落入了专横的马木留克集团手中。然而，情况并非如此。就在1787年，埃及行省暂时又开始服从中央政府了。因此，为了帝国的利益和尊严，奥斯曼帝国必须出面主张自己对埃及的主权。

于是，一开始略显犹豫的奥斯曼帝国，还是与俄罗斯和英格兰结盟，对法国宣战。法国大使被送进了七塔监狱，另外一些法国人则被投进了其他监狱；英国舰队协助奥斯曼帝国各级政府在黎凡特地区的港口捉拿法国商人。与此同时，一支俄罗斯舰队从黑海驶入了博斯普鲁斯海峡。他们得到了体面的欢迎，苏丹本人还亲自登舰访问。接着，这支舰队又与奥斯曼帝国海军的一支舰队会合，进入地中海。这是俄罗斯的旗帜第一次、也是最后一次与新月旗一同飘扬。俄罗斯与奥斯曼帝国的联合舰队从法国人手里夺走了爱奥尼亚群岛，并在那里建立一个听命于俄土两国的被保护国。[1]虽然有些奇怪，但它们还联手帮助教皇在意大利沿岸地区对付拿破仑的盟友。

拿破仑的第二个错觉是过于相信其庞大舰队的实力。他对舰队的规模过于自信，高估了其能力和战术素养。纳尔逊勋爵（Lord Nelson）的英国舰队规模虽小，但实力更强。他从那不勒斯出发来拦截法国舰队，但由于遇到了笼罩在克里特岛和非洲大陆之间的浓浓夜雾而未能得手，因此也没能阻止拿破仑在亚历山大港登陆。不过他捉到了停泊在阿布吉尔湾（Aboukir Bay）的法国舰队，并将其歼灭。只有两艘法国船只设法逃走，但很快也被英国人俘获。这样一来，拿破仑的大军就被困在了埃及，没法回国。

拿破仑没有选择回国。1799年，他的大军带着沉没船只上的水手和从马木留克中招募的新兵，通过陆路进入了叙利亚。他希望能够把奥斯曼帝国版图内对中央政府不满的各个阿拉伯省份吸引到他的麾下，还夸下海口，宣称他的军队到仲夏时节就能抵达幼发拉底河，到秋天就能准备好向印度进军。于是，在占领了加沙和雅法（Jaffa）之后，他又沿着十字军的足迹，向重要的要塞阿卡进军。阿卡的总督是声名显赫的艾哈迈德·热扎（"屠夫"）帕夏（Ahmed Djezzar Pasha）。此人有一支由阿尔巴尼亚人和波斯尼亚人组成的私人军队。他一直是对苏丹本人的一个威胁，现在却站出来统率他的叙利亚军队抗击异教徒。

拿破仑对阿卡的围攻持续了两个月，而英国人的制海权再一次

---

[1] 这个短命的国家被称作塞普丁修拉共和国（Septinsular Republic，1800—1807），也可意译为七岛共和国，名义上隶属于奥斯曼帝国，实际受俄国控制。1807年，俄国在与法国签订和约后放弃了对该国的保护，法军卷土重来，塞普丁修拉共和国灭亡。

妨碍了他的行动。一支为拿破仑运送急需的重炮的法国小船队被英国海军将领西德尼·史密斯爵士（Sir Sidney Smith）的舰队截获。史密斯爵士让自己船上的炮手和陆战队登岸，然后通过海路为土耳其人送来了援军。援军中包括塞利姆苏丹的新军的一部分，他们配备了火枪和刺刀，装备精良。尽管拿破仑击败了从大马士革赶来的一支规模庞大的援军，但他始终无法击败阿卡的守军。他吞下了失败的苦果，说道："这个不幸的要塞决定了东方的命运。"他被迫穿越沙漠撤回埃及，一路上损失惨重。

在埃及，他又遇到了由西德尼·史密斯爵士的舰队从罗得岛护送来的第二支奥斯曼军队。他在阿布吉尔的陆战中迅速击败了这支敌军。他的军队端着刺刀向土耳其人冲锋，把他们赶进了大海。成千上万的土耳其人溺死，海湾里漂满了他们的头巾。就这样，拿破仑又一次确立了他在马木留克人中的威望。但是，由于英国海军的阻挠，他短暂的东方帝国之梦还是永远破灭了。他把军队的指挥权交给了克莱贝尔将军（General Kléber），自己抛弃了军队，带着他的随员偷偷坐船返回了法国。回到法国之后，他设法把自己包装成了一个胜利的征服者，随后又把自己的精力放在了西方的帝国之梦上。他发动政变推翻了督政府，任命自己为第一执政。

两年后，在拉尔夫·阿伯克龙比爵士（Sir Ralph Abercromby）的率领下，一支英土联合远征军在埃及登陆，迫使士气低落的法军投降，并将他们送回了法国。1802年，英法和法土分别签署了《亚眠条约》（Treaty of Amiens）。条约的内容对法国和奥斯曼帝国都很有利。苏丹对埃及和其他地区的主权得到了认可，奥斯曼帝国政府派出的帕夏们也一度取代了马木留克的执政地位。英国军队则撤出了埃及。

但是，拿破仑的越界行为让英国又一次在红海及更远地区采取了新的进取政策。英国与亚丁当地的苏丹签署了一份和约，这份和约成了日后英国吞并亚丁的序曲。英国很清楚地表示，如果从埃及可以侵略印度，那么从印度也可以侵略埃及。英国在奥斯曼帝国其他属地的沿岸地区也采取了类似的预防措施。在波斯湾，东印度公司把法国人逐出了阿曼，还在巴格达设立了常设机构。它取代了英国在巴士拉的领事馆，成了"驻土属阿拉伯地区的政治代理处"。拿破仑的失败激励了英国人，确保了他们的成功。

根据短命的《亚眠条约》，法国被迫放弃了爱奥尼亚群岛和邻近的大陆地区。这一地区仍然处于俄罗斯和奥斯曼帝国的共同保护之下，俄罗斯掌管岛屿，奥斯曼帝国则管理大陆上的城镇和要塞。此时，亚尼纳（Janina）[1]的阿里帕夏已经窃取了许多城镇。这个可怕、狡诈而残忍的阿尔巴尼亚人，拥有一支规模庞大的土匪武装。对于奥斯曼帝国来说，他是一个古怪的仆人。他消灭了邻近的大部分部落武装，包括叛乱的基督徒苏利奥人，从而在阿尔巴尼亚南部和伊庇鲁斯的内陆地区建立起了高度自治的统治。

在维护了帝国的尊严之后，奥斯曼帝国政府与法国再度进入和平状态，释放了关押的法国囚徒，恢复了法国人的财产。对法国的让步条约得以续签。在保留了原有条款的基础上，还给予了法国人在黑海经商航行的权利。法国商业活动的迅速复苏引起了俄国人和英国人的担忧。在经过三年的低谷期之后，法国人在伊斯坦布尔

---

[1] 今称约阿尼纳（Ioannina），是伊庇鲁斯地区最大的城市。

的威望也再度恢复了——有意思的是，拿破仑军队的迅速胜利和他在埃及采取的宽容政策都给法国加了分。两国之间的联盟恢复到了以前的水平。法国向奥斯曼帝国新派了一位大使以巩固本国的影响力；而奥斯曼帝国新派到巴黎的大使则难以掩饰自己对法国一切事物的兴趣。

刚刚从外国人带来的麻烦中摆脱出来的苏丹，又在国内遭遇了塞尔维亚的严重动乱。就像埃及的马木留克集团一样，近卫军篡夺了中央政府在贝尔格莱德地区的权力，在当地建立起了暴虐的统治。他们杀害了政府指派的总督，剥夺了其继任者的权力，由他们中的四个头目瓜分了整个地区。他们侵夺了西帕希骑兵的封地，敲诈、压迫拉亚们。当地的镇长们组成了一支代表团，代表这些基督徒农民去伊斯坦布尔寻求苏丹的保护。他们乞求说："您还是我们的皇帝吗？如果是的话，就快来从那些恶人的手中解救我们吧；如果您不来解救我们，至少也告诉我们一声，我们就可以想想，究竟是选择逃到山区和森林里去呢，还是选择投河结束我们可悲的生命。"

尽管苏丹试图恢复自己的权威，但他没有足够的武装力量去对付近卫军。他威胁了近卫军，结果导致他们对基督徒展开了屠杀。于是，他鼓励当地的塞尔维亚人与失去封地的西帕希骑兵、忠于波斯尼亚帕夏的军队以及一些新招募的土耳其穆斯林士兵合作，一起反抗近卫军。这次农民暴动构成了历史上罕见的奇景：基督徒少数族裔暴动的目标不是推翻他们的穆斯林君主，而是以君主的名义发动暴动。近卫军则得到了有反心的维丁城帕夏和城镇里比较狂热的穆斯林群体的支持。不过，他们最终还是失败了，他们的暴虐统治被终结。塞尔维亚基督徒们在他们的营地里骄傲地展示了那四颗鲜血淋漓的人头。除了贝尔格莱德和几座要塞还在苏丹的军队手中之外，几乎整个塞尔维亚都回到了塞尔维亚人的手中。

苏丹在达到目的之后，现在要求基督徒拉亚们放下武器，回归他们的放牧生活。然而，胜利却在塞尔维亚人中间燃起了无法平息的民族主义热情。20多年前，奥地利皇帝曾经占领了塞尔维亚，这让塞尔维亚人接受了一些军事训练，也经历了战火的洗礼，培养了他们骄傲的斗争精神。在土奥议和之后，被派去接收领土的奥斯曼帝国的官员惊讶地发现了这一点。在此之前，土耳其人一直视塞尔维亚人为"手无寸铁、唯命是从的羊群"，而此时土耳其人却不无担心地去质问奥地利官员："邻居，你们对我们的拉亚们做了什么？"随后，塞尔维亚的地方部队就立刻被解散了。

现在，塞尔维亚人已经在为苏丹效命的过程中证明了自己的勇气。他们认为，自己理应享有一定程度的自治权。他们选出了一位头领，名叫卡拉·焦尔吉（即"黑焦尔吉"）。此人是一个农民的儿子，自己是个卖猪的生意人。他特别轻视等级标志，总是穿得像个放牧的。他曾经带人进入山区，对近卫军发动猛烈的游击战。在他的启迪之下，塞尔维亚人向同样信奉希腊东正教的俄罗斯人求助。此时已经与土耳其人结盟的俄国沙皇建议他们到奥斯曼帝国政府那里去陈情，并且许诺会在那里支持他们。于是，他们就派了一个代表团到苏丹那里，不仅要求免除拖欠的贡金，还要求政府把贝尔格莱德和附近的要塞交给他们。

基督徒竟然提出这样非分的要求，这激怒了迪万中出身良好的穆斯林。苏丹拒绝了他们的要求，还把代表团投进了监狱。接着，他连续派遣了三支军队前去镇压曾经的塞尔维亚友军。结果，令人敬畏的卡拉·焦尔吉在没有得到外国援助的情况下击败了苏丹的军队，还把土耳其人逐出了贝尔格莱德和其他要塞，并且获得了俄罗斯提供保护的承诺。就这样，他创造了历史，让塞尔维亚人获得了一段实质上的独立时期。在这个民族主义意识觉醒的世纪，塞尔维亚人成了第一个从奥斯曼帝国统治中获得实质性独立的巴尔干基督教族群。

此时的伊斯坦布尔，外交活动十分活跃。1805年，俄罗斯和英格兰联合对法国作战，三方都在争取土耳其人的支持。尽管签署了《亚眠条约》，但拿破仑仍然觊觎着东方。他向黎凡特地区派出了一支以弗朗索瓦·塞巴斯蒂亚尼（François Sebastiani）为首的使团。此人见多识广，曾经做过牧师，还是卓有成就的军人和外交家。表面上，他的使命是恢复法国在该地区的贸易利益，但实际上，他在为法国筹划一场可能的东地中海战争。

在拿破仑称帝之后，塞巴斯蒂亚尼成了法国皇帝在奥斯曼帝国政府的特使。他在这里加紧施压，试图让土耳其人对俄罗斯采取军事行动。法国对奥地利的胜利加强了他的说服力。1805年，法国的影响力随着《普雷斯堡和约》（Treaty of Pressburg）的签署达到了顶峰。[1] 根据和约，法国取得了克罗地亚和达尔马提亚，这就让法国的版图与奥斯曼帝国的版图直接接壤。这样一来，拿破仑就可以在边境地区布置一支军队，既可以用来支援奥斯曼帝国，也可以用来入

---

[1] 《普雷斯堡和约》大体上为神圣罗马帝国画上了句号。和约签署第二年，时任皇帝弗朗茨二世宣布放弃神圣罗马帝国皇帝称号，仅保留奥地利皇帝头衔。

侵奥斯曼帝国,全看形势需要。塞利姆苏丹深受法国在战场上的成功的鼓舞,颁布敕令承认拿破仑的皇帝地位,并且以帕迪沙阿的头衔称呼他,还向他派了一位苏丹特使,"以彰显苏丹对皇帝的信任、敬慕和赞赏"。拿破仑则通过自己的大使答复道:"法兰西将与奥斯曼帝国荣辱与共。"苏丹承认拿破仑的帝位一事,遭到了英俄两国大使的强烈反对。

与法国类似,俄罗斯也要求得到土耳其人的支持,希望与之签署攻守同盟条约。沙皇甚至要求苏丹承认他作为奥斯曼帝国境内所有东正教徒的保护者的地位,且赋予俄罗斯大使出面干预东正教徒事务的权力。这种要求刺痛了塞利姆作为穆斯林的自尊心。在塞巴斯蒂亚尼的建议下,塞利姆废黜了瓦拉几亚和摩尔达维亚这两个多瑙河流域公国的出身芬内尔人的大公。此二人是尽人皆知的亲沙皇分子,而且有可能支持了卡拉·焦尔吉,煽动了塞尔维亚的叛乱。对于这一违反和约条款的行为,俄罗斯愤怒地表示了抗议。英国大使也提出了抗议。他们还暗示奥斯曼帝国政府,俄罗斯的陆军和英国的海军即将"采取新的动作"。

苏丹仍然渴望和平,于是打算妥协。但是,一支俄军未经宣战就开进了摩尔达维亚和瓦拉几亚。他们迅速占领了这两个地区,进占布加勒斯特,还准备渡过多瑙河。奥斯曼帝国只好以暴制暴,对俄宣战。英国大使要求奥斯曼帝国恢复与英国和俄国的联盟,并且驱逐法国大使。面对英国大使的威胁,奥斯曼帝国拒不妥协。

于是,1807年,在海军将领达克沃思(Admiral Duckworth)的率领下,一支英国舰队穿过达达尼尔海峡,进入了马尔马拉海。他向奥斯曼帝国政府递交了最后通牒,要求奥斯曼舰队投降,否则英国舰队会立即将其歼灭，并炮击伊斯坦布尔。土耳其人同意与英国公使和这位海军将领展开谈判，跟他们周旋了十天，十分狡猾地为自己争取了喘息之机。此时，塞巴斯蒂亚尼已经在大萨拉基里奥宫的花园里搭起了帐篷。在他的帮助下，土耳其人趁机布置了火炮，加强了城防。苏丹的舰队驶离了英国舰队的打击范围，而塞巴斯蒂亚尼手下的工程师则修复了达达尼尔海峡的防御设施。

达克沃思坐失良机。他失望地意识到，现在再去炮击伊斯坦布尔会将他的舰队置于莫大的风险之中。于是，他只好起锚，通过达达尼尔海峡返航。由于塞巴斯蒂亚尼迅速地修复了火炮工事，这些历史悠久的巨炮发挥了作用，向英国舰队发射重达数百磅的石弹，击沉了两艘英国舰船。如果不是运气好的话，达克沃思还可能蒙受更大的损失。与此同时，塞利姆又请来了大约500名法国炮手帮助他防御海峡，这等于公开确认了他与法国的联盟关系。

达克沃思出师未捷，英国人接着又发动了一次同样失败的行动——从马耳他入侵埃及。英国政府担心法国再次入侵埃及，于是打算先在亚历山大港占据一个桥头堡。他们很快拿下了亚历山大港，然后又去进攻尼罗河河口的罗塞塔（Rosetta）。在那里，进攻的小股英军被土耳其人击退了。英国人本以为可以得到马木留克集团的支持，推翻在埃及恢复了秩序的一股新势力。这股新势力的头目名叫穆罕默德·阿里，是一名来自马其顿的阿尔巴尼亚人。他与拿破仑同岁，曾经在阿布吉尔抗击拿破仑，随后又在苏丹的阿尔巴尼亚雇佣兵的支持下自封为开罗之主。现在，奥斯曼帝国政府已经正式承认他为埃及的帕夏。

穆罕默德·阿里包围了亚历山大港的英军，然后又精明地摆出和解的姿态，协商准许英军撤退。经过协商，他治下的物产丰富的行省成了英国海陆军在地中海地区的补给供应商，这让他从中大为获益。这是这位令人敬畏的统治者在历史舞台上的第一次亮相。日后，他将把埃及变成属于他自己的独立王国，实际上不再受苏丹的管辖。

对俄战争的多瑙河前线并不活跃。土耳其人和俄罗斯人都关注着拿破仑的动作，因此都没有在这条战线上倾尽全力。趁着近卫军主力远在前线的机会，塞利姆苏丹继续在国内推行"新秩序"军事改革。托皮日斯，这支法式训练打造出来的炮兵部队获得了比近卫军更崇高的地位。奥马尔阿迦最初的那支小部队在阿卡之战中功勋卓著，随后又在保加利亚和鲁米利亚镇压土匪，还击败了反叛的行政总督统率的近卫军。苏丹又为这支部队增加了两个团，武器、装备、训练全部采取法式标准。

1805年，由于缺少能够投入对俄作战的军队，苏丹采取了一个大胆的行动：他改变了这支新军志愿入伍的招募方式，下令征兵扩充其兵员。征兵不仅面向普通人，还要从近卫军里挑选最年轻、优秀的士兵，转入这支部队服役。尽管贝尔格莱德的近卫军被拉亚们粉碎了，但在其他省份，近卫军依然吵吵嚷嚷，甚至还在阿德里安堡武力对抗苏丹的敕令。试图强制执行苏丹命令的官员遭人袭击，随后被绞死。支持苏丹改革的卡拉曼尼亚帕夏率领一支新军从安纳托利亚赶来，结果在多瑙河前线遭到人数众多的近卫军的攻击，被彻底击败。

在迪万内部和乌理玛的保守势力的支持下，伊斯坦布尔的近卫军趁机掀起了抗议活动。为了避免在对俄作战期间在首都酿成内战，苏丹被迫暂缓了改革，解散了安纳托利亚的部队，遣散了他的一些改革派幕僚，还把大维齐尔的职务交给了近卫军的阿迦。

然而，就在1807年的初夏，也就是英国海军刚刚撤走后不久，在博斯普鲁斯海峡炮台驻防的雅马克（Yamak，一种辅助兵）接到命令，要求他们启用新的欧式制服和装备。他们发动了兵变，跑到伊斯坦布尔的大竞技场集结。在那里，几百名近卫军也加入了他们。他们按照传统的方式，把营地里的大锅倒扣，意思是他们不再接受苏丹分发的食物。在得到以阴险奸诈著称的凯马坎（kaimakam）[1]穆萨帕夏的支持和新近上任的大穆夫提的许可之后，他们设立了特别法庭，审判支持改革的幕僚和大臣，还煽动伊斯坦布尔的民众反对改革派。许多人被抓、被杀，死在自己家中或大竞技场上。那些煽动叛乱的人夸耀般地把17名改革派人士的人头摆成一排。

对塞利姆苏丹十分不利的一点是，他忠实的盟友——上一任大穆夫提在这一年的早些时候去世了，而乌理玛中的大部分人一直以来就反对他的改革。现在，他不得不低头，宣布取消"新秩序"改革。但是，即便如此他也保不住他的皇位了。大穆夫提在会见近卫军军官代表团的时候表示，苏丹的政府"在穆斯林中间宣扬异教徒的方式，还想压制伊斯兰教法和先知信实的保护者近卫军"，因此，为了伊斯兰教和奥斯曼家族的利益，苏丹必须被废黜。大穆夫提发布了一个费特瓦，宣布废黜苏丹，解散"新秩序"改革中组建的军队，叛军的头目还获得了博斯普鲁斯海峡两岸要塞的指挥权。塞利

---

[1] 在19世纪变成军职之前，凯马坎通常由一位维齐尔出任，负责在大维齐尔无法视事时代行职权。

姆返回了"牢笼",向他年轻的堂弟穆斯塔法称臣。他劝谏新任苏丹说,不要进行重大的变革,祝他的统治比自己顺利。接着,他试图服毒自尽,但穆斯塔法打落了他递到嘴边的杯子,发誓会保全他的性命。于是,塞利姆顺从地进入了自己的囚禁处,新苏丹则从那里走出来,即位成为穆斯塔法四世。

穆斯塔法四世的统治仅仅持续了几个月。塞利姆仍然有朋友和支持者,特别是在多瑙河河畔的鲁什楚克担任帕夏的穆斯塔法·巴伊拉克达尔(Mustafa Bayrakdar,即"掌旗者穆斯塔法")。他倾心于改革计划,凭借塞利姆的赏识才达到今天的位置上,因此决心发动政变帮助塞利姆复辟。此时,奥斯曼帝国恰好与俄罗斯签署了停战协议,他那支主要由波斯尼亚人和阿尔巴尼亚人组成的大军因此可以腾出手来。他与身在阿德里安堡的忠于塞利姆的大维齐尔麾下部队会师,随后举着先知的旗帜向伊斯坦布尔进军。

他的目标是震慑近卫军,占领皇宫,推翻穆斯塔法四世苏丹,帮助塞利姆复辟。他在宫门口要求面见"真正的苏丹塞利姆",但遭到了皇宫守卫的拒绝。于是,他率军强行攻进了皇宫。然而,这一短暂的耽搁却招致了致命的后果。听到他的要求之后,穆斯塔法苏丹下令立即勒死塞利姆和自己的亲弟弟马哈茂德。一旦他们二人丧命,他自己就成了奥斯曼家族的最后一位成员。

塞利姆进行了勇敢的抵抗,但还是被行刑者杀害了。当巴伊拉克达尔步入内庭院的大门时,他们把塞利姆的尸体扔到他面前,对他高喊道:"瞧瞧你要找的苏丹!"巴伊拉克达尔率领手下的阿尔巴尼亚人把穆斯塔法拖下了宝座,质问他道:"你坐在这儿干什么?把你的位置让给更配坐它的人!"而刽子手们没能找到马哈茂德,因为一位忠实的奴隶把他藏在了一间浴室的炉子里。控制了局面的阿尔巴尼亚人后来找到了他。在夜幕降临之前，大萨拉基里奥宫里就鸣响了礼炮，宣告穆斯塔法四世下台，马哈茂德二世继位成为奥斯曼帝国的苏丹。

精力充沛的穆斯塔法·巴伊拉克达尔做了马哈茂德二世的大维齐尔。他先处决了杀害塞利姆的刽子手、穆斯塔法的亲信和雅马克叛军的头目。随后，他决心重启塞利姆推行的改革。他恢复了"新秩序"改革下组建的新军，用欧洲的方式训练他们，却用古老的名字"塞门"（Seymens）[1]为这支部队命名。他恢复并增补了一些改革法令，还有史以来第一次从帝国的各个地区召集高官开会议事。议事大会在皇宫里举行。在激动人心的开幕仪式上，他宣布了一项特别的改革方案，其中涉及改组近卫军，以消除近卫军长期以来的种种弊端。与此同时，他承认了有权有势的阿扬（ayans）[2]和代雷贝伊的各种特权。

在经过激烈的辩论后，这些地方豪强（穆斯塔法·巴伊拉克达尔本人就出身于地方豪强）和中央政府之间达成了协议。这项协议具有划时代的意义，在法律和政治层面确认了帝国疆域内的土地有各自不同的所属权。对于这份会侵害到自己的权力的协议，马哈茂德苏丹十分勉强地接受了。一开始，近卫军和乌理玛假装表示满意。巴伊拉克达尔认为自己可以依靠塞门和其他地方部队的支持，于是十分不明智地让他的阿尔巴尼亚和波斯尼亚部队回了家。

机不可失，近卫军立即再度发动了叛乱。他们在巴伊拉克达尔

---

1 字面意思为"看狗人"。
2 即地方贵族阶层。

的官邸纵火，然后炸掉了他藏身的一座塔楼，让他被活活烧死。保守派力量最终取得了胜利。运转混乱的旧体系带着它身上的各种痼疾又回来了，而且似乎像过去一样顽固。

在接下来的一段时间里，塞利姆三世的改革运动遭到了废止。在奥斯曼帝国的历代苏丹里，至此只有塞利姆三世一人，全心全意又无比坚决地要在他的帝国里推行激进的改革。250年前，立法者苏莱曼向东方和伊斯兰教的传统学习，推行改革取得了成功；塞利姆也想推行同样成功的改革，而他的学习对象是西方和新兴的世俗主义精神。他在性格上的一些弱点使他未能完成自己的事业，遭遇了失败，并在幻灭和痛苦中死去。他开明、真诚、充满利他精神，但是在他推动奥斯曼帝国努力走上改革进步道路的过程之中，他却看不到他的大多数子民的精神状态；他为了他们的福祉而苦苦求索，却无法像他伟大的先祖那样激励他们与自己并肩战斗，因此也无法获得他们的忠诚和信任。相反，在推行进步理念的过程中，他行事草率，热情过头，结果给了那些反对改革的人机会，使他们可以激发起人民心中根深蒂固的反对变革的偏见，更坚决地反对一切革新。

但从根本上说，塞利姆失败的根源是这样一个无情的事实：他要完成的是一个不可能完成的任务。在奥斯曼帝国的这一历史阶段，他根本没有能力毕其功于一役，改变这个历经了几个世纪、虽然弊病丛生但依然完整坚韧的旧体系。如果激进的苏丹塞利姆想要在他的帝国里成功地推行改革，他就必须重建这个国家现行体制的基础结构，实际上相当于建造一个拥有全新的执行机制和执行动力的新国家。要完成这一目标，最重要的是苏丹必须受人景仰，拥有至高无上的权力，可以独断专行地制约谢赫伊斯兰和他的乌理玛的权力，压制伊斯兰宗教势力。而塞利姆并非这样一位君主，他要完成的任务在他的时代也无法完成。作为一个超前于他的时代的统治者，他所能做的只是尝试在传统的框架之内推行创新，但他并没有能够做到这一点。

塞利姆缺乏能力推行的那些改革政策，反映的是精英阶层里一小部分人对世界的看法。这一小部分人的数量仅仅比早年郁金香时期的改革派人士多了一点点。占大多数的还是拥有强大力量的保守派，其中包括军队、臃肿而日益腐败的官僚体系，以及曾经在苏莱曼改革时期获益、代表伊斯兰教传统声音的乌理玛。他们依然维持着苏莱曼当年确立和加强的内部权力平衡。

但是，在苏莱曼的时代之后，军队和官僚就日渐堕落，为了他们的世俗利益随意使用乃至滥用他们的权力，出卖官职、特权，为他人大行方便，还参与到放高利贷、包税、擅占田产和非法操控慈善基金会等活动中。统治阶层的底层人员也扮演着类似的寄生虫角色，还像近卫军一样，参与到诸多商业活动之中。对这些群体来说，他们中太多人会由于变革而遭受巨大的损失，因此他们团结起来，不惜一切代价维护现有体制，也就相当于维护这种体制给他们带来的影响力和财富。

由于彼此之间没有利益分歧，他们形成了铁板一块的强大势力。在这个工业尚处于萌芽期、商业大部分受控于外国人的国家，既不会产生酿成了法国大革命那样的社会和经济动荡，也不会滋养出在19世纪晚些时候出现于其他欧洲国家的革命精神。因此，缺乏群体支持基础的少数改革派就只能陷于孤立，受制于保守派，听任他们控制统治者，或迫使统治者下台。

　　由于采取了亲法的政策，塞利姆三世遭遇了如此的下场。尽管他的改革遭到废止，但他还是推动了一场学习西方开明新思想的运动。在他身后，这场运动终将渗透进守旧的堡垒，在19世纪逐渐从一条时断时续的小溪壮大为席卷一切的洪流。法国大革命终究将在这片陌生的土壤中滋养出自由、平等、博爱的理念：自由，在伊斯兰世界里原本只是一种法律概念，但逐渐会发展出政治上的意义；平等，起初在这个社会似乎并无现实意义，因为这个社会根植于伊斯兰教义，有着浓厚的慈善传统，因而没有令人难以忍受的财富和社会权利上的悬殊差距；博爱，则会在拥有基督徒少数族裔的奥斯曼帝国，乃至整个伊斯兰世界演化为民族认同。

　　与此同时，伊斯兰教依然是整个国家最重要的社会和政治力量。值得玩味的一点是，尽管这个国家在道德层面上正逐渐远离伊斯兰教的原则，但这种背离在短期内对奥斯曼帝国今后的统治更多地起到了积极的作用，而非消极的作用。毕竟，这个陷入停滞的国家还有一种消极的坚韧。正如后世一位能言善辩的奥斯曼外交官开玩笑说的那样："我们的国家是最强大的国家。你们想从外部搞垮它，我们想从内部搞垮它，可它就是没垮。"

第三十章

此时的马哈茂德二世，已经是奥斯曼王朝的最后一位健在的男性后嗣。他将统治一代人的时间，并且证明自己是一位矢志改革的苏丹。身处这个局势更为动荡的时代，他堪称征服者穆罕默德和立法者苏莱曼的合格继承人。作为一位在国内推动改革的君主，马哈茂德喜欢把自己视作奥斯曼帝国的彼得大帝。他的母亲可能是法国人，但他并不懂任何欧洲语言，他接受的也是传统的伊斯兰教育，因此并没有直接接触过西方思想。但是，他在年轻时深受他的堂兄和密友塞利姆三世的影响。特别是在塞利姆下台和自己的兄长穆斯塔法下台之间的这段短暂的时间，马哈茂德和塞利姆曾经共同身处"牢笼"之中。不过，虽然他继承了塞利姆的衣钵，他也清醒地认识到他必须耐心地等待时机，因为当下军队和宗教势力团结一致反对变革，自己无力撼动他们。尽管他认为帝国要想存续非要改革不可，但他一直等待了将近20年，才终于取得了足够推行改革政策的君上权威。

在此期间，他的精力都花在了奥斯曼帝国与俄罗斯的争斗上。拿破仑认为奥斯曼帝国即将倾覆，于是抛弃了他的奥斯曼盟友，转而与俄罗斯沙皇亚历山大结盟。法俄两国于1807年缔结了盟约，意欲由法俄两国携手支配欧洲，矛头直指沙皇的英国盟友。这两位权倾一时的君主一面要求奥斯曼帝国和俄罗斯终止彼此之间的敌对行为，一面制订了瓜分奥斯曼帝国的秘密方案：奥斯曼帝国只能保留亚洲的领土，巴尔干东部的大部分地区归俄罗斯，西部则作为补偿划归奥地利；法国将占有阿尔巴尼亚、希腊、克里特岛以及其他的爱琴海岛屿，以便未来继续向东扩张。如果奥斯曼帝国拒绝法国的调停，那么法国就将与俄罗斯联起手来，将欧洲"从土耳其人的奴役和折磨中"解救出来。于是，在法国的主持下，奥斯曼帝国与俄罗斯达成了为期两年的停战协议。由于两国没有就和约条款达成任何协议，于是在停战协议到期后，奥斯曼帝国和俄罗斯之间的敌对行动就又恢复了。

此时，穆斯塔法四世被杀，登基的马哈茂德二世尚无子女。因此，沙皇亚历山大开始考虑奥斯曼皇室后继无人的可能性。一旦这种情况出现，俄罗斯就可以很容易地侵吞奥斯曼帝国。因此，亚历山大试图加速对奥斯曼帝国的瓜分。不过，他现在对伊斯坦布尔和达达尼尔海峡有所企图，而在法俄两国的秘密条约里，上述地区并不属于法俄任何一方。拿破仑无论如何也不同意在此问题上做出让步，他在圣彼得堡的大使也拼尽全力想要亚历山大意识到这一点。在沙皇看来，未来的"君士坦丁堡"只不过是一座地方重镇，是通往他"私宅"的大门，因此他必须掌握这座大门的钥匙。对他的这种设想，拿破仑也很不高兴。

法国大使提出，伊斯坦布尔和博斯普鲁斯海峡两岸仍然应当是自由通行的区域。然而，俄方的谈判代表却要求得到伊斯坦布尔，因为这座城市是希腊东正教的核心城市，理所应当属于东方的帝国，在历史上也一直如此。法国大使则坚持认为，如果俄罗斯要占领伊斯坦布尔，那么法国就应该获得达达尼尔海峡及其两岸的控制权，因为这里是十字军进入叙利亚的经典路径。但是，俄国人坚决不肯让法国取得黑海和地中海之间的自由通航权。

这一僵局打破了拿破仑建立法俄两霸的格局、分割奥斯曼帝国的迷梦。为了回避这一问题，拿破仑提出搁置争端，因为他担心奥斯曼帝国身上最重要的战利品——埃及——可能会落入英国的手中。1808年，他在埃尔福特（Erfurt）[1]重新审视了与俄罗斯共同反对奥斯曼帝国的盟约。盟约中提到，如果俄罗斯与英国分道扬镳，作为补偿，法国将承认俄罗斯对瓦拉几亚和摩尔达维亚的占领。此时，俄军正暂时控制着这两个地区。拿破仑等待着英国对此的反应。

法国承认俄罗斯对多瑙河流域的这两个公国的占领，这让奥地利帝国大为不安。奥地利出面调停，想让英国和奥斯曼帝国达成谅解，以抗衡法俄联盟。尽管遭到了法国的阻挠，奥地利人的目标还是随着1809年《达达尼尔条约》的签订而达成了。于是，奥斯曼帝国和俄罗斯之间又一次爆发了战争。面对组织混乱、实力遭到削弱的奥斯曼军队，俄军从瓦拉几亚出发渡过多瑙河，夺取了包括锡利斯特拉在内的多瑙河右岸的多座要塞。不过，大维齐尔从坚固的大本营舒姆拉率军迎敌，顽强抵抗俄军，使得俄军未能穿过难以逾越的巴尔干山脉。在占领鲁什楚克之前，俄军还遭到了一支波斯尼亚军队的顽强抵抗。

1811年，俄罗斯与拿破仑之间的联盟关系破裂。在等待拿破仑从西方入侵的同时，俄罗斯人在多瑙河前线转而采取了守势。他们

---

[1] 德国中部城市。

现在需要与奥斯曼帝国议和。1812年夏天，就在拿破仑的大军向莫斯科进军前几个星期，俄罗斯与奥斯曼帝国在布加勒斯特签署了和约。根据和约，普鲁特河成了俄罗斯帝国和奥斯曼帝国之间的国界。沙皇保留了比萨拉比亚地区，拥有了多瑙河出海口，但是向苏丹归还了摩尔达维亚的剩余部分和整个瓦拉几亚。出于自己的利益，拿破仑此时试图恢复与土耳其人之间的友谊，要求苏丹在多瑙河前线倾尽全力向俄罗斯发动进攻。作为回报，他承诺将保障奥斯曼帝国在摩尔达维亚和瓦拉几亚的利益，还要让克里米亚回归奥斯曼帝国。但是，拿破仑的努力为时已晚。在英国的压力下，土耳其人决定维持与俄罗斯的和平。而且，他们也不信任拿破仑，因为他们现在完全知晓了拿破仑此前瓜分奥斯曼帝国的计划。

《布加勒斯特和约》的最大受害者是塞尔维亚人。俄罗斯曾经承诺保护他们。实际上，奥斯曼帝国的确宣布赦免了他们的反叛之罪，还含糊地准许他们自行管理内部事务。但是，贝尔格莱德和其他一些要塞回到了苏丹手中，由奥斯曼军队驻防；土耳其人还拆除了塞尔维亚人之前自行兴建的一些要塞。这样一来，奥斯曼帝国给塞尔维亚人的承诺就毫无意义了。第二年，在拿破仑战败之后，土耳其人进一步把塞尔维亚变成了自己的附庸国。

拿破仑和亚历山大曾经过早地想要瓜分的这个帝国，又在他们二人离世之后存续了一个世纪之久。不过，就面积而言，奥斯曼帝国在马哈茂德的时代继续缩水。这个衰败的国家保住了核心的器官，但在混乱中失去了外围的肢体。在所有失去的肢体之中，首当其冲的就是希腊。希腊的民族主义运动最早可以追溯到19世纪初。一开始，希腊民族主义运动是以一种文化复兴的模糊面目出现的。希腊人受到法国大革命期间的自由主义哲学思想的启迪，开始了一场复兴古典时期传统的希腊文艺复兴运动。与此同时，从塞利姆三世的统治时期开始，就像土耳其人中的开明分子一样，希腊人中间也兴起了广泛传播知识的热潮。在富人对学校的资助下，希腊人的教育水平不断提高，同时学校也恢复了对希腊历史的学习。此外，海外出版的希腊文书籍也在希腊广为传播。

在这场希腊文艺复兴运动中，埋藏着希腊人争取最终解放和希腊民族精神重生的种子。移居海外的希腊侨民、在帝国内部为政府服务的芬内尔希腊人，以及伊斯坦布尔、萨洛尼卡、士麦那和希腊群岛的各个岛屿上的富足的希腊商人都发挥了各自的作用。有一些地方的希腊商人群体实际上实现了自治。比如，在希俄斯岛，除了维护当地的官员和军人的权威之外，土耳其人保留了先前热那亚特许公司那种开明的管理体系；在伊兹拉（Hydra）、斯佩察（Spetsai）、普萨拉（Psara）这三座"航海岛屿"上，水手们拥有船只和货物的股份，当地的航海业社群实际上实现了对岛屿的自治，并将在日后成为希腊舰队的"摇篮"。就这样，在希腊的沿海地区，许多希腊人与西方保持着密切的联系。

而在希腊的内陆地区，土耳其人的统治则相对缺乏弹性。奥斯曼帝国政府对当地人保持高压统治，不在乎他们的福祉和安全，只顾多征税款，压榨所得往往进了腐败的帕夏们的腰包。然而，奥斯曼帝国的官员直接征收的税款，恐怕还是当地人身上种种负担中最不起眼的一种。同样身为希腊人的官员阶层也让他们不堪重负。这些人要么是为了保住家产、权势而皈依了伊斯兰教的地主，要么是依附于政府体系的地方政要——各个村镇里的长老、头人、宗教首领和科扎巴希（koja-bashis，即头目）。作为奥斯曼帝国的官员的代理人，他们的任务是评估所在社区应缴税收的数额，然后作为包税人，用他们奥斯曼主子的方式去征税。在维持当地法律和秩序的过程中，他们享有特权并乐于滥用，经常凶残地压迫他们的基督徒同胞。

同样残暴压迫人民的还有基督教神职人员。他们目光短浅，思想保守，作为行政体系的组成部分受到苏丹的保护，在希腊人族群中享有很大的权力。因此，在神职人员、地主和地方官员中就形成了希腊人中的既得利益群体，如果希腊文艺复兴运动转变成寻求民族独立的政治革命，他们就会蒙受巨大的损失。因此，与希腊东正教信仰和希腊语言不同，希腊的民族认同迟迟未能体现在现实层面上。

等到希腊民族精神终于开花结果的时候，一些希腊人在这种民族情感的激励下开始采取军事手段寻求民族独立。在这一过程中，希腊人中的积极分子分成了两部分。第一种是"克莱夫泰"（klephts）。为了躲避土耳其人的统治，这些无法无天的团伙长期啸聚山林，靠打家劫舍为生。在希腊人看来，克莱夫泰的土匪行径渐渐升华，从纯粹的抢劫行为演变成了反抗奥斯曼帝国暴政的光荣义举。因此，克莱夫泰变成了争取希腊民族独立的爱国行动的核心群体。他们在摩里亚、伊庇鲁斯、鲁米利亚等大陆地区和克里特岛等岛屿上互不相连的山区里各自为政，统率他们的世袭头领也在未来的革命运动中演变成了革命领袖。为了镇压克莱夫泰，土耳其人征募基督徒组建了宪兵队性质的"阿马托利"（armatoli），但这些人往往很快投入了克莱夫泰的阵营。

陆地上的人当土匪，海上的人当海盗。在岛屿和沿海地区活跃着许多私掠者。无论是克莱夫泰还是私掠者，他们都从英国陆海军身上学到了冒险精神和种种经验。1814年，英国军队从拿破仑手中夺取了爱奥尼亚群岛。岛上飘扬的英国国旗激发起希腊人对自由的狂热追求，最终在希腊的大陆地区引发了起义。

但是，如果起义想要取得成功，就必须经过系统性的筹划和协调。在希腊和海外都拥有广泛人脉的希腊商人群体在此过程中发挥了重要的作用。他们通过一个名为友谊社（Philike Hetaeria）的组织进行活动。这个组织最初是1770年那次获得了俄国人支持但失败了的希腊人起义的产物。18世纪末，希腊民族诗人里加斯·费拉伊奥斯（Rhigas Pheraios）创办了友谊社，他还为希腊的民族革命写就了属于他们的"马赛曲"。他出生于一个瓦拉几亚人家庭，因此在血缘上是一个罗马尼亚人。他有一个充满诗意却不够现实的设想——他不仅想让希腊获得自由，还希望组成一个由自治的基督教国家组成的巴尔干联邦。这个联邦将像一个微缩版的拜占庭帝国，以希腊语为官方语言，以希腊东正教为官方宗教。他希望同样信奉基督教的塞尔维亚人、保加利亚人、阿尔巴尼亚人和罗马尼亚人可以团结一心，为了希腊的自由拔剑相助。实际上，卡拉·焦尔吉和基督徒对苏丹的第一次反抗运动中的领袖们正怀揣着这样的理想。在里加斯遭土耳其人处决后，他的友谊社就衰落了。到了1814年，三位希腊商人在俄罗斯的敖德萨（Odessa）复兴了这一组织。在雅典，这个组织伪装成一个希腊文学社团，以便在不引起土耳其人疑心的同时向受过教育的希腊人传播其理想。

不过，这个社团的活动还是十分大胆。随着其分支机构和代理人蔓延到奥斯曼帝国的整个欧洲部分和小亚细亚的各个城市，它开始变得尽人皆知。它逐渐演变成了一个秘密的共济会式的组织，有着复杂的等级体系、秘密符号、神秘仪式，还要求成员庄严地宣誓效忠。通过这个组织的密谋活动，巴尔干地区的族群中出现了多个反叛组织。它的成员中有俄罗斯军官，俄国领事馆的代理人则向该组织的追随者保证，沙皇在秘密资助他们。他还暗示道，沙皇会在希腊人举事的时候提供军事援助。希腊人变得有些过于依赖俄国人的支持了。

一开始，友谊社想邀请爱奥尼斯·卡波季斯第亚斯伯爵（Count John Capodistria）[1]出任第一任领袖。此人出生于科孚岛，在圣彼得堡为沙皇服务，有着巨大的影响力和崇高的声望。他曾经代表沙皇与英国人达成协议，让英国人保护爱奥尼亚群岛。在卡波季斯第亚斯回绝了他们的邀请之后，友谊社又找到了亚历山大·伊普斯兰提斯（Alexander Ypsilantis）。他来自一个芬内尔希腊人家族，其家族成员曾出任摩尔达维亚和瓦拉几亚的大公。他曾经在俄军中服役，出任沙皇的随军参谋，功勋卓著。1820年，友谊社将他任命为"最高权力总干事长"。

伊普斯兰提斯决心在北方举事，于是做了一个冒险有余但明智不足的决定。他率领一支人员组成复杂的队伍，渡过了俄罗斯和奥斯曼两个帝国的界河——普鲁特河，进入了摩尔达维亚和瓦拉几亚。他信誓旦旦，情操高尚，但缺乏待人处事的经验。他寄希望于罗马尼亚和希腊的基督徒之间的团结情谊，可这种情谊根本不存在。

---

[1] 其本名的拉丁化写作Ioannis，John是转成英文后的写法。此处遵从其母语的读音。

摩尔达维亚的大公对他表示欢迎，但瓦拉几亚人对希腊的事业不感兴趣。当地的一名起义军战士开导他说："希腊属于希腊人，罗马尼亚属于罗马人。"沙皇与他断绝了关系，还将他从俄军中除名。在苏丹的吩咐下，伊斯坦布尔的大牧首开除了伊普斯兰提斯的教籍。土耳其人派了一支军队开进布加勒斯特，歼灭了伊普斯兰提斯的"圣队"（Sacred battalion）[1]。伊普斯兰提斯被迫逃进了奥地利，随后遭到奥皇的监禁。

但是，与此同时，希腊独立运动还是开始了。在希腊的许多地区发生了相互呼应的一系列起义。友谊社向希腊各地派遣了一些芬内尔人和其他领袖人物策动举事，其中包括伊普斯兰提斯的兄弟，在伯罗奔尼撒指挥行动的迪米特里；还有一些人则自发地来到了希腊，到当地与起义军领袖建立联系。1821年3月25日，希腊人在帕特拉斯城中宣布起义。

他们举事的时机恰到好处。马哈茂德苏丹的迪万似乎没有意识到希腊迫在眉睫的危机。苏丹决定此时采取行动，彻底制伏名义上向他臣服、实则盘踞在伊庇鲁斯的"亚尼纳之狮"阿里帕夏。阿里在其麾下阿尔巴尼亚军队的支持下权势日隆，不断扩张他的势力范围，实际上已经成了一位独立的君主——拿破仑还曾经承认过他的这种地位。1819年，他成功地夺取了亚得里亚海沿岸的重要港口帕尔加。第二年，阿里的私敌、同为阿尔巴尼亚人的伊斯玛仪从他那里出逃，跑到伊斯坦布尔寻求庇护，做了苏丹的侍从。阿里雇了两

---

[1] "圣队"是由摩尔达维亚、瓦拉几亚和敖德萨的希腊裔学生志愿组成的部队，是希腊独立战争中第一支由希腊人组建的部队。这支部队借用了公元前4世纪的精英部队"底比斯圣队"的名称。

名刺客追杀他，结果在他们试图射杀他的时候被捕。这就给了马哈茂德苏丹寻求已久的一举彻底消灭敌人的机会。他公开宣布阿里为乱臣贼子，把他的帕夏管区的管辖权转交给他意欲加害的伊斯玛仪，然后命令伊斯玛仪立即统兵讨伐阿里。阿里这只无路可走的困狮顽强地抵抗了将近两年。苏丹派人去摩里亚传召久经战阵、残酷无情的胡尔希德帕夏（Kirshid Pasha），命令他带兵前来结束这场战役。年迈的阿里躲藏在湖心岛上的要塞里，最终还是被胡尔希德帕夏彻底击败了。阿里和他三个儿子及一个孙子的头颅被人送到伊斯坦布尔，呈给了苏丹。

但是，这样一来，摩里亚地区的诸座要塞就显得防御空虚，给了希腊起义军可乘之机。他们发动突袭，击败了大部分要塞里的守军。与此同时，希腊私掠者在海上采取了协同行动。他们利用致命而灵活的火攻船，控制了沿岸的重要港口。如此，土耳其人就只能翻山越岭，利用陆路来运送补给和增援，而他们途径之地往往又处在游击队的控制之下。起义军控制了斯佩察岛，当地一位富有的希腊寡妇不仅出资，而且亲自投身到封锁纳夫普利翁海湾（Gulf of Nauplia）的战斗中。接着，起义军又先后夺取了普萨拉岛和伊兹拉岛。在伊兹拉岛的战斗中，一位船长成功地煽动起当地民众反对那些同为希腊人的神职人员。

在整个半岛都传唱着一首起义之歌——《摩里亚一个土耳其人都不留！》，结果引起了针对所有穆斯林的不分青红皂白的杀戮。起义烽火波及科林斯湾的对岸，莱瓦贾（Livadia）镇中的非基督徒居民也遭到了屠杀。农民翻越了临时修建起来的城墙，攻进了雅典。当时的雅典是苏丹的私人领地，是一座只有1万人口的外省小城。

不过，雅典卫城的防御工事在威尼斯人攻打过之后得到过加强，因而又坚守了一年多。在西部，迈索隆吉翁人（Mesolonghi）揭竿而起，发动了起义。在北方，"皮利翁（Pelion）的褶皱"[1]和位于马其顿的分成三岔的哈尔基季基（Chalcidice）半岛上也燃起了起义烈火。在那里，阿索斯山上的僧侣武装了起来，既为了宗教而战，也为了民族而战。在穆斯林占多数的克里特岛，一支近卫军部队对基督徒犯下了暴行。这些狂热的克里特岛穆斯林原本也是希腊人，现在却在干地亚城大教堂的圣坛上杀害了当地的大主教和五位主教。这引起了在岛上山区中生活的好战的斯法肯人（Sphakian）的报复，他们在一支希腊舰队的支援下，一度封锁了干尼亚的港口。

面对着对自己的统治的公然挑战，马哈茂德苏丹绝不善罢甘休。等到他的军队从希腊人突然举事带来的震惊之中回过神来，他就立刻对希腊人发起了同样残酷的报复，以惩罚他们在整个摩里亚对土耳其人的屠杀。在伊斯坦布尔，他处决了帝国政府译员主管以及其他一些地位显赫的芬内尔人。为了报复希腊人在特里波利（Tripolitza）[2]犯下的暴行，他在复活节当天将出身摩里亚地区的希腊东正教大牧首绞死在了宫门下面。大牧首被暴尸三天，随后苏丹才准许犹太人将他的尸体拖走，丢到海里去。在希俄斯岛的海面上，一艘希腊起义军的火攻船毁掉了土耳其人的旗舰，土耳其人的海军司令和船员全部丧生。为了报复，土耳其人毁掉了繁荣的希俄斯岛，岛上数十万基督徒居民或被贩卖为奴，或被迫远走他乡。土耳其人

---

[1] 即皮利翁山。此山得名于希腊神话中的人物、著名的阿喀琉斯的父亲珀琉斯（Peleus）。据说，希腊神话中的许多故事，包括珀琉斯与海洋女神忒提斯的婚礼，都发生在这里。
[2] 位于伯罗奔尼撒半岛的中部，是奥斯曼帝国统治该半岛的行政中心。

基本上成功平息了科林斯湾以北的起义，但未能攻入摩里亚。

但是，希腊人并没有趁机巩固他们的军事优势，反而早早陷入地方政府的政治矛盾之中。在希腊人控制的每个地区，他们都组建了一个议事机构——在麦西尼亚（Messenia）[1]成立了一个元老院，在伯罗奔尼撒半岛成立了一个"中央政府"，在鲁米利亚的东部和西部也分别选举成立了政府机构。这些机构成了神职人员、地主、东正教会领袖、芬内尔人、海岛商人和克莱夫泰（他们依然无法无天，自行其是）等不同人群追逐利益和野心的争斗工具。对他们来说，团结一致只是一种虚幻的渴望，因为他们尚没有同为希腊人的那种民族意识。

在占领特里波利之后，他们才第一次试图组建一个融合各方利益的希腊中央政府。迪米特里·伊普斯兰提斯在埃皮达鲁斯（Epidaurus）附近召开了全国大会（National Assembly）；接着，在1822年的元旦，他们公布了一部宪法，并且组建了共和制原则下的立法和行政机构。宪法的主要起草人是亚历山德罗斯·马夫罗科扎托斯（Alexander Mavrokordatos）。他是一名能干的芬内尔人，在西部迈索隆吉翁的起义军中担任领袖。亚历山德罗斯·马夫罗科扎托斯被全国大会任命为总统，迪米特里·伊普斯兰提斯则退居幕后。但可惜的是，事实证明，希腊人还没有准备好接受这种西方式的宪政。他们在奥斯曼帝国的专制统治下浸泡了太多个世纪，同时又顽固地效忠于自己所属的、彼此之间争执不休的小群体。

1822年年底，在克莱夫泰领袖科罗克特洛尼斯（Kolokotrones）

---

[1] 伯罗奔尼撒半岛西南部的一个地区。

的率领下，希腊起义军夺取了伯罗奔尼撒东部最重要的港口、也是该地区的天然首府纳夫普利翁。科罗克特洛尼斯拒绝了全国大会在纳夫普利翁开会的提议。于是，全国大会只好另选地点召开，与会者还在会议上商讨如何制约科罗克特洛尼斯的权力。作为回应，科罗克特洛尼斯绑架了希腊政府机构的四名成员。希腊政府的其他成员只好躲到了在伊兹拉岛和斯佩察岛保护下的一处偏远海岬，并且推选出身于伊兹拉岛的富有的阿尔巴尼亚人后裔昆图利奥蒂斯（Koundouriotis）为总统。科罗克特洛尼斯则实际上成了摩里亚的主宰者。人们很快发现，希腊人不能接受由其他希腊人出任他们的首领。于是，他们只好尝试从西方寻找一位贵族来出任君主。

从一开始，希腊人就过于乐观地指望西方的援助。在军事方面，西方人很快就让他们失望了。拿破仑失败之后，西方国家和俄罗斯都希望能够安享一段和平时期。它们组成了一个反革命的"君主同盟"[1]，在欧洲维持了十年表面上的和平和团结。因此，无论是英国、奥地利还是俄罗斯（尽管它做出了种种承诺），都不准备为了希腊的民族独立而战。在起义爆发之时，欧洲各国还一起表示了谴责。1822年，欧洲各国还拒绝让希腊代表团参加在维罗纳举行的一次会议，因为他们被视作革命分子。

但是，在欧洲各国的民众中间，兴起了一种全新的带有浪漫主义色彩的亲希腊热潮。在他们看来，希腊人不仅仅是受压迫的基督

---

[1] 也称作"神圣同盟"，由俄、奥、普这三个君主制国家在拿破仑失败后发起，后来其他欧洲国家陆陆续续加入了这个松散的组织。

徒，更是古典时代的英雄们的勇敢后裔。壮游者[1]、古董收藏家、古典学者、知识分子、作家和诗人燃起了人们对希腊的热情。在他们的帮助下，文化界将目光投向了这片文明的发祥地，投向了仍然生活在那里的古希腊人的后裔（希腊人多大程度上是古希腊人的后裔，一些学者对此存有疑虑），看到了为了复兴而觉醒的希腊。

在商业界，希腊商人把希腊的主张通过西欧各国和俄罗斯的首都播撒到了各处。具体地说，他们的努力促成了诸多亲希腊组织的成立，这些组织纷纷为希腊革命筹集资金。移居海外的希腊人，特别是生活在俄罗斯的富有的希腊侨民，带头捐出了大量的钱财。来自欧洲乃至美洲的富有冒险精神的年轻人则不顾本国政府的反对，自愿前来为希腊独立事业而战。正如威廉·科贝特（William Cobbett）[2]揶揄的那样，"诗人和股票投机商煽动起了希腊革命，造福了俄罗斯"。

诗人中的杰出代表是拜伦勋爵，他的活动让希腊人受益匪浅。他在1809年第一次来到希腊，随后把他的所见所闻写成了不朽的文字。他翻译了里加斯写就的革命战歌，还在意大利与马夫罗科扎托斯结下了深厚的友谊。1823年，他来到凯法洛尼亚岛，在岛上住了五个月，随后又动身前往希腊。他曾对那些寻求军事援助的希腊人说："不要把你们的自由寄托在西欧人身上。"他这次来到希腊，带来了经济援助——来自伦敦希腊人组织的高达六位数的贷款。

起义军内部的不团结逐渐发展成了内讧。当拜伦于1824年在

---

1 壮游（grand tour），文艺复兴之后流行于欧洲贵族子弟乃至平民阶层的一种活动，年轻人在家财或赞助人的支持下在欧洲大陆游历学习。
2 英国散文作家、记者，政治活动家、政论家。

迈索隆吉翁登上希腊的土地时,他发现希腊人彼此之间爆发了一场新的伯罗奔尼撒战争。科罗克特洛尼斯和昆图利奥蒂斯的支持者各自代表着控制内陆和控制海岸与岛屿的政府,相互厮杀。看到这一情景,拜伦并没有感到吃惊或幻灭。尽管他对希腊事业的支持充满浪漫主义色彩,但他对希腊的真实情况也有着十分现实的估计。他看到,希腊人还没有完全从罪恶的暴政中解脱出来,现在又为了争论应该用怎样的政府取代暴政而兵戈相向。不仅如此,他们还过分痴迷于自由的理念,却为此忽视了实际的可行性。

因此,拜伦的当务之急是平息希腊人之间的争端,他也取得了短暂的成功。他吩咐说,他带来的资金只能交给昆图利奥蒂斯。因此,为了能从中分一杯羹,科罗克特洛尼斯只好让出了纳夫普利翁。但是,就在几个月之后,内战又不可避免地再一次打响了。科罗克特洛尼斯向昆图利奥蒂斯发动了进攻,结果却被俘获,羁押在伊兹拉岛。马夫罗科扎托斯对这一切深感厌恶,选择退隐。就这样,英国人提供的这笔本该用于防范土耳其人进攻的贷款,却花在了希腊人彼此之间的争斗上。带来这笔钱的拜伦勋爵没有亲眼看到这不幸的结果,他在迈索隆吉翁的沼泽中患上疟疾,不幸病故。但是,对于希腊的事业来说,拜伦堪称一位烈士,他也是希腊人心目中永远的英雄。他的去世对欧洲的亲希腊热潮起到了延续和推波助澜的作用,保证了希腊国家有朝一日可以得到欧洲的承认和支持。

尽管希腊人内讧不断,希腊独立战争的第一阶段总的来说还是取得了成功。苏丹意识到,仅凭自己手中现有的部队不可能打败希腊人,而他又未能在亚洲省份招募到足够的援军。于是,1825

年，苏丹向他实力雄厚的属臣、出身阿尔巴尼亚的埃及帕夏穆罕默德·阿里发出了召唤。从拿破仑时代起，穆罕默德·阿里的部队就按照西方军队的方式进行训练和装备，还曾经在阿拉伯地区为马哈茂德二世苏丹镇压了一次叛乱。现在，马哈茂德二世希望穆罕默德·阿里能够出兵帮助他镇压叛乱的希腊人。作为回报，他许诺将授予穆罕默德·阿里克里特岛和伯罗奔尼撒帕夏的职务。不过，穆罕默德·阿里本人想得到一块更遥远的领地——叙利亚帕夏辖区。

穆罕默德·阿里派他的儿子易卜拉欣帕夏从亚历山大港出发，率领一支舰队进入地中海。这是地中海上非欧洲国家派出过的最庞大的舰队。这支舰队经过克里特岛，来到了摩里亚最西端防御森严的港口莫登。易卜拉欣把大本营设在了这里，这标志着希腊独立战争第二阶段的开始。在接下来的三年里，他手下纪律严明的部队将横扫伯罗奔尼撒，一路播撒恐惧和毁灭，从希腊人手中为土耳其人收复失地，重新确立土耳其人对希腊大部分地区的统治。震惊之余，希腊人终于实现了一定程度的团结。科罗克特洛尼斯重获自由，又一次成了摩里亚地区希腊军队的总指挥。但是，他在易卜拉欣手下连吃了两次败仗。

接着，在1826年，易卜拉欣挥师希腊的陆地领土，协助那里的指挥官雷希德帕夏（Reshid Pasha）围攻迈索隆吉翁。易卜拉欣的海军阻止前来救援的希腊舰队驶入港口，扭转了形势。城中的希腊守军和大量的平民做了最后的殊死抵抗，但还是未能守住城市。

迈索隆吉翁的沦陷导致了昆图利奥蒂斯政府的垮台，而两个相互敌对的全国大会和总统之间的内斗又持续了一段时间。不过，在此之前，昆图利奥蒂斯正式邀请了两名能干的英国军官——爱尔兰人理查德·彻奇爵士（Sir Richard Church）和苏格兰人科克伦勋爵（Lord Cochrane）分别统领希腊的陆军和海军。作为履职的条件，他们要求分裂的两方达成和解。于是，一个新的全国大会通过了一部新的宪法，并且选举了带有专制倾向的卡波迪斯特里亚（Capodistria）出任总统。与此同时，雷希德帕夏展开了对雅典的漫长围攻。科克伦勋爵的解围行动失败，土耳其人在1827年6月夺取了雅典卫城。这标志着土耳其人对希腊大陆地区的彻底征服，似乎也预示着希腊独立战争即将告终。

然而，战争并未结束。血腥战争进行了六年之后，欧洲国家终于决定出手干预了。其中，俄国人在对土耳其人施压时最为积极；由梅特涅（Metternich）[1]主政、同样也是一个多民族帝国的奥地利，则倾向于镇压起义者；英国和法国担心新的俄土战争可能会带来不好的后果。另一方面，在1824年，法国的君主换成了较开明的查理十世。对法国和英国在地中海的海上力量来说，希腊人的海军可以帮助对抗海盗活动。

在英国，更具自由主义倾向的政策取代了右翼的托利主义政策。在外交大臣卡斯尔雷勋爵（Lord Castlereagh）[2]去世后，倾心自由主义的乔治·坎宁（George Canning）接替了他的职务，而他的亲戚、亲希腊的斯特拉特福德·坎宁（Stratford Canning）则被任命为驻奥斯曼帝国的大使。有关易卜拉欣帕夏种种暴行的传闻激怒了英国人。据说，易卜拉欣帕夏正在把大批的希腊人掳掠为奴，以便

---

1 梅特涅是19世纪上半叶欧洲最重要的外交家之一，曾出任奥地利帝国的外交大臣和首相。
2 罗伯特·斯图尔特（Robert Stewart），卡斯尔雷子爵，曾担任英国外交大臣。1822年，他由于精神失常而自杀身亡。

让埃及人在伯罗奔尼撒半岛定居。更重要的是，拜伦勋爵为了崇高的事业而英勇牺牲的故事震动了英国公众。

欧洲列强的首要任务是确定希腊的未来疆域和法律地位。1826年春天，英国和俄罗斯在圣彼得堡签署了一项协议，初步形成了一个决定。在这项旨在中止流血冲突、促成土耳其人和希腊人和解的协议中，英俄两国确定了一项基本原则：希腊不应当获得独立，但应当取得自行管理内部事务的自治权，同时需要向苏丹交纳岁贡。

同年秋天，希腊人要求法国也参与进来。在乔治·坎宁的主张之下（他在不久之后就去世了），英、法、俄三国于1827年7月在伦敦签署协议，让法国也加入了英俄两国的协议。此时，距离雅典的陷落刚刚过去了一个月。在这项协议的基础上，英、法、俄三国向奥斯曼帝国提议调停。如果奥斯曼帝国拒绝调停，它们就会与希腊人建立外交关系，承认起义的各省份为一个独立的国家，并与之互派领事。希腊人接受了它们的提议，但苏丹却毫不妥协地拒绝了。他拒不正视现实，谴责这项提议是外国人对其完整、合法主权的公然践踏，无论如何他都不会同意放弃他在希腊的权利，甚至不肯稍做变通。

根据协议，列强将出动一支联合舰队确保双方停火，"但不会参与任何敌对行动"。俄罗斯派出了一支舰队进入地中海，与英法两国的舰队会合。三个国家的海军司令举行了会晤，但对下一步行动感到十分困惑。一方面，他们得到的指示十分含糊；另一方面，他们很难与易卜拉欣建立起联系。易卜拉欣以希腊人的进攻依然在持续为由，拒绝在没有得到苏丹命令的情况下接受停火。最后，在进行了一次海上封锁之后，联合舰队驶入纳瓦里诺湾，并坚持要在这里展示一次武力，以迫使易卜拉欣接受停火，撤回亚历山大港。三国海军司令达成一致，除非土耳其人率先开火，否则联合舰队绝不开火。

不幸的是，一艘埃及战船向一艘搭载着特派代表的敞舱船开火了。法国舰队的旗舰立刻还以步枪齐射。接着，一场海上大战就不可避免地打响了。在这场海战中，易卜拉欣的舰队几乎被全歼。这是奥斯曼帝国自勒班陀海战以来在海上遭遇过的最大灾难。俄罗斯人和法国人十分满意；在梅特涅看来，这是一场"可怕的灾难"；即将出任英国首相的威灵顿公爵则认为，这是一场"意外事件"。不过，克拉伦斯公爵（Duke of Clarence，他不久之后就会成为英国国王威廉四世）还是为英国舰队的海军司令爱德华·科德林顿（Edward Codrington）授予了巴斯勋章。不过，不久之后，他又以别的理由批准解除了爱德华·科德林顿的海军指挥权。希腊人欢欣鼓舞，在漫长的等待之后他们终于获得了自由。

自从当选之后，全国大会的新任总统卡波迪斯特里亚就一直在欧洲各国的首都活动，争取欧洲国家的支持。1828年年初，他抵达纳夫普利翁，开始履行总统职责，试图恢复和平。首先，他派出军队，确保希腊人可以从易卜拉欣手中收回他想得到的领土，并在这些领土上建立这个新的国家。在这方面，他取得了部分成功。接着，为了确保他的个人权力，他又组建了一个在他个人有效控制下的新的统治机关——"泛希腊同盟"（Panhellenion）。他承诺将适时召开新的全国大会，公布新宪法。在此之前，他通过一个秘书处"统治"国家，这个秘书处实际上相当于他的内阁。

英国人获得了穆罕默德·阿里的承诺，确保易卜拉欣会如约撤军。一些部队留在希腊，将摩里亚的首府特里波利夷为平地。他们最终被一支法国军队赶走。接着，俄罗斯和奥斯曼帝国之间又爆发了一场新的战争，推迟了问题最终解决的时间。

多年以来，俄国人一直给土耳其人带来巨大的外交压力。1826年，他们迫使奥斯曼帝国签署了羞辱性的《阿克尔曼协定》（Convention of Ackerman），不仅确认了1812年《布加勒斯特和约》的条款，还进一步扩大了俄罗斯的权益，强迫土耳其人割让了亚洲的一些要塞。根据协定，摩尔达维亚人和瓦拉几亚人获得了完全的自主权，塞尔维亚人也获得了更多的政治权利。由于土耳其人在纳瓦里诺失去了他们的舰队，俄罗斯获得了在黑海的海上霸权。于是，在面对"莫斯科人古老的死敌"时，好战的尼古拉一世沙皇根本不考虑和解，一心寻求武装对抗。到1827年的冬天，尼古拉一世沙皇将在来年春天入侵奥斯曼帝国的计划已经路人皆知。于是，苏丹抢先对俄罗斯宣战。

第二年春天，沙皇尼古拉一世亲率大军渡过了普鲁特河。大军先占领了摩尔达维亚和瓦拉几亚这两个大公国，随后又在6月份之前渡过了多瑙河，接着开始围攻一系列要塞，以打开通往巴尔干山脉的道路，兵锋直指苏丹的都城。躲在城墙里防守的土耳其人要比开阔地里的土耳其人更难对付，他们的守军几乎像以前一样顽强地抵抗俄军。土耳其人在瓦尔纳进行了顽强的抵抗，但最终还是丢掉了该城。防守失利的部分原因是一位奥斯曼军队指挥官率领数千名部下投向了敌军，但最重要的原因还在于俄罗斯人控制了黑海。锡利斯特拉和堪称通往山口的钥匙的舒姆拉依然在坚守。

俄罗斯人损失惨重。第二年，他们又派来了一支规模更大的军队。率领这支军队的是迪比奇元帅（Marshal Diebitsch），他被毛奇男爵（Baron Moltke）[1]誉为"有战无不胜之名"。他后来被授予了"扎巴尔干斯基"（Sabalskanski）的称号，即"翻越巴尔干山脉的人"。他留下一小股部队围攻锡利斯特拉，最终攻克了这座城市；与此同时，他的主力在舒姆拉前的库勒夫斯卡（Kulewtska）原野上大战一场。在这场战役中，一支奥斯曼大军被规模较小的俄军击溃，还损失了他们全部的火炮。

接着，迪比奇做了一个大胆的决定，在尚未攻克舒姆拉要塞（要塞里还有原本的守备队和库勒夫斯卡战役的幸存者）的情况下就翻越了巴尔干山脉。就在奥斯曼军队的指挥官雷希德帕夏还在准备舒姆拉的防御时，迪比奇留下一小股部队牵制守军，随后率领主力强行军九天，穿过深深的峡谷，翻越了令人望而却步的巴尔干山口。他惊奇地发现自己没有遇到任何抵抗。为了准备舒姆拉的防御战，缺乏远见的雷希德事先撤走了防御山口的部队。

就这样，俄军穿过了这一迄今为止几乎不可逾越的天险，在布尔加斯（Burgas）[2]为黑海中的俄罗斯舰队打通了补给线。接着，他们击溃了土耳其人几股小规模的抵抗，还不忘将当地的基督徒农民置于他们的保护之下，并且获得了农民们的热情欢迎。现在，俄军已经出现在阿德里安堡——奥斯曼帝国在欧洲的首府——前的平原上。敌人居然突破了以前从未被突破过的山岭，突然出现在自己的面前，这让阿德里安堡的守军大为震惊。他们未发一枪即告投降。

---

[1] 即赫尔穆特·卡尔·冯·毛奇，通常称作"老毛奇"，以与他的侄子"小毛奇"相区分。
[2] 位于保加利亚东南部的黑海沿岸城市。

实际上，翻越山岭的路途十分残酷，痢疾、瘟疫和疲劳让俄军减员十分严重；而且，俄军也绝无获得增援或平安撤退的可能性。因此，如果不是土耳其人过高估计了敌人的实力，他们原本是可以击败这支俄军的。尽管侧翼有了黑海舰队的掩护，但迪比奇十分清楚自己面对的风险。但是，他打算用自己的勇气吓倒敌人，于是计划向伊斯坦布尔和博斯普鲁斯海峡进军。很快，他的部队就向前推进了100英里（约161千米）。

在奥斯曼帝国的都城，人们惊慌失措，闻风丧胆，城中一片混乱无序。一开始，苏丹还能够保持冷静。他对守军的力量充满信心，还号召土耳其人志愿加入城市的防御工作中来。他打出先知穆罕默德的神圣旗帜，宣布将亲自指挥防御。但是，他不明智地乘坐马车出现在众人面前，而非像古代的守城者那样骑在马背上。这一"闻所未闻、令人难堪的新物件"大大挫伤了公众的积极性。迪万中的主要大臣则敦促他求和。英国和法国大使也没有意识到俄国人的外强中干，同样建议他求和。在种种压力之下，本来绝非胆小之辈的苏丹只好屈服。他被俄国人的虚张声势吓到了，让迪比奇避免了原本的难逃之劫。1829年秋天，他派了一个代表团到迪比奇的大营，与他协商签署了《阿德里安堡和约》。

死里逃生的俄国元帅开出了看似很温和的条款。他以沙皇的名义许诺，俄国将放弃领土扩张，归还在此次战争中取得的大部分领土。不过，俄国还是会保留摩尔达维亚的一部分和多瑙河在苏利纳（Sulina）的河口，以便有效控制多瑙河。由于拆除了沿岸的一些要塞，多瑙河从此以后再也无法充当奥斯曼帝国的第一道防线了。尽管摩尔达维亚和瓦拉几亚在名义上归还给了苏丹，但它们获得了自治权，实际上相当于取得了独立。它们有权自主募集军队，拥立终身制的大公，土耳其人从此以后无权插手它们的事务。大部分穆斯林居民也离开了这两个国家。除此之外，条约还确认了塞尔维亚实质上的独立，只有贝尔格莱德和奥尔绍瓦这两处要地还留在土耳其人手中。在亚洲，俄军另一位出色的统帅帕斯基维奇（Paskievitch）同样取得了赫赫战功，被他征服的卡尔斯、埃尔祖鲁姆和巴耶济德[1]也都归还给了土耳其人。但是，俄国人保留了其他的要塞，并且永久性地吞并了格鲁吉亚和高加索地区的许多土地。

在希腊，由于奥斯曼军队已经完全撤出，苏丹只好接受《伦敦协议》中那些他曾经拒绝过的条款，以及英、法、俄三国提出的其他一些要求。他被迫承认希腊不再臣属于他，成为一个完全独立的国家。在土耳其人与希腊人就边界问题讨价还价了一番之后，崭新的希腊终于在1830年成立，不久之后成为一个王国。其版图包括希腊的大部分陆地地区，以及除克里特岛之外的诸多岛屿。色萨利地区和阿尔巴尼亚仍然留在苏丹手中，成了其帝国的边疆省份。

这个新生的国家将由世袭君主统治，其称号为希腊国王，人选将出自不属于英国、法国和俄罗斯王室的家族。欧洲列强的首选是萨克森-科堡家族的利奥波德公爵。此人颇有才干，是英王乔治四世的女婿。不过，自己有野心作为终身总统统治希腊、同时又代表俄国利益的卡波季斯第亚斯极力阻挠利奥波德出任国王。于是，利奥波德拒绝了希腊王位，后来作为比利时国王展示了自己的才干。1831年，卡波季斯第亚斯遇刺身亡。凶手来自马尼半岛，是卡波季

---

[1] 今称多乌巴亚泽特（Doğubayazıt），位于今土耳其的东部，与伊朗接壤。

斯第亚斯的政敌，十分骄傲而痛恨他的独裁作风。卡波季斯第亚斯死后，希腊王位交到了奥托王子手中，其父是亲希腊的巴伐利亚国王路德维希。苏丹承认了奥托的王位。就这样，奥托成了希腊人的第一位国王，他将统治希腊一代人的时间。

在不到十年的时间里，奥斯曼帝国遭受了无可挽回的损失。这些失败部分要归咎于苏丹在关键时刻不明智地拒绝了其他国家开出的条件，他本来有机会与英、法、俄三国达成比较体面的条款。结果，他丢掉了他的海军，丢掉了希腊，还丢掉了奥斯曼帝国其他地方的不少领土。颇具讽刺意味的是，在这一切不幸发生之时，他刚刚鼓足干劲在国内成功推行了影响深远的改革，这些改革将从根本上改变奥斯曼帝国的政治体制和社会观念。

第三十一章

改革者马哈茂德二世谨慎地等待了整整17年，才开始着手推行他激进的改革方案。他的改革目标是要将奥斯曼帝国从一个构建在伊斯兰教原则上的中世纪帝国，改造为一个基于西方世俗原则的现代立宪国家。按照他的计划，他将组织新的政府机构，并且向不断进步的欧洲学习更灵活的政府理念，与过去的时代作别。

但是，像以往征服者穆罕默德和立法者苏莱曼推行的改革一样，要想实现改革，必须依靠强硬的手段。在马哈茂德看来，最重要的是要恢复苏丹至高无上的权力，让帕迪沙阿的意志无论在国都还是在外省，都成为唯一的绝对权威，不受任何人的挑战。经过多年的努力，马哈茂德二世终于重掌权柄。由于那些曾经帮助过塞利姆三世的谋臣都已经遭到处决或被放逐，马哈茂德做到这一点凭借的完全是他个人的努力。他有着坚定的决心，锲而不舍，深谋远虑；他视野开阔，精力集中，既可以十分现实地面对困难的挑战，又可以系统性地寻求问题的解决方案。更重要的是，他铁骨铮铮，毫不动摇地要制伏那些在国内阻挠前代苏丹推行改革的敌对力量。

首先，为了确保其中央集权政府的权力，他必须消灭那些制约中央政府权力的地方自治势力。在这个因外部蚕食而日渐萎缩的帝国，他必须抑制住内部的破坏性力量，重新为这个缩小了的帝国的剩余部分创造出积极的内部凝聚力。他缓慢而富有耐心地清除了那些心怀不轨的帕夏。接着,他还要对付代雷贝伊们和其他怀有二心的地方显贵。这些人经常自命不凡地制造事端,滥用权力。为了实现中央集权,消除夹在政府和民众之间的其他权威来源,他矢志压制一切通过世袭、传统、惯例或公意取得权力的地方势力。就这样,他在安纳托利亚和鲁米利亚的大片区域内恢复了君主的权威。他在亚尼纳对阿里帕夏的无情镇压就是这一系列努力的登峰造极之举。

现在,马哈茂德二世就可以放开手脚去消灭奥斯曼帝国内部实力最强劲的敌人——近卫军了。他们曾经是奥斯曼帝国可敬的勇士,现在却成了国家的腐烂之源。如果不能彻底清除掉近卫军,任何改革都无从推行。1826年夏天,马哈茂德苏丹决心发起决定性的一击。这个时机选择得恰到好处。当时,易卜拉欣帕夏的部队刚刚从希腊人手中夺回迈索隆吉翁。这支隶属于苏丹的附庸穆罕默德·阿里的现代化军队恰恰为苏丹提供了一个范例。倘若苏丹没有早就意识到这点的话,那么此时这支军队也成了一个刺眼的例子,让他明白他的帝国必须拥有这样一支现代化的军队,而穆罕默德·阿里的这支军队甚至可以作为帝国军队的原型。穆罕默德·阿里清除了埃及的马木留克集团,比任何一位苏丹都更早地证明了穆斯林军队也可以像基督教国家的军队一样达到欧洲式的纪律和训练标准,他对改革政策的追求也为他赢得了西方的尊敬和支持。

为了发动针对近卫军的政变,苏丹提前准备了忠于自己的部队。他预见到可能会发生激烈的巷战,于是扩大了炮兵部队的规模,提升了他们的战斗力,使他们可以独当一面,摧毁近卫军。他把部队的指挥权交给了忠诚可靠的军官,并由一位冷酷无情的将军统领他们。在后来的残酷厮杀中,这位将军为自己赢得了"黑色地狱"的名号。苏丹还在博斯普鲁斯海峡对岸准备了一支实力不凡的亚洲军队,用来在必要时赶来支援。在此之前,马哈茂德苏丹已经逐渐把支持他的治国能臣擢升到了高官的位置上。现在,这些人正式签署了一项费特瓦,宣布将组建一支用欧洲方式训练、装备的新军。

创办这支新军的想法其实源于塞利姆三世的"新秩序"改革,但马哈茂德苏丹没有把它当作一项改革政策的产物,而是十分机智地对成立新军的目的做了另一番解读:为了帮助奥斯曼帝国重拾往日的辉煌,他要复兴苏莱曼时期古老的军事秩序。马哈茂德特意明确地指出,这支部队不会交给基督徒和外国人指导,而是交给受过现代化训练的穆斯林军官。这样一来,他的想法就得到了大穆夫提和乌理玛的支持,而在对付异教徒的圣战中,他必须获得宗教人士的支持。近卫军部队可以保留,但是每个驻扎在首都的营必须为新军提供150名兵员,接受新式训练。

正如苏丹所料,近卫军拒绝了这一要求。他们又一次按照传统的方式把营锅倒扣,以示造反。像1807年的那次兵变一样,他们又一次蜂拥冲进了大竞技场,然后杀气腾腾地向苏丹的宫殿进军,要求得到苏丹手下重臣的人头,重演历次兵变的旧戏码。但这一次,苏丹做好了准备。他的部队和火炮已经蓄势待发,大部分民众也聚集起来支持君主。马哈茂德亲自展开了先知穆罕默德的神圣旌旗,呼吁所有的信徒聚集在大旗周围。就在成群的近卫军沿着狭窄的街巷逼近大萨拉基里奥宫的时候,宫墙上枪炮大作,接连不断的葡萄弹在他们的阵列中撕出一道又一道口子,中弹者纷纷无助倒地。近卫军被炮火赶回了大竞技场。他们在大竞技场进行了一番抵抗,接着又躲进了兵营的院墙背后，布置工事，等待着进攻。

但是，并没有人来进攻。马哈茂德才不想冒险这样使用他的部队。他用重炮猛轰兵营，将里面化为一片火海和废墟，兵营和里面的4 000名叛军很快灰飞烟灭。就这样，在半个小时的时间里，现代化的武器就把这支有着五个世纪历史、曾经给欧洲和日渐式微的奥斯曼帝国苏丹带来恐惧的武装力量的核心部分消灭殆尽了。接着，在帝国的各个行省，又有数以千计的近卫军被杀，让近卫军遭遇了彻底的毁灭。就在同一天，苏丹公开宣布废除近卫军，他们的名号从此以后禁止使用，他们的旗帜也全部被销毁。一个月之后，几个世纪以来一直支持、教唆近卫军的拜克塔什教团被宣布为非法组织。他们的修道院遭摧毁，主要领袖被公开处决，其他追随者则遭流放。改革派人士后来将这一事件称作"吉祥事变"（Auspicious Incident）。至此，马哈茂德苏丹彻底在国境内清除了敌对的武装力量。他宣布将组建一支新的奥斯曼军队，并将其命名为"穆罕默德的胜利战士"。

在多年坚忍而耐心的等待之后，坚强而睿智的苏丹马哈茂德二世用一个小时的无情行动，夺回了他的奥斯曼家族祖先们曾经享有过的专断大权。但他恢复古制的目的是创造一个崭新的未来。马哈茂德并不想做一个独裁暴君，而是想要通过独裁的手段来达到进步的目的。在政变之后，国家迎来了一段开明发展的时期，苏丹在这一时期详细阐明了建设更具弹性、更加自由的社会的具体方案。他开启了一个涵盖范围十分广阔的改革方案，并将其交给他的后代继承人继续推行。按照他的计划，奥斯曼帝国将逐渐演变成一个与西方文明越发趋近的新土耳其。他务实而不无遗憾地接受了奥斯曼帝国古老版图的沦丧，但他现在要为这个缩小了的帝国创造一个全新的政府架构，帮助这个国家遏制颓势，获取新生。

苏丹在欧洲和亚洲的领地将变成一个奥斯曼共同体，强大、团结，对外足以对抗外部威胁，对内则拥有足够的灵活性，保证不同民族和宗教信仰的国民的利益和对国家的忠诚。他对内政策的核心，就是缔造全新的世俗君权原则，逐渐实现政教分离。正是这一原则确保了奥斯曼帝国在19世纪和20世纪的延续。

在解决掉近卫军之后，马哈茂德最紧要的任务就是进行军事改革。他迅速地组建起了新军，重新启用了以往授予军队统帅的"塞拉斯克"（Serasker）称号，用这一官职取代了近卫军的阿迦。塞拉斯克既是军队的总指挥，也是战争大臣，还要特别负责管理新军。他还继承了阿迦维护公共治安的职责，负责管理伊斯坦布尔的警务。维护并扩大警察系统成了塞拉斯克的主要职责之一。根据规定，至少有1.2万名新军将驻扎在首都，另外还会为外省征召更多的部队。所有军人都要服役12年。

为了完成他的军事改革，并将他的新军打造成一支能征善战的可靠队伍，马哈茂德必须争取十年的和平时间。俄国人察觉出马哈茂德与他的前代苏丹们不同，是一位兼具权威和能量的坚定统治者，他们也十分清楚马哈茂德此时急需的是什么。因此，沙皇之所以挑起那场让苏丹蒙受《阿德里安堡和约》之辱的灾难性战争，很大程度上就是为了将马哈茂德的军事改革扼杀在萌芽状态，在他的新军成长为老练的部队之前将其击败。

在签署了《阿德里安堡和约》之后，马哈茂德开始积极地投身于新军的训练和武装之中。他打起了十二分的精神，因为他十分担心那位坐拥堪称新军模范的现代化军队的穆罕默德·阿里会与他算总账。1826年，马哈茂德曾派人去找他的这位附庸，要求他提供12位专家来指导练兵，但遭到了拒绝。于是，他只好把目光投向欧洲。但是，法国人同情希腊叛乱者，后来还支持穆罕默德·阿里，因此土耳其人不想向法国人寻求帮助；英国人也有同情希腊的嫌疑，因此苏丹在1834年拒绝了巴麦尊勋爵（Lord Palmerston）[1]派遣军官帮助他训练部队的提议。不过，一些奥斯曼帝国军校学生后来去了伍利奇（Woolwich）[2]，三名英国军官被派到了伊斯坦布尔协助军队的重组。1838年，英国人又派来了一支海军代表团。不过，部分出于他们对土耳其人的轻蔑态度的厌恶，他们并没有太大作为。

最后，苏丹在普鲁士人那里达到了目的。年轻的陆军中尉赫尔穆特·冯·毛奇给苏丹留下了深刻的印象，被苏丹聘为奥斯曼帝国国防和陆军训练组织方面的顾问。奥斯曼帝国还同普鲁士和奥地利互派了一些军校学生和军官进行交换学习。这就是土耳其武装部队德意志化的开端。尽管过程并非一帆风顺，但这种合作一直延续到了20世纪。不过，毛奇本人对马哈茂德二世却不太感冒，认为他远逊色于彼得大帝；而土耳其军官对外国军事顾问明显缺乏尊重，这也让毛奇感觉受到了冒犯。他写道："校官们事事让我们优先，其他军官的礼貌程度也可以忍受，但那些普通士兵不肯向我们行持枪礼，女人和孩子则时不时跟在我们后面咒骂。士兵们遵守命令，但从不敬礼。"对各个阶层的土耳其人来说，要消除对异教徒的偏见绝非易

---

[1] 英国政治家，时任外交大臣。
[2] 伦敦东南部的一个区，有一些军事院校。

事。与此同时，塞拉斯克（总司令）手下的部门渐渐壮大成了战争部。这个部门颇有权力，对奥斯曼帝国的武装力量拥有强有力的管控能力，并将这种管控能力一直保持到了下一个世纪。

马哈茂德接下来要做的是削减乌理玛的权力。正如近卫军曾经是军事体制的捍卫者，乌理玛是宗教体制的捍卫者，两者近年来一直沆瀣一气。因此，乌理玛是对苏丹至高无上的权力的另一个潜在威胁。乌理玛曾经与近卫军联手掌控大权，摧毁了塞利姆三世和他的"新秩序"改革。如果马哈茂德想要创建起新的政府架构，就必须削弱传统体制的第二根支柱——乌理玛，毕竟政教分离是他最基本的改革诉求。此时，在世俗和宗教领域的各级达官显贵之上，有两个人享用着最高权力，他们分别代表着奥斯曼帝国君主的二元身份——苏丹和哈里发——的一个侧面。这两个人，一个是大维齐尔，负责在行政和司法领域的实际执行；另一个是谢赫伊斯兰，或者说大穆夫提，其职责是为君主提供建议，并诠释君主的行为。在奥斯曼帝国衰落的年代里，能够稳固占据这两个权倾朝野的职位的人时常会威胁到苏丹本人的至高权力和威望（这种作用对国家来说时好时坏）。马哈茂德现在想要做的就是稀释他们的权力。他要建立起一个由各司其职的文官团队组成的政府体系，而不把独断的权力交给其中的任何人。

首先，他将大穆夫提从世俗政府体系中移除，让其只作为宗教职务存在。不过在宗教领域，曾经仅仅拥有建议权和解读权的大穆夫提，此时获得了司法方面的权力。大穆夫提从大维齐尔手中拿走了宗教裁判权，从而获得了对苏丹所有的穆斯林臣民的司法权。与此同时,在世俗领域独立发展出了新的民事裁判机构。

在此之前,大穆夫提都从他自己的宅邸提供建议,发布裁决(这些裁决经常有政治意味)。现在,他则负责管理一个政府部门,该部门的办公地点就位于以前近卫军阿迦的官邸。这样一来,他就失去了自治权,他的收入、雇员和机构建设不能再像以前那样独立于朝廷之外了。处于政府管辖之下的乌理玛群体开始整体官僚化,从而削弱了他们的实际权力和阻挠变革的能力。在丧失财务和行政独立之后,乌理玛在君主面前的力量遭到了削弱,而苏丹还将继续逐渐削弱他们的地位和权限。他把学校划归教育部管理,把司法权力交给司法部,甚至还把起草费特瓦的权力交给了一个实际上受苏丹掌控的司法委员会。现在,作为政府官员,大穆夫提的权势不再来源于他的传统权力,而更多地取决于他的个人能力能为他带来多大的影响力。

最后,马哈茂德又把古老的伊斯兰"瓦合甫"体系(慈善基金会)也纳入了国家的掌控之中。"瓦合甫"体系的基石是出于宗教目的而捐献的不可剥夺的土地和其他永久性产业,这些产业大多位于城市之中。以前,这些捐献的财产和它们带来的收入都交给乌理玛的成员负责管理和征收。大穆夫提、其他的穆夫提和卡迪们曾经控制着形形色色的慈善基金会,这些基金会也构成了宗教体系的主要经济来源。

在削弱了旧有的军事和宗教体系之后,马哈茂德创立了他自己的世俗政府体系。从表面上看,这一政府体系颇有欧洲政府体系的模样,因此让西方人对新土耳其的与时俱进大为赞叹。首先,他关闭了位于皇宫大门处、在过去接近两个世纪的时间里实际上扮演了奥斯曼帝国政府角色的大维齐尔官邸。大维齐尔曾经享有的绝对权力，现在被分割交给了两个部门——外交部和民政部（后来改为内政部），而传统的德夫特达（财务官）办公室被重新命名为财政部。大维齐尔被更名为首相，在各个部门之上负责统治者和政府之间的沟通。不过，后来大维齐尔的名称又得以恢复。

其他一些部门也分别获得了大维齐尔以前的一些职责和权力，同时各部门的功能又有了新的分工。首相负责召集各部门召开枢密会议（Privy Council）或内阁会议（Council of Ministers）。各个部门各司其职，负责建言献策，起草方案和报告，并提交最终决定供苏丹发布。在各个部门中，最为重要的当属军事会议（Council of Military Affairs）和最高司法会议（High Council for Judicial Ordinances）。教育部、商务部、农业部和工业部统一由一个名为要务委员会（Board of Useful Affairs）的咨询委员会管辖。不论这套新的官僚体系是否真的有效，它至少打破了旧有的权力结构体系，并且代之以现代形态的新机构。奥斯曼帝国政府中的旧官僚逐渐被有着与前辈迥然不同的教育、社会和文化背景的新一代公务人员取代，新的机构也随之变得越来越有实效。

依靠新的中央政府，马哈茂德在地方上也推行了机构改革。他逐渐消除了那些源于世袭、传统、惯例或公意的地方势力，将权力全部归属于苏丹。为了做到这点，他先着手进行了两项准备工作。首先，他在鲁米利亚和安纳托利亚（除了阿拉伯诸行省）进行了男性人口数量普查；接着，他又进行了一次土地普查，将全部土地所有权情况登记在案。他之所以这样做，一方面是为了协助新军征兵的工作，另一方面是为了建立起一个更加精确有效的税收体制，以供养新军。最后，马哈茂德彻底废除了蒂玛尔制度，在这一制度下分配的封地曾经是西帕希骑兵制度的基石。从16世纪末开始，随着封地骑兵数量的减少和领军饷的常备军数量的增加，蒂玛尔就变成了皇室土地，随后被出租给包税人。不过，在安纳托利亚和鲁米利亚的部分地区，这个古老的制度依然残留着。马哈茂德在取消了近卫军的同时，也取消了封建骑兵制度的残余。现在，他又收回了剩余的蒂玛尔，并把这些封地也作为皇室土地出租出去。就这样，他消除了封建制度的最后一点残余，从而进一步加强了中央政府对奥斯曼帝国各个行省的控制。

在法律领域，马哈茂德苏丹做了重大的革新。在他的帝国里，通行的法律包括效力超过人类法令的神权法"沙里亚法"和由身为哈里发的苏丹颁布的法令。两者都是典型的中世纪法律，为了秩序和稳定规定了每个人的职责。但是，这两种法律都不能给予人现代意义上的平等。马哈茂德又颁布了第三种法律"阿达莱特"（adalet，意为"公正"），并因此获得了"公正的马哈茂德"的称号。"阿达莱特"是一种独立于神权法和君权法的法律体系。马哈茂德在世俗领域组建了一个委员会，负责制定新的、独立于沙里亚法和苏丹法令之外的公共法。这些法律规定了法官的职责和对政府官员的管辖权。他们制定了惩治官员玩忽职守的法律程序，对受贿和其他形式的腐败行为量以重刑。他还有史以来第一次引进了这样一个陌生的理念：官员是公仆，各有法律规定的职责，而不像以前那样唯君主的意志是从。这表明，马哈茂德决心在政府的直接权威之外，为他的行政体系创造一种公共服务的新传统。随着新法典的逐步完善，如何量刑将不再像以往那样完全取决于法官的自由裁量，而要依照法典仔细衡量。新的法典特别强调刑事责任，而且越发清晰地区分了刑事与民事、世俗与宗教以及私法与公法。

不过，对于仍然生活在社会和家庭体系框架内的人们来说，他们的个人生活依然完全受伊斯兰神圣法和习俗的支配。关于结婚与离婚、财产与继承、女性与奴隶地位的法律，没有发生任何变化，宗教依然是法律的基础，苏丹仍然没有能力触及这一领域。在家里，人们还生活在中世纪。

但是，在更广阔的领域里，中世纪的理念已经开始崩塌。在东方世界堪称有着超前意识的马哈茂德为奥斯曼帝国的主权找到了一个新的基石——人民。他所创造的新的中央集权官僚体系代行着人民的种种权力，以实现人类的进步为其运转的目标。苏丹告别了传统的秩序，抛弃了大量的神授权力。他不再是虔信者的保护者，而变成了公民的启蒙者。实行开明专制的马哈茂德更重视赋予他的臣民权利，改进他们的生活境遇，而不是维护自己的绝对权力。

要达到这一目标，就需要新的教育。土耳其人必须通过学习，才能认识到世界上有诸多未知的事情，从而去挑战号称万物皆已知的乌理玛。在传统知识方面，乌理玛的宗教学校实际上处于垄断地位，但宗教学校所传授的知识仅限于神、人对神的义务以及人对其同胞的义务。而且，这些知识的传播主要靠口头传播，结果留下了大量的文盲。1824年，马哈茂德规定初等教育是义务教育，但仍然只能教授宗教知识。因为在把神圣法的整个管理体系交给谢赫伊斯兰的过程中，苏丹不得不将世俗教育排除在义务教育之外。

在马哈茂德看来，为了实现进步还要推行更高等的教育，主要是传授技术技巧的教育。这种教育与打造新军、取代近卫军的军事体系构建也有着密切的联系。在这一阶段，更高等的教育主要就是军事教育。军中急需受过教育、富有才干的军官，而除了少量的西方归顺者、炮手和工程师之外，军中此类人才奇缺。

18世纪末创办的海军工程学校和陆军工程学校于近期恢复了使用，现在又得以正式重建。1827年，苏丹不顾强烈的反对声，大胆地仿效穆罕默德·阿里的做法，派了一小群学生去巴黎学习。这群学生，再加上散布在欧洲各国首都的陆军和海军军校生，成了接连不断地派往欧洲学习的土耳其学生中的先行者。学成回国之后，赴欧学习的这些学生在国家的现代化进程中发挥了重要的作用。与此同时，尽管马哈茂德暂时推迟了军官进修学校的组建，但他遴选出了一批未获委任的军官和士兵组成训练小组，在部队中从事训练工作。在经过训练之后，他们的学生又可以将自己学到的东西教给其他人。就这样，他们为下一代奥斯曼军队培养了一支军官后备力量。

最后，马哈茂德效仿拿破仑的圣西尔军校（St. Cyr），创办了军事科学学校，打破了与近卫军传统的最后一点联系，也割断了宗教与军事体系之间的最后联系。尽管这所学校里的许多教师是法国人和普鲁士人，但它展现出了一种新的土耳其军事传统——它既深深根植于土耳其社会之中，又拥有一套内容先进、同时进行学术、社会和政治教育的教育体系。这种教育体系将造福于后世的土耳其人。与此同时，马哈茂德还创办了一所帝国音乐学校，用来培养军乐团中的鼓手和号手。在这所学校里，有一位教授西方音乐的顾问名叫多尼采蒂帕夏（Donizetti Pasha），他是意大利著名作曲家多尼采蒂的弟弟。[1]

最值得一提的是，他还开办了一家为新军培养医生的国立学校，后来还培养外科医生。而对于平民来说，他们仍然只能在苏莱曼清真寺受宗教机构赞助的宗教学校里学习医术，学习的内容部分源自希腊古典时期，部分来自盖伦（Galen）[2]和阿维森纳（Avicenna）[3]的著述。

马哈茂德开办的医学院是奥斯曼帝国第一所提供初等和中等教育的世俗学校。1838年，在经过重组之后，这所医学院迁到了佩拉的加拉塔萨雷（Galatasaray），启用了以前宫廷侍从学校的校舍。这所学校有部分欧洲教师，土耳其语和法语都是授课语言。在学校的落成典礼上，苏丹本人亲自对学生讲话。他对他们说，在医学领域，阿拉伯语已经成了一门过时的语言，因此，"你们将用法语学习医学科学……我之所以让你们使用法语学习医学，目的并不是让你们学习法语，而是让你们好好学习医学科学，然后再一点一滴地用我们自己的语言阐释医学科学"。在马哈茂德看来，使用法语进行医学教学只是权宜之计。实际上，到了下一代人的时候，随着土耳其的学者将外国医学教材和其他著作翻译成土耳其语，土耳其语逐渐取代了法语，成了主要的教学语言。这标志着土耳其传统医学的终结和现代医学的崛起。加拉塔萨雷的这所医学院违背中世纪的伊斯兰传统，开设了解剖和验尸课程。在乌理玛的坚持下，解剖学研究

---

1 多米尼科·多尼采蒂是19世纪上半叶著名的歌剧作曲家，他的弟弟朱塞佩·多尼采蒂在奥斯曼帝国为马哈茂德二世服务。
2 2世纪时的古罗马医学家。
3 10—11世纪时的波斯医学家，也被称作伊本·西那（Ibn Sīnā）。

都只能使用蜡制模型。而现在，学生们获准在人类尸体上学习解剖学——这些尸体通常是死去的努比亚奴隶，获取价格低廉。

随着时间的推移，这所学校的授课内容又扩大到了更广泛的科学、文化和学术研究上。奥斯曼帝国的穆斯林学生们史无前例地开始学习欧洲历史和文学，课堂上使用法语授课；对法国文学的研究逐渐取代了传统的对波斯文学的研究。马哈茂德苏丹对平民教育的关注程度不亚于他对军事教育及其附属学科分支的关注程度。他的新政府体系里急需有能力的公务人员。1838年，要务委员会发布了一份十分进步而反传统的报告，可以体现出在西方的直接影响下，土耳其人对教育的新看法：

> 宗教知识可以为我们在未来的世界提供救赎，但科学知识可以增进人们在现世的生活。例如，天文学可以推动航海和贸易的发展，数学可以提高我们在战争和军事管理中的表现……在探讨复兴农业、贸易和工业的种种项目的过程中，本委员会发现，没有科学我们将一筹莫展；而要发展科学，改进教育，就必须给学校体系带来新秩序。

他们提到的学校指的是初等学校，要务委员会希望可以对其进行世俗化改革。不过，要务委员会的想法遭到了谢赫伊斯兰及其所在部门的坚决反对。因此，一直到20世纪，对平民的初等教育都掌握在宗教势力手中。面对来自乌理玛的反对，要务委员会只好在面向青春期学生的教育["吕什迪耶"学校（rüshdiye）]中实践其的想法。这类学校可以填补初等的宗教教育与更高等的世俗教育之间的空白。尽管进展缓慢,但在马哈茂德苏丹统治期间,要务委员会还是用公款创办了两所新的分别依附于苏丹艾哈迈德清真寺和苏莱曼清真寺的文法学校。学校的课程主要是语法和文学,以培养未来的公务人员。

不过,马哈茂德的这一切方案还有一个奇怪的障碍——语言障碍。马哈茂德想要给这个穆斯林民族介绍西方的政府和社会体系,但是这个民族对西方语言一窍不通。在塞利姆三世提倡语言研究的时代,有一些年轻人学习了外国语言。但是到了现在,这些人几乎没剩下几个,他们也没有太多的传人。希腊独立战争爆发之后,在政府里任职的希腊人不再受到信任,最后一个希腊人帝国政府译员主管也遭解职,苏丹想要找一名穆斯林接替他的职务。但是,为这个职位找到合适的人选十分困难,最后只好找了一位出身于基督徒家庭的数学学校教师出任此职,后来接替他的也是同一所学校的教师。最终,为了解决语言问题,苏丹在高门之内设置了一些"翻译室",这些翻译室后来逐渐演变成了一所外国语学校。

从1834年起,马哈茂德开始着手重启塞利姆三世昙花一现、未能完成的计划,在欧洲主要国家的首都开设奥斯曼帝国大使馆。现在,奥斯曼帝国的外交人员大部分都是身为穆斯林的土耳其人,而不再是芬内尔希腊人,非穆斯林也逐渐被隔绝在高级外交职位之外。奥斯曼帝国的外交人员不仅有机会学习西方语言,还可以受到西方文明的一些影响。在接下来的50年里,这些人将成为奥斯曼帝国内部较为开明的领袖人物和政治家的主要来源。

与此同时,马哈茂德也意识到了在一个中央集权的国家里通信的重要性。于是，他在伊斯坦布尔开办了第一家土耳其语报纸，其法文版叫作《奥斯曼箴言报》（*Moniteur Ottoman*）。他要求官员必须阅读这份报纸，以熟悉他的政策和活动。1834年，他又创立了邮政服务，负责管理邮政的官员自行在帝国内部合适的地点任命下属官员，负责登记管理所有通信。苏丹解释说："从此之后，再也不会有什么人需要靠自己送信。"他亲自为奥斯曼帝国的第一条邮路[从于斯屈达尔（Üsküdar，即斯库塔里）到阿德里安堡]落成剪彩。在此之后，又有多条邮路修成。

就这样，马哈茂德为一个融合了东西方文明要素的现代土耳其国家的缓慢崛起打下了军事、司法和行政方面的基础。从社会表象上看，土耳其人的生活方式也将逐渐西方化。苏丹本人就起到了表率作用。他不再使用奥斯曼礼节，而改用欧洲礼仪。在接见外宾时，苏丹会逐个走到他们身边与他们交谈，甚至还会对他们的夫人表现出充分的尊重。苏丹不再是一个遥远而冷漠的人物，他会出现在民众面前，亲自参加公开庆典，发表讲话。他接见大臣时，大臣们无须站着，只要坐着就可以。官员们的办公室采用了欧洲的装潢风格，不再像以前那样只有厚靠垫和软垫，办公桌、台子、靠背椅一应俱全，甚至还经常违犯伊斯兰禁律，在墙上挂上了苏丹的画像。

马哈茂德不鼓励留长胡子，还带来了服饰上的明显变化。他为他的新军准备了欧洲风格的紧身上衣、裤子和靴子。20年前，服装的变革直接引发了兵变，导致了塞利姆三世的下台。而现在，军队虽有迟疑，但还是接受了换装。奥斯曼帝国的军人习惯了宽松的拖鞋、肥大的裤子和袍子，尽管这些装备会影响他们的活动。在他们看来，这些贴身的制服是异教徒的象征，因此比较低等。

让他们接受帽子上的变化尤为困难，因为他们给帽子赋予了太多宗教上的意味。马哈茂德重新启用了塞利姆三世的新军曾经使用过的圆筒形的"苏巴拉"（subara）软帽，以取代头巾。1828年，"苏巴拉"软帽又被更加实用的菲斯帽（fez）取代。这种红色的毛毡软帽来自北非，如果追根溯源的话其实来自欧洲。先知穆罕默德本人曾经公开宣示，头戴之物乃伊斯兰教信仰特殊的象征物。因此，如果菲斯帽要成为标配的军帽，首先必须经过乌理玛的审查、批准。乌理玛经过一番犹豫之后，认可了穆斯林佩戴菲斯帽的做法，随后马哈茂德又采取了有力的措施来强制推行这种帽子的使用。不过，马哈茂德还想给帽子增加一个皮质的帽檐，以保护士兵的眼睛免受阳光直射。但是，乌理玛坚决拒绝了这项提议，因为有了帽檐之后，士兵在祈祷时额头就不能碰到地面，不符合虔诚的穆斯林的规范。1829年，马哈茂德发布了一项法令，规定了各级官员应当穿着怎样的衣服。在此之后，平民和士兵都开始佩戴菲斯帽。中世纪式样的袍子和头巾成了宗教身份的象征，只有乌理玛的神职人员才把袍子和头巾当成"制服"穿戴。欧式的裤子取代了肥大的土耳其裤子，给土耳其人带去了更多现代平民生活的气息。现在，至少在城市里，土耳其人的普遍穿着还包括西式长外衣和黑色皮靴。

在镇压了近卫军之后，矢志在各个领域均有一番作为的马哈茂德二世只有13年的时间，来为他期待已久的彻底改革打下基础，并付诸实施——尽管在有些方面他或许不可避免地只能做一些表面文章。这是一段艰辛的岁月。面对种种问题，马哈茂德展现出了在其祖先身上都罕见的不屈不挠的意志力和不达目的誓不罢休的决心。

苏丹不辞辛劳地工作，目标是要尽快用一种新的秩序来替代奥斯曼帝国的旧秩序，同时让其臣民从他们习惯了数个世纪之久的生活方式中摆脱出来，去采纳一种对大多数人来说都未曾尝试、十分陌生的新的生活方式。尽管宗教体系里那些活在过去之中的人已经无力逆转这种趋势，但他们依然不可避免地暗中仇视这种变革。不过，新的官僚体系产生了更具现代意识的人。他们采纳了成本更加高昂的西方生活方式，同时在陌生而仍显无序的政府机构里按照西方的方式进行工作。他们缺乏可以保证他们安全的依靠，也没有过去统治国家的世袭阶层习以为常的那种紧密的个人关系和忠诚体系。作为拥有新的生活方式、生活标准和思维方式的西方化的公务人员，这些管理国家的人与被管理者之间出现了前所未有的鸿沟。不仅如此，由于这些"公仆"还不具备公共道德的约束，他们完全可能像旧官僚一样腐败。

在这一时期的前半段，马哈茂德终于可以不再受到来自国外的威胁了。但是，对苏丹充满威胁的附庸穆罕默德·阿里也在利用这段时间重建他在纳瓦里诺损失掉的舰队，并且扩充他那支大量委任法国军官的陆军。出于对他在摩里亚的军事行动的酬谢，苏丹把克里特帕夏辖区交给了穆罕默德·阿里。但是，他未能如愿得到叙利亚帕夏辖区。在他看来，这是苏丹未能信守诺言的表现。到了1832年，他做好了为此复仇的准备。他以自己与阿卡帕夏（阿卡帕夏的辖区是通往叙利亚的钥匙）的私人恩怨为借口，派他的儿子易卜拉欣率领大军前去强夺叙利亚。

易卜拉欣不费吹灰之力就夺取了加沙和耶路撒冷，接着又在舰队的支援下攻克了阿卡。随后，易卜拉欣开始朝着阿勒颇和大马士革进军。面对久经战阵的敌军，马哈茂德的新军连吃败仗。易卜拉欣接着翻越了托鲁斯山脉，夺取了安纳托利亚中心地带的科尼亚，继而又一直前进到布尔萨。于是，他又把目光投向了伊斯坦布尔。在穆罕默德·阿里看来，奥斯曼帝国势必灭亡，而他一直梦想可以在这个帝国的废墟上建立起属于自己的国家。

恐慌席卷了首都，马哈茂德则派人向英国政府紧急求援。英国大使斯特拉特福德·坎宁强烈支持向苏丹提供援助，但巴麦尊勋爵拒绝了他的请求，因为巴麦尊勋爵此刻一心想要执行裁军的政策。这样一来，马哈茂德别无选择，只好向宿敌俄国人求援。俄军总是做好了出征的准备，于是欣然同意了马哈茂德的请求。1833年年初，一支从塞瓦斯托波尔出发的俄罗斯舰队运来了6 000名俄军。他们在博斯普鲁斯海峡入口附近登陆，前来协助伊斯坦布尔的防御。六个星期之后，一支规模大一倍的俄军又从敖德萨赶来。沙皇的军队占据了斯库塔里的巨人山，从而控制了伊斯坦布尔。在外国人中，此时只有俄国人能见到苏丹；俄国士兵和水手出现在了伊斯坦布尔的街头，俄罗斯军官则被召集进城协助奥斯曼军队的训练和指挥。易卜拉欣本打算朝着博斯普鲁斯海峡进军，但鉴于俄军的存在，他谨慎地选择了以他父亲的名义进行谈判。与此同时，英国和法国政府也终于恍然大悟，意识到了俄国的威胁。

在巴麦尊勋爵的主导下，英法两国向苏丹施加了巨大的外交压力，要求他让俄国人撤军。作为交换，他们保证让穆罕默德·阿里撤军，并且担保他不再来犯。于是，苏丹发布了一道诏书，承认穆罕默德·阿里不仅拥有埃及和克里特帕夏辖区，还拥有叙利亚、大马士革、的黎波里、阿勒颇和阿达纳的管辖权。在穆罕默德·阿里的有生之年，他都可以保有这些帕夏辖区，但不保证易卜拉欣或其他继承人在他死后可以继承这些领地。苏丹还与俄罗斯单独签署了《欣卡尔-伊斯凯莱西和约》(Treaty of Hunkiar Iskelessi)，与俄国结成了攻守同盟。根据和约，俄军将从伊斯坦布尔撤退。但根据和约里的一项秘密条款，俄国军舰随时可以自由通行海峡。此外，除非俄国同意，其他国家都不能获得自由通行海峡的权利。而且，在俄国认为合适的时候，它还有权派遣其陆军在博斯普鲁斯海峡两岸登陆。

但是，对于马哈茂德来说，他不可能长期忍受自己那么一大片亚洲领土掌握在一个叛臣的手中。而且，穆罕默德·阿里还野心勃勃地想把这片领土变成一块实际上独立于奥斯曼帝国政府的世袭帕夏辖区。1838年，穆罕默德·阿里拒绝继续向奥斯曼帝国政府纳贡，此举实际上相当于宣布独立。马哈茂德下定决心要彻底消灭穆罕默德·阿里，于是在幼发拉底河流域集结了一支军队，准备进军叙利亚，并于1839年向穆罕默德·阿里宣战。由于穆罕默德·阿里的统治比苏丹残暴得多，叙利亚的大部分居民都对穆罕默德·阿里心怀不满。与此同时，马哈茂德还派遣了一支舰队沿着叙利亚海岸推进，与陆军两路并进。结果，陆海两路远征都遭遇了灾难性的失败。他手下的不少部队被埃及人用金子收买，临阵脱逃，导致他的军队被打得大败。舰队的命运更加悲惨——舰队的指挥官背信弃义，把舰队直接带到了亚历山大港，将其献给了穆罕默德·阿里。

看到这种情况，西方国家十分担心俄国会第二次出兵干涉，于是为了保护奥斯曼帝国，它们秘密拟定了条约，力求彻底解决土耳其-埃及问题。法国出于自己的利益，支持穆罕默德·阿里反对苏丹，因此拒绝合作。而意在寻求和解的俄罗斯反而参与了进来，提出可以放弃在达达尼尔海峡航行的垄断权利。巴麦尊勋爵在伦敦召开了一次会议，英国、俄国和奥地利在会上达成了一项协议。根据协议，如果穆罕默德·阿里从叙利亚撤军，并且把奥斯曼舰队归还给苏丹，那么列强将承认他在埃及的世袭帕夏地位以及他在叙利亚的终身帕夏地位。如果穆罕默德·阿里拒绝，那么三国的舰队就会封锁埃及和叙利亚。

穆罕默德·阿里拒绝了最后通牒。于是，一支英国舰队出现在了叙利亚海岸，接连摧毁了贝鲁特和阿卡的要塞。接着，登陆的英军在反对穆罕默德·阿里暴政的阿拉伯起义军的帮助下，击败了当地的埃及占领军。此举激怒了法国，法国甚至一度威胁要与英国开战。但是，时任法国国王的路易·菲利普（Louis Philippe）很快意识到，威胁开战毫无作用，与实际开战之间有着天壤之别。英国舰队在海军上将纳皮尔（Admiral Napier）的指挥下来到亚历山大港，威胁要炮轰港口。穆罕默德·阿里担心亚历山大港会重蹈阿卡的覆辙，只好同意和谈。他归还了苏丹的舰队，恢复向苏丹纳贡，并且同意裁军。作为回报，他在埃及的世袭地位得到了确认。他还从叙利亚撤了出来，让叙利亚和克里特一同回到奥斯曼帝国政府的直接统治之下。

1841年，包括法国在内的列国在伦敦签署协议，正式确认达达尼尔海峡和博斯普鲁斯海峡为奥斯曼帝国领海，和平时期禁止他国战舰驶入。这项协议对奥斯曼帝国来说十分有利，但是与1833年奥斯曼帝国对俄罗斯的承诺相矛盾。12年后的1853年，这一冲突将产生十分重大的影响。

不过,马哈茂德苏丹既没有看到他的军队惨败于他的附庸之手,也没有看到后来让人振奋的结局。他在1839年7月1日去世了。说到最伟大的苏丹,马哈茂德定然可以名列其中。与他那些伟大的先祖不同,他并不是一位军事统帅,对外交也不在行。在他的统治下,奥斯曼帝国的版图不断萎缩。但是,凭借他的统治能力和具有远见的规划,奥斯曼帝国止住了日渐下滑的颓势,在内部打破了顽固反动势力的枷锁,开始朝着一个现代国家的方向缓慢前行。

马哈茂德死后,他16岁的儿子阿卜杜勒·迈吉德(Abdul Mejid)继位成为苏丹。

第三十二章

如果说阿卜杜勒·迈吉德苏丹并没有继承其父马哈茂德二世的出众能力，他至少展现出了良好的意愿。这个年轻人热切地想要效法马哈茂德，延续他的道路，完成他的改革。阿卜杜勒·迈吉德举止柔和，肢体纤细，被人称作"最温文尔雅的苏丹"。不过，他也是一个长于思虑、严肃认真的年轻人。英国大使斯特拉特福德·坎宁第一次见到这位苏丹，就认为他可以成为自己的"学生"。在他看来，这位苏丹"性情和善，具有透彻的理解力和清晰的责任感，举止庄重却不骄傲，还拥有他的祖先身上难得一见的仁慈之心。他的个性使他更愿意用温和而开明的方式推行改革。他没有足够的魄力去启动某一项改革，但乐于批准和推动改革的进行。"在斯特拉特福德·坎宁和阿卜杜勒·迈吉德之间，建立起了一种大使与君主之间罕见的亲密私人关系。因此，斯特拉特福德·坎宁从阿卜杜勒·迈吉德即位伊始就对他的政策有着非同寻常的影响力。

阿卜杜勒·迈吉德的母亲是一名切尔克斯人。这位非同寻常的苏丹皇太后从苏丹小时候起就对他影响颇深，因此对帝国的国事也有着巨大的影响力。阿卜杜勒·迈吉德不具备他父亲那样独挑大梁的能力，因此需要得到优秀而可靠的顾问的帮助。他曾经对斯特拉特福德坦言："如果能找到十位帕夏来帮助自己，我就可以对成功充满信心"。实际上，苏丹往往会随着相互敌对的维齐尔的更迭而左右摇摆。在他执政初期的维齐尔之中，有一位穆斯塔法·雷希德帕夏堪称佼佼者。此人是一位外交官，曾经在奥斯曼帝国驻巴黎大使和其他岗位上有优异的表现。在马哈茂德驾崩时，身为外交大臣的雷希德正在伦敦执行特殊的出使任务。当时，革命和改革的思潮又开始在西方风行，而迅速回国的雷希德努力想要向欧洲国家证明，奥斯曼帝国也能建立起现代政府体系。

他一边敏锐观察着欧洲国家的态度，一边起草了一份实际上相当于马哈茂德二世遗嘱的改革法案。1839年11月3日，在大萨拉基里奥宫的花厅（这里原本是宫廷甜点师准备玫瑰蜜饯的地方，因此得名），这项法案在阿卜杜勒·迈吉德苏丹、外国使节（以往他们不会受邀参加这样的仪式）和奥斯曼官员的共同见证下正式公布。这项法案后来被称作"花厅御诏"（Hatti-Sherif of Gülhane），它与后来公布的一系列法案被统称为"坦志麦特改革"（Tanzimat，即为"重组"之意）。

花厅御诏是伊斯兰世界最早的一份宪法性文件，实际上是一份规定了法律、社会和政治权利的宪章。苏丹本人也宣誓遵守花厅御诏的根本理念和议事机构随后做出的决议。花厅御诏实际上承载了马哈茂德统治晚期形成的各种计划和理念，对之加以提炼，落实成具体的文字，并将成为崭新的奥斯曼帝国体制建设中的基石。即便历经挫折和变迁，花厅御诏仍将在接下来的20年中不断演进。坦志麦特改革意在保障国民的生命、荣誉和财产的自由与安全，用固定的计税征税体系取代包税制，确立常态的征兵流程和军人的服役年限，保证法制下的公平公开审判，还制定了未经合法审判不得施加惩罚的原则。

苏丹的议事委员会分别负责上述事务。这些议事委员会拥有准立法权,其成员范围也有所扩大,囊括了帝国重臣和其他显要。在这些议事委员会中,地位最高的是1840年设立的司法委员会,这个委员会将在坦志麦特改革时期扮演核心角色。委员会的成员可以畅所欲言,苏丹必须批准在委员会中取得多数赞同的决议,尊重并遵守依据宪章制定的法律。从理论上讲,这意味着他作为君主的绝对权力将受到制约,他在行政过程中必须遵守他人制定的法律,中古时期绝对君权里司空见惯的种种特权受到限制。不过,此时的宪章并不是一个具有宪政改革意义的文件,它并没有在统治者和被统治者之间确立一种新的关系体系,不涉及国民代表权的问题。委员会的成员并非通过选举产生,而是由苏丹本人钦点任命;他们所做的事情也受制于苏丹的意志,因为他们的决议必须获得苏丹批准才能具有法律效力。因此,苏丹实际上仍然拥有绝对的君权。

在坦志麦特改革中,最为激进、对于西方人来说也最为引人注目的一项原则是,奥斯曼帝国的所有臣民,不论种族和信仰,都应享有同样的权利。这样一来,就消除了穆斯林与基督徒和其他非穆斯林之间的区别。在法律、税收和财产等层面,坦志麦特改革都给予全体国民以安全和自由保障。这样的平等原则同样也适用于教育领域(不论是平民教育还是军事教育)及军队和政府部门征召选拔人才的过程中。

在俄国驻奥斯曼帝国的代表看来,花厅御诏可谓是一次成功的"表演",让西方世界大为惊异,猜测纷纷。在欧洲日渐倾心改革的这个时代,衰落中的奥斯曼帝国尽管还保留着传统的政府体系,但看起来也将向开明的方向实现蜕变。作为一位伊斯兰国家的君主，苏丹向国内的基督徒敞开了政府的大门。在巴麦尊勋爵看来，"这个政策有着惊人的效果"，"让英国和法国公众对奥斯曼帝国的看法大为改观"。不过，在更多着眼于奥斯曼帝国阴暗面的梅特涅和其他人看来，他们仍然对改革在实际层面能够走多远心存疑问，认为它不过是装点门面的小把戏。

越来越多的欧洲人来到奥斯曼帝国，希望可以从新的机遇中获得好处，乃至为本国取得长期的优势。另一方面，尽管帝国内部的非穆斯林臣民十分热切地想要提高自己的地位，但他们显然对新宪章持谨慎态度。虽然新宪章大张旗鼓地赋予了他们更多的权利，但与此同时，既然已经成了拥有完整权利的公民，他们就必须承担新的义务。以前，他们只要缴纳人头税就可以免除兵役。但现在，他们必须服兵役，而且有可能在战争中与其他基督徒对垒；穆斯林也感到十分不快，因为他们可能要与基督徒并肩作战，甚至他们的指挥官也可能是基督徒。基督徒缺乏对奥斯曼帝国的爱国热情，而且担心会失去那些奠定了他们在教育和经济方面的优势的特权；基督教的神职人员则担心新宪章会损害他们的既得利益。他们猜不透奥斯曼帝国政府的真实目的是什么，仍然宁愿谋求外国支持——特别是俄国的支持——来寻求自治乃至独立。

对于大部分穆斯林来说，对异教徒的解放让他们大为不满，因为这冲击了他们最根本的传统观念——伊斯兰教胜过一切其他宗教。的确，拉亚们应该获得包容和保护，他们在内部事务方面也应当享有一定的自由。但是，他们应该作为一个不同的族群获得区别对待。他们信仰不同的宗教，因此不能被视作与穆斯林平等的人。哪怕是在坦志麦特改革所憧憬的那种世俗社会中，这些人也不应该在道德和社会层面上与穆斯林等同。帝国内部四处弥漫着这种反对思潮，形成了广泛的反动情绪。由于缺少一个行事果决的苏丹，奥斯曼帝国也无法轻而易举地压制这种风潮。

1841年，这种反对改革的风潮达到了顶峰。那一年，为了发展对外贸易，雷希德帕夏在新成立的商务部下开设了一个新的法庭，专门用来解决贸易纠纷。他还以法国贸易法为蓝本，制定了新的贸易法，编制了有关合伙人制度、破产和汇票等事项的规定。但是，在伊斯兰法学家看来，这些行为背离了沙里亚法。当雷希德向最高司法会议介绍新的贸易法时，他被问到新的贸易法是否与神圣法相抵触。他回答道："神圣法与这些事务无关。"话音未落，乌理玛的成员们就大声呵斥："亵渎神明！"结果，这项法案被搁置了，这给外国商人造成了巨大的不便。苏丹也向乌理玛屈服，解除了雷希德的职务，迫使他回到了驻巴黎的大使馆。苏丹皇太后的情人勒扎帕夏（Riza Pasha）接替了雷希德的职务。此人肆无忌惮地中止甚至推翻了雷希德的许多改革。他的帮凶还包括以仇视外国人和西方思想著称的大维齐尔伊泽特·穆罕默德（Izzet Mehmed）。

不过，身为塞拉斯克（军队总司令）的勒扎帕夏还是推行了急需的军队重组方案，这让奥斯曼帝国受益匪浅。他将帝国军队分成了两部分：一部分是现役军队（"尼扎姆"，Nizam），服役期五年；另一部分是预备役部队（"雷迪夫"，Redif），即现役军人返乡之后再于所在地区服役七年的部队。招募兵员采用征兵制，部队的训练、武器、装备和组织方式全部西化。就这样，奥斯曼帝国获得了一支拥有至少25万人的新军，其士兵兼具古时候奥斯曼帝国的军人的勇气和纪律性,其军官的素质也将随着军事院校的发展而日渐提升。尽管颁布了新的法令,基督徒实际上仍然不会被征召入伍。因此,这支军队依然是由土耳其穆斯林组成的。穆斯林和基督徒混编的想法经常会被人比作水和油的混合,或者像巴麦尊勋爵所说的那样,"仿佛把猫和狗关在同一个箱子里"。

最终,非穆斯林也不再需要服兵役,只需要缴纳一笔免服兵役税即可,这笔税款取代了以前的人头税。不过,像以前一样,海军里依然有基督徒服役。重整海军的是勒扎的朋友、名叫阿道弗斯·斯莱德(Adolphus Slade)的英国海军军官。他招募了1万名水手,但未能增加战船的数量。缔造新陆军是勒扎对国家唯一的贡献。在他执政的四年里,不公正、不安全和反动成了国家的主流,曾经让人引以为傲的"Gülhane"(花厅)被人讽刺地戏谑成了"Gulhan",即"垃圾坑"。

与此同时,斯特拉特福德·坎宁还得知,在这个腐败横生的环境里,勒扎在财政大臣的纵容和两名基督徒资本家的帮助下,从奥斯曼帝国的国库里挪用了大量的公款。斯特拉特福德·坎宁明白,将此事告知年轻的苏丹是不明智的,但他开始紧盯着勒扎的一举一动,同时假装默许了勒扎的反动政策。与此同时,他悄悄地培养着与阿卜杜勒·迈吉德的私人关系。他承认,阿卜杜勒·迈吉德身上的"善良多过能力",但他还是希望"欧洲的影响力和成功的例子能够影响到他,让他获得正确的指导,从而充分发挥他的能力"。

从这时起,有着坚定的新教信仰的斯特拉特福德·坎宁就成了一位狂热的勇士和基督徒的保护者,其所作所为经常超出其本国政府在具体政策中划定的行事范围。有一位亚美尼亚青年和一位希腊青年，都是在信仰了伊斯兰教之后又皈依了基督教，结果依照《古兰经》按叛教罪先后遭到处决。为此，斯特拉特福德·坎宁进行了持续不断地抗议。最后，他劝服了苏丹，让他"亲口宣布，从今以后，在他的版图内，基督教不得被侮辱，基督徒也不能由于其信仰而遭到任何迫害"。苏丹发表了一份公开声明，确认了这一承诺，并将其在帝国的各个行省公开宣示。为此，同为君主的维多利亚女王还向苏丹发了一封祝贺信。而之前就已经由于其高贵的举止和坚定的信念赢得了土耳其人尊重的斯特拉特福德·坎宁，则在此事中展示了自己的能力，从而获得了更显赫的名声。在基督徒的眼中，他就是帕迪沙阿中的帕迪沙阿。最终，他还设法让勒扎倒了台——此人于1845年被苏丹免职。

接替勒扎的是雷希德，他回来并出任了大维齐尔一职——这让坎宁十分满意。改革政策由此得以恢复。改革进入了一个新的阶段。苏丹宣称，他的改革都是为了增进国民的福祉，但除了军事改革之外，其他的提议都被他的大臣们误解了，推行的方式也不对。苏丹认为，这主要得归咎于国民普遍的无知。因此，他下令兴建新的学校来传播知识，并帮助政府的其他部门像战争部一样实现改良。一个委员会提议，除了大规模兴建初等学校和中学之外，还应该创办一所奥斯曼帝国国家大学。由于存在许多障碍，这项雄心勃勃的计划花了很多年的时间才得以实现。人们为大学的建筑打下了地基，还铸造了一枚纪念章来描绘大学建成后的样子。但是，由于缺乏经费，这座建筑一直未能竣工。工程停工的时候，建筑的墙体只盖了几英尺高。

由于初等教育是乌理玛的专属领域，在这方面取得的进展不多。不过，中学的数量在缓慢增加。委员会十分精明地在嘴上大谈特谈宗教的重要性，却在实际层面上把中学的发展都放在了世俗教育体系的框架之内。渐渐地，世俗教育体系内的学校为各个分支的官僚系统培养出了一群崭新的中产阶级精英。

在颁布了关于教育的新法令之后，苏丹又在地方政府层面开始了一项大胆的试验，以更多地征求民众的意见，限制帕夏的权力。他命令每个行省选出两名代表，遴选的标准是聪明过人、对当地情况十分熟悉、有能力处理好公共事务的地方显要。他想把这些人召集到首都，组成一个地方显贵会议（Assembly of Provincial Notables），与最高司法会议一同商讨国事，给出他们对于国家现状和改革需求的看法。

但他的命令没有得到良好的反馈。于是，他又派出了流动的特派员到各个行省去收集有关改革的情况，然后向最高司法会议汇报。对应每一位总督或帕夏，他都成立了一个委员会（"梅日利斯"，mejlis），其成员选自地方上的各个社群。苏丹设立这些委员会的本意是好的，希望可以让政府变得更负责任，更具有代表性。但是，实际上的操作并不成功。非穆斯林社群的确选出了他们的代表，但是总体上持反改革态度的土耳其穆斯林仍然占大多数。地方上的少数群体本来应当受到保护，但多数群体实际上可以轻而易举地吓倒少数群体，驳回他们的意见。而且，不称职的总督往往可以把责任推卸到委员会身上，很少能够因为他们的不法行为被绳之以法。总的来看，地方显贵会议体系不仅没能抑制反对改革的力量，反而制造出了一种这个国家拥有法制的假象。

斯特拉特福德·坎宁一直紧密关注着改革进程，他曾经就两桩案例向苏丹正式抗议过一个梅日利斯的所作所为。在坦志麦特改革之后，外国领事的地位得到了提高，在对抗腐败的帕夏、代表基督徒少数族裔说话时也变得更有分量，有时候甚至还能提高基督徒的待遇。坎宁借助他在苏丹那里的影响力，还取得了两项成就：禁止奥斯曼船参与奴隶贩运；纠正近来出现的从个人手上征收土地税的错误做法，确保土地税还是像以前那样从社群领袖那里征收。

在司法方面，1847年民事和刑事混合法庭成立。混合法庭由同等数量的奥斯曼法官和欧洲法官组成，其审判程序依照欧洲惯例，而非伊斯兰世界的惯例。1851年，奥斯曼帝国公布了一份修订过的刑法典。此前一年，雷希德确保了商法典的颁布——正是这部法典曾经在十年前导致了他的下台。商法典由商业特别法庭执行，旨在规范、保护和促进外国人的商贸活动。和拉亚们一样，长年在奥斯曼帝国内部经商的西欧人在此之前也不能通过土耳其法庭来解决他们的商业纠纷。尽管以前的让步条约规定外国领事法庭拥有审判权，可以在民事和刑事案件方面保护外国人的合法权益，但他们在商业事务上的权益得不到类似的保障。

现在，随着商业法庭的设立，外国人在商业事务上的权益也可以得到保障。同等数量的土耳其法官和欧洲法官组成了混合特别法庭，用来解决土耳其人和西欧人之间的贸易纠纷。1850年公布的商法典标志着奥斯曼帝国第一次正式承认了独立于乌理玛之外、处理神圣法范畴以外事务的法律体系（此前这已经在其他某些伊斯兰国家实现了）。在过去十年间崭新的经济自由主义的发展历程上，这也是重要的一页。借助更加自由、更加紧密的贸易关系，奥斯曼帝国经济的大门进一步向世界敞开了。

奥斯曼帝国经济向西方的进一步开放，起源于英国和奥斯曼帝国在坦志麦特改革开启前不久签署的一项新的贸易协定。依据自由贸易的原则，协定规定了固定的进出口关税税率，取消了各种限制性条款，有利于英国和奥斯曼帝国两国的商人。这项协定的签署，标志着英国取代了法国，成为近东海域最重要的贸易大国。不过，这项贸易协定实际上相当于对奥斯曼帝国现有贸易体系的修正和现代化改造，因此其他欧洲国家也可以效法英国，与奥斯曼帝国签署类似的条款。很快，法国和荷兰也与土耳其人签署了新的贸易协议。

从此以后，外国商人摆脱了以往的种种束缚，贸易额迅速增长，进入了一个经济增长、贸易繁荣的新时代。奥斯曼帝国越发成为欧洲工业品的重要市场，同时也成了农产品和其他原料的重要出口国。贸易公司、银行、保险公司以及其他现代经济机构纷纷在奥斯曼帝国出现。大量的人口离开了古老的中世纪式的小镇和村庄，搬进了崭新的不断扩张的城镇，带来了城镇人口的增长。与此同时，古老村镇中的传统手工业衰落了，工匠和农民的生计日渐式微。在一代人的时间里，大城市的规模增加了两倍，甚至三倍。城市中来自欧洲和黎凡特地区的人口剧增，他们往往抢了土耳其生意人的饭碗，结果扩大了非穆斯林和穆斯林之间的隔阂。这些都是让欧洲经济自由向国内渗透带来的结果。

土耳其穆斯林通常不会扮演贸易商、商人和金融家的角色，而是充当行政官员、军人和农民。接连许多任的苏丹都不知充实的国库和成色良好的货币为何物，因而他们的政府机构无能低效，官员腐败贪婪。每次遇到财政赤字的时候，他们的应对之策就是让货币贬值。在马哈茂德二世执政时期，奥斯曼帝国货币的形态经常发生变化，币值也一跌再跌，形成了长期的通货膨胀。这降低了人们的生活水平，也让领取固定薪水的官员设法另谋财路，越发道德败坏。1840年，阿卜杜勒·迈吉德苏丹下令按照欧洲的方式组建一家由政府出资补贴的奥斯曼帝国银行。接着，他又以发行浮动利率国债的方式引进了纸币。1844年，在这家新银行的帮助下，奥斯曼帝国政府出台了一系列旨在维护货币的措施。旧的钱币退出了流通，国家按照欧洲的惯例，发行了实行金本位的新货币。此举暂时稳定住了币值。

但是，事实证明，按照19世纪的资本主义方式运作财政超出了奥斯曼帝国政府的能力范围。从1858年起，奥斯曼帝国开始依靠不断举借外债过活，这最终将导致帝国的经济崩溃。在奥斯曼帝国里，从银行业和工业投资上渔利的不是土耳其穆斯林，甚至非穆斯林的少数族裔——长期以来充当中间人聚敛财富的希腊人、亚美尼亚人和犹太人——也不再是主要的受益者。现在，支配奥斯曼帝国经济的是欧洲的资本主义企业。这样一来，欧洲各国大使对奥斯曼帝国的政治影响力又在经济层面上得到了加强。

从19世纪中叶开始，帝国内的改革势头逐渐出现了颓势。尽管斯特拉特福德·坎宁利用他的影响力取得了那么多成功，但他未能帮助奥斯曼帝国改革监狱，改进道路交通情况，消除腐败或改善帝国的财政状况。而且，虽然他十分关切宗教问题，但他也未能真的争取到基督徒和穆斯林之间的平等地位。他令人钦佩的努力换来的更多只是口头上的让步，而不是实际上的改进。曾经热情推动改革的雷希德也在反动力量的阻挠下渐渐失去了信念，变得灰心丧气。他债台高筑，于是变得越发贪腐。苏丹本人也对改革失去了兴趣，在公务上越发缺乏决断力，不断用礼貌的回避和被动的拖延策略来考验

"伟大的埃尔奇"（Elchi，意为"大使"，此处特指坎宁）的耐心。

苏丹对后宫的生活越发感到着迷。一位名叫查尔斯·麦克法兰（Charles MacFarlane）的英国旅行家和研究者对苏丹的多产感到十分惊奇。"在他还不到20岁的时候，这个瘦弱的小伙子就已经是8个孩子的父亲了，这些孩子是在不到三年的时间里，由后宫里不同的女人为他生的。"后来，麦克法兰又在他的日记里记录下这样的话语："一大清早，我们就被一阵响亮的鸣枪敬礼的声音惊醒了。苏丹又有了一个儿子。可就在上个星期，他才刚有了一个女儿！"

苏丹对老旧的大萨拉基里奥宫感到厌倦。于是，他不顾财政赤字和斯特拉特福德·坎宁对政府迫在眉睫的破产风险的警告，在博斯普鲁斯海峡欧洲一侧的海岸边兴建了一座现代化的大理石宫殿——多尔玛巴赫切宫（Dolma Bahche）。这座宫殿的兴修花了一大笔钱，成了他极尽奢侈之能事的登峰造极之作。这座宫殿采用了欧洲新文艺复兴的建筑风格，配有纷繁复杂的洛可可式装饰；金叶、水晶、雪花石膏和斑岩点缀着它的大理石厅堂，天顶画出自法国和意大利的艺术家之手；王座大厅里安放着世界上最大的镜子，而苏丹卧房里的床则由纯银打造而成。

从此以后，作为宫廷西方化风尚的典范，远离政府中心的多尔玛巴赫切宫取代了古老的大萨拉基里奥宫，成了后世所有苏丹的长期居所。在这里，阿卜杜勒·迈吉德过上了欧洲式的穷奢极欲的享乐生活。苏丹在音乐方面颇有品位，请来了德国和意大利的大师训练他的土耳其乐队，让他们演奏最出色的现代作品，这些作品很快就取代了以往更原始的军乐。他还请来了欧洲的演员、芭蕾舞者和其他演艺人员，让他们在宫殿旁新建的戏院里登台表演。与此同时，帝国的财政状况一路下滑，随着惯性逐渐滑向混乱的深渊。

此时，由于年轻的帕迪沙阿违背了自己早年的诺言，伟大的埃尔奇感到十分幻灭。他意识到，苏丹和他的大维齐尔都拥有一个致命的弱点——缺乏决心。巴麦尊勋爵表达了类似的担忧，认为"由于君主和大臣们怯懦、软弱、优柔寡断，（奥斯曼帝国）势必衰落"。他建议他的大使不要再去推动奥斯曼帝国进行任何重大改革了。坎宁也承认，"改良大业全看今日的表现……但我不得不承认，我留在这里的主要目标已经不复存在"。

雷希德的改革已告失败。这不能完全归咎于他个人的弱点，还要考虑到奥斯曼帝国的民意并没有能够跟上改革的步伐，支持改革的受过世俗化教育的阶层人数也不够多。甚至，就连一些反对保守的激进人士也不无担心：这个在各方面以伊斯兰文明为基础的国家，不知在此过于迅速地引入西方思想会带来怎样的后果。他们怀疑，如果像斯特拉特福德·坎宁建议的那样匆忙地消除不同宗教和种族人群之间的差异，可能会激起反弹。

于是，在1852年的夏天，斯特拉特福德·坎宁辞去了大使职务，启程返回英格兰。他自认为成就寥寥，但就在他动身离开前的那一晚，亚美尼亚新教徒、希腊人、美国传教士以及伊斯坦布尔和士麦那的商人群体给他送来了数不清的告别礼物，这让他大感宽慰。他以为自己"或许再也不会回来了"。但是，就在不到一年之后，一个突发的新情况又把已经成为雷德克利夫子爵（Lord Redcliffe）的斯特拉特福德带了回来。他出任大使的这十年间的和平岁月突然画上了句号，奥斯曼帝国再一次与俄罗斯发生了激烈的冲突。

第三十三章

俄国沙皇尼古拉一世是一位独断专行、为达目的不择手段的专制君主。从即位之初，他就一直盼望着奥斯曼帝国的覆亡，同时一直对西方国家施加外交压力，以促成奥斯曼帝国的瓦解。1844年，他正式访问伦敦，第一次向英国人抛出了这一话题。但英国人不置可否，表示不愿探讨未必会发生的事情。到了1853年年初，沙皇在圣彼得堡与英国大使汉密尔顿·西摩爵士（Sir Hamilton Seymour）进行了一系列非正式但具有历史意义的谈话，又一次提出了这一话题。

沙皇认为，奥斯曼帝国一片混乱，很可能倾覆，因此英国和俄罗斯应当在此问题上达成共识，且双方均不应该在未知会对方的情况下采取任何决定性的行动。他这样总结道："我们的手上有一个病人，病得非常厉害的病人。如果有一天我们把他丢掉了，那就太不幸了，尤其是在我们还没有做好必要安排的情况下。"

西摩回答说，现在需要的不是外科医生，而是内科医生；病人应该得到温和的诊治，以帮助他康复。沙皇的大臣涅谢尔罗迭（Nesselrode）也认为这个病人在苟延残喘，但他认为应该尽可能长地延续他的性命。英国首相阿伯丁伯爵（Lord Aberdeen）也持这种观点。

几天之后，沙皇更直白地阐述了他的看法。他向大使保证，他不再怀着叶卡捷琳娜女皇的"梦想和方案",包括她对"君士坦丁堡"的计划。因为沙皇的国家已经十分辽阔,他对"周边环境也十分满意",并不想谋求更多的领土。土耳其人现在也不会构成任何威胁。不过,根据条约,他有义务保护奥斯曼帝国版图内数以百万计的基督徒的利益。如果奥斯曼帝国崩溃,那么它断无复苏的可能,因此英俄两国应当早做准备,以免奥斯曼帝国的覆灭引发混乱和欧洲的战争。

"作为一位友人和一位绅士"与大使交谈的沙皇很直白地表示,他不能把"君士坦丁堡"交给英格兰。至于他自己,他接着说道:"我也可以保证,我绝无占有君士坦丁堡的意思。但我不排除暂时占据这座城市的可能。"举个例子来说,假如法国人对土耳其人发动远征,那么俄罗斯军队就可能会越过边界进入奥斯曼帝国。在后来的一次交谈中,沙皇还谈到了在他保护之下的独立的多瑙河河畔国家——瓦拉几亚和摩尔达维亚大公国。他认为,在塞尔维亚和保加利亚也可以成立类似的被保护国。至于埃及问题,他不反对英国占领埃及和克里特岛。对此,西摩表示,英国在埃及问题上的态度只是要在"英属印度和本土之间保证安全可用的交通",别无他求。

作为对俄国提议的回应,英国外交大臣约翰·罗素勋爵(Lord John Russell)回忆起了18世纪早期英国与法国签署的一系列有关西班牙王位继承权的条约。这些条约相当于提前分割了那个其君主"后继无人、身心俱疲、时日无多"的帝国。但是,另一方面,奥斯曼帝国这个"病夫"已经垂死多年,或许还会再活上20年、50年,或者100年。因此,与西班牙不同,列强不能提前分割奥斯曼帝国的领土。如果沙皇构想的那种密约被外界知晓，"将会让苏丹惊恐万分，心生怨恨……而苏丹的敌人则会更加肆意妄为，带来更棘手的冲突"。在伊斯坦布尔问题上，约翰·罗素勋爵对任何有关俄罗斯暂时占据这座城市的想法都感到疑虑万分。他暗示道，如果俄国人暂时控制了这座城市，他们就可能会尝试吞并它。他代表英国做出了正式承诺，本国"绝无控制君士坦丁堡的动机和意愿"。[1]

就这样，英国坚决而有礼地表达了自己对奥斯曼帝国和俄罗斯问题——这后来被称作"东方问题"——的态度。不久之后，克拉伦登勋爵（Lord Clarendon）接替约翰·罗素勋爵出任了外交大臣一职。他在发给汉密尔顿·西摩爵士的最终指示中十分乐观地重复了英国政府此前的观点："土耳其仅仅希望它的盟友能保持克制，不要提出有损苏丹的尊严和独立性的要求。换句话说，就像任何一个弱小的国家和个人一样，土耳其期望从强者身上得到友好的支持。如此，土耳其不仅可以继续存续，还可以不再对自己会否消亡而感到担心。"

英国大使看得十分清楚：沙皇声称与奥地利有共同的利益，现在又来拉拢英国，无非是想要孤立法国。法国人显然是俄罗斯公开的敌人。两国都在与奥斯曼帝国进行谈判，有关巴勒斯坦圣地保护权和奥斯曼帝国境内所有基督徒的保护权问题的谈判，已经到了紧要关头。

沙皇尼古拉和皇帝拿破仑三世，一个是希腊东正教的保护者，一个是罗马天主教的保护者，两者之间的外交冲突既有宗教因素，

---

[1] 本书写于20世纪70年代，对于这类大国沙文主义行为，可能不像我们今天这样敏感。读者不妨带着批判的眼光，来看待这类欧洲强国从私利出发评论乃至干涉他国主权的做法。——编者注

也有强烈的政治因素。这两大强国之间的矛盾难以调和,战争已经迫在眉睫。基督教的《福音书》记载了耶路撒冷和伯利恒的遗迹及其周围救世主耶稣走过的土地,那些遗迹曾激发了十字军的骑士精神,对于基督教世界每个角落的人们来说,这些地方也都是朝圣的中心目标。而土耳其人现在是这片土地的主人。作为穆斯林,他们自己也有朝圣的传统,他们的朝圣圣地是麦加和麦地那。因此,土耳其人对基督教圣地和为朝圣者提供住宿的修道院怀有尊敬之情。更重要的是,基督教朝圣者每年可以为他们带来不菲的收入。奥斯曼帝国政府负责在相互敌对的基督教会之间分配朝圣收入和朝圣活动控制权,而这种分配成了长期的矛盾之源。

1740 年,通过签署让步条约,法国让苏丹确认并扩大了天主教会在巴勒斯坦的特权。不过,随着法国人宗教热情的日益衰减和俄罗斯帝国霸权的日渐崛起,原本属于天主教会的特权落入了希腊东正教会的手中。东正教徒比天主教徒更乐于朝圣,其神职人员也得到了俄国人的持续支持,从而日渐压倒了法国人。

18 世纪末,伯利恒的天主教会僧侣们悲哀地发现,由于奥斯曼帝国政府颁发了一道不利于天主教徒的诏书,救世主的出生地已经被希腊人控制了四五十年之久。到了 19 世纪,希腊人的影响力日渐增强。他们在圣地获得了大量的产业,兴办了东正教大牧首管理下的慈善机构和学校,而天主教会的势力则日益衰减。在俄国的强大压力下,东正教大牧首的选举地点从伊斯坦布尔改到了耶路撒冷,一改过去几个世纪大牧首选举受控于奥斯曼帝国的局面。来自俄国政府的经济援助涌入了巴勒斯坦,一同涌来的还有接连不断的朝圣者,他们不畏艰难,从俄国在欧洲和亚洲最偏远的角落远道而来。

他们带来的金钱成了圣墓教堂（Church of the Holy Sepulchre）最重要的财源。对俄国人来说，圣地及其诸多神圣的遗址——约旦河水、伯利恒的马槽[1]和客西马尼园（Garden of Gethsemane）[2]——成了他们获得神圣的宗教体验的源泉。对俄国统治者而言，圣地已经成了获取政治影响力的渠道之一。

法国人在俄国还很弱小的时候赢得了在巴勒斯坦的特权，然后又在俄国日渐强大的过程中轻率地将这种特权拱手相送。一直到 19 世纪中叶，法国才终于开始认真考虑夺回特权，采取行动改变不幸的现状。1850 年，时任法国总统、有志加冕称帝的路易·拿破仑急于寻求天主教党派的政治支持，于是下命令给他的大使，让他要求奥斯曼帝国政府严格按照 1740 年的条约给予天主教会应有的特权。这就意味着奥斯曼帝国政府必须取消给予希腊东正教会特权的承诺，因为二者的内容是相互冲突的。结果，这在法俄两国之间引发了一场冲突。正如英国外交大臣所说的那样，"天国的主人在此地宣示了和平与给予人类的福音"，法俄两国却在这里不惜以武装干涉威胁对方。

在现实层面上，两国之间的争端可以归结到这样的几个问题：天主教会的僧侣是否应当拥有通往伯利恒圣诞教堂主门的钥匙和通往马槽的两扇大门的钥匙，以便他们穿过圣诞教堂进入其地下室；他们是否可以在法国武装的保护下，在圣诞教堂的圣所放置一颗银星（这颗银星在近期的一次小冲突中被希腊人从马槽的石座上撬走

---

1 《圣经》记载中耶稣降生的地方。
2 据《圣经》记载，耶稣在上十字架的前夜曾经在客西马尼园祷告；另外，东正教还认为，耶稣的母亲玛利亚就安葬在此处。

了）；另外，还有一个不那么重要的问题：天主教会的僧侣是否应当在客西马尼园保有"圣母墓的一只橱柜和一盏灯"的所有权。

这些看起来微不足道的小事现在却让欧洲的外交家们焦头烂额，成了可能决定和平与战争的大事。这里提到的钥匙，究竟指的是一把具有象征意义的钥匙呢，还是可以用来开关大门的器具呢？从外交角度看，尽管的确有这么一把具体的钥匙存在，但这把钥匙实际上是一个把希腊人赶出去、把西欧人放进来的邪恶物件。

奥斯曼帝国在很长一段时间里表现出了模棱两可的态度，直到一位带有反俄情绪的大维齐尔上任。他对希腊人做出了表面上的让步，实际上却对法国人做了实质意义上的让步。他允许法国人庄重地安放伯利恒银星，还把通往圣所的几把钥匙交给了天主教会的主教。移交钥匙的公开仪式在圣诞节这一天举行，清楚地表明优势地位已经从一个教会转移到了另一个教会。对希腊人来说，这是令人忍无可忍的羞辱——对俄国人来说也是如此。

法俄两大国之间的矛盾迅速升级。1852年年末，沙皇尼古拉轻蔑地拒绝承认新近称帝的拿破仑三世的帝位，还在比萨拉比亚的多瑙河河畔动员了两支军队，随时准备在必要的时候开进奥斯曼帝国的领土。与此同时，他让他在塞瓦斯托波尔的舰队也做好了准备。1853年2月，他向奥斯曼帝国派遣了一位特命大使——缅什科夫大公（Prince Menshikov）[1]——来进行"调解工作"。此人是一位傲慢自大的将领，他对土耳其人的蔑视和对英国人的反感尽人皆知。他行事粗鲁，喜欢吵闹，把战场上粗暴的战术风格带到了外交场合上。

---

[1] 即亚历山大·谢尔盖耶维奇·缅什科夫。

缅什科夫乘着一艘名字颇具恐吓色彩的战舰（"雷神号"）而来。在他到来前后，一大批军事参谋和黑海舰队的指挥官也纷至沓来。很快，缅什科夫就表明他是带着"礼貌的恶意"而来，此行的目的并不是要说服土耳其人，而是要逼他们就范。他不仅提出了宗教方面的要求，让奥斯曼帝国政府重新确认苏丹颁布的给予希腊人在圣地权利的诏书，还提出了政治方面的要求。他要求苏丹根据《库楚克开纳吉和约》颁布第二道诏书，确认俄罗斯对奥斯曼帝国境内所有东正教徒的保护国地位。俄罗斯想要强迫奥斯曼帝国签署一项条约，将这一协议纳入其中，并在两国之间建立一种秘密的防御同盟关系。

面对外国势力对本国内部事务的这种"拥抱+枪子"式的干涉，奥斯曼帝国政府十分警觉惊愕。法国做出的反应是派遣一支舰队，舰队的目的地不是博斯普鲁斯海峡，而是爱琴海上的萨拉米斯岛（Salamis）。英国人的反应比较克制，但也没什么效果。英国驻奥斯曼帝国的临时代办请求英国政府从马耳他派遣一支舰队支援。但英国政府拒绝了他的请求，反而把雷德克利夫勋爵斯特拉特福德派了回来，让他重新出任英国驻奥斯曼帝国大使。

1853年4月的一天，一座座圆顶和宣礼塔刺破了伊斯坦布尔上空的夜雾，迎来了一个值得称道的清晨。人们看到一艘战舰正从马尔马拉海驶来，苏丹和他的大臣们"很清楚船上搭载的是谁"。到了晌午时分，按照亚历山大·威廉·金雷克（Alexander William

Kinglake）[1]的说法："外部世界似乎毫无变化，但一切都改变了。雷德克利夫勋爵斯特拉特福德再次走进了英国大使馆。这件事既让人们产生了些许安全感，但也感到一丝敬畏。"现在，缅什科夫大公迎来了一位值得敬畏的对手。

斯特拉特福德立刻证明了他是一位干练的战略家。他把当前争论的两个议题——对圣地的争夺和暗藏的对保护国身份的争夺——分开处理。在圣诞节的时候，第一个议题其实已经得到了解决，天主教会的特权诉求获得了确认。剩下的只是要解决一些微不足道的细节，以帮助失败方挽回一点尊严。

作为争斗中的两大国之间的调解人，这位伟大的埃尔奇彬彬有礼地应对着傲慢自大的大公。他出人意料地对大公的诉求表示了尊重，而且乐于承认俄国对圣地的主张有其合理性。这一下子就让大公失去了动武之念。而对于"法国人的荣誉感"，斯特拉特福德也表示了类似的尊重态度。考虑到迫在眉睫的国际争端，他建议他的法国同僚们采取温和的态度。

最终，双方只在一个问题上还存在分歧——到底是西欧人还是希腊人应该承担修缮教堂（特别是圣墓教堂穹顶）的重责大任和相关费用。西欧人强烈要求从希腊人手中拿走教堂的修缮权。土耳其人以苏丹的名义出面，宣称要把教堂的修缮权收归土耳其人所有。直到这时，希腊人才终于愿意做出一点妥协，同意让西欧人负责修缮，但修缮工作需在希腊东正教大牧首的监督下完成。在到任短短17天之内，伟大的埃尔奇就解决了让几个大国在过去的三年里苦恼

---

[1] 19世纪英国旅行作家、历史学家。

不已的棘手的外交争端。

但是，缅什科夫大公还是想要完成他的主要外交目标。他迫不及待地向奥斯曼帝国政府提出强硬要求，要俄土两国签订新的协议。表面上，他要求的是保障东正教和东正教会神职人员的传统权利和豁免权，但实际上他是要确立俄罗斯对希腊东正教信徒的永久性保护权。他说得很清楚，俄国人的保护权不仅适用于神职人员，还要适用于一般民众，这就意味着俄国要出面管理多达 1 200 万信奉东正教的拉亚。俄国人还援引法国人为先例。的确，法国人对天主教神职人员和法国籍的天主教徒拥有保护权。但是，法国从未想过要保护所有信奉天主教的一般民众，何况奥斯曼帝国境内这个人群的数量远远达不到百万级，只有几万人而已。显然，缅什科夫要求的不仅是要在宗教上提供保护，更是在政治上提供保护。

他小心翼翼地向荷兰代表披露了这些世俗诉求的真正目的——确立俄罗斯今后在伊斯坦布尔的政治支配地位。基于这一目的，俄国人要求得到一些"对未来的保证"；而在斯特拉特福德看来，这些保证"终将威胁到奥斯曼帝国的独立性"。在1841年，俄罗斯曾经与法国一道宣誓保证苏丹的主权不受侵犯；而"在1840年，俄罗斯还曾经与英格兰、奥地利和普鲁士一同宣布将为了欧洲的和平，维护奥斯曼帝国的完整与独立"。但是，在斯特拉特福德看来，俄国希望奥斯曼帝国签署新协议，无异于谋求结成两国之间的"秘密同盟"，而这种行为与俄罗斯此前的种种承诺互相矛盾。

沙皇的不耐烦态度在缅什科夫大公身上充分反映了出来。缅什科夫大公说话直来直去，态度强横，试图劝诱奥斯曼帝国政府接受他"庄严的主公"提出的要求。他充满敌意地递交了一份最后通牒，要求对方在很短的时间内给予答复；如若对方拖延或拒绝答复，他威胁要率领大使馆离境，中止两国间的外交关系。但是，受人尊敬的埃尔奇再一次站在了土耳其人一边。这位睿智而受人信任的顾问安抚了忧心忡忡的奥斯曼帝国大臣，坚定了他们的决心。他建议他们采取一种耐心、温和却又十分坚决的态度，以此来捍卫苏丹的"君主尊严和独立"。他希望能在他们心中激发起一种道义上的斗志，而不是寻求武力上的对抗，哪怕是在多瑙河流域的两个大公国遭到敌人进犯的情况下。

与此同时，他在单独觐见苏丹时披露了他业已实施的计划：他要求地中海上的英军指挥官让海军舰队做好准备，在伊斯坦布尔遭遇"迫在眉睫的威胁"时采取行动。凭借他的名声和在奥斯曼帝国政府中的政治影响力，斯特拉特福德已经成了整个"东方问题"的象征。对于"这个该死的雷德克利夫勋爵的独断专行"，尼古拉沙皇火冒三丈。

在经过一番照会往来之后（土耳其人礼貌地回应了俄国人的粗鲁要求），缅什科夫大公采取了行动。他拒绝理睬奥斯曼帝国的大维齐尔，迫使他辞职，相当于在奥斯曼帝国政府内部专横地搞了一次政变。接着，他迫使胆怯的苏丹任命了一位新的大臣。他认为雷希德帕夏会采取亲俄的态度，于是促成他出任外交大臣一职。在一次面见苏丹的过程中，缅什科夫大公虚张声势地向苏丹强调，奥斯曼帝国与俄国必须直接结盟，不必理睬其他欧洲国家的态度。会见结束之后，他怀着成功的信心离开了。

现在，雷希德必须对大公充满恶意的要求给予答复。他的老盟友斯特拉特福德帮他起草了一份闪烁其词的答复，恳请再宽限几天。在此之前，大公一直以为雷希德会是个易于摆布的仆人。结果，在收到这份答复之后，大公火冒三丈地拒绝了他的请求，还宣布在得到令人满意的答复之前断绝与奥斯曼帝国的外交关系。他充满恶意地威胁道，如果奥斯曼帝国不接受俄罗斯的要求，恐怕会带来"难以估量的后果"。他把自己离开伊斯坦布尔的日期推后了两三天。与此同时，苏丹新组建的大议事会议讨论了这一紧急情况。在全部45名与会成员之中，只有3个人赞成与俄罗斯签订协议。

第二天，雷希德口头答复了缅什科夫的要求，他的答复内容此前已经与斯特拉特福德进行了仔细推敲。他同意与俄罗斯签署正式协定，实际上等同于接受了俄罗斯有关圣地问题的所有要求。但是，他坚定地拒绝了俄罗斯在奥斯曼帝国境内设立保护希腊东正教徒的保护地的要求，也拒绝签署任何可能影响到苏丹主权独立性的"协约"。大公发现自己遭到了新"盟友"雷希德的欺骗，而且又耻辱地输给了他的老对手斯特拉特福德。于是，他宣布断绝外交往来，终止了他的使命。他威胁道，奥斯曼帝国政府的回绝将带来可怕的后果。他带领手下所有的外交人员撤回了船上。轮船冒出滚滚蒸汽，仿佛在宣告他马上就会启程离开。然而，他实际上又在原地逗留了四天，寄希望于土耳其人会在最后关头屈膝投降。对此，斯特拉特福德写道："他为什么会这么以为，真是捉摸不透。"

与此同时，斯特拉特福德召集了另外三个欧洲大国——奥地利、法国和普鲁士——的代表开会，把东方问题交由欧洲各国共同协商决定——事实上，也的确应当如此。与会代表一致同意，奥斯曼帝国必须拒绝俄罗斯的过分要求。奥地利临时代办向缅什科夫大公递交了一份联合照会，试图避免俄土两国关系破裂。缅什科夫又向奥斯曼帝国递交了一份经过修改的协议，如果奥斯曼帝国接受这项协议，他可能会推迟归期。这份协议不再要求奥斯曼帝国与俄罗斯签署任何协定或条约，只是一份外交照会。但是，虽然在形式上有所不同，这份协议在本质上与缅什科夫之前提出的诉求并无区别。而且，这份协议还特别强调，俄罗斯要像保护东正教神职人员一样保护普通信众。

感到尊严受辱的苏丹此时振作了起来，宣布俄罗斯的要求"不可接受"，但大公拒绝修改他的要求。终于，在漫长的拖延之后，缅什科夫大公于1853年5月21日的中午乘船起航，途径博斯普鲁斯海峡驶入黑海。与此同时，沙皇的徽记和俄罗斯帝国的鹰徽也从富丽堂皇的大使馆门上取了下来。抵达敖德萨之后，缅什科夫大公不得不派人给他"庄严的主公"送信，告知自己的外交任务已遭失败。用金雷克的话说，俄罗斯之所以陷入这样的窘境，要归咎于"那位气宇不凡的英国'敌基督'的邪恶本领。至少在此刻，上帝允许他去践踏沙皇和他的教会"。

实际上，和平至此已告终结，但战争尚未开始。俄军渡过了普鲁特河，未遇抵抗就占领了已被沙皇宣布为被保护国的摩尔达维亚和瓦拉几亚这两个大公国。英国的战舰和一小支法国舰队北上来到了达达尼尔海峡的入口处，但仍然根据1841年的协议，停留在不向外国军舰开放的海峡之外。就这样，强大的英国舰队监视着实力劲的俄罗斯陆军，但双方此时都仅仅发挥着预防性的作用。双方展示武力的目的并非要诉诸战争，而是为了确保安全。俄国人仍然希望能够威吓土耳其人，逼迫他们让步，哪怕能为沙皇挽回一点面子也好；英国人则坚持采取温和的态度，希望通过欧洲四国共同协商的方式和平解决问题。

此时的外交活动主要由两部分组成。首先，奥斯曼帝国礼貌地回绝了圣彼得堡发来的一份充满恶意的照会（其内容与之前的要求相同），随后在斯特拉特福德的支持下起草了一份照会作为答复，并交由维也纳的四国委员会转交给圣彼得堡。这份照会被人称作"奥斯曼帝国最后通牒"，这个名称其实有些误导性。照会的内容是苏丹新近颁布给国内宗教少数派的一些法令，这些法令通过法律协议的形式永久性地承认了赋予希腊东正教会的特权，并且由欧洲四大国作为协议的见证人。

但是，这份照会并没有被转交到沙皇手中。送抵维也纳之后，这份照会就被与会的四大国扣了下来。他们起草了一份维也纳照会，取代了土耳其人的照会。在新照会的起草过程中，并没有咨询过斯特拉特福德的意见。

此举源自奥地利的想法。作为被俄军入侵的两个大公国的邻国，奥地利希望出面调停。沙皇同意接受奥地利的调停，但苏丹拒不接受调停。在四大国看来，奥斯曼帝国最后通牒不过是它对俄罗斯的主动承诺。维也纳照会则获得了俄罗斯和法国的担保，要求奥斯曼帝国在修改其义务条款时必须事先征得俄法两国的同意。正如奥斯曼帝国政府和斯特拉特福德所看到的那样，这份照会中暗示了奥斯曼帝国和俄罗斯之间的不平等关系。这份照会让土耳其人格外感到自己受制于人，还允许俄罗斯像过去一样插手苏丹及其基督徒臣民之间的事务。因此，先前批准了奥斯曼帝国最后通牒的苏丹大议事会议此时达成了一致意见，拒绝接受维也纳照会。他们提出了一些修改意见，但估计俄国人不会接受。

由于奥斯曼帝国拒绝了维也纳照会，英国政府对斯特拉特福德十分不满，甚至考虑要求他辞职。与此同时，天平开始不可避免地滑向了战争一侧。9月，伊斯坦布尔爆发了示威活动和暴乱。在战争大臣的鼓励下，谢赫伊斯兰同意在一座清真寺里公布文告，要求政府向俄罗斯宣战。同时，乌理玛的数百名成员在大量神学学生的支持下起草了一份宣言，要求苏丹和他的内阁履行宗教义务，发动圣战。大臣们十分紧张，要求外国使节协助他们维持治安。

法国皇帝拿破仑试图通过对外冒险来缓解内部压力。因此，法国从一开始就在东方问题上采取好战姿态。现在，法国大使依然贯彻着这一政策。他向奥斯曼帝国政府表示了对外国居民安全的担忧，并且在奥地利大使的支持下，要求斯特拉特福德同意让英法联合舰队继续北上，开进伊斯坦布尔。斯特拉特福德没有理会法奥两国大使的要求，拒绝违反1841年签署的海峡协定，不同意战舰北上。他很清楚，这样做会导致战争的爆发。不过，根据协定，其他船只可以在舰队和都城之间来回行驶。因此，他同意让两艘英国蒸汽船和两艘法国蒸汽船北上，加入已经停靠在金角湾里的船只。它们的到来达到了意想之中的效果：暴乱的热情逐渐平息，乌理玛中负有罪责的成员被放逐。

但是，埃尔奇的和平诉求未能如愿。在暴乱平息的消息抵达之前，伦敦在9月中旬得到了沙皇拒绝接受土耳其人对维也纳照会的修改意见的消息。与此同时，外交大臣克拉伦登勋爵通过德文报章获悉了俄国大臣涅谢尔罗迭对照会的私人解读。涅谢尔罗迭认为，根据照会中的条款，土耳其人不仅要保障希腊东正教会的豁免权，还必须"考虑到俄罗斯人对与他们同样信仰的奥斯曼帝国臣民的主动关切"。这一消息的披露彻底揭露了俄罗斯对奥斯曼帝国的真实野心，而英国政府此前一直未能领悟到这一点。克拉伦登谴责说，俄国的动机过于强暴。现在，他终于承认了斯特拉特福德早就看透的事实：土耳其人有完全正当的理由拒绝接受维也纳照会。英国媒体强烈反对沙皇的所作所为，要求英国政府采取强硬立场。英法两国政府放弃了维也纳照会，并且谴责了俄罗斯。就这样，英国的政策突然发生了逆转，并且不可避免地从追求和平进一步滑向了诉诸武力。

拿破仑的大使加紧向伦敦施加压力。他危言耸听地描绘了伊斯坦布尔发生的暴乱，还宣称法国政府认为马上派遣舰队北上"非常必要"。英国政府没有等待斯特拉特福德对伊斯坦布尔局势的报告，直接对他下达了命令。用斯特拉特福德的话说，这一命令相当于"渡过了卢比孔河"[1]。首相阿伯丁谨慎地强调说，他的行动出于保护目的，公开否认对俄罗斯有任何敌意。但是，克拉伦登后来强调说，英国政府做出这一决定的原因"并不是迫于法国皇帝的压力（毕竟英国已经两次拒绝了法国的要求），而是鉴于俄罗斯的行动，英国认为接下来的一步已经不可避免"。他对维持和平已经不抱幻想。

在舰队真的北上之前，和平还有最后一丝希望——奥地利皇帝

---

[1] 在罗马共和国时期，将领不得率军越过卢比孔河进入意大利本土。公元前49年，恺撒率军渡过卢比孔河，此举相当于挑起了与罗马的当权者之间的内战。此后，"渡过卢比孔河"就被用来指代将自己置于没有退路的危险境地的行为。

与俄国沙皇在奥洛穆茨（Olmütz）[1]举行的调停会议。面对迫在眉睫的战争，沙皇忧心忡忡，因此拿出了和解的姿态，希望在最后关头表达争取和平的意愿。沙皇提出了新的建议，表示承认保护基督徒的职责属于苏丹。就连法国皇帝也认为应当接受俄国的示好。但是，英国对俄罗斯的真实动机十分怀疑，已经很难轻易相信俄国人的表态。因此，在英格兰公众强烈的反俄情绪的影响下，斯特拉特福德接到了不容置辩的最终命令：调舰队北上。

在奥斯曼帝国政府内部，反俄情绪也日渐高涨。主战派明显占了上风，苏丹也没有足够的魄力对他们说不。于是，他做了明显推动国家走向战争的举动：他先对大臣们发表了一番好战的讲话，然后佩带着先知穆罕默德的剑召开了大议事会议。在狂热的气氛中，大议事会议达成了一致意见："诉诸武力已不可避免。"苏丹确认了会议的意见，随后谢赫伊斯兰又发布了必不可少的费特瓦。1853年10月4日，奥斯曼帝国正式向俄罗斯宣战。就在同一天，斯特拉特福德接到了英国政府调集舰队北上的指令。斯特拉特福德很清楚，一旦舰队北上，必然会激发奥斯曼人的好战情绪。因此，他还试图让舰队北上的时间再延后两个星期，即便不能阻止敌对行动的发生，至少也要延缓它的发生。结果，法国大使也收到了巴黎方面的指示，使得斯特拉特福德无法再推迟行动。就这样，在10月20日（这一天恰好是纳瓦里诺战役的纪念日），他向英国舰队的司令下达了命令。英法两国的舰队穿过达达尼尔海峡北上，旌旗招展地驶入了金角湾。

---

1 今属捷克。

在英法舰队抵达后的第二天，奥斯曼军队在缺乏耐心的将领厄梅尔帕夏（Omer Pasha）的指挥下渡过了多瑙河。两个星期之前，厄梅尔帕夏曾经向来犯的俄军指挥官递交了一份最后通牒，要求他撤出多瑙河河畔的两个大公国。在冬季停战期到来之前，奥斯曼军队接连取得了四场胜利。沙皇命令塞瓦斯托波尔的俄罗斯舰队做好战斗准备。俄罗斯帝国与奥斯曼帝国的正面冲突构成了克里米亚战争的最初阶段。

由于战争的前景尚不明朗，欧洲四大国依然在寻求和平，雷德克利夫勋爵斯特拉特福德也为了和平继续奔走。由于沙皇宣布俄军将采取守势，等待"土耳其人来犯"，斯特拉特福德阻止了一支打算沿黑海沿岸进行挑衅性巡航、寄希望于"遭遇敌国舰队"的奥斯曼舰队。另一方面，英国和法国的舰队司令都没有阻止土耳其人派出一支船队前往属于奥斯曼帝国的黑海港口锡诺普。他们坚持认为，这支舰队抱着和平的目的而去，并非为了发动进攻。这一次，塞瓦斯托波尔的俄罗斯舰队决定穿过黑海的中心，展示一下他们的海上实力。锡诺普距离塞瓦斯托波尔只有短短100英里（约161千米）的距离，而且其防御工事无力抵御占据实力优势的海上之敌。

奥斯曼船队抵达锡诺普之后，船队的指挥官向伊斯坦布尔回报称，有六艘俄罗斯风帆战列舰在港口外巡航，港口急需增援。英国和法国的外交和海军顾问思路混乱，犹豫不决，结果奥斯曼船队没能得到增援。奥斯曼船队里连一艘战列舰都没有，无法进行有效的抵抗。但是，土耳其人拒绝投降，甚至还率先打响了第一炮。在俄国人愤怒的炮击之下，奥斯曼船队的船只除了一艘幸免之外，其余全部沉没，大约3 000名土耳其人丧生。

鉴于土耳其人已经率先渡过多瑙河发动了进攻，这场发生在敌人领土上的"锡诺普大屠杀"其实是正当的战争行为。在圣彼得堡，俄国人上演了有音乐伴奏的表演《锡诺普之战》（La Bataille de Sinope），以示庆祝。人们张灯结彩，欢呼雀跃。而在伦敦，锡诺普之战被视作俄国人背信弃义的暴行，激起了英国人对俄开战的热情。法国皇帝则一心想要采取军事行动。他宣称，必须在黑海清除俄罗斯舰队，要求英法联合舰队彻底控制黑海海域。事已至此，外交活动只得让位于武力行动。在克拉伦登发出警告之后，联合舰队在伦敦方面的命令下，于1854年新年伊始驶入了黑海水域。

英国大使向俄国人保证，这支舰队的目的只是示威，而非采取战争行动。沙皇想要争取时间，加紧进行最后的战争准备。他派了一个代表到维也纳去，提交了一份试图和平解决问题的提议，但他的提议遭到了四大国的一致否决。到2月中旬，已经从伦敦和巴黎撤回了外交使节的沙皇命令汉密尔顿·西摩爵士和法国驻俄大使交出他们的护照。与此同时，在奥地利和普鲁士不那么积极的支持下，英国和法国要求沙皇从多瑙河河畔的两个大公国里撤出他的全部军队。如果俄国拒不照办，英法两国将视同宣战。沙皇没有对这些照会给予任何答复。

3月27日，法国皇帝向参政院宣布，法国已经与俄罗斯进入战争状态。他说，法国并非像以前那样为了征服而宣战，而是要与英国联手"抵御危险的侵犯"。与此同时，"深感有责任给予苏丹积极援助"的维多利亚女王向议会宣布中止与俄罗斯的谈判，并于次日向俄罗斯宣战。两个星期之后，沙皇宣布向与基督教世界的敌人沆瀣一气的英国和法国宣战。他说，俄罗斯宣战"并非为世俗之目的",而是要完成东正教的"神圣使命"。

俄军渡过多瑙河下游,侵入了奥斯曼帝国的领土。而根据一项新的协议,英国和法国有责任保卫奥斯曼帝国的领土。英法两国之间还签署了一项协议,旨在解放苏丹的领土,确保欧洲的安全。用金雷克的话说,英法之间协议的签署成了克里米亚战争的"强大引擎"。由于沙皇过分膨胀的野心和他在外交上的傲慢自大,俄罗斯就这样卷入了同时对抗欧洲强国和奥斯曼帝国的战争。

1854年春,一支俄罗斯大军渡过多瑙河,进入了奥斯曼帝国领土,旋即开始围攻重要的锡利斯特拉要塞。与此同时,在本国舰队的支援下,英国和法国的远征军在保加利亚的瓦尔纳集结。瓦尔纳是奥斯曼帝国欧洲部分在黑海上的重要港口,扼守着进入巴尔干地区的道路。随着"新秩序"改革中诞生的现代化军队的成熟,奥斯曼军队在抵抗俄军入侵的过程中展现出了顽强的作风。尽管他们在组织能力上依然达不到西方国家的标准,部队的指挥能力也令人扼腕,但他们在战斗中表现出了崭新的自信和自尊,以及堪比往日圣战士的战斗精神。在与俄国人的厮杀中,奥斯曼军队展现出了焕然一新的战斗力。

面对俄国人不计代价的围攻,锡利斯特拉的守军英勇地坚守着要塞。在守军统帅阵亡之后,两名年轻的英国军官挺身而出,鼓舞并指导着剩下的奥斯曼帝国军官。这两位来自印度军队的志愿者表现出了无条件的信任和投入,鼓舞着土耳其士兵的士气。奥斯曼军队布置着新的防御工事,努力破除俄国工兵挖掘的地道,无情地击退敌人的进犯。一位初来乍到的英国军官不禁感慨:"土耳其人面对危险冷峻无比，毫无惧色。"在这两名年轻的军官看来，投降根本不是一个可能的选项。他们用英国人特有的方式组织了一场赢者通吃的赌局，让大家下注猜测锡利斯特拉究竟会在哪一天获救。

厄梅尔帕夏正在舒姆拉为奥斯曼军队补充兵员。他太过谨慎小心，不肯率军去解救锡利斯特拉，并将攻城的俄军吸引到开阔战场上决战。而缺乏运输手段的联军也没有做好解救锡利斯特拉的准备，尽管在他们的营地里已经可以听到要塞方向传来的接连不断的枪炮轰鸣。到6月底的一天，响彻了一整夜的炮声忽然在清晨彻底地沉寂下来。他们不由得担心锡利斯特拉已经陷落。然而，事实恰恰相反。在进行了长达五个星期的炮击之后，俄国人放弃了围攻。就这样，沙皇在欧洲入侵苏丹领土的道路被堵住了。

与此同时，在多瑙河的更上游，从右岸的鲁什楚克到左岸的吉奥杰沃（Giorgevo），一支奥斯曼军队正与一支规模相仿的俄军对峙。此时此刻，双方似乎都不想主动寻求冲突。但是，又是一群年轻的英国军官改变了局势。七名英国军官来到奥斯曼军队指挥官哈桑帕夏的帐中，表示愿意为他效力。7月初，有迹象表明多瑙河对岸的俄军军官已经下令拔营，并回撤了不少部队。哈桑帕夏下令进行一次侦察行动。有一位来自印度军队的坎农将军（General Cannon），在奥斯曼军队中被称作贝赫拉姆帕夏（Behram Pasha）。他带领了一个营的奥斯曼步兵渡过了多瑙河。他们没有遇到任何抵抗，于是在多瑙河对岸的一个小池塘旁驻扎了下来。一些俄国步兵从土垒中跑出来袭击他们，在付出一些伤亡代价后被击退了。一名年轻的英国军官率领一些散兵拖住了敌人，一直等到援军渡过多瑙河，巩固了河对岸的桥头堡。

与此同时，在河的更上游，五名英国军官率领一支规模更大的渡河部队以分散的小组队形过了河。他们顶着炮击和俄国人的攻击，沿着河岸坚持战斗。他们与之前渡河的那支奥斯曼军队建立了联系，那支军队此时已经得到了进一步的增援。这样一来，就有大约5 000人的奥斯曼军队出现在了多瑙河的对岸。他们花了两天时间，扩展并巩固了这个桥头堡，没有遇到任何抵抗。接着，俄军将领戈尔恰科夫大公（Prince Gortchakov）率领一支从锡利斯特拉撒围而来的大军出现在了高地上，并且打算在第二天把土耳其人赶进多瑙河里。但是，就在黄昏时分，突然有一队炮舰出现在多瑙河上。这队炮舰很快就在俄土两军之间的一处水湾下了锚。戈尔恰科夫大公可能高估了这支舰队的实力，于是产生了迟疑。就在此时，英国人和土耳其人在多瑙河上搭建了一座舟桥。这样一来，戈尔恰科夫大公就要面对集中在鲁什楚克的全部奥斯曼大军。

戈尔恰科夫大公见状，下令撤退，率领他的全部大军撤回了布加勒斯特。于是，土耳其人畅通无阻地占领了多瑙河的下游流域。在不到一个月的时间内，最后一名俄罗斯士兵也撤回了普鲁特河对岸。由于奥地利与奥斯曼帝国新近签署了一项协议，俄罗斯现在面临着奥地利参战的风险。因此，俄罗斯人不得不从摩尔达维亚和瓦拉几亚大公国撤出了其军队和行政机构。接着，一支奥地利占领军取代了俄军，挡住了俄罗斯人向欧洲进军的去路。

至此，英国最初提出的最后通牒中包含的目标就都达成了。沙皇的军队在一场简短而可耻的战役中遭遇了挫败，沙皇对奥斯曼帝国欧洲部分的野心也被迅速终结。让沙皇备感耻辱、威风扫地的一点是，俄国人并没有败在欧洲军队手里，而是败在了长期以来被人轻视、如今却展现出了非凡的勇气、复苏了传统的军事能力的奥斯曼帝国的军人手中——他们只得到了少数英国军官的帮助。

对奥斯曼帝国来说，这场战争的防御性目的已经达到。土耳其人把俄国人逐出了奥斯曼帝国的领土，而且消除了俄国人在可预见的未来入侵巴尔干地区的潜在危险。因此，土耳其人已经达到了他们在这场战争中的全部目标。苏丹和他的军队在欧洲取得了胜利。接下来，对俄国人还要采取什么行动呢？从土耳其人自己的角度出发，他们已经别无目标。对于西方国家来说，既然他们的目的已经达到，现在也可以光荣地寻求和平了。对俄罗斯而言，它在陆地上面对着历史上鲜见的团结一致的欧洲，在海上则面对着占据压倒性优势的英法海军，因此似乎也别无选择。

但是，拿破仑皇帝需要依靠战争来提高他的新王朝的威信，而怀着爱国激情的英国人也渴望战争，他们把目光投向了塞瓦斯托波尔。在过去的 25 年中，尼古拉沙皇将塞瓦斯托波尔打造成了一座牢不可摧、拥有难以计数的武器和防御工事的强大要塞。塞瓦斯托波尔的设计目的是承载一支强大的舰队，有朝一日向奥斯曼帝国发动进攻。现在，它成了大英帝国面前的一大挑战。屈从于公众压力的英国内阁不顾审慎的专业意见，命令英军统帅雷格兰男爵（Lord Raglan）"协调研究围攻塞瓦斯托波尔事宜"。对此有些迟疑的雷格兰男爵与同样迟疑的法军统帅圣阿诺元帅（Marshal St. Arnaud）只好照办。联军从瓦尔纳出发向东前进，未经抵抗就夺取了要塞北方的俄罗斯港口叶夫帕托里亚（Eupatoria）。多瑙河的战争已告结束，克里米亚的战争开始了。

第六部分 改革的时代 第三十三章　605

这场战争的主要参战方是英国和法国对抗俄罗斯。尽管奥斯曼帝国是这场战争打响的原因，而且可能会最终得益于这场战争的战果，但在军事角度上，奥斯曼帝国仅仅扮演了微不足道的角色。英法联军的总兵力大约有 6.5 万人，而在克里米亚登陆的奥斯曼军队只有一个师。在负责指挥这支奥斯曼军队的鲁肯伯爵（Lord Lucan）看来，这支部队的士兵几乎与"巴什波祖克"无异，连正规的制服都没有。尽管他们近期打出了出色的战绩，而且对联军的指挥十分服从，但鲁肯伯爵不甚欣赏这些狂热的战士的军事素养。从传统的英国军事眼光出发，他傲慢地把这批奥斯曼部队归为土匪一类。

克里米亚战争本身既是一场战争，也是俄罗斯与西方之间漫长的斗争史的延续。这也是有史以来第一次由报刊记者全面报道的战争。因此，在接下来的一年里，所有英国人都可以读到充满戏剧性的围攻塞瓦斯托波尔的传奇，包括对此前的阿尔玛（Alma）战役、巴拉克拉瓦（Balaclava）战役和因克尔曼（Inkerman）战役的报道，以及最后对凸角堡和马拉科夫（Malakhov）要塞的进攻的记述。在这个狭小紧凑的半岛上，围绕着守卫沙皇俄国大门的这座塞瓦斯托波尔海港，打响了一场场军乐响亮、旌旗招展的荷马史诗般的战斗。在爱国主义热情的感染之下，英国民众为军队的英勇表现欢呼雀跃，为他们的不幸遭遇深深鞠躬，更为对英法联军不够协调的指挥带来的混乱和低级错误而愤怒不已。当英国轻骑兵冒着猛烈的炮火冲进死亡谷[1]时，民众的心中充满了骄傲；当人和动物都在残酷、艰苦、疾病肆虐的寒冬中挣扎时，民众为他们遭遇的痛苦而瑟瑟发抖；当

---

1 死亡谷是巴拉克拉瓦战役的著名场景。英国诗人阿尔弗雷德·丁尼生还有著名的诗作《轻骑兵的冲锋》和《重骑兵的冲锋》，歌颂战役中英军的英勇表现。

充满慈悲的提灯女士[1]在斯库塔里的病房里与扇着翅膀的死亡天使搏斗时,民众又会发出如释重负的感叹。

有一支奥斯曼军队参加了巴拉克拉瓦保卫战。在不称职的军官的指挥下,他们急匆匆地逃离了战场。第二年年初,另一支奥斯曼军队被派到了叶夫帕托里亚。在厄梅尔帕夏的指挥下,土耳其人发扬了与生俱来的勇敢精神,守住了土垒,打退了拥有兵力优势的俄国军队,给了尼古拉沙皇最后一次羞辱。两个星期之后,尼古拉沙皇驾崩,他的儿子亚历山大二世继位。很快,亚历山大二世就决定求和。与此同时,在东线的小亚细亚半岛上,一支奥斯曼军队在英国军官的指挥下英勇地守卫着卡尔斯要塞。由于奥斯曼帝国政府的疏忽,卡尔斯没有得到足够的补给,守军一直坚持到弹尽粮绝才把这座要塞丢给了俄国人。

一直到战争后期,联军才想到在克里米亚部署一支大约2万人的奥斯曼军队,交给英国军官指挥。不过,这支军队并没有参战。1855年9月,法国人攻占了马拉科夫要塞,直接导致了塞瓦斯托波尔的陷落和克里米亚战争的结束。英国人还想继续战斗,但法国人坚持停战,因为他们的战果已经足以让皇帝拿破仑三世满意。

1856年春天,参战国签署了《巴黎和约》。根据《巴黎和约》及其附属协议,俄罗斯将交还它在亚洲征服的土地,而联军则将交还他们在欧洲征服的土地。唯一的领土变化是沙皇要交出俄国在1812年吞并的土地——把比萨拉比亚南部和多瑙河三角洲交还给摩尔达维亚。此外,多瑙河流域的两个大公国不再是俄国一家独占的

---

1 指弗洛伦斯·南丁格尔,英国人,现代护理学的奠基人。

被保护国，而是被置于各大国的共同保护之下，并承认苏丹的主权。这两个大公国拥有了独立的、由本国人组成的政府，享有信仰和贸易自由，并且有权组建自己的武装部队。

根据这些条款，多瑙河由一个国际委员会管理，将赋予各国自由通航权。黑海也变成了中立海域，其水域和港口将对所有商船开放，但不允许军舰进入，黑海沿岸也不得保留海军造船厂。在修改了1841年的协议条款之后，达达尼尔海峡和博斯普鲁斯海峡再一次对军舰关闭了。

在《巴黎和约》中，所有基督教国家承诺尊重奥斯曼帝国的独立和领土完整。为了达到这一目标，和约设置了调停机制，在必要时还可以进行武装干涉。从长期来看，联军在克里米亚战争中的胜利是否值得付出那么多的生命和财产还有待讨论，但西方各国和俄罗斯签署的《巴黎和约》至少让东方问题的内在矛盾在接下来的20年中得到了抑制。东方问题也越发得到各国的重视。与此同时，在奥斯曼帝国内部，苏丹也加强了保护其基督徒臣民的力度。毕竟，正是关于他们的生存地位的争议才引发了克里米亚战争。

第三十四章

在克里米亚战争结束之后、《巴黎和约》签署之前，斯特拉特福德勋爵一直在帮助奥斯曼帝国政府起草一份新的改革宪章。1856年年初，奥斯曼帝国颁布了《哈蒂-胡马雍诏书》（Hatti-Humayun），公布了新的改革宪章。奥斯曼帝国之所以颁布这一诏书，是为了向在巴黎参加和约谈判的各国展示奥斯曼帝国的善意，让奥斯曼帝国作为一个现代国家获得西方世界的尊重。这一诏书重申了坦志麦特改革的原则，并对其覆盖范围加以扩展，进一步完善了这份19世纪的"土耳其大宪章"。

改革宪章前所未有地明确阐述道，奥斯曼帝国全体臣民不论宗教信仰、种族和语言，均在税收、教育、司法、财产所有权、担任公职、参选职位等方面，享有自由和平等的地位，"帝国不因阶层或宗教信条歧视任何人群，平等地鼓励民众争当优秀公民"。此外，改革宪章还构想了改革国家财政和货币体系的具体举措，以及鼓励贸易、农业和兴建道路与运河等种种积极措施。在促成这一改革宪章的过程中，斯特拉特福德厥功至伟。

但是，乐观情绪未能持续太久，奇迹也没能发生。改革宪章确实被写进了《巴黎和约》之中，这意味着和约承认了"苏丹对其帝国内基督徒子民的宽宏大量"。但是，欧洲各大国拒绝帮助奥斯曼帝国切实推进改革，从而让这种承认变得毫无意义。欧洲各大国表示，它们无权"集体或单独干预苏丹与其子民之间的关系，或插手帝国的内部行政事务"。

这一变故被普遍认为是法国对英国的背叛，因为法国一心要不惜一切代价寻求和平，安抚俄罗斯。斯特拉特福德十分务实地意识到，这对奥斯曼帝国的改革事业来说可能是致命的一击。在失去了来自国外的压力之后（无论是英国的压力、法国的压力，还是各大国的联合施压），自行其是的奥斯曼帝国政府将会"回归它原本的慵懒，改革法令将沦为……毫无意义的一纸空文，只不过记载了一些合理的原则而已"。

正因如此，斯特拉特福德才会这样评价《巴黎和约》："我宁愿砍掉我的右手，也不愿意在和约上签字。"盟国之间从谈判伊始就充满了矛盾。在斯特拉特福德看来，随着法国人的威望日渐提升，并且在奥斯曼帝国政府中恢复了其影响力，他自己在奥斯曼帝国的整个外交生涯中为之努力的那些目标可能会遭遇阻力。

不过，尽管他本人十分灰心丧气，但我们还是可以说，斯特拉特福德拉近了原本有着截然不同的生活方式的东方与西方之间的关系，他所取得的这一点成就是19世纪上半叶的人们难以想象的。斯特拉特福德勋爵的使命即将结束。在此之前，他主持了一次具有历史意义、甚至有些讽刺意义的典礼。他代表他的君主维多利亚女王，向阿卜杜勒·迈吉德授予了嘉德骑士勋章。作为一位伊斯兰世界的君主，阿卜杜勒·迈吉德在把蓝色的圣乔治缎带系在脖子上的那一刻，名义上等于宣誓要追随这位基督的烈士和战士的脚步。1858年10月，伟大的埃尔奇最后一次向土耳其作别。接替他出任大使的是与他观点迥异的亨利·布尔沃爵士（Sir Henry Bulwer）。在斯特拉特福德看来，"他一定会去追求与自己截然相反的事物，抛弃自己赢得过的一切"。

事实证明，后来最让奥斯曼帝国的统治者感到忧心忡忡、对帝国与西方世界关系影响也最大的并不是帝国内部的改革问题，而是债务问题。奥斯曼帝国的改革家们从来都不擅长理财，这个国家也因而缓慢且难以避免地滑向了破产的边缘。帝国的进口额一直高于出口额，而且长期无法开发出效益丰厚的内部资源。帝国的国库实际上已经空空如也，应付给军队的军饷一直在拖欠，生活成本在攀升。陷入贫困的人们对改革者和外国人的敌意越发浓厚。为了支付克里米亚战争的开销，奥斯曼帝国政府向它的英国和法国盟友借了一大笔钱。而在战争结束20年之后，对国民经济缺乏妥善管理的奥斯曼帝国已经依赖于从欧洲借款度日，欠款数额已达数亿英镑之巨。为了偿还贷款，奥斯曼帝国只好发行越来越多的债券。参与其中的金融家收取了高额的佣金，经手的帕夏还会收取贿赂。这一切让整个国家负债累累。

1861年，38岁的阿卜杜勒·迈吉德苏丹驾崩。他是一位温和而仁慈的统治者，获得了西方世界的同情，拥有自由主义的思想，但是缺乏必要的决心和能量去实践他的理想。他生性懒散，自我放纵，花费无度。他自我标榜为改革人士，却既不能让他的穆斯林子民满意，也无法让他的基督徒臣民满意，无法维护帝国内部的统一。其父开启的坦志麦特改革中有待完成的进步举措，他大部分都未能完成。

接替阿卜杜勒·迈吉德的是他的弟弟阿卜杜勒·阿齐兹（Abdul Aziz）。尽管兄弟二人私人关系尚可，但阿卜杜勒·阿齐兹在政治上与反对改革的势力关系甚密。阿卜杜勒·阿齐兹是一位英俊潇洒、活力十足的苏丹，体格健壮却没有受过良好的教育，性格反复无常，脾气十分暴躁。即位之初，他宣称将要像两位前任苏丹一样推行改革。他采取措施控制宫廷的开销，动用国家资源时十分节约。但他很快就改变了自己的做法。在皇宫里，他先是花钱打发了亡兄多到数不清的姬妾，随后为自己打造了规模庞大的后宫，单单在宫中服务的宦官就多达3 000人，铺张奢靡的程度超过了其兄长。在政策方面，他对所有的改革方案都加以阻挠，让反动势力心满意足。而出于对《巴黎和约》的尊重，列强一开始也尽量不对奥斯曼帝国单独施加任何压力。1867年，各国终于联合采取了行动。在英国和奥地利的支持下，法国政府向奥斯曼帝国递交了一份照会，要求它采取更加积极的改革政策。尽管苏丹强烈反对列强的这一要求，但他手下两位思想进步的大臣十分欢迎外国的态度。在接下来的三年里，阿里帕夏和福阿德帕夏（Fuad Pasha）重组了最高司法会议，还在司法和教育领域推动了革新。

但现在，一场截然不同的改革运动开始了。这场运动的源头不是统治者，而是被统治者；它不仅强调社会变革，更强调体制变革。19世纪初的时候，改革者马哈茂德是一位家长作风的苏丹，用开明专制的方式保护并造福于他的子民。从一开始，他就意识到了这样一个充满矛盾的事实：要想实现自由开明的目标，就必须逐步消除近几个世纪以来侵蚀苏丹绝对君权的因素。因此，他比奥斯曼帝国的先代苏丹更加专制。通过负责任地使用手中的专制权力，这位意志坚定的苏丹强制推行他的开明政策，开启了改革进步的进程。马哈茂德二世决心用积极的态度去化解西方化的社会与固有的伊斯兰社会传统之间的矛盾。

但是,如果要想继续推进马哈茂德二世的工作,就需要一个与他一样意志坚定的继承者。尽管阿卜杜勒·迈吉德对开明和进步充满向往,但他并非这样一个继承者。他的父亲在消灭了除君主之外的其他权威的同时,也留下了一个权力真空,而只有像他本人那样能力出众的君主,才可能填补那样的权力真空。随着坦志麦特改革的逐渐成形,它在职能结构方面的缺失就日益凸显。坦志麦特改革致力于保障苏丹子民的权利和利益,但找不到像曾经的乌理玛和各种各样的地方权力机构那样能够在中间层面上充当负责任的政府机构的组织。尽管坦志麦特改革拥有一套磋商机制,还经常有一些好高骛远的长远许诺,但改革的推行完全仰仗于苏丹法令的权威性。而且,苏丹的法令还经常受到不负责任的大臣的制约。

实际上,阿卜杜勒·迈吉德采取的也是其父马哈茂德遗留下来的那种专制统治,但他只学到了皮毛,缺乏坚持这样做的决心。阿卜杜勒·迈吉德执政的这段时期可谓是一段间歇期。在他之后,阿卜杜勒·阿齐兹苏丹把不受制约的专制统治推向了顶峰。他思想反动,也不受任何自由原则的制约,通过强有力的中央集权政府和顺从于他强大意志的组织紧密的官僚体系管理国家,从而成了一位拥有绝对权力的专制君主。因此,在19世纪的后半叶,奥斯曼帝国的统治方式从负责任的专制统治变成了不负责任的专制统治。

作为对这种转变的反馈,一个全新的改革阶段开始了。新的改革比以往基于民主的宪政原则的改革获得了更广泛的接受,覆盖范围也更广,产生效果的速度也更快。马哈茂德二世和其后的阿卜杜勒·迈吉德,寻求通过在科学、法律、教育和政府机制等方面的西方化，在现有体制内倡导开明和进步。但现在，随着被马哈茂德二世带入行政体系中的精英阶层日渐成熟，一个年轻、掌握外语、熟悉西方思想及西方生活方式的中产阶级知识阶层已经崛起。他们开始从意识形态的角度来看待改革问题，并从中思考解决问题的政治手段。他们亲眼看到，西方人把自由民主的原则实践成了宪政和议会制政府。在阿卜杜勒·阿齐兹的统治过程中，他们渐渐不再关注类似坦志麦特改革那样的有限度的西方化改革，而是要更进一步向西方学习，找到在奥斯曼帝国限制专制权力的根本办法。

不过，还有一个在野的群体试图通过民族主义道路来实现自由理想。自从1848年革命以来，欧洲各民族均积极推崇这样一种思想。倾心于这个大胆的新方向的群体组织松散，主要成员都是受过世俗化教育的年轻的土耳其人。坦志麦特改革的口号是"Adalet"，即"公正"，而这个新群体的口号是"Hürriyet"，即"自由"。他们的行动超出了以往改革的限度，他们所追寻的道路最终可能会导致革命的爆发。他们的目标是为奥斯曼帝国创立一个宪政政府。在倡导西方自由主义的宪政理念的同时，他们还试图将伊斯兰思想和传统中最精华的部分融入其中。

由于各自的见解不同，他们在思想意识和个人选择上继续分化，对于达到目的的手段产生了各自不同的看法。不过，在1865年，他们当中的一小群代表人物在博斯普鲁斯海峡北端的贝尔格莱德森林[1]里举行了一次具有历史意义的野餐会。他们组建了土耳其历史上第一个政党"爱国者联盟"，这些人也被称作"青年奥斯曼人"。

---

[1] 此地位于今伊斯坦布尔市郊外。16世纪，苏莱曼大帝曾将数以千计的塞尔维亚人迁移至此，因而得名。

很快，他们就拥有了大约 250 名成员。这个秘密社团采用了意大利烧炭党和波兰革命团体的组织方式，由相互独立的秘密组织构成，实际上相当于成立了一个革命委员会。这些新的改革者并非能够自上而下推行变革的从政者，而是要求从下而上发起变革的知识分子。他们通过文学手段进行活动，而方兴未艾的新闻媒体更是他们的主要武器。经过克里米亚战争，土耳其新闻界的规模和影响力都有了长足发展。

有两名"青年奥斯曼人"曾是雷希德帕夏（他于 1858 年去世）的门生：一位名叫易卜拉欣·希纳西（Ibrahim Shinasi），曾于 1848 年革命期间在巴黎求学，后来成了伊斯坦布尔一家颇具影响力的报纸的编辑，同时还是一名诗人和剧作家。另一位是齐亚帕夏（Ziya Pasha），他曾为皇室服务，还担任过其他不甚重要的官职，后于 1867 年主动流亡到巴黎、伦敦和日内瓦生活，大胆鼓吹宪政政府，还要求苏丹创立奥斯曼国民大会，并逐步赋予其议会权力。还有一个更年轻、观点更激进的成员名叫纳米克·凯末尔（Namik Kemal）。此人出身于高官世家，自己是一名政治记者和评论家，鼓吹"自由和祖国"的理念。他倡导在法律约束下的自由和自治，特别关注公民的政治权利。他还有更为革命的观点，认为主权在民，即政府的权力应当来自被统治者。因此，他强调协商原则，认为"立法权应当独立于政府"。

作为一名虔诚的穆斯林，纳米克·凯末尔十分费力地想把他的理念和伊斯兰教的原则调和在一起。他努力在伊斯兰世界的历史中找寻先例，试图通过对《古兰经》经文的解读来说明协商和代表制政府的合理性，还想证明在改革运动开始之前的奥斯曼帝国历史上就曾经有过这样的政府。尽管他的理念很难在伊斯兰世界的法律和神学观点中找到支持，但很受新兴的受过教育的一代人的欢迎，因为他们对西方价值观念耳濡目染，不再完全满足于传统的伊斯兰教义。由于在伊斯兰世界里找不到代表制政府的先例，纳米克·凯末尔以英国的议会体制为榜样。他不喜欢拿破仑三世治下的法国政体，认为其专制色彩太浓重。他认为，在伦敦，"公众意见可以坚定地对抗权威"，其政治原则"堪称世界楷模"。

他对伦敦和巴黎的直观感受来自一段流亡生活。他之所以流亡海外，主要是因为青年奥斯曼人有一位颇有权势的盟友——富有而野心勃勃的埃及贵胄穆斯塔法·法兹尔（Mustafa Fazil）。他原本是统治埃及的王朝[1]的王位继承人，但仅比他年长40天的兄长伊斯梅尔帕夏从苏丹那里正式获得了"赫迪夫"[2]的称号，还获准修改了埃及法律，从而使伊斯梅尔帕夏自己的儿子成了直接继承人。因此，既然继承埃及赫迪夫位置无望，有统治野心的法兹尔希望可以成为实行宪政的奥斯曼帝国的首相。他在巴黎用法文写了一封给苏丹的公开信，详细批评了帝国的现状，进而要求帝国颁布宪法。纳米克·凯末尔和他的同事们将这封公开信翻译成了土耳其文，然后在他担任编辑的报纸上公开发表。

政府的反应十分强烈。政府刚刚施行了新闻法，对报纸实施了严格的管制，还设置了一个新闻委员会，以确保治安法庭在运作中要贯彻新闻法。纳米克·凯末尔的行为违犯了新闻法。因此，身为

---

1 即穆罕默德·阿里开创的统治埃及的王朝，名义上仍臣属于奥斯曼帝国。
2 "赫迪夫"相当于总督。穆罕默德·阿里曾经用这个称号自称，但并未获得奥斯曼帝国的认可。

政府官员的纳米克·凯末尔和齐亚帕夏被外放到了外省任职。不过，在得到法兹尔的邀请后，他们偷偷逃到了巴黎。他们在法兹尔的安排下，混进了法国的政治圈和官僚圈，还把法兹尔的住宅当成了青年奥斯曼人的总部。一位名叫阿里·苏亚维（Ali Suavi）的反对派报纸编辑也从安纳托利亚的流放地逃了出来，跟他们联手用从伊斯坦布尔带来的印刷字模发行了一份名为《自由》（Hürriyet）的土耳其文报纸。

1867年夏天，阿卜杜勒·阿齐兹先是正式访问了巴黎，接着又去了伦敦。这是奥斯曼帝国的君主第一次不带军队离开其帝国的疆域。在奥斯曼帝国大使的敦促之下，法国政府礼貌地请纳米克·凯末尔等人离境。他们去了伦敦，在法兹尔的资助下又在那里活动了几年。当苏丹造访伦敦时，他们混进了人群，观看在水晶宫举行的官方焰火表演。他们头上戴的红色菲斯帽引起了苏丹的注意。他询问道，这些人是谁？他的外交大臣简明扼要地回答他说："他们是陛下的反对者。"

纳米克·凯末尔到维也纳待了一段时间，学习法律和经济学，同时又把一些法文著作翻译成土耳其文。他在1870年年底回到了奥斯曼帝国。他写了一部名叫《祖国》（Vatan）的爱国主义戏剧。该剧在伊斯坦布尔公演时，观众欣喜若狂，颇具影响力的报纸《告诫》（Ibret）也刊登了热情洋溢的专栏文章赞美这一剧作。后来，凯末尔还成了这家报纸的编辑。这部剧作描绘了土耳其人在克里米亚战争中英勇抵抗俄军、守卫锡利斯特拉的情景，表现的主题是忠诚。但剧中的忠诚不是对苏丹或伊斯兰世界的忠诚，而是对一个较为陌生的概念——"国家"的忠诚。在官方眼中，赞扬这部剧作的报章评论无异于煽动叛乱。在又一次刊发了言论忤逆的社论之后，这家报纸被取缔了；纳米克·凯末尔遭秘密逮捕，被流放到了塞浦路斯。他在那里被羁押了三年。

1871年，坦志麦特改革时期的最后一位开明政治家阿里帕夏去世。他的搭档福阿德帕夏也已经在两年前去世。在阿卜杜勒·阿齐兹手下的所有维齐尔中，只有阿里能对他施加一定程度的影响力。听闻阿里帕夏之死，苏丹表示自己"终于自由了"。的确，他从此可以不受约束地把自己的意志强加于奥斯曼帝国政府之上，追求敌视欧洲的沙文主义以及个人的绝对专制权力，还可以不受节制地随意花钱。由于拿破仑三世在普法战争中落败，法国的地位下降，苏丹也因而不再受到法国自由主义的影响。坦志麦特改革和其后的宪章改革条文如今似乎真的成了一纸空文，应验了雷德克利夫勋爵斯特拉特福德的悲观预言。从1871年开始，奥斯曼帝国陷入了衰落之中，开始滑向政治上的反动深渊和财政上的巨大灾难。

利用1871年开始出现的政治真空，苏丹把权力的中心从帝国政府移向了皇宫本身。苏丹说，他要像俄国沙皇那样统治国家，他的每一位大臣都无须对大维齐尔负责，而仅对苏丹本人负责。在大维齐尔的位置上，他任命了野心勃勃、毫无原则的马哈茂德·奈迪姆（Mahmud Nedim），因为他是众大臣里最对苏丹唯命是从的。很快，奈迪姆就加剧了行政管理上的混乱。他放逐了以前的大臣，还让官员们"不停地轮转"，总是迅速地将官员解职，或是让他们频繁变更职务，以免任何人获得可能与他匹敌的影响力，也免得他们削弱他的主子——苏丹的绝对权力。

1872年，阿卜杜勒·阿齐兹解除了奈迪姆的职务。在接下来的三年里，他又任命了六位大维齐尔。他把他们当作傀儡，要求他们必须遵从他的意愿，在选择其他大臣的人选时也不询问他们的意见。这几位大维齐尔中的第一位，也是最知名的一位，是米德哈特帕夏（Midhat Pasha）。他积极推动宪政改革，还促成了奈迪姆的解职。此前他在奥斯曼帝国政府体系里步步高升，是一位出色的行省长官。依靠经过改革的行政体系，他为他所管理的行省带来了它们长久未曾享有过的安全与繁荣。但是，苏丹很快发现成为大维齐尔的米德哈特过于倔强、独立。因此，米德哈特在这个危机四伏的职位上只干了不到三个月。换了六位大维齐尔之后，奈迪姆又被召了回来，重新出任大维齐尔。

苏丹经常心血来潮，喜怒无常，表现出了自大狂的倾向，甚至让人怀疑他在神志和情绪上是否正常。他越发专横跋扈，做了许多荒唐事：他要求大臣们必须匍匐在他面前，还要亲吻他儿子的脚；任何与他同样名叫阿齐兹的官员在官方文件上都不得签署自己的本名；他命令士兵们模拟打仗，供他取乐；痴迷于他最心爱的斗鸡比赛，给斗赢的斗鸡颁发勋章和装饰物，斗败的则被扔掉。

在访问欧洲各国首都的过程中，阿卜杜勒·阿齐兹惊讶于这些城市的奢华，于是在归国之后决心效仿。实际上，他以一种东方式的帝王气派，在奢华程度上超越了这些欧洲国家。在欢迎外国王室来宾时，他在欧洲风格的多尔玛巴赫切宫安排了奢华的娱乐项目，这些项目每年要花掉他200万英镑。另外，他也做了一些比较有建设性的事情：惊艳于欧洲科技奇迹的苏丹花费了巨额资金用于兴修铁甲战船，还在他的帝国里铺设铁路。由于政府的财政危机愈演愈烈，他赌气地宣布将自掏腰包修建巴格达铁路。

苏丹的皇室开销要占到帝国财政总支出的大约15%。从西方银行家手上借钱太容易了。欧洲投资者只看到了奥斯曼帝国丰富的自然资源，却没有看到奥斯曼帝国既缺乏开发这些资源的能力，也不擅长打理财政事务。奥斯曼帝国政府借款的利率是英国人大部分投资所得利率的两倍。此外，土耳其人支付的利息并非来自国家收入的增加，而是来自新的境外贷款和债券发行所得，而这一事实似乎也没让投资者太过担心。就像理查德·科布登（Richard Cobden）[1]所说的那样，奥斯曼帝国"从未真正支付过利息，因为其支付的利息都源自新借来的贷款"。奥斯曼帝国的债务像滚雪球一样越滚越大，在20年间从400万英镑增加到了2亿英镑，而国家收入并无相应的增长。奥斯曼帝国政府年收入的一半以上都被债务利息吞噬了。经济危机开始浮现。

从1873年开始，安纳托利亚发生了干旱和饥荒，给民众带来了极大的苦难。到冬天，情况恶化到了极点——狼群开始在伊斯坦布尔的郊区出没，吃掉路人；牛羊大批死去，造成了灾难性的损失；村庄里，开始有人饿死，人们倒毙在街头，都没有人收尸。农业歉收，使得政府根本收不上来必要的税收。帝国国库空空如也，甚至连政府的运转都无法维持。

接踵而至的是严重的经济崩溃。1875年10月，奥斯曼帝国政府在报纸上宣布，由于财政赤字严重，从今以后，帝国政府的债权人只能得到一半的现金利息，剩下的一半将在未来的五年内用利率

---

[1] 英国经济学家、政治家。

5%的债券折抵。这次违约动摇了奥斯曼帝国政府在海外的信用和名声。在国内,除了亚美尼亚人和希腊人之外,同样投资了政府债券的奥斯曼帝国官员也对苏丹和他的政府深感不满。有一个讽刺的说法是,在帝国政府发表了这一声明之后,博斯普鲁斯海峡上一艘渡船的乘客都只肯用现金支付一半的船票票价,而另一半票价用五年期债券支付。

现在,内乱又加剧了政府的财务违约问题。在黑塞哥维那,农作物歉收和包税人的横征暴敛激起了针对地方政府的叛乱。接着,骚乱波及了波斯尼亚。在那里,新月和十字架之间很快爆发了内战。黑山和塞尔维亚(此时的塞尔维亚实际上已经成了一个独立国家,对奥斯曼帝国政府不再有太多怨气)都出兵进行了武装干涉。1876年夏天,战乱又波及了保加利亚。这成了巴尔干地区革命运动的开端。在接下来的一代人时间里,这一地区将爆发一场又一场的战争,彻底改变巴尔干半岛的面貌。

在保加利亚,有一位将自己视作"斯拉夫拿破仑"的叛军领袖向他的追随者承诺将诉诸恐怖主义手段。他们凶残地扑向土耳其穆斯林,大肆屠杀。不过,这股叛军在十天之内就被镇压了,奥斯曼非正规军用更加野蛮的方式实施了报复。来自伊斯坦布尔的英国特派员评论说,他们犯下的"可能是本世纪最恐怖的罪行"。他们将数不清的村庄夷为平地,不分年龄和性别进行无差别地屠杀,一个月内就杀害了至少1.2万名平民。他们屠杀、纵火、强奸的暴行在山中小镇巴塔克(Batak)达到了顶峰。在这里,有1 000名镇民躲在一座教堂里避难,但土耳其民兵用浸了油的布条点燃了教堂,教堂里的人除了一位老妇人之外全部被烧死。在巴塔克的7 000名镇民里有5 000人被杀。

像克里米亚战争中的战地报道一样，最早将此事曝光在全世界人面前的是一家英国报纸——《每日新闻》——的记者。他写道，在教堂的庭院里，"未完全掩埋的尸体堆了3英尺（约1米）高，手、腿、胳膊和头颅横七竖八，教堂的地面上则堆满了裸露而腐烂的尸体"。在土耳其人数个世纪以来的"圣战"之中，这样的中世纪式的暴行屡见不鲜。但是，此时已经是更加文明的19世纪，原始而狂热的非正规军（主要是鞑靼人）又一次犯下了这样的暴行，还有史以来第一次被无处不在的媒体曝光在全世界人的目光之下。这引发了普遍的不安和愤慨。英国自由党人格莱斯顿（Gladstone）在畅销的小册子中评论"保加利亚的恐怖事件"道："土耳其人要想洗刷这一恶行，只有一种方式，那就是让他们自己离开那里……带着他们的行囊……离开这个被他们肆虐蹂躏的省份。"

奥斯曼帝国的大规模债务违约和在保加利亚的暴行，让土耳其人在世界面前留下了糟糕的新形象。在英国，出现了对奥斯曼帝国的恐慌情绪。英国驻伊斯坦布尔大使亨利·艾略特爵士（Sir Henry Elliot）对这些行径并不感到特别惊讶。在他看来，"就我们所知，这就是一个半文明的国家"。但是，这些事件对英国公众产生了巨大而深远的影响。他们曾经对土耳其人心存好感，因此才普遍支持克里米亚战争。现在，他们的态度发生了骤变。在公众的压力下，托利党的外交大臣德比勋爵（Lord Derby）表示："就算俄国对奥斯曼帝国宣战，女王陛下的政府也不可能真的出手干预。"实际上，就在格莱斯顿的小册子发表之后，俄国驻奥斯曼帝国大使伊格纳季耶夫将军（General Ignatiev）就这样向沙皇汇报："保加利亚的屠杀事件为俄罗斯带来了前所未有的东西——英国公众的支持。"

从 1820 年开始,俄罗斯就一直在唆使巴尔干各省份的斯拉夫基督徒发动叛乱。与此同时,俄罗斯也努力在奥斯曼帝国政府内部为本国谋求利益。伊格纳季耶夫将军认为,现在是时候拉拢大维齐尔马哈茂德·奈迪姆了。此人与俄罗斯人一样,对奥斯曼帝国内部的任何改革政策都充满敌意,因为他认为这些政策都会增强西方国家的影响力。在倡导改革的米德哈特帕夏短暂掌权的时候,伊格纳季耶夫曾经十分狡诈地设法反对他,最终间接促成了米德哈特帕夏的卸任。在米德哈特帕夏下台之后,伊格纳季耶夫劝说阿卜杜勒·阿齐兹苏丹采取与俄罗斯相似的政府体制,即以君主为拥有绝对大权的主人。

现在,奈迪姆又回到了大维齐尔的位置上,拥有了"掌控君士坦丁堡局势"的大权。伊格纳季耶夫对此感到兴奋不已。他认为:"在君士坦丁堡(根据一位同事的汇报),大维齐尔倾心于俄国,而苏丹对西方充满敌意。因此,他们更愿意听取俄国大使的建议,而非俄国的对手的意见。"他对英法债券持有人的不幸遭遇感到幸灾乐祸,对奥斯曼帝国债务违约欣喜不已,人们甚至普遍怀疑他在违约决定中发挥了煽风点火的作用。不过,他这一次玩过了火。很快,马哈茂德·奈迪姆就倒台了;不久之后,阿卜杜勒·阿齐兹苏丹也倒台了。

1876 年初夏,来自伊斯坦布尔三座主要清真寺附属的宗教学校的大约 6 000 名"索弗塔斯"(神学学生)离开了学校,聚集在高门前示威。他们要求罢免大维齐尔马哈茂德·奈迪姆和大穆夫提。据说，他们中的一些人还去丈量了皇宫前的围栏高度，看看其高度够不够绞死大维齐尔。从16世纪开始，神学学生发动骚乱就已经是奥斯曼帝国常见的社会和政治现象，但这一次的行动与以往不同。这一次，有人给他们支付报酬，并且提前安排好了行动计划，以促成奥斯曼帝国政府内权力的更迭。这种在欧洲部分地区常见的做法后来成了奥斯曼帝国的一种不好的传统。据推测，组织、资助他们的人是米德哈特帕夏，他现在成了领导青年奥斯曼人宪政运动的首领。

苏丹向学生们屈服，解除了大穆夫提和马哈茂德·奈迪姆的职务，还用鲁什迪帕夏（Rushdi Pasha）接替了后者。米德哈特帕夏回到了政府中，出任国务会议主席。但这只是一个开始。从这时开始，就像英国大使汇报的那样，"每个人嘴里都说着'宪法'这个词"。米德哈特帕夏想要的，是建立一个遵循自由、平等和大臣负责制原则的真正意义上的全国协商大会，不分阶层、种族和宗教信仰，从整个帝国范围内选出代表参加。从此之后，苏丹和他的大臣们必须对这个大会负责。参照英国的政府体系，苏丹现在拥有的绝对权力将受到约束，他必须遵从整个国家的意见和意志。

为了给这种做法寻求正当性，政变者们特别强调了《古兰经》里一些有关民主的段落。通过对这些段落的解读，他们指出苏丹当前实施的专制统治侵犯了人民的权利，违背了神圣法的规定。根据神圣法规定的原则，民众无须效忠于罔顾国家利益的君主。米德哈特提出的要求似曾相识，它们与穆斯塔法·法兹尔（此时他刚刚过世）于1867年写给苏丹的信中的要求十分相似——他当时就曾恳请苏丹实施这些变革。而现在，人们不再期望统治者会自上而下地实施变革，而是打算自下而上地倒逼变革。自称"穆斯林爱国者"的组织发表了一个宣言，宣称要进行改革，他们还把宣言分发到了欧洲政治家手中，以展示奥斯曼人的良好意愿。不过，在眼下这个阶段，他们的宣言在国内还秘而不宣，因为他们在宣言里把苏丹称作"可怕的疯子"，还讨论了废黜苏丹的必要性。

实际上，苏丹的大臣们现在正打算这么做。他们先从新任大穆夫提那儿得到了一份裁定，获得了废黜苏丹的授权。1876年5月30日破晓之前，他们就动手包围了多尔玛巴赫切宫。在陆地上，他们动用了两个营的兵力；而在博斯普鲁斯海峡，他们也布置了海军的舰船。另外，他们还在更上游的水面上布置了一艘舰船，监视俄国夏季使馆，以免伊格纳季耶夫插手干预。接着，米德哈特和其他大臣在战争部会面，由大穆夫提宣读了废黜苏丹的费特瓦。废黜苏丹的理由是他"精神错乱，不问政事，滥用公帑，危害国家和社会"。苏丹的侄子和继承人被人从他的住处叫来，接受大臣们宣誓效忠，即位成为穆拉德五世。

清晨时分，海军舰船鸣放了101响礼炮，宣告苏丹的更迭。阿卜杜勒·阿齐兹没有抵抗。他写了退位诏书，然后穿过海峡，住进了老萨拉基里奥宫。这场不流血的政变受到了伊斯坦布尔市民的热烈欢迎。一位大臣赞颂道，这次政变像清除近卫军一样，是国家大幸。在不到半个世纪的时间里，受教育群体已经崛起，成为一个对国家权力有举足轻重影响的阶层。而这一次，他们不再是暴君的工具，而成了对抗暴君的力量。

穆拉德苏丹的即位获得了自由派人士的欢迎，数名青年奥斯曼人成员也获得了宫廷里的职务。尤其是纳米克·凯末尔，他从塞浦路斯归来，出任了新苏丹的私人秘书。穆拉德早年间曾经拥护他们的主张，因此人们认为他可能真的会在帝国内推行宪政改革。但不幸的是，事实并非如此。年轻时的穆拉德五世聪颖过人，受过良好的教育，对东西方文化都十分了解，在陪同阿卜杜勒·阿齐兹访问欧洲时也给外国人留下了很好的印象。但是，归国之后，穆拉德开始秘密联络留在国内和遭到驱逐的自由派人士，让苏丹对他起了疑心。于是，阿卜杜勒·阿齐兹开始对他的侄子严加看管，实际上让他过上了与世隔绝的生活。穆拉德原本就容易紧张，这下更是惶惶不可终日，只好靠酒精麻醉自己。

穆拉德逐渐出现了精神错乱的症状。在被连夜叫去登上大宝的时候，他更是惶恐万分，战栗不已。几天之后，精神状况也很不稳定的阿卜杜勒·阿齐兹声称要修剪胡子，找人要了一把剪刀，随后割断了自己的手腕动脉，自杀身亡。这让穆拉德困扰不已，难以保持神志清醒。雪上加霜的是，有一名切尔克斯人军官认为是当朝官员谋害了阿卜杜勒·阿齐兹，于是在一次内阁会议上杀死了战争大臣和外交大臣。

穆拉德原本还要作为苏丹出席佩带奥斯曼之剑的典礼，但他此时已经无法在公共场合露面，也没有能力处理公务了。奥斯曼医生和外国医生都为他做了检查，得出的诊断结论是，他患了严重的精神崩溃，只能花时间慢慢休养。考虑到国内外的紧急政务，他的大臣们虽然不太情愿，但也只能考虑再一次废黜苏丹，将苏丹的位置交给一个更能胜任的人。下一个顺位的继承人是穆拉德的弟弟阿卜杜勒·哈米德。此人也生活在与世隔绝的环境之中，其品性还是个未知数。

其他大臣代表米德哈特觐见阿卜杜勒·哈米德，询问他是否愿意在穆拉德康复前出任摄政——这在奥斯曼帝国的历史上并无先例。阿卜杜勒·哈米德坚决回绝了他们的请求。他并非不想得到苏丹之位，但他希望先取得穆拉德无法进行统治的医学证明，然后再名正言顺地继位。为此，他愿意做出几项承诺。再次拜见阿卜杜勒·哈米德时，米德哈特带去了一份新宪法草案。这份草案于当年早些时候编写完成，参与编写的是一个由政治家和乌理玛成员组成的委员会，参照的模本是比利时和普鲁士的19世纪宪法。阿卜杜勒·哈米德做出了三项承诺：他将颁布宪法，通过负责制的顾问进行统治，留用兄长的宫廷秘书。

身为宫廷秘书之一的纳米克·凯末尔痛哭流涕，恳请推迟废黜穆拉德。但他的恳请没有得到回应。大穆夫提发布了一份费特瓦，以精神失常为由废黜了执政仅三个月的穆拉德。阿卜杜勒·哈米德二世[1]接替穆拉德成为苏丹，并接受群臣宣誓效忠。穆拉德被送到了博斯普鲁斯海峡北部的一座宫殿里监禁起来，他一直活到了1904年。

1876年12月，新任苏丹在任命米德哈特为大维齐尔之后，终于为奥斯曼帝国颁布了宪法。最终的文本并没有完全符合米德哈特的预期。苏丹用各种方式修改了草案文本，强调必须严格遵循神圣法，保障他个人的特权，回避了一些条款，还把米德哈特详细规定的一些内容大而化之地泛化处理了。最终，他也没有特别积极地推动立宪政府的迅速建立。这些不足之处无不预示着未来的麻烦。

不过，对于这个以改革为主题的世纪而言，苏丹接受并公布宪法仍然不失为一个适合的高潮。至少，它为未来的政治进步留下了

---

[1] 上一位阿卜杜勒·哈米德苏丹，即阿卜杜勒·哈米德一世，是1774—1789年统治帝国的苏丹。他是改革者马哈茂德二世的父亲。

一个工具,确认了奥斯曼帝国公民有权参政并发表意见的原则。米德哈特声如洪钟地向苏丹致谢,宣称新苏丹的上台将开启"长久繁荣的新时代"。第二天,他一反此前的历任大维齐尔等待他人前来拜访的先例,主动拜访了希腊人和亚美尼亚人的宗教领袖。他向他们保证,在宪政统治下,任何宗教信仰的人都可以享受平等的待遇。希腊大牧首回答说:"我们认为您将让奥斯曼帝国焕发生机。"与此同时,雷鸣般的礼炮声向伊斯坦布尔的全体市民宣告,不论是穆斯林还是基督徒,都将享受到新的自由。

第三十五章

新任苏丹精心安排了隆重庆贺宪法颁布的时机，以安抚在伊斯坦布尔参加六大国[1]会谈的欧洲国家代表。他颁布宪法之时，恰逢六大国会谈第一次全体会议开始之际。这次会谈由英国发起，目的是商讨巴尔干局势，同时也是为了响应俄国有关保护基督徒的一项提议。俄国人认为，苏丹应当采取一些具体的行政方面的变革，来为其在欧洲的基督徒子民提供更妥善的保护。

1876年，巴尔干地区的骚乱升级。塞尔维亚和黑山在俄罗斯的煽动和唆使下，公开向奥斯曼帝国宣战。土耳其人用了不到三个月时间就击败了塞尔维亚人。如果不是要求停战的俄国人直接出面干预，土耳其人本来可以一举拿下贝尔格莱德。在德国的支持下，俄国沙皇和奥地利皇帝拟定了要求奥斯曼帝国政府实施改革的《柏林备忘录》。与此同时，他们还不甚客气地要求英国合作。

英国人同样不甚客气地拒绝了他们的要求。俄、奥、德这三个军事强国事先并没有征求英国、法国和意大利的意见。在英国看来[用时任首相迪斯雷利（Disraeli）的话说]，这三国的提议"相当于让我们准许他们把刀抵在土耳其的喉咙上"。英国致力于保证奥斯曼

---

1 这六大国是英国、法国、俄国、德国、意大利、奥匈帝国。

帝国的独立和领土完整，而这三国的提议最终可能会导致对奥斯曼帝国的联合军事占领。这两个目标是相冲突的。英国派遣其地中海舰队的一个分队驶抵达尼尔海峡入口处，以向奥斯曼帝国政府重申英国的支持态度。很显然，俄国在准备发动战争。为了避免战争的爆发，英国人倡议召开了"君士坦丁堡会议"。

苏丹在此时颁布宪法，让俄国的参会代表失去了提出要求的根据。既然奥斯曼帝国已经提出了宪政改革的完整方案，那么它就不再需要外国的干预和帮助。但是，鉴于以往的经验，欧洲国家的代表对新宪法表示不屑，认为毫无信誉的奥斯曼帝国颁布宪法不过是司空见惯的弄虚作假、政治欺诈。以前，他们就曾这样错误地指责坦志麦特改革中颁布的两个法令，认为它们不过是奥斯曼帝国在危机时刻用以博取西方的好感和支持从而对抗俄罗斯威胁的工具。但是，既然宪法已经问世，欧洲国家就失去了达到它们各自目的的借口。于是，1877年1月，在进行了一次磋商的尝试之后，六大国会议未能取得任何成果便宣告结束。很快，奥斯曼帝国政府与塞尔维亚在承认现状的原则基础上单独签署了和约。英国的与会代表索尔斯伯里侯爵（Lord Salisbury）认为战争已经不可避免，遂离开了伊斯坦布尔。

实际上，索尔斯伯里侯爵试图避免战争的任务十分艰巨。自从保加利亚屠杀事件之后，英国政府高层对奥斯曼帝国的看法就有很大的分歧；与此同时，格莱斯顿在发表了他的小册子之后越发活跃地进行着反对奥斯曼帝国政府的活动，在英国各地的会议上发表强有力的演讲。他在这些会议上谴责奥斯曼帝国糟糕的政府管理和对基督徒臣民的残暴罪行，要求剥夺奥斯曼帝国在保加利亚的全部行政权，还广泛煽动公众对"让人难以启齿的土耳其人"的反感情绪。雷德克利夫勋爵斯特拉特福德也支持格莱斯顿的看法，认为英国应当把自己的保护范围扩大到保加利亚以外，将巴尔干地区所有受压迫的奥斯曼帝国的臣民都涵盖进去。

格莱斯顿，这位资深的自由党政治家发起了一场运动，冲破了党派政治的界限，在内阁里也引发了意见分歧。外交大臣德比勋爵强烈反对格莱斯顿一伙人所谓发动十字军圣战、将土耳其人逐出欧洲的说法，但他还是代表英国政府告知苏丹，土耳其人的罪行引发了英国民众的义愤，并要求惩办凶手，抚恤受害者。英国的态度让俄国大为满意。俄国正在考虑对奥斯曼帝国开战，而英国人的态度让俄国人觉得英国不太可能出手干预。德比勋爵警告俄国政府说，一旦爆发战争，英国绝不会容忍俄国人威胁伊斯坦布尔、博斯普鲁斯海峡、埃及和苏伊士运河。但他的这一表态相当于鼓励俄国人开战。在沙皇看来，德比勋爵的表态清楚地表明，如果俄国人在其他地区对奥斯曼帝国展开行动，英国就不会插手。沙皇还向英国大使表达了自己渴望和平的立场。实际上，英国内阁里的大多数成员都站在奥斯曼帝国的立场反对与俄罗斯开战。

不过，英国首相迪斯雷利[不久后他获封比肯斯菲尔德（Beaconsfield）伯爵、从而跻身上院]却对俄罗斯抱有更激进的态度。他十分担忧俄国的进一步扩张，他也从来不相信俄国人说的话。作为一名富有远见的帝国主义者，迪斯雷利坚持认为必须像当年巴麦尊勋爵主张的那样保障奥斯曼帝国的领土完整和独立，更何况当前奥斯曼帝国的领土完整和独立已经得到了《巴黎和约》的保证。在苏伊士运河开通之后，大英帝国必须保证自己的交通线不会受到俄罗斯进一步扩张导致的侧翼威胁。因此，英国在东方问题上更加需要坚持它的一贯态度，以维护大英帝国的威信。

对于保加利亚惨案，迪斯雷利一开始就抱着怀疑的态度。对于最早那些未经证实的报道，他在另外一家报纸上刊文，有理有据地质疑这些报道的夸大之处。在他看来，这些消息无异于"咖啡馆里的胡言乱语"，在更加宏大的东方问题面前，这些事情充其量不过是一些次要问题。领事馆进行的调查显示，实际的死亡人数只有最初报道的一半。但是，这些事件毫无疑问还是耸人听闻的。不过，大英帝国真的有必要为此背弃和约，更改其传统政策吗？对英国来说，最重要的事情还是要保证奥斯曼帝国不受俄罗斯的入侵，正如克里米亚战争时那样。

在迪斯雷利曾经的选区艾尔斯伯里（Aylesbury）进行的一次党内演讲中，他谴责格莱斯顿"毫无爱国之心"，认为其煽动行为既有害于英国的长远利益，又会威胁到欧洲的和平局面。他在写给布拉德福德夫人（Lady Bradford）的信中写道，格莱斯顿"为了报复保加利亚发生的暴行，不惜让全世界变成屠宰场"。在伦敦市长日（Lord Mayor's Day）[1]那天，迪斯雷利在伦敦市政厅发表了一场有力的演说，支持奥斯曼帝国的独立自主，反对来自俄罗斯的"诉诸武力的可怕提议"。

阿卜杜勒·哈米德二世苏丹没把德比勋爵和索尔斯伯里侯爵较为正式的表态放在心上，反而将迪斯雷利充满激情的演讲内容当成了英国的官方态度。因此，他深信奥斯曼帝国一旦与俄罗斯开战，

---

[1] 伦敦市长日是当时定在11月9日的一个节日。

一定可以得到英国的支持。于是，他决定拒绝接受六大国会谈提出的任何解决方案。与此同时，沙皇亚历山大二世也毫不掩饰自己的敌意，在莫斯科发表了响彻欧洲的公开宣言。他宣称，如果奥斯曼帝国不能做出让俄罗斯满意的承诺，那么他就会坚决地采取单方面行动，他也坚信俄罗斯人将响应他的召唤。

为了获取战略优势，争取时间，沙皇又做了最后一次努力，试图达成一个各大国都可以接受的折中方案。但是，奥斯曼帝国以其提议违背《巴黎和约》为由，拒绝接受他的方案。俄罗斯遂向奥斯曼帝国宣战。与此同时，俄罗斯又与奥地利达成了一个秘密协议，划分了两国在巴尔干地区的势力范围。为了换取奥地利的中立，俄罗斯允许奥地利在一定条件下占领波斯尼亚和黑塞哥维那。这样一来，俄罗斯在进攻奥斯曼帝国时就可以不必担心其侧翼会受到来自西方的威胁。

阿卜杜勒·哈米德苏丹很快就意识到，英国人并不会援助他。在英国，格莱斯顿和他的自由党追随者们主张加入俄罗斯一方，发起对奥斯曼帝国的"十字军远征"；而维多利亚女王则威胁说，"如果我的国家要去亲吻阻挠自由和文明的野蛮人的脚"，她宁可放弃王位。面对意见不统一的内阁，比肯斯菲尔德伯爵只好在这两种意见中间采取一个折中路线。他认为，英国政府应当表态反对俄罗斯的做法，但同时又不能像克里米亚战争时那样出手干预，因为英国民众已经不再同情土耳其人了。于是，他的内阁采纳了一种警惕中立的政策。这样一来，阿卜杜勒·哈米德苏丹就只能在没有盟友帮助的情况下独自与俄罗斯作战了。

1877年4月的最后一个星期，两支俄国军队入侵了苏丹的帝国。一支俄军在欧洲渡过了普鲁特河，另一支俄军在亚洲从高加索出发，向卡尔斯、阿尔达汉（Ardahan）[1]和埃尔祖鲁姆进军。在阿卜杜勒·阿齐兹苏丹添置了铁甲船之后，土耳其人依然控制着黑海。因此，俄军需要从陆地上入侵欧洲。俄军入侵的关键点是罗马尼亚——由瓦拉几亚和摩尔达维亚这两个大公国合并而成的一个自治的奥斯曼帝国附庸国。沙皇亚历山大二世的议会批准了俄军进入罗马尼亚的行动。为了报复罗马尼亚允许俄军借道的行为，土耳其人炮击了多瑙河上的一座罗马尼亚要塞。于是，像塞尔维亚以前做过的那样，罗马尼亚向奥斯曼帝国宣战，并且宣布独立。在俄罗斯人接下来入侵保加利亚的行动中，罗马尼亚的土地和军队为俄国人提供了有力的支持。

　　沙皇亚历山大二世亲自率军进入了保加利亚，作为解放者受到了当地人的热烈欢迎。随着俄军逐渐深入保加利亚境内，土耳其人在保加利亚的统治土崩瓦解，取而代之的是有保加利亚人参与其中的新的行政机构。最后，沙皇还是吩咐道："遵从俄国人的指挥。"

　　俄军从特尔诺沃（Tirnovo）的大本营出发。胆大的俄军统帅指挥一支先头部队翻过巴尔干山脉，进入了色雷斯平原。接着，他们又从那里折回，直奔重要的希普卡山口（Shipka Pass）而去，在那里击败了奥斯曼守军。在保加利亚基督徒的支援下，俄军继而在马里查河河谷对土耳其人发动了突袭，兵锋威胁阿德里安堡，甚至在伊斯坦布尔都引发了恐慌。

1　阿尔达汉位于今土耳其东北部。

不过，土耳其近代战争史上并不鲜见的一幕又出现了：苏丹迟缓地任命了两名能干的将领，实现了战局的逆转。从普鲁士归顺而来曾任克里特岛总督的穆罕默德·阿里成了奥斯曼军队在欧洲的统帅。他率军击败了俄军及其保加利亚盟友，使他们遭受重创并退回了巴尔干山区。而在北方，参加过克里米亚战争的老将奥斯曼帕夏率领一支奥斯曼军队在多瑙河一带挡住了俄军主力，使其无法继续向前推进。

奥斯曼帕夏将他的部队嵌入了通往普列文镇（Plevna）的道路前及该镇的周边地区。这个镇子在尼科波利斯以南大约20英里（约32千米）的一个深邃的岩石峡谷中，四周都是葡萄园。在此之前，这里只有自然屏障，并无任何人工工事。不过，奥斯曼帕夏在技艺娴熟的工程人员的协助下，迅速组织修建起了一座坚固的军事要塞。他们修建了带有多面堡垒的土垒，挖掘出堑壕和炮位。就这样，奥斯曼帕夏的部队迅速在普列文镇占据了进入保加利亚心脏地带的战略要地。

具有巨大兵力优势的俄国人从7月份发动进攻伊始，就低估了他们的敌人，而且完全没把围城战放在眼里。结果，指挥有方、勇猛顽强的奥斯曼守军让他们大吃一惊。特别让俄国人感到惊讶的是，奥斯曼军队已经配备了现代化的后装式来复枪。这些当年阿卜杜勒·阿齐兹苏丹从美国引进的步枪，火力要远超俄国人自己配备的射速缓慢的前装式火枪。因此，在普列文围城战的第一天结束时，俄国人就已经被击败了。

现在，奥斯曼帕夏获得了六个星期的休整时间，得以增强防御，修建更多的掩体。与此同时，俄国人前去寻求罗马尼亚大公卡罗尔（Charles）[1]的军队支援。罗马尼亚大公卡罗尔同意提供支援，条件是由他指挥联合围城作战。俄罗斯-罗马尼亚联军从三个方向发动进攻，志在必得。的确，在这场残酷的围城战的最初两天，俄罗斯和罗马尼亚的旗帜曾经在土耳其人的防御工事上空飘扬过。但是，土耳其人在第三天发动了疯狂的反击，迫使罗马尼亚人撤军，普列文上空的俄罗斯鹰徽也被新月旗取代。在第二次进攻失败后，俄国人意识到他们不可能通过强攻夺取普列文。在俄国近卫军一位技艺娴熟的工程师的安排下，俄国人打算与罗马尼亚人一道包围要塞，用饥饿逼迫守军投降。

奥斯曼帕夏两次击败了兵力比自己多一倍的敌人，迫使俄国人不得不在冬季继续进行这场艰苦的战役。不过，奥斯曼帕夏十分务实，他宁愿选择在时机允许时率先撤出普列文。但是，报刊对他在普列文保卫战中英勇表现的详尽报道让欧洲人充满遐想，扭转了时下欧洲人心目中土耳其人野蛮落后的印象。欧洲人把奥斯曼帕夏视作斗牛犬一般勇猛的斗士，欧洲公众也开始转而支持奥斯曼帝国一方。阿卜杜勒·哈米德苏丹意识到奥斯曼帝国在西方的形象得到了修复，急于利用这一时机谋取政治上的利益。因此，他命令奥斯曼帕夏必须不惜一切代价坚守普列文。他许诺将派出一支大军前去解除普列文之围。于是，奥斯曼帕夏顽强地坚守阵地，同时从南方获取补给，直到俄国人切断了最后一条通路，彻底包围了这座要塞。阿卜杜勒·哈米德派出的援军姗姗来迟。事实证明，他们不过是一

---

[1] 卡罗尔本名卡尔（Karl），出身于德意志贵族霍亨索伦-西格玛林根家族。1866年，在法皇拿破仑三世的推荐下，他来到布加勒斯特，成为罗马尼亚大公，其名字也改用罗马尼亚化的卡罗尔（Carol）；Charles是英文的用法。

群临时拼凑起来的乌合之众，很快就被俄国人击溃。

现在，在巴尔干地区严冬的大雪中苦撑的守军失去了获救的希望。他们弹尽粮绝，士兵们开始靠吃猫、狗和老鼠度日，而俄军军官却吃着鱼子酱。奥斯曼帕夏明白，他唯一的希望就是率领守军出其不意地从要塞里突围。12月初的一天深夜，土耳其人静悄悄地从要塞中出来，向西进发。他们在维特河（River Vit）上搭建了桥梁，随后队形齐整地向俄军前哨发动了奇袭。在突破了第一道防线之后，他们又向俄军的主防线发动了进攻。双方展开了近距离的白刃战，任何一方都不占上风。就在这时，一颗流弹击毙了奥斯曼帕夏的坐骑，还伤到了他的腿部。人们开始传言奥斯曼帕夏已死，使得军中人心惶惶。作战英勇但已经饥肠辘辘的士兵们以为长官已死，于是开始溃逃，任由俄军占领要塞的防御工事。

普列文镇的上空升起了白旗，沙皇率领他的部队开进了镇子。奥斯曼帕夏签署了投降书。他得到了俄国人的礼遇，但他的部队沦为俘虏，上千人在长途跋涉中死在了雪中。重伤员被丢弃在了战地医院里，被赶来的保加利亚人残暴地屠戮。

随着普列文镇在1877年年底投降，在五个月的围城战中被挡住的几十万俄军终于投入了战场。一支俄军翻越了巴尔干山脉，前去夺取保加利亚中心城市索非亚；另一支俄军在希普卡山口迫使一支奥斯曼大军投降，攻进了阿德里安堡，兵锋直接威胁伊斯坦布尔。塞尔维亚又一次向奥斯曼帝国宣战，并且占领了尼什。黑山人在黑塞哥维那攻城略地。斯拉夫人的军队在巴尔干各地都取得了胜利。希腊人也威胁说要发动战争，还支持奥斯曼帝国境内希腊人居住的省份（包括克里特岛在内）发动叛乱。在亚洲，俄国人从土耳其人手中夺取了卡尔斯要塞（这是这座要塞历史上第三次被占领），同时还占领了阿尔达汉和埃尔祖鲁姆，从而据有了亚美尼亚东部的大部分地区。

尼古拉大公（Grand Duke Nicholas）率领俄军从阿德里安堡出发，直奔伊斯坦布尔而去。此时，已经没有像样的奥斯曼军队能够阻挡这支俄军了。这在伊斯坦布尔引发了恐慌，也让伦敦方面忧心不已。土耳其人试图援引1871年条约[1]的条款，要求欧洲列强出面干预。由于英国拒绝援助奥斯曼帝国，奥斯曼帝国政府对英国尤为怨恨。奥斯曼宫廷掌控的一家报纸在漫画里将英国人画成了"一群懦夫"。

与之前一样，英国内阁里仍然分成了主和派和主战派，而比肯斯菲尔德伯爵则决心不惜一切代价阻止俄国人占领伊斯坦布尔。在俄军即将到达之处，男人、女人和小孩顶着风雪逃难，疾病、冻伤和饥饿折磨着他们。几十万难民从西边逃进了伊斯坦布尔，光是阿亚索菲亚清真寺里就涌进了5 000名难民。"索弗塔斯"（神学学生）开始闹事，苏丹则请求英国大使在必要时给他庇护。阿卜杜勒·哈米德亲自给维多利亚女王发电报，请求她出面调停。苏丹的请求被转达给了沙皇，但沙皇在回复时避而不答，反而把苏丹停战的请求转交给了前线的将领。

在前线的尼古拉大公表示，除非土耳其人先接受他的条件，否则免谈停火一事。而他开出的条件，无异于让奥斯曼帝国任由其摆

---

[1] 1871年，英国、奥斯曼帝国、俄国、奥匈帝国、德国和意大利在伦敦签署条约，复议1856年《巴黎和约》中规定的对多瑙河下游的多国托管，将托管的期限从1871年再延期12年。

布。与此同时，他又继续进军，一直前进到马尔马拉海边的圣斯特凡诺村（San Stefano）[1]。此地距离伊斯坦布尔的城墙只有区区10英里（约16千米）之遥。为了挡住俄国人，比肯斯菲尔德伯爵终于不顾内阁大臣的反对，命令英国舰队中的五艘战舰开赴马尔马拉海。这些战舰打着保护英国人生命财产安全的旗号，停靠在了王子群岛（Princes Islands）[2]的背风处，其位置已经在俄国人的射程之内。

到了这个时候，俄国人和土耳其人终于达成了停火协议。在比肯斯菲尔德伯爵看来，这个停火协议简直是一出"滑稽戏"，因为尼古拉大公选择继续进军，到了距离伊斯坦布尔很近的地方。伦敦股票交易所几乎为此陷入恐慌。这样一来，比肯斯菲尔德伯爵在议会获得支持就容易得多了。议会批准了600万英镑的预算，让女王的军队进入战备状态，同时海军也进行了部署，以便做好在必要时于加里波利进行登陆作战的准备。

英国公众普遍感到十分兴奋，充满爱国热情的人群涌入了议会广场，向首相欢呼。俄国人造成了新的威胁，英国则做出了应对，善变的英国公众此时又开始同情土耳其人一方，仿佛又回到了克里米亚战争的时候。在伦敦的音乐厅里，这样一首歌曲诠释了新的帝国精神：

　　　　我们不想打仗哟：

---

[1] 今称耶西勒廓伊（Yeşilköy）。圣斯特凡诺一名源自一个传说。据说，13世纪，在君士坦丁堡遭第四次十字军东征洗劫之后，一艘载着圣司提反的遗骨的船只从君士坦丁堡出发，打算将其运往罗马，却在此地遭遇了风暴。为了躲避风暴，人们将圣司提反的遗骨放在了这里的一座教堂里，此地因而得名。

[2] 位于伊斯坦布尔附近的马尔马拉海中。

> 可老天哟，如果我们非得打，
> 我们有人，我们有船，
> 我们还有钱呢哟。[1]

英国人咄咄逼人的民族主义热情收获了令人满意的结果。在英国人的威胁下，俄国人没有进入伊斯坦布尔。沙皇发电报给苏丹，保证自己没有占领伊斯坦布尔的意愿。长久以来，俄国一直以"博斯普鲁斯海峡两岸统治者的合法继承人"自居，梦想在"君士坦丁堡"逼迫土耳其人和谈。结果，俄国人还是未能实现他们的心愿。为此，他们十分怨恨英国，尤其怨恨狡猾的英国大使亨利·莱亚德爵士（Sir Henry Layard），甚至把他称作"大骗子"先生（Mr. Lie-Hard）。

1878年3月3日，俄土双方在圣斯特凡诺签署了和约。和约的条款一开始没有披露给欧洲列强，因为俄罗斯打算肢解掉奥斯曼帝国在欧洲部分的领土。俄罗斯的方案只考虑了斯拉夫民族的利益，而损害了其他人群——不管是基督徒还是穆斯林——的利益。根据俄罗斯的方案，巴尔干地区将出现两个由斯拉夫人主导的大国，它们都将获得完全独立的地位，无须向苏丹支付任何贡赋。一个是黑山，它的领土将扩大两倍，人口将增加一倍；另一个是塞尔维亚，

---

[1] 歌词原文：We don't want to fight:
　　　　　But, by jingo, if we do,
　　　　　We've got the men, we've got the ships,
　　　　　And we've got the money too.
其中的"by jingo"是"by jesus"（以耶稣之名）的隐晦说法。这首歌的流行创造了一个新词汇：jingoism，指不惜诉诸激进的外交政策的民族主义。

它也将获得更多的领土，几乎扩大了一圈。波斯尼亚和黑塞哥维那依然属于苏丹，但都将成立自治政府。罗马尼亚的独立地位也将获得确认。尽管罗马尼亚在战争中忠实地援助了俄罗斯，但是作为一个拉丁人的国家，罗马尼亚没有得到体面的回报——它失去了比萨拉比亚，还在与俄罗斯的领土交换中吃了亏。

得到好处最多的是罗马尼亚的斯拉夫邻邦保加利亚，它几乎恢复了中世纪时保加利亚帝国的领土。保加利亚占据了多瑙河以南、从黑海到爱琴海之间的大片土地，还掌控了这两个海岸上的港口。此外，保加利亚还获得了希腊人主张的领土——色雷斯和马其顿，其版图还向西扩展到了阿尔巴尼亚。新兴的保加利亚名义上还要承认苏丹的宗主地位，但实际上已经是一个自治的国家。保加利亚大公由俄罗斯选出，国家由俄国化的政府统治，整个国家实际上成了俄国在巴尔干心脏地带的一块飞地，还可以作为俄国日后向东进攻伊斯坦布尔的桥头堡。这样一来，奥斯曼帝国在欧洲的剩余领土就被分隔成了两个互不相连的部分，而且两座主要城市之间隔着保加利亚的领土。[1]

在整个欧洲和巴尔干人看来，《圣斯特凡诺和约》丝毫没有顾及民族原则、历史诉求和宗教差异等因素，同时还践踏了各个非斯拉夫民族日益高涨的民族感情。正如比肯斯菲尔德伯爵所说的那样："奥斯曼帝国苏丹成了俄国的臣属……在这种安排之下，原本被欧洲各国置于奥斯曼帝国政府管理下的土地和资源就完全落入了俄

---

[1] 在《圣斯特凡诺和约》中被隔开的领土主要是阿尔巴尼亚。条约中它东边是保加利亚，东南边是希腊，与更东边的奥斯曼帝国领土隔开。同时，按和约内容，保加利亚延伸出来的一片领土截断了阿德里安堡和伊斯坦布尔之间的直接道路。这一方案稍后被废除。

国手中。我们反对这种安排。"

从一开始，比肯斯菲尔德伯爵就要求俄罗斯必须把它与奥斯曼帝国签订的和约条款交给欧洲各国仲裁。由于欧洲列强签署了1856年和1871年的和约，要修改和约中涉及的条款，就必须经由它们的许可。俄国原则上同意召开一次会议来磋商和约条款，但它要求应当由俄国来决定具体商讨和约中的哪些条款。英国政府则坚持认为，整个和约都应当交付商讨。俄国拒绝了英国的要求。于是，比肯斯菲尔德伯爵决心诉诸武力，他动员了预备役部队，还命令一支印度军队经由苏伊士运河前往马耳他。

在英国展示武力的同时，最早提出召开会议进行协商的奥匈帝国也为了保卫自己在巴尔干地区的领土利益而下达了动员令。此外，英国还对罗马尼亚人和希腊人表示支持，赞同他们也派出代表参加会议。英国政府对希腊人表示，英国将"竭尽所能，避免任何希腊人被并入斯拉夫国家"。巴尔干地区的穆斯林也希望维多利亚女王为他们伸张正义，因为维多利亚女王本人也拥有1亿穆斯林臣民。阿尔巴尼亚人组成了一个联盟，宣布将"誓死抵抗"任何入侵行动。在这种形势下，沙皇改变了态度。在不久之后披露的一份英俄秘密协议中，俄国驻伦敦大使修改了原本的"大保加利亚"方案。这就为欧洲各国召开会议进行协商铺平了道路。1878年夏，在俾斯麦的主持下，欧洲各国代表在柏林举行了会议。

六大国[1]在一个月内就签署了《柏林条约》。《柏林条约》的签署实际上废除了《圣斯特凡诺和约》。俄国人放弃了"大保加利亚"

---

1 六大国和伊斯坦布尔会议时一样，为英国、法国、俄国、德国、意大利、奥匈帝国。

计划，保加利亚被分成了两部分。北方的那一部分以多瑙河、黑海（包括瓦尔纳港）和巴尔干山脉为界，与塞尔维亚和马其顿接壤，但不再拥有爱琴海沿岸的领土。这一部分在名义上依然奉苏丹为宗主，但拥有政治自主权，由保加利亚大公统治。保加利亚大公的人选不能来自任何重要国家的王室，也不能由俄罗斯单方面指定，而是需要得到奥斯曼帝国及列强的一致同意。另一部分保加利亚位于巴尔干山脉以南，将被命名为东鲁米利亚。这一地区将作为一个自治省成为奥斯曼帝国在欧洲的边疆省份，"苏丹拥有该省份的直接军政大权"。

俄国人一开始就拒绝接受这一方案，但最终还是屈服于毫不让步的比肯斯菲尔德伯爵。用俾斯麦的话说："土耳其再度出现在了欧洲的版图上"。东鲁米利亚的组建事宜由欧洲列强组成的一个委员会负责。俄国在巴尔干地区东部的扩张就这样遭到了遏制。而在巴尔干地区西部，俄国的扩张同样遇到了阻力。根据战前俄奥两国签署的秘密协议，为了让奥地利在战争中保持中立，俄国允许奥匈帝国占领波斯尼亚和黑塞哥维那，并在那里建立统治。在这两个偏远的省份并没有太多土耳其人居住，而是杂居着穆斯林和斯拉夫人等信仰基督教的民族。在与会的欧洲列强看来，这样一个地区最好由强有力的外部势力控制。奥匈帝国就是一个上佳的选择，因为其领土内本来就已经有了克罗地亚人和塞尔维亚人。而且，这种权宜安排还可以避免在巴尔干地区出现强大的斯拉夫国家集团。《圣斯特凡诺和约》中许诺给黑山的一部分土地，现在被转交给了波斯尼亚和黑塞哥维那。因此，原本会增加两倍的黑山领土现在仅仅增加了一倍；此外，塞尔维亚原本会从土耳其那里获得一部分领土作为补偿，现在它获取的领土却来自保加利亚。在黑山和塞尔维亚这两个斯拉夫国家中间出现了一个缓冲地带——属于奥斯曼帝国的诺维帕扎（Novibazar）桑贾克。奥匈帝国在这一地区拥有一些特权，可以经由此地前往阿尔巴尼亚和马其顿。

像《圣斯特凡诺和约》一样，《柏林条约》中受害最深的还是罗马尼亚。在这次会议上，罗马尼亚又遭到了俄罗斯不公正的对待。俄罗斯决心将整个普鲁特河沿岸都变成自己的领土。于是，以承认罗马尼亚独立为条件，俄罗斯还是成功地要走了比萨拉比亚南部地区。这一地区位于多瑙河以北，无论是从历史角度看还是从人种角度看，都应该属于罗马尼亚。作为交换，俄罗斯把原本属于保加利亚的多布罗加补偿给了罗马尼亚。[1] 这个地区位于多瑙河以南，主要居民是保加利亚人和土耳其人。

希腊也终于在《柏林条约》中得到了甜头。希腊的领土并没有明显增加，但是在英国的努力下，希腊从土耳其的伊庇鲁斯和色萨利行省获得了一些领土。与此同时，尽管马其顿行省留给了土耳其，但它至少没有落到保加利亚人的手里。希腊希望可以得到克里特岛，但该岛仍然留在了土耳其人手中，这让岛上的基督徒居民大为不满。仍然留在奥斯曼帝国内的欧洲地区——马其顿、色雷斯、阿尔巴尼亚和伊庇鲁斯大部——并没有得到什么新的政治安排。这些地区的基督徒居民和克里特岛上的基督徒居民一样，只能接受所谓的特别代表委员会制度。这个制度在十年之前就已经问世，但到这时为止依然是一纸空文，而且看起来很可能会一直这样下去。

---

1 实际上多布罗加南北两部分分属保加利亚和罗马尼亚。根据《柏林条约》，罗马尼亚在多布罗加的势力范围得以南进，留在保加利亚手中的部分则相应缩小。

《柏林条约》的最终签署避免了一场大战的爆发。因此，比肯斯菲尔德伯爵称赞其带来了"光荣的和平"。为了这一和平局面同样付出巨大努力的还有俾斯麦。他成功地在巴尔干地区西部增强了奥匈帝国的实力，打击了俄罗斯。这符合德国的利益。此时的土耳其人已经无力控制巴尔干地区西部，而奥地利人有可能更好地管理这一基督徒和穆斯林杂居的地区。至少，欧洲列强在柏林会议上为巴尔干地区做出了一个安排。尽管这个脆弱的安排经常遭到违反，但它还是在一代人的时间里维系了该地区的和平。欧洲列强在最后关头挽救了奥斯曼帝国在欧洲的领土，让日益衰弱的奥斯曼帝国又获得了最后的苟延残喘的机会。更重要的是，尽管列强过去纵容了俄国吞并巴尔干大部分地区的野心，但此时它们终于对俄国加以遏制。在此之后，俄国在巴尔干地区依然拥有强大的影响力，但不能占据这一地区。

俄国的帝国主义诉求逐渐式微，而巴尔干民族主义将在这一地区崛起。随着塞尔维亚人和希腊人接连不断的反抗活动，巴尔干地区在19世纪早些时候出现了民族意识的觉醒。在西欧日益高涨的民族主义精神的影响下，巴尔干地区依然作为少数民族生活在大国内部的各个民族也开始了争取自由的斗争。在"巴尔干属于巴尔干民族"这一原则的指引下，《柏林条约》确认了一系列独立的巴尔干国家的地位，使它们可以像日渐衰弱的奥斯曼帝国的各个行省一样，成为阻挡俄国帝国主义的屏障。在这些"米利特"获得解放、成为国家之后，它们不会愿意再度臣服于另一个帝国霸权。

比肯斯菲尔德伯爵希望新生的保加利亚可以成为奥斯曼帝国阻挡俄罗斯的屏障，而不是俄罗斯对付奥斯曼帝国的堡垒。就像俾斯麦后来评价的那样："在从土耳其人手中争取解放时,这些民族很乐于接受俄罗斯的帮助;但是,在获得自由之后,他们并不情愿再让沙皇扮演苏丹曾经扮演过的角色。"因此,在最后的这次俄土战争结束后,试图解决东方问题的柏林会议为东欧设计了与以往的战后安排在本质上截然不同的政治蓝图。

在亚洲,按照《圣斯特凡诺和约》的安排,俄国人将把埃尔祖鲁姆归还给土耳其人,但是会占据卡尔斯、阿尔达汉、巴耶济德和巴统(Batum)[1]。这样一来,奥斯曼帝国在亚洲的边界就会西移,以埃尔祖鲁姆和黑海之滨的特拉布宗之间的山脉为界。而现在,在比肯斯菲尔德伯爵的努力之下,土耳其人收回了巴耶济德,使其在通往波斯的道路上获得了更靠近东方的重要防御据点。另外,尽管俄国人"占领"了巴统,但是沙皇承诺将赋予这座港口商业自由港的地位,不设军事要塞。为了换取俄国人在这方面的让步,英国同意恢复战前对达达尼尔海峡的安排。土耳其人承诺,在收回亚美尼亚东部的土地之后,他们将按照亚美尼亚居民的要求实施改革,还会保证他们的安全,使他们免受切尔克斯人和库尔德人的威胁。

英国还履行了一项特别的职责。在召开会议之前,英国担心俄国不肯吐出这些已征服领土。于是,与跟俄国大使签署的在欧洲分割保加利亚的秘密协议相类似,英国也与奥斯曼帝国签署了一项有关亚洲领土的秘密协议。为了让英国能够帮助苏丹保卫其在亚洲的剩余领土不受俄国侵犯,塞浦路斯岛被交给英国管理。作为回报,塞浦路斯岛的财政盈余要作为岁贡上交苏丹。与此同时,苏丹还许

---

[1] 该城在今格鲁吉亚西南部,位于黑海东岸。

诺将在英国的帮助下推行改革。

这个秘密协议直到柏林会议时才第一次被披露出来。就这样，塞浦路斯成了另一个直布罗陀，英国人将在这里协助土耳其人，避免俄国人染指东地中海。塞浦路斯将成为一个基地，不仅可以用来保卫奥斯曼帝国在亚洲的陆疆，还可以用于保障英国与印度之间的交通。通过占领塞浦路斯，英国可以在东方恢复自己的威望，同时也算是补偿了它对俄国的种种让步。于是，奥斯曼帝国在东方和西方就各有了一个防范俄国帝国主义企图的哨兵——大英帝国和奥匈帝国。

与此同时，在奥斯曼帝国的心脏伊斯坦布尔，欧洲列强对新宪法前景的怀疑得到了充分印证——尽管其理由未必完全合理。尽管欧洲列强对土耳其人颁布新宪法的动机充满了怀疑，但米德哈特帕夏和逐渐成熟的宪政改革派人士其实是充满了诚意的。倘若穆拉德五世的精神状况足以胜任苏丹之职位，那么年轻时就心向改革的他，或许可以成为一位推动宪政改革的合格君主。

但是，他的弟弟阿卜杜勒·哈米德却有别的打算。阿卜杜勒·哈米德对专制制度深信不疑，他之所以接受新宪法，纯粹是为了投机。而且，他在修改宪法草案时已经表明，比起保障人民的权利，他更关心对君上大权的保证。具有讽刺意味的是，他在1876年"君士坦丁堡会议"上还把宪法举出来装点门面，以避免奥斯曼帝国被列强瓜分。会议刚一结束，他就独断专行地解除了米德哈特帕夏的大维齐尔职务，全然不顾他作为新宪法启迪者和规划者的身份。苏丹担心民众会游行示威支持米德哈特帕夏。于是，他立刻把米德哈特帕夏传唤到皇家游艇上，随即将他驱逐到了意大利。具有讽刺意味的是，苏丹的这一行径是符合宪法规定的。在宪法即将定稿之际，苏丹不顾众人的强烈反对，坚持加上了这样一条：苏丹有权"根据警察机关的可靠信息，将危害国家安全之人驱逐出帝国版图"。三年之后，米德哈特帕夏回到奥斯曼帝国，经审判被判处死刑。[1]后来，死刑被减刑为终身监禁。米德哈特帕夏在阿拉伯地区的一座要塞里服刑，直到1884年被害。

这就为坦志麦特改革宪章中推崇的个人自由敲响了丧钟。按照这位独断的年轻苏丹的设想，在未来的奥斯曼帝国里，决不允许有米德哈特这样既有自己的坚定主张又获得普遍支持的政治家存在。米德哈特帕夏采取行动时独断专行，还坚持自己的原则，这种人的存在对苏丹的特权构成了威胁，还会削弱苏丹的绝对权威。在阿卜杜勒·哈米德看来，国家要对苏丹负责，而不是苏丹要对国家负责。只有他，作为国家唯一的主人，可以为国家颁布宪法；也只有他有权对国家机器发号施令。

与此同时，为了继续维持宪法的门面，阿卜杜勒·哈米德下令举行了伊斯兰国家历史上的第一次大选。1877年3月，第一届奥斯曼帝国议会召开了会议。议会分为参议院和众议院两部分，参议院由25名经提名的官员组成，众议院则由120名民选议员组成。议会的选举受到了官方压力的影响，其选举过程也明显不符合宪法规定。不过，议会还是像米德哈特设想的那样，其成员包括了基督徒、犹太人、土耳其人和阿拉伯人，各个族群都有了代表——尽管这种代

---

[1] 米德哈特帕夏回国后在叙利亚做了三年总督。1881年因卷入暗杀苏丹的阴谋（疑遭诬陷）而被捕。

表未必与他们的人口总量成比例。在阿卜杜勒·哈米德看来，他的议会不过是一个傀儡机构，其作用只是给他想要采取的政策披上合法有效、民众赞同的外衣。

不过，奥斯曼帝国议会还是很快发展出了自己的特色。有史以来第一次，来自奥斯曼帝国各个角落的省份、形形色色的代表们，得以有机会交流思想和经验，发现共同面对的问题和令人不满的现象。在议会里，议员们从来不会批判苏丹本人，但经常会发言抨击苏丹的各部大臣们和其他帕夏，指控他们的腐败行径和其他违法乱纪行为。这让人们前所未有地清楚看到，整个国家急需对政府进行彻底的改革。在众议院的议员里有一些新派知识分子，他们长于思索，拥有独立的思想。如果在位的是一位拥有改革思想的苏丹，这些知识分子提供的批判性思考可以为他提供宝贵的建议，帮助他制订出具有建设性的内部改革方案。尽管众议院议员们可能还缺乏经验，但他们至少拥有实践宪法的意愿。他们对帕夏们的管理充满敌意，甚至要求一些大臣出席众议院会议来回应一些具体的指控。

由于议会不听话，苏丹在三个月之后将其解散。六个月后，也就是1877年12月13日，他又一次召开了议会。由于国家处于对俄作战的紧急状态，议会变得更容易操纵了。在议会开幕的讲话中，苏丹要求"国家的代表们团结一致，发扬爱国精神，与我一道共同保卫我们的合法权利……愿真主眷佑我们"。接着，由于欧洲国家对奥斯曼帝国置之不理（至少奥斯曼帝国众议院得到的说法是这样的），奥斯曼帝国政府和俄国于1878年1月31日达成了停火协议。这时，充满敌意的众议员们又开始说话了。这一次，他们点出了三位大臣的名号，对每个人都提出了具体的指控，并且要求他们出席众议院会议接受质询。这回，苏丹宣布议会无限期休会。在接下来的 30 年里，议会再也没有召开过会议。

具有讽刺意味的是，阿卜杜勒·哈米德在一个由参议员和众议员组成的委员会面前，比较了他的祖父改革者马哈茂德苏丹和他的父亲、任用自由派政府被动推行改革的阿卜杜勒·迈吉德苏丹。"我现在明白了，"他宣称，"真主授命我去保护人民，而人只有凭借强力才能被改变。"后来，他又对一位欧洲记者辩称，自己并不反对改革，"但是，赋予一个人过度的自由，以至于超出他习惯的程度，这样做跟缺少自由一样危险"。

从此之后，苏丹的个人统治取代了稚嫩的宪政。坦志麦特改革的开明时代的最后传人——青年奥斯曼党人或遭流放，或遭迫害，很快消亡了。正如同样遭到流放的纳米克·凯末尔所说的那样，面对奥斯曼帝国国内的"密探大军"，流亡海外的改革人士"变成了革命者，组成了一支流亡者大军"。他的朋友齐亚帕夏心生幻灭，这样写道：

> 忧伤总等待着帝国的忠诚儿女，
> 此民此国却拥抱最纯粹的疯狂。

第七部分

末代苏丹

第三十六章

阿卜杜勒·哈米德二世是一个不幸福的人，也是个毫无同情心的苏丹。在他 7 岁那年，他挚爱的切尔克斯人母亲就去世了。据说，从那以后，"他就再也没有爱过任何人，尤其是不喜欢他自己"。从少年时代起，他就离群索居，设法避开他的同龄人和身边的其他人。他年轻时曾经与他的叔叔阿卜杜勒·阿齐兹一起访问欧洲。因此，他并没有像他的先辈那样成长于"牢笼"之中，但一直生活在他的内向性格为他制造的牢笼里。

等到他即位成为苏丹之后，他的这种个性有了看得见摸得着的外在体现。他在博斯普鲁斯海峡的坡地上兴建了耶尔德兹宫（Yildiz Palace）[1]，然后就在这座宫殿高不可攀的宫墙内统治他的国家。作为一个内向的人，他不喜欢他父亲兴建的多尔玛巴赫切宫，因为这座毗邻海岸的宫殿太过张扬地炫耀它的华丽。他扩建了曾经属于苏丹一位宠臣的"星宫"，供自己隐居。他拆除了宫殿周围的房屋，还霸占了其臣下的土地（包括两座基督教墓园）以兴修花园，最终建成了这片杂乱无章、自成一体的建筑群，其中包含了一座座亭子、棚屋、秘书室、政府办公室、兵营和警卫室。这里变成

---

1 意为"星宫"。

了皇宫和新的权力中心，苏丹自此开始从这里统治整个奥斯曼帝国，高高在上，与世隔绝。他成了奥斯曼帝国历史上绝无仅有的享有绝对大权的专制君主。

与此同时，这里也是恐惧的中心。阿卜杜勒·哈米德生来就不信任任何人，怀疑人们做事的动机，进而害怕他身边的所有人。因此，他毫无根据地担心自己的人身安全。从他的统治初期开始，他就陷入了长期的神经焦虑。当时，青年奥斯曼人的领袖之一阿里·苏亚维从流亡地归国。他打算推翻阿卜杜勒·哈米德，用他被罢黜的兄长穆拉德五世取而代之。于是，自由派人士在伊斯坦布尔发起了一场叛乱。

阿里·苏亚维率领一大批武装起来的支持者来到了博斯普鲁斯海峡旁的一座宫殿，穆拉德就被拘禁在那里。在穆拉德的母亲的帮助下，他劝说穆拉德带上佩剑跟他走。但是，这位吓坏了的皇子不敢从命，逃回了他的后宫。这一耽搁就给了警察赶来的时间。警察的指挥官用短棍击倒了阿里·苏亚维，后者当场丧命。他的一些同伴也或死或伤，其他人则被送上了军事法庭，遭驱逐出境。与此同时，穆拉德本人则被送到了耶尔德兹宫的一座亭子里，被更加严密地看管了起来。

宫廷密探故意把阿里·苏亚维这场失败的政变解读成一场涉及面很广的阴谋，这让阿卜杜勒·哈米德大受刺激。当英国大使莱亚德要求面见苏丹讨论外交事务时，阿卜杜勒·哈米德却认为自己会遭到罢黜并被人拖上英国战舰，而穆拉德会接替自己的苏丹之位。根据亨利·莱亚德爵士的回忆，他看到苏丹满脸惊恐地蜷缩在大厅的角落里，身边都是他的卫兵。

从此之后，阿卜杜勒·哈米德的疑心和恐惧到了神经质的程度。很快，耶尔德兹宫就变成了一座要塞。阿卜杜勒·哈米德从里面封闭了耶尔德兹宫的大门，还在外面修了第二道围墙。在宫殿的对面，他还修建了巨大的兵营，里面驻扎着由阿尔巴尼亚人组成的皇家卫队，人数多达数千人。在围墙之内，每个重要位置都设置了观察哨，高倍数的望远镜监视着博斯普鲁斯海峡和金角湾，可以为皇宫预警来自任何方向的潜在威胁。不久，阿卜杜勒·哈米德就到了很少走出耶尔德兹宫的地步。他在皇宫门口兴建了一座清真寺，每周五就在这座清真寺里礼拜，这样就不用再远离皇宫到城中的清真寺去了。

阿卜杜勒·哈米德面色苍白、沉默寡言、郁郁寡欢，虽然故意做出一副彬彬有礼的样子，脸上却总带着"不祥和审视"的神情。他到处都能嗅到危险的味道，怀疑他身边的所有人。他在身边聚集了一群密探、卧底间谍、秘密警察和告密者，每天从他们那里得到汇报。当时甚至有了这样的说法：伊斯坦布尔有一半的人都是密探，用来监视另外那一半人。

阿卜杜勒·哈米德是那种把所有国事都置于自己的严密掌控下的统治者。他不知疲倦地从早上工作到夜晚，只有用餐的时候才稍事休息。由于长期消化不良，他的饮食很有节制，吃得很少，饮品也只喝水。出于迷信，他喝的水都来自一眼圣泉，因为一位占卜者说此处泉水永远不会被霍乱或瘟疫污染。他所有的往来文书都亲自动笔，不论是订约、签署让步条约，还是审阅账本和陈情书，他连最微不足道的细节都要亲自过问，所有事务的相关人等他都亲自会见。

他不信任他手下的大臣和官员，认为他们都是"伪君子和寄生虫"。因此，他挑动他们之间的矛盾，从中渔利。他故意指派相互不和的人共事，让他们互相斗来斗去，以防他们联合起来反对他。他独揽大权，总是单独通过他的私人秘书向臣僚直接下达命令和指示。他给其他臣僚的指示往往与发给大维齐尔的指示相矛盾，从而降低了大维齐尔的地位，使其不能再像以前那样替苏丹行使权力，无法继续在苏丹与大臣之间发挥作用。

他相信君权神授，用享有绝对权力的独裁君主的方式统治国家。他的国家实际上成了一个警察国家，其官僚体系以耶尔德兹宫为核心，并使用了一种帝国历史上前所未见的强力专制工具来进行统治。这种工具就是电报。克里米亚战争期间，英法两国第一次为土耳其人引进了电报。随后，在法国人的帮助下，电报开始在整个帝国发展起来。阿卜杜勒·哈米德把电报的作用充分利用了起来。他组建了邮政电报部，在学校里设置课程培训电报员。很快，电报线路和电缆就铺遍了帝国的各个角落，总里程达到了2万多英里（约3.2万千米）。从首都到各个行省的行政中心都有电报线路相连。因此，阿卜杜勒·哈米德可以直接控制他的官僚系统，而前代的苏丹都无法做到这一点。行省的总督再也不是自行其是、自负风险的代理人了，因为苏丹可以通过电报"驱使他做这做那，知晓他在做什么，申斥他，召回他，还可以让他的下属打小报告，大体相当于剥夺了他全部的实权"。作为一个绝对大权不受任何政治上的反对力量或宪法约束的专制者，阿卜杜勒·哈米德厌恶一切形式的自由政府。他轻蔑地认为，正是因为有了自由政府，西方国家的统治者才会被自己的臣民控制。

不过，抛开政治领域不谈，他也并不是盲目地反对一切进步。像坦志麦特改革时期的先辈一样，他也追求现代化，并在此过程中向西方学习。他不仅追求技术的现代化，也进行司法和教育方面的改革。他利用专制手段，将前代改革者未能彻底完成的计划付诸实践，开花结果。此时，奥斯曼帝国最需要的就是一个更庞大的行政体系。这个行政体系必须能够按照苏丹的意愿处理公共事务，管理法律和财政，确保帝国的有序发展。

在苏丹看来，帝国最需要对其公共教育体系进行改革和改进。这不仅是让奥斯曼帝国跟上西方国家前进脚步的必经之路，更是让帝国能够跟得上国内基督徒群体进步的必要条件。他需要一批可靠而有学识的官员，用来替代那些遭到处分或流放的官员。他还需要培训新的官员，以便在未来让他们为国效劳，依靠他们实现自己的意愿。为此，他重组了公务员学校（Mülkiye）——奥斯曼帝国首个高等公务员教育中心，使其容纳的学生数量达到了其父在位时的12倍之多。

在军事领域，他也同样扩大了军事学院（Harbiye）的规模。同样得到扩充的还有海军学校、军事工程学院，以及军事医学院和民用医学院。他还为帝国的教育体系添加了18所新的高等专业院校，涵盖了财政、艺术、民用工程、警察和海关等专业领域。最后，他还实现了半个世纪前的坦志麦特改革时期未能完成的计划——创立伊斯坦布尔大学。为了给这些新的高等学院提供师资和学员，他还增加了初等学校、中等学校和师范学校的数量。随着使用法语和土耳其语授课的加拉塔萨雷高级中学的扩建和土耳其化，伊斯坦布尔对中等教育的改革达到了顶峰。这所学校此时被称为皇家奥斯曼公立中学，成了接纳奥斯曼帝国统治阶层子弟的精英公立学校，其教师都是顶尖的土耳其学者和文人。

在阿卜杜勒·哈米德的坚决推动下，迟迟未能付诸实践的坦志麦特教育理念终于结出了硕果。于是，一个新的受教育阶层出现了，其日渐壮大的核心人群就是接受过专业训练的公务精英。这个人群不仅为哈米德时代的官僚体系提供了足够的人手，甚至还十分讽刺地为日后取代哈米德政权的统治体系提供了人才。

在司法改革领域，阿卜杜勒·哈米德最初的努力并不大成功。他想要限制让步条约赋予外国人的司法特权，因此希望在司法部之下改革奥斯曼帝国的世俗司法体系，以使其获得外国委员会的认可。但是，外国使团并不同意在混合法庭执行有关民事诉讼程序和判决执行的新法案。就这样，外国人保住了他们的治外法权。在文化领域，报纸、期刊、书籍等印刷媒体获得了迅速发展，促进了土耳其的现代化进程。不过，所有这些印刷媒体都在严格的审查制度的监管之下。用一位外国观察家的话说，这里的报纸经常成了"被阉割的报纸"，里面没有任何重要的政治内容。不过，这些刊物的发行范围很广，它们在与政治无关的领域，比如文学、科学和其他学科方面，扩展着新兴读者群体的视野。

在财政上，奥斯曼帝国对欧洲的依赖达到了前所未有的程度。在柏林会议上，相关国家第一次尝试解决奥斯曼帝国的债务违约问题。在一份正式的会议纪要中，列强提出在伊斯坦布尔组建一个国际财政委员会，试图结合奥斯曼帝国政府的财政状况，寻求满足债权人要求的方法。对于已经在欧洲沦丧了国土的奥斯曼帝国来说，这意味着欧洲人将在国内事务上践踏奥斯曼帝国的主权。对阿卜杜勒·哈米德来说，这一羞辱是对土耳其人尊严的巨大打击，他难以接受。但是，由于国库急需资金，他意识到必须安抚欧洲的债主，以恢复奥斯曼帝国在国外的声望。

1881年，在与欧洲债权人协商一致后，阿卜杜勒·哈米德颁布了《穆哈兰姆敕令》（Decree of Muharrem）[1]，宣布成立公共债务委员会（Council of the Public Debt）。该委员会包括来自奥斯曼帝国和其他国家的代表，主要职责是确保以后债务能够得到偿还。苏丹的敕令用词十分微妙，既可以在一定程度上赢得欧洲人对奥斯曼帝国的善意，同时又不会有辱于他的君权。按照柏林会议上提出的设想，这个公共债务委员会本来应当是一个由外国政府代表组成的官方的国际委员会。但在实际操作中，这个委员会其实是一个半官方性质的委员会，由奥斯曼帝国政府和债权人协商组成。这种安排更容易让苏丹接受，且未经任何外交干预就得到了双方的同意。

委员会做出的安排对奥斯曼帝国来说很有利。债务总额被削减了一半，只剩下略多于1亿英镑；利率也不超过4%，有时甚至只有1%。作为交换，奥斯曼帝国把政府年度收入的一大部分都交给了委员会，用来支付利息，赎回债券。抵押给委员会的收入包括盐和烟草的专营收入、保加利亚和东鲁米利亚交纳的岁贡、塞浦路斯政府的财政盈余，以及一系列间接税和什一税收入。偿付了利息和本金之后的剩余部分会被交还给奥斯曼帝国的国库。这个债务委员会给奥斯曼帝国政府带来了沉重的负担。但是，这个委员会的组建，

---

[1] 穆哈兰姆指伊斯兰历的每年第一个月。这一敕令颁布于伊斯兰历的一月，因而得名。

表明了一贯尊重制度的土耳其人遵守规则、推崇理智的精神。在此之后的40年里，奥斯曼帝国政府忠实地履行了阿卜杜勒·哈米德在《穆哈兰姆敕令》中宣布承担的义务；如果没有颁布这一敕令，奥斯曼帝国可能早就陷入动荡之中了。

奥斯曼帝国债务问题的解决，意味着这个国家从此之后的经济发展将通过公共债务委员会得到欧洲投资者的支持。奥斯曼帝国经济迅速繁荣发展，在给外国人带来大量利益的同时，也让土耳其穆斯林得到了好处。他们获得了更多的就业机会，也享受到了更多的服务。在取得了特许经营权之后，外国人开发了奥斯曼帝国被人忽视的农业和工业资源。依靠公债，布尔萨的丝绸行业得到了复苏。法国人投资开发了黑海沿岸城市宗古尔达克（Zonguldak）的煤矿资源。烟草种植业的发展为从马其顿到黎凡特乃至安纳托利亚东北部的数万穆斯林工人提供了工作机会。更重要的是，在公共债务委员会的推动下，当年由阿卜杜勒·阿齐兹引入奥斯曼帝国的铁路体系获得了迅速的发展，使奥斯曼帝国变得愈加开放。在阿卜杜勒·哈米德的统治时期，原本连道路都没有的地方逐渐修建起了成千上万英里的铁路，将帝国的主要城市连接起来，促进了当地工业和周边乡村地区的发展。1888年，东方快车的前身——一辆从维也纳驶来的列车在一阵小号声中抵达了伊斯坦布尔，标志着土耳其与西欧通过铁路连接到了一起。

不过，阿卜杜勒·哈米德苏丹对这一突破东西方界线的剧变并不全然满意。像他的个人生活一样，他在帝国的外交政策方面也越发倾向于孤立主义。由于西方国家在他上一场与俄国的战争中抛弃了他，他变得越发不信任西方国家的行事动机，因此与它们渐行渐远。他尤其怨恨英国，因为他认为英国人背叛了他——英国拒绝在战争中向他施以援手，让他的国家陷入破产的境地，几乎完全丧失了经济主权，还坚持要求他在地方上推行他不喜欢的改革，持续干涉帝国的内政。他还特别"害怕格莱斯顿"，此人在1880年重新掌权[1]，视苏丹及其政府为"欺诈和虚假的无底深渊"。

伦敦、巴黎和维也纳逐渐失去了对奥斯曼帝国的影响力。1885年，在托利党重新掌权之后，英国大使威廉·怀特爵士（Sir William White）曾这样对索尔斯伯里侯爵谈及此事："奥斯曼帝国以前经常征询这些国家的意见。但现在，奥斯曼人要么把他们的建议当作耳旁风，要么态度非常恶劣，甚至对他们的意见充满鄙夷。他们提出的照会和申请都只能得到闪烁其词的答复，有时甚至得不到任何答复。"这是因为，阿卜杜勒·哈米德逐渐抛弃了他的传统盟友，而转向了宿敌俄罗斯。俄国人十分圆滑地竭力巴结，让奥斯曼帝国对俄国越发产生好感，而远离了其他西方国家。更重要的是，苏丹还开始向日渐强大的德国寻求支持。此时的德国依然在俾斯麦的治下，而且与俄罗斯和奥地利结成了"三帝同盟"。德国通过派遣军官训练，发展奥斯曼军队，很快在奥斯曼帝国内部获得了巨大的影响力。

在签署了《柏林条约》之后，阿卜杜勒·哈米德又采取了一些行动，拖延和约条款的履行。1880年，他在黑山遭遇了第一次挫败。根据条约规定，黑山已经成为一个独立国家，在亚得里亚海上拥有

---

[1] 威廉·格莱斯顿为自由党人，曾四度担任英国首相，任期分别为：1868—1874年、1880—1885年、1886年、1892—1894年。

安蒂瓦里港（Antivari）[1]。为了防止这座港口演变成俄国军港，条约规定无论是黑山的海军还是别国军舰，都不得使用该港。而现在，阿卜杜勒·哈米德干脆拒绝交出这座港口。欧洲列强的海军在港口外宣示武力，但他依旧不为所动。最后，英国由格莱斯顿派出的大使戈申子爵（Viscount Goschen）发出了威胁：倘若苏丹不屈服，那么英国舰队将攻占另一座奥斯曼帝国港口——事后披露，英国人打算占领的是士麦那。在接到这一威胁的当晚，苏丹依然拒不屈服，并且大发雷霆，声称自己将很高兴看到伦敦遭到毁灭。但是，等到英国舰队真的准备起航时，土耳其人从岸上匆匆忙忙地派出了一艘小艇，艇上的一位官员疯狂地挥舞着一张纸。苏丹屈服了。

在确定希腊边界的时候，耶尔德兹宫方面也出现了类似的拖延。由于希腊已经退出了战争，柏林会议推迟了确定希腊边界的事宜。在这个问题上，阿卜杜勒·哈米德比较成功地利用了列强之间的矛盾。他先是拒绝割让整个色萨利和伊庇鲁斯给希腊，接着，在进一步的谈判之后（同时希腊也开始动员军队），他达成了新的协议，同意割让整个色萨利，但只割让三分之一的伊庇鲁斯，有穆斯林人口居住的地区得以保留。希腊也没有能够如愿得到克里特岛。

在面对距离他最近的欧洲邻国——保加利亚时，苏丹显得不是那么积极。在《柏林条约》签署后，他曾经有过好几次机会可以在不违反条约的基础上出手干预保加利亚局势，为帝国争取利益。但是，他每一次都摆出一副消极、执拗的姿态，无所作为。在位于巴尔干山脉以北、实行自治的北保加利亚大公国，"俄国解放者"最初

---

[1] 今名巴尔（Bar）。

似乎占据了支配地位。这个大公国的大公是巴腾贝格的亚历山大（Alexander of Battenberg）。他由保加利亚国民大会选出，但后来解散了这个国民大会。一开始，俄国人在背后支持他，给他做靠山，想以沙皇的名义控制大公，管理他的人民。但是，作为一个德国人，亚历山大十分蔑视俄国人，对俄国在这个大公国的支配地位感到十分不满。他曾经抱怨说："俄国的败类都跑到我这儿来了，玷污了我的国家。"保加利亚人也对这些外国来的"监工"感到难以忍受。这些俄国人盛气凌人，惹人厌恶。大公国的政府本应是一个自由政府，却经常遭到俄国人的粗暴干预。在保加利亚人看来，他们似乎才出狼穴又入虎口，只不过是从土耳其人压迫下的拉亚变成了俄国人眼中的劣等亚洲民族罢了。很快，保加利亚人就变得更愿意支持来自巴腾贝格的"解放者亚历山大"。他们在家里挂起亚历山大的画像，民族主义的呼声则逐渐响彻整个国家："保加利亚是保加利亚人的保加利亚！"

随着保加利亚民族主义情绪的高涨，兴起了一场主张合并南北两个保加利亚国家的运动。根据《柏林条约》的规定，在巴尔干山脉以南还有一个更富饶的东鲁米利亚，这个自治的保加利亚国家仍然置身于苏丹的保护之下。东鲁米利亚颁布宪法之后，俄国军队就从这里撤走了。随后，阿卜杜勒·哈米德任命基督徒加夫里尔帕夏（Gavril Pasha）为东鲁米利亚的总督。加夫里尔帕夏曾是混合法庭的主席，被土耳其人称作"教员主席"。他刚一到达普罗夫迪夫（Philippopolis）[1]，就把头上戴的奥斯曼帝国官方的菲斯帽换成了保加

1　东鲁米利亚地区的首府。

利亚式的黑毡帽。当地的民族主义分子容忍了他的统治,因为他们担心一旦自己有所动作,苏丹就会行使《柏林条约》赋予他的权利,调集军队开进东鲁米利亚,进而击败他们所仰仗的保加利亚军队。

不过,他们还是迫不及待地想要合并。火上浇油的是,奥斯曼帝国还一直坚持主张自己有权否决东鲁米利亚的立法。此外,苏丹还颁布了一个带有挑衅意味的命令,禁止使用保加利亚旗帜。民众继续在首府普罗夫迪夫升起保加利亚的旗帜,以示反抗。在"合并万岁"的民族主义呼声之中,保加利亚人的军队发动了一次"不流血的革命",也没有遇到任何阻力。几天之后,在起义领袖斯塔姆博洛夫(Stambulov)的坚持要求下,亚历山大大公命令军队开进普罗夫迪夫,并自称东鲁米利亚的统治者。保加利亚的国民大会兴高采烈地批准了两个保加利亚的合并。与此同时,土耳其人派来的总督加夫里尔被庆祝合并的人群裹挟着穿过街巷,身上还挂着一把没有入鞘的剑。随后,他被送回了奥斯曼帝国境内,又戴回了他的菲斯帽。

这既是对奥斯曼帝国的冒犯,更是对《柏林条约》的公然践踏。保加利亚人相信,一贯反对南北保加利亚合并的苏丹一定会主张列强在《柏林条约》中赋予他的权利,派遣奥斯曼军队进犯。因此,保加利亚人开始了自卫的准备。但是,他们并没有看到任何军队的影子。阿卜杜勒·哈米德宣称,他担心自己的军队纪律散漫,会重演保加利亚屠杀的惨剧,进而激怒欧洲列强。因此,他决定接受既成事实,任命亚历山大大公为东鲁米利亚的总督,任期五年。与此同时,两个国家的国民大会从此之后也合并成一个,在索非亚召开会议。

在完成合并之后,保加利亚变成了一个强大的国家,这让它的邻国塞尔维亚嫉恨不已。塞尔维亚国王米兰一世（Milan I）[1]要求获得领土补偿，于是派军队从西方越过保加利亚边界，发动了进攻。对于保加利亚人来说，这场战争来得不是时候。俄国人对亚历山大的成功感到不满，因而从保加利亚军队里撤走了所有俄国教官。不过，在亚历山大大公的指挥和鼓舞下，保加利亚人饱含着民族主义热情，顽强地击退了作战经验更加丰富的塞尔维亚军队。只用了不到三天时间，保加利亚人就在通往索非亚的交通要冲斯利夫尼察（Slivnitsa）击退了塞尔维亚人，将他们逐回塞尔维亚境内。接着，保加利亚军队开始沿着通向贝尔格莱德的道路发动进攻。此时，塞尔维亚的保护国奥地利出面调停，在维持现状的基础上恢复了和平。如果保加利亚被塞尔维亚击败，它很可能就不得不接受奥匈帝国的这个保护国强加在它头上的要求。但是，保加利亚国家用一场胜利完成了战火的洗礼。

作为保加利亚名义上的宗主，阿卜杜勒·哈米德本来也有权在此时派军进入保加利亚，但他又一次放弃了机会，因为国内的抗议和国防事务已经够他忙的了。他的不作为可能看上去不太光彩，但是让包括英国在内的西方国家感到很满意。索尔斯伯里侯爵很乐于看到一个团结而民族主义情绪高涨的保加利亚出现在巴尔干地区，因为这样一个国家可以阻挡俄罗斯扩张的脚步，填补土耳其人留下的权力真空。在他派到奥斯曼帝国的大使看来，奥斯曼帝国的军事力量正在"逐渐流失"，因而越发不愿意用武力解决问题。

亚历山大大公的大胆政变让沙皇大为光火。为了报复，俄罗斯

---

[1] 塞尔维亚的统治者从 1882 年起就开始称国王。

军官在驻索非亚使馆武官的支持下，密谋了一个反对亚历山大大公的计划。他们绑架了大公，迫使他签署退位诏书，然后把他带到了俄国境内。但是，在随之而来的政治动荡之中，起义领袖斯塔姆博洛夫唤醒了保加利亚民众的热情，成功地让俄国送回了亚历山大大公。随后，他还拘捕了那些密谋反对亚历山大大公的阴谋家。然而，亚历山大却退缩了。他感到自己所处的地位十分危险，担心自己一旦复位可能会遭遇暗杀或俄国的军事占领。于是，他不顾保加利亚人的意见，重申了他的退位决定。他传话给沙皇说："既然是俄罗斯给了我大公的冠冕，我也愿意把它归还给俄国的君主。"接着，他任命了三名摄政者接替他执政，随后离开了保加利亚，再也没有回来。

随后，在国民大会选出新的大公之前，保加利亚虽有以斯塔姆博洛夫为首的三名摄政者统治，但还是进入了一段混乱的权力真空期。俄国人派了一支舰队到瓦尔纳，想方设法恢复他们在保加利亚的影响力，竭力阻挠新大公的推选。尽管俄国人向奥斯曼帝国示好，但阿卜杜勒·哈米德依然坚持着他的不干预政策。与此同时，俄国人派了一位名叫考尔巴斯（Kaulbars）的傲慢自大的将军到索非亚，给保加利亚人充当"顾问"。他给出的建议就是释放那些羁押中的密谋者，并且推迟选举。不过，就在他到处游走、对着保加利亚人咆哮怒吼的过程中，那些不堪其扰的保加利亚农民丧失了对俄国人的所有好感，反而燃起了充满敌意的民族主义情绪。在保加利亚人宣布提前举行选举之后，考尔巴斯宣布俄国政府拒绝承认选举的合法性。沙皇断绝了与保加利亚的外交关系，召回了这位将军和全部俄国领事。就这样，在巴尔干地区高涨的民族主义热情的阻挠下，俄国人遭受了严重的挫折。

与此同时，欧洲列强很快意识到，即便没有外国援助，保加利亚的临时摄政也能管理好保加利亚。这主要得归功于斯塔姆博洛夫，他实际上已经成了这个国家的独裁者。对保加利亚和保加利亚人来说，他是国家实现统一和自由的英雄。同时，他富于远见，了解他的人民，全身心地投入保加利亚人的事业之中。保加利亚即将成为一个独立的国家，但是又缺乏政治方面的经验。因此，在这个关键的时刻，保加利亚需要一位深得民心、值得信赖和跟随的领袖。斯塔姆博洛夫成功地在国内消除了俄国的威胁，在保加利亚人心中燃起了新的民族自豪感和炽热的爱国主义精神。

现在，这个新生的国家还需要选出一位新的大公。1887 年，国民大会选择了科堡的斐迪南（Prince Ferdinand of Coburg）出任大公。俄国拒绝承认他的当选，但其他欧洲列强根据《柏林条约》默许了他的当选，因此他还是成功即位。就这样，1887 年的新选举确认了斐迪南的大公地位。在巡视全国的过程中，他获得了人民彬彬有礼的欢迎，而英雄般的斯塔姆博洛夫则得到了狂热的拥戴。尽管俄罗斯和奥斯曼帝国不承认斐迪南的当选，但索尔斯伯里侯爵承认了这一结果，因为科堡家族的成员跟维多利亚女王还有亲缘关系。斯塔姆博洛夫又作为首相为斐迪南服务了七年，坚持奉行对抗俄罗斯的政策。他赢得了英国的欣赏，被英国人称为"保加利亚的俾斯麦"。

到了最后，阿卜杜勒·哈米德还是禁不住给了保加利亚隐秘的反手一击：对进入奥斯曼帝国境内的保加利亚产品征收进口关税。但是，他已经让人们看到，他不是那种在必要的时刻会为帝国的残余领土奋力一搏的战士。在签署了和平条约之后，哪怕是在风险和后果都能看得很清楚的情况下，他也尽量避免再度卷入战争，而是宁愿放弃他对保加利亚最后的主权。在他的先祖开疆拓土的时代，东鲁米利亚是他们在欧洲建立伟大帝国的第一块基石，而阿卜杜勒·哈米德甚至都没有尝试把它当作保卫帝国的最后一道壕沟。现在，奥斯曼帝国这个欧洲病夫带着相信宿命的情绪转过头去，不再关心欧洲的命运。

第三十七章

阿卜杜勒·哈米德二世苏丹同样也远离了非洲大陆。他做出这样的选择并没有经过什么深思熟虑，而只是出于同样消极而敷衍的外交态度。他丢掉了突尼斯，法国成了突尼斯的保护国；更重要的是，他还丢掉了"苏丹皇冠上最璀璨的明珠"——埃及。此时的埃及在名义上还属于苏丹，统治埃及的赫迪夫是伊斯梅尔帕夏。这个由穆罕默德·阿里开创的王朝已经统治埃及达半个世纪之久。像近几任的苏丹一样，伊斯梅尔也因为自己穷奢极欲的生活而陷入了债台高筑的境地，欠下的贷款接近1亿英镑。在奥斯曼帝国政府出现债务违约的1876年，伊斯梅尔也陷入了破产的窘境，只好按照一个负责清偿埃及公共债务的国际委员会准备的方案，将财政大权交了出去，由英国和法国各委任一名财务主管打理财政。在他们的坚持下，埃及的新内阁里出现了一位英国籍的财政大臣和法国籍的公共工程大臣。1879年，伊斯梅尔试图组建一个完全由埃及人组成的内阁，于是解除了这两位大臣的职务。结果，英法两国政府正式奉劝他"退位，离开埃及"。英法两国的做法也得到了欧洲其他强国的支持。

一旦伊斯梅尔拒绝退位，英法两国就将向苏丹施压。为了给自己争取时间，伊斯梅尔派人带了重礼去游说苏丹，称两个外国试图践踏苏丹的君权。阿卜杜勒·哈米德一直没有学会正确解读欧洲人的心思。他没有意识到，即便没有他的同意，欧洲人也能迫使伊斯梅尔退位。他将此事视作对其在国内外的权力与尊严的重大挑战，于是为此召开了内阁会议。内阁会议认为，如有可能，应当尽量让伊斯梅尔避免被废黜的命运。阿卜杜勒·哈米德像以前一样不着急做出决定，于是提出进行谈判，以拖延时间。

只有一位大臣斗胆进谏道，在这样的紧要关头，任何进行拖延的尝试都将导致致命的后果，因为这只会让列强不顾苏丹的态度而单方面采取行动。这位大臣是一名希腊基督徒，名叫卡拉特奥多里（Caratheodori），曾经作为苏丹的外交大臣参加过柏林会议。他指出，此时必须做出决断。于是，苏丹终于颁布了一道法令，宣布罢黜伊斯梅尔，由其子陶菲克（Tewfik）接替其职位。就这样，苏丹在最后关头避免了列强的干涉，保住了自己作为君主的颜面。

两年后，一场新的危机又出现了，再一次挑战了阿卜杜勒·哈米德的主权。埃及出身的军官对军队中的现状感到不满，反对软弱的陶菲克赫迪夫任由英法两国操控埃及财政，发动了一场反对陶菲克的民族主义政变。领导政变的是艾哈迈德·阿拉比（Ahmed Arabi），一名出身于法拉欣阶层（fellah）[1]的上校。在政变的冲击下，陶菲克赫迪夫的首相被迫下台，陶菲克本人的权威也受到了损害。在叛乱爆发之后，格莱斯顿和其他主张不干涉政策的大臣认为英国应当只采取外交手段解决这一问题，因为只有埃及的君主——奥斯曼苏丹有进行武装干涉的责任。不过，尽管格莱斯顿并不情愿，但英国还是在1882年年初回应了法国方面的压力，与法国一道表示了

---

1 法拉欣通常指中东和北非地区的农民。

对陶菲克赫迪夫的支持，并且继续维持现行的财政控制体系。

这在埃及激起了更激烈的反弹。阿拉比高呼"埃及属于埃及人"，迫使赫迪夫组建了一个态度强硬的民族主义政府，由阿拉比本人出任战争大臣。英法两国派遣战舰到亚历山大港维持秩序，还试图重新确立赫迪夫的威望。[1] 但它们未能如愿。在埃及，军方的地位依然牢固，同时又激发出了新的不安定因素。人们相信阿拉比将驱逐所有的基督徒，军官们则要求废黜赫迪夫。外国战舰的持续存在激发了埃及民众的排外情绪。大批欧洲人从局势混乱的内陆地区逃到了亚历山大港；而就在亚历山大港，当地人也开始袭扰欧洲人，朝他们吐口水。一名谢赫在街头大声疾呼："穆斯林！过来帮我杀掉这些基督徒！"针对欧洲人的致命暴乱爆发了，一天之内就有大约50名欧洲人被杀。

现在，英法两国显然要用武力镇压阿拉比了。法国人有可能与民族主义者私下达成了协议，因而拒绝进行武力镇压。于是，这就只能由英国人动手了。英国内阁里立场比较强硬的成员要求格莱斯顿采取坚决行动进行武力干涉，格莱斯顿只好彻底改变了他的政策。英国海军将领西摩[2] 接到指示后，要求阿拉比停止在亚历山大港兴修

---

[1] 本书毕竟是英国作者在1977年初次出版的，不具备我们如今对于殖民主义的敏感与反思程度。这里作者的措辞有掩饰英法帝国主义行径之嫌。19世纪后期，英国、法国、俄国、德国、奥匈帝国、比利时等国在全球各地对殖民地展开了空前激烈的争夺。分割巴尔干地区、渗透埃及、操控奥斯曼帝国，都可以视作全球帝国主义争夺的缩影。而19世纪末出现在巴尔干、埃及以及同时代的印度、南非等地的民族主义浪潮，也很大程度上可以解读为对欧洲帝国主义的反抗。我们不妨带着批判和反思的眼光看待作者提及的这段历史。中国在近代面临的问题，和奥斯曼帝国等国非常相似：一方面学习西方长处，实现现代化，另一方面保卫民族自决，抵抗西方帝国主义的经济和军事侵袭，这两个方面的紧张关系，正是中国自身在近代历史中一直需要面对的问题。——编者注

[2] 即奥尔斯特男爵比彻姆·西摩（Beauchamp Seymour），时任英国地中海舰队司令。

要塞，这些要塞显然是用来对付英法舰队的。在遭到拒绝后，这位海军将领做出了政府指令之外的举动——炮轰亚历山大港。法国人拒绝参与这一行动，于是很快撤走了他们的舰队。法国人的行为让阿卜杜勒·哈米德大为欣喜，他认为基督教大国之间出现了分歧。与此同时，赫迪夫宣布阿拉比为叛逆，并对他发起战争。

在此之前，英法两国政府在伊斯坦布尔召集各国开会，试图在苏丹的配合下解决埃及危机。苏丹拒绝出席会议，反而派了两名特使，带着相互矛盾的指令去了埃及。他们也都没有取得任何进展。在苏丹没有派代表出席的情况下，与会各国讨论了武装干涉恢复埃及秩序的必要性，随后邀请苏丹一同出兵。在长达三个星期"愚钝而神秘的筹划"之后，苏丹终于同意指派一名代表参会。但是，此时他已经来不及阻止英军炮击亚历山大港了。这一次，他依然无法想象英国胆敢在没有得到他的允许的情况下采取这样的行动。

现在，英国人又需要完成"将埃及从无政府和冲突的状态下解救出来、恢复和平和秩序的任务"（格莱斯顿语）。由于法国人拒绝参加这一行动，最终英法两国共同掌控埃及财政的安排也告结束。格莱斯顿政府只打算暂时占领埃及，以确保埃及在未来可以拥有一个良好的政府。在英国进行长达两个月的军事准备的同时，英国驻奥斯曼帝国大使达弗林侯爵（Lord Dufferin）一直在劝说苏丹派遣奥斯曼军队与英军一同行动，联合占领埃及，以便维护他对埃及的主权，同时还可以确保英国尊重奥斯曼帝国的独立和领土完整。英国人起草了一份军事协议，呈交给苏丹签署。但是，阿卜杜勒·哈米德显然认为英国人不敢在他不参与的情况下轻举妄动。他一直拒绝签署协议，提出各种微小的文本变动，不断拖延时间，贻误了时机。最终，英国外交大臣格兰维尔伯爵（Lord Granville）在发给驻奥斯曼帝国大使的电报中写道，鉴于"危急时刻已经度过，苏丹陛下应当不会认为有必要派兵去埃及了"。

就在那一天——1882 年 9 月 13 日，先行到达亚历山大港的将军嘉内德·沃尔斯利爵士（General Sir Garnet Wolseley）调遣了一支英国远征军，穿过苏伊士运河到达了伊斯梅利亚（Ismailia）[1]。接着，这支军队继续向内陆深入，在泰勒凯比尔（Tel-el-Kebir）歼灭了阿拉比的埃及军队。第二天，一支英国骑兵进入了开罗。对于赫迪夫来说这是个好消息，他现在可以作为得胜者重新回到他的首都。而阿卜杜勒·哈米德又一次错失了机会，这让他大感羞辱，并且对英国人怒不可遏。苏丹依然没有把握住东西方在外交节奏上的明显差异。

一开始，英国打算在埃及建立稳定且依旧效忠于苏丹的当地政权之后，就尽快撤出其部队，这一方案也得到了英国和奥斯曼帝国双方的一致同意。阿卜杜勒·哈米德通过他的代理人在开罗密谋反对英国人的统治，而达弗林侯爵则在起草方案，打算在埃及建立埃及人的自治政府。与此同时，英国军方则在探讨为期两到三年的撤军时间表。1885 年，保守党政府开始统治英国，索尔斯伯里侯爵成了英国首相。他派遣亨利·德拉蒙德–沃尔夫爵士（Sir Henry Drummond-Wolff）出使伊斯坦布尔，执行一项特别的任务。为了继续维护英国和奥斯曼帝国之间的友好关系，他希望可以在两国之间

---

[1] 伊斯梅利亚位于苏伊士运河西岸，是运河地区的中心城市。

达成一项互惠的协议，既确认苏丹在埃及的权利，同时又维持英国的影响力。

两国很快达成了初步协议，由英国和奥斯曼帝国各自派遣专员到埃及，监督埃及的军政改革。不过，到正式谈判开始之前，又耽搁了一段时间。1887年，英国和奥斯曼帝国签署了协议，随后交付两国君主批准。根据协议，除非埃及遭遇重大的内部或外部危机，英国必须在三年内将军队撤出埃及；同时，如果埃及遭到侵略威胁或国内陷入动乱，英国无限期保留在上述情形下重新派军进驻埃及的权利。在英国撤军的同时，国际社会还需要保证埃及的中立地位。这就意味着，欧洲列强也需要批准这一协议。

由于这一协议暗示了英国在埃及的特殊地位，它遭到了法国的强烈反对。法国驻奥斯曼帝国大使别有用心地与俄国大使联合起来向苏丹施压，要求他拒绝批准这一协议。面对他们的要挟，阿卜杜勒·哈米德又一次在最后关头做了决定——他代表奥斯曼帝国方面拒绝了英土协议的签署。亨利·德拉蒙德-沃尔夫爵士两手空空地回到了英国；英军继续占据着埃及，不再考虑提前撤军的计划。

起初，阿卜杜勒·哈米德似乎还为自己在外交上压倒了英国人而沾沾自喜。很快，他就意识到自己实际上犯了个大错误。于是，他派人找到索尔斯伯里侯爵，要求重启谈判。英国首相客气而又坚决地拒绝了他的要求。在接下来的五年中，奥斯曼帝国、法国和俄罗斯都试图让英国从埃及撤军，但都没有收到任何成效。而且，英埃联合行政机构的一些内在问题，也使得英国不再考虑从埃及撤军。

此时，掌控埃及并在亚历山大港拥有一个海军基地，对于西方列强来说已经变得越来越有必要性，因为东方问题的重心已经转移。

各国争夺的中心已经从土耳其移到了埃及,从博斯普鲁斯海峡移到了苏伊士运河,从近东移到了远东。在过去的一个世纪,俄国一直试图渗透进巴尔干地区,或经过海峡进入地中海,从而对奥斯曼帝国构成了直接威胁。但是,随着俄国人的扩张野心向东转向了亚洲,这种威胁逐渐减弱了。这样一来,英俄冲突的风险点就转移到了印度边境。因此,经过埃及的海路就变得越发重要。现在,埃及落入了英国的实际控制之中。在过去的 370 年里,它一直都是奥斯曼帝国的一部分。但现在,阿卜杜勒·哈米德苏丹放弃了奥斯曼帝国对埃及最后一点表面上的宗主权。

过着孤家寡人式的与世隔绝生活的苏丹,一直身陷于自己比外国人更聪明的迷梦之中,拒不接受任何睿智、可靠的建议。他既不真诚,外交手腕又十分拙劣,结果在处理外交事务时错失了一个又一个机会。在这方面,埃及可谓是最好的例子。尽管英国人一直对他抱有善意,并且鼓励他有所作为,但他顽固地拒绝用实际行动来捍卫他本人和帝国的利益。如果说他消极地放弃在保加利亚的所有权利、抛弃帝国在巴尔干地区残余领土的行为,还可以解释为是他务实地看到奥斯曼帝国在西方已经没有未来,最终的失败只是时间问题,那么他在埃及的所作所为就只能说是毫无理由、极不明智的了。

在世俗层面上,阿卜杜勒·哈米德对埃及仅有名义上和象征意义上的主权。但是,在宗教层面上,埃及对他的政策来说却是至关重要的。在帝国丢掉了在基督教欧洲的残余领土之后,阿卜杜勒·哈米德希望可以在亚洲复兴他的伊斯兰帝国,至少也要让这个帝国存活下去。在亚洲,帝国广阔的版图依然大体完整。因此,他把他的重心向东移向了伊斯兰世界。亚洲不仅是奥斯曼民族和奥斯曼王朝的摇篮，更是伊斯兰教和它大部分子民的故乡。对这些人民来说，他们的苏丹不仅是土地和生命的守护者，更是他们的信仰的捍卫者。

因此，埃及有着至关重要的地位。在超过一千年的时间里，开罗一直是伊斯兰世界一处重要的宗教中心，早在土耳其人夺走哈里发宝座之前几个世纪就已经如此。1517年，奥斯曼帝国的征服者塞利姆一世进入开罗，阿拔斯王朝末代哈里发的后嗣正式承认了塞利姆的哈里发地位。随后，塞利姆又接受了麦加的谢里夫的效忠，成了伊斯兰圣地的守护者。这意味着奥斯曼家族成了整个伊斯兰世界的精神领袖，伊斯坦布尔也成了普遍认可（但不无争议）的哈里发的居所和伊斯兰之城（"伊斯兰布尔"，Islambol）。从那以后，每一位奥斯曼帝国苏丹都身兼世俗和宗教上的职责，自称苏丹-哈里发。尽管不接受他们的这一主张的伊斯兰国家不在少数，但阿卜杜勒·哈米德还是试图借助哈里发的头衔来重振奥斯曼家族的权势和威望。而且，他的野心并不局限于奥斯曼帝国的亚洲版图，而是要影响整个伊斯兰世界。因此，他在这个时候轻易地放弃了在埃及的世俗权力，可谓是不智之举，毕竟他的哈里发称号在宗教上的权威的源头就来自埃及。

从北非到中亚再到印度，西欧和俄罗斯帝国主义在伊斯兰世界占据了越来越多的土地，这激起了伊斯兰世界对它们的普遍反感，而阿卜杜勒·哈米德的政策转向正体现了这种态度。饱受帝国主义之害的穆斯林将奥斯曼帝国选为集结点，他们推崇阿卜杜勒·哈米德，认为他将成为一位挣脱西方束缚的统治者。用阿诺德·汤因比的话说，在他们看来，阿卜杜勒·哈米德的帝国"无疑是现存的最强大、最高效、最开明的伊斯兰国家"。坦志麦特改革者未能解决政教二元体系的内在矛盾，而阿卜杜勒·哈米德干脆用自己的专制统治破除了这种矛盾。凭借现代科学技术提供的统治工具，他摆出一副"立宪专制"的样子，推行那些他想要推行的改革。像坦志麦特改革时期一样，改革主要在中央层面进行，并且有利于越发官僚化的精英阶层。

在大部分臣民看来，阿卜杜勒·哈米德重新确立了强有力的传统伊斯兰体制，不受外国的干涉和影响。在他们看来，这是他们能够理解和欣赏的东西。在这位苏丹-哈里发的身上，这些深受严格自律思想影响的穆斯林看到了他们引以为傲的个人品质——朴素、持重、虔诚。除此之外，忠诚拥护他的不仅有他的大臣和政府机构人员，还有政府机构之外的乌理玛。另一部分忠诚于他的人是一个日益扩大的宗教人士阶层，这些人等级有别，或是先知穆罕默德的后裔，或是其他人等，在伊斯兰世界统一的观念下受人尊敬。另外，学者和来自非正统教派及托钵僧团体的神秘主义者也忠实于他，这些团体在他的帝国版图内也十分受欢迎。

在首都离群索居的阿卜杜勒·哈米德把西方看作一个遥远而陌生的世界，对其不屑一顾。在他审查之下的媒体，对他在政治观点、制度和行为上的谬误完全听之任之。知识分子脑袋里灌输的全都是中世纪的伊斯兰文明有多么优越。尽管青年奥斯曼人也把他们的改革和现代化方案与伊斯兰制度相联系，但他们承认这些方案来自西方。阿卜杜勒·哈米德绝不承认这种事。在阿卜杜勒·哈米德看来，阿拉伯文明是欧洲文明的源头，西方文明不仅学习了伊斯兰文明的政治体系，还学习了阿拉伯世界的科学和技术（代数、化学和物理)、近代发明(指南针和火药)以及文学和史学。一言以蔽之,西方受人推崇的一切,都学习自阿拉伯文明。因此,除了一些欧洲人从穆斯林那里学来又进行了改良的发明之外,穆斯林又能从欧洲得到什么呢?一本阐释上述观点的书是这样开篇的:"当代文明的基石不是别的,正是穆罕默德的行动和传统。"

这种想法当时对整个伊斯兰世界都很有吸引力,后来演变成了昙花一现的泛伊斯兰主义。此时的奥斯曼帝国在亚洲依旧拥有完整的版图,因此成了穆斯林寻求慰藉、灵感和领导的中心。阿卜杜勒·哈米德从统治初年起,就一直希望他自己和他的帝国能够扮演这样的角色。当初,土耳其人从安纳托利亚的心脏地带进入了欧洲;现在,他们又退回了这里,与辽阔的版图内部和外部形形色色的伊斯兰群体产生了更广泛的联系。于是,阿卜杜勒·哈米德更加努力,希望可以实现他的愿景。

阿卜杜勒·哈米德的伊斯兰政策,最早体现在他的大维齐尔人选上。以往,大维齐尔的人选通常都是土耳其人,或是直接为苏丹效命的臣子。而他选择的却是一位切尔克斯政治家——海雷丁将军(General Khair-ed-Din),此人最初是作为突尼斯贝伊的首席辅政得以发迹的。苏丹在宣布这一任命的敕令中大胆地宣称,他之所以抛弃以前的传统,是因为伊斯兰世界里所有的逊尼派穆斯林都有义务为哈里发服务。他在为政府和宫廷职位选择人选时,更愿意使用穆斯林,而不是基督徒;不仅如此,他还要优先使用帝国里其他民族的穆斯林,而不是土耳其穆斯林。来自遥远的阿拉伯地区的谢赫们在大萨拉基里奥宫里甚至有了属于他们自己的居所。基督教国家咄咄逼人地侵犯他的帝国,给阿拉伯人、库尔德人、阿尔巴尼亚人和其他穆斯林带来了一系列问题。为了争取穆斯林对他的忠诚，他不仅要在国内处理这些问题，还要在国外关注遥远国度里的穆斯林社群的利益。在收缩回伊斯兰世界之后，曾经的欧洲病夫现在想要做亚洲硬汉。但是，这样做只会加剧他和欧洲-西方世界之间的冲突，因为在伊斯兰世界内部，还有一支人数众多的基督徒少数民族。阿卜杜勒·哈米德对这个民族感到越发不信任，而且认为他们是他所有计划的障碍。这个民族就是亚美尼亚人。

亚美尼亚位于东西方之间，是相互征伐的帝国锋芒交会之处。早在13世纪，亚美尼亚就丧失了独立。现在，这个信仰基督教的民族大部分居住在土耳其、俄罗斯和波斯。由于亚美尼亚人自己的国家已经不复存在，他们无处寻求祖国的保护。在奥斯曼帝国居住着大约250万亚美尼亚人，其中至少有150万人在东部的六个州[也被称作"维拉亚特"（vilayet）[1]]拥有土地。但是，在任何一个州里，亚美尼亚人都不占多数。在他们自己的家乡，亚美尼亚人作为宗教上的少数群体与穆斯林生活在一起。与巴尔干地区的基督教少数群体不同，亚美尼亚人也称不上骁勇善战。一直到19世纪的后半段之前，亚美尼亚农民就像在城市里经商的同胞一样，在政治上默默无闻，以持重和节俭闻名。

但是，作为一个对自己的宗教、语言和文化都十分执着的雅利安民族，亚美尼亚人有着强烈的民族自豪感。他们自视为欧洲人，并且在美国新教传教士的帮助下，在东方就可以接受西方式教育，

---

[1] "维拉亚特"是奥斯曼帝国后期的行政区划，在坦志麦特改革期间开始将原有的省份重新划分为了"维拉亚特"。

而不用为此长途跋涉到天主教欧洲去。西方式的教育激发出了他们的民族感情。于是，在柏林会议上，亚美尼亚人派出了一支代表团，要求奥斯曼帝国像对待于1861年就获得了自治权的黎巴嫩[1]一样，委任一名基督徒总督来管理东方各州的亚美尼亚人。尽管这一要求没有得到回应，但欧洲各国还是认可了亚美尼亚人有关在他们所在各州进行改良、并且保护他们不受切尔克斯人和库尔德人威胁的主张。根据《柏林条约》，奥斯曼帝国有义务推进这些目标，还需要定期向列强汇报进展，列强则会监督这些政策的执行情况。

但是，阿卜杜勒·哈米德坚决不同意履行这些承诺。他做出的唯一让步就是给每一个有亚美尼亚人的州派了一名基督徒次级长官。这些人无非是苏丹的木偶而已。他们对他唯命是从，一旦自作主张就会马上被撤职。因此，他们被人们十分讽刺地称作"埃韦特阿凡提"（Evet Effendi），即"遵命先生"之意，因为他们对主子的命令总是乖乖听从。人们很快发现，阿卜杜勒·哈米德根本无意按《柏林条约》的规定去推行改革，更不要说在那些意欲干涉他的主权的外国大使插手的情况下推行这些改革了。他尤其不想改善亚美尼亚人的境遇，反而怀着十足的恶意去对待他们，让他们充满恐惧。每当有官员因为虐待亚美尼亚人而在外国大使的压力下遭到解职，苏丹就一定会对此人加官晋爵、放到更有利可图的位置上去。这已经成了尽人皆知的事实。

根据奥斯曼帝国与英国单独签署的、与《柏林条约》内容相近的《塞浦路斯协定》，英国政府向东方各州派遣了领事。他们发回的

---

[1] 黎巴嫩人主要信仰基督教。

报告证实了亚美尼亚人在土耳其法庭上遭遇的不公正对待，以及腐败的中央和地方官员在评估征收税款或什一税时对亚美尼亚人的普遍歧视。而且，在奥斯曼帝国政府力量比较薄弱的偏远地区，亚美尼亚人还要受到强大的库尔德人酋长的压榨，或被其他库尔德人抢劫。如果要遏制这种混乱局面，就必须重组警察和宪兵部队，约束库尔德人的行为。但是，每当英国政府提出抗议，奥斯曼帝国政府就说一堆空话作为烟幕弹。伊斯坦布尔方面假装已经采取了必要的措施，声称已经向库尔德斯坦派驻了能干的官员，打包票说他们一定能够保障亚美尼亚人和"苏丹的其他忠实子民"的安全。但是，奥斯曼帝国政府又补充道："就像世界上的每一个国家一样，亚美尼亚也会发生一些不光彩的事情。每当有这种事情发生，就有些过于狂热的好事者对其加以利用，在真相的基础上再编造出一些不存在的罪行，然后拿去给欧洲公众和外国领事看，就好像那些事情也真的发生了似的。"

1880年，奥斯曼帝国无动于衷、闪烁其词的答复终于让六名在《柏林条约》上签字的大国的大使联合递交了一份照会。他们批评了奥斯曼帝国的做法，并且要求实施具体的改革，"以确保亚美尼亚人的生命财产安全"。对于这一照会，奥斯曼帝国又一次给出了含糊其词的答复，甚至都没具体提起涉及的问题。顽固敌视外国人的阿卜杜勒·哈米德苏丹要出出他在战场上和谈判桌上失败后积攒的恶气，拒不同意外国势力在奥斯曼帝国的版图内支持还留在当地的基督徒臣民。很明显，除非武力干涉，列强也采取不了什么有效的措施。索尔斯伯里侯爵不得不承认列强的条约成了空话，十分遗憾地表示"舰队开不到陶鲁斯山脉以远的内陆去"。重新成为首相的格莱斯顿也没有更好的办法，他先是降低了当地领事的特殊地位，到后来干脆将其特殊地位全部取消。一份领事提供的报告中提到，土耳其人的改革措施根本就是"无稽之谈"，因为很多当地官员甚至都不识字。

1882年，为了让奥斯曼帝国接受改革方案，列强又做了一次努力。但这一次，他们的努力却因为内部的分歧而失败了。俾斯麦表示，他愿意在任何事务上与英国合作，唯独不愿意迫使苏丹在亚美尼亚实施改革。被格莱斯顿拖延的行动，就这样干脆被俾斯麦拒绝了。亚美尼亚人试图凭借自己的力量，通过和平手段争取改革。他们向土耳其人表示，他们并不要求获得政治上的自治，只是想保证人身安全。但他们的努力徒劳无功。亚美尼亚人还宣称，他们无意改换门庭接受俄国的统治。俄国人也不鼓励亚美尼亚人投效，因为他们正忙着迫使本国境内的亚美尼亚人改信东正教，以消除他们的民族意识。就这样，在19世纪80年代余下的时间里，亚美尼亚人的生活境遇持续恶化，一边面对的是劫掠成性的库尔德部落邻居，另一边面对的则是充满敌意的苏丹政府。

显然，对于生活在奥斯曼帝国境内的亚美尼亚人来说，是时候将他们自己以某种政治基础组织起来了。他们开始组建地方性的民族主义小组和秘密社团，还受到了生活在俄国的亚美尼亚同胞的激励。那些生活在高加索地区的亚美尼亚人，奉行着社会主义和无政府主义的革命理念，他们的理念远远超前于那些生活在奥斯曼帝国境内的亚美尼亚同胞。不久，他们的影响力就跨过了国界，开始渗透进埃尔祖鲁姆和凡城这样的中心城市。他们希望能够唤醒生活在奥斯曼帝国境内的亚美尼亚人，让他们站起来保卫自己的天然"祖国"。

1881年，亚美尼亚人在埃尔祖鲁姆成立了一个名叫"祖国保卫者"的组织。该组织的革命口号是"不自由毋宁死"，目标是保护亚美尼亚人不受库尔德人和土耳其人的侵害。1885年，第一个亚美尼亚人的政党在凡城成立——亚美尼亚人党。他们的主张经由热爱自由的人们传播到了海外，促成了"欧洲亚美尼亚人爱国社团"的成立。这个成立于伦敦的组织公开主张"通过革命为亚美尼亚人争取自治的权利"。但是，他们的态度过于温和，而且天真地指望依靠大国的力量来实现自己的目标。1887年，亚美尼亚人流亡者在日内瓦组建了一个信奉马克思主义思想路线的更加激进的组织。这个组织的目标是通过革命创建一个统一的亚美尼亚社会主义国家，从奥斯曼帝国独立出来。这个组织也逐渐演变成了奥斯曼帝国境内第一个革命性的社会主义政党。一份在海外出版的、名叫《红查克》（Hunchak，意为"钟"）的杂志是这个政党的喉舌，扩大了该党的影响力。

红查克变成了一场国际运动，其成员遍布欧洲各国的首都，甚至远在美国都有该组织的代表。不过，最活跃的还当属在高加索家乡活动的起义军团体。这些红查克有组织地在奥斯曼帝国境内发动袭击，公开挑战奥斯曼帝国政府的权威。他们不仅在有着"土属亚美尼亚的首都"之称的埃尔祖鲁姆活动，甚至还出没于西方遥远的伊斯坦布尔和奥斯曼帝国的其他中心城市。1890年，亚美尼亚革命联盟在第比利斯成立，这标志着他们活动的顶峰。亚美尼亚革命联盟也被称作"达什纳克楚琼"（Dashnaktsutium），其成员因而也被叫作"达什纳克"。一开始，他们团结了各种各样的极端团体。不过，由于达什纳克们在意识形态上更青睐民族主义，而不是社会主义，因此他们很快就与红查克分道扬镳了。不过，两个团体还是有着更重要的共同目标——靠武装斗争赢得亚美尼亚的自由。他们甚至宣称："亚美尼亚人再也不会向谁哀求了，他们现在要手握钢枪提出要求。"他们再也不打算等待永远也等不到的列强的帮助，决心把民族的命运握在自己的手中。

阿卜杜勒·哈米德原本就对聪明的亚美尼亚人很不放心，现在他们又开始反抗，这让他大为警觉。他想了一个狡猾的计策，决定利用穆斯林和基督徒之间的分歧。库尔德人成了他的分化政策的重要工具。1891年，他开始从库尔德部落中招募一支民兵武装，相当于准许了他们对亚美尼亚人的袭击。这些库尔德人被编成了骑兵团，人称"哈米迪耶"（Hamidiye），即"效忠于哈米德的人"。到1892年年底，这些骑兵团的总规模达到了大约1.5万人，且人数还在继续逐年增长。这些来自东方的人生性粗犷。他们穿着花哨的制服，神气十足地在伊斯坦布尔的基督徒聚居区走过，让当地居民大为紧张。他们公开宣称自己的正式任务就是镇压亚美尼亚人，而且在镇压基督徒过程中的任何行为都可以不负法律责任。这些说法在亚美尼亚引发了恐慌。

与此同时，在1893年，亚美尼亚革命者也不再满足于发动袭击行动，而是设法在安纳托利亚中西部地区煽动穆斯林叛乱。他们在城镇的围墙上张贴煽动性的标语，呼吁全体穆斯林起来反抗苏丹的压迫。这个计划太过天真，结果只是导致大量的亚美尼亚人在安纳托利亚各个地区被捕入狱，亚美尼亚人有组织的抵抗行动遭遇了重大挫折。但是，这些行动造成了巨大的混乱，最终导致了1894年在苏丹命令下发生的一场惨绝人寰的大屠杀。

在穆什（Mush）[1]以南的萨松（Sasun），库尔德部落酋长对亚美尼亚人的压榨已经演变成了一个有组织的纳贡体系，亚美尼亚人要想得到安全保障就必须付钱，实际上形同敲诈。由于亚美尼亚人要向库尔德人纳贡，奥斯曼帝国政府心照不宣地免除了亚美尼亚人的税金。这种情况持续了好多年。可是现在，奥斯曼帝国政府却要求亚美尼亚人支付欠下的税金。亚美尼亚人拒绝接受这样的双重压迫。结果，在库尔德部落武装的密切配合之下，奥斯曼军队开进了这一地区。很快，他们就开始不分青红皂白地屠杀无助的亚美尼亚人。军人在整个地区里地毯式地搜索亚美尼亚人，一直追到河谷和山区，仿佛在"猎杀野生动物"一般。他们不接受投降，就用刺刀杀死男人，强奸女人，把孩子在石头上摔死，还把亚美尼亚人遗弃的村庄付之一炬。负责指挥这一行动的指挥官泽基帕夏（Zeki Pasha）还获得了苏丹的嘉奖。

奥斯曼帝国政府试图把对亚美尼亚人的屠杀说成不值一提的意外事件，但最先发生的一些屠杀事件还是被泄露了出去，在欧洲引发了自由派人士的强烈抗议。于是，英、法、俄三国要求组建一个委员会进行调查。1895年，为了抢得先机，坐实奥斯曼帝国政府所描述的说法，苏丹组建了一个委员会，负责"调查亚美尼亚匪帮的罪行"。在这场闹剧之后，伦敦和巴黎爆发了大规模的集会，列强则提出了一个亚美尼亚改革方案。苏丹假意接受了列强的提议，实际上只是做了大量徒有虚名的书面承诺，让整个改革方案的效果大打

---

[1] 位于今土耳其东部。

折扣。

与此同时，在红查克的领导下，亚美尼亚人发动了大规模的示威。他们在伊斯坦布尔游行示威，向奥斯曼帝国政府请愿、抗议，要求进行改革。尽管亚美尼亚人的主教建议他们保持耐心，但局势还是失控了。一位来自萨松的示威者高呼："不自由，毋宁死！"结果示威人群群起响应，开始高唱革命歌曲。这引发了警察的干预，警察当场用棍棒打死了很多人。与此同时，在警察的放任之下，土耳其平民中的狂热分子也在街头游走，到处寻找亚美尼亚人，再用棍棒将他们杀害。暴力和恐怖持续了十天，数以千计的亚美尼亚人躲进了他们的教堂。外国大使劝说他们放下武器。在得到生命安全的保证之后，他们才敢从教堂里走出来。

与此同时，一艘外国船只的船长带来了另一个消息：在特拉布宗发生了一起大屠杀。他看到亚美尼亚逃亡者朝着他的船只游来，却在半路上被乘着小船的土耳其人截住，或被击打头部，或被按到水中淹死。他眼睁睁地看着这一切，却无能为力。在特拉布宗城中，将近1 000名亚美尼亚人被杀，其中许多人被活活烧死在家中。一支奥斯曼军队和当地山区里的拉兹部落成员（Laz）[1]冲进了亚美尼亚人居住的区域，先是抢劫了市场上的亚美尼亚人商店，接着又放火焚烧，暴行一直持续了五个小时之久。

接着，就在苏丹装模作样地接受列强提出的亚美尼亚改革新方案的同时，在土耳其东部也发生了一系列有组织的屠杀。据说，所有这些屠杀事件开始和结束的时候都会响起军号声，就好像是在进

---

[1] 拉兹人是土耳其和格鲁吉亚黑海沿岸地区的本土族群。他们最初信仰基督教，其中大部分后来皈依了伊斯兰教逊尼派。

行某种军事行动一样。实际上，这些屠杀事件就是军事行动。在这些地方，并没有发生亚美尼亚人突然举事、迫使官方动用警察进行镇压这样的事情。事实刚好相反。在苏丹的授意之下，亚美尼亚人聚居的东部六州的军事力量进行了密切合作，筹划实施了这样一场行动，像对付外敌一样对付亚美尼亚人。

他们采取的战术遵循了苏丹的原则——激起穆斯林社群的宗教狂热。阿卜杜勒·哈米德为他派到亚美尼亚的代理人做了具体的指示，告诉他们应当怎么做。他们通常的做法是，先在某个城镇最大的清真寺里召集穆斯林聚会，然后以苏丹的名义向他们宣布，亚美尼亚人正在进行反对伊斯兰教的叛乱。苏丹命令虔诚的穆斯林起来对付这些异教叛乱分子，捍卫自己的信仰。苏丹提出，根据神圣法，虔信者可以剥夺叛乱分子的财物。他用这种方式鼓励穆斯林以信仰之名去侵吞他们的基督徒邻居的财产，如果遭遇抵抗就杀死他们。于是，在整个亚美尼亚，"日益壮大的狼群到处袭击绵羊"。

另一方面，阿卜杜勒·哈米德还曲解了伊斯兰教的另一项宗旨。他允许穆斯林用刀架在敌人的脖子上，在最后关头逼迫他们皈依伊斯兰教，不然就杀掉他们。在此之前，逼迫他人皈依伊斯兰教的做法已经在西方压力下，由阿卜杜勒·迈吉德废除了。在村庄里居住的一些缺乏抵抗意志的家庭宁愿选择皈依伊斯兰教，因为他们牺牲掉的只是作为基督教世界一员的独立认同罢了。

掌控所有这一切活动的，是沙基尔帕夏（Shakir Pasha）。此人十分险恶，曾经出任驻圣彼得堡大使。表面上，他的职责是"巡视奥斯曼帝国亚洲省份的部分地区"，这一任命也是苏丹装模作样的改革方案的一部分。而实际上，他的任务是在这些地区策划、执行屠杀活动。执行这一任务的人为了方便行动，认定亚美尼亚人正逐渐对自己低人一等的地位产生不满。于是，他们定下的目标就是无情地减少亚美尼亚人的人口，直至将他们赶尽杀绝，然后把他们的土地交给土耳其人。

这一次次由军号声宣告其开始和结束的活动，其过程也十分相似。首先进城的是奥斯曼军队，他们的任务是屠杀；接着是库尔德非正规军和部落武装，他们进城来洗劫；最后，为了追击流亡者和全面扫荡，战火和毁灭将席卷周边的土地和村庄，带来彻底的大灾难。在1895年的这个可怕的冬天，在土耳其东部的20个不同地区，亚美尼亚人损失了十分之一的人口和大量的财产。屠杀通常都发生在星期五。这一天，穆斯林们会聚集在清真寺里，而政府会散布谣言说，亚美尼亚人打算在穆斯林祷告的时候就把他们屠杀殆尽。于是，穆斯林会站起来阻止他们的计划，最后被屠杀的反而是亚美尼亚人。考虑到死于伤病、无家可归和饥饿的人数，遇难者的总人数大概在50万到100万之间。

在13个较大的城镇，每个城镇里的死亡人数都达到了四位数。在埃尔祖鲁姆，拥有1 000家店铺的大市场惨遭洗劫和破坏。在事变发生的第二天，在一座乱葬岗里就掩埋了300多名亚美尼亚人。

最为残酷、破坏性最大的屠杀发生在乌尔法。在这里，亚美尼亚人占了总人口的三分之一。在他们的街区遭围攻两个月之后，亚美尼亚人的领袖们于1895年12月在大教堂里集会，起草了一份要求奥斯曼帝国政府出面保护的声明。负责指挥的土耳其军官表示将保证他们的安全，随后派兵包围了大教堂。接着，一大群土耳其士兵和紧随其后的暴徒冲进了亚美尼亚人的街区。他们四处抢劫，将亚美尼亚人成年男子屠杀殆尽。

在军号声宣告当天的行动结束之后，有3 000多名逃亡者涌进了大教堂寻求庇护。第二天是星期日。就在这天早晨，一群狂热的暴徒冲进了教堂，大肆屠杀，并且劫掠了教堂的神龛。接着，他们堆起了一大堆草席，用它们盖住尸体，又浇上30罐石油，将其点燃。有一大群妇女和孩子躲在木质的走廊里。他们惊恐地哀号起来，身上着了火，最后全死在了大火之中。下午3点半，军号准时吹响，奥斯曼官员在亚美尼亚人的街区里四处游走，宣告屠杀已经结束。有126户人家绝户，连一个女人或婴儿都没活下来。算上在大教堂里被杀的人们，整个城镇的死亡人数达到了8 000人。

只有在一个地方，亚美尼亚人成了加害者。在位于山区、曾经属于奇里乞亚行省的泽伊通（Zeitun）[1]要塞，以红查克为核心的一支亚美尼亚武装对要塞发动了攻击。他们在战斗中击败了奥斯曼军队，将奥斯曼守军逐出了泽伊通的城堡，抓获了400名土耳其人俘虏。他们穿上奥斯曼军队的制服，洗劫、焚烧了附近的一座土耳其城镇，控制了该地区。最后，土耳其人派了一支大军开赴泽伊通，炮击了城中的城堡，并使之起火。不过，亚美尼亚人在此之前就已经撤离了城堡。与此同时，在伊斯坦布尔的亚美尼亚人社群的请求下，外国大使出面调停，并与奥斯曼帝国政府达成了协议，要求该地区的土耳其人和亚美尼亚人都必须放下武器，以实现停火。

---

[1] 今称苏莱曼勒，位于土耳其中南部。

1896年8月，对亚美尼亚人接连不断的屠杀达到了顶峰。这一次，屠杀就发生在伊斯坦布尔。像上一年一样，一个亚美尼亚革命团体的活动给了奥斯曼帝国政府借口。一小群鲁莽的达什纳克在午餐时分走进了欧洲资本家的重要据点——奥斯曼银行。他们装成要兑换货币的样子来到银行，身后跟着一些扛着袋子的搬运工，袋子里面装的似乎是金币和银币。突然，一声哨响，25名武装分子紧随其后冲进了银行，开始开火。他们打开了袋子，里面装的是炸弹、子弹和炸药。他们声称自己不是银行劫匪，而是亚美尼亚爱国者，此举的目的是要让六个欧洲国家的使馆注意到亚美尼亚人所遭受的苦难。他们把亚美尼亚人的遭遇写进了两份文件里，里面还提出了政治改革的要求。他们宣布，如果在48个小时之内得不到外国的干预，他们将"不畏牺牲"，炸掉整座银行。

与此同时，银行主管埃德加·文森特爵士（Sir Edgar Vincent）小心翼翼地顺着天窗逃到了紧邻的一座建筑里。就在他的同事被劫为人质的时候，他跑到了高门。他向奥斯曼帝国政府要求道，只要这些达什纳克还留在银行里，警察就不能向他们发动进攻。这样一来，他就争取到了适合谈判的环境。负责谈判的是俄国大使馆的首席译员。他先从苏丹那里为袭击者取得了赦免和顺利离境的权利，接着对袭击者发表了长篇大论的演讲。他向他们保证可以继续进行谈判，成功地说服他们离开银行。袭击者保留了他们的武器，但不甚情愿地放弃了他们的炸弹，随后安静地登上了埃德加·文森特爵士的游船，流亡到法国。

这些年轻人充满理想，但对政治煽动的诡计一窍不通。他们的所作所为没能帮助他们的朋友，反而给了敌人机会。在伊斯坦布尔的亚美尼亚人街区，无法无天的暴徒、宗教狂热分子和野蛮的非正规军肆虐了两天。他们挥舞着短棍、刀子和铁棒，在街巷中欠下累累血债。警察和军队非但不干预他们的行为，甚至还为他们提供帮助，与他们狼狈为奸。暴徒们打死他们在街道上遇到的任何亚美尼亚人，还冲进房屋杀死里面躲藏的人，最后留下了6 000多具横七竖八的尸体。大屠杀进行到第二天，六大国的代表向奥斯曼帝国政府提出了抗议。奥斯曼帝国一开始没有理睬。但是，当晚就有消息传来，说英国人正在派遣海军陆战队登陆，以保护本国国民。于是，奥斯曼帝国政府下达了停止杀戮的命令。终于，各国大使们站在使馆的门口，就能亲眼看到一直以来在整个亚美尼亚发生的可怕罪行；而表里不一的苏丹一直试图通过官方审查欺骗外界，不让这些罪行为全世界所知。现在，六大国的代表发表了一份给苏丹的公开电报，要求他立刻终止屠杀。"如果屠杀继续下去，苏丹的宝座和他的王朝的存续都会面临威胁。"

在屠杀结束后，各国使节联合向奥斯曼帝国政府递交了一系列照会。在提供了详尽的证据之后，他们指出"伊斯坦布尔发生的骚乱"并非狂热情绪的偶然爆发，而是一股特殊的力量有意为之的产物；"不仅发生在政府的眼皮底下，而且还有政府的代理人从中配合"。他们表示，这股力量是"一种特别危险的武器"，非但随时可以用来伤害少数族群聚居区，"甚至还可能会威胁到那些容忍其存在的人"。列强的代表要求奥斯曼帝国政府"查清这一系列事件的源头，尽最大努力找出并惩办其发起人和主要参与者"。他们还表示，愿意提供目击证人，帮助奥斯曼帝国进行调查。这其实是外交辞令。他们的真实意思是，阿卜杜勒·哈米德就是伊斯坦布尔大屠杀的始作俑者，或者至少也是个煽动者。对于列强的照会，奥斯曼帝国政府给出了闪烁其词的答复，辩称亚美尼亚人也攻击了穆斯林，还许诺将组建特别法庭审判冲突双方。为了平息列强的怒火，他们逮捕了一些社会底层人员，而这些人所做的无非是忠实服从了苏丹的命令。

与此同时，英国的自由派人士再次陷入了狂怒，他们强烈要求推翻苏丹。86岁高龄、已经退休的格莱斯顿在利物浦发表了最后一次针对"难以启齿的土耳其人"的演讲。他怒斥土耳其人的帝国是"文明之耻辱"和"对人类的诅咒"，应当"被从地图上抹去"。他把苏丹称作"大刽子手阿卜杜勒"，法国人则称他是"血红色的苏丹"。格莱斯顿坚持认为，根据《塞浦路斯协定》，英国有义务出面干预，在必要的情况下甚至可以独自出面干预。尽管一开始有人提出，要派遣英国舰队强行闯进达达尼尔海峡，但很快人们就发现列强都没有做好为了保卫亚美尼亚人而动用武力的准备，甚至连施加威胁的想法都没有。只有索尔斯伯里侯爵曾经隐晦地告诫阿卜杜勒·哈米德说："管理失当的国家终将遭遇不幸。"

索尔斯伯里侯爵试图寻求俄国的支持，一起推翻现任苏丹，但是他又不愿意为此在海峡事务方面让步；而俄国也不想让亚美尼亚获得独立，担心独立的亚美尼亚可能会在小亚细亚扮演与新生的保加利亚在欧洲一样的角色；奥匈帝国深陷巴尔干地区事务，不愿意在亚美尼亚贸然行动；与奥斯曼帝国有着千丝万缕联系的法国则宁愿维持现状；德国希望在小亚细亚获得更多权益，因此依然以苏丹的保护者自居。所以，并没有哪个国家愿意分裂奥斯曼帝国，或是对奥斯曼帝国采取某种形式的国际共治。1897年，要求奥斯曼帝国政府推行最终改革方案的最后一次会议无果而终。在此之后，不幸的亚美尼亚人就再也没有得到过任何帮助。

欧洲列强之间的不和与它们的优柔寡断，使日益衰落的奥斯曼帝国再次逃过一劫。阿卜杜勒·哈米德的顽固脾气让他赢得了一场"负面的胜利"，但他毫无人性的冷酷作为也让他在世人的眼中留下了永久的劣迹。

第三十八章

如今，在欧洲列强中，只有一个始终如一的盟友还能得到苏丹的青睐——德国。在过去的二十几年间，俾斯麦一直关注着奥斯曼帝国。德国无意侵占奥斯曼帝国的领土，只是希望趁着英国政治影响力下降，在土耳其取得更多的影响力。在东方问题方面，俾斯麦的态度也十分谨慎。他曾经在柏林会议上充当"诚实的中间人"的角色。俾斯麦认为，德意志帝国应当发挥欧洲仲裁者的作用，同时也在与奥匈帝国和巴尔干国家的联盟中充当领导者。在这一地区，德国最关注的是保持与俄罗斯之间的力量均衡，而奥斯曼帝国对这一目标而言无足轻重。在俾斯麦看来，东方问题"不值得哪怕一个波美拉尼亚（Pomerania）[1] 掷弹兵为之送命"。

不过，于1888年即位的德国皇帝威廉二世（Wilhelm II）却有更大的野心。威廉二世主要受到了冯·德·戈尔茨元帅（Marshal von der Goltz）的影响。冯·德·戈尔茨元帅曾经和一些德国军官花了五年时间帮助奥斯曼帝国训练军队，并利用德国生产的武器装备对奥斯曼军队进行现代化改造。在他的影响下，皇帝计划在更广阔的范围内影响土耳其。在他看来，土耳其的亚洲部分应当成为德国

---

[1] 波美拉尼亚是德意志帝国境内的一个地区。

的势力范围，不仅在战略层面上如此，在经济、贸易和技术领域也应当如此。不久，威廉二世解除了俾斯麦的职务——俾斯麦强烈反对任何在欧洲之外推行泛日耳曼主义的活动——随后便投身到雄心勃勃的"东进"（Drang nach Osten）事业之中。他的主要计划是修建一条巴格达铁路。按照规划，这条铁路最终将把柏林和波斯湾连接起来。这个计划很合阿卜杜勒·哈米德的心意，他也想要修建铁路、公路和电报网，将帝国辽阔的亚洲领土连接起来，以便实施行政管理和促进经济发展。

为了建设铁路，苏丹在不同阶段给了德意志银行集团各种让步。于是，在19世纪的最后十年里，德国的金融家、商人、工程师和各个领域的专家开始涌入奥斯曼帝国。与此同时，威廉二世皇帝不顾俾斯麦的反对，在他即位的第二年就来到伊斯坦布尔，正式拜访了阿卜杜勒·哈米德二世苏丹。苏丹对德国人十分欣赏，之前还不断地把他私人持有的债券换成德国银行的证券。这一次，他用十足的皇家礼遇接待了德国皇帝和皇后。为了安排他们的住宿，他在耶尔德兹宫内兴建了一座富丽堂皇的别墅，这座别墅实际上已经堪称一座小型的皇宫了。他为他们设下奢华的国宴，国宴上提供的是欧式菜肴，盛放菜肴的则是从巴黎买来的镶嵌了珠宝的黄金盘子。苏丹还向德国皇后献上了从御花园里采摘的一束花。皇后发现，花瓣中竟簇拥着一颗巨大的钻石。

九年之后，威廉二世第二次正式访问了苏丹的国家。此时，巴格达铁路已经延伸到了远在安纳托利亚中部的科尼亚，德国的轮船公司开通了汉堡和伊斯坦布尔之间的航线，德土两国之间的贸易欣欣向荣，安纳托利亚各个阶层的民众都从中获益匪浅。因为德国是列强中唯一没有就近来的亚美尼亚屠杀向阿卜杜勒·哈米德提出抗议的国家，他对德国皇帝倍加欢迎。

这一次，德国皇帝还访问了奥斯曼帝国的其他地区。他打扮成基督教朝圣者和十字军骑士的样子，隆重地进入了耶路撒冷。他跪在尘土中，面向圣城祈祷，随后又为一座路德宗教堂主持了落成仪式。不久，他又来到了穆斯林的城市大马士革，戴着头巾拜访了萨拉丁之墓。他向3亿穆斯林承诺说，德国皇帝将永远保护他们，以此来表示他对苏丹-哈里发的宗教政策的公开支持。这样一来，他就确保了巴格达铁路下一阶段的修筑权，这条铁路将继续从科尼亚出发，朝着陶鲁斯山脉和波斯湾的方向延伸。

英国政府由于已经牢牢控制了苏伊士运河，对安纳托利亚铁路一直不甚关心。但现在，鉴于这条铁路可能会一直延伸到美索不达米亚和波斯湾，身为印度总督的寇松勋爵（Lord Curzon）代表印度政府与位于波斯湾末端的科威特的谢赫达成了一项协议。根据协议，科威特谢赫在没有得到英国同意的情况下不得割让土地给外国，也不得接待任何外国代表。同时，阿曼的苏丹也接受了类似的限制条件。这样一来，即便巴格达铁路能够最终修筑完成，其终点也已经被英国的势力范围提前封锁了。与此同时，俄国人也表示了担心，害怕土耳其人会利用这条铁路威胁俄国在高加索地区的利益。因此，俄国迫使土耳其人接受了一份《黑海协议》。根据这一协议，只有代表俄国利益、得到沙皇许可的财团才能在安纳托利亚北部修筑铁路。

还有另外一项隐秘的工程，与阿卜杜勒·哈米德心心念念的伊斯兰世界霸主地位有着直接的联系。这项工程就是汉志铁路（Hejaz Raiway）。汉志铁路从大马士革出发，可以将朝圣者运送到麦地那和麦加的圣地去。借此，苏丹作为哈里发的地位就可以在国内外都被认可。与此同时，这条铁路还能帮助他加强对也门和其他地区的阿拉伯人的政治掌控力。由于这是一条神圣的铁路，其资金全部来自伊斯兰世界的捐赠，参与修筑的工人也全都是穆斯林，奥斯曼军队也参与了工程。不过，还是有外国工程人员为工程提供监督和建议。汉志铁路于1901年动工，用了八年时间修到了麦地那，不仅提高了奥斯曼帝国的威信，也让世界各地的穆斯林对哈里发产生了崇敬之情。

德国为了追求自身的利益，即便在苏丹公然违背了条约中对基督徒臣民的承诺的时候，也刻意不去像其他大国那样谴责苏丹。此前，德国曾经拒绝支持亚美尼亚人。现在，尽管欧洲其他国家都在要求奥斯曼帝国履行承诺，在克里特岛和马其顿实施改革，德国依然拒绝表态支持它们的诉求。从希腊独立战争时期开始，一直处于土耳其人统治之下的克里特岛就经常爆发叛乱。本来，《柏林条约》大可以把克里特岛并入希腊王国，因为该岛上讲希腊语的基督徒占大多数，而当地的政权维护的却是人口比例不到10%的穆斯林群体的利益。

苏丹决心要让克里特岛上占大多数的基督徒像亚美尼亚基督徒一样屈服。但是，骁勇善战的克里特人进行了顽强的抵抗。因此，他在每次叛乱的间歇期，就指派基督徒总督管理克里特岛，以期安抚当地居民。然而，基督徒总督的任期往往很短暂，很快就被穆斯林取代了。克里特岛上的大多数居民决心建立一个基督徒控制的政府，于是要求希腊兼并克里特岛。不过，希腊政府害怕与土耳其开战，因而对此提议不甚热心。但是，1889年，在岛上的一次起义之后，大量的基督徒难民逃难到了雅典。在公众的压力之下，希腊政府要求奥斯曼帝国政府公正地对待克里特人，并且改进当地的政府管理。苏丹颁布了一道法令，重申了之前空许的诺言，还宣布了一些改革。这些措施并不能让克里特人满意，但是暂时平息了暴乱。在克里特岛接二连三地继续爆发骚乱之后，苏丹决定派遣一支非正规军扫荡克里特岛，就像20年前对待保加利亚那样。

1896年，基督徒再一次发动了起义——这也是他们发动的最后一次起义。随后，这次起义就演变成了克里特岛上基督徒和穆斯林之间的内战。穆斯林得到了奥斯曼帝国军方的支持，基督徒则寻求列强的支持，并宣布与希腊合并。于是，希腊人派出了军队前往克里特岛。他们先派出一队鱼雷艇截击奥斯曼帝国增援部队，接着又派出了陆军，决心占领该岛。六大国的舰队来到克里特岛附近海域，占领了干尼亚港口。德国人和俄国人一起要求对克里特岛进行国际封锁，以迫使希腊人撤军。但是，在英国的推动下，六大国要求克里特岛获得自治权，同时全部的希腊军队和一大部分奥斯曼军队必须撤离该岛。苏丹最终同意了这些条件。

与此同时，希腊国内的民众要求与土耳其开战。希腊国王和奥斯曼帝国苏丹都不想打仗，但希腊民族主义者迫使希腊政府不得不有所动作。民族主义分子越过边界，进入了马其顿和色萨利。1897年春天，土耳其向希腊宣战。这场战争只持续了30天，但对于希腊人来说却是一场灾难。希腊海军占据优势，但可能是因为迫于列强的压力，并没有取得什么战果。在陆地上的伊庇鲁斯和色萨利，希腊军队都被打得溃不成军。土耳其人迅速进军，雅典城内一片恐慌。

但是，列强此时出面干预，要求双方停火。六个月后，双方在伊斯坦布尔签署了和约。希腊人付出了大量的赔款；土耳其人从色萨利和伊庇鲁斯撤军，而且很满足于在两国边境取得的一小片领土。希腊王国获得了拯救；而苏丹在多年的失意之后，终于在战场上取得了一次军事胜利，因而其地位也得到了提高——尽管战争的胜利其实要归功于德国人。

克里特岛上的斗争又延续了一年。德国和奥地利依然支持苏丹，它们不满于列强的亲希腊政策，于是从克里特岛上撤走了自己派出的占领军。

其他列强希望可以为自治的克里特岛（但依然奉苏丹为宗主）找到一个合适的执政者。岛上骚乱频发，一位英国副领事在骚乱中丧生。随后，列强要求苏丹从克里特岛上撤出所有奥斯曼军队，苏丹最后只好照办。希腊的乔治王子成了克里特岛的执政者，阿卜杜勒·哈米德实际上失去了克里特岛。自从罗马人征服克里特岛之后，这是1900年来克里特岛第一次重新回归希腊，雅典为此欢欣不已。

在奥斯曼帝国的欧洲部分，剩下的一个重要的省份是堪称巴尔干焦点之一的马其顿。与马其顿相邻的保加利亚和塞尔维亚在摆脱了土耳其的统治之后，都已经恢复了秩序，取得了进步。而马其顿非但谈不上效仿了它们的成功，还在不停地退化，奥斯曼帝国政府的恶政已经让它失去了诸多省份，而现在它甚至超过了以往，变得更加贪婪、腐败和无能。奥斯曼军队拿不到军饷，结果变成了驻地居民的沉重负担；对基督徒来说，法庭上几乎没有公正可言，非法的压榨已经成为常态。基督徒农民的土地被夺走，而得不到任何补偿，阿卜杜勒·哈米德也几乎没做任何努力去改变这一切。结果，基督徒们不断地向外迁徙，移民到邻近的国家，尤其是保加利亚。很快，来自国界以外的难民就构成了索非亚城中接近一半的人口。

马其顿就像一个缩微版的奥斯曼帝国，不同种族、使用不同语言、拥有不同信仰的人们杂居在一起，这些人群彼此之间争斗不休，与土耳其的地方政府也冲突不断。除了保加利亚和塞尔维亚之外，马其顿还与希腊相邻，而希腊文化在历史上一直深深影响着马其顿。但是，在最近的这次希土战争之后，希腊人的影响力变弱了，受到了当地最大的基督徒族群——斯拉夫人的挑战。为了与希腊大牧首的权威相抗衡，在马其顿出现了一个保加利亚主教区，这让保加利亚民族主义情绪开始在马其顿抬头。奥斯曼帝国对此加以利用，鼓励提升保加利亚的影响力，以削弱希腊的影响力。在19世纪的最后十年里，奥斯曼帝国批准设立了七个保加利亚主教。与此同时，塞尔维亚人也第一次拥有了自己的主教辖区。这就给希腊人和斯拉夫人在马其顿的冲突埋下了祸根。随着19世纪步入尾声，希腊人和斯拉夫人之间的矛盾愈演愈烈，几乎看不到和解的可能。与此同时，阿卜杜勒·哈米德还火上浇油，鼓励阿尔巴尼亚穆斯林侵蚀希腊人和斯拉夫人的土地。

在萨洛尼卡出现了一个马其顿革命组织，该组织要求马其顿获得自治权；在索非亚则出现了一个与之针锋相对的委员会，主张保加利亚兼并马其顿，这个委员会还在1895年组织对马其顿发动了一次大规模的突袭。保加利亚土匪团伙在山区里游荡，袭击奥斯曼帝国境内的村庄，他们自己也时常被希腊匪徒袭击。奥斯曼帝国的非正规军则会选择合适的时机帮助其中的一方作战。结果，战争给马其顿的乡间带来了巨大的破坏，整个马其顿逐渐陷入了混乱和无政府的状态之中。1903年，发生在萨洛尼卡的一系列暴行引发了一场有组织的起义，最后土耳其人从伊斯坦布尔派来了援军，才把起义镇压下去。

正如斯拉夫起义者所期望的那样，这一切终于引起了列强的关切，斯拉夫人希望可以借此终结土耳其人的统治。其实，无论是穆斯林还是基督徒，他们都认为"土耳其在欧洲的省份不能再继续处于这种悲惨的境遇之下了"。苏丹任命了一位总督察，负责恢复法律和秩序。列强之间远远称不上团结。无论是德国还是奥地利，都不希望看到马其顿摆脱它们的盟友苏丹的统治而获得自治权。奥地利和俄国一起提出了一个在马其顿实施温和而保守的行政改革的提案，这个提案几乎不会改变现状。

而另一方面，英国采取了更加积极和自由主义的态度，建议进行改革，任命一名基督徒总督，并赋予基督徒更多权力，同时还要求奥斯曼帝国撤出其非正规军。在维也纳附近的米尔茨施泰格（Mürzsteg）举行的会议上，沙皇和奥地利皇帝最终接受了英国提案的修正版：由俄罗斯和奥地利各自派出一位纯粹顾问性质的"行政代理人"，辅佐土耳其人任命的总督。马其顿当地的宪兵队将由一位欧洲人指挥，同时列强各自负责管理马其顿一部分地区的治安。大体上根据民族分界线，马其顿重新划分了行政区域，同时鼓励各个行政区域内进行地方自治。在城镇里，穆斯林和基督徒共同组成委员会，决定地方的改革事宜。除了英国之外，其他列强都不同意让奥斯曼帝国从马其顿撤军。除此之外，它们对英国的提案表示赞同，并指示各自的领事准备将其付诸实施。

鉴于列强已经达成了一致，苏丹只好不甚情愿地在原则上接受了米尔茨施泰格方案。但是，奥斯曼帝国不停地以维护苏丹的主权为名，拖延、阻挠方案的实施。即便有些改革已经获得了奥斯曼帝国的同意，他们也会经常对改革方案加以修改，使其要么令人无法接受，要么不具备实施的可能性。两年的时间就这样在谈判和妥协中度过，几乎没有任何真正的改革得到推行。实际上，奥地利和德国也没有为此做出什么像样的努力。它们各有各的政治利益，对此不甚关心，不愿意对奥斯曼帝国施加压力，或过度侵犯苏丹珍视的主权权利。很明显，德国和奥地利实际上不希望看到马其顿的局势有任何改观。对它们来说，更符合自身利益的局面就是马其顿作为一个土耳其人治下的落后省份继续存在下去，而不是让它被别的政权更稳定的国家占有。最终，奥地利的计划演变成了自身势力向爱琴海沿岸和东方的扩张。1908年，一个不好的苗头出现了。奥地利人要求奥斯曼帝国在马其顿给予奥地利经济上的优惠。作为报答，奥地利承诺，如果欧洲各国向奥斯曼帝国施压，要求奥斯曼帝国在"影响巴尔干半岛的一切问题上"有所作为、进行改革，那么奥地利将帮助奥斯曼帝国抵挡这些压力。

在改进马其顿现状的问题上，英国政府变得越发积极。1905年，就在米尔茨施泰格方案愈加缺乏效力的时候，英国向苏丹提出组建一个国际委员会，负责筹备马其顿的财政改革。这个委员会的人选将由列强提名，由土耳其委任一名总督察负责管理，还会有一些外国代表参与其中。对这样的外国干涉，苏丹一开始表示拒绝，还提出要提高海关关税。接着，除了德国之外的其他列强派遣海军进行武力威慑，还夺取了米蒂利尼（Mytilene）[1]和利姆诺斯岛的海关。于是，苏丹屈服了，同意由欧洲列强派遣四位财政专家，与萨洛尼卡的俄国和奥地利行政代理人合作。不过，这个国际委员会并没有任何执行权。1908年，英国又提出要求，认为尽管马其顿总督是土耳其人，但其人选应当获得列强的认可，且其手下的官员应当由欧洲人组成，并使用马其顿的财政收入支付他们的薪资。这个提议获得了法国和俄国的认可，沙皇和英王爱德华七世（Edward VII）还在列巴尔（Reval）[2]签署了相关协议。米尔茨施泰格方案的条款还在一定限度下发挥着效力，而这个方案的期限也被延长了六年。

不过，除基督徒之外，在马其顿生活的穆斯林也越发对现状感到不满，要求苏丹拿出办法，保证他们的生命和财产安全。苏丹派到马其顿的总督察名叫希勒米帕夏（Hilmi Pasha）。此人名声很好，为了满足基督徒和穆斯林的要求，希勒米帕夏也构想了一些基本的改革项目。但是，阿卜杜勒·哈米德就像对待列强提出的改革方案一样固执地无视了希勒米帕夏提出的这些改革项目。苏丹在被自己丢掉的克里特至少还曾经试图造福那里的穆斯林群体；而到了马其顿，他对此地人民的福祉漠不关心，因此不但让那里的基督徒与他形同水火，就连穆斯林也与他离心离德。

此时，在历史上时常动荡不安的马其顿，发出了比以往更强烈的要求彻底变革的呼声。在这里，追求进步的力量希望能让马其顿像那些邻邦一样实现进步，而这也符合奥斯曼帝国的利益。但是，固执保守的阿卜杜勒·哈米德消极地抗拒着外国人的影响，对境内

---

[1] 该城位于爱琴海东岸的莱斯博斯岛上，今属希腊。
[2] 即今爱沙尼亚首都塔林，当时属于沙皇俄国。

臣民的利益也漠不关心，继续着他的反动统治。他的统治不仅低效无能，而且目光短浅。具有讽刺意味的是，虽然阿卜杜勒·哈米德十分坚定地不想理睬欧洲的事务，但他实际上恰恰在马其顿这个欧洲省份里积攒着穆斯林的怨气，而这些怨气终将爆发，并最终导致他的失败。

诡异的是，他的失败恰恰源自他最了不起的成就——对土耳其教育体系的改革与扩张。由于有了这项同时影响了公民教育和军事教育的改革，在上一代人中涌现出了一个规模庞大的新兴中间阶层。尽管苏丹本人实行着专制统治，但在他开办的现代化学校的学生群体中，政治自由的种子却开始生根。1889年，时逢法国大革命一百周年之际，伊斯坦布尔军事医学院的四名医学学生秘密创立了第一个反对派组织。这个组织像早年的青年奥斯曼人一样，效仿意大利烧炭党的组织形式，由一个个小单元组成。很快，这个组织就在伊斯坦布尔的民政、陆军、海军和医学学校及其他高等教育机构的学生中吸纳了大量成员，还与在巴黎流亡的自由派人士最早组建的组织建立了联系。自从阿卜杜勒·哈米德解散了议会之后，这些人就一直住在巴黎。不久之前，来自布尔萨的一位声名显赫的教育主管艾哈迈德·勒扎（Ahmed Riza）也加入了他们，并全身心地投入到他们的政治活动之中。

在流亡者中，有一位曾经的议会成员创办了一份刊物，命名叫"*La Jeune Turquie*"（即《青年土耳其人》）。于是，他的同志们开始使用"青年土耳其人"的名称。与此同时，勒扎和其他一些流亡者出版了一本名叫《磋商》（*Meshveret*）的刊物，并通过外国邮局偷运进土耳其去。这份刊物的副标题是"秩序和进步",后来又加上了"统一",意在团结各个种族、各种信仰的民众,组建统一与进步委员会(Committee of Union and Progress)[1]。

1896年,一场意在推翻苏丹的政变密谋败露,一些反对派成员和另外一些被认为在政治上从事煽动工作的人被放逐到了偏远的省份。与此同时,反对派组织在流亡者中也蓬勃发展,遍布巴黎、开罗、日内瓦和伦敦(伦敦的反对派组织发展相对缓慢)。这些组织通常在意识形态上都不尽相同,也互不隶属。事实证明,他们彼此之间并不团结,一些人很愿意讨好苏丹,以求获准返回伊斯坦布尔,而这种做法很让其他人灰心丧气。

但是,在伊斯坦布尔的学生中,反抗的情绪仍然在蔓延,甚至波及加拉塔萨雷的皇家奥斯曼公立中学。在节日庆典中,在这里读书的统治精英子弟们通常会欢呼"帕迪沙阿万岁!"但是,在1906年,他们却喊出了"打倒帕迪沙阿!"在远离皇宫影响力的外省学校,极端情绪更加显著。正因如此,革命就在马其顿爆发了。萨洛尼卡的统一与进步委员会得到了共济会、犹太人和东马派犹太人(改信伊斯兰教的犹太人)等组织的暗中支持,因此比巴黎的组织更具实际行动能力。1907年,两个组织实现了合并。苏丹目光短浅,没有意识到反叛活动会渗透进行伍间的现役军官之中,而这些军官正是其权力所依赖的奥斯曼军队精英骨干。一方面,他们卓有学识,在政治上也已经觉醒;另一方面,作为军人,他们本身也有许多怨气,比如军饷不能及时发放,武器装备水平低劣。因此,一旦发生

---

[1] 统一与进步委员会是一个政党。除了一些早期人员谱系上的差别,我们可以简单把青年土耳其党等同于统一与进步委员会,青年土耳其人即统一与进步委员会的成员。

革命运动，他们有可能会在革命中打头阵。

1908年年初，马其顿的第三军团发动了兵变。那年夏天，沙皇和英王爱德华七世在列巴尔举行了会面。在土耳其人看来，这意味着外国即将迫使奥斯曼帝国赋予马其顿自治权，从外部和内部同时威胁帝国的安全。以此为导火索，军队发动了兵变，反对专制统治，倡导自由与祖国、宪政与国家的政治原则。无数的探子给阿卜杜勒·哈米德送去了大量的报告，但是他忽视了这些报告的内容，在很长一段时间里都无所作为，最后发现木已成舟。

两名青年土耳其党的少校在萨洛尼卡城后的雷斯纳山（Resna Hills）树起了自由的旗帜。其中一个名叫恩维尔贝伊（Enver Bey），他寡言少语，有作战勇敢的名声；另一个名叫尼亚齐贝伊（Niyazi Bey），是统一与进步委员会的早期成员，曾经乔装打扮成多种身份在安纳托利亚活动，招募苏丹统治的反对者，将他们吸纳进组织。跟着尼亚齐上山的，是一支忠诚于使命的队伍，他们从他所管辖的营里得到了武器、弹药和经费。在这座山上，这两位军官宣布举事。在萨洛尼卡，他们得到了统一与进步委员会的支持，委员会公开要求恢复米德哈特帕夏起草的1876年宪法。

阿卜杜勒·哈米德派了一支军队到莫纳斯提尔（Monastir）[1]，准备镇压叛军。结果，这支部队的指挥官——将军舍姆西帕夏（General Shemsi Pasha）在光天化日之下被他手下的一名军官枪杀，其他反对革命的军官也遭遇了类似的下场。与此同时，一直被苏丹视作自己盟友的阿尔巴尼亚人也站了出来，表示支持驻扎在色雷斯

---

[1] 即今天的比托拉（Bitola），位于今马其顿共和国西南部。

的第二军团。1908年7月21日，苏丹接到了一封以统一与进步委员会的名义发来的电报。电报要求他恢复立宪，否则就将推举他的继承人为苏丹，并派遣一支大军向伊斯坦布尔进军。

根据穆斯林的传统，阿卜杜勒·哈米德向谢赫伊斯兰申请了一份裁决，让他判定对挑战帕迪沙阿权威的叛军开战是否合法。在仔细研究了事实经过之后，大穆夫提表示，这些军人要求改革、消除不平的做法并不违背神圣法。接着，阿卜杜勒·哈米德召开了内阁会议。会议持续了三天，内阁中的大部分成员都同情军人的要求，并且认为除非让步，否则很可能会引发内战。于是，内阁一致同意恢复宪政。不过，把这个决定告诉苏丹可不是一个让人羡慕的工作。苏丹的首席占星官接下了这个重任。他向苏丹保证说，星象也支持内阁的决定。于是，苏丹屈服了。他通过电报向马其顿方面宣布，他以《古兰经》的名义起誓，宪法已经恢复了效力。在经过大选之后，于1877年被解散的议会得以重新召开。阿卜杜勒·哈米德苏丹则保住了他的宝座。

在苏丹妥协之后，恩维尔贝伊在马其顿宣告了进步和统一的原则。进步，即要消灭专制政府；统一，则意味着"从此以后，众人皆兄弟，再无保加利亚人、希腊人、罗马人、犹太人、穆斯林之分；生活在同一蓝天之下的众人皆平等，皆为光荣之奥斯曼人"。在一座城市里，保加利亚委员会的主席拥抱了希腊主教；在另一座城市里，革命的军官们逮捕了一名侮辱基督徒的土耳其人。在一座基督教公墓里，土耳其人和亚美尼亚人在各自的神职人员的带领下，共同诵读了祷告词，悼念亚美尼亚大屠杀中的死难者。在伊斯坦布尔，人们群情激奋，高呼"宪法万岁！"和"打倒密探！"——不久，令人畏惧的为警察国家服务的密探组织就被取缔了。报纸审查员被赶出了编辑部，报纸上也欢腾一片。喜悦的情绪持续了好几天，土耳其人的毛拉、犹太人的拉比和各个基督教教派的教长们并肩坐在车上参加游行，气氛融洽。车队时不时地停在人群面前，穆斯林和基督徒先后站起身来，伸出双手，祈祷神保佑宪法，并且感谢神赐予的自由。

不过，他们同时也为苏丹做了祈祷。事实上，在这座属于他的城市里，"苏丹万岁！"的呼声比其他呼声都更加响亮。在最后关头，阿卜杜勒·哈米德十分狡猾地抢了青年土耳其党的风头。在人民面前，他摆出一副十分大度的立宪君主的样子，仿佛是他赐予了人民自由。一大群人聚集在耶尔德兹宫门前，高声赞颂着他，而他很少在这座宫门前露面。第二天，他露面了，在欢呼声中乘车在街道上穿行，到阿亚索菲亚清真寺去参加星期五的礼拜。这也是他四分之一个世纪以来第一次进入阿亚索菲亚清真寺。清真寺旁的议会大厅自1877年起就一直关闭，不久之后也重新开放，供新当选的、代表各个种族和宗教信仰族群的议员们使用。对土耳其人来说，一个得到祝福的新千年已然开始。

然而，事情的进展并没有那么快。在这一阶段，青年土耳其党和他们的统一与进步委员会并不能接管奥斯曼帝国政府。他们只是得到了一些平民支持的、充满爱国热情的年轻军官，他们发动政变的目的也只是限制独裁而无能的苏丹的权力，代之以立宪政府，以帮助帝国更好地应对愈演愈烈的种种威胁。从本质上说，他们很保守，也没有什么激动人心的意识形态诉求，因而并不想追求革命性的社会变革，而只是想继续推进19世纪的改革运动。

青年奥斯曼人出身于统治精英阶层，因而有能力执掌政权，在立宪原则下治理国家。青年土耳其人却没有这样的执政能力。他们受益于阿卜杜勒·哈米德在教育、军事和民政方面的改革，出身于具有专业技能的中产阶级。他们在诸多领域拥有特别的才能，但是大多在政治上并不成熟，也没有执政必需的经验。因此，在最初的阶段，他们充当的是宪法守护者的角色，在皇座后面机警地监视着，而执掌政权的是体制中比较开明的老一代土耳其人。所以，权柄仍然掌握在奥斯曼帝国现有政府的手里，他们与统一与进步委员会密切合作，限制着苏丹的权力。

不久，冲突就发生了。苏丹不仅想要亲自任命大维齐尔和谢赫伊斯兰，还声称自己拥有任命战争大臣和海军大臣的合法权力。如果苏丹拥有这样的权力，他就可以有效控制奥斯曼帝国的武装部队，从而削弱委员会和年轻军官们的权威。委员会拒绝了他的主张，认为这一主张违宪，还迫使苏丹的大维齐尔下台，并由卡米勒帕夏（Kamil Pasha）取而代之。卡米勒帕夏是一位经验丰富的政治家，同时又不是苏丹的追随者。他任命了一位可以获得接受的战争大臣。在当年年底的议会大选开始之前，他与自由同盟（Party of Liberal Union）一道开启了一个传统的改良计划。

在统一方面，青年土耳其人一开始想要发挥奥斯曼主义的作用，让帝国境内不同种族、不同宗教的人群自由融合起来，形成一个多民族国家。但是，他们的梦想突然被三个事件给打破了。奥匈帝国吞并了波斯尼亚和黑塞哥维那，当地居民因而也无从享受到奥斯曼帝国宪法所赋予的任何权利。保加利亚宣布完全独立，按照中世纪时期保加利亚帝国使用的称谓，斐迪南大公成了"保加利亚人的沙皇"。克里特岛则宣布与希腊合并。民族主义情绪胜过了奥斯曼主义。

1908年12月17日,阿卜杜勒·哈米德苏丹乘车驶过街头,前去为新的土耳其议会开幕。他穿着大衣,驼背、蜷缩,面无血色。新的土耳其议会仍然在以前开会的学识之泉(Fountain of Learning)召开,那里在拜占庭时期曾经是元老院所在地。在议员之中,土耳其人和其他族群的议员大约各占一半,统一与进步委员会的成员则占了大多数。委员会在巴黎时期的主席艾哈迈德·勒扎出任参议院议长。苏丹大声宣读了开幕致辞。在致辞中,他假惺惺地说,自己之前之所以关闭议会,是因为当时人民还不够成熟,不适合采用立宪政府;而现在,随着教育水平的提高,人们普遍要求恢复议会,因此自己毫不犹豫地恢复了宪法,"尽管有些人仍然反对这样做"。现在,他已经下了"绝对而不可更改的决心,要实行宪政"。他很精明地摆出讨好的姿态,邀请所有议员到耶尔德兹宫赴宴。他与艾哈迈德·勒扎共饮了属于自己的圣泉之水。艾哈迈德·勒扎几乎真的相信,苏丹真心实意想要做一位立宪君主。

他的幻想很快就破灭了。反动的力量开始活动起来。他们的核心组织是穆罕默德协会(Society of Mohammed)。这个协会坚定地维护神圣法统治和伊斯兰教的教条,反对一切自由化改革。他们出版了一本名叫"沃尔坎"(*Volkan*)的刊物,很受议会里的保守派、宗教派别及军队里的普通士兵的欢迎。丢掉工作的密探、公务员和宫廷内侍中也有许多人心怀不满,成了穆罕默德协会的支持者。

1909年4月初,第一军团的部队在伊斯坦布尔发动了兵变。他们不听军官的命令，前进到议会大厅前的广场上，要求恢复神圣法。还有大量的宗教极端分子和其他激进分子也加入其中，高呼他们的口号，还加入了诸如"打倒宪法！""打倒委员会！"之类的其他口号。毕竟，这才是他们真正的政治诉求。军队和示威人群冲进了议会大厅，统一与进步委员会的议员逃之夭夭。大维齐尔辞职，继任的大维齐尔组建了一个新的内阁，里面一个委员会的成员都没有。阿卜杜勒·哈米德仁慈地赦免了兵变分子，同意了他们的要求。与此同时，就好像要使他的统治始终如一，在阿达纳和奇里乞亚的其他地区也爆发了骚乱，又一次导致数千名亚美尼亚人惨遭屠杀。

反革命变乱发生了。消息一传到萨洛尼卡，统一与进步委员会就果决而迅速地行动起来，保卫宪法。他们派出了第三军团的一支部队向伊斯坦布尔进发。这支"解放军"由激情蓬勃的将领马哈茂德·塞夫凯特帕夏（Mahmud Shevket Pasha）指挥，其麾下军官包括恩维尔和尼亚齐，他的参谋长则是一位前途无量的年轻军官，名叫穆斯塔法·凯末尔（Mustafa Kemal）。在他的部队前去包围首都的同时，参众两院的议员们从首都来到了圣斯特凡诺，在这里组成了国民大会。他们给将军本人起草的命令赋予法律效力，将其上升为国家意志。将军宣布实行军事管制，惩办兵变分子，还命令伊斯坦布尔的守军投降。

4月25日，他的军队进入了伊斯坦布尔。城中两处主要的兵营原本由苏丹的阿尔巴尼亚卫兵占据，后来被来自萨洛尼卡的士兵取代。然而，这些士兵已经被反动分子收买了。他们进行了顽强的抵抗，但是在大炮的轰击下，他们还是在五个小时内投降了。耶尔德兹宫很快落入了解放军手中，当夜宫内一片漆黑。第二天早上，解放者们从皇宫中走出来,在街道上游行,苏丹的宦官、密探和奴隶组成了长长的队列走在他们前面。

国民大会召开了秘密会议,商讨苏丹本人的命运。阿卜杜勒·哈米德十分狡猾,一直不对反革命分子表示公开支持。但毫无疑问,他花费重金资助了各个阶层的反动分子。公众一开始以为苏丹只不过是个旁观者,但后来逐渐意识到,即便苏丹不是始作俑者,至少也是个帮凶同谋。因此,议会决心将他废黜。为了严格遵守神圣法的规定,议会向谢赫伊斯兰提出,如果虔信者的指挥官做出如下行为,应当如何处置:他违背了《古兰经》和神圣律法的规定;他为不正当的目的花费公帑;非法杀害、囚禁、折磨其子民,专横残暴;"他发誓修复社会裂痕,却违背诺言,播撒不和的种子,破坏安宁和平,酿成流血事件"。在这些情况下,他是否可以被废黜?大穆夫提为上述问题给出了同样的答案:可以。

议会的一个委员会投票做出了一致决定,随后便开始处置苏丹了。他们来到宫中的一个大房间,苏丹的秘书和30名黑宦官正在房间里等候。不久,阿卜杜勒·哈米德从一扇屏风后走出来,一手牵着他年仅12岁的幼子。代表团的首领向苏丹敬礼,言辞也十分得体。他向苏丹宣读了一份费特瓦:经过一致决议,苏丹已经被依法废黜,苏丹之位将由其弟雷沙德(Reshad)继承。苏丹庄严地回答道:"此乃天命。"接着,他情绪略微激动地询问自己是否能够保全性命。议员们回答说,议会将以公正和土耳其人民之名做出决断,而土耳其人民十分宽宏。在带着哭腔自我辩白了一番之后,阿卜杜勒·哈米德发出了一声绝望的喊叫:"愿真主惩罚作恶之人!"一位委员暗暗地回应他说:"但愿如此!"接着,年幼的皇子突然大哭了起来。

苏丹的性命获得了保全。深夜时分,他被送到了火车站——在此之前他从未造访过火车站——接着被送到了萨洛尼卡。他被羁押在一个犹太人的宅邸——阿拉蒂尼别墅(Villa Allatini),跟他在一起的还有两位年幼的皇子和几位从内廷与后宫里挑选出来的宠臣。

这位近代时期的奥斯曼暴君就这样被击败了。阿卜杜勒·哈米德曾经背弃了伟大的改革家米德哈特帕夏的事业,把专制统治强加于奥斯曼帝国,然后又亲手葬送了他的专制统治——他先是在一场不流血的革命面前屈服,接着又在一场阴险的反革命运动中遭到了彻底失败。尽管开明、进步的浪潮会遭遇种种挫折,有着种种缺点,但自从19世纪的前25年以来,它已经深入人心,并且在相邻的巴尔干民族国家得到实践。阿卜杜勒·哈米德的反动统治与这种趋势格格不入。颇具讽刺意味的是,阿卜杜勒·哈米德自己却顺应了这种潮流,在帝国内推动了教育和行政体制改革,全然没有意识到这些改革最终会葬送自己的统治。

尽管阿卜杜勒·哈米德的统治十分残暴,但从历史的角度看,他也可以算作奥斯曼帝国先祖的合格继承者。他与他的先祖们有着截然相反的成就。他并非穆罕默德二世和苏莱曼一世那样的征服者,但像他们一样意志坚定,绝不对外屈服。如果说穆罕默德二世和苏莱曼一世善于积极进取,那么阿卜杜勒·哈米德就善于消极守成。他一心想着保守自己的基业,努力保存帝国剩余的领土,为此想方设法地避免战争,也不参与任何有可能导致战争的外交纠葛。他坚决地奉行孤立主义政策,不愿意通过积极的军事行动去对付外国人,而是用消极的外交伎俩与他们周旋。他的目标就是不惜一切代价维持和平，而他也确实在整整一代人的时间里基本做到了这一点。

他坚持的政策之一，就是拒绝外国势力对其国内基督徒少数群体事务的干涉。而对于他的穆斯林臣民来说，生性反动的阿卜杜勒·哈米德却并非现代化的敌人。相反，他在许多方面堪称坦志麦特改革和19世纪矢志改革的苏丹们的合格继承人。伟大的改革者马哈茂德二世相信，只有通过集权的手段才能达到他民主的目的。19世纪，改革运动在意识形态的碰撞和强弱苏丹的更迭之中起起落落，一波三折，恰恰证明了这一点。而在独裁的阿卜杜勒·哈米德上台之后，这些冲突消失了。阿卜杜勒·哈米德相信，改革——或者说有限度的改革——应当自上而下地推行，而不能自下而上地蔓延。

阿卜杜勒·哈米德拥有铁板一块的政权，无论是自由派人士还是伊斯兰主义者，都无法限制他至高无上的权力。因此，阿卜杜勒·哈米德也就能够把那些更加自由开明的先代苏丹未能完成的改革付诸实施。的确，他完全无视社会底层人民的福祉，让土耳其的大众生活在无知、贫穷和落后的状态之中。但是，在社会上层，他通过教育改革创造出了一个崭新的中间阶层。一心想要成为现代国家的土耳其终于拥有了渴求已久的完整的公务员体系。阿卜杜勒·哈米德以这样的公务员体系为工具，支撑起所谓苏丹-哈里发无所不能的自夸，同时他又任性地无视人民的真正需求。但是，与此同时，教育的发展塑造了日渐成熟的新土耳其人，他们之中不仅包括军人和公务员，还包括医生、教师、记者、商人、生产者等专业人才。不论苏丹是否情愿，他的教育改革将这些人唤醒，并扩大了他们的数量。在反对反动统治的过程中，这些人的思想越发进步，终于促成了青年土耳其人的革命。

这正是阿卜杜勒·哈米德的独裁统治时期的吊诡之处。他反对自由，行事粗暴，却为土耳其开辟了通向更加自由的明天的道路。在这段国内外都比较和平的时期，他系统性地填补了急需填补的空白。他在技术层面上为土耳其带来了电报、铁路和印刷等通信方式，同时也在人文和文化层面上为土耳其带来了现代化的框架，使得这个国家可以按照自己选择的道路自由前进。基础已经打好，舞台已然就绪，演员们也经过了训练。现在，摆在接下来的几代人面前的任务，就是演好这出变革的大戏。

第三十九章

现在，统一与进步委员会成了帝国的主人。在背后支持它的，是军队的指挥官塞夫凯特帕夏。他宣布全国进入戒严状态，实行军事管制。在戒严状态下的两年多时间里，他实际上成了一位军事独裁者。他的权威超越了战争部和内阁，可以指挥所有的武装力量，甚至还涉足了财政和经济领域。不过，他并没有滥用这些权力。塞夫凯特充满爱国热忱，相信宪政理想，与民政部门里的统一与进步委员会成员密切合作。在帝国进入了新的阶段之后，统一与进步委员会开始为帝国制定新的法律。

首先，统一与进步委员会成员在1876年宪法里添加、修改了一些条款，确认了近来发生的一些政治上的变化。他们确认了众议院至高无上的权力，从而终结了苏丹传统上的权力和特权。苏丹必须在议会面前宣誓尊重神圣法和宪法，忠诚于国家和民族，如有违犯，他的主权将遭剥夺。苏丹不再享有任免部长级官员的权力，在提名其他高级官员人选的时候也要遵守特定的法律规定。提名大维齐尔和谢赫伊斯兰的权力仍然握在苏丹手中，但内阁人选完全由大维齐尔本人任命，苏丹只做象征性的批准。与此相类似，众议院的议长和副议长由议员们选出，也只需要苏丹象征性的批准。苏丹原本有权缔结条约，现在则必须经过议会批准方才有效。最后，苏丹将他人放逐的权力也逐渐被废除——此前，阿卜杜勒·哈米德曾经以保障国家安全为名，滥用这项权力，放逐了包括米德哈特帕夏在内的难以计数的人。

就这样，苏丹在政府中的作用大为削弱，只负责批准议会的决议。作为立宪君主，苏丹依旧君临天下，但已经不再执掌国家。现在，政府的权力也受到了限制，各部大臣要对众议院负责，如果众议院对他们的工作不满，可以迫使内阁成员下台。因此，最后的决策权就落在了议员们的手中。不论结果好坏，至少在纸面上，这些宪政改革削弱了行政机构的权力，而增强了立法机构的权力。

与此同时，众议院还通过了其他一些法律，以增强自身的地位。此前，在个人行为和公众抗议集会方面，奥斯曼人享有许多自由，最终导致了反革命事件的发生。而现在，众议院要通过这些立法来限制过度的自由，压制反对派。例如，虽然还没有到新闻审查的程度，但新闻自由受到了一定程度的约束。为了保证国家的统一和中央政府的控制力，众议院还颁布了一项新法律，禁止以种族或民族划分的分离主义团体的活动。于是，希腊人、保加利亚人和其他巴尔干地区少数族裔的俱乐部和社团就立刻被关闭了。此外，军队还抽调出力量组成了"扫荡部队"，专门用来对付巴尔干地区的强盗之类的武装团伙。最后，以实现民族和宗教平等的名义，奥斯曼帝国第一次开始征召非穆斯林入伍。

不过，民族主义的理念已经进入了成熟期。纵然恩维尔颇有遣词造句的才能，现在也很难再将打造多民族、多宗教的奥斯曼帝国的梦想付诸实施、体现在宪法层面上了。在统一与进步委员会的领袖中，塔拉特（Talaat）最肯直面现实，他在与委员会在萨洛尼卡的委员的一次秘密会议中坦承，奥斯曼主义已经是"一个不可能实现的理想……试图将异端改造成忠实的奥斯曼人的努力都失败了。只要巴尔干半岛上那些小小的独立国家还继续向马其顿的居民宣扬分离主义的思想，我们的努力就不可能成功"。因此，奥斯曼化就换了一种新的形式。时任英国大使在写给外交大臣爱德华·格雷爵士（Sir Edward Grey）的信中说道："在统一与进步委员会看来，'奥斯曼'的含义终将演变为'土耳其'，而他们现行的'奥斯曼化'政策，实际上就是要将非土耳其人的族群改造成土耳其人。"奥斯曼化实际上变成了土耳其化，迫使阿拉伯人、阿尔巴尼亚人和其他非土耳其族裔的穆斯林学习土耳其语。在这个奥斯曼帝国日渐衰败、泛伊斯兰主义也日趋衰落的时代，崛起了一种与欧洲的民族主义情绪相类似的新情绪——既激进又植根民粹的土耳其民族主义。土耳其民族主义逐渐在政治和文化运动中体现为泛突厥主义。

19世纪，改革派主要依赖的是少数统治精英的支持。这些统治精英在西方式的教育中获得了启蒙，同时对欧洲文明充满了崇敬之情。他们追求的开明政治来自上层，源自更广阔的、世界性的精神。但现在，政治的重心已经发生了急剧的变化。统一与进步委员会的运动源自本土，成员自视为土耳其人而非奥斯曼人，其主张源自民族主义而非世界主义，主张平民主义而非精英主义，其力量有广阔的社会基础，得到多个阶层的支持。他们不依靠个别的精英进行统治，而是在表面上依靠议会和规模庞大的专业公务员来进行统治。这些新兴的、日渐成长的专业公务员系统是阿卜杜勒·哈米德时期推行的改革的产物。尽管统一与进步委员会依靠军事对政治的介入获得了权力，但在军事和民政之间取得了良好的平衡。

青年土耳其人在国内获得的支持很大程度上来自新兴的中产阶级，这个阶层同样在阿卜杜勒·哈米德统治时期得到了发展。此外，土耳其大众也支持他们，统一与进步委员会在他们之中播撒了参与政治的种子。就像宗教界以前做的那样，这个世俗政府也十分重视普通人的力量，时常动员城市居民举行大规模集会和有组织的游行，以支持其颁布的政策。

但是，这并不意味着民众本身就能得到直接的利益。青年土耳其人的革命者们在拥有了宪法这个神奇的法宝之后，就不再设想构建什么新的社会秩序、推翻什么旧的体制了，他们更愿意维护、改造旧有的体系，将其变成自身的政治力量的源泉。与青年奥斯曼人和坦志麦特时期的改革家们不同，他们在政策和方法方面更信赖实践经验，而不靠意识形态的指导。他们当中很少有理论家或知识分子，主要都是些实干派，因而并不重视基本原则和终极目标，而更在意实际的目标——不惜一切代价保卫帝国的剩余领土。

有一个问题仍然没有答案：是什么理念拯救了奥斯曼帝国？奥斯曼帝国现在是一个什么样的国家？在这个历史的转折点上，土耳其将演变成一个怎样的文明——是一个伊斯兰文明，还是一个西方文明，抑或两者的结合体？团结了各个种族、操着不同语言和拥有不同宗教信仰的人口的奥斯曼主义，让帝国绵延存续了五个世纪，但它现在已经过时，并且在除了亚洲边远地区之外的地方走入了穷途末路。欧洲式的民族主义理念已经取而代之。在阿卜杜勒·哈米德团结亚洲的努力下崛起的泛伊斯兰主义也昙花一现，基本上只是一个未能转化为现实的抽象概念。那么，现在土耳其人要依靠什么来维持对国家的忠诚呢？

毫无疑问，答案就是新生的土耳其民族理念。土耳其民族理念既与奥斯曼国家和伊斯兰教的理念不同，但又与它们相关联。正如巴尔干地区各民族形成了民族国家，觉醒了的土耳其人也发展出了自己的民族认同，凭着共同的历史和文化认同形成了一个民族。早在 19 世纪末，年轻的诗人穆罕默德·艾敏（Mehmed Emin）就给了土耳其人以启迪。他使用民间的习语和通俗的口吻来写作，为"土耳其人"这一身份赋予了一种新的尊严和骄傲；在此之前，"土耳其人"一词往往被用来指称粗鲁蒙昧的游牧民和农民，而现在，穆罕默德·艾敏骄傲地宣告："我是一名土耳其人，拥有伟大的信仰，属于伟大的民族。"他还写道："我们是土耳其人，流着土耳其人的血，以土耳其人之名为人所知。"

诗人的宣言和欧洲新兴的突厥学让土耳其人认识到他们在人类历史中所扮演的角色，他们的历史一直追溯到了皈依伊斯兰教之前在亚洲草原上迁徙的岁月。他们认为，自己的民族起源于"图兰民族"（Turanian，一种假说，认为图兰民族包括乌拉尔和阿尔泰语系的民族），或者叫"图兰-雅利安民族"。这种观点抽象成了一种不切实际的泛图兰主义。一些人开始梦想，要通过种族上的亲缘关系来团结所有讲突厥语的民族，并最终实现这些民族在政治上的统一。这些讲突厥语的民族不仅包括中亚以远、远达蒙古国和中国的一些民族，甚至涉及俄罗斯以西的欧洲，诸如匈牙利和其他一些与之有亲缘关系的国家。

不过，真正得到青年土耳其人推崇的是更现实、范围也更有限的泛突厥主义，或者简称为突厥主义。突厥主义要将奥斯曼帝国尚存的部分在根本上土耳其化。一开始，这还只是一种文化和社会潮流，但很快就发展到了政治层面。主张土耳其化的社会团体发行了一些颇具影响力的刊物宣传突厥主义。1912年，人们还成立了一些名为"土耳其壁炉馆"（Turkish Hearth）的非政治性的俱乐部，其主要目标是"增进土耳其民族和土耳其语言，倡导民族教育，提高土耳其人——伊斯兰民族中的翘楚——的科学、社会和经济水平"。

与此同时，随着时间的推移，在统一与进步委员会的核心领导层的内部和外部，逐渐出现了意见分歧。不过，一直到1911年，才真正出现了一个可以对委员会构成威胁的反对党。这个反对党被称作"新党"，持保守观点，公开批评委员会的宪政程序及其在政治和社会等方面的政策。新党提出，要在宪法的框架之下维护"奥斯曼的历史传统"，修改宪法的部分条文以加强"哈里发和苏丹的神圣权利"；不过，他们还提出在保留"宗教和民族道德准则"的同时，在帝国内更多地运用"西方文明的先进成果"。新党的一位领袖认为，这个国家有三种可能的趋势：或滑向反动的宗教狂热主义，或进步改革进行得过快，或在保留现有的习惯和传统的同时实现文化的进步。统一与进步委员会党代会上（这是其党代会最后一次在萨洛尼卡举行），代表激烈地讨论了这些不同意见。最后，大会只是做出了软弱无力的妥协。

不久之后，在达马德·费里德帕夏（Damad Ferid Pasha）的领导下，涌现出了一个自由同盟（Party of Liberal Union）。自由同盟吸纳了大部分反对统一与进步委员会的力量。在一次增补选举中——这也是土耳其第一次真正意义上两方角逐的选战——自由同盟的候选人获得了压倒性的胜利。有鉴于这次失败和其他反对的苗头，统一与进步委员会解散了议会，随后在1912年的春天举行了大选。这是一次在执政党的强压下进行的大选。贿赂、交易、限制反对党集会，统一与进步委员会用种种手段无耻地操纵了选举，确保了本党大获全胜，而自由同盟只有六名候选人当选。这次选举在土耳其的历史上被称作"大棒选举"。原本人们还只是通过合法手段来反对统一与进步委员会，但遭到了委员会鲁莽粗暴的扼杀；在这次选举之后，反对派开始诉诸更加凶险的非法手段。

曾经，统一与进步委员会在马其顿以反抗压迫的解放者的姿态出现；现在，一群年轻军官则跑到阿尔巴尼亚支持当地的叛乱，通过军事手段来反抗统一与进步委员会。这颇有一些讽刺意味。这些军官出自伊斯坦布尔的一个名为"救世军官团"的自由派组织。由于统一与进步委员会已经变成了类似曾经的苏丹政府那样的压迫者，救世军官团矢志夺走统一与进步委员会的权力，通过自由、合法的选举重建宪政政府。此外，救世军官团还认为，在达到自己的目标之后，军人就应当远离政治，救世军官团里的军官也不得出任政府官职。

阿尔巴尼亚事变发生之后，马哈茂德·塞夫凯特帕夏引咎辞去了战争大臣职务。接着，众议院近乎全票通过了对政府的信任案，这意味着对政府不满者完全没有得到安抚。于是，救世军官团决定采取行动，公开进行军事准备和活动，同时在媒体发表宣言，还向新苏丹穆罕默德五世发表了一份声明。随后，内阁全体辞职了。救世军官团提出了自己的条件，即由苏丹任命一位大维齐尔，同时由救世军官团提名两名大臣在大维齐尔手下服务。穆罕默德五世苏丹选择了艾哈迈德·穆赫塔尔帕夏（Ahmed Mukhtar Pasha）。此人向来远离政治纷争,以军功闻名遐迩。后来,他的大维齐尔职位又交给了前任大维齐尔——自由派的卡米勒帕夏。戒严状态解除了,但不久之后又被恢复。所有现役军官都要发誓,既不参加任何政治团体,也不干预国政。议会被解散,苏丹下令举行新一轮大选。

不过,就在内部党争不断的同时,奥斯曼帝国再一次与外国人陷入了战争。意大利成了新的意欲瓜分奥斯曼帝国的国家,北非则成了主战场。在北非,奥斯曼帝国在突尼斯的领地已经沦为法国的被保护国。现在,意大利人也想来分一杯羹,要求得到利比亚的土地作为"补偿"。此时的非洲,仍然作为帝国的一部分留在奥斯曼人手里的领土只剩下了的黎波里塔尼亚(Tripolitania)和昔兰尼加(Cyrenaica)这两个曾经的古罗马行省。意大利人表面上打着贸易与和平的旗号渗透进的黎波里,已经有一段时间了。但是,在伊斯坦布尔的报章看来,意大利现在已经将的黎波里视作自己的"应许之地"。由于土耳其人无力保卫它,的黎波里随时可能会"像一个熟透了的果子一样自己掉下去"。

1911年9月28日,这个时刻到来了。意大利政府突然发出最后通牒,声称的黎波里在奥斯曼帝国政府的管理下处于"混乱而疏于治理的状态",可能会危及意大利人的安全,因此意大利要求占领这个省份。意大利政府命令奥斯曼帝国政府在24小时内答应这一要求。奥斯曼帝国政府摆出和解的姿态,表示愿意商讨意大利提出的条件,还说意大利政府向来尊重奥斯曼帝国的主权,因此可以在此框架之内赋予意大利一定的经济特权。

但是,在经济利益的支撑下,意大利的民族主义热情已经十分高涨。于是，意大利在第二天就向奥斯曼帝国宣战。土耳其人由于缺乏海军力量，几乎无法向的黎波里运送部队和军火，因此无法保卫这个省份。如果放在早年间，土耳其人或许还能阻止意大利人登陆。可是，奥斯曼海军在阿卜杜勒·哈米德统治时期大为削弱，使得亚得里亚海的制海权落到了意大利人手中。因此，意大利人得以运送5万多人的军队到的黎波里去。英国宣布埃及中立，禁止奥斯曼军队从陆路进入的黎波里。因此，奥斯曼帝国唯一能做的就是派遣一些军官去支援当地驻军。被派去的军官中包括恩维尔，以及不久前在伊斯坦布尔的解放军中担任参谋长的穆斯塔法·凯末尔。

意大利人很快占领了沿海地区和港口，土耳其人很难轻易将他们从这些地方赶出去。不过，沙漠里的阿拉伯部落支持土耳其人。土耳其军官将这些阿拉伯人编组成军，教给他们游击战战术，让他们袭击意大利人的据点和交通线，骚扰敌军。因此，意大利人也无法穿过缺水的内陆地区继续深入。就这样，在战争爆发两个月之后，双方陷入了僵局。

于是，在1912年春天，意大利人和他们的舰队转移到了其他地方，开始炮击土耳其在黎凡特地区的港口，例如贝鲁特和士麦那。他们占领了罗得岛、科斯岛（Kos）[1]和其他一些岛屿，但避开了奥匈帝国保护下的一些希腊岛屿。他们还轰击了守卫达达尼尔海峡的两座要塞。土耳其人担心俄国人会趁机夺取博斯普鲁斯海峡，于是封闭了海峡。到秋天，意大利人实际上已经赢得了战争。1912年10月18日，土耳其人在瑞士洛桑（Lausanne）附近的乌契（Ouchy）[2]

---

[1] 位于爱琴海东岸，据说古希腊医者希波克拉底就出生于该岛。
[2] 洛桑附近的湖畔度假胜地。

签署和约，将的黎波里塔尼亚割让给意大利。此外，在土耳其人撤出利比亚的其他地区之前，由意大利"暂时"占领多德卡尼斯群岛（Dodecanese Islands）[1]。

此时，土耳其人急需在非洲恢复和平。因为就在第二天，奥斯曼帝国就在巴尔干地区与希腊、塞尔维亚和保加利亚爆发了战争。这些国家在历史上第一次也是唯一一次团结起来，与黑山一道组成了巴尔干同盟，武装干涉马其顿事务。在青年土耳其党的统治下，马其顿的境遇并没有什么改进。巴尔干同盟希望可以将当地的基督徒人口从土耳其人的统治下解救出来，同时满足它们自己的领土野心。保加利亚和塞尔维亚之间、希腊和保加利亚之间签署的两个条约，促成了这个同盟。此时，奥斯曼帝国外有兵灾，内有变乱，正是绝佳的时机。巴尔干同盟要求奥斯曼帝国政府任命一位中立的基督徒总督管理马其顿，同时还要在巴尔干同盟和列强的监督下组建地方立法会、地方宪兵组织，并制定具体的改革方案。奥斯曼帝国原则上同意了它们的要求，但表示必须等待刚刚解散的议会重新开会批准这些要求。

从土耳其报章流露出的情绪来看，土耳其公众更希望选择战争，而不是忍气吞声接受这样的羞辱。列强希望可以避免战争，又一次提出按照《柏林条约》的规定推行改革。但是，巴尔干国家已经不再相信奥斯曼帝国的改革承诺，拒绝了列强的提议。巴尔干国家内部要求开战的呼声甚嚣尘上，如果政府拒不开战就有引发革命

---

[1] 是以罗得岛为主岛的群岛，位于爱琴海东南部。"多德卡尼斯"意为"12个岛屿"，但多德卡尼斯群岛远不止12个岛屿。1919—1922年希腊-土耳其战争后成为希腊领土。

的危险。于是，战争爆发了。

事实证明，这场战争对奥斯曼帝国来说是一场灾难。在欧洲战场，奥斯曼军队的人数远远少于巴尔干国家的军队人数。据说，巴尔干国家的军队总数达到了70万人。而且，奥斯曼军队在欧洲毫无战争准备，需要花时间进行动员。军队干政并没有增强军队的战斗力，一些军官由于政治原因被解职，反而降低了军队的指挥水平。更何况，恩维尔和其他一些高级军官此时还身在北非。

奥斯曼军队从德国人那儿获得了大量的现代化武器，但缺乏能够好好使用这些武器的人手。他们十分轻视军需工作，部队穿着轻薄的夏季制服，根本不适合在巴尔干地区的冬季作战。而且，奥斯曼军队内部也不团结，新近征召入伍的基督徒士兵对敌人的诉求抱有同情的态度。而另一方面，巴尔干国家的军队却在过去的数年间取得了显而易见的进步，让列强大吃一惊。巴尔干国家的军队按照西方的方式训练，同时充满了为新生的祖国而战的热情。土耳其人不可战胜的古老神话即将就此打破。事实证明，不仅欧洲强国可以击败土耳其人，就连曾经被土耳其人轻视的臣属也能打败他们。

第一次巴尔干战争是一次闪电战。奥斯曼军队在三个不同的方向遭到进攻，连战连败，只坚持了六个星期就宣告战败。希腊人从南方发动进攻，统率他们的是在德国接受过教育的康斯坦丁王子。希腊人击败了一支强大的奥斯曼军队，随后又在一个峡谷里俘获了他们全部的火炮和交通工具。在得到增援之后，土耳其人打算重整旗鼓，结果却在希腊人的炮火之下遭受严重损失，四散奔逃。随后，希腊军队继续追击奥斯曼军队残部，并且攻占了萨洛尼卡。就在萨洛尼卡的主保圣人季米特里奥斯（Demetrios）瞻礼日的那天，希腊军队进入了城市，激动异常的希腊人沿街在他们头上抛洒着玫瑰花瓣。在这座城市被土耳其人统治了将近 500 年之后，蓝白相间的希腊国旗终于飘扬在萨洛尼卡的窗前和屋顶，而星月旗则永远从这里消失了。

与此同时，塞尔维亚人在北方的瓦尔达尔河谷发起了进攻。他们先在库马诺沃（Kumanovo）打败了一支强大的奥斯曼军队，然后又在莫纳斯提尔击败了另一支奥斯曼军队，俘虏了 1 万人。残余的奥斯曼军队跨过边境，逃进了阿尔巴尼亚。在东方，来势汹汹的保加利亚军队侵入色雷斯，在克尔克基利萨（Kirk-Kilissa）[1]鏖战两日，打败了土耳其人。接着，他们又在吕莱布尔加斯（Lule Burgas）遭遇了奥斯曼军队主力，随后将他们赶回了恰塔尔加防线（Chatalja Lines）的后方。位于黑海和马尔马拉海之间、由一些要塞组成的恰塔尔加防线，已经是伊斯坦布尔面前的最后一道防线。由于补给线过长，保加利亚人的战斗力受到了削弱，而向来在防御战中表现顽强的奥斯曼军队恢复了信心，在克虏伯大炮和亚洲赶来的援军的帮助下遏制住了保加利亚人的攻势。1912 年 12 月 3 日，土耳其与塞尔维亚和保加利亚分别达成了停火协议，但与希腊人的战争还在继续。

随后，列强在伦敦召开会议，试图阻止巴尔干国家分别议和。1913 年 1 月 1 日，奥斯曼帝国政府提出了议和条件。奥斯曼帝国的议和条件主要与阿德里安堡有关。此时，在奥斯曼帝国的欧洲城市之中，除了阿尔巴尼亚的斯库塔里和伊庇鲁斯的亚尼纳之外，就只有阿德里安堡这座昔日帝都仍然还留在土耳其人手中了。土耳其代

---

[1] 今名克尔克拉雷利（Kirklareli）。

表团做好了割让阿德里安堡以西的色雷斯土地的准备，也同意认可现有的疆界状况，但坚持要求阿德里安堡州必须作为一个纳贡的自治地区留在奥斯曼帝国的版图内。这一要求遭到了列强的拒绝，列强还向奥斯曼帝国发出照会，要求它割让阿德里安堡给保加利亚。

早在战争开始之初，统一与进步委员会的青年土耳其人就希望卡米勒帕夏能够抛下政党分歧，实现举国合作，但未能成功。为了防止自由派的卡米勒帕夏不光彩地屈膝投降，青年土耳其人在1913年1月23日发动了针对他的革命。从北非归来的恩维尔率领一小群军官奇袭了高门。他们冲进富丽堂皇的内阁大厅，射杀了被他们认为应当为战败负责的战争大臣纳济姆帕夏（Nazim Pasha），随后又用枪口逼迫卡米勒帕夏辞职。他们获得了苏丹的许可，恢复了马哈茂德·塞夫凯特帕夏的大维齐尔职务。重掌政权的统一与进步委员会拒绝了列强的要求。于是，巴尔干国家宣布结束停火，战斗再一次打响。

在进行了漫长而艰苦的抵抗之后，阿德里安堡最终还是在塞尔维亚和保加利亚人的联合攻势下陷落了。与此同时，希腊人攻占了亚尼纳，黑山人则随后夺取了斯库塔里。伦敦会议再次召开。根据在这次会议上签署的和约，除了伊斯坦布尔和它的恰塔尔加防线之外，奥斯曼帝国在欧洲的领土几乎丧失殆尽，只剩下了黑海和马尔马拉海之间的一小块属于色雷斯地区的土地。此外，阿尔巴尼亚的未来和奥斯曼帝国在爱琴海上的岛屿的命运也留待日后商讨解决。在欧洲民族主义者的联合打击之下，奥斯曼帝国作为一个欧洲国家的历史似乎至此告终。

但是，巴尔干民族主义者们的联盟却未能持续多久。在取得了始料未及的迅速胜利之后，巴尔干国家在分赃的时候又开始相互嫉妒，陷入了指责和冲突之中。保加利亚在击败土耳其之后，又想起了昔日的大保加利亚迷梦。俄罗斯想要抑制保加利亚人的野心，于是警告他们说，如果巴尔干地区烽火再起，罗马尼亚人可能会插手其中，土耳其人也可能卷土重来。但是，好战的保加利亚政府对自己的武力盲目自信，同时又十分轻视希腊人和塞尔维亚人的军事能力。他们坚信自己可以同时击败这两个昔日盟友，因此对所有折中方案都不予理会。

从希腊人占领萨洛尼卡之初，保加利亚人就毫不掩饰他们对此事的不满。其实，保加利亚人曾试图阻止希腊人占领萨洛尼卡。他们派了一支部队前去夺取这座城市，但到达得太晚了。不过，他们还是留在了那里，与希腊军队共同守备这座城市。从那时起，哪怕在尚未签订《伦敦和约》之前，两国就已经开始为萨洛尼卡和马其顿海岸线的归属权发生了争执，甚至在斯特鲁马河河谷一带还出现了摩擦。在凭借武力取得了萨洛尼卡和马其顿南部地区之后，希腊人决心不惜一切代价守住这片土地。

根据塞尔维亚和保加利亚在战前签订的协议，塞尔维亚只获得了马其顿很小的一片区域。但是，塞尔维亚人从瓦尔达尔河河谷出兵，在没有得到保加利亚人援助的情况下就打败了土耳其人，因而对自己那点可怜的收获十分不满。而且，巴尔干地区力量均衡被打破，给塞尔维亚带来了更大的威胁。保加利亚人不仅得到了马其顿较大的一部分，还在塞尔维亚人的帮助下夺取了包括阿德里安堡在内的东色雷斯。而且，由于阿尔巴尼亚可能会获得独立，塞尔维亚还将失去亚得里亚海的出海口。于是，希腊和塞尔维亚结成了联盟，承诺互相支持，在一方遭受保加利亚进攻时，另一方必须提供军事支援；双方还划定了战胜后的疆界；同时，它们还向土耳其示好，寻求支持。即便在这样的情况下，一心求战的保加利亚还是拒绝了俄罗斯的调停，意欲占领整个马其顿。1913年6月30日午夜，在没有受到挑衅、也没有宣战的情况下，保加利亚就从马其顿出发，分两个方向发动了进攻，意在将希腊和塞尔维亚军队分隔开来。第二次巴尔干战争爆发了。

第二次巴尔干战争后来被描述为"有记录以来最短暂、最血腥的战争"。这场战争仅仅持续了一个月，令人惊讶地以保加利亚的战败收场，彻底改变了巴尔干国家之间的力量对比。尽管遭到了突然袭击，塞尔维亚人和希腊人还是很快扭转了战局，在萨洛尼卡以北的河谷和以东的山区里连战连捷。统率希腊军队的是康斯坦丁国王[1]。希腊人借用拜占庭时期的典故，将他称作新的"保加利亚屠夫巴西尔"[2]。在他的统领下，希腊军队经过塞雷斯城向东进发，一路烧杀抢掠。保加利亚人在他们面前仓皇撤退，一路实行焦土政策，大肆破坏。希腊陆军席卷了色雷斯沿岸地区，一直抵达传统上希腊和保加利亚的疆界马里查河。在海上，希腊舰队占领了马其顿的卡瓦拉港（Kavalla）[3]和东色雷斯的代德阿奇港（Dedeagach）[4]。就像俄国

---

1 即上文提到过的康斯坦丁王子。在第一次巴尔干战争结束前，其父乔治一世国王在萨洛尼卡遇刺身亡，由康斯坦丁继位。
2 指976—1025年在位的拜占庭帝国皇帝巴西尔二世。他在位期间征服了保加利亚。据说，他曾在一场大胜后抓到了1.5万名保加利亚战俘。他以100人为一队，只留一个人保留一只眼睛，其余99人全部弄瞎，由只有一只眼睛的那个人带路，遣散回营。
3 位于爱琴海北岸的港口。
4 位于爱琴海北岸，卡瓦拉港以东，今名亚历山德鲁波利斯。

人所预料的那样，罗马尼亚也加入了战争。在《伦敦和约》中，罗马尼亚人只得到了微不足道的一点利益，同时他们对保加利亚在巴尔干地区的霸权也十分不满。于是，罗马尼亚军队渡过多瑙河，攻占了锡利斯特拉要塞，随后又一路向西，未遭抵抗就抵达了曾经给罗马尼亚人留下辉煌记忆的普列文镇。罗马尼亚军队的攻势一直到距离索非亚12英里（约19千米）的地方才停了下来。在西方，塞尔维亚人也侵入了保加利亚领土，兵锋威胁多瑙河上的维丁要塞。土耳其人也撕毁了和约。在恩维尔的指挥下，一支效忠于青年土耳其党的军队从恰塔尔加防线背后杀出，夺回了阿德里安堡，恢复了土耳其人在东色雷斯的统治。

在强敌环伺之下，保加利亚只好借着俄国出面调停的机会求和。根据《布加勒斯特和约》，保加利亚威风不再，不得不向所有的参战国割让土地。保加利亚在上一场战争中获得的土地，现在只剩下了斯特鲁米察谷地（Strumitsa Valley）[1]和色雷斯的一小条海岸线。塞尔维亚人夺走了马其顿的大片土地；希腊人得到了更大面积的马其顿土地，还在西色雷斯取得了包括卡瓦拉港在内的一段海岸线。罗马尼亚人获得了整个多布罗加[2]，取得了多瑙河与黑海之间的一块战略要地。土耳其与保加利亚单独签署了和约，收复了阿德里安堡、克尔克基利萨（上一场战争中的战败之地）以及包括德莫迪卡在内的部分东色雷斯土地，从而截断了通往索非亚的铁路线。在签署《柏林条约》之后，保加利亚花了35年的时间确立了其在巴尔干地区的主宰地位，但在一时冲动之下，只用了35天就把这一切都丢掉了。

---

[1] 位于今马其顿共和国东部。
[2] 在此之前，多布罗加北部在罗马尼亚人手中，南部属于保加利亚。

第四十章

现在，奥斯曼帝国进入了其历史的最后一个阶段，而第一次世界大战将为它的历史画上句号。1913 年 6 月，统一与进步委员会推选的大维齐尔马哈茂德·塞夫凯特帕夏遭暗杀身亡。这次暗杀是对于早先高门政变中纳济姆帕夏被杀的报复。从此之后，统一与进步委员会的青年土耳其人掌控了整个帝国。他们像阿卜杜勒·哈米德曾经做的那样，建立了绝对的权威。他们的统治畅行无阻，没有任何制约力量。从统一与进步委员会比较激进的派别中，涌现出了一个高效而无情的三人统治集团，统治着这个国家。

三巨头之首是恩维尔，他也是三人中最年轻的一个。他在二十几岁的时候就成了受人欢迎的革命英雄，现在依然是青年土耳其人自由运动的鲜活象征。他认为自己有着拿破仑般的使命。现在，他已经是战争大臣、将军和帕夏，很快还会更进一步，迎娶奥斯曼皇室的一位公主，从而获得"达马德"这一皇室头衔。随着他的地位日渐提高，他的虚荣心也迅速膨胀。有人评论说，"恩维尔帕夏已经杀掉了恩维尔贝伊"。他的身世背景不为人知，有人说他是一位铁路搬运工的儿子，也有人说他是一位铁路官员的儿子。他毕业于军事科学学校，成了军中新兴中间阶层的一分子，并且赢得了同袍的忠诚与崇敬。他看上去冷静沉着，容貌温和英俊，但做起决定来鲁莽轻率，容易冲动行事，在战场上毫无畏惧。在政府里，他把全部精力都用在了改革事业上，尤其重视奥斯曼军队的年轻化。

　　三巨头中的第二位是比恩维尔年长9岁的杰马尔帕夏（Jemal Pasha）。杰马尔出身于军人家庭，本人也是一位十分出色的职业军人。他留着黑色的胡须，身材矮小，但精力充沛，有着一双能够洞悉事物的黑眼睛，行动起来迅速果决。在政变之后，他成了伊斯坦布尔的军政长官。他在组织警察力量方面展现出了出色的能力，不懈地利用警察力量服务于其所属政党的利益。后来，他又先后出任海军部长和叙利亚军队统帅等职务。在叙利亚，他像世袭贵族一样采取了专制统治。他的举止彬彬有礼，却透露出十足的权威。他头脑冷静，在履行职责、追求个人利益时却冷酷无情，近乎残酷。

　　三巨头中最有才干的是平民身份的塔拉特帕夏。这位平易近人的人物来自阿德里安堡所在的地区，很以自己的农民背景为荣。据说，他可能有吉普赛人的血统。他在当地接受教育之后，成了一名邮递员，后来又做了电报收发员，最后在萨洛尼卡的邮政电报部门谋得了一个职位。他倾心于统一与进步委员会的政治目标，而在这个职位上他恰好能为委员会提供一些实质性的帮助。革命之后，他在组织管理政党机器方面发挥了决定性作用，一路扶摇直上，出任了政府的内政大臣，在地方管理方面有着强大的掌控力。塔拉特充满活力和热情，身材魁梧，讲话风趣幽默，为人和蔼。他看上去粗放、直率，是个十分简单的人，其实他思维灵活，看待事物十分务实而又无情。他在采取行动时强劲有力，爱国之热忱已经到了沙文主义的程度，全身心奉献于国家的利益。由于他表面看起来十分温和，因而被人们称作"土耳其大革命中的丹东（Danton）[1]"。

在三巨头之外，身为东马派犹太人的扎维德（Javid）也颇具影响力。扎维德在财政方面颇有才干，因此成了一位十分专业的财政大臣。接替马哈茂德·塞夫凯特出任大维齐尔的是埃及贵族赛义德·哈利姆（Prince Said Halim）。这位富有绅士风度的傀儡领导人是更老资格的自由派分子，也是一位正统的穆斯林。他心甘情愿地为统一与进步委员会服务，既是委员会与帝国内部的穆斯林臣民沟通的桥梁，也与驻奥斯曼帝国的外国使节有着良好的关系。

在谢赫伊斯兰这一重要职务的任命上，统一与进步委员会彻底背离了传统做法。谢赫伊斯兰是最高宗教权威，执掌伊斯兰神学和伊斯兰教法，是颇有权势的职位。通常，谢赫伊斯兰由苏丹亲自任命，不受议会管辖，人选要严格符合乌理玛的等级制度。因此，谢赫伊斯兰总是十分保守，经常变成自由改革的掣肘之人。统一与进步委员会决心除掉这个障碍，于是选择了穆斯塔法·哈伊里贝伊（Mustafa Hayri）出任谢赫伊斯兰一职。穆斯塔法·哈伊里贝伊更注重自己的政治角色，不再把自己视作宗教精英的一分子，甚至都不再使用身为宗教精英的象征物——头巾。在此之前，他已经成了议会的成员，作为司法大臣供职于世俗法庭，还负责管理宗教基金会。统一与进步委员会将他任命为谢赫伊斯兰，正是为了借助传统宗教体系的力量，进一步推动委员会的社会和政治现代化方案。这一任命不仅获得了乌理玛的认可，也得到了各种保守势力的支持。渐渐地，谢赫伊斯兰成了世俗力量控制宗教领域的一个工具。

---

1 即乔治·雅克·丹东，法国大革命初期的领导人物之一。

统一与进步委员会对皇宫也加强了控制。在反革命运动期间，皇宫成了各个反对统一与进步委员会的势力的集结点。在兵变结束之后，皇室的宦官总管和其他一些廷臣都上了军事法庭，随后被处以绞刑。从那之后，皇宫里的皇亲国戚们就一直扮演着反对派的角色。但是，从1914年1月开始，皇宫就再也不具备这样的影响力了。皇室成员被剥夺了参与政治的权利，不被允许加入任何政党，他们的交际自由也受到了限制。除此之外，苏丹的一些亲随也被委员会的支持者们取代，这些人实际上控制了宫廷。

尽管统一与进步委员会的三巨头使用了冷酷而倒退的统治方法，但他们还是开展了一些国家急需的有建设性意义的事业。他们建立了全新的省级和地方行政体系，还创立了新的城市管理机构，实现了伊斯坦布尔的现代化。这个新的管理机构提供了各类公共服务，创办了消防队和公共交通服务。他们还重组了首都和地方上的警察组织。阿卜杜勒·哈米德在马其顿创办的新型宪兵队伍，被扩展到了帝国的各个地方。在推行这些事业的过程中，他们得到了外国顾问的大力帮助。他们还开展了司法改革，在各个层级扩展了公共教育体系，还破天荒地把学校和伊斯坦布尔大学向女性开放。在接下来的一些年里，妇女解放事业进一步发展，女性开始进入职场，国家还通过了保护女性权利的新法律。

1913年冬天，为了显示一下对正常的宪政体系表面上的尊重，奥斯曼帝国在全国范围内召开了议会选举。1914年春天，奥斯曼帝国第三届议会开幕。英国大使对此不屑一顾，认为这个议会不过是"不算太过昏庸的专制统治的恭顺工具"。实际上，尽管议会里只存在一个有组织的政党，但成员能够代表各种人群的意见，大体上可以代表倾心进步的公众意见。议会里依然有一些议员代表着持不同政见的基督徒，只不过数量比以前更少了。在失去了欧洲部分的领土之后，土耳其穆斯林已经成了帝国人口最多的族群，他们对国家的未来十分关切。那些身为土耳其人的议员就代表了他们。这些议员也普遍意识到，要想挽救这个国家，必须寻求彻底的改进方案。

最急需改革的就是军队，而军队是恩维尔的领域。在年轻时，恩维尔曾接受过德国军事代表团的训练。革命之后，他又作为使馆武官去了柏林。战争大臣伊泽特帕夏早年正是在柏林接受的军事训练。不久，恩维尔就受到了德国人的直接影响，十分推崇德国军事体系的强大和高效。现在，奥斯曼军队在经历了两次巴尔干战争之后正处于低谷之中，因此，恩维尔希望能够在国内复制德军的训练方法。

恩维尔特别注重军队的年轻化。军中年长的军官们大多是前政府留下来的保守分子，与军中的年轻军官充满了矛盾。在两次巴尔干战争中，他们总是犹豫不决，甚至带有自甘失败的情绪。而收复阿德里安堡依靠的正是恩维尔手下的年轻军官，他们无视年长军官过于谨慎小心的意见，才实现了这一胜利。身为战争大臣的伊泽特帕夏意识到，现在必须清理掉老军官。但是，他拒绝亲自完成这一任务，因为"要清理掉的那些人都是我的朋友"。于是，在1914年1月初，恩维尔接替了他的战争大臣职务（当时看起来是一项临时安排）。苏丹本人在报纸上看到了这一任命，评论说："简直是不可思议。他太年轻了。"

几个小时之后，32岁的恩维尔得到了苏丹的接见。苏丹立刻就颁布了清理老军官的敕令。数百名军官被要求退伍,其中包括"对马其顿令人沮丧的失利负有责任的指挥官,以及年龄超过55岁的大部分将领"。恩维尔解释说,以往的奥斯曼帝国军队中有两种军官,一种适合和平时期的活动,一种适合战争。从今以后,军队中只会保留后一种军官。

还有一项更为重要的举措。在奥斯曼帝国政府的请求下,德国派来了一个全新的军事代表团。这个代表团的规模更大,由四十几名军官组成,领头的是德军少将利曼·冯·桑德斯(Liman von Sanders)。这个代表团的到来立刻引发了一场外交危机。根据约定,冯·桑德斯将获得奥斯曼第一军的指挥权,而这支部队负责守备伊斯坦布尔及其周边地区。虽然德国政府可能有别的什么动机,但身为军人的冯·桑德斯并没有什么政治目的,而只是从军事角度考虑问题。在他看来,训练奥斯曼军队需要涉及一些改革,而在首都比较容易克服改革中遇到的阻力。然而,在俄国看来,这意味着土耳其海峡将落入一名德国将领的掌控之中,从而让德国获得在伊斯坦布尔的政治支配权。

俄国外交大臣萨宗诺夫(Sazonov)表示了强烈抗议。德国政府回复他说,如果土耳其人能守卫好海峡,显然也是符合俄国的利益的。萨宗诺夫要求冯·桑德斯和他的代表团必须换到一个战略地位没有这么重要的地方去履职。如若不然,他暗示到,俄国可能会对土耳其展开报复,甚至还有可能与德国开战。英法两国政府对俄国的抗议不甚以为然,但还是发表了联合照会,以示支持。德国人想到了一个可以保住面子的折中方案。冯·桑德斯被晋升为德国陆军中将,从而自动在奥斯曼陆军中获得了元帅军衔。这样一来,如果只指挥一个军的话，他的军衔就显得太高了。因此，他被提升成了奥斯曼军队的总督军。

不过，考虑到日耳曼人和斯拉夫人之间越发深重的敌意，俄国人的担忧不无道理。由于俄德两国之间矛盾不断，俄国人在处理这一事件时十分警觉。就像英国人在开罗的地位一样，德国人在伊斯坦布尔的支配地位让俄国人十分不安。从此之后，萨宗诺夫一直试图与土耳其就海峡问题达成一个符合双方利益的协议。

不过，英国仍然坚持着谨慎的政策。在过去的几十年中，英国一直是列强里最希望让欧洲病夫存活下去的那个，不停地鼓励奥斯曼帝国进行内部改革，帮助欧洲省份里居住的少数族群。秉承着这一原则，英国在1907年马其顿危机期间完成了一次"外交革命"，与俄国签署了协约。这一协约后来又得到了在列巴尔会晤的沙皇和英王爱德华七世的确认。英俄之间的协约主要是为了厘定两国在波斯的利益。不过，由于英法两国在1904年已经签署了一项协约，英俄协约的签署就让英、法、俄形成了一个三国协约。由于欧洲中部的强国[1]已经结成了三国同盟，欧洲的力量均衡正在受到威胁，而三国协约正可以应对这种威胁。在英国外交大臣爱德华·格雷爵士看来，英国与俄国之间的新关系十分微妙，英国必须改变一直以来维护奥斯曼帝国完整的政策，因为这一政策很大程度上就是要防范俄国人入侵伊斯坦布尔和土耳其海峡。1908年，格雷在驻伊斯坦布尔大使发回的备忘录上评论道："我们不能回到比肯斯菲尔德伯爵时期的老路上去。英国可以对土耳其保持亲近，但前提是不能让别人怀

---

1 指德意志帝国、奥匈帝国和意大利王国。

疑我们反对俄国。"

不过，格雷一开始对青年土耳其人的宪政革命还是表示了热烈欢迎，虽然他有些担心英帝国在埃及的穆斯林臣属会像印度人一样效法土耳其人的革命。但另一方面，格雷也尽量不去触碰盟国在土耳其的利益——俄国人对土耳其海峡很关心，而法国人则关注叙利亚和黎凡特地区。因此，英国奉行"最惠国原则"，小心翼翼地不过分参与土耳其事务。正因如此，土耳其新政权变得格外亲英，将英国推崇为"议会之母"，也很愿意听取英国的建议。

但是，英国依然维持着善意而冷漠的中立政策。1908年11月，青年土耳其人派了两位高级特使到伦敦去。他们提出组成英土联盟，同时让法国也参与其中。格雷表达了对土耳其新政府的良好祝愿，还表示愿意向土耳其派出顾问。后来，英国也的确派出了一些顾问，入驻土耳其政府的多个部门。但是，他也坚持说，英国不打算被联盟关系捆住自己的手脚。

在土耳其发生反革命事件之后，土耳其议会又在1909年7月派出了一支代表团。为了抑制德国的影响力，该议会向英国提出了类似的要求，但也遭到了相似的回绝。在第一次巴尔干战争中战败之后，土耳其这个欧洲病夫看起来已经奄奄一息、无药可救了。在伦敦会议上，格雷告诉土耳其代表团一个令人难以接受的事实：如果青年土耳其人没有能力为土耳其保住作为一个欧洲国家的地位，那么其他国家也没有充分的理由去帮他们做到这一点。

此时，西方列强的关注点落在了欧洲，即在原来的土耳其欧洲领土上崛起的巴尔干集团身上。不论是否符合土耳其的利益，西欧都必须支持这些巴尔干国家，以避免它们受到中欧强国的威胁。因此，青年土耳其人意识到，如果他们自己不能挽救自己，也就不能指望西欧国家会出手相助。此时的土耳其在国力上遭到了削弱，在财政上入不敷出，孤立无援而又受到咄咄逼人的邻国的威胁。因此，青年土耳其人发现，土耳其比以往任何时候都更需要得到一个大国的保护和帮助。

1913年6月，时任大维齐尔的陶菲克帕夏再一次向格雷提出了组成英土联盟的建议。但是，土耳其人又一次遭到了拒绝。用新任英国大使路易斯·马莱爵士（Sir Louis Mallet）的话说："在当前的情形下与土耳其结盟，只会让整个欧洲团结起来针对我们。这种盟友关系会变成英土两国的软肋和危险。"根据陶菲克的提议，土耳其希望可以与三个协约国都达成某种共识。倘若果真如此，由德国、奥地利和意大利组成的三国同盟就会将此举视为协约国的挑衅。格雷评论道："我们是不可能独力把土耳其扶起来的。土耳其要想站起来，就必须克服自己对改革的恐惧，同时也不能再继续玩在大国之间左右摇摆的游戏。"

在格雷看来，土耳其此时已是"亚洲病夫"。就像以前图谋土耳其的欧洲领土一样，欧洲列强现在也应当为了共同的利益谋划土耳其的亚洲领土。在整个1913年间，英国、德国、奥地利、法国和意大利把俄国撇在一边，与土耳其进行了磋商，同时列强内部也进行了谈判，最终确认了各自在土耳其亚洲部分的经济势力范围。如果事态继续发展下去的话，这次势力范围的划分实际上也会成为最终在政治上瓜分土耳其亚洲部分的蓝图——就像在欧洲已经发生过的那样。其中最引人瞩目的一项协议，是由英德两国在1913年8月签署的。根据这项令双方皆大欢喜的协议，德国将保留开发巴格达铁路的权利,并获得在安纳托利亚和奇里乞亚地区的商业利益。不过,根据协议,这条铁路不得延伸超出原定的终点站巴士拉,以保障英国在美索不达米亚河谷和波斯湾的利益。

但是,一旦涉及地位更重要的亚欧两洲之间的联结点,双方就无法达成协议了。在俄国看来,由于英俄两国已经从昔日的对头变成了今日的盟友,那么一旦战争爆发,对土耳其海峡的安全威胁将更加严重地影响到英俄两国的利益。俄国人认为,这里是最容易受到德国人威胁的地方。然而,英国人在这里毫无作为,只是寄希望于土耳其能够保持中立。

正如冯·桑德斯掌控了土耳其的军事事务一样,德国驻伊斯坦布尔大使冯·旺根海姆男爵(Baron von Wangenheim)也主宰了土耳其的外交事务,无时无刻不在夸耀着德国的权威。升任了奥斯曼军队元帅和总督军的冯·桑德斯获得了前所未有的巨大权力,也使得他像冯·旺根海姆大使一样取得了德皇"私人代表"的特殊地位。土耳其海峡依然是东方问题的关键所在,而德国想要掌控土耳其海峡的图谋已经昭然若揭。因此,英国要想保住在土耳其的利益,此时应当更加大胆地在外交上对德国施加压力。但是,英国并没能做到这一点,因为英国在外交政策上过于谨慎小心,也过于相信土耳其会信守中立。

如果说英国的反应比较消极的话,那么俄国人的反应则非常积极。1914年春天,在圣彼得堡和萨宗诺夫的坚定支持下,俄国驻伊斯坦布尔大使开始与土耳其的各部大臣们展开协商,提议俄土两国达成一项协议,以解决土耳其海峡问题,维护双方的利益。根据他的提议,俄国将为土耳其提供保护;而作为俄国的盟友,土耳其将在战争期间对敌国封闭海峡。在战争胜利之后（具体情况留待日后进一步商议），土耳其将会取得德国在亚洲的权益，同时土耳其自身的领土完整将得到保证。

俄国人的提议得到了塔拉特的热烈欢迎。1914年5月，塔拉特来到圣彼得堡，提出正式组建俄土联盟。6月，杰马尔到巴黎提出了一个更实际的建议——与全部三个协约国组成同盟。但他得到了一个很谨慎的答复，这个答复后来又变成了一个遮遮掩掩的拒绝。法国人回复说，这一提议必须由英、法、俄三国之间达成协议才能生效，而法国不愿意发起这一提议。实际上，英、法、俄三国最后也没有达成任何协议。对于土耳其损害巴尔干国家利益的领土要求，法国干脆予以拒绝。英国赞同法国的意见，坚持奉行要求土耳其保持中立的政策。在英国看来，保持中立符合土耳其自身的利益，因此很有信心土耳其将采取这种政策。

这是土耳其第六次也是最后一次请求与西欧列强结盟，但又一次遭到了拒绝。塔拉特和杰马尔两手空空地回到了伊斯坦布尔，十分沮丧。不久之后，他们迟疑不决地接受了三巨头之一、好战的战争大臣恩维尔帕夏提出的最终方案——与德国结盟。这无异于一场危险的赌博。土耳其与德国结盟，结果给俄罗斯和奥斯曼这两大帝国都带来了厄运。现在，欧洲的战争已经一触即发。

1914年6月28日，奥地利皇储弗朗茨·斐迪南大公（Archduke Franz Ferdinand）和他的妻子在乘车驶过波斯尼亚的萨拉热窝街头时遭到刺杀。刺客是一名学生，他参加了塞尔维亚的一个秘密恐怖组织，这个组织的目标是反对奥地利吞并波斯尼亚和黑塞哥维那，并以奥地利为敌人，构建一个泛塞族的南斯拉夫民族国家。一开始，德奥两国希望能把冲突控制在局部层面。在得到了德国的空头承诺之后，奥地利向塞尔维亚发出了最后通牒，要求取缔主张建立南斯拉夫国家的社团，甚至还十分过分地要求由奥地利出面，到塞尔维亚境内实现这一目标。爱德华·格雷爵士对此要求深感震惊。他抗议说："这是我所见过的一个国家对另一个独立国家最可怕的要求。"在他看来，这一要求是对欧洲和平的威胁。他还预见到，"现代条件下的一场欧洲大战将给我们带来前所未有的巨大灾难"。但是，奥地利还是拒绝了贝尔格莱德寻求和解的答复，并于7月28日向塞尔维亚宣战。

德国知道，俄罗斯此时并没有做好参战准备，因此预计俄国可能不会插手。但实际上，如果塞尔维亚受到德奥的威胁，必然会引来俄罗斯的反对，否则俄国就无法继续维持它在巴尔干半岛上对各斯拉夫民族的影响力了。等到德皇意识到这一点时，他已经来不及控制奥地利的行为了。在格雷提出斡旋调停时，德国坚持认为："奥地利与塞尔维亚的争端只和奥地利有关，与俄国毫无关系。"但德国的这种表态根本无济于事。7月30日，在对德国发出了警告之后，俄国宣布总动员。8月1日，德国对俄国宣战。德国要求法国保持中立，但遭到了拒绝。法国在8月3日加入了战争。由于德军入侵了比利时，承诺保卫比利时中立地位的英国于8月4日对德国宣战。就这样，"人类历史上最可怕的浩劫之一"（格雷语）开始了。

就在8月4日的两天之前，土耳其在恩维尔的主导之下，秘密地与德国结成了同盟。奥斯曼帝国政府承诺说，如果俄罗斯插手奥塞冲突，土耳其将加入战争。在8月4日，格雷尚不知晓这份秘密协议的存在，但已经得知土耳其在进行动员。格雷指示英国驻伊斯坦布尔代办，让他要求土耳其保持中立。"不过，"他补充道，"你一定得让土耳其人觉得，这是他们最古老的朋友给出的真诚建议，而不要让他们感到受到了我们的威胁"。

不过，格雷近来已经越发感受到了德国人在伊斯坦布尔的巨大影响力。他意识到，"恩维尔帕夏想让土耳其站到德国一边；要想阻止土耳其与德国结盟，唯有刺杀恩维尔一途"。现在，三巨头中的另外两人也开始支持恩维尔。在德国提出与土耳其结盟之后，塔拉特询问杰马尔说："你可以看到，我们从法国人那儿什么也得不到了。既然法国已经拒绝了我们，我们还能拒绝德国人吗？"杰马尔回答道："只要能帮助土耳其摆脱现今孤立无助的境地，我愿意立刻答应任何联盟提议。"但与此同时，他想尽可能地推迟土耳其加入战争的时间，以争取时间进行漫长的动员工作。德国同意了土耳其的想法。于是，奥斯曼帝国政府仍然保守着与德国结盟的秘密，宣布保持中立，同时进行了总动员。

与此同时，土耳其公众却对英国产生了强烈的义愤。随着欧洲战事的爆发，英国政府征用了在英国造船厂里维修和兴建的两艘土耳其战舰——"奥斯曼苏丹号"（Sultan Osman）和"雷沙迪耶号"（Reshadiye）。由于英国已经处于战争状态，它有权征用这些船只。如果这些军舰落入土耳其人的手中，黑海的海军力量平衡就可能会被打破。在征用这两艘军舰之后，英国提出赔偿土耳其750万英镑的巨款。但是，当初为了购买这两艘军舰、支援海军的发展，土耳其全国上下迸发出了巨大的爱国热情，踊跃捐款，官员们还为此削减了自己的工资。而且，土耳其刚刚才支付了购舰的尾款。奥斯曼帝国政府指责英国违背了国际法，土耳其公众则直接斥责英国人为强盗。一份亲德的土耳其报纸还给英国送上了"一千个诅咒"。

发生这起事件之后，三巨头再想把公众的情绪从亲英引向亲德，就变得容易多了。他们也可以很容易地让土耳其公众接受动员令。8月10日，两艘在战争爆发时游弋在地中海上的德国军舰"戈本号"（Goeben）和"布雷斯劳号"（Breslau）为了躲避追击的英国舰队，出现在了达达尼尔海峡的入口处，并要求获准进入海峡。在德国军事代表团的压力下，恩维尔同意了他们的请求。两艘德国军舰驶入了达达尼尔海峡寻求庇护。恩维尔还在德国人的要求下命令道，倘若追击的英国军舰试图跟随它们进入海峡，海岸要塞就可以向英国人开火。恩维尔向他的同僚们宣布了这一消息，说道："我们的孩子降生了！"

协约国的大使们认为此举违反了国际条约，表示了抗议。第二天，土耳其人竟然宣布这两艘军舰已经被"卖"给了土耳其。杰马尔告诉媒体，英国背信弃义地夺走了土耳其两艘军舰，这两艘德国军舰将顶替它们的位置。德国人"出售"军舰的条件之一就是由德国舰队的指挥官苏雄（Admiral Souchon）取代英国海军将领利波斯（Limpus），出任土耳其舰队的指挥官。两艘德国军舰分别被改名为"亚武兹号"（Yavuz）[1]和"米蒂里号"（Medilli），船员也都戴上了土耳其式的菲斯帽。两艘军舰驶入马尔马拉海，在伊斯坦布尔的外海下锚，桅杆顶部飘扬着土耳其的旗帜。几天后，它们在这里与其他土耳其军舰一道接受了苏丹的检阅。随后，在王子群岛附近海域又举

1　这是苏丹塞利姆一世的绰号。

行了一场赛艇比赛，激起了伊斯坦布尔民众的巨大热情。

英国海军将领利波斯顶不住土耳其海军部的政治压力，只好离开了他的旗舰。不久，土耳其军舰上就连一名英国军官都没有了，苏雄则被正式任命为海军总司令。德国取得了巨大的成功，成了土耳其人民公开的朋友。在接下来的几个星期里，外国大使要求奥斯曼帝国将德国舰队的船员拘捕、遣送，但未能如愿，因为这些船员实际上已经加入了土耳其海军。几星期之后，英国海军代表团被打发回国。在得知布鲁塞尔被德军占领的噩耗之后，扎维德帕夏把这一消息告诉了一位地位显赫的比利时友人。待他说完，这位比利时友人便指着那两艘军舰，满怀同情地反驳道："德国人也占领了土耳其啊。"

时任英国第一海军大臣的温斯顿·丘吉尔预料到土耳其不会长久保持中立，因此曾经提议英国舰队冲进达达尼尔海峡，把那两艘德国军舰击沉在马尔马拉海。但是，他的提议没有得到同僚的同意。现在，在征询了新任战争大臣基钦纳伯爵（Lord Kitchener）的意见之后，丘吉尔又提出了一个夺取加里波利半岛的方案。希腊人承诺将出兵支援这一行动，丘吉尔还要求格雷去争取俄国人的支援。但是，俄国人根本腾不出部队参与这一行动。希腊国王康斯坦丁（他的妻子是德国皇帝的妹妹）也表示，除非土耳其率先发动进攻，否则希腊人不会参战。在幕僚的说服下，丘吉尔终于意识到，在得不到陆军支援的情况下发动海上进攻必然会遭到失败。于是，这个计划就暂时搁置了。

接下来，土耳其进入了一段非战非和的灰色时期。土耳其人在外交上处于十分有利的位置，与战争双方秋波频传，在同盟国和协约国之间纵横捭阖。俄罗斯特别担心土耳其有朝一日会翻脸封闭土耳其海峡。于是，8月16日，俄国和英法两国一起提出共同保证土耳其的中立地位和领土完整。但土耳其人并没有理睬。得意忘形的土耳其人提出，如果要让他们严守中立，协约国就必须彻底废除让步条约，英国必须交还窃取的土耳其军舰，土耳其还要收回爱琴海上的岛屿和西色雷斯的领土。协约国根本不可能同意做出这些保证和让步。两个星期之后，协约国提出了修改后的提议。就在这时，传来了德军在法国取得重大胜利的消息。土耳其人因而没有再理会协约国的提议。

实际上，土耳其内阁乃至土耳其议会里的大多数人都不喜欢、不相信甚至有些轻视那些好战的少数派提出的亲德政策。但是，在接下来的两个月中，土耳其却清楚无误地在滑向战争。这一切都被爱德华·格雷爵士看在眼里。他的外交目标只剩下了两个：第一，不论最后能否阻止土耳其参战，都要不惜一切代价尽可能延缓土耳其参战的时机。基钦纳伯爵认为，在印度的军队安全通过苏伊士运河之前，必须让土耳其保持中立，至少也要让土耳其与英国保持和平状态。第二，一旦最坏的情况发生，格雷要确保首先动手的是土耳其人，保证英国人在其中没有过错。他的这两个目标都实现了。奔赴法国前线的印度军队安全地抵达了埃及和地中海。

9月27日，守在达达尼尔海峡入口处的英国海军舰队要求一艘土耳其鱼雷艇返航。这一过分举动给了德国人期待已久的借口。德国人赶忙向土耳其政府施加压力，要求它对外国船只封闭海峡。恩维尔下令照办，并且在海峡入口处布上了水雷。此时，在伊斯坦布尔的德国人已经有数千人。德国和奥地利的大使开始强烈要求土耳其对协约国采取行动。10月11日，恩维尔和塔拉特提出了参战的条件——他们要求德国提供一大笔贷款。曾经的"戈本号"和"布雷斯劳号"在苏雄的指挥下在黑海巡航"机动",似乎在引诱俄国人出手,以获得一个参战的理由。

10月28日,苏雄奉恩维尔的密令,率领一支强大的土耳其舰队驶入了黑海。恩维尔的命令不为他的同僚们所知:"土耳其舰队要凭借武力控制黑海。找到俄罗斯舰队,立即发动攻击,无须宣战。"在没有发出警告的情况下,苏雄就炮击了俄国港口敖德萨、塞瓦斯托波尔和诺沃罗西斯克(Novorossisk),击沉了一些俄国船只。格雷这么谴责道:"从未有哪个国家对另一个国家进行过这样无缘无故、充满恶意的攻击。"到11月5日,英国、俄罗斯和法国都已经向奥斯曼帝国宣战。

至此,灾难性的结果已经不可避免。从理性出发,保持中立其实更符合土耳其的自身利益。在巴尔干战争中的数次灾难性失败之后,土耳其最需要的莫过于和平。它可以利用这段和平时期恢复、增强军力,在协约国和同盟国之间保持中立,观察局势的发展,然后再决定是否参战,加入哪一方参战。在7月中旬,被贬黜到保加利亚做使馆武官的穆斯塔法·凯末尔就曾经向恩维尔提出了上述建议,但并没有获得采纳。凯末尔强烈反对与德国结盟。在他看来,如果德国战胜,它就会把土耳其变成它的一个卫星国;如果德国战败——凯末尔也更相信德国会战败——土耳其就会失去一切。在统一与进步委员会内部,也有一些人持同样理性的观点。但是,大多数土耳其人已经听不进去理性的意见了。恩维尔利用了这一点;而英国大使则仍然相信温和派的力量,低估了土耳其大众的情绪。

近年来的失败深深伤害了土耳其的尊严,自身的孱弱又让土耳其十分害怕它的新旧敌人。因此，土耳其对孤立状态有着一种深刻的、心理层面的恐惧感。不仅如此，在土耳其人看来，奉行中立政策最终只会导致帝国被大国瓜分。土耳其人认为，既然以往的西方盟友已经抛弃了自己，他们只好投向新的盟友——德国。一些土耳其人充满热情地做出这样的选择，另一些则有些无可奈何。

在这样的情绪驱使下，恩维尔帕夏开始了他莽撞的赌博。在得知这一消息后，一直属于温和派的扎维德帕夏辞去了自己在青年土耳其人政府中的职务，还留下了一段预言式的告别辞："即便我们赢了，我们也将万劫不复。"

就这样，在经历了六个世纪的岁月之后，奥斯曼帝国进入了其衰败覆灭的最后一个阶段。1914年，行事冲动的恩维尔帕夏在高加索地区贸然向俄国人发动了一场冬季战役，结果几乎全军覆没。接着，矢志夺取埃及的叙利亚总督杰马尔帕夏派遣了一支远征军，打算穿过缺水的西奈沙漠进逼苏伊士运河。预先得到警告的英国军队在运河两岸挡住了土耳其舰队，迫使他们又一次穿越沙漠，撤退到杰马尔帕夏设在贝尔谢巴（Beersheba）[1]的大本营。

由于土耳其人控制了博斯普鲁斯海峡，俄国人的地中海补给线被切断，导致俄国出现了军火短缺。1915年年初，尼古拉大公[2]代表俄国向英国求援，希望英国能帮助俄国缓解来自土耳其的压力。于是，为了保证俄国能够坚持作战，温斯顿·丘吉尔先前提出的远征

---

1 位于今天的以色列。
2 此人为尼古拉一世沙皇之孙，是当时的沙皇尼古拉二世的堂叔，此时担任俄军总指挥。尼古拉大公在俄国内战期间曾被白军奉为俄国沙皇，但他本人一直流亡海外，于1929年病逝于法国。

达达尼尔海峡的方案又被搬了出来。根据这一方案,英军将强行闯过达达尼尔海峡,进入马尔马拉海和伊斯坦布尔。按照丘吉尔的打算,这将是一次彻头彻尾的海军行动,陆军只作为预备力量。土耳其人对此方案感到十分惊愕,因为他们一直很敬畏英国的海上实力。土耳其人担心,在高加索和苏伊士运河连吃两次败仗之后,第三次败仗可能会把他们彻底击垮。

但是,迫于同僚的反对和来自基钦纳伯爵的压力,战役的重心从海上转到了陆上。英军的目标不再是强冲狭窄的海峡,而改成了在加里波利半岛登陆作战。到1915年年底,英军发动的两次进攻都遭到了失败,损失惨重。英国人被迫撤退,让土耳其人获得了一场始料未及的决定性胜利。这场战役的胜利主要归功于穆斯塔法·凯末尔的领导。事实证明,穆斯塔法·凯末尔是一位可以媲美奥斯曼帝国历史上历代名将的指挥官。

英国人在加里波利的失利给了青年土耳其人三巨头以喘息之机。在暂时消除了外来干预之后,他们采取了一项预谋已久的内部行动——彻底消灭亚美尼亚民族。他们借口亚美尼亚人与高加索一带的俄国人关系亲密,对亚美尼亚人大肆迫害,其残暴程度远超阿卜杜勒·哈米德的所作所为。有100万亚美尼亚人遭到放逐或屠杀,死亡人数超过了50万。

1916年,俄国人在高加索前线恢复了攻势,夺取了埃尔祖鲁姆要塞,并准备以之为基地进犯安纳托利亚。与此同时,俄国人还占领了特拉布宗港,控制了黑海的补给线。结果,1917年3月爆发的俄国革命中止了俄国人继续进攻的计划,也让土耳其人免于遭受在亚洲惨败的厄运,延缓了奥斯曼帝国的崩溃。但是,土耳其舰队已经屡弱不堪，数十万人当了逃兵，补给资源也几近耗竭。

协约国占领了巴格达。英国人沿着底格里斯河上溯，深入伊拉克腹地。与此同时，奥斯曼帝国内部又出现了新的敌人——阿拉伯人。他们在汉志打出阿拉伯独立的旗号，发动叛乱反对奥斯曼帝国的统治。起义波及所有阿拉伯人居住的地区，对战争的结局和后续事宜产生了深远的影响。

1918年的秋天，奥斯曼帝国终于到了最危急的关头。协约国已经占领了耶路撒冷，同时打算在艾伦比将军（General Allenby）的指挥下，在巴勒斯坦一线发动最后一次闪电式的进攻。用一位阿拉伯史学家的话说，这次行动的目标是将土耳其人彻底逐出叙利亚，"就像狂风卷走蓟花的冠毛一样"。穆斯塔法·凯末尔又一次成了土耳其人的英雄。他英明地选择了战略撤退，撤到了俯瞰阿勒颇的高地上。站在这座属于土耳其自然疆界一部分的高地上，他意识到，他手下的这些残兵败将现在要保卫的是属于土耳其自己的国土。他们一直坚守到了1918年10月30日这天，仍然没有被敌人击败。在这一天，英国和土耳其签署了停火协议。就这样，到了战争结束的时候，穆斯塔法·凯末尔成了土耳其指挥官中唯一未尝败绩的人。在他的身后，他守住了土耳其民族的安纳托利亚家园，他将在那里开创属于自己和他的人民的未来。

青年土耳其人三巨头纷纷流亡海外，最终全部死于非命，客死他乡。[1] 协约国占领了伊斯坦布尔，随后在巴黎和会上不仅图谋肢解

---

1 恩维尔战后投身泛突厥主义运动，1922年在中亚地区（今塔吉克斯坦）死于苏俄红军之手；1921年塔拉特在德国柏林被亚美尼亚人刺杀；杰马尔于1922年在格鲁吉亚第比利斯被亚美尼亚人刺杀。

奥斯曼帝国，还打算由法国、意大利、希腊瓜分土耳其人在安纳托利亚的家园，只把几个内陆省份留给土耳其人。

穆斯塔法·凯末尔再一次为了祖国挺身而出。他设法在安纳托利亚谋到了一个官方职务，然后在两支土耳其军队指挥官的支持下，发起了民族抵抗运动，反对协约国和它们打算强加给土耳其人的和约。他用了不到三年的时间，先是在内战中击败了效忠苏丹的部队，随后又在独立战争中赶跑了希腊军队，从外国占领军手中解救了土耳其人的家园。他在安卡拉建立起了自己的国民议会。最终，在洛桑举办的新的和平会议上，协约国承认了他主张的土耳其新疆界，为土耳其人保住了完整的安纳托利亚家园，还保留了包括阿德里安堡（现在的埃迪尔内）在内的一小块欧洲土地。

穆斯塔法·凯末尔先废除了苏丹制度，驱逐了末代苏丹穆罕默德六世[1]。随后，他又在1923年10月29日宣布成立土耳其共和国。就这样，土耳其作为世界性大帝国的使命宣告终结，它作为一个民族国家幸存了下来，并将重新兴旺起来。

土耳其民族的历史就这样翻过了旧的篇章，进入了新的时代。

---

[1] 废除苏丹制度、驱逐苏丹发生在1922年11月。在阿卜杜勒·哈米德二世下台后，继任的苏丹是穆罕默德五世，他于1918年第一次世界大战结束前四个月驾崩，由其弟穆罕默德六世继位。

后　记

在历史上的伟大帝国之中，有土耳其人的一席之地。在中东，曾经兴起过四个大帝国，土耳其人的帝国在时间顺序上排在最后，但在成就上却超过了波斯人、罗马人和阿拉伯人先后创立的帝国。在这片大海与大洲相连的广阔的战略要地上，土耳其人实现了长久的统一。作为来自东方的新生力量，土耳其在两个方面为历史做出了贡献。首先，土耳其早期的头领和苏丹复兴了伊斯兰教，并在亚洲重新统一了伊斯兰世界；其次，奥斯曼帝国又为属于东方基督教世界的欧洲土地带来了新生。土耳其人延续了历史，联结了东方和西方，在亚洲和欧洲分别填补了阿拉伯帝国和拜占庭帝国崩溃后留下的真空，并从中孕育出了崭新的、充满创造力的奥斯曼文明。

奥斯曼帝国拥有截然不同的三个层面。首先它是一个土耳其人的国度。它被一个土耳其家族王朝统治，使用土耳其语，并且深深根植于土耳其斯坦的部落社会文化。这些土耳其人拥有共同的种族认同、象征符号和风俗习惯。作为一个游牧民族，土耳其人展现出了一些内在的宝贵特质：对权威的天然认同、强烈的秩序性和纪律性、组织政府机构的能力和高度的适应能力。

而在根本上，奥斯曼帝国是一个伊斯兰国家。奥斯曼帝国的基础并非某一种民族特征，而是穆斯林之间的手足之情以及他们对共同的宗教体系的崇敬之情。奥斯曼帝国的苏丹必须遵从神圣法，尊重伊斯兰教的至高原则，还要依赖官方宗教体系——乌理玛——进行统治。土耳其人以他们特有的对秩序和明晰的追求，规定了乌理玛的任务与职责。

但是，在土耳其民族认同和穆斯林体系之上，奥斯曼帝国最重要的特征在于它是一个世界性大帝国。它的版图如此辽阔，涵盖了各不相同的城市、平原、河谷、山地和沙漠，其上生活着不同民族、不同社会形态特别是拥有不同宗教信仰的各色人群。一直以来，天主教与东正教、拉丁人与希腊人、教皇与皇帝之间的宗教分歧严重割裂了拜占庭帝国。而在君士坦丁堡陷落之后，有着与此地不同信仰和文化背景的奥斯曼征服者，却为东正教世界恢复了秩序与和平。奥斯曼征服者不仅成了东正教世界的主人，还成了东正教公开而积极的保护者。因此，东正教的信徒们宁愿接受穆斯林帕迪沙阿的统治，也不想"受拉丁人教皇的奴役"。在中央政府一定程度的委任之下，帝国内的少数群体以民族、社会或宗教特征形成了独立的族群，获准在国家的框架之内管理自身事务，从而可以保存他们各自的特征，和谐共存。

由于奥斯曼入侵者采取的开明政策，长期以来为人们苦苦追寻的东正教社会得以重建。希腊普世牧首在奥斯曼帝国的统治下获得了超过其他东正教教会的地位，比拜占庭帝国统治下的任何时期都更像是一个普世的宗教权威。穆斯林和基督徒之间实现了"奥斯曼治下的和平"，从它的特征上可以看到奥斯曼帝国与罗马帝国的相似之处。在"罗马治下的和平"中，罗马人在帝国版图之内表现出了对外邦人的高度容忍。他们时常赋予外邦人罗马公民权，鼓励他们发挥自己的能力，同时造福于自己和整个帝国。奥斯曼帝国在这一点上与罗马帝国十分相似。

这样的传统在伊斯兰世界也发挥过重要的作用，现在则被奥斯曼家族继承、发扬。奥斯曼家族统治的国家并非一个民族国家，而是一个皇室统治下的多民族的帝国。不论国民是土耳其人还是来自其他民族，是穆斯林、基督徒或是犹太人，他们最重要的身份都是奥斯曼人，是一个超出了民族、宗教和种族观念的单一政治体的成员。在那个时代，只有奥斯曼帝国承认全部三个一神教信仰。

为了更有效地利用被征服的基督徒，奥斯曼人发展出了一种独特的、构建在苏丹的奴隶之家之上的行政体系。在奥斯曼人的早期历史上，他们曾经在其他地区做过奴隶，并且在奴隶身份之下繁荣壮大。现在，他们采用了类似的奴隶制度，创造了由基督徒奴隶组成的统治机构。这些奴隶或是在战争中被俘获而来，或是受征募而来，或是在市场上买来，或是被作为礼物送给苏丹的，也可能是自愿投效的。他们皈依了伊斯兰教，接受禁欲生活，离开了家人，放弃了所有财产。作为回报，他们将在为侍从准备的宫廷学校里接受综合教育和严格训练，随后接受挑选，获得最适合发挥个人才华的公务职位，还有机会获得晋升，一路升迁成为高官。就这样，征服者通过被征服者实现了对国家的统治。这样的奴隶制度在外国人眼中或许十分怪异，但它是一种开明而实用的机制，充分发挥了苏丹手下年轻的基督徒臣民的能力，不仅造福于帝国，也有利于这些奴隶本人。很快，他们就不再厌恶自己的奴隶身份，反而十分珍惜这种身份，因为这种身份可以给他们带来种种特权，而那些生为穆斯林的人是无法获得这些特权的。奴隶失去了自己的家人，变成了苏丹的"奴隶之家"的成员，逐渐演变成了一个不搞世袭、唯才是用的统治阶层。

在帝国历史的最初几个世纪，这个精英阶层保证了奥斯曼帝国的权势，维护了国家的稳定，使国家免受穆斯林世袭贵族破坏性的内斗和裙带关系泛滥的荼毒。除此之外，苏丹也不再进行任何联姻，而是通过奴隶之家里的女性繁衍后代，并在后宫里将他们养育成人。不管是好是坏，这种做法为奥斯曼王朝带来了各种各样的民族血统。

最初，奥斯曼帝国的奴隶只存在于军队之中。年轻的基督徒俘虏经过精挑细选，被征召入伍，编入近卫军。这些年轻人身体素质优异，在接受严格的训练后为苏丹本人效命。一开始，他们只是苏丹的卫队。随着人数的增长，这些步兵逐渐成了奥斯曼军队的中坚力量。与他们相搭配的，是从封地上征召的穆斯林骑兵——西帕希骑兵。这些骑兵通常作为奥斯曼军队的前锋，率先向敌人发动攻击。此外，奥斯曼军队中还包括使用火炮的炮兵（东方世界在此之前没有出现过这样的兵种）和非正规军。由这些单位共同组成的奥斯曼军队成了一支规模庞大的现代化军队，训练有素，装备精良，组织有序，纪律严明。无论是在指挥的统一性、武器装备的精良程度还是顽强的战斗精神方面，奥斯曼军队都超过了同时代任何一支欧洲军队。

在颇具军事才能的苏丹的亲自指挥和鼓舞下，奥斯曼军队在两个半世纪的时间里不停地进行着征服战争。他们两线作战，构建了一个横跨三洲的帝国。向东，奥斯曼帝国的版图进入亚洲，直抵波斯湾；向南，他们穿过埃及进入非洲，到达红海以远；向西，他们越过巴尔干、跨越多瑙河，占据了东欧大部分地区，一直到中欧的边缘地带才被挡住。在海上，奥斯曼人控制了整个地中海和狭长的北非海岸线，他们掌控的海路从大西洋一直延伸到印度洋。

有史以来第一次，一个统一而拥有独特体制的东方国家深入了西方世界，对欧洲的重要一部分产生了深远的影响。波斯人和阿拉伯人此前都没能做到的事情，奥斯曼人做到了。凭借出色的军事能力和与生俱来的纪律性和组织性，奥斯曼帝国崛起成了那个时代威震天下的大帝国。与此同时，奥斯曼人又有着令人肃然起敬的外交手腕。作为一个统一的国家，他们十分善于利用西方世界的分裂局面，使自己成了文艺复兴时代的欧洲举足轻重的制衡力量。在有着"大帝"和"立法者"美誉的苏莱曼苏丹——奥斯曼帝国连续十位伟大苏丹中最后一位，也是最伟大的一位——的统治之下，奥斯曼帝国达到了它的顶峰。

然而，奥斯曼帝国的顶峰立刻就变成了分水岭。在苏莱曼身后，是接连25位无法与前辈媲美的苏丹。他们的统治能力时好时坏，奥斯曼帝国也就在命运的沉浮中又存续了三个半世纪之久。尽管时而可以得到喘息之机，甚至还会出现短暂复苏的曙光，但奥斯曼帝国整体上一直处于持续而不可逆转的衰落之中。以往，奥斯曼帝国依靠的是有意愿和能力统治国家、执掌着绝对君权的苏丹。而此时，奥斯曼帝国的苏丹不再拥有治理国家的意愿和能力，反而很容易被后宫吸引住了自己的注意力，后宫里的女性（苏丹娜们）也时常变成苏丹背后的统治者。

以往，储君会被任命为行省总督，以积累一些处理公务的经验，此时这种做法被废止了。苏丹也几乎不再亲自统兵出现在战场上。实际上，苏丹都很少走到萨拉基里奥宫的院墙之外，而一代又一代的储君则被监禁在"牢笼"里,与世隔绝。结果,这些储君往往都不具备统治国家的能力。与此同时,历史的钟摆走向了另一边,军事力量的对比出现了巨变。

奥斯曼军队一直两线作战,他们依然可以击败敌人,但不再能够彻底降服对手。最终,他们达到了扩张的极限,再也没有什么新的土地可以征服了。在享受了三个世纪的优势之后,东方的军事力量逐渐在与西方的对抗中落了下风。西方的工业和经济实力迅速提升,在军事领域也实现了技术进步。而东方世界此时不再拥有英明的领袖,因而无法与西方相匹敌,只能从攻势转为守势。

不仅如此,一直以来在海陆两军上斥资甚重的奥斯曼帝国早已国库空空,在苏莱曼驾崩后不久更是遭受了一场席卷地中海世界大部分地区的经济危机的沉重打击。从西属美洲开采出来的金银漂洋过海,越过大西洋流入奥斯曼帝国,导致奥斯曼帝国银币贬值,通胀高企。物价翻了一倍,政府被迫降低了货币的成色,同时又提高了税率。

在过去的一个世纪里,奥斯曼帝国的人口增加了一倍。而现在,由于没有了新的征服目标,奥斯曼帝国的土地已经无法安置这么多的人口,同时还出现了大规模的失业现象。这种情况不仅造就了一贫如洗的失地农民,也让非正规军士兵大为不满。这些人在和平时期没有了收入来源,于是往往落草为寇。同样受到影响的,还有拥有封地的西帕希骑兵。由于军事技术的发展和新时代战争对职业步兵的需求增加,西帕希骑兵已经成了过时的兵种。大量的西帕希骑兵也失去了土地,于是很容易就跟那些失去土地的心怀不满者沆瀣一气,在安纳托利亚地方酋长们的带领下,参与了一系列的叛乱活动。

由于缺乏强有力的中央政府，地方上的叛乱让大量的农民流离失所，大片的土地化为荒芜。与此同时，还有许多土地被新兴的世袭地主阶层巧取豪夺。这些人往往不事农业，就住在城市里。奥斯曼帝国传统的土地分配制度也发生了巨变，苏莱曼的先辈们为帝国创立发展的社会和行政体系出现了不祥的失衡。统治权力从中央政府落入了有地阶层和地方势力（比如代雷贝伊和山区里的部落酋长）的手中。事实证明，一代又一代的苏丹根本无力遏制这种趋势。

而在中央层面，统治体系自身出现了消解，这带来了更深远的影响。在此之前，苏丹的奴隶之家绝不接纳任何穆斯林，从而避免了世袭特权的侵蚀。但是，随着帝国变得越来越庞大，人口越来越众多，这个封闭的体系不可避免地引发了穆斯林上层人士的不满。在他们看来，自己是帝国的头等公民，是国家的忠实追随者和信仰的忠诚战士，理应享有特权，在政府中占据一席之地。而要在政府中扮演角色，穆斯林就必须被奴隶之家接纳。

一代代缺乏决断力的苏丹顶不住他们的压力，逐渐向所有身为自由人的穆斯林开放了公职。同时，他们还可以把职务遗赠给自己的儿子。在几个世纪的征服岁月中，奴隶之家曾经为帝国的管理体系输送了一代代勤勤恳恳的公职人员。而现在，奴隶之家逐渐受到侵蚀，最终不复存在。奥斯曼帝国行政体系的历史可以追溯到中世纪，却带着其固有的惯性不合时宜地延续了下去。倘若能出现一位强大有力、具有远见卓识的苏丹，他或许可以深思熟虑，详加甄别，更加灵活地改造这套体系，保留它的精华。但苏莱曼的继承人们却不堪此任。结果，奥斯曼帝国的行政体系越发臃肿，变成了一个膨胀而笨重、充斥着阴谋和腐败的官僚系统。这个作用消极、自私自利的官僚体系像以往那个更加积极、无私的行政体系一样难以撼动。

更重要的是，近卫军也变得日益臃肿，成色下降。与行政体系相类似，近卫军也开始接纳穆斯林加入，同时他们还获准结婚，他们的儿子也可以加入近卫军。在16世纪的最后25年间，近卫军的人数从1.2万人增加到了10万多人。其中的许多人靠经商维生，像平民中的工匠和手艺人一样，借此补贴家用。

原本成分纯粹的近卫军变得鱼龙混杂。在战争期间，这就会体现为团结和自律精神的下降。而在越来越常见的和平时期，近卫军就会变成国内惹是生非、叛乱频仍的力量，中央政府往往无力遏制他们。与此同时，他们还变成了对基督徒农民的长期威胁。近卫军本应保护这些农民，现在却经常肆无忌惮地打家劫舍。在接下来的两个世纪里，近卫军越发变得狂躁不安，经常发动叛乱，威胁国家的内部安全。而在战场上，他们的凝聚力和纪律性则严重下滑。

在17世纪的后半叶，欧洲陷于内战之中，奥斯曼帝国则在科普鲁律家族的统治下享受了一段复苏时期。科普鲁律家族起源于阿尔巴尼亚，其家族成员在接连三位苏丹主政时期作为大维齐尔执掌国家大权，形成了一个大维齐尔的"王朝"。在这一时期，他们铲除腐败和不公，清偿了国库的亏空，镇压了安纳托利亚和其他地区发生的叛乱，还试图让军队焕发新生。像科普鲁律家族这样的连续统治，后来没有再出现过。不过，通常在相对比较负责任的苏丹的统治时期，时不时地会涌现出一位类似的大维齐尔。在高层官僚的支持下，他会在一段时期内造福国家，重新证明行政体系的能力。与之相类似，在宗教体系里，某些比较睿智的大穆夫提也会重振伊斯兰教的权威。在行政和宗教这两大传统统治支柱（尽管它们的面貌可能发生了改变）的支撑下，衰落中的奥斯曼帝国依旧顽强地生存了下来。甚至愈演愈烈的腐败现象也造就了更广泛的既得利益集团，让他们甘愿维持帝国的存活。

正当17世纪走向尾声之际，在欧洲人的注视之下，奥斯曼人在战场上的赫赫威名遭遇了无法忽视的沉重打击。奥斯曼军队在第二次维也纳围城战和随后的一系列战役中遭到了耻辱性的失败。奥斯曼军队的统帅是一位自负而无能的大维齐尔，一心妄想要创造出超越苏莱曼的功业，但其实他只是一位不问国事的苏丹的女婿而已。他在战场上犯了一连串的错误，导致了围城战役的失利，令奥斯曼帝国在历史上蒙羞。在近卫军溃败之后，他手下的军队在纪律严明的敌人的攻击下，瓦解成了一群只知逃命的乌合之众，不禁让人想起以往的十字军战争中的西方军队。在欧洲人看来，局势发生了显而易见的逆转，土耳其穆斯林作为基督教世界重大威胁的历史已经画上了句号。这让他们欢欣不已。强大的土耳其人彻底倒下了。从此以后，奥斯曼帝国接连不断地在战场上吃败仗，在不利的和约上签字，进而不停地沦丧国土。这种局面一直延续到20世纪。

从18世纪初开始，一个同时威胁着东方和西方的新帝国崛起了——这就是彼得大帝的俄罗斯帝国。这位沙皇像奥斯曼帝国鼎盛时期的苏丹们一样是一位绝对君主。他凭借自己的努力，为俄罗斯创建了一支装备西式武器的现代化职业军队（这点恰恰是同时代的苏丹们无法做到的），并雄心勃勃地要利用这支军队征服世界。但是，具有讽刺意味的是，这个咄咄逼人的新威胁却延长了奥斯曼帝国的寿命。

以往，强大的奥斯曼帝国在欧洲发挥了力量制衡的作用。而现在，衰落的奥斯曼帝国又成了欧洲列国和俄罗斯之间的制衡力量。对欧洲国家来说，它们必须不惜一切代价保住苏丹的帝国，让其充当它们和沙皇之间的缓冲。这带来了重大的变化。现在，奥斯曼帝国的生存不再依赖武力，而更多地要依靠在谈判桌前的努力。出于互利的目标，奥斯曼帝国变得越发亲近和依赖西方国家。奥斯曼帝国曾经在战场上扮演过重要角色，现在则在外交领域上扮演了同样重要的角色。

传统上，奥斯曼人对外国人的态度十分冷漠。但是，他们现在不得不设立一个由擅长外交事务的官员组成的外事机构。当时，不论是穆斯林出身还是基督徒出身，很少有土耳其人懂得欧洲的语言，甚至连对外部世界有所了解的人都很难找到。因此，苏丹不得不依靠希腊基督徒，特别是芬内尔人。只有这些希腊人在航海和经商的过程中积累了与西方世界交往的丰富经验，并且熟悉西方的语言、行为方式和生活习惯。他们之中最能干的人被苏丹委以重任，从而在帝国的走向和把控方面取得了一定的政治权力。

其中地位最显赫的是帝国政府译员主管，这一职务实际上充当了外交大臣的角色。其他希腊基督徒则出任了大使或自治省区总督等职务，实际上扮演了早年间苏丹之家中那些改宗的基督徒曾经扮演过的角色。身为自由人的基督徒开始与同样自由的穆斯林一样，在行政体系中拥有了一席之地。一贯拥有极强的变通能力的奥斯曼人仍然坚持着以前的灵活原则：不论种族或宗教信仰，所有臣民都可以为国出力。

就在18世纪步入尾声的时候，奥斯曼帝国又一次在战场上遭遇了耻辱性的失败。在旷日持久的战争中，俄国人的舰队渗透进了东地中海，并且在希腊和贝鲁特登陆。接着，拿破仑又入侵了埃及。为了把法国人逐出这个富庶的省份，土耳其人只好与英国和俄国联手。从此以后，欧洲人开始积极地影响奥斯曼帝国政府，他们对奥斯曼帝国政府施加压力，迫使它推行改革，改进基督徒子民的生活境遇。

于是，19世纪就成了改革的时代。塞利姆三世是第一位推行改革的苏丹，法国大革命及随之而来的战争成了他可借鉴的先例。他尝试组建一支新军，按照西方的方式装备，用西方军官进行训练。然而，身为既得利益者的近卫军将他推翻、废黜，并最终夺走了他的生命。20年之后，继承了塞利姆三世衣钵的马哈茂德二世精心计划了一次无情的行动，一举消灭了近卫军。马哈茂德二世本人也成了奥斯曼帝国近代历史上最伟大的改革者。

马哈茂德二世和他的改革助手的目标是创建一支现代化的军队，恢复中央政府在地方上的影响力，进而确立新的行政体系和世俗法律体系，并最终让苏丹的全体子民都能享受到平等的权利，以及倡导理性和进步的现代西方化"文明"所带来的种种好处。在他们的努力下，奥斯曼帝国最终得以颁布了一系列"重组"法案，即"坦志麦特"改革法案。在整个19世纪，坦志麦特改革法案都发挥了内部改革的模板作用。

坦志麦特改革的目标是要让奥斯曼帝国在半个世纪的时间里，从一个500岁高龄的中世纪社会演变成一个构建在西方宪政原则上的现代国度。改革者想用法律来压制专制主义，用责任制官僚体系来制约权力的使用，让国家享受到代表制统治的好处。然而，坦志麦特改革却饱经风霜，艰难地想要在守旧的乌理玛宗教体系和日益壮大的、追求进步和世俗的知识精英阶层之间寻找平衡点。改革时而得到一位苏丹的支持，时而又会被另一位苏丹压制。

不过，在这 50 年间，奥斯曼帝国的行政和司法体系还是发生了显而易见的变化，许多地方省份也进行了改革，非穆斯林社群的生活境遇也有了一些改善。在 19 世纪 70 年代，奥斯曼帝国的改革事业达到了顶峰，出现了一段短暂的议会宪政时期。接着，形势急转直下，阿卜杜勒·哈米德二世苏丹开始了彻底的专制统治。不过，就在这一独裁统治时期，苏丹极大地扩展并改进了奥斯曼帝国的教育体系，使得新的思想和社会理念根植于几代年轻人的心中。十分具有讽刺意味的是，这恰恰在下一代人成长起来之后给苏丹本人带来了厄运：青年土耳其人发动革命，推翻了他的统治。

与此同时，随着欧洲民族主义运动愈演愈烈，奥斯曼帝国的瓦解加速了。对于奥斯曼帝国这样一个由王朝统治的多民族帝国来说，民族主义是一个陌生的东西，但它在希腊独立战争之后开始严重地威胁到苏丹的版图。民族主义运动在 20 世纪初的巴尔干战争时期达到了顶峰。西方国家出于自由主义的理念支持巴尔干人的民族主义运动，而俄国人也为了自身利益发挥了推波助澜的作用。结果，奥斯曼帝国在巴尔干战争中战败，土耳其在欧洲的领土几乎全部从奥斯曼帝国的省份变成了独立的民族国家。在此之前，为了抑制俄国的力量，西方列强经常会支持身为"欧洲病夫"的奥斯曼帝国。在柏林会议上尤其如此。然而，西方列强现在却抛弃了奥斯曼帝国。于是，奥斯曼帝国在第一次世界大战中与德国结成了联盟，也由此为帝国敲响了丧钟。

但是，在帝国不复存在之后，土耳其却作为一个民族国家存活了下来。凯末尔·阿塔图尔克（Kemal Atatürk）[1]堪称中东所有的民族主义领袖中最为伟大的一位。他的见地超过了同时代的青年土耳其人战友，从年轻时起就十分清醒地意识到属于帝国的时代即将结束，属于民族国家的时代已然来临。现在，他的土耳其同胞们愿意在他的领导下，再一次在祖先留下的土地上为了民族的生存而战。他创立了土耳其共和国，成了奥斯曼帝国的继承者。他试图通过抛弃外部的肢体，彻底放弃帝国征服所得的领土，为土耳其换回一个强壮而健康的躯体。今天的土耳其占据着小亚细亚，其版图近似于其先祖的塞尔柱帝国。在历经了跌宕起伏的半个世纪之后[2]，当代的土耳其已经成了这个最后的中东帝国的所有继承国中最为稳定的一个。

虽然其版图更加紧凑，但共和国却堪称帝国的延续。土耳其共和国不再是一个世界性的大国，在本质上依然是一个土耳其人的国家。土耳其共和国构建在自由和宪政的原则之上，而这些原则正是坦志麦特改革的产物。从19世纪开始，一代又一代追求进步的土耳其人试图通过世俗化实现的这一目标，至此终于实现。

现代土耳其的领导者们正是改革时代活生生的产物。随着治理国家的中间阶层在各个专业领域和军队中的崛起，他们逐渐成长、成熟，同时又满怀着继承民族遗产、恢复民族荣光的决心。在成为

---

1 即穆斯塔法·凯末尔。凯末尔于1934年获得了"阿塔图尔克"的称号，意为"土耳其人之父"。
2 本书成书于20世纪70年代，故云半个世纪。

一个世俗国家之后，兼收东西方传统文化的土耳其，在动荡不安的中东地区保持了相对稳定。而开启这个新的国家的，正是新的"土耳其人之父"、恰如其分地获得了加齐称号的凯末尔·阿塔图尔克，他也不愧为历史上那位虔诚战士——土耳其人之父奥斯曼苏丹——的合格继承人。

附　录　奥斯曼帝国君主列表

名称	称号	在位时间
奥斯曼一世	加齐	约1299—1323
奥尔罕	加齐	1323—1362
穆拉德一世	神的奉献者、殉道者	1362—1389
巴耶济德一世	雷霆、罗马皇帝的继承人	1389—1402
大空位时代（1402—1413）		
穆罕默德一世		1413—1421
穆拉德二世		1421—1444
穆罕默德二世	征服者	1444—1446
穆拉德二世		1446—1451
穆罕默德二世	征服者、罗马帝国皇帝	1451—1481
巴耶济德二世	公正者	1481—1512
塞利姆一世	冷酷者	1512—1520
苏莱曼一世	大帝、立法者	1520—1566
塞利姆二世		1566—1574
穆拉德三世		1574—1595
穆罕默德三世	公正者	1595—1603
艾哈迈德一世	幸运者	1603—1617
穆斯塔法一世	疯帝	1617—1618
奥斯曼二世	少帝、殉道者	1618—1622
穆斯塔法一世	疯帝	1622—1623
穆拉德四世	巴格达征服者、加齐	1623—1640
易卜拉欣	疯帝、克里特征服者	1640—1648
穆罕默德四世	猎手、加齐	1648—1687
苏莱曼二世	加齐	1687—1691
艾哈迈德二世	加齐皇子	1691—1695
穆斯塔法二世	加齐	1695—1703
艾哈迈德三世	加齐	1703—1730
马哈茂德一世	加齐、驼背者	1730—1754
奥斯曼三世	虔诚者	1754—1757
穆斯塔法三世		1757—1774
阿卜杜勒·哈米德一世	进步者、加齐	1774—1789
塞利姆三世	作曲家、殉道者	1789—1807
穆斯塔法四世		1807—1808
马哈茂德二世	改革者、公正者、加齐	1808—1839
阿卜杜勒·迈吉德一世	"坦志麦齐"、加齐	1839—1861
阿卜杜勒·阿齐兹一世	不幸者、殉道者	1861—1876
穆拉德五世		1876
阿卜杜勒·哈米德二世		1876—1909
穆罕默德五世	遵从正道者	1909—1918
穆罕默德六世		1918—1922

参考书目

Cahen, Claude, *Pre-Ottoman Turkey*, London, 1968.

Cantemir, Dimitrie, *The History of the Growth and Decay of the Ottoman Empire* (trans. by N. Tindal), London, 1734 (extracts printed Bucharest, 1963).

Creasy, Edward S., *History of the Ottoman Turks*, London, 1854 (reprinted Beirut, 1963).

Eliot, Sir Charles, *Turkey in Europe*, London, 1900 (reprinted London, 1965).

Encyclopaedia of Islam, new edit., Leiden, 1954 (proceeding).

Eton, W., *Survey of the Turkish Empire*, 2 vols., London, 1799.

Forster, Charles Thornton, and Blackburn Danniell, F. H., *The Life and Letters of Ogier-Ghiselen de Busbecq*, 2 vols., London, 1881.

Ganem, Halil, *Les sultans ottomans*, 2 vols, Paris, 1901-2.

Gibb, H. A. R., and Bowen, Harold, *Islamic Society and the West*, 2 vols., London and New York, 1956-57.

Gibbon, Edward, *The Decline and Fall of the Roman Empire*, edited by J. B. Bury, 7 vols., London, 1896-1900.

Gibbons, Herbert Adams, *The Foundation of the Ottoman Empire*, Oxford, 1916 (reprinted London, 1968).

Hammer-Purgstall, J. von, *Geschichte des Osmanischen Reiches*, 10 vols., Pest, 1827-35. (French trans. by B. Hellert, Histore de l'empire ottoman, 18 vols., Paris, 1835-46.)

Hasluck, F. W., *Christianity and Islam under the Sultans*, 2 vols., Oxford, 1929.

Inalcik, Halil, *The Ottoman Empire: the Classical Age 1300-1600*, London, 1973.

Karpat, Kemal H. (ed.), *The Ottoman State and its Place in World History*, Leiden, 1974.

Knolles, Richard, *A Generall Historie of the Ottoman Empire*, London, 1603, and subsequent editions.

Lane-Poole, Stanley, *The Life of Stratford Canning*, London and New York, 1888.

Lewis, Bernard, *The Emergence of Modern Turkey*, 2nd edit., London and New York, 1968.

Lewis, Raphaela, *Everyday Life in Ottoman Turkey*, London and New York, 1971.

Lyber, Albert Howe, *The Government of the Ottoman Empire in the Time of Suleiman the Magnificent*, Cambridge, 1913 (reprinted New York, 1966).

Miller, William, *The Ottoman Empire and its Successors, 1801-1927*, Cambridge, 1927 (reprinted London, 1966).

D'Ohsson, Mouradgea, *Tableau général de l'empire ottoman*, Paris, 1788-1824.

Pears, Sir Edwin, *Life of Adbul Hamid*, London, 1917 (reprinted New York, 1973).

Penzer, N. M., *The Harem*, London, 1936 (reprinted London, 1965).

Ranke, Leopold, *The Ottoman and Spanish Empires in the Sixteenth and Seventeenth Centuries*, London, 1843.

Runciman, Steven, *The Fall of Constantinople, 1453*, Cambridge, 1965.

Rycaut, Sir Paul, *History of the Turks to 1699*, London, 1700.

Tott, Baron F. de, *Mémoiressur les Turcs et les Tatares*, 4 vols., Amsterdam, 1784.

Wittek, Paul, *The Rise of the Ottoman Empire*, London, 1938.

Young, G., *Corps de droit ottoman*, 7 vols., Oxford, 1905-6.

Porta del Chastello
S. Lazaro
S. Andrea
Colona Ihcriata
Laumlacha
S. Cit Acri...
El ma[r] de Formen...
S. Elena
Colonis...
Arsenale
S. Luca Euangelista
Piaza Colo...
portalionadelariua

Isole chiamate principe
le quale sono abitate
da Turchi

Turchia